Kritische Studien zur Geschichtswissenschaft 126

Kritische Studien
zur Geschichtswissenschaft

Herausgegeben von
Helmut Berding, Jürgen Kocka
Hans-Peter Ullmann, Hans-Ulrich Wehler

Band 126
Svenja Goltermann
Körper der Nation

Vandenhoeck & Ruprecht
in Göttingen

Körper der Nation

Habitusformierung
und die Politik des Turnens
1860–1890

von

Svenja Goltermann

Vandenhoeck & Ruprecht
in Göttingen

Umschlagbild:
Ein Berliner Sportverein bei der akrobatischen Vorführung
einer »Pyramide«. – Foto, um 1906.
Archiv für Kunst und Geschichte, Berlin.

Die Deutsche Bibliothek – CIP-Einheitsaufnahme

Goltermann, Svenja:
Körper der Nation: Habitusformierung und die Politik
des Turnens 1860–1890 / von Svenja Goltermann. –
Göttingen: Vandenhoeck und Ruprecht, 1998
(Kritische Studien zur Geschichtswissenschaft; 126)
Zugl.: Bielefeld, Univ., Diss., 1997
ISBN 3–525–35789–3

Gedruckt mit Unterstützung der Volkswagen-Stiftung, Gerda Henkel Stiftung und
Alfried Krupp von Bohlen und Halbach-Stiftung

Satz: Text & Form, Pohle.
Druck und Bindung: Hubert & Co., Göttingen.

Inhalt

Vorwort 7

Einleitung 9

I. Die Entwicklung des Nationalismus bis zur Nationalstaatsgründung .. 30

  A. Nationalismus, nationale Bewegung und Liberalismus:
     Die Diskussion 1848/49–1871 30

  B. Der organisierte Nationalismus 61

    1. Organisation und Struktur der deutschen Turnbewegung 61

    2. Ziele, Erwartungen, Autostereotype 69

      2.1. Einheit – Eintracht – Einigkeit 71

      2.2. Die Einverleibung der Freiheit 93

      2.3. Männlichkeit 126

    3. Erzeugung, Entwicklung und Ausdruck »nationalen Be-
      wußtseins«: Festgestaltung – Massenturnen – Kriegsspiele 151

II. Nationalismus und Nationalstaat seit 1871 182

  A. Veränderte Rahmenbedingungen und die Zäsur des Krieges.
     Konfliktherde und Feindkonstellationen: Die gespaltene
     »Einheit« 182

  B. Ambivalente Identitäten im Nationalstaat 214

    1. Nation und Volk seit 1871 214

      Die Bewahrung kultureller Vielfalt und überkommener
      Loyalitäten und die doppelte Inszenierung von Zusammen-
      gehörigkeit 225

    2. Freiheit in der Einheit – ein Anachronismus? 254

    3. Militarisierung und Männlichkeit. Von der bleibenden
      Sehnsucht, ein ganzer Mensch zu werden 290

III. Nationalismus und Habitus – eine Bilanz 325

Abkürzungen 341

Abbildungsnachweis 341

Quellen- und Literaturverzeichnis 342

Personenregister 359

Vorwort

>»Sind die Bilder des Gedächtnisses erst einmal mit
Worten festgelegt, verlöschen sie ... Vielleicht fürchte
ich mich davor, das ganze Venedig auf einmal zu verlieren, wenn ich von ihm spreche.«
>
> *Italo Calvino, Die unsichtbaren Städte*

Bereits im Verlauf dieser Arbeit richteten sich die Gedanken, wenn auch zö-
gernd, schon das ein oder andere Mal auf dieses am Schluß zu schreibende
Vorwort, meist gerade dann, wenn das letzte Kapitel wieder einmal in fast unerreichbare Ferne gerückt schien. Das letzte Kapitel ist nun längst geschrieben,
das Zögern aber ist geblieben, wenn es auch jetzt ein anderes ist. Denn geht der
Blick zurück, waren alle der zuvor erdachten Vorworte verschieden, so daß sie
jetzt in ihrer Gesamtheit zur Chiffre werden für die Vielfalt der Ereignisse und
Erfahrungen, die diese Dissertation nicht nur begleiteten, sondern auch mit-
prägten, zum Teil ermöglichten. In jedem Vorwort verliert sich davon etwas,
doch es bleibt die einzige Gelegenheit, diejenigen zu nennen, die an dieser
Arbeit mitbeteiligt waren. Ihrer Bedeutung kann man an dieser Stelle allerdings kaum gerecht werden.

Hans-Ulrich Wehler hat diese Arbeit betreut, und ich habe ihm für weit
mehr als für seine Förderung zu danken: für den Raum, den er ließ, um eigene
Wege zu beschreiten, sein Vertrauen, das er dabei entgegenbrachte und die kritische Reflexion, die er dennoch herausforderte; schließlich für sein Insistie-
ren, die Arbeit zu Ende zu schreiben. Ohne seine fortwährende Bereitschaft
zur Auseinandersetzung wäre das womöglich nicht geschehen.

Auf unterschiedlichste Weise unterstützt haben mich Stefan Hoffmann und
Christian Geulen. Mit ihrer Bereitschaft, die einzelnen Kapitel zu lesen und zu
diskutieren, fingen sie viel von der Unsicherheit auf, die sich in der Zeit der
Dissertation immer wieder einschlich, und sie ermöglichten, den dennoch
fortdauernden Zweifel über das Geschriebene auszuhalten und die Ideen wei-
terzuspinnen. Ihren Anregungen hat diese Arbeit viel zu verdanken. Doch ihre
Unterstützung ging weit darüber hinaus. Keines der vielen Gespräche und keinen der langen Abende in diesen Jahren wollte ich missen.

Wenngleich der Text bereits in weiten Teilen geschrieben war, hat auch Jakob Tanner diese Arbeit bereichert. Seine ausgesprochene Fähigkeit zur Kritik
bot neue Anlässe zum Überdenken und ermutigte, auch andere Wege der In-

terpretation zu suchen. Diese Irritationen und damit verbundenen Perspektivwechsel haben sich auch in der Distanz, über die kurze Zeit seines Bielefelder Aufenthalts hinaus, in einem weiteren inneren Dialog fortgesetzt und im Nachdenken niedergeschlagen.

Michael Jeismann, der abschließend das gesamte Manuskript gelesen hat, aber auch Manfred Hettling, Philipp Sarasin und Iris Schröder, die einzelne Kapitel kritisch unter die Lupe genommen haben, möchte ich für diese wichtige Hilfe wie auch für ihre Ermutigungen besonders danken; Bernd Weisbrod dafür, wie er den Text in seinen unterschiedlichen Schichten zu lesen verstand und kommentierte.

Ein Stipendium der VW-Stiftung und das Entgegenkommen von Herrn Levermann haben wesentlich zum Zustandekommen dieser Dissertation, ein von ihnen gewährter großzügiger Druckkostenzuschuß zu ihrer Veröffentlichung beigetragen. Mein Dank gilt hier aber nicht minder der Alfried Krupp von Bohlen und Halbach-Stiftung sowie der Gerda Henkel Stiftung, die mit weiteren Zuschüssen eine baldige Publikation ermöglichten.

Claus Kröger und Jens Böver haben das Manuskript für den Druck mit geradezu beispielloser Sorgfalt Korrektur gelesen. Für diese freundliche Hilfe und ihre Mühe möchte ich ihnen ebenso danken.

Kaum zu ermessen aber ist schließlich, wie wichtig in der gesamten Zeit drei weitere Personen waren. Und viele Worte können ihre Bedeutung nicht ausdrücken. Dazu gehört Iris Wünscher, die stets da war – lebensklug und mit großem Herzen. Vor allem aber Lukas und Jascha: Von ihnen habe ich all die Jahre am meisten gelernt.

Svenja Goltermann

Einleitung

»Die Erforschung der Herkunft«, schreibt Michel Foucault, »liefert kein Fundament: sie beunruhigt, was man für unbeweglich hielt; sie zerteilt, was man für eins hielt; sie zeigt die Heterogenität dessen, was man für kohärent hielt.« Dem fügt er an anderer Stelle hinzu: »Wir glauben jedenfalls, daß der Körper nur den Gesetzen seiner Physiognomie unterliegt und daß er der Geschichte nicht ausgesetzt ist. Auch das ist ein Irrtum.«[1]

Dieses Diktum Foucaults ist nach wie vor – und manchmal könnte man meinen: mehr denn je – eine Herausforderung. Das bestätigen allwöchentlich die Debatten, die von der publizistischen Öffentlichkeit über Individualismus und Gemeinschaft, über kulturelle Differenz und kollektive Identität geführt werden. Die Positionen sind kaum auf einen einfachen Nenner zu bringen, geschweige denn aufzulösen. Eines der Kernprobleme jedoch hat jüngst Clifford Geertz präzise benannt: »Je mehr wir uns den Fragmentierungen und Fragmenten der heutigen Welt zuwenden, desto weniger scheinen territoriale Kompaktheit und lokale Traditionalismen und die von ihnen genährte konfigurationale Vorstellung, daß kulturelle Identität etwas Ganzheitliches und in sich Stimmiges sei, das Wesentliche zu treffen. ... Angesichts der Stückhaftigkeit unserer Welt scheint die Auffassung von Kultur – *einer bestimmten* Kultur, *dieser* Kultur – als Konsens über grundlegende gemeinsame Vorstellungen, gemeinsame Gefühle und gemeinsame Werte kaum noch haltbar.«[2] Ob man den Blick auf die Geschehnisse jenseits der eigenen Staatsgrenzen richtet oder innerhalb derselben verweilt – kaum jemand wird heute darüber hinwegsehen können, daß jede bislang geglaubte »Einheit«, bezeichnete man diese als »Volk«, »Nation« oder gar »Menschheit«, angesichts der alltäglich beobachtbaren und erfahrbaren Vielfältigkeit kultureller Differenz allenfalls als Scheinphänomen betrachtet werden kann. Um das noch einmal in den Worten von Geertz auszudrücken: »Alles ist bunt gescheckt, durchlässig, verschränkt und verstreut. Die Suche nach einer Ganzheit ist hier kein zulässiger Leitfaden mehr, und (Ab-) Geschlossenheit wird zu einem unerreichbaren Ideal.«[3]

Man muß die Verfechter kultureller Vielfalt nicht erst in die Ecke der »Relativisten«[4] stellen oder, wie das Anthony Giddens in polemischer Art und Weise

1 *Foucault*, Nietzsche, Zit. S. 90 u. 97.
2 *Geertz*, Welt, Zit. S. 74 (Hervorh. i. Orig.).
3 Ebd., S. 73.
4 Gegen diesen Vorwurf verwahrt sich Geertz im übrigen ganz entschieden. Vgl. ebd., S. 89.

getan hat, dem Nihilismus zuordnen, der »in Wirklichkeit« nur eine »Welt der vielfältigen Fundamentalismen« produziere, die damit Gefahr laufe, »durch den Zusammenprall rivalisierender Weltanschauungen zu zerfallen«,[5] um auf die möglichen Grenzen der Anerkennung kultureller Differenz zu verweisen. Denn aus guten Gründen läßt sich für die Beibehaltung universalistischer Prinzipien dort streiten, wo Hunger, Armut, Folter, erzwungene Prostitution oder auch Kinderarbeit elementare Menschenrechte verletzen. Allerdings sollte man sich diese Haltung nicht – darauf hat der amerikanische Philosoph Richard Rorty, der sie als eine Form von Solidarität bezeichnet, zu Recht hingewiesen – als ein »Wiedererkennen eines Kern-Selbst, des wesentlich Menschlichen in allen Menschen« vorstellen.[6] Denn trotz aller »Ähnlichkeiten im Hinblick auf Schmerz und Demütigung«, gegenüber denen alle Unterschiede, ob sie nun religiös, ethnisch oder auch national begründet werden, an Gewicht verlieren sollten, bleibt die Verteidigung einer universalistischen Position immer noch eine moralische Frage.[7] Von der Annahme eines »Wesens« oder einer »Essenz«, die allen Menschen gemeinsam ist, sollte man sich in der Tat verabschieden.[8] Das gilt für jede Großgruppe; die »Nation« ist da keine Ausnahme.

Doch der Glaube an stabile Entitäten, oder sollte man besser sagen: der Wunsch nach ihnen, deren Zusammenhalt man letztlich doch in gemeinsamen Merkmalen zu finden glaubt, sitzt tief. Dieser zeigt sich jedoch weniger in dem Moment, wo etwa die Probleme des sich verschärfenden Nord-Süd-Gefälles auf der Tagesordnung stehen, sondern – und das ist demgegenüber ebenso zynisch wie paradox – wenn die »Nation« als kollektive (und doch stets partikulare) Identität zur Debatte steht. Nach wie vor geben Leitsätze wie »Nation muß sein«[9] die Stoßrichtung einer weit verbreiteten, die politischen Grenzen übergreifenden Meinung an, die wesentlich dazu beiträgt, daß die Nation auch als politische Ordnungsvorstellung wie »zeitlos« erscheint und ihre Historizität zumindest in den Hintergrund gerät.

Auch Historiker machen hier keine Ausnahme, sei es, daß sie im Nationalstaat auch weiterhin die einzige Gewähr für eine demokratische Gesellschaft erblicken, der darüber hinaus allein die Möglichkeit eröffne, die »Sehnsucht der Menschen nach Übersichtlichkeit und Geborgenheit« zu erfül-

5 *Giddens*, S. 337.

6 *Rorty*, Kontingenz, hier S. 310, ist ein durchaus provokatives und daher ungemein lesenswertes und anregendes Buch zu diesem Problemkomplex.

7 Was umgekehrt, sofern man keinen antiquierten Moralbegriff besitzt, freilich in gleicher Weise für diejenigen gilt, die für sich in Anspruch nehmen, jede kulturelle Differenz gegen universalistische Positionen zu verteidigen.

8 Ebd., S. 305, u. die Kap. über Kontingenz.

9 *Thadden*, S. 14. Für diese Maxime lassen sich bis heute unzählige weitere Beispiele finden. Jüngst *Schröder*, S. 3, der Volk und Nation synonym verwendet und deren Wir-Identität an die gemeinsam gesprochene Sprache, die Kultur, die gemeinsame Geschichte (die allerdings »keine fixe Größe« sei, auch wenn die »Tatsachen immer dieselben« blieben) knüpft.

len;[10] sei es, daß sie die Bedeutung des Nationalstaats zwar relativieren und zumindest prinzipiell seine historische Bedingtheit, mithin auch seine Vergänglichkeit anerkennen, davon aber strikt die Nationen abtrennen, die damit keineswegs »überwunden« seien.[11] Ein spezifisch deutsches Phänomen ist das durchaus nicht. Die Heraufbeschwörung der Nation oder, wie Dieter Langewiesche hervorgehoben hat, dessen, »was man dafür hält«,[12] grassiert auch in anderen Staaten. Die Besinnung auf die Nation als dem eigentlichen Motor allen Fortschritts – diesen Schwenk hat unlängst sogar Richard Rorty vollzogen, der dafür in fast schon mustergültiger Manier einem »kraftvollen« – und damit gutem – Nationalismus das Wort redet; er wird von einem Unglück bringenden Nationalismus unterschieden, der, wie sollte es anders sein, mit dem eigenen nichts zu tun hat.[13]

Spätestens seit den Kriegen auf dem Balkan und dem Zerfall des ehemaligen Jugoslawien hat diese Unterscheidung in den Augen vieler wieder an Gewicht und Plausibilität gewonnen, womit sie scheinbar keiner weiteren Begründung mehr bedarf. Damit erhält nicht nur die von der älteren Nationalismusforschung vorgenommene Typenbildung,[14] die einen »westlichen« – selbstredend liberal-emanzipatorischen – von einem »östlichen« – und wohl eher »atavistischen« – Nationalismus unterschied, unterderhand an Bedeutung; mindestens ebenso interessant wie gewichtig ist die Tatsache, daß scheinbar fraglos die hier zutage tretenden massiven Auseinandersetzungen als Nationalitätenkonflikte bezeichnet werden. Dem freilich muß – man kann das gerade, weil es offenbar so selbstverständlich erscheint, nicht deutlich genug sagen – die Annahme zu-

10 *Ziebura*, Zit. S. 41.

11 *Schulze*, Europa, hier S. 82f.

12 *Langewiesche*, Nation, Zit. S. 190.

13 *Rorty*, Auszug, S. 39. Diese Art von Differenzierung zwischen einem »bösen und guten Nationalismus« (*James*, S. N5) oder – wie das mitunter auch bei der wissenschaftlichen Erforschung des Phänomens versucht wird – der Abgrenzung eines Nationalismus, der nur noch die »Steigerung und Radikalisierung eines nationalen Verhaltens« bezeichnen soll und damit einem positiven Patriotismus und nationalen Bewußtsein gegenübergestellt wird (*Dann*, Nation; die Definition von Nationalismus S. 17), stieß in der historischen Sozialwissenschaft bereits vor Jahren auf Kritik. Zu Recht: Für »eine systematische Analyse« seien, kritisierte Hans Mommsen, diese »politisch bequemen Differenzierungen zwischen ›Nationalgefühl‹ und ›Nationalismus‹, zwischen einem ›gesunden‹ Nationalbewußtsein und einem ›pathologischen Chauvinismus‹« wenig sinnvoll. Trotz der unterschiedlichen Aufladung des Nationalismus und einem sich verändernden Grad an Aggressivität, die in wechselnden historischen Konstellationen zu beobachten seien, wehrte er sich gegen eine qualitative Unterscheidung zwischen »Patriotismus« und »modernem« Nationalismus, da es, so sein Argument, »vielfach dieselben Personengruppen sind, die kontradiktorische Spielarten des Nationalismus sowohl gleichzeitig wie im zeitlichen Ablauf artikulieren«. *Mommsen*, Nation, Zit. S. 170.

14 *Kohn*, Idea; u. *Schieder*, Nationalstaat; *Ders.*, Typologie; *Hayes*. Relativ früh wurde damit auf die Vielfältigkeit des Phänomens verwiesen, ohne daß damit jedoch die Durchschlagskraft des Nationalismus oder Gründe für seinen Wandel hätten benannt werden können. Der beste Überblick über die verschiedenen Typologien ist *Smith*, Nationalism.

grunde liegen, daß es tatsächlich »Nationen« sind, die aufgrund spezifischer Merkmale ihre jeweilige Zusammengehörigkeit behaupten und ihre Sprengkraft geradezu »natürlich« gegenüber einem – folgt man dieser Denkweise – »übernationalen« Staat entfalten.[15]

Gibt es sie doch, die »Nation«, die ungeachtet aller Staatsgrenzen Bestand hat, sei es, daß sie innerhalb derselben nur einen Teil ausmacht, sei es, daß sie über diese hinausweist und letztlich auf eine Kongruenz von Nation und Staat drängt?

Die mittlerweile zahlreich vorhandenen Publikationen zum Nationalismus[16] geben auf diese Frage nicht unbedingt eine klare Antwort. Das gilt auch für die deutsche Geschichtsschreibung und ihre Analysen des deutschen Nationalismus. Zugegebenermaßen provokativ läßt sich hier sogar die These vertreten, daß ein Teil der Nationalismusforschung – und immer noch ein durchaus nennenswerter – sogar dazu beiträgt, die überkommene Vorstellung von einer über alle gesellschaftlichen Fragmentierungen und Diversifizierungen hinweg bestehenden Zusammengehörigkeit als Nation, die auf ein gemeinsam geteiltes Repertoire an Merkmalen rekurriert, auf eigentümliche Weise zu reproduzieren. Das muß erläutert werden. Denn so unterschiedlich die Ansätze innerhalb der Nationalismusforschung auch sein mögen – daß die »Natürlichkeit« oder »Ursprünglichkeit« der Nation in Abrede gestellt wird, zieht sich wie ein roter Faden seit Jahrzehnten durch die historische Forschung, die sich die Analyse von Nation und Nationalismus zum Ziel gesetzt hat.

Die sozialhistorische Forschung, die aus modernisierungstheoretischer Perspektive argumentierend den Nationalismus als ein Krisenphänomen begreift, das im Umbruch zur konstatierten Moderne neue Möglichkeiten der Sinnstiftung, der kollektiven Identität und Loyalität anbietet und erfüllt, hat relativ früh dazu beigetragen, diese Sichtweise zumindest innerhalb der Wissenschaft zu verankern. Einen entscheidenden Impuls hatte sie selber durch den auch heute noch anregenden kommunikationstheoretischen Ansatz von Karl W. Deutsch erhalten,[17] der die Entstehung und Intensivierung des Nationalismus als eine Form sozialer Kommunikation zu erklären versuchte und damit nicht mehr Zustände, sondern die Dynamik von Veränderungen in den Mittelpunkt der Analyse stellte. Für die sozialhistorisch ausgerichtete Nationalismusforschung erwies sich gerade im Hinblick auf die frühe Phase des Nationalismus der Blick auf die Verdichtung sozialer Kommunikation als Motor für die Verbreitung nationalistischer Ideen und Inhalte als gewinnbringender Interpretationszugriff.[18] Auch wenn heute in vielerlei Hinsicht Kritik an dem modernisierungs-

---

15 *Geertz*, Welt, S. 47ff., 59ff.

16 Der beste Überblick über den Forschungsstand ist derzeit unstreitig *Langewiesche*, Nation; als Einführung in unterschiedliche Ansätze ist nach wie vor lesenswert *Mommsen*, Nationalismus.

17 Vgl. *Deutsch*, Nationalism.

18 Je weiter allerdings der Nationalisierungsprozeß, d. h. die Verbreitung nationaler Wahrneh-

theoretischen Ansatz geübt und die Aussagekraft der verwendeten Argumente in Zweifel gezogen werden kann, muß man doch zur Kenntnis nehmen, daß insbesondere die Arbeiten von Deutsch dazu beigetragen haben, den Blick auf die Entstehungs- und Entwicklungsbedingungen der Nation, ihre gesellschaftliche Verankerung als handlungsleitende Idee und somit auf die Nationalbewegung, kurzum: auf den komplexen Prozeß des »nation-building« zu lenken.[19]

Nicht nur der internationale, sondern auch der diachrone Vergleich hat dabei in der Folgezeit die Vielfältigkeit und Vielschichtigkeit des Nationalismus, und so auch des deutschen, zutage gefördert. Unter dem Titel »Vom linken zum rechten Nationalismus« hatte Heinrich August Winkler in seiner im Jahre 1978 veröffentlichten Studie die Entwicklung des deutschen Nationalismus während des 19. Jahrhunderts auf eine einprägsame Formel gebracht,[20] die sich als ungemein einflußreich erwies. Erst in jüngerer Zeit stößt diese Etikettierung, die ebenso wie die bislang erfolgten Versuche einer Typologisierung suggerierte, unterschiedliche Nationalismen erfaßt zu haben, auf Kritik. Sie wird gestützt durch die Erkenntnis, daß »Partizipationsverheißung und Gewaltbereitschaft« im Nationalismus als zwei Seiten ein und derselben Medaille zu betrachten sind;[21] jeder Glaube an die Trennung eines emanzipatorisch-liberalen Nationalismus auf der einen und eines radikalen oder integralen auf der andern Seite ist seither radikal in Frage gestellt.

Und dennoch: Die Kompatibilität des Nationalismus mit unterschiedlichen politischen Stoßrichtungen, die zu ein und demselben Zeitpunkt ausgemacht werden konnten und damit nicht nur auf seine zeitliche Wandlungsfähigkeit verwiesen; die divergierenden Vorstellungen davon, welche Kriterien die Na-

---

mungs- und Deutungsmuster, vor allem aber der Prozeß des »nation-building«, der die Entwicklung »nationalen Bewußtseins«, Nationalgefühls und »nationalen« Verhaltens miteinschließt, fortgeschritten ist, desto problematischer ist die quantitative Erforschung des Phänomens. Auch der Wandel des Nationalismus ist mit dem Ansatz von Deutsch nicht zu erklären: Die angenommene Korrelation zwischen dem Grad der sozialen Kommunikation und der Intensität des Nationalismus überzeugt hier ebenso wenig wie die angebliche Verdrängung »realistischer« durch »unrealistische« Nachrichten die Entwicklung von einem gemäßigten zu einem extremen Nationalismus erfaßt. Vgl. hierzu v.a. *Deutsch*, Nation, bes. S. 302. Eine Kritik in ähnlicher Stoßrichtung auch bei *Jeismann*, Vaterland, S. 14f. Eine faire Kritik an Deutsch von *Weiser*.

19 *Hroch*, Vorkämpfer; für die deutsche Nationalismusforschung *Dann*, Nationalismus; *Düding*, Organisierter gesellschaftlicher Nationalismus.

20 *Winkler*, Nationalismus. Diese These haben u.a. aufgegriffen *Alter*, Nationalismus; *Düding*, Nationalbewegung; *Ders*., Oppositionsfeste; noch ganz auf dieser Linie *Wehler*, Nationalismus, bes. S. 78.

21 *Jeismann*, Vaterland; *Langewiesche*, Nationalismus; *Ders*., Nation, hier auch das Zit. S. 192, darüber hinaus mit einem ganz dezidierten Urteil gegen die Beschreibung eines »linken« und »rechten« Nationalismus; zu Feindbildern im frühen Nationalismus jetzt auch die Beiträge in *Herrmann u.a.* Vgl. des weiteren *Vogel*, Vom linken zum rechten Nationalismus. Auch *Langewiesche*, Reich, gibt der These vom Funktionswandel eine etwas andere Stoßrichtung: Er betont hier, daß der deutsche Nationalismus in seiner frühen Phase keine Oppositionsideologie gewesen sei; ebenso *Kaschuba*, Volk.

tion definierten – all das deutete weiterhin auf die Annahme, daß die Nation als eine »gedachte Ordnung« zu begreifen sei, die in Abhängigkeit von den jeweiligen Zuschreibungen in unterschiedlicher Gestalt ausgemacht werden könne und entsprechend unterschiedliche Funktionen erfülle.[22] Auch die seit geraumer Zeit wieder in Gang geratene Debatte darüber, ob die Entstehung der modernen Nation auf das ausgehende 18. Jahrhundert datiert oder ob die »erste Phase des deutschen Nationalismus« bereits um 1500 ausgemacht werden kann,[23] stellt diese Grundannahme von der Nation als einer »gedachten Ordnung«, einem Kunstprodukt menschlicher Überzeugungen nicht grundsätzlich in Frage.

Insofern erstaunt es kaum, daß auch die Arbeiten angloamerikanischer Sozialanthropologen und Historiker, die sich mit dem Nationalismus in unterschiedlichen Ländern befaßten und deren Studien eigentlich als Korrektiv zur ethnozentrischen Nationalismusforschung, wie sie auch in Deutschland betrieben wurde, gedacht waren, in der deutschen Geschichtsschreibung relativ schnell aufgegriffen wurden. Ohne den Verweis auf die von Benedict Anderson durch seine glänzende Studie in die Diskussion gebrachten »imagined communities«,[24] mit denen schärfer denn je zuvor auf den Konstruktcharakter der Nation verwiesen wird, scheint derzeit kaum mehr eine Analyse des Nationalismus denkbar, die dem gegenwärtigen Diskussionsstand standhalten will. Das gilt in ähnlicher Weise für die von Eric Hobsbawm und Terence Ranger in die Diskussion gebrachten »Invented Traditions«.[25]

Das innerhalb der deutschen Historiographie zum Nationalismus verbreitete Verständnis von Nation läßt sich tatsächlich in wenigen Sätzen benennen. Dieter Langewiesche hat das unlängst in seinem Forschungsüberblick getan, als er mit Rückgriff auf eine Formulierung Hagen Schulzes schrieb: »Nationen ›existieren, solange sie in den Köpfen und Herzen der Menschen sind, und ... erlöschen, wenn sie nicht mehr gedacht und gewollt werden.‹ Sie ›erkennen sich in der gemeinsamen Geschichte, in gemeinsamem Ruhm und Opfern

---

22 Zentral ist *Lepsius*, der Francis' Begriff der »gedachten Ordnung« aufgreift. Auch Lepsius entwirft hier eine Typologie, in der er unterscheidet zwischen »Volksnation«, »Kulturnation«, »Klassennation« und »Staatsbürgernation«, dabei aber eventuelle Mischungsverhältnisse miteinbezieht und den statischen Charakter herkömmlicher Typologien zumindest tendenziell aufbricht. Aufgegriffen hat diese Unterscheidungen *Wehler*, Gesellschaftsgeschichte, Bd. 3, S. 947ff.; vgl. auch *Ders.*, Nationalismus.

23 Vgl. dazu auch *Hardtwig*, Elitebewußtsein. Gegen diese frühe Verortung des modernen Nationsverständnisses argumentiert etwa *Ehlers*. Daß die alte Adelsnation jedoch als Grundlage für die moderne Nation begriffen werden muß, betont, trotz deutlicher Skepsis gegenüber den Kontinuitätsthesen, *Werner* in dem Artikel Volk, Nation, Masse, in: GGr 7, 1992, S. 171–245.

24 *Anderson*.

25 *Hobsbawm* u. *Ranger* (Hg.). Vgl. dazu auch *Hobsbawm*, Nationen, der hier im Anschluß an *Gellner* auf den künstlichen Charakter der Nation insistiert.

14

wieder‹ – allerdings sind die Gemeinsamkeiten ›in aller Regel mehr erträumt und konstruiert als wirklich‹.«[26]

So zutreffend die Perspektive auf die Nation für weite Teile der Historiographie damit beschrieben ist, so wenig gilt das für den konstruktivistischen Ansatz Benedict Andersons und sein damit verbundenes Anliegen. Das zeigt seine eingangs formulierte Kritik an Gellner, der auf der Erfindung der Nation insistierte,[27] dabei aber, wie Anderson hervorhob, »sich so sehr um den Nachweis [bemühe], der Nationalismus spiegle falsche Tatsachen vor, daß er jene ›Erfindung‹ mit ›Herstellung‹ von ›Falschem‹ assoziiert, anstatt mit ›Vorstellen‹ und ›Kreieren‹«.[28]

Tatsächlich trifft diese Vorgehensweise auf einen Großteil derer zu, die sich gegenüber konstruktivistischen Ansätzen aufgeschlossen zeigen – mancher von ihnen kann schon fast zu seinen Apologeten gezählt werden. Man muß zunächst freilich einräumen, daß es Ausnahmen gibt. Seit die Analyse von Denkmälern, Erinnerungsfeiern und Ritualen mitsamt den dazugehörigen Stereotypen, Mythen und Feindbildern in Gang gekommen ist; seitdem die Inszenierung von Festen, die Vieldeutigkeit der Symbolik und die Bedeutung der Emotionen ins Blickfeld der Forschung geraten sind, wird der Erzeugung nationaler Wahrnehmungsmuster und ihrer strukturierenden Wirkung in ganz anderer Weise Aufmerksamkeit geschenkt, als das noch vor einigen Jahren der Fall war.[29] Doch gerade hier, wo – im weitesten Sinne – kulturgeschichtliche Ansätze zur Erschließung und Analyse von Nation und Nationalismus herangezogen werden, wird Kritik laut. »Man soll nicht mythisch über Mythen sprechen, sondern wissenschaftlich, d. h. im Sinne der Aufklärung«,[30] fordert etwa Jürgen Kocka, der, bei allem Interesse an den neueren Ansätzen, hier einem Verständnis von Konstruktivismus das Wort redet, in dem die Tiefenwirkung einer Ideologiekritik zutage tritt, die innerhalb der Geschichtswissenschaft tief verankert ist und nach wie vor dazu tendiert, die Wahrnehmung, das Denken und das Empfinden anderer als »falsches Bewußtsein« aufzudecken.[31]

26 *Langewiesche*, Nation, S. 198. *Schulze*, Staat, S. 110f., hat das in Anlehnung an Ernest Renan formuliert, schickt dieser Zusammenfassung jedoch voraus, daß diese Definition »bis heute ihre Gültigkeit behalten« habe.

27 So heißt es bei *Gellner*: »Nationalismus ist keineswegs das Erwachen von Nationen zu Selbstbewußtsein: man *erfindet* Nationen, wo es sie vorher nicht gab.« Zit. nach *B. Anderson*, S. 16, von dem auch die Hervorhebung stammt. An dieser Stelle wird auch deutlich, wie verunglückt und irreführend die deutsche Übersetzung der »Imagined Communities« als »Die Erfindung der Nation« ist.

28 Ebd.

29 Vgl. dazu *Hoffmann*, Politik, u. *Geulen*, Volk; die Aufsätze in dem Sammelband von *François u.a.* (Hg.); sowie *Dörner*; *Tacke*; *Koselleck* u. *Jeismann* (Hg.); *Hardtwig*, Bürgertum. Zentral für die Bedeutung der Feindbilder *Jeismann*, Vaterland; dazu neuerdings auch *Richter*, Nation.

30 *Kocka*, Zit. S. 392.

31 Die Kritik *Andersons* an *Gellner* läßt sich hier gleichermaßen fortführen. So lege dieser in seinem Bemühen, die »Erfindung« als »falsch« zu entlarven, die Vorstellung nahe, »daß es ›wahre‹

Doch der Glaube an das »Konstrukt« der Nation zieht in der sozialhistorischen Nationalismusforschung im wahrsten Sinne des Wortes seine »Grenzen«. Und das in zweierlei Hinsicht: Sie zeigen sich zum einen an dem fortwährenden Interesse, das dem »nation-building«, oder um genau zu bleiben: der »Nationsbildung« gilt – ein Begriff, der in der deutschen Übersetzung den im Englischen durchaus vorhandenen prozessualen Konstruktcharakter weitgehend einbüßt und unweigerlich suggeriert, die Zusammenfügung und Homogenisierung der einzelnen und zunächst diffundierenden Identitäten könne zu einem Abschluß geführt werden. Dabei unterliegt diesem Forschungsinteresse nur allzu oft ein teleologisches Denken,[32] das immer wieder erkennen läßt, in welchem Maße die Nation als politische Ordnung akzeptiert und gewünscht ist.[33] Daß diese dann in vielen Fällen als »Staatsbürgernation« präzisiert wird, ändert nichts an der Tatsache, daß auch sie – und das ist der zweite Punkt – ihre Feindbilder braucht, um sich als Nation zu begreifen.[34] Auch ein Rekurs auf universalistische Positionen wird dabei nur immer wieder auf ihre Begrenztheit verweisen.

Es ist mithin kein Zufall, daß die Nation dort, wo die Analyse der »Nationsbildung« unternommen wird, mitunter durchaus substantialistische Züge gewinnt. Das schlägt sich zumindest sprachlich nieder, so etwa, wenn von »ihren Wurzeln und ihrem Wesen« die Rede ist.[35] Doch das wissenschaftliche Interesse an der »Nationsbildung« geht, das muß konzediert werden, in der Sympathie für die Nation, so oft man diese auch entdecken kann, nicht auf. Vielmehr artikuliert sich darin auch ein Grundproblem, mit dem die modernere Nationalismusforschung konfrontiert ist und dem sie nicht ausweichen kann. Denn: Auch wenn man die Nation nicht als »natürliche« oder »ursprüngliche« Einheit

Gemeinschaften gebe, die sich von Nationen vorteilhaft absetzen«. Völlig zu Recht betont Anderson an dieser Stelle, daß jedoch alle Gemeinschaften »vorgestellte« seien, und fügt dem hinzu: »Gemeinschaften sollten nicht durch ihre Authentizität voneinander unterschieden werden, sondern durch die Art und Weise, in der sie vorgestellt werden.« (S. 16). Diese Kritik ist in gewisser Weise auch für den Ansatz von *Breuilly* zutreffend, der Nationalismus als politische Strategie begreift und damit vor allem auch auf dessen instrumentellen Charakter verweist, der immer dazu tendiert, die »Falschheit« der Nation zu behaupten.

32 Vgl. auch *Haupt*, Nationalismus, der im Hinblick auf die Forschungen zur Nationsbildung darauf hinweist, daß es dieser darum gehe, »die einzelnen Phänomene an dem Grad ihrer Nähe zum Nationalen und als Etappen auf dem Weg zur nationalen Integration« zu erforschen. Zit. S. 49.

33 Seit 1989/91 ist das offene Bekenntnis zur Nation auch in Deutschland durchaus keine Seltenheit mehr. Damit korrespondiert dann auch der Versuch, einen Patriotismus mit positiven Zuschreibungen von einem Nationalismus abzugrenzen, der auf eine negative Bedeutung beschränkt werden soll. Vgl. etwa *Dann*, Nation. Aufgegriffen wird das mitunter auch in der osteuropäischen Nationalismusforschung, so etwa von *Hroch*, Nationales Bewußtsein, v.a. S. 41f., der hier explizit auch auf Dann verweist. Eine Kritik dazu in *Langewiesche*, Nation, S. 195f., mit einer ausgesprochen fairen Würdigung der älteren und differenzierten Arbeiten von Dann.

34 Vgl. *Richter*, Mythos, hier S. 314f. Grundsätzlich zum Problem *Jeismann*, Vaterland; *Langewiesche*, Nationalismus.

35 *Dann*, Begriffe, Zit. S. 72.

begreift, sondern statt dessen auf ihrem Konstruktcharakter insistiert, bleibt die Tatsache, daß sich seit mehr als zweihundert Jahren Menschen, wenn auch in unterschiedlicher Anzahl und Intensität, auf die Nation berufen, die sie als einen Teil der eigenen Identität begreifen, zu der sie eine emotionale Bindung haben und deren Existenz oft genug die Inanspruchnahme politischer Unabhängigkeit legitimiert, die eingeklagt und oft genug gewaltsam erstritten und verteidigt wird.

Eine Arbeit wie die vorliegende, die sich nicht mit dem Aufkommen und der Entwicklung eines Verständnisses von der modernen Nation in ihren Anfängen beschäftigt, sondern diese in einer Phase in den Blick nimmt, in der sie als politische Ordnungsvorstellung und Gemeinschaftsideal, wenn auch in ihrer inhaltlichen Ausrichtung umstritten, so doch für eine anwachsende Nationalbewegung zu einer Art Idée fixe geworden war, kann die Frage nach ihren möglichen Vorläufern aussparen. Die Nation deswegen aber als etwas gleichsam Gegebenes, Selbstverständliches hinnehmen kann sie nicht. Allzu schnell liefe man Gefahr, die Nation – um das an dieser Stelle zuzuspitzen – nur noch unter dem Aspekt einer fortschreitenden Akkumulation von Anhängern und der damit korrespondierenden Homogenisierungsleistung zu betrachten, was dann zu jenen Aufstiegs- oder Verfallsgeschichten führte, die letztlich im Zirkel der bekannten modernisierungstheoretischen Annahmen und deren teleologischen Denkmustern verbleiben. Mit andern Worten: Die Frage, wie die Nation zu einem Teil der eigenen Identität[36] wird und welchen Stellenwert sie darin einnimmt, muß zu jedem Zeitpunkt in der Geschichte des Nationalismus neu gestellt werden, und damit auch die Frage, wie sich Ausprägungen eines »nationalen Bewußtseins« und Vorstellungen eines »nationalen Verhaltens« entwickeln.

Dafür bietet es sich an, das von Pierre Bourdieu entworfene Konzept des Habitus aufzugreifen. Das hat mehrere Vorteile: Analysiert man Nationalismus als Formierung eines Habitus, der, definiert als eine »Handlungs-, Wahrnehmungs- und Denkmatrix« das Produkt einer vielfältigen, alle Erfahrungen integrierenden »Einprägungs- und Aneignungsarbeit« darstellt,[37] gelingt es, die schrittweise erfolgende Entwicklung einer auf die Nation ausgerichteten Wahrnehmung in den Blick zu bekommen, die damit verbundenen spezifischen Zuschreibungen, was »national« oder was »deutsch« ist, zu ermitteln, die dann auch das jeweilige Verhalten mitbestimmen. Daher ist es nicht nur möglich, die Vielfalt von Nationsvorstellungen nicht aus den Augen zu verlieren; vielmehr steht mit dem Habitus auch immer die Prozeßhaftigkeit und Wandelbarkeit von dem, was als »Nation«, »national« oder »deutsch« begriffen wird, zur Debatte. Denn der Habitus zeichnet sich keineswegs, wie ihm das mitunter vorgeworfen wird, durch einen statischen Charakter aus.

36 Zur Verwendung des Begriffs der Identität in dieser Arbeit vgl. unten.
37 *Bourdieu*, Struktur, hier S. 169 u. 186.

Erstens ist er als »ein im Laufe des Sozialisationsprozesses *erworbenes* System von Dispositionen«, das prinzipiell nie abgeschlossen ist, »grundsätzlich *historischer* Natur«.[38] Zweitens aber ist dem Habitus ein dynamisierendes Prinzip immanent: So entwickelt sich dieser durch die Aneignung erfaßbarer Strukturen, die in den Diskursen ebenso zu finden sind wie in den Ritualen oder sogar den Spielen,[39] das heißt im Medium der Praxis. Die dadurch erzeugten Habitusformen sind damit zwar als »Systeme *dauerhafter* Dispositionen, strukturierte Strukturen« zu begreifen, die dann selber als »strukturierende Strukturen« in der Wahrnehmung und in den Praxisformen wirksam werden. Mit dem Habitus ist daher das Interesse durchaus auf die langlebigen Wahrnehmungs- und Verhaltensweisen gerichtet, die jedoch insofern gebrochen werden oder besser: an Gewicht verlieren können, weil es »durch die Integration neuer Erfahrungen immer wieder zu einer ›Restrukturierung‹ des Dispositionensystems« kommt.[40] Damit aber hält der Habitus letztlich immer unterschiedliche Möglichkeiten der Wahrnehmung bereit, mit denen prinzipiell ein Pluralismus an Handlungsmöglichkeiten verbunden ist, wobei in unterschiedlichen Situationen immer nur einzelne Optionen zur Verfügung stehen und aktiviert werden können.[41]

Ohnehin darf man dabei nicht vergessen, daß trotz des dialektischen Verhältnisses zwischen dem, was Bourdieu die »objektiven Strukturen« nennt, »und den von ihnen erzeugten kognitiven und motivationalen Strukturen, die diese wiederum zu reproduzieren tendieren«, auch die objektiven Strukturen selber erst das Resultat »historischer Praxisformen« sind, die ihrerseits, so Bourdieu, »von historischen Praxisformen reproduziert und *transformiert*« wurden. Ob sich die jeweiligen Wahrnehmungs- und Verhaltensdispositionen als (relativ) dauerhafte erweisen, ob diese sich verschieben, überlagern oder in den Hintergrund gedrängt werden, kann letztlich nur in der historischen Analyse ermittelt werden. Stets aber läßt das Konzept des Habitus jede vermeintlich ursprüngliche, natürliche, feste oder stabile Entität in ihrer Formbarkeit hervortreten, die sich in einem fortdauernden, unabschließbaren Prozeß vollzieht. Das freilich zwingt zu einer konsequenten Historisierung, durch die sich der Gegenstand beständig neu konstituiert.

---

38 Dazu *Schwingel*, Zit. S. 65 (Hervorh. i. Orig.).

39 *Bourdieu*, Struktur, S. 190ff. Bei Spielen handelt es sich um »strukturale Übungen«, weil sie immer, so die Argumentation Bourdieus, das Ziel verfolgen, »die eine oder andere Form praktischer Beherrschung weiterzugeben« (S. 192).

40 *Schwingel*, S. 65. Eingehend auch erläutert in *Bourdieu*, Struktur, S. 182.

41 Vgl. auch *Gilcher-Holtey*, hier S. 118, mit dem Hinweis, daß die Wahrnehmungs- und Verhaltensdispositionen »von Individuen oder Gruppen situativ adaptiert werden können (und in der Regel auch werden), nicht aber zwangsläufig übernommen werden müssen«. Dieser Gedanke läßt sich weiterführen, wenn man die Entwicklung des Habitus als eine Form der Mnemotechnik begreift und ernst nimmt, durch die sich ein Gedächtnis formiert, das allerdings unterschiedliche Ebenen des Erinnerns bereithält. Grundlegend dazu *Assmann*, Kollektives Gedächtnis, S. 9–19, u. der Sammelband von *Assmann* (Hg.), Mnemosyne.

Auch der Körper, der mit dem Bourdieuschen Konzept der Habitusformierung als ein Medium der »Einprägungs- und Aneignungsarbeit« oder besser: der Einverleibung *und* der Verkörperung in den Blick rückt, wird in seiner kulturellen Codierung erkennbar und verliert damit den Anschein des Ahistorischen. Obwohl in jüngerer Zeit die Modellierbarkeit des Körpers, sei es nun im Hinblick auf seine geschlechtsspezifischen Zuschreibungen oder wegen seiner epochenspezifischen Unterschiede, in einer wachsenden Zahl von Studien untersucht und herausgestrichen worden ist,[42] hat doch die Nationalismusforschung die Bedeutung des Körpers bislang weitgehend ausgeblendet.[43] Tatsächlich verändert sich aber bereits mit der Einbeziehung des Körpers die Perspektive auf die Phänomene von Nation und Nationalismus beträchtlich. Das gilt vor allem dann, wenn man der kulturellen Codierung des Körpers Rechnung trägt und somit akzeptiert, daß auch das »Verhältnis zum eigenen Körper«, wie es Bourdieu ausdrückt, »immer durch den Mythos vermittelt« ist. In seinen Worten anders gesagt: »Die fundamentalsten, folglich allgemeinsten Körpererfahrungen ... sind gesellschaftlich bestimmt und dadurch Veränderungen unterworfen.«[44] Jeder Vorstellung von einer Authentizität im Sinne überhistorischer Körpererfahrungen wird damit die argumentative Grundlage entzogen.[45]

Dem widerspricht nicht, daß gerade mit dem und an dem eigenen Körper diejenigen Eigenschaften und Fähigkeiten, die der »Nation« zugeschrieben werden, erfahren werden können. Das gilt zumindest dann, wenn es eine Schnittmenge gibt zwischen den »nationalen« Zuschreibungen und den diskursiv und durch mimetische Prozesse vermittelten Vorstellungen vom Körper,[46] durch die nicht nur die eigene Körperwahrnehmung und das Körpergefühl bestimmt, sondern auch die Möglichkeiten der Körpererfahrung in hohem Maße geprägt werden.

Akzeptiert man das Konzept des Habitus für die Analyse des Nationalismus, liegt die Annahme dieser Konvergenz insofern nahe, als die ihn konstituierenden Wahrnehmungs- und Handlungsschemata immer auch im Körper veran-

---

42 Wesentlich dazu beigetragen, in dem Körper nicht länger etwas Ahistorisches, Substantialistisches zu erkennen, hat Foucault. Vgl. u.a. *Ders.*, Nietzsche; *Ders.*, Überwachen; *Ders.*, Sexualität; *Ders.*, Machtverhältnisse. Des weiteren seien, mit zum Teil ganz unterschiedlichen Ansätzen, nur genannt: *Butler*, Unbehagen; *Dies.*, Körper; dazu kritisch die Beiträge in: Feministische Studien, Heft 2, 1993. *Feher u.a.* (Hg.); *Sarasin u. Tanner* (Hg.); *Sarasin*, Subjekte; *Hager* (Hg.); *Barkhaus u.a.* (Hg.); *Döcker*; sowie *Rogozinski*.

43 Eine Ausnahme sind lediglich einige Beiträge in dem von *François u.a.* herausgegebenen Sammelband Nation u. Emotion. Vgl. darin v.a. *Kaschuba*, Nation, der zum Teil sehr pointiert auf dieses Defizit mit einigen anregenden Bemerkungen hinweist; *Baxmann*, Körper; *Arnaud u. Gounot*; *Faure*; sowie *Wahl*.

44 *Bourdieu*, Struktur, S. 193.

45 Dieselbe Stoßrichtung auch bei *Sarasin u. Tanner*, Einleitung.

46 Die Bedeutung mimetischer Prozesse wird ausführlicher aufgegriffen in *Goltermann*, Doppelgänger. Ausgesprochen anregend zur Bedeutung der Mimesis sind *Wulf*, Mimesis; sowie *Gebauer u. Wulf*, Mimesis; sowie *Dies.*, Zeitmimesis.

kert sind, da er selber ein Teil von ihm ist. Anders gewendet und zugespitzt heißt das: Durch den Körper eröffnet sich nicht nur ein Zugang für die Erfahrung spezifischer Eigenschaften und Fähigkeiten als »nationale«; vielmehr werden »nationale« Zuschreibungen auch vom Körper einverleibt und können in diesem Gestalt annehmen.

Doch die Beziehung zwischen Körper und Nation ist vielschichtiger. Denn in jedem Fall kann der Körper nicht nur als Teil eines nationalen Habitus, geschweige denn als sein alleiniges Produkt betrachtet werden. Das ist unstrittig. Evident ist indes die geschlechtsspezifische Kodierung des Körpers, ja, die Entwicklung spezifischer Körpervorstellungen durch die Übertragung vermeintlich »männlicher« oder auch »weiblicher« Eigenschaften auf diesen, die in praktischen Handlungen, gleich einer Mnemotechnik, in diesem verankert werden.[47] Insofern aber liegt es durchaus nahe, davon auszugehen, daß bei der Entwicklung eines nationalen Habitus als dem Produkt einer vielschichtigen »Einprägungs- und Aneignungsarbeit« nicht nur von einer Einverleibung »nationaler« Zuschreibungen in den Körper ausgegangen werden kann, sondern damit ein reziproker Prozeß verbunden ist, in dem die Nation durch Geschlechterstereotypen, die sich im und durch den Körper vermitteln – und als »nationale« Eigenschaften dann auch durch diesen erfahrbar bleiben –, strukturiert und geprägt wird.

Damit aber sind mehrfache Implikationen verbunden. Denn legt man zugrunde, daß »Geschlecht« als ein kulturelles Konstrukt durchaus Unterschiedliches bedeuten kann und damit prinzipiell veränderbar ist, schlägt sich das, erstens, auch immer wieder im Körper selber nieder: in einem sich wandelnden Verständnis vom Körper, in einer veränderten Wahrnehmung von diesem und einem anderen Körpergefühl, kurz: in der gesamten körperlichen Hexis, in der sich in dem weiten Spektrum der Körperhaltungen, sei es etwa das Gehen oder das Stehen, aber auch im Reden und der damit verbundenen Art und Weise des Fühlens und Denkens immer auch die realisierten und einverleibten Geschlechterkonstruktionen und die ihnen zugrunde liegenden Geschlechterdichotomien wiederfinden.[48]

Damit aber – und das ist der zweite Punkt – erhält auch der Nationalismus eine besondere Dynamik. Nicht nur weil das, was unter »national« verstanden und als »nationales« Verhalten begriffen und erfahren werden kann, je nach den damit verbundenen Männlichkeits- oder auch Weiblichkeitsvorstellungen zu ein und demselben Zeitpunkt durchaus unterschiedlich sein kann. Vielmehr verändern sich infolge des fortlaufenden Einprägungs- und Aneignungsprozes-

---

47 Vgl. hierzu zunächst nur *Krais*; sowie *Bourdieu*, Herrschaft, der »Geschlecht« selber als das Ergebnis eines Habitus begreift. Vgl. auch *Ders.*, Struktur, S. 193ff. Zur kulturellen Konstruktion von Geschlecht vgl. ausführlich die beiden Kapitel über Männlichkeit. Dort auch weitere Literaturangaben.

48 Vgl. dazu *Bourdieu*, Glaube, bes. S. 129; sowie *Ders.*, Herrschaft, S. 162.

ses die Vorstellungen von »Nation« oder »national« aufgrund der »dauerhafte[n] Transformation des Körpers«, der, um an dieser Stelle bei Bourdieu zu bleiben, als eine »vergeschlechtlichte Wirklichkeit« konstruiert wird,[49] die selber in einem fortlaufenden Konstruktionsprozeß reproduziert, aber auch transformiert wird.

Um die daraus sich ergebenden Konsequenzen für diese Analyse des Nationalismus auf den Punkt zu bringen: Es würde in die Irre führen, wollte man den Nationalismus weiterhin als etwas begreifen, das sich unabhängig und völlig jenseits von anderen Identitäten, wie etwa der Geschlechteridentität oder auch regionalen, einzelstaatlichen oder konfessionellen Identitäten formiert.[50] Vielmehr entwickelt er sich in Verbindung mit diesen, nicht nur, weil sie weiterhin Bestand haben und im Verhältnis zum Nationalismus auch immer wieder ihr Eigengewicht behalten, sondern vor allem, weil im Nationalismus Bestandteile anderer Identitäten aufgegriffen und aktiviert werden. Folgerichtig weitergedacht: Auch wenn der Nationalismus nicht auf die pure Adaption anderer Identitäten reduziert werden kann – ohne ihre Existenz hätte auch der Nationalismus keinen Bestand.

Um dieses Zusammenspiel zu beschreiben und zu analysieren, das gekennzeichnet ist durch die Möglichkeit der partiellen Konvergenz, aber auch der Divergenz, kann sinnvoll auf den Begriff der »Identität« – und das schließt die »nationale Identität« dann mit ein – zurückgegriffen werden.[51] Dem jedoch muß folgendes vorausgeschickt werden: Erstens ist jede dieser Identitäten als Konstrukt zu begreifen.[52] »Identität« enthält daher weder einen essentialistischen Kern, noch kann sie, wie das oft mißverstanden wird, als das am Ende eines Prozesses geronnene Produkt betrachtet werden,[53] das dann gewissermaßen das Substrat darstellte, um die Existenz stabiler und vor allem relativ homogener Entitäten zu gewährleisten. Das hieße zweifellos, einem Substantialismus das Wort reden, der, läßt man nur die Verwendung des Begriffs in den Studien zu Nation und Nationalismus Revue passieren, durchaus verbreitet ist.[54]

Zweitens darf »Identität« nicht nur vom Kollektiv her gedacht werden.[55] So

49 Ebd., Zit. S. 166 u. 167.
50 Vgl. dazu jetzt auch *Geulen*, Identität.
51 Vgl. jetzt auch *Haupt* u. *Tacke*, hier S. 266f.
52 In der Nationalismusforschung hat bislang nur *Giesen*, Intellektuellen, versucht, die Konstruktion von Identität systematisch anzugehen. Vgl. auch *Eisenstadt* u. *Giesen*. Zum Problem generell auch *Handler*, mit der deutlichen Warnung, »that we should be as suspicious of ›identity‹ as we have learned to be of ›culture‹, ›nation‹ and ›ethnic group‹« (S. 27).
53 Symptomatisch ist dabei die Verwendung des Begriffs der Identitäts*bildung*, dem ein deutlich normativer Impetus unterliegt und der, durchaus vergleichbar mit den Studien zur Nations*bildung*, von dem Interesse an der Homogenität und Stabilität geleitet ist.
54 Als Beispiel aus jüngerer Zeit sei nur genannt *Böckenförde*.
55 Gerade darin liegt dann auch der Vorzug des Identitätsbegriffs gegenüber dem der Mentali-

ist es zwar unstrittig, daß der einzelne seine Identität nicht aus sich selber heraus entwickelt, sondern durch seine Zugehörigkeit zu Gruppen, in denen er sich, durchaus auch in Abgrenzung von anderen, deren »identitätsrelevante[s] Wissen« aneignet.[56] An der sozialen Struktur von Identität besteht mithin kein Zweifel. Dabei darf man allerdings nicht vergessen, und das widerspricht der sozialen Strukturiertheit keineswegs, daß jeder einzelne immer auch »in eine Vielzahl solcher Gruppen eingespannt« ist »und daher an einer Vielzahl kollektiver Selbstbilder und Gedächtnisse« teil hat.[57] Anders gesagt: Da man grundsätzlich von einem Pluralismus an kollektiven Identitäten ausgehen muß, heißt das zugleich, daß jede individuelle Identität ebenfalls durch diesen Pluralismus gekennzeichnet ist, das heißt aus einer Vereinigung unterschiedlicher Identitäten besteht. Diese Teilidentitäten, die auch als einzelne Variablen bezeichnet werden können, werden nicht nur zu unterschiedlichen Zeitpunkten verschieden gewichtet; vielmehr können sich diese durch die fortlaufende Anreicherung und Interiorisierung unterschiedlicher Wissensbestände und Handlungsmuster partiell immer wieder verändern, wodurch sich aufgrund der Korrelation mit anderen Teilidentitäten auch diese verschieben können. Das heißt: Auch wenn Identität eine soziale Struktur besitzt, schließt das die »Differenz sozialisierter Individuen«[58] mit ihrer Vielfalt an Wahrnehmungs- und Ausdrucksformen nicht aus. Mehr noch: Es weist darauf hin, daß sowohl individuelle als auch kollektive Identitäten prinzipiell als unvollendet und auch als instabil betrachtet werden müssen.

Das gilt auch für die »nationale Identität«, die in einem dreifachen Sinne durch diesen Pluralismus gekennzeichnet ist: Denn sie ist, erstens, nur eine kollektive Identität unter mehreren und daher immer nur ein konstituierender Teil auch der individuellen Identität, dessen Gewicht und Bedeutung im Verhältnis zu den anderen Variablen – dem Geschlecht, der Konfession, der einzelstaatlichen Herkunft oder etwa der politischen Identität – situativ unterschiedlich sein kann.[59]

tät, die Kollektives bezeichnet und sich gegen jede Form der Vielschichtigkeit, der Polyvalenz, der Variabilität sperrt. Ein Beispiel für die reduzierte Sichtweise, in der dann auch Identität und Mentalität verschmelzen, ist die Verwendung des Begriffs bei *Im Hof*, wo es heißt: »Nationale Identität bedeutet Übereinstimmung mit der nationalen Gesellschaft, in welche man hineingestellt ist. Sie gründet auf einer Tradition von Verhaltensweisen, Mentalitäten und ideellen Vorstellungen. Sie schafft ein bestimmtes Wert- und Normensystem. Sie drückt sich aus in politischer Haltung, in Bewußtseinsinhalten und setzt einen bestimmten historischen Hintergrund voraus. Diese Vorstellungen überhöhen die alltägliche Wirklichkeit und lassen sich in Worte, Melodien, Bilder oder Symbole fassen.« (S. 1).

56 *Assmann*, Problem, Zit. S. 17.

57 *Assmann*, Kollektives Gedächtnis, S. 11; auch *Burke*, Geschichte, S. 298.

58 Ein klares Plädoyer, bei den diversen Identitätskonzeptionen die Differenz im Blick zu behalten, auch bei *Joas*, hier auch das Zit. S. 365.

59 In eine ähnliche Richtung argumentiert auch *Friedeburg*, allerdings ohne ihre partielle Verbindung zu thematisieren.

Zweitens ist dieser Pluralismus der nationalen Identität selber immanent. Das steht im Einklang mit der fortlaufenden Einprägungs- und Aneignungsarbeit, die der Entwicklung des Nationalismus als Habitus zugrunde liegt. In diesem gewissermaßen symbiotischen Verhältnis erhält die nationale Identität jedoch nicht nur ihre je spezifische Ausrichtung, die sich in Abhängigkeit von der Ausprägung derjenigen Teilidentitäten, die sie miteinschließt, entwickelt; vielmehr sind diese durch ihre eigene Unabgeschlossenheit auch eine wesentliche Antriebskraft für deren Wandel.

Daraus ergibt sich, drittens, daß »nationale Identität« auch selber nur als Pluralität existiert, in der sich, trotz der Unterschiedlichkeiten, Übereinstimmendes herauskristallisiert, die aber ebensogut, ungeachtet aller Konvergenz, desintegrative Züge aufweist. Tatsächlich erweist sich das, um den Blick an dieser Stelle wieder auf die Entwicklung des deutschen Nationalismus zu lenken, bereits vor der Gründung des Nationalstaats, weitet sich danach jedoch aus und spitzt sich zu. Die bisweilen harten Konflikte zwischen den protestantischen Liberalen, zumal dann, wenn sie aus Preußen kamen, und den süddeutschen Katholiken – und damit ist nur eine Konfliktlinie unter mehreren beschrieben – waren immer auch Teil eines fortlaufenden Kampfes um das Macht- und Deutungsmonopol,[60] der im Namen der »Nation« und ihrer vermeintlich allgemeinen Interessen geführt wurde und auf konkurrierenden »nationalen Identitäten« beruhte. In diesem mit wechselnder Intensität ausgetragenen Kampf standen unterschiedliche Teilidentitäten zur Disposition, die sich dabei selber in ihrer Vielschichtigkeit zeigten, in konkreten Momenten jedoch, etwa in der Auseinandersetzung mit der Sozialdemokratie, durchaus konvergieren oder in der Konfrontation gegenüber einem äußeren Feind völlig in den Hintergrund treten konnten.[61]

Vor diesem Hintergrund liegt es bei der vorliegenden Arbeit nahe, einen doppelten Zugriff zu wählen: Eine Analyse des Nationalismus als Habitus und die Einbeziehung anderer Identitäten als eines eigenen Gegenstands der Untersuchung.[62] Denn erst indem man den polymorphen Charakter der einzelnen Identitäten und ihre Plastizität in der Zeit in den Blick nimmt, können diese auch in ihrer Bedeutung für die Vielschichtigkeit der nationalen Identität und als Triebfeder für deren Veränderung erfaßt werden. Da ihre Verschränkung mit der nationalen Identität und ihre wechselseitige Bedingtheit durch die Habitusanalyse erschließbar bleibt, kann damit auch ihr Eigengewicht sehr viel besser ausgelotet werden.

60 Vgl. auch *Langewiesche*, Nationsbildung, v.a. S. 59ff.
61 Vgl. dazu v.a. das Kap. Rahmenbedingungen, Konfliktherde u. Feindkonstellationen: Die gespaltene »Einheit«.
62 Ein klares Plädoyer für die stärkere Gewichtung der Regionen etwa als »eigenständige, in sich durchaus widersprüchliche und komplexe Formen der Identitätsbildung« auch bei *Haupt*, Nationalismus, S. 50. Auf ein sehr viel weiteres Spektrum an Identitäten bezogen, fordert das auch *Geulen*, Identität.

Eine solche Studie aber bleibt notgedrungen defizitär, ist es doch kaum möglich, jede Identität in ihrer eigenen Vielfalt, ihrer Wandelbarkeit mitsamt den dafür ausschlaggebenden Antriebskräften und schließlich in ihrer wechselseitigen Beziehung auszuleuchten. Herausgegriffen wird daher im folgenden die Konstruktion der Geschlechteridentität, konkret: der »Männlichkeit«, mit den ihr zugeschriebenen Bedeutungen und den verschiedenen Modi ihrer Verinnerlichung, die auf ganz unterschiedlichen Ebenen verläuft, aber immer wieder den Körper als ein Medium der Einverleibung und der Verkörperung miteinschließt. Auf welche Weise und in welchem Maße »Männlichkeit« als ein Teil der individuellen wie auch der Gruppenidentität die Vorstellungen von »nationalen« Eigenschaften und »nationalem« Verhalten mitkonstituierte und prägte; auf welche Weise aber auch umgekehrt die Erwartungen an die »Nation« und die ihr zugeschriebenen Eigenschaften und Fähigkeiten, die selber einem Wandel unterlagen, auf die Vorstellungen von »Männlichkeit« zurückwirkten und sich in den Körper einschrieben – diese Fragen bestimmen weitgehend den Aufbau von zwei Kapiteln dieser Arbeit (I.B.2.3.; II.B.3.).

Demgegenüber nehmen die anderen Identitäten, die nicht als eigener Gegenstand der Untersuchung, mithin auch weder in gleichem Maße systematisch noch in ähnlicher Weise differenziert und detailliert in den Blick genommen wurden, innerhalb der Arbeit einen geringeren Stellenwert ein. Präzise Aussagen über die innere Vielfalt auch der einzelstaatlichen, der regionalen, vor allem auch der konfessionellen Identitäten, über die Zusammensetzung, aber auch die Verschiebung ihrer jeweiligen Komponenten sollen daher hier nicht gemacht werden. Dennoch legt es der Ansatz dieser Arbeit nahe, diese verschiedenen Identitäten über den gesamten Zeitraum der Untersuchung in ihrer Eigenständigkeit ernst zu nehmen, um ihre zum einen hervorstechende, zum andern zurückstehende Bedeutung innerhalb des gesamten Identitätengeflechtes überhaupt erfassen und damit auch ihr Gewicht als handlungsleitende Größe zumindest annähernd veranschlagen zu können. Die wechselseitige Bedingtheit verschiedener Identitäten und ihre inhaltliche Korrelation schließt das, wie gesagt, keineswegs aus. Diese werden jedoch nur punktuell und vor allem dann ins Blickfeld gerückt, wenn sie durch ihre Verschmelzung mit der nationalen Identität auf deren immanente Vielfalt und die Plastizität des Nationalismus verweisen. Am Beispiel der einzelstaatlichen Identität, die aufgrund des vorliegenden Materials gegenüber der konfessionellen sehr viel eingehender behandelt wird, kann deutlich gezeigt werden, daß diese durch symbolische und kulturelle Praktiken vom Nationalismus zwar absorbiert wird, ohne jedoch vollständig amalgamiert zu werden und damit in diesem aufzugehen. Statt dessen bleibt auch dort, wo unterschiedliche Identitäten ineinandergreifen, ein schwer zu fassender und nur in konkreten historischen Momenten sich auflösender Schwebezustand kennzeichnend, der hier ein latentes, dort ein offenes Spannungsverhältnis verrät, das sich aus der Persistenz unterschiedlicher, im Fluß begriffener Identitäten speist, die immer wieder von neuem auf ihr Eigengewicht und die damit verbundene Vielzahl an möglichen Grenzziehungen verweisen.

Die vorliegende Arbeit, die sich mit dem deutschen Nationalismus seit den ausgehenden 1850er Jahren bis ins Jahr 1890 beschäftigt, ist zu begreifen als ein erster Versuch, den Nationalismus aus einer anderen und durch die Einbeziehung des Körpers auch erweiterten Perspektive zu betrachten und zu analysieren. Damit wird ein noch schwankender Boden betreten, und das nicht nur, weil sich die Arbeit immer wieder im Fadenkreuz der Nationalismushistoriographie, der Körper- und der Geschlechtergeschichte befindet, die auf diese Weise noch nicht zusammengedacht und aufeinander bezogen worden sind,[63] sondern auch, weil das Habituskonzept in diesen Bereichen nur vereinzelt und auch dann nur in ersten Ansätzen zum Ausgangspunkt der Analyse gemacht und erprobt wurde.[64]

Zunächst gedacht, die in der deutschen Geschichtsschreibung überaus einflußreiche These von einem in den ausgehenden 1870er Jahren zu verortenden Wandel des Nationalismus von einer ursprünglich »linken« in eine »rechte« Ideologie[65] in Frage zu stellen und empirisch zu überprüfen, wurde bei der Wahl des Untersuchungszeitraums bewußt auf die Zeit vor der Nationalstaatsgründung zurückgegriffen. Wenn sich auch das Interesse und vor allem der Zugriff zur Analyse des Phänomens relativ schnell verschob – was nicht ausschloß, die These vom Wandel weiterhin kritisch miteinzubeziehen –, erwies sich diese Entscheidung als methodisch interessant: zum einen, weil das sogenannte Reichsgründungsjahrzehnt nach wie vor ein absolutes Forschungsdesiderat darstellte; zum andern aber, weil es dadurch möglich wurde, das Jahrzehnt vor 1871 als die Formierungsphase eines »nationalen« Habitus zu analysieren, seinen Aufbau in den Blick zu nehmen und die Verinnerlichungs- und Einverleibungsprozesse nachzuzeichnen, um dann, in einem zweiten Abschnitt, die Entwicklung des Habitus nach der Gründung des Nationalstaats weiterzuverfolgen.

Mit dieser Zweiteilung der Arbeit ist der Stellenwert jener politischen Zäsur

---

63 Auf den Zusammenhang von Nation und Geschlecht richtet sich das Interesse nach wie vor nur vereinzelt. Vgl. dazu *Frevert*, Nation; *McMillan*, »... die höchste und heiligste Pflicht ...«. Weitere Literaturangaben im Kap. Männlichkeit.

64 Für die Geschlechtergeschichte vgl. *Krais*; *Gebauer*, Kinderspiele; *Engler*, Lebensstile; *Döcker*, Ordnung.

65 Diese von *Winkler* in die Diskussion gebrachte These und deren Interpretation als Funktionswandel geht zurück auf eine Beschreibung des Liberalen Ludwig Bamberger im Jahre 1888, in der es hieß: »Das nationale Banner in der Hand der preußischen Ultras und der sächsischen Zünftler ist die Karikatur dessen, was es einst bedeutet hat, und diese Karikatur ist ganz einfach so zustande gekommen, daß die überwundenen Gegner sich das abgelegte Gewand des Siegers angeeignet und nach ihrer Fasson gewendet, aufgefärbt und zurechtgestutzt haben, um als die lachenden Erben darin einherstolzieren zu können.« Zit. nach *Winkler*, Nationalismus, S. 5.

keineswegs von vornherein präjudiziert. Im Gegenteil, kann dieser doch erst dann beurteilt werden, wenn die Jahre vor der Gründung des Kaiserreichs in die Untersuchung miteinbezogen werden. Ob und auf welche Weise etwa die Wahrnehmung und Deutung des Sieges gegen Frankreich und die nachfolgende Kaiserreichsgründung durch einen Habitus determiniert waren, der sich in den Jahrzehnten zuvor herauskristallisiert hatte; oder ob und in welchem Maße diese Ereignisse als Momente der fortlaufenden Einprägungs- und Aneignungsarbeit den Habitus selber, mithin auch die Wahrnehmung der Nation, die Erwartungen an diese und die Vorstellungen von »nationalen« Eigenschaften oder Verhaltensweisen veränderten – das alles sind grundlegende Fragen, an denen sich sowohl die Plastizität des Nationalismus als auch die Tragfähigkeit des Habituskonzeptes erweisen.

Damit ist ein zentrales Problem dieser Arbeit angeschnitten, für das der Rückgriff auf das Habituskonzept besonders vielversprechend erscheint, das damit jedoch auch auf besondere Weise auf dem Prüfstand steht: Es geht um das Problem von Kontinuität und Diskontinuität, das in den seltensten Fällen durch ein spezifisches Ereignis im Sinne eines »Entweder-Oder« entschieden und daher als eindeutiger Bruch erkennbar wird. Statt dessen stellt sich das Problem zumeist auf unterschiedlichen Ebenen: So schließt die strukturelle Determiniertheit der körperlichen Hexis, in der die einverleibten »nationalen« oder auch Geschlechterzuschreibungen ein System dauerhafter Dispositionen begründen, Veränderungen der jeweiligen »nationalen« Wahrnehmungs- und Deutungsmuster oder eben des Männlichkeitsbildes nicht aus, wenngleich diese Verschiebungen mitunter auch nur gewissermaßen millimeterweise erkennbar werden, die sich dann wiederum im Körper niederschlagen.

In ganz anderer Weise stellt sich das Problem im Hinblick auf die unterschiedlichen Identitäten, die in dem Moment, in dem sie als ein Teil der nationalen Identität ausgemacht werden können, ihr Eigengewicht nicht notwendigerweise verlieren; so wie umgekehrt ihr Fortbestehen weder die Konvergenz mit der nationalen Identität noch ihren jeweiligen immanenten Wandel ausschließt. In diesem Zusammenspiel, dessen »Funktionsweise« vorn bereits hinreichend erörtert wurde, erweisen sich Kontinuität und Diskontinuität oftmals nur als zwei Seiten ein und derselben Medaille – eine zentrale Problematik, die sich wie ein roter Faden durch die vorliegende Arbeit zieht und immer wieder aufgegriffen wird.

Sowohl dem ersten als auch dem zweiten Teil der Arbeit wurde je ein einleitendes Kapitel vorangestellt (I.A.; II.A.), das in äußerst komprimierter Form die Grundlinien der Entwicklung zusammenfaßt, dabei aber versucht, ein möglichst weites Spektrum an Identitäten und »nationalen« Ausrichtungen einzufangen. Diese politikgeschichtlichen Abschnitte basieren überwiegend auf der einschlägigen Literatur, die sporadisch ergänzt wurde durch die Einbeziehung zeitgenössischer Periodika, sofern es dadurch möglich erschien, unter einem

26

veränderten Blickwinkel neue Aspekte und Argumente hinzuzufügen und die Perspektive zu erweitern. Eine Analyse des Nationalismus als Habitus steht dabei aber nicht im Vordergrund. Das ergibt sich allein aufgrund der vorliegenden Studien und der ihnen zugrunde liegenden Ansätze. Sie bieten jedoch die Möglichkeit, die nachfolgend untersuchte Entwicklung des Nationalismus innerhalb der deutschen Turnbewegung in einen breiteren Kontext einzuordnen und gegebenenfalls die Ergebnisse zu kontrastieren.

Gerade weil der Habitus den Körper als eine Dimension miteinschließt, liegt die Option für die Turnbewegung, die seit Jahrzehnten zur Nationalbewegung hinzugerechnet werden konnte, nahe.[66] Tatsächlich läßt sich kaum eine andere Formation finden, die den Körper in der gleichen offenen Weise thematisierte und ihm einen vergleichbaren Stellenwert zugeschrieben hat. Hier wurden nicht nur Körperideale vermittelt und angeeignet, vielmehr wurden in der körperlichen Praxis auch nationale Wert- und Verhaltensvorstellungen einverleibt, wurde die körperliche Konstitution zum Maßstab der »Nation«, wie umgekehrt die wahrgenommene »nationale« Entwicklung stets auf die Verfassung des Körpers, auf seine Schwäche oder seine Kraft und Leistungsfähigkeit verwies.

Grundlegend für die Analyse des ersten Teils ist die Annahme, daß für die Zeit der 1850er und 60er Jahre trotz der nationalen Ausrichtung der Turnbewegung während der vergangenen Jahrzehnte und trotz der nach wie vor präsenten Wortführer und ihres Engagements für das Ziel der politischen Einheit nicht davon ausgegangen werden kann, daß von vornherein allen Mitgliedern eine »nationale« Überzeugung unterstellt und diese als Motiv für den Eintritt vorausgesetzt werden kann, mithin auch keine einhellige Vorstellung davon existierte, was unter »national« oder »deutsch« zu verstehen sei.

Insofern mag es zunächst in die Irre führen, daß die Einheit und die Freiheit, und damit immerhin zwei zentrale Zielvorstellungen der Nationalbewegung, im Mittelpunkt der Untersuchung stehen (I.B.2.1. u. 2.2.). Denn die Fragestellung muß eine doppelte aus unterschiedlichen Richtungen sein: So liegt es nahe, diejenigen Momente in den Blick zu nehmen, die mit dem Nationalismus zunächst nichts zu tun haben. Dazu gehören die kulturellen Muster, wie etwa das Zusammengehörigkeits- oder Gemeinschaftsgefühl einer Gruppe, ebenso wie die gemeinsam geteilten vorpolitischen Werte, an die sich stets Vorstellungen eines spezifischen Verhaltens knüpften. Diese kollektiven Wert- und Verhaltensvorstellungen, die auch als Autostereotype bezeichnet werden können, bildeten dann auch die Voraussetzung dafür, daß eine Vorstellung von der »Nation« und den ihr zugeschriebenen Eigenschaften entwickelt und diese erfahren werden konnte. Denn es spricht viel für die Annahme, daß die »Nation«, so wie sie sich ihre Protagonisten innerhalb der Turnbewegung vorstellten, in

---

66 Vgl. dazu *Düding*, Organisierter gesellschaftlicher Nationalismus. Weitere Literaturangaben im Kap. I.B.1.

hohem Maße durch dieses Repertoire an vorpolitischen Werten mitbestimmt wurde.

Insofern muß dann auch die Frage danach, welcher Bedeutungsgehalt den Leitideen von Einheit und Freiheit zugeschrieben wurde, neu gestellt werden. Dabei gilt es auf der einen Seite nachzuzeichnen, in welchem Maße diese politischen Zielvorstellungen durch scheinbar unpolitische Werte und eine ebenso unpolitisch erscheinende Körperpraxis geprägt werden konnten, die damit umgekehrt in hohem Maße politisiert wurden. Anders gesagt: Das Hauptaugenmerk richtet sich zunächst auf die Bestandteile und Ebenen der »Einprägungs- und Aneignungsarbeit«, um überhaupt die Elemente eines »nationalen« Habitus erfassen zu können. In einem weiteren Schritt können dann die Praxis- und Repräsentationsformen in den Blick genommen werden, die als ein strukturierendes Moment der Wahrnehmung den teilnehmenden Turnern wie dem zuschauenden Publikum auf den Festen eine Vorstellung von der »Nation« vermittelten, die derart erfahrbar und auf unterschiedlichen Ebenen einverleibt wurde (I.B.2.2. u. 3.).

Obwohl sich die Rahmenbedingungen mit der Nationalstaatsgründung entscheidend veränderten, blieben diese Autostereotype innerhalb der Turnerschaft konstitutiv für die Ausprägung ihrer Nationsvorstellungen. Ob diese semantische Konstanz jedoch tatsächlich eine Kontinuität verrät, ob sich der Bedeutungsgehalt ihrer einzelnen Elemente veränderte oder ob sich deren Gewichte untereinander verschoben, ist damit jedoch noch nicht geklärt. Immerhin bestimmten sie als Elemente eines »nationalen« Habitus die Wahrnehmung der »Nation« wesentlich mit und fungierten deshalb immer auch als die Kriterien, an denen der Stand der »nationalen« Entwicklung gemessen werden konnte. Das Interesse muß sich daher darauf richten, dieses Spannungsverhältnis auszuloten und die damit verbundenen Konsequenzen zu präzisieren.

In den Mittelpunkt rücken deshalb immer wieder die Inszenierungen der »Nation«, wie sie auf eindrucksvolle und ganz unterschiedliche Weise etwa auf den Turnfesten vorgenommen wurden. Denn hier wurde die »Nation« stets so präsentiert, wie man sie sich vorstellte, waren die Eigenschaften und Fähigkeiten, die den Turnern abverlangt wurden und die sie hier demonstrieren sollten, kongruent mit den Erwartungen, die an die »Nation« gerichtet wurden. Tatsächlich legen es bereits die veränderten Rahmenbedingungen nahe, an einer ungebrochenen Kontinuität des nationalen Habitus zu zweifeln, dessen prozessualer Charakter nicht vergessen werden darf. So präsentierten sich die Turner, um das nur andeutungsweise vorwegzunehmen, auf den Festen als tragende Stützen der »Nation« *und* als Teil eines »Volkskörpers«, der nach ihren bisherigen Erwartungen mit der »Nation« identisch gewesen war, nun aber über die politischen Grenzen des Nationalstaates hinauswies. Mußte sich die Wahrnehmung der »Nation«, die sich in der ihr ursprünglich zugeschriebenen Kohärenz nicht verwirklicht hatte, dadurch nicht zwangsläufig verändern? Traten hier nicht zwei verschiedene Identitäten nebeneinander, die eine, wenn auch vielleicht partielle, Umdeutung dessen zur Folge haben mußten, was unter »national« oder »deutsch« verstanden werden konnte? Drängte die »Nation« in diesem »unvollendeten« Charakter nicht von Beginn an auf eine Hypostasierung der »Einheit«, um ihrer schon einmal erlebten Zersplitterung nicht ein weiteres Mal erliegen zu müssen?

Wie kompliziert sich das Problem der »Einheit« seit der Nationalstaatsgründung gestaltete, ja, welche inhärenten Schwierigkeiten diesem Denkmuster und den damit verbundenen Ansprüchen zugrunde lagen – dafür waren diese unterschiedlichen Vorstellungen der Zusammengehörigkeit, die sich zum einen auf die »Nation«, zum andern auf das »Volk« bezogen, paradigmatisch. Denn ohne deckungsgleich zu sein, waren beide ineinander verwoben, traf man hier auf changierende Identitäten, deren Stellenwert und deren Bedeutung mit der Nationalstaatsgründung keineswegs festgelegt war.

Doch die Problematik jeder anvisierten »Einheit« war komplizierter: Denn quer dazu lag der innerhalb der »Nation« existierende Pluralismus an Identitäten mit seiner Vielfalt an Deutungs- und Handlungsmustern, durch die jede Vorstellung von einer »Einheit« immer wieder zunichte gemacht werden mußte. Wie aber ließ sich das in Einklang bringen mit der Tatsache, daß auch nach der Gründung des Kaiserreichs sowohl die »Einheit« als auch die »Freiheit« weiterhin als konstitutive Elemente des Nationsverständnisses begriffen wurden?

Der zweite Teil der Arbeit versucht, auf diese Frage, die ganz unterschiedliche Aspekte miteinschließt, eine Antwort zu geben (II.B.1. u. 2.). Dabei wird es nicht erstaunen, daß die Turnbewegung, die für sich in Anspruch nahm, die »Einheit« mit der »Freiheit« und damit auch den Gegensatz von Gleichheit und Differenz in der »Nation« in Einklang bringen zu können, zwangsläufig immer wieder an den Aporien dieses Versuches scheiterte. Letztlich setzte sie die »Einheit« gegenüber jeder Vielfalt an Identitäts- und Loyalitätsbindungen absolut, die sie als Phänomen zwar keineswegs negierte; durch einen gemeinsamen Wert- und Verhaltenskanon glaubte sie jedoch, die divergierenden Identitäten überwölben und ihnen dadurch ihr Eigengewicht nehmen zu können. Daß dies ein Trugschluß sein mußte, liegt auf der Hand: Er zeigte sich dort, wo unterschiedliche Identitäten in einen Macht- und Deutungskampf eintraten, der selbst dann, wenn er im Namen der »Nation« geführt wurde, stets auf das Gewicht der mit ihr verbundenen Identitäten verwies. Doch die Problematik von »Einheit« und »Freiheit« erschöpfte sich darin nicht. Denn daß die Akzeptanz der Differenz nur allzu oft der Etablierung einer »Einheit« dient – das läßt sich auch innerhalb der Turnerschaft verfolgen, die dem Antisemitismus letztlich nichts entgegenzusetzen hatte. Die Verteidigung der »Einheit« – das hatte hier mit universalistischen Prinzipien nichts mehr gemeinsam. Doch das war nie allein das Problem von »Nationen«.

I. Die Entwicklung des Nationalismus
bis zur Nationalstaatsgründung

A. Nationalismus, nationale Bewegung und Liberalismus:
Die Diskussion 1848/49–1871

Wer Liberalismus und Nationalismus bis zur Gründung des Deutschen Kaiserreichs als Synonyme bezeichnet, begibt sich auf Glatteis. Das wird bereits weit vor der Revolution von 1848 erkennbar,[1] kristallisiert sich in den darauffolgenden Jahren jedoch noch sehr viel deutlicher heraus: Weder gab es einen »geschlossenen« Liberalismus als Träger einer einzigen nationalen Idee,[2] noch waren es alleine die Liberalen, die sich der »Nation« verpflichtet fühlten und den Nationalstaat als politische Organisationsform ins Auge faßten.[3] Gewiß, die »Nation« war noch kein allgemeingültiger Leitwert und ebensowenig ein allgemeinverbindliches Prinzip. Nach wie vor opponierte der überwiegende Teil der Konservativen gegen die Gründung eines Nationalstaats, doch auch in ihren Reihen vermehrten sich langsam die Stimmen derer, die mit dem Blick auf die deutsche Einheit »national« argumentierten. Das galt in gewisser Weise auch für den politischen Katholizismus, der dann jedoch eindeutig als politische Ordnung die großdeutsche Option favorisierte.[4]

Im Rückblick läßt sich eine klare Tendenz verfolgen: Die vorherrschende Frage war in den 1860er Jahren nicht mehr, ob ein Nationalstaat gegründet werden sollte; sondern man stritt innerhalb eines wachsenden und sehr heterogenen »nationalen Lagers«[5] in erster Linie um den gangbaren und scheinbar richtigen Weg zur künftigen deutschen Einheit – eine Frage, die eng verbunden war mit dem Problem der Grenzen, aber auch der inneren Ausgestaltung des ersehnten neuen Staates. Zugespitzt hieß das: unter preußischer Führung die Lösung eines »kleindeutschen« Staates, der gegebenenfalls zumindest

---

1 Vgl. *Langewiesche*, Reich. Ansatzweise auch *Kaschuba*, Zwischen Deutscher Nation.

2 Für die 1860er Jahre zeigt das überzeugend *Biefang*. Zum Problem der Vielfältigkeit des Liberalismus *Hettling*, Politische Bürgerlichkeit. *Offermann; Winkler*, Emanzipation.

3 Aufschlußreich sind hier die Analysen der Festkultur: Vgl. dazu den Sammelband von *Düding* u.a. (Hg.), daraus v.a. auch den Beitrag von *Haupts; Schneider*.

4 *Birke*, hier S. 57.

5 *Rohe*, S. 21f. u. 64ff., der ebenfalls von einem entstehenden »nationalen Lager« spricht, das er aber auf diejenigen beschränkt, die sich auf den kleindeutschen Nationalstaat bezogen.

»Deutsch-Österreich« noch miteinschloß, oder ein »großdeutsches« Reich, das Gesamtösterreich mitumfaßte. Die Trennungslinien liefen quer durch die nationalpolitische Öffentlichkeit und verschoben sich mehrfach.[6] Politische Erwartungen, einzelstaatliche Identitäten und Loyalitäten sowie konfessionelle Bindungen bestimmten die jeweilige »nationale« Option wesentlich mit, verlagerten sich dabei aber auch und traten in unterschiedlichen Mischungsverhältnissen auf. Entsprechend verschieden waren die Erwartungen, die sich hinter dem »nationalen Interesse« verbargen, und ebenso die Vorstellungen, was »national« sei, wer zum »Volk« und zu der »Nation« gehörte.[7] Der Volks- und Nationsbegriff war daher nicht nur ein »Indikator für die Heterogenität des politischen Denkens«,[8] vielmehr verdeutlichte er zugleich die anhaltende Bedeutung und Prägekraft der überkommenen, konfessionellen, einzelstaatlichen oder parteiorientierten Loyalitätsbindungen.[9]

Dabei sind die nationalen Strömungen vor der Gründung des Deutschen Kaiserreichs zusätzlich dadurch charakterisiert, daß diese politisch, konfessionell oder auch einzelstaatlich überformten und daher unterschiedlichen Vorstellungen der »nationalen« Frage einer ständigen Veränderung unterlagen, welche die Heterogenität und den Dissens ebenso zutage fördern konnte wie den Wahrnehmungs- und Einstellungswandel unter denjenigen, die sich auf die »Nation« beriefen, die sogar eine, wenn auch kurzlebige, Überwölbung der Gegensätze während »nationaler« Krisensituationen wie der Schleswig-Holstein-Krise oder dem deutsch-französischen Krieg ermöglichte. Die Wahrnehmungs- und Deutungsmuster einer beständig neu interpretierten »nationalen Wirklichkeit« veränderten sich, ebenso wie die Konstruktion der »nationalen Mythen«, die ihrerseits wiederum die auf die »Nation« ausgerichtete »Handlungs-, Wahrnehmungs- und Denkmatrix« beeinflußten.

In diesem Prozeß waren die Liberalen, als die Hauptträger des nationalstaatlichen Gedankens bis zur 48er Revolution, miteingeschlossen.[10] Dabei wandelten sich ihre nationalen Vorstellungen, Interpretationen und Verhaltensweisen nicht nur in Abgrenzung von den Demokraten, den Konservativen oder dem politischen Katholizismus. Auch innerhalb des Liberalismus verlief die Entwicklung des Nationalismus weder geschlossen noch geradlinig. Auf der einen Seite drifteten in ihren Reihen nationale Strömungen auseinander, da andere Identitäts- und Loyalitätsbindungen zum Tragen kamen; auf der andern Seite

---

6 Vgl. dazu zusammenfassend *Langewiesche*, Liberalismus, S. 89f.; *Siemann*, Gesellschaft, S. 184; *Mayer*.

7 Vgl dazu grundlegend *Koselleck u.a.*, S. 354ff.

8 Ebd., S. 366.

9 Vgl. etwa *Blessing*, Staat; *Ders.*, Gottesdienst; *Hanisch*, Fürst; *Ders.*, Nationalisierung; *Berding*, Identität; *Sellin*, Nationalbewußtsein. Als Problemaufriß und daher notgedrungen allgemein bleibend *Nipperdey*, Einheit. Vom Titel her vielversprechend, aber inhaltlich enttäuschend *Brandt*, Region.

10 Vgl. *Langewiesche*, Liberalismus; *Sheehan*, German Liberalism. Als Längsschnitt auch *Kupisch*.

teilten die Liberalen einen gemeinsamen »nationalistischen Diskurs«, ihre Einstellungen wandelten sich aufgrund von gemeinsamen sozialen wie politischen Erfahrungen, und in der mitunter auftauchenden nationalen Euphorie waren die Unterschiede ohnehin aufgehoben.

Unstrittig markiert dabei die Revolution von 1848/49 das einschneidendste Ereignis mit den am weitesten reichenden Konsequenzen für das nationalpolitische Denken vor der Nationalstaatsgründung.[11] »Das Jahr 1848«, konstatierte Varnhagen von Ense rückblickend in einer Tagebuchnotiz sechs Jahre nach der 48er Revolution, habe seiner »ganzen Lebensstellung eine große Veränderung gebracht«. Der sonst als strenger und genauer Beobachter seiner Zeit bekannte Varnhagen blickte dabei geradezu wehmütig und nicht ohne die Ereignisse zu verklären auf die »reinen und vollen Freiheitserscheinungen jenes Jahres« zurück, die er in einem bitteren Kontrast zu den ersten Jahren der angebrochenen »Reaktionszeit« erlebte.[12]

Dieses Urteil steht stellvertretend für eine unter den Liberalen weitverbreitete nationalpolitische Stimmungslage während der 1850er Jahre, die sich bei zahlreichen Protagonisten des nationalen Gedankens wiederfindet. In einer breiteren »nationalpolitischen Öffentlichkeit« gab es vergleichbare Äußerungen freilich nicht. Denn von dieser konnte zumindest im strengen Sinne des Wortes seit dem Beginn des »Reaktionsjahrzehnts« nicht mehr die Rede sein.

Nach dem Vertrag von Olmütz, der den Frieden zwischen Preußen und Österreich besiegelte, und der Berufung des preußischen Ministerpräsidenten Otto von Manteuffel betrieben die beiden deutschen Staaten eine koordinierte innenpolitische Repressionspolitik gegen die scheinbar nationalrevolutionäre Bewegung.[13] Die politischen Vereine wurden verboten; die gerade erst gewährte Presse- und Versammlungsfreiheit wurde aufgehoben. Der »organisierte gesellschaftliche Nationalismus« wurde damit in seinem Kern getroffen. Das nationale Vereinswesen zerbrach, die nationalpolitischen Manifestationen auf Feiern und Festen versiegten nahezu vollständig. Die nationale Frage aber blieb im Bewußtsein weiter Teile der Bevölkerung als ein gegenwärtiges und ungelöstes Problem präsent. Der deutliche Rückzug ins Private und eine, wie es scheint, weitverbreitete Entpolitisierung[14] – Folgen der militärischen Nieder-

---

11 Die Entwicklung von Nationalismus und Liberalismus zwischen 1849 und 1870 ist nach wie vor eine erstaunliche Forschungslücke, die auch durch die sehr lesenswerte Studie von *Siemann*, Gesellschaft, nicht geschlossen werden kann. Der Abschnitt in *Siemann*, Staatenbund, S. 389–430, führt darüber nicht hinaus. Vgl. neuerdings auch *Hettling*, Politische Bürgerlichkeit; sowie *Sheehan*, German Liberalism, S. 79ff.; *Langewiesche*, Liberalismus, S. 39ff.; als Überblick zur 48er Revolution *Siemann*, Revolution, sowie *Ders.*, Ruhe – eine Studie, die eindrücklich das Ausmaß der Repression vor Augen führt.

12 Tagebuchnotiz vom 3.11.1854, in: *Varnhagen von Ense*, S. 215.

13 Vgl. zusammenfassend zum Reaktionsjahrzehnt *Siemann*, Gesellschaft, S. 25ff.; zum Polizeiverein *Ders.*, Ruhe; *Nipperdey*, Geschichte, S. 674ff.

14 Vgl. *Siemann*, Gesellschaft, S. 14, 171.

schlagung der Revolution und der sich anschließenden innenpolitischen Repression – täuschen darüber häufig hinweg. Die schnelle Rekonstituierung des organisierten gesellschaftlichen Nationalismus und die nationale Euphorie, die während des italienischen Einigungskrieges einsetzte, sind anders jedoch kaum zu verstehen.

Die nationalpolitische Diskussion jedoch wurde während der Reaktionszeit fast ausschließlich von Intellektuellen weitergeführt. Daß »die politische Lage Deutschlands«, wie es Ludwig August von Rochau bereits 1853 ausdrückte, »ein Provisorium« sei,[15] war freilich innerhalb des Liberalismus unstrittig. Auch bei Varnhagen von Ense, dem die Erinnerung an die errungenen Freiheitsrechte während der Revolutionszeit ein handlungsleitendes Prinzip für die Zukunft blieb, klang diese Hoffnung unverkennbar an, als er schrieb: »Jetzt nachdem wir Urwahlen auf breitester Grundlage, volles Vereinsrecht, volle Preßfreiheit, Nationalversammlungen in Berlin, Wien und Frankfurt, völliges Verschwinden der Polizei- und Regierungswillkür gehabt, ... nachdem wir, wenn auch nur für einen kurzen Sommer hindurch, wahre Freiheitsluft geatmet, was sollen uns jetzt die elenden Kammern, die fast erloschene Preßfreiheit, neben der äußersten Polizeimacht, was sollen uns jetzt die geringen Überbleibsel nach der großen, echten Fülle?«[16] »Freiheit« und »Einheit« blieben ihm untrennbar miteinander verknüpft. Gerade an diesem Punkt aber gingen seit dem Beginn der 1850er Jahre die nationalen Argumentationslinien innerhalb des Liberalismus auseinander. »Freiheit« und »Einheit« entwickelten sich nicht nur zu schillernden und vieldeutigen Begriffen im nationalistischen Sprachgebrauch. Vor allem im preußischen Liberalismus vermehrten sich auch die Stimmen derjenigen, welche die »Einheit« zum vorrangigen und absoluten Wert erhoben.

Diese Verschiebung der Zielvorstellungen war deutlich an eine spezifische Wahrnehmung und Deutung des Revolutionsverlaufes einerseits und an die von Preußen demonstrierten Handlungsmöglichkeiten eines starken Machtstaates andrerseits gekoppelt. »Einigung« – das war nach den Worten Rochaus die »große Aufgabe« der Zeit. Wenn es ihm dabei um die Überwindung der »Zersplitterung der staatlichen und nationalen Kräfte Deutschlands« ging, die er als »Hauptursache der Unsicherheit der deutschen Zustände« brandmarkte,[17] schöpfte er seine Motivation jedoch nicht mehr primär aus dem Kampf um innenpolitische Freiheitsrechte. »Deutschland«, formulierte er statt dessen, sei »nicht sicher vor dem auswärtigen Feind, dem es nur zersplitterte Kräfte entgegenzustellen« habe. »Deutschland«, fuhr er fort, sei auch »nicht sicher vor einem Zusammenstoß zwischen Österreich und Preußen. ... Deutschland ist am wenigsten sicher vor der Revolution«.[18] Aus Angst vor der sozialen Revolu-

15 *Rochau*, S. 187.
16 *Varnhagen von Ense*, S. 215.
17 *Rochau*, S. 191.
18 Ebd., S. 187.

tion hatten Rochau und viele andere Liberale endgültig das Ziel des allgemeinen Wahlrechts verworfen, das sie ohnehin nur widerwillig im demokratisch-liberalen Verfassungsentwurf geduldet hatten.[19] Diese Abkehr bedeutete gleichwohl nicht den völligen Verzicht auf liberale Reformen, die man nach wie vor anstrebte, und erst recht keine Abwendung vom Ziel der nationalstaatlichen Einigung. Die »große Aufgabe« der »Einigung« meinte aber nicht mehr ausschließlich die nationalstaatliche Einheit, sondern zugleich die »Einigung« mit der preußischen Regierung und die Nationalstaatsgründung »von oben«. Daß diese Vorstellung nicht ganz abwegig war, hatte die preußische Regierung mit ihrem Unionsprojekt bewiesen, das durchaus auf den nationalen Verfassungsstaat zielte, wenngleich mit der vorgesehenen Fürstenbeteiligung und dem Dreiklassenwahlrecht auch deutlich andere Akzente gesetzt wurden als noch in der Reichsverfassung der Frankfurter Paulskirche.[20] Letztlich aber war das preußische Unionsprojekt ein kurzes Intermezzo gewesen. Nach massiver Intervention der österreichischen Regierung, der sich die deutschen Mittelstaaten Bayern, Sachsen, Hannover und Württemberg angeschlossen hatten, verschärfte sich der Konflikt zwischen Preußen und Österreich bis zu einem Grad, daß ein Krieg zwischen diesen beiden Staaten unmittelbar bevorzustehen schien. Der Vertrag von Olmütz, mit dem auch die nationale Verfassungspolitik Preußens abbrach, vermochte den preußisch-österreichischen Dualismus zwar zu entschärfen; überwunden jedoch war er mitnichten. Allenfalls konnte man von einem losen Bündnis sprechen, von dem sich jedoch kein Verfechter des Nationalstaats auch nur ansatzweise eine Alternative erhoffen konnte. Die von den beiden Staaten koordinierte Repressionspolitik sprach hier eine eindeutige Sprache.

Gleichwohl war den Zeitgenossen wie etwa Rochau die Fragilität dieses Bündnisses nicht verborgen geblieben. Bereits ein außenpolitischer Interessenkonflikt konnte die beiden Staaten wieder entzweien und, so hofften viele, die nationalpolitische Stagnation wieder aufbrechen. Denn der Kampf um die Vorherrschaft in einem geeinten Deutschland mußte, wie die meisten glaubten, zwischen diesen beiden Staaten ausgetragen werden.

Im preußischen Liberalismus setzte man zunehmend auf die Karte einer kleindeutschen Lösung der Nationalstaatsgründung unter der Führung Preußens. Doch es hieße, einer Legende aufzusitzen, wenn man in der Gründung des Deutschen Kaiserreichs im Jahre 1871, die Österreich aus dem Nationalstaat ausschloß, die Bestätigung für einen gleichsam vorgezeichneten kleindeutschen Weg erblicken wollte.[21] Wer die Vorherrschaft in diesem Prozeß

19 Vgl. *Langewiesche*, Liberalismus, S. 39ff.; für den württembergischen Liberalismus *Ders.*, Liberalismus u. Demokratie, S. 145ff.

20 *Grimm*, S. 211ff.; *Siemann*, Gesellschaft, S. 27ff.; *Langewiesche*, Liberalismus, S. 65ff.

21 Darauf haben v.a. hingewiesen *Sheehan*, German; *Langewiesche*, Reich, S. 361ff.; *Ders.*, Deutschland; *Siemann*, Gesellschaft, S. 280ff.; *Schulze*, Weg, S. 112f.

einnehmen würde, blieb bis zur Schlacht von Königgrätz und dem Sieg der Preußen über die Österreicher offen. Daß der Nationalstaat über die Grenzen des Norddeutschen Bundes hinausgreifen konnte, entschied sich erst mit dem deutsch-französischen Krieg. Zunächst war der kleindeutsche Weg unter preußischer Führung nur eine politische Option, die anfangs wenige, dann immer weitere Teile des nationalen Liberalismus favorisierten.

Dieser kleindeutsche Weg war ein Mythos und ein äußerst wirkungsmächtiger, dem eine zwar kleine, aber einflußreiche Gruppe Intellektueller aufgrund ihres Ansehens und ihrer rhetorischen Fertigkeit nicht nur zu ungeheurer Popularität verhalf, sondern die ihm auch die nötige Überzeugungskraft verlieh. Dabei funktionierte der Mythos von der kleindeutschen Lösung selbst wie ein Prisma, das die politischen Ereignisse seltsam bündelte, ihre Deutung und Interpretation verengte, schließlich den Handlungsweg geradezu festlegte, an dessen Ende immer Preußen stand. Diese Dynamik läßt sich auch unter den Intellektuellen der kleindeutschen Schule verfolgen.[22]

Es ist ein wesentliches Kennzeichen dieses Mythos, daß er untrennbar verknüpft war mit einer vermeintlich historischen Begründung, geliefert von einem kleinen Kreis einflußreicher Historiker wie Johann Gustav Droysen, Theodor Mommsen, Heinrich von Sybel, Heinrich von Treitschke – um nur einige zu nennen.[23] Diese Historiker setzten, enttäuscht über die Niederlage des liberalen Bürgertums in der Revolution von 1848/49, auf den preußischen Staat und die Einigung »von oben«. Mit scheinbar wissenschaftlicher Dignität schrieben sie diesem eine historische »Mission« auf dem Weg der Einigung zu, die sie aus der Entwicklungsgeschichte von mehreren hundert Jahren herleiteten. Die preußische Geschichte wurde »national« gedeutet und erhielt damit »Sinn« für eine durch die Revolutionsereignisse erschütterte und verunsicherte Gesellschaft, der sie neue Orientierungsmöglichkeiten für die Zukunft bot. Es verdeutlicht die wirklichkeitsstrukturierende Macht eines nationalen Mythos, daß selbst der Friedensschluß zwischen Preußen und Österreich, mit dem der preußische Staat sein Unionsprojekt und damit seine nationale Verfassungspolitik abbrach, von den kleindeutschen Verfechtern zwar als Verrat an der nationalen »Mission« begriffen wurde, ihre Vorstellung von einem preußischen »Missionsauftrag« aber keineswegs in Frage stellte.

Der kleindeutsche Liberalismus klammerte sich geradezu an diese Leitlinie, die gerade während der Reaktionszeit die Zukunft in so wunderbarer Weise strukturierte. Die Vorstellung vom besonderen »Beruf« Preußens prägte den kleindeutschen Nationalismus aber noch in einer ganz anderen Weise. In zu-

22 Ihre entschiedensten Verfechter publizierten seit dem Ende der 1850er Jahre in den »Preußischen Jahrbüchern«. Vgl. generell dazu v.a. *Hardtwig*, Aufgabe; *Iggers*, Geschichtswissenschaft; *Wehler*, Gesellschaftsgeschichte, Bd. 3, S. 228–251; *Jaeger* u. *Rüsen*, S. 86–92. Zu Treitschke vgl. auch *Bussmann*; *Iggers*, Heinrich v. Treitschke; *Rüsen*; *Seier*; *Wucher*.

23 Vgl. beispielhaft *Droysen*; *Mommsen*, Römische Geschichte; *Treitschke*, Deutsche Geschichte.

nehmendem Maße rückte die machtstaatliche Politik als Grundlage der nationalen Einheit ins Blickfeld. In den 1860er Jahren setzte sich diese Fixierung auf den Machtstaat mit weitreichenden Konsequenzen für die inhaltliche Ausgestaltung des Nationalismus seitens der Liberalen durch. Damit wurde, erstens, die »Einheit« mehr und mehr zum vorrangigen und absoluten Ziel – eine Entwicklung, die sich stufenweise vollzog. Heinrich von Treitschke, der früher als andere kleindeutsche Liberale seinen Frieden mit dem preußischen Obrigkeitsstaat schloß, spitzte diesen Bruch mit den liberalen Vorstellungen eines nicht aufzulösenden Bandes zwischen Einheit und Freiheit zu, als er Mitte der 1860er Jahre in den »Preußischen Jahrbüchern« schrieb: »Wir wollen die Einheit und Nichts weiter«.[24] Zweitens beeinflußte die Anerkennung des preußischen Macht- und Obrigkeitsstaates auch das spezifische Staatsverständnis dieser kleindeutschen Liberalen und ihre Vorstellung von der Triasbeziehung Staat-Gesellschaft-Individuum, kennzeichnete mithin auch ihre Vorstellung vom »Volk« und den Handlungsraum, den sie ihm zusprachen.

Dabei erforderte die Hinwendung zur staatlichen Macht, die ihrem mitunter geradezu arroganten und verächtlichen Verhältnis zum »Volk« entsprach, keinesfalls die Verwerfung des Volksbegriffs, der doch den Bruch mit der überkommenen Ordnungsvorstellung legitimierte. Man dachte sich das »Volk« nicht als »Gesamtheit der einzelnen Staatsangehörigen«,[25] sondern definierte es als »die zum Staate geeinte und staatliche organisierte politische Person«, die »Regierende und Regierte« umfassen sollte.[26] Ein Volksbegriff, der die Regierten von den Fürsten trenne, habe nicht nur »den Hochmuth der Fürsten und der höheren Klassen gereizt«, argumentierte der liberale Staatsrechtler Johann Caspar Bluntschli, »und sie zu der Meinung bestärkt, als ständen sie außerhalb des Volkes«, sondern auch, wie er erläuterte, »die Begierden der untern Volksklassen geweckt und sie zur Empörung gestachelt«. Damit schloß der Volksbegriff der Liberalen ein von den Fürsten unabhängiges Volk als eine »selbständig handelnde Größe«[27] aus. Gleichzeitig aber blieb das Gefühl, daß das »Volk« der Souverän sei, bestehen, indem man es als »organisches Ganzes«, als »ideale Persönlichkeit«[28] und »Staatsindividuum«[29] betrachtete, dessen Wille mit dem Staatswillen identisch sei. »Das Volk«, war 1866 in den »Preußischen Jahrbüchern« zu lesen, »als organisches Ganzes gedacht, ist eben der Staat.«[30] Daß man damit den »Standpunkt, der von dem unveräußerlichen Rechte

24 *Treitschke*, Bundesstaat, Zit. S. 335.
25 *Schmid*, Prinzip, S. 643.
26 *Bluntschli*, S. 152–160. »Volk« wird hier noch ganz klar als politischer Begriff verwendet, im Unterschied zu »Nation«, die, so Bluntschli, »auf die Abstammung, auf die Rasse, also auf den ethnischen Zusammenhang« hinweise. Vgl. dazu auch *Koselleck u.a.*, S. 388f. Spätestens nach der Reichsgründung ist diese Zuordnung innerhalb der Turnerschaft nicht mehr denkbar. Dazu Kap. Nation u. Volk seit 1871.
27 *Langewiesche*, Liberalismus, S. 69.   28 *Schmid*, S. 643.
29 *Bluntschli*, S. 154.   30 *Schmid*, S. 643f.

der freien Selbstbestimmung ausgeht, aufgeben« müsse, da der »übereinstimmende Wille Aller« eine »Fiction« sei,[31] war nur eine logische Konsequenz,
die aber selten auf so deutliche Art und Weise ausgesprochen wurde. Das »Volk«
war eine Einheit. Das suggerierte geradezu zwangsläufig die Vorstellung eines
homogenen Volkes. Zumindest mußte der Wille des einzelnen strikt untergeordnet werden; im Grenzfall durfte es ihn gar nicht geben.

Die Hinwendung zum preußischen Machtstaat veränderte, drittens, auch
die Mittel, die viele der kleindeutschen Liberalen zur Überwindung der nationalpolitischen Stagnation einzusetzen bereit waren. Der Krieg geriet bereits in
den 1850er Jahren als Möglichkeit ins Blickfeld. Er sollte eine doppelte Funktion erfüllen: zunächst als »reinigende« Kraft im Innern, um eine »Einigung«
zwischen den unterschiedlichen nationalpolitischen Strömungen zu schaffen
und die einzelstaatlichen Loyalitäten zu überbrücken;[32] schließlich aber auch
nach außen, um endlich die Stellung im Konzert der europäischen Mächte zu
erlangen, die man dem deutschen Staat zuschrieb. Von den umliegenden Nationalstaaten ging eine nicht zu unterschätzende Sogwirkung aus, sah man sich
doch dem »Spott und Übermuth der Nachbarn, und nicht blos der großen,
sondern auch der kleinen«, preisgegeben; und die Entscheidungen der »großen
europäischen Verhältnisse«, die ohne Deutschland getroffen wurden, empfand
man schmerzlich als »Raub an diesem europäischen Machtberufe der großen
deutschen Nation«.[33] Damit geriet zum einen seit dem Ende der 1850er Jahre
die Flottendiskussion wieder in Gang, in der das materielle Interesse an einer
Flotte zum Schutz für den expandierenden Seehandel hinter der machtpolitischen Begründung deutlich zurücktrat. Die Flotte avancierte wie bereits
1848 zum ideellen Interesse der Nation und zugleich zu einer Frage der Ehre.
Da diese, wie man glaubte, konstitutiv für die Nation sei, schloß sie das »Ringen
nach Macht und Geltung« als Voraussetzung geradezu mit ein.[34] Zum andern
wandelte sich seit dem Beginn der 1860er Jahre aber auch sukzessive das
Verhältnis dieser kleindeutsch-preußischen Verfechter des Nationalstaats zu
dem herausragenden Machtmittel des preußischen Staates: der Armee. Doch
das sollte sich erst nach den Siegen der preußischen Armee in den Kriegen von
1864 und 1866 deutlich niederschlagen.

Man sollte den Blick nicht vorschnell auf die Protagonisten des kleindeutschen Nationalstaats verengen. Denn mit dem Beginn der »Neuen Ära« nahm
die Nationalbewegung in ihrer ganzen Bandbreite einen unverkennbaren Aufschwung. Unter neuen Voraussetzungen konnten »nationale Fragen« zum ersten Mal seit der gescheiterten Revolution wieder von einer nationalpolitischen
Öffentlichkeit diskutiert werden. Der Regierungswechsel in Preußen (1858),

31 Ebd., S. 653.
32 Vgl. *Biefang*; *Langewiesche*, Liberalismus, S. 65.
33 *Biedermann*, S. 35f.
34 PJ, Jg. 6, 1860, S. 146–178, 177.

Bayern (1859) und vor allem in Baden (1860) entschärfte die restriktive und repressive Gesetzgebung der Reaktionsdekade durch eine Reihe liberaler Reformen zum Teil erheblich. Nur wenige urteilten nach dem Regierungswechsel in Preußen mit solcher Nüchternheit und Skepsis über die »Neue Ära« wie Rochau, »welche man fort und fort mit vollem Munde« verkünde, die sich ihm aber im Jahr 1859 »lediglich als ein Personenwechsel« darstellte, welcher »eine gewisse Duldung für das Verfassungswesen mit sich gebracht« habe, »eine Duldung, derer sich niemand auch nur für einen Tag sicher fühlt«.[35] Viele Liberale hofften jetzt jedoch auf eine weitreichende Liberalisierung des Staatswesens – eine Hoffnung, die sich am ehesten in Baden bestätigte.

Auch die Reorganisation des nationalen Vereinswesens war ein Ausdruck dieser Aufbruchstimmung. Zu den Turnern und Sängern traten die Schützen als weitere organisierte Stütze der Nationalbewegung hinzu, die nahezu alle gesellschaftlichen Schichten umfaßte. Auf nationalen Festen und Feiern nutzte die Nationalbewegung das Medium der Öffentlichkeit in eindrucksvoller Weise: so etwa auf den Schillerfeiern im Jahre 1859,[36] dem Schützenfest 1862 in Frankfurt, den nationalen Turnfesten, die seit 1860 zuerst in Coburg, dann in Berlin und Leipzig ausgetragen wurden, schließlich auf dem Deutschen Sängerbundfest 1865 in Dresden.[37] Unterschiedliche Vorstellungen über den Weg zur nationalen Einheit und über die Struktur des ersehnten Nationalstaats konkurrierten auch in diesem gesellschaftlich organisierten Nationalismus, wurden in den Vereinsgremien erörtert und gingen in die Symbolik der nationalen Feste ein; gleichwohl sammelten sie sich unter einem Dach und existierten nebeneinander.

Im Gegensatz dazu war der im Jahre 1859 gegründete »Deutsche Nationalverein« ein nationalpolitischer Agitations- und Interessenverband, in dem konstitutionelle Liberale und Demokraten des Besitz- und Bildungsbürgertums für den deutschen Nationalstaat stritten, den Preußen auf den Weg zu bringen habe.[38] Damit verband man mehr als die Konstitution eines Nationalstaats unter Ausschluß Österreichs. Wenn auch Österreich als Vielvölkerstaat, in dem die Deutschen auf längere Sicht die vorrangige Stellung wahrscheinlich nicht behaupten konnten, nicht der Mittelpunkt des zukünftigen Gesamtstaates sein würde, zielte man im Nationalverein doch darauf, »den gesamten germanischen Stamm ungetrennt und ungeteilt zu erhalten«.[39] Wie selbstverständlich

---

35 *Rochau*, S. 201, in seiner Einleitung aus dem Jahre 1859 zur zweiten Auflage des ersten Teils seiner »Realpolitik«.

36 *Noltenius*, Dichterfeiern; *Ders.*, Schiller.

37 Zur Vereinsbewegung und Festkultur der Turner, Sänger und Schützen vgl. v.a. *Düding*, Nationalbewegung; *Ders.*, Porträt; *Ders.*, Nationalfeste; *Ders.*, Oppositionsfeste; *Krüger*, Körperkultur; *Klenke*, Männergesang; *Langewiesche*, Sängerbewegung; *Brusniak* u. *Klenke* (Hg.). Materialreich, aber mit geringem analytischem Anspruch: *Michaelis*.

38 Vgl. v.a. *Biefang*; *Na'aman*.

39 Zit. in *Na'aman*, S. 51, vgl. auch S. 98.

gebrauchte man »germanisch« und »deutsch« als Synonyme, sah man doch das Recht der Deutschen auf einen Nationalstaat aufgrund der Zertrümmerung des römischen Weltreiches durch die Germanen historisch legitimiert.[40] »Kleindeutsch« war der Nationalverein nur insofern, als er Österreich nicht als Ganzes in den künftigen Nationalstaat inkorporieren wollte, sondern nur dessen deutsch-österreichische Teile. Da man nur den großen Nationen das Recht auf einen Nationalstaat einräumte – und nicht etwa den Tschechen oder Slowenen – behielt man sich aber den Zugriff auf dieses Gebiet des Deutschen Bundes vor.

Wenn Preußen die führende Rolle im Einigungsprozeß zugestanden wurde, war das von seiten des »Deutschen Nationalvereins« an die ganz klare Bedingung geknüpft, daß Preußen mit der Durchsetzung des liberalen Rechtsstaats selber ernst mache und am Ende des nationalstaatlichen Einigungswerkes ein Bundesstaat und kein preußischer Einheitsstaat stehe. Mit dieser Vorstellung unterschied sich das Gros seiner Mitglieder lange Zeit von vielen Vertretern des kleindeutsch-preußischen Geschichtsmythos. Die Alternative – kleindeutscher Bundesstaat oder preußischer Einheitsstaat – stellte sich innerhalb des Nationalvereins erst mit dem schleswig-holsteinischen Krieg, der das Annexionsproblem zum nationalpolitischen Streitpunkt machte.

Seinem Selbstverständnis nach war der »Deutsche Nationalverein« die Vertretung des »Volkes«. In der Sprache seiner Mitglieder bedeutete dieser Zentralbegriff der nationalistischen Sprache durchaus Unterschiedliches. Obwohl ihm sein egalitärer Charakter immanent war, konnte er elitär und autoritär sein, wenn sich der Nationalverein als »Vertreter des Volkes« nur auf das Besitz- und Bildungsbürgertum bezog, das sich deutlich vom »Volk« in den Turner-, Sänger-, Schützen- und Wehrvereinen distanzierte.[41] Gleichwohl bezogen die Nationalvereinsmitglieder in ihren Reden auf den nationalen Festen alle Anwesenden in das »Volk« mit ein, ja, appellierten sogar an diese, wenn sie, wie Schulze-Delitzsch auf dem ersten Deutschen Schützenfest, »das Volk« dazu aufriefen, »seine heiligsten Interessen« in die Hand zu nehmen, die »politische Initiative zu ergreifen«, um die »Frage seiner freiheitlichen Entwicklung« zu lösen.[42] Mit derselben Absicht wandte sich Franz Duncker auf dieser Veranstaltung an die Anwesenden, als er die Frage stellte: »Was brauchen wir noch anderes, daß wir eine deutsche Flotte haben, als den Willen des deutschen Volkes?«[43] Der Volksbegriff eignete sich hier exzellent als Integrations- und Klammerbegriff, der im Augenblick die Distanz aufzuheben schien. Man konnte die Kraft

---

40 Vgl. ebd., S. 79.
41 Zum elitären Volksbegriff ebd., S. 72f.
42 *Schulze-Delitzsch* in seiner Rede auf dem Festbankett des 1. Deutschen Schützenfestes, in: Illustrirte Festblätter, S. 18.
43 Ebd., S. 31.

des demokratischen Begriffs nutzen, der das Gefühl von Partizipation evozierte und dadurch eine ungeheure Mobilisierungskraft zu entfalten imstande war.

Durch seine Agitation trieb der »Deutsche Nationalverein« die Nationalisierung ein deutliches Stück weiter voran. Über den preußischen Einzelstaat hinweg leistete er »nationale Erziehungsarbeit«, indem er »nationale« und »deutsche« Fragen durch seine publizistische Arbeit, aber auch durch seine Präsenz im nationalen Vereinswesen und auf nationalen Festen beständig thematisierte. Daß ein zunehmender Nationalisierungsprozeß aber nicht gleichzusetzen war mit der Vereinheitlichung politischer Grundsätze, zeigte sich spätestens seit der Gründung des »Allgemeinen Deutschen Arbeitervereins« (ADAV) unter der Führung Lassalles im Jahre 1863, schließlich aber auch im »Verband Deutscher Arbeitervereine« (VDAV), den der »Nationalverein« als Konkurrenzorganisation zum ADAV nicht halten konnte.

Die Möglichkeiten des »Nationalvereins«, die »Nation« in seinem Sinne als politisches Ordnungsmodell gesellschaftlich zu verankern, blieben gleichwohl beschränkt. »Das Wort Nationalverein« sei, klagte einer der wenigen propreußischen Bayern, »in Altbayern der rothe Lappen, womit man eine Masse nicht blos konservativer, sondern selbst im Übrigen freisinniger Männer in eine wahre Wut versetzen« könne. »Sie meinen in Bayern«, erklärte er verächtlich, »sie sollten gleich preußisch werden; und das wollen sie nicht, sie wollen lieber bayrisch leben und bayrisch sterben. Eine höhere Auffassung der nationalen Frage« gebe es in Bayern nicht.[44] Die konfessionelle Spaltung des Deutschen Bundes fiel dabei schwer ins Gewicht. Wie in Bayern fürchtete der überwiegend katholische Süden die preußische Vormachtstellung aus einem wichtigen Grund. Denn preußisch hieß auch: protestantisch. Für die nationalpolitische Konzeption des »Nationalvereins« waren die Süddeutschen, zumal dann, wenn sie katholischer Konfession waren, daher nicht leicht zu gewinnen.[45]

Im »Deutschen Reformverein« sammelten sich, überwiegend im süddeutschen Raum, seit 1862 die Gegenkräfte des »Deutschen Nationalvereins«, oder genauer gesagt: all diejenigen, die eine preußische Hegemonie fürchteten.[46] Der »Deutsche Reformverein« war daher primär ein Defensivbündnis gegen eine drohende preußisch-protestantisch-obrigkeitsstaatliche Vormachtstellung. Was dieses äußerst heterogene Konglomerat von konservativ-reaktionären bis hin zu liberal-demokratischen Strömungen zusammenhielt, war zum Teil ein auf den ersten Blick gemeinsames katholisches Identitätsgefühl, das den Hauptträger des Vereins: den politischen Katholizismus, in seinen unterschiedlichen Schattierungen kennzeichnete; zum Teil war es aber auch

44 Briefe aus Bayern, in: Deutsche Jahrbücher für Politik u. Literatur 1, 1861, Berlin 1861, S. 160–162, 162.

45 Zur regionalen Herkunft der Nationalvereinsmitglieder *Biefang*, S. 102ff. Eine Ausnahme bildeten die neubayerischen Gebiete, vgl. dazu *Schieder*, Partei.

46 Vgl. *Real*; *Schulze*, Perspektiven.

schlicht die Übereinstimmung darin, daß Österreich keinesfalls aus dem künftigen Nationalstaat ausgeschlossen werden dürfe.[47] Diese großdeutsche Orientierung nährte sich nur partiell aus einem überkommenen Reichsgedanken; im wesentlichen versprach man sich davon einen föderalistischen Staatenbund, in dem in ganz anderer Weise, als das unter preußischer Dominanz möglich schien, einzelstaatliche und konfessionelle Prägungen weiterhin Bestand haben konnten. Der Versuch, unterschiedliche Loyalitätsbindungen unter der großdeutschen Fahne zu bündeln, hinter dem sich im Grunde genommen die Vorstellung verbarg, das »Nationale« könne diese differierenden Ausrichtungen überwinden, erschwerte die Arbeit des »Deutschen Reformvereins« erheblich. Regionale und einzelstaatliche, soziale und konfessionelle, ja, sogar dynastische Identitäten prägten die Debatten in den Lokalvereinen.[48] Sie verdeutlichen die Prägekraft sozialer Erfahrungen und überkommener Loyalitätsbindungen und deren Gewicht gegenüber einer sich entwickelnden »nationalen Identität«. Der »Deutsche Reformverein« bot dadurch eine offene Flanke, die ihn innerlich schwächte und die auch von seinen Gegnern attackiert wurde.

Trotzdem wäre es falsch, in der großdeutschen und kleindeutschen Bewegung unvereinbare Fronten erblicken zu wollen. Sie bezeichneten vielmehr unterschiedliche nationalpolitische Stoßrichtungen, die in der »Nation« durchaus einen gemeinsamen Nenner finden konnten – und das nicht nur, weil es beiden Bewegungen um die Überwindung der einzelstaatlichen Zersplitterung ging.[49] Daß den Deutschen eine Machtstellung unter den europäischen Großmächten zustehe, nährte den Nationalismus auf beiden Seiten. Einig war man sich im Grunde genommen auch darin, daß den Deutschen ein unveräußerliches Recht auf das gesamte Gebiet des Deutschen Bundes zustehe. Die territoriale Behauptung, die immer auch eine Vorstellung davon verlangte, wer zu den »Deutschen« hinzuzurechnen sei, zog auf seiten der »Großdeutschen« wie der »Kleindeutschen« die Abgrenzung gegenüber dem »äußeren« Feind zwangsläufig nach sich, wenngleich diese auch nicht immer – das kann man sofort konzedieren – mit derselben Schärfe zutage treten mußte.[50] Während des Krieges um die schleswig-holsteinischen Herzogtümer war dies Dänemark. An erster Stelle aber stand eigentlich Frankreich.

Solange der Dualismus zwischen Preußen und Österreich Bestand hatte, waren diese Gemeinsamkeiten freilich nur vereinzelt wahrnehmbar, traten überwiegend in den Hintergrund, verzerrten mithin das Bild des deutschen Nationalismus. »Kleindeutsche« und »Großdeutsche« interpretierten die politischen Ereignisse im Blickwinkel der von ihnen gewählten oder geglaubten

47 Vgl. *Real*, S. 18ff.
48 Vgl. ebd., S. 77–117.
49 So das Argument von *Real*, S. 18.
50 Grundlegend dazu *Jeismann*, Vaterland.

Einheitsoption, die sich im Spannungsfeld von Glauben, Emotion und Pragmatismus befand.

Der italienische Einigungskrieg wirkte dabei wie ein Katalysator auf die nationalpolitische Diskussion der deutschen Öffentlichkeit. Die eigenen nationalen Wünsche verwirklichten sich in einem Nachbarstaat, wenn auch auf Kosten des österreichischen Staatsgebietes. Eine leidenschaftliche Diskussion wurde entfacht, welche die nationale Öffentlichkeit quer zu allen nationalpolitischen Vorstellungen spaltete: hin und her gerissen zwischen »deutschem«, und das hieß in diesem Fall: preußisch-österreichischem Solidaritäts- und Gemeinschaftsbewußtsein einerseits; der willkommenen Gelegenheit der österreichischen Schwächung, die Preußen die Vormachtstellung sichern konnte, andrerseits; schließlich auch der Anerkennung des Nationalitätsprinzips, das die Gebietsabtretung der Lombardei an Italien nur konsequent erscheinen ließ.[51]

Die Fronten zwischen »Kleindeutschen« und »Großdeutschen« verschwammen. Die Verwicklung Österreichs in eine militärische Auseinandersetzung war dafür kein hinreichender Grund; ausschlaggebend war vielmehr die Beteiligung einer dritten europäischen Macht, die mit Sardinien-Piemont im Falle eines Krieges mit Österreich ein Beistandsabkommen geschlossen hatte: Frankreich.[52] Die Beteiligung des deutschen »Erbfeindes« verlieh diesem Krieg eine nationale Dimension; in den Augen vieler hatte er den Status eines gesamtdeutschen Verteidigungskrieges. Mitunter schien sich sogar eine regelrechte Kriegseuphorie zu entfalten: »Im Publikum« dauere »die Kriegslust fort«, schrieb der Historiker Heinrich von Sybel im Mai 1859 aus München. »Die Bauern wollen«, schilderte er seine Eindrücke weiter, »durch den Klerus begeistert, lieber heute als morgen raufen. Die Freiwilligen strömen zu den Regimentern, Edelleute, Beamte, Studenten, hier wie in Schwaben und Baden.«[53]

Die Frage »ob Krieg, ob Frieden?« war während des Frühjahrs 1859 allgegenwärtig.[54] Im Zentrum der öffentlichen Diskussion stand nicht Italien, sondern »Deutschland«. Die nationale Öffentlichkeit spaltete sich über der Frage, ob es Preußens Pflicht sei, den Österreichern in diesem Krieg zu Hilfe zu kommen. In dieser emotionsgeladenen Situation bekämpfte man den Andersdenkenden als »undeutsch«, »unpatriotisch«, »unnational«, bezichtigte ihn einer »verräterischen Haltung«.[55] Der »innere Feind« war der Andersdenkende – eine geradezu absurde Frontstellung, da sich die unterschiedlichen Positionen über die Rolle Preußens im italienischen Krieg quer durch die Lager der Liberalen, Demokra-

---

51 Einen Einblick in die unterschiedlichen Argumentationsweisen erhält man bei *Rosenberg*, S. 1–158.

52 Zu den Grundlagen des Bündnisses zwischen Sardinien-Piemont und Frankreich vgl. *Siemann*, Gesellschaft, S. 176f.

53 Zit. nach ebd., S. 185.

54 PJ, Jg. 3, 1859, S. 300–325, Zit. S. 300.

55 Vgl. dazu *Simon*, S. 4, der sich vehement gegen diese Art der Auseinandersetzung wehrt.

ten, Sozialisten und Konservativen zogen. Im Gegensatz zu dem Liberalen Ludwig Bamberger, der sich dezidiert gegen eine Beteiligung Preußens im österreichisch-italienisch-französischen Krieg aussprach, befürwortete der »Realpolitiker« Rochau, der das nationale Ziel der Italiener durchaus anerkannte,[56] eine preußische Intervention. Nicht etwa, wie er schrieb, »aus Liebe zu Österreich oder zu dem Hause Habsburg, nicht zur Erfüllung vertragsmäßiger Pflichten ..., nicht im Namen irgendeiner Gefühls- oder Prinzipienpolitik, sondern im eigenen unmittelbaren Interesse« müsse und werde Preußen »mit Österreich gegen Frankreich unter allen Umständen gemeinsame Sache machen. Denn der Sieg Frankreichs über Österreich wäre unfehlbar der Anfang des Untergangs Preußens.« Eine Neutralität Preußens war in seinen Augen »eine Politik des Wahnsinns« – nicht zuletzt, weil nur »durch eine endliche Versöhnung mit der öffentlichen Meinung« die Zukunft Preußens gesichert sei.[57]

Auch der Liberale Hermann Baumgarten befürwortete ein militärisches Eingreifen des preußischen Militärs, allerdings mit dem Argument, um das »gemeinsame deutsche Interesse«, daß Österreich seinen Territorialbesitz gegen französische Angriffe verteidigen könne, zu schützen.[58] Es gehe »um die einfache Behauptung einer Provinz, die man nur gezwungen abtritt, einer militärischen Position, die man nur räumt, wenn man sie nicht mehr halten kann. ... Werden wir angegriffen, so wehren wir uns«, argumentierte schließlich auch Friedrich Engels[59] und stellte die territoriale Verteidigungspflicht noch schärfer in den Vordergrund als sein liberaler Kontrahent Baumgarten.

Ob man sich nun für oder gegen eine Beteiligung Preußens an diesem Krieg aussprach und welche Argumente dafür auch angeführt wurden, in jedem Fall knüpfte sich daran eine Zukunftshoffnung für »Deutschland«, in welchen Grenzen man sich diesen künftigen Staat auch immer vorstellte. In einer zugespitzten Version bedeutete das: die Überwindung der inneren Gegensätze durch eine gewaltsame, nach außen gerichtete Politik; die Grundlage für eine Lösung der »inneren Verwicklungen des deutschen Rechts- und Verfassungslebens; schließlich sogar den Beginn einer germanischen Großmachtpolitik und die Befähigung zur endlichen Ausübung des deutschen Machtberufes«.[60]

Nur wenige aber waren in diesem Frühjahr dazu in der Lage, der gesamten Bewegung ein »nationales Bewußtsein« zu konzedieren. Heinrich Simon, selber ein Gegner der preußischen Intervention, unterzog in einer Schrift aus dem Jahre 1859 die Lage einer nüchternen, scharfsinnigen Analyse, in der er auf die Ursachen der unterschiedlichen »nationalen« Standpunkte wies: »Was die deut-

56 Vgl. *Rochau*, S. 196.
57 Ebd., S. 198.
58 *Baumgarten*, Deutschland.
59 Zit. nach *Fenske* (Hg.), S.146f.
60 *Biedermann*, S. 31ff.

sche Nationalehre verlangt«, das war seine Überzeugung, »davon sind die Männer Norddeutschlands nicht minder durchdrungen als diejenigen Süddeutschlands.« Was aber »der deutschen Nation gut und nützlich sei«, darüber könnten »die Ansichten auch der Nationalgesinnten auseinandergehen, weil über eine solche Frage auch die verschiedensten materiellen Interessen und Zustände des großen Deutschlands, die verschiedenen Ansichten religiöser und politischer Art ganz wesentlich mit in Anschlag kommen«.[61] Daß die nationalen Argumentations- und Verhaltensweisen freilich nicht immer entlang den ideologischen Trennungslinien verliefen, zeigte sich an der Kriegsbeteiligungsfrage im Jahre 1859. Ja, nicht einmal das regionale, konfessionelle oder soziale Zugehörigkeitsgefühl ließ auch nur mit annähernder Eindeutigkeit auf die gewählte Option schließen. Die unterschiedlichen Identitäten gingen eigentümliche Mischungsverhältnisse ein, Gegensätze vereinten sich in den jeweiligen nationalistischen Stoßrichtungen.[62]

Wie dehnbar das »nationale Interesse« sein konnte, in welchem Ausmaß politische Überzeugungen unter einem »nationalen Interesse« subsumiert werden konnten, zeigte sich erneut während der polnischen Unabhängigkeitsbestrebungen im Jahre 1863, als sich die Polen im russischen Teil ihres seit 1772 mehrfach geteilten Großreiches gegen die Herrschaft der Russen erhoben und zugleich Ansprüche auf das Großherzogtum Posen geltend machten.

Der Aufstand der Polen wurde von den Verteidigern eines künftigen Nationalstaats der nord- und süddeutschen Staaten unter völlig unterschiedlichen Gesichtspunkten diskutiert. »Es gibt eine preußische und eine österreichische Politik in der polnischen Krisis, einen Willen der südlichen und der nördlichen Bundesgroßmacht«, kommentierten die »Historisch-politischen Blätter für das katholische Deutschland«, einen gemeinsamen Standpunkt Deutschlands aber gebe es nicht.[63] Die »Historisch-politischen Blätter« bezogen in der polnischen Frage eine eindeutige Position: Bekämpfung der russischen Herrschaft im polnischen Teilgebiet. Der Unabhängigkeitskampf der polnischen Nationalität stand dabei für sie nicht im Vordergrund. Ihr Argument war primär ein konfessionelles und erst in zweiter Linie ein nationalpolitisches: Es richtete sich gegen Rußland, das in seinem polnischen Teilungsgebiet die katholische Konfession auf das schärfste bekämpft hatte, und gegen Preußen, dessen Machtposition ein wesentliches Ergebnis der Zurückdrängung des Katholizismus im Osten sei.[64]

Der Rückgriff der katholischen Zeitschrift auf die nationalistische Rhetorik ließ die konfessionelle Motivation aber in den Hintergrund treten. Sie formulierte einen »deutschen Standpunkt« und verwies auf das gemeinsame nationale

---

61 *Simon*, S. 5.
62 Vgl. *Siemann*, Gesellschaft, S. 184ff.
63 Historisch-politische Blätter für das katholische Deutschland (H.-p. Bll.), Jg. 52, 1863, S. 553.
64 Vgl. dazu auch ebd., S. 521.

Interesse an der Zurückdrängung des Feindes der »abendländischen Menschheit«: des »organisierten Panslawismus«.[65]

In ganz anderer Weise sahen sich die Demokraten und Liberalen mit der polnischen Frage konfrontiert: Hier ging es um das Nationalitätsprinzip.[66] Vor allem die preußischen »Nationalen« waren schlagartig dem Spannungsverhältnis zwischen freiheitlichem Nationalitätsprinzip einerseits und autoritärer Verteidigung der eigenen territorialen Grenzen andrerseits ausgesetzt. Der Anspruch, den die italienische Einheitsbewegung auf die italienischen Gebiete unter österreichischer Herrschaft geltend gemacht hatte, war ein Ereignis, das sich weit weg von ihren eigenen Grenzen abgespielt hatte, zumal in einem Staat, dem sie mindestens ambivalent, wenn nicht gar mit heftigen Aversionen gegenüberstanden. Jetzt aber veränderte sich bei vielen preußischen Liberalen und Demokraten die nationale Argumentation, die zugleich auch verdeutlichte, in welch hohem Maße ein proklamiertes »nationales Interesse« auch durch regionale Identitäten und Interessen bestimmt beziehungsweise definiert werden konnte.[67]

Ein nationales Selbstbestimmungsrecht der Polen verteidigte die Mehrheit der Liberalen und Demokraten im preußischen Abgeordnetenhaus insoweit, als es sich auf das von Rußland beherrschte Territorium erstreckte. Auch die innenpolitische Haltung blieb konsistent: Die Ablehnung der Alvenslebenschen Konvention, die russischen Truppen die Verfolgung der Aufständischen auch in der Provinz Posen gestattete, folgte konsequent einem liberalen und demokratischen Freiheitsprinzip, das sich gegen eine repressive Politik der preußischen Regierung wandte. Die polnischen Gebietsansprüche auf die Provinz Posen aber wies ein Großteil der Liberalen und Demokraten mit großer Entschiedenheit zurück. Der Abgeordnete Schulze-Delitzsch, der drei Jahre zuvor noch voller Respekt für die italienischen Unabhängigkeitsbestrebungen gewesen war,[68] erklärte jetzt die preußische Verteidigung dieser Provinz »für die erste und unverrückbare Pflicht unseres Staates«.[69] »Mit Gut und Blut«, forderte er, müsse jeder polnischen Erhebung in diesem Gebiet entgegengetreten werden, da sie die deutsche Nationalität verletze und »in Konflikt mit wohlberechtigten preußischen und deutschen Interessen« stehe.[70]

Dieser Standpunkt bedeutete nicht notwendigerweise die Aufgabe des Nationalitätsprinzips, das sich in eine nationale Argumentation durchaus weiterhin miteinbinden ließ. Schulze-Delitzsch hatte das bereits in einer Rede vom

---

65 Ebd., S. 556f., 574f.
66 Vgl. dazu v.a. *Winkler*, Liberalismus, S. 34–41; *Conze* u. *Groh*, S. 55f.
67 Zur überaus prekären Politik Preußens im Hinblick auf die polnische nationale Minderheit in den Ostprovinzen vgl. *Hauser*, Polen, insb. S. 291–297.
68 Vgl. *Schulze-Delitzsch*, Wehre dich, 123f.
69 Zit. nach *Winkler*, Liberalismus, S. 37.
70 Vgl. ebd.

22. September 1862 vor dem preußischen Abgeordnetenhaus auf eindrucksvolle Weise demonstriert: »Wir werden auch unsererseits«, forderte er dort, »den Polen gegenüber das Nationalitätsprinzip zu betonen, das nationale Recht für uns in Anspruch zu nehmen und die deutsche Nationalität in den Kampf zu führen haben.« Gewiß werde »ein Volk wie das Deutsche«, fuhr er in seiner Rede fort, »selbst in schwerem Ringen um seine nationale Existenz nicht geneigt sein ..., einer fremden Nation ihr Bedürfnis nach nationaler Wiedergeburt und ihr Recht irgendwie« abzusprechen; schließlich werde man »namentlich dem Mut und der zähen Ausdauer der Polen in dieser Beziehung« die Anerkennung durchaus nicht versagen können. »Im Zusammenstoß unserer eigenen Nationalität mit einer fremden« folge aber schließlich noch nicht – und das war für ihn das ausschlaggebende Argument –, daß man seiner »Sympathien wegen befugt [sei], an der eigenen Nationalität zum Verräter zu werden«.[71]

Schulze-Delitzsch warf damit aber nicht nur das Gewicht des deutschen Nationalitätsprinzips gegen das polnische in die Waagschale; vielmehr sprach er den Polen die Rechte, die sie für sich aus dem Nationalitätsprinzip ableiteten, rundweg ab. Diese seien »vollkommen unberechtigt«, argumentierte er, weil die Deutschen »von einem höheren historischen und nationalen Gesichtspunkt aus allein« diejenigen seien, die »wirklich das geschichtliche Recht für sich in Anspruch nehmen« könnten.[72] Seit der Zeit des deutschen Ritterordens habe sich mit dem Vordringen deutschen Kapitals, deutschen Fleißes und deutscher Intelligenz eine naturwüchsige »Germanisierung« vollzogen – nach einem »freien Wettkampfe«, wie sich der liberale Abgeordnete ausdrückte, an dem sich die Polen nicht beteiligt und somit ihren Anspruch auf die Provinz verwirkt hätten. Mehr noch: Die deutsche Überlegenheit sicherte in seinen Augen allein den Deutschen den Status der Nationalität, für den zwar auch »die lebendigen Menschen«, ebenso aber »die zu jeder Zeit und an jedem Ort wirkenden Mächte der Interessen« konstitutiv seien.[73] Mit dieser Argumentation entfaltete Schulze-Delitzsch einen Gründungsmythos der deutschen Nationalität im Osten, der die territorialen Besitzansprüche auf die Provinz Posen historisch legitimierte, der aber auch zugleich mit dem Glauben an die nationale Suprematie der Deutschen, die sich durch die Jahrhunderte erwiesen zu haben schien, eine lineare Zukunftsentwicklung der deutschen Überlegenheit entwarf.

Daß sich das Nationalitätenproblem nicht durch die »friedliche Germanisierung« einer Provinz entscheiden ließ, das wußte Schulze-Delitzsch ebenso gut wie der Liberale Twesten, der während des Polenaufstandes die Situation zutreffend kennzeichnete und die Entscheidung vorausschauend vorwegnahm:

---

71 Preußens Stellung zu den polnischen Selbständigkeitsbestrebungen, in: Schulze-Delitzsch's Schriften u. Reden, Bd. 3, S. 474–481, Zit. S. 477.

72 Ebd.

73 Ebd., S. 479.

»Es werden sich unter allen Umständen Teile der einen Nationalität gefallen lassen müssen, dem Staatsverbande einer anderen Nationalität anzugehören ... In solchen Fällen wird sich kein Rechtsprinzip finden lassen, und dann wird die Entscheidung, welche Nationalität sich zu fügen hat, allerdings eine Frage der Macht sein.«[74]

Mehr noch aber als die polnische Frage ergriff die schleswig-holsteinische Krise die gesamte Nationalbewegung seit dem Ende des Jahres 1863. Im November hatte die dänische Regierung ein gemeinsames Grundgesetz für Schleswig und Dänemark beschlossen und damit jenes Abkommen mit Preußen und Österreich aus dem Jahre 1851/52 gebrochen, das die Selbständigkeit der beiden Herzogtümer gegenüber Dänemark festgelegt hatte. Dieser Vertragsbruch löste in der deutschen nationalen Öffentlichkeit eine hochgradig emotionsgeladene Welle des Protests aus. Die schleswig-holsteinische Frage war für die nationale Bewegung seit der Revolution von 1848 ein zentrales und nicht gelöstes Problem gewesen, hatte man doch zu dieser Zeit einen »Reichskrieg« gegen Dänemark um die Herzogtümer erfolglos beenden und damit einen Schlag gegen Deutschlands Macht und Ehre hinnehmen müssen.[75] »Deutschland ohne Schleswig-Holstein darf nicht existieren«, lautete die Losung eines Arbeitervereins, und darin waren sich nahezu alle einig.

Lediglich die katholischen »Historisch-politischen Blätter« waren zurückhaltender, beobachteten die nationale Schwärmerei eher mit Distanz: Ein »unzweifelhaftes Recht«, konnte man hier lesen, habe Deutschland »zur Losreißung der drei Herzogtümer für eine deutsche Dynastie« nach wie vor nicht.[76] Dennoch sahen auch sie in diesem Augenblick »die beste, die wahrscheinlich nie wiederkehrende Gelegenheit, den sonst unlösbaren Knoten der deutschdänischen Verwickelung zu durchhauen« und einen »Eroberungskrieg« zu führen – sofern die beiden Großmächte, Preußen und Österreich, nur gemeinsam einen Bundeskrieg führten.[77] Das katholische Presseorgan äußerte eine zustimmende, gleichwohl distanzierte Haltung. Das entsprach durchaus einer Grundeinstellung des nationaldenkenden Katholizismus: Man konnte sich für eine territoriale Eroberung der Gebiete aussprechen, weil man die nationale Einheit wollte – eine Einheit, in der zum einen aber das Nationalitätenproblem im politischen Katholizismus noch eine völlig untergeordnete Rolle spielte; zum andern war in seinem Nationalismus nie das Volk der eigentliche Akteur eines Einigungsprozesses, hatte mithin keine tatsächliche oder vermeintliche

---

74 Zit. nach *Winkler*, Liberalismus, S. 40.

75 Vgl. zur schleswig-holsteinischen Frage während der Revolution von 1848 *Siemann*, Revolution, S. 153–157; umfassender für die ganze Problematik *Carr*, Wars, S. 34–88. Vgl auch *Daebel*; *Conze* u. *Groh*; *Wehler*, Sozialdemokratie, S. 86ff.

76 H.-p. Bll., Jg. 52, 1863, S. 882–892, 883. Die H.-p. Bll. sprechen hier von Schleswig, Holstein u. Lauenburg.

77 Vgl. ebd., S. 885, 892.

Partizipationsfunktion. Der politische Katholizismus setzte im Einigungsprozeß ausschließlich auf die Regierungen der beiden Großmächte, denen er zum Zeitpunkt der Schleswig-Holstein-Krise aber mit äußerster Skepsis gegenüberstand. Aus dieser Perspektive freilich sahen die »Historisch-politischen Blätter« so manches im liberalen Nationalismus, der den Besitzanspruch auf die beiden Herzogtümer mit einem historischen Rechtsanspruch legitimierte, auch schärfer. Sie erkannten hier durchaus den einheitstiftenden Charakter des historischen Arguments, das »zwingend nach innen« wirke.[78]

Tatsächlich fand man in zahlreichen Schleswig-Holstein-Komitees die Vertreter der unterschiedlichen nationalpolitischen ebenso wie der verschiedensten politischen Richtungen vereint.[79] Im sogenannten 36er Ausschuß sammelten sich Vertreter des »Deutschen Nationalvereins« und des »Deutschen Reformvereins«. Für einen kurzen Moment wirkte der »nationale Konflikt« mit einer quasi zentripetalen Kraft und rückte *die* »Nation« in das Zentrum einer Handlungseinheit, wo sich die divergierenden Meinungen kurzfristig bündelten. Daß die vorhandenen Differenzen wieder aufbrachen – dafür lassen sich in dieser Situation vor allem zwei Gründe anführen: Erstens gab es keinen Staat, auf den sich alle Protagonisten des Nationalstaats, gleich welcher politischen Couleur oder konfessionellen Zugehörigkeit, hätten beziehen können. Solange der Dualismus zwischen Preußen und Österreich akut blieb, der Kampf um die Vorherrschaft nicht zu Ende und damit auch nicht die Frage nach den nationalen Grenzen und der nationalstaatlichen Verfassung gelöst war, blieben die beiden Großmächte die wesentlichen Bezugspunkte derjenigen, die auf je unterschiedliche Weise für die »Nation« optierten und dabei unvereinbare Wege zur nationalen Einheit verfolgten. Zweitens aber gab es zwischen Konservativen und Demokraten, vor allem aber auch innerhalb des Liberalismus unterschiedliche Vorstellungen über die Rolle des Volkes auf der einen und der Regierenden auf der andern Seite. Gerade im Liberalismus knüpften viele die Hoffnung daran, über die schleswig-holsteinische Krise hinweg die zwischenstaatlichen und politischen Gegensätze auflösen und damit zu einer Einheit im Innern, schließlich sogar zur nationalstaatlichen Einheit gelangen zu können. Für den Krieg gegen Dänemark brauchte man jedoch die preußische Regierung und ihre Armee. Wollte man in dieser Situation den Primat der nationalstaatlichen Einheit oder der Freiheit? Vor allem die preußischen Liberalen befanden sich mitten im Verfassungskonflikt in einer Entscheidungssituation zwischen liberaler Prinzipientreue einerseits und der Hinwendung zur Regierung Bismarck andrerseits, um die »nationale« Frage weiter vorantreiben zu können.

Daß die Liberalen über den schleswig-holsteinischen Konflikt hinweg ihre innenpolitischen Grundsätze in den Hintergrund drängen und »unter dem

78 Ebd., S. 885.
79 Vgl. z.B. *Langewiesche*, Liberalismus, S. 309ff.

48

Schein des Patriotismus« im Konflikt mit der preußischen Regierung nachgeben würden, hatte schon Lassalle prophezeit und gleichermaßen befürchtet.[80] Und in der Tat trat jene Bruchlinie im deutschen Liberalismus im Verlauf der schleswig-holsteinischen Krise immer deutlicher zutage, die sich bereits in den 1850er Jahren im preußischen Liberalismus durch die Protagonisten eines kleindeutschen Weges unter preußischer Führung angekündigt hatte und die Liberalen einige Jahre später spalten sollte.[81] Ein immer größer werdender Teil vor allem der preußischen Liberalen beugte sich den realen Macht- und Herrschaftsstrukturen, die dem Ministerium Bismarck die eigentliche Handlungskompetenz in die Hand legten. Die liberale innenpolitische Reform wurde in die Zukunft vertagt.

In den »Preußischen Jahrbüchern« und schließlich auch in der preußischen »Nationalzeitung«[82] konnte man die Implikationen verfolgen, die für den Nationalismus mit der Hinwendung zum macht- und obrigkeitsstaatlichen Preußen verbunden waren. In den »Preußischen Jahrbüchern« war der Kampf um die beiden Herzogtümer, deren Zusammengehörigkeit und Frontstellung gegenüber Dänemark durch eine bis ins Mittelalter zurückzuverfolgende Geschichte legitimiert wurde,[83] seit langem eine zentrale Forderung gewesen. Die Begründung beschränkte sich jedoch nicht auf die historische Verpflichtung. Mindestens ebenso stark war ein machtstrategisches Denken, das im Besitz von Schleswig und Holstein einen günstigen Stützpunkt für eine Flotte erblickte – eine sichere Verteidigungsmauer gegen die Angriffe von außen, aber auch die unerläßliche Voraussetzung für einen »Teil der Seeherrschaft«, die man Deutschland zuteilte.[84] Diese machtpolitische Begründung sprach seit Jahren für Preußen, das allein in der Lage sei, dem »gegenwärtig so schwer erkrankt[en]« Deutschland bei der Befreiung der »Herzogtümer von dem dänischen Joche« zu helfen.[85]

Der deutsche Sieg über die Dänen löste allenthalben eine nationalistische Aufbruchstimmung aus. »Solche Siege wie der von Düppel, sind die Anfänge unserer Heilung«, verkündeten die »Preußischen Jahrbücher«. Mit dem Krieg schienen die lang ersehnte innere Einheit erreicht, die politischen Gegensätze verworfen, die Aussöhnung zwischen dem Volk auf der einen und der preußischen Regierung und ihrem Machtmittel, der Armee, auf der andern Seite vollzogen. »Das Vertrauen auf die Tüchtigkeit unseres Heerwesens, das Gefühl von dem innigen Zusammenhang zwischen Volk und Armee, der Stolz auf unsere Brüder in Waffen, das Bewußtsein von der Einheit des Staats, der über den

80 *Wehler*, Sozialdemokratie, S. 46.
81 Vgl. dazu auch *Langewiesche*, Liberalismus, S. 93ff., u. *Winkler*, Liberalismus, S. 41ff.
82 Vgl. zur Diskussion in der »Nationalzeitung«: *Winkler*, Liberalismus, S. 55ff.
83 PJ, Jg. 1, 1858, S. 167ff.
84 PJ, Jg. 5, 1860, S. 251–264; PJ, Jg. 6, 1860, S. 146–178.
85 PJ, Jg. 5, 1860, S. 263.

Fractionen steht, von seinem Ruhm, seiner Ehre – das alles ist neu belebt«, so lautete die euphorische Bilanz auf diesem Flügel des preußischen Liberalismus.[86] Mehr noch: Jetzt schien sich auch der seit langem erhoffte verheißungsvolle Weg hin zu deutscher Stärke, Macht und Größe anzukündigen. Der eigentliche Anlaß zur Freude über diesen Sieg sei schließlich darin zu sehen, »daß endlich – endlich jener fünfzigjährige Friede – nicht durch eine neue militärische Promenade, sondern durch einen ernsten, ruhmvollen, durch einen nationalen Krieg unterbrochen worden« sei. Preußen schien nunmehr die Stellung zurückerobert zu haben, die es in den letzten Jahrzehnten, »während andere Mächte ihre Grenzen verschoben, ihre Machtgebote den Ländern fühlbar machten, oder in fernen Weltteilen ihre Herrschaft erweiterten«, verloren hatte.[87] Daß zunächst Preußen und schließlich auch Deutschland in diesen Wettstreit der europäischen Staaten miteintreten mußten, stand seit dem Sieg über die Dänen für diesen Teil des preußischen Liberalismus ganz außer Frage. Die Schlagkraft des preußischen Staates und seiner Armee bestätigte und verstärkte zugleich den macht- und geltungsdurchdrungenen Nationalismus dieses liberalen Flügels. Die Vorstellung, dereinst selbst an der Spitze der preußischen Regierung zu stehen, um »die mächtigen Hebel der liberalen Ideen in Bewegung« zu setzen, verloren sie darüber noch nicht aus den Augen.

Die Konfrontation mit den unterschiedlichen nationalpolitischen Vorstellungen über die Ausgestaltung des ersehnten Nationalstaats und dem fortdauernden »Stolz auf die particulare Existenz«[88] verschärfte die machtpolitische Orientierung auf Preußen noch. Die nationalpolitischen Fronten waren durch die Frage nach dem künftigen rechtlichen Status der beiden Herzogtümer wieder aufgerissen worden. Vor allem unter den preußischen Liberalen sammelten sich die Befürworter einer annexionistischen Politik, die Preußen das Recht und die Pflicht zusprachen, nicht nur Schleswig und Holstein, sondern auch die übrigen Kleinstaaten zu annektieren. Nationale Einheit durch einen vergrößerten preußischen Einheitsstaat oder die Abwehr der preußischen hegemonialen Bestrebungen mit der Perspektive eines föderalistischen Bundesstaates, in dem die Mittel- und Kleinstaaten nicht durch den dominanten preußischen Machtstaat erdrückt würden – das waren die dominierenden Alternativen, die unter den Verfechtern des Nationalstaates zur Diskussion standen.

Neben der Vielfalt der nationalpolitischen Optionen rückte damit auch die einzelstaatliche Bindung, mithin die Zersplitterung der deutschen Staatenwelt wieder ins Blickfeld. Der »Impuls zur deutschen Einheit«,[89] den man von der schleswig-holsteinischen Krise erwartet hatte, war ausgeblieben. Nach dem ge-

86 PJ, Jg. 13, 1864, S. 544–557, S. 545.
87 Ebd., S. 544f.
88 PJ, Jg. 14, 1864, S. 343–350, S. 344.
89 Vgl. ebd.

meinschaftlich empfundenen Kriegs- und Siegeserlebnis wirkte die Rückkehr in den politischen Alltag sogar wie ein Rückschlag, in dem von nationaler Aufbruchstimmung kaum mehr etwas zu spüren war. Den »äußeren Erfolgen« entspreche die »Stimmung der Nation – wenigstens außerhalb Preußens – keineswegs«; statt dessen wachse aus der schleswig-holsteinischen Sache »eine Saat der Zwietracht und des Hasses empor« – so lautete der bittere Kommentar in der »Politischen Correspondenz« der »Preußischen Jahrbücher«, wobei der Verfasser sogar einräumte, daß die Bemerkung einer französischen Zeitschrift, »Deutschland habe so viele Nationalitäten wie es Staaten zähle«, gar nicht so unrichtig erscheine.[90] Die vielfach beschworene »Eintracht der Parteien«, die dieser Krieg hervorgebracht zu haben schien, löste sich, nach einem Stimmungsbild, das der Heidelberger Professor Ludwig Häusser gab, in »bittere Stunden der Zwietracht« auf.[91]

Diese offensichtliche Heterogenität, die den Liberalen hier begegnete, stand ihren Vorstellungen von einem inneren Einigungs- und auch Homogenisierungsprozeß durch das nationale Kriegs- und Siegeserlebnis diametral entgegen. »So lange die Nation aus dreißig Fragmenten zusammengesetzt ist, wird der Hader und die Widerwärtigkeit nicht aufhören«,[92] lautete daher die Prognose, die, konsequent weitergedacht, das innere Einigungswerk auf die Zeit nach der äußeren nationalstaatlichen Einheit verschob und als Zukunftshoffnung beibehielt. Überzeugt von dem Gedanken, daß die »Herstellung der nationalen Einheit eine Sache der Macht und erst in zweiter Linie eine Sache parlamentarischer Beschlüsse«[93] sei, setzten die Annexionisten somit auf die nationale Einigung »von oben«. »Wir sind vorläufig mit dem Versuche durchgefallen, die Einheit auf parlamentarisch-revolutionärem Wege zu schaffen«, konstatierte Heinrich von Treitschke als einer der entschiedensten Verfechter der Annexionspolitik und des großpreußischen Einheitsstaates. »Wir sind vorläufig auch durchgefallen«, ergänzte er, »mit dem Project des Bundesstaates, denn bis auf die Kleinsten nahmen die deutschen Fürsten den Compromiß nicht an, welcher ihnen die halbe Souveränität lassen sollte.« Aufgrund dieser Erfahrungen machte sich Treitschke für eine, wie ihm schien, notwendige Revision der Idee, eine Korrektur der liberalen Anschauungen über das nationale Ziel stark, die auch einen veränderten Zugriff auf die »Mittel zum Ziel« verlangten.[94]

Sicherlich paßten zu diesem Zeitpunkt viele der preußischen Liberalen nicht in die Charakterisierung Treitschkes, die liberale Partei rühme sich, »in einer Frage radikaler zu sein, als alle anderen Parteien«, und diese laute: »wir opfern der Einheit Deutschlands jedes andere politische Gut.«[95] Doch ein Teil der preußischen Liberalen befürwortete die Annexion der Herzogtümer ganz entschieden. Sie galt als die notwendige Voraussetzung dafür, der nationalen Ein-

90 Ebd.
92 PJ, Jg. 14, 1864, S. 344.
94 *Treitschke*, Bundesstaat, Zit. S. 327.
91 PJ, Jg. 15, 1865, S. 84–101, S. 85.
93 PJ, Jg. 13, 1864, S. 666.
95 *Ders.*, Lösung, Zit. S. 185.

heit und all den mit ihr verknüpften Hoffnungen den Weg zu ebnen: zur inneren Einigkeit, den sich anschließenden liberalisierenden Reformen, schließlich auch zum Aufstieg der Nation zum Welt- und Flottenstaat.[96]

Wenn der Krieg der beiden Großmächte gegen Dänemark die deutsche nationale Öffentlichkeit weithin politisiert und auch emotional aufgewühlt hat; wenn er desweiteren die politisch, sozial und konfessionell gespaltene Öffentlichkeit in dem Glauben, mit dem Kampf um die Herzogtümer einen notwendigen Abschnitt auf einem Weg zu beschreiten, an dessen Ende »Deutschland« stand, auch für einen kurzen Zeitraum gegen den gemeinsamen äußeren »Feind« mobilisieren und integrieren konnte, muß man sich freilich dessen bewußt sein, daß seine Charakterisierung als erster von drei »Einigungskriegen« eine Linearität und Zwangsläufigkeit der nachfolgenden Ereignisse suggeriert, die den tatsächlichen Verhältnissen mitnichten entsprach. Die preußische Mobilmachung gegen Dänemark hatte mit den Beweggründen, von denen sich die emphatisch auftretenden Verteidiger der »Nation« leiten ließen, wenig gemein. Der Krieg gegen Dänemark war in erster Linie preußische Interessenpolitik unter dem Vorwand einer Verteidigung des verletzten Bundesrechts. Er vereinigte weder die zahlreichen antipreußischen Regierungen der Mittel- und Kleinstaaten mit Preußen, noch einigte er die Fürsprecher der »Nation«, deren Heterogenität nach dem Sieg über Dänemark erneut deutlich wurde. Freilich waren jetzt unter den preußischen Liberalen viele ins Lager der »kleindeutsch-großpreußischen« Macht- und Realpolitiker gewechselt. Damit zeichnete sich aber auch eine Spaltung des preußischen Liberalismus ab, die mit der Gründung der »Nationalliberalen Partei« im Jahre 1867 manifest wurde. An dem Graben zwischen dem protestantischen Norden und dem katholischen Süden schließlich hatte der Krieg um Schleswig und Holstein nichts geändert. Die Nationalisierung war vorangeschritten; die Vorstellung von einer die verschiedenen Identitäten überwölbenden »Nation« als einer unanfechtbaren Loyalitätsinstanz aber war auf die Zukunft verlegt.

Im Jahre 1866 stellte der Krieg zwischen Preußen und Österreich das Ziel der gesamten Nationalbewegung, ob diese nun die »kleindeutsche« Einheit unter Ausschluß Österreichs oder den »großdeutschen« Staat ins Auge faßte, gleichsam auf den Kopf. Der Sieg der preußischen Armee über die österreichische in der Schlacht von Königgrätz besiegelte endgültig den Ausschluß Österreichs aus dem künftigen Staat, beschränkte diesen aber vorerst auf das Gebiet nördlich des Mains – eine territoriale Verengung, die sich die Protagonisten des Nationalstaats, wie man sie auch zuordnen mochte, bisher so nicht vorgestellt hatten. Seit der 1848er Revolution hat jedoch kein Ereignis in solch umfangreichem Maße die Stimmungslage und die nationalpolitische Orientierung beeinflußt, den Nationalismus in so auffälliger Weise verändert.[97]

96 PJ, Jg. 15, 1865, S. 318.
97 Vgl. dazu als Einblick *Faber*, Publizistik, S. 24–131, u. *Höfele*, Königgrätz.

Als sich der Konflikt zwischen Preußen und Österreich um die Verwaltung der Herzogtümer immer mehr zuspitzte und sich ein Krieg zwischen den beiden Großmächten abzeichnete, wurden in der nationalpolitischen Öffentlichkeit Emotionen unterschiedlichster Art wachgerüttelt. Zum Teil drückten sich diese in Unverständnis oder gar unverhohlener Empörung aus. Dieser Krieg »widersprach allem, was man seit Jahren von deutscher Einigkeit und Brüderlichkeit gesagt und gesungen hatte«, schrieb Hermann Baumgarten rückblickend, und beschrieb damit eine weitverbreitete Gefühls- und Stimmungs-lage.[98] Und auch Treitschke sprach angesichts dieses Krieges von einem »schrecklichen Anachronismus«.[99] Selbst diejenigen preußischen Liberalen, die bislang einen Konflikt mit Österreich als unerläßlich für den Erfolg einer nationalen Einheit vorausgesetzt hatten, optierten nun für eine friedliche Lösung. Zu groß waren auch unter ihnen noch die Vorbehalte gegenüber Bismarck, zu groß war das Mißtrauen gegenüber den wie auch immer gearteten nationalstaatlichen Ambitionen des Ministerpräsidenten. Twesten mutmaßte gar, daß das eigentliche Ziel Bismarcks in diesem Kriege sei, den Dualismus noch fester zu verankern.[100] In den süddeutschen Staaten zeigte sich dagegen die Furcht vor der Übermacht des protestantischen Nordens, die bisweilen mit lautstarker »Preußenhetze« und einer »regelrechten Kriegsbegeisterung gegen Preußen«[101] kompensiert wurde. Diese richtete sich jedoch weniger gegen die preußische Bevölkerung als gegen Bismarck: Es war »der Krieg des Grafen Bismarck«, diesem »größte[n] Feind der nationalen Idee«, den man als preußischen »*Eroberungskrieg*« begriff, der »zwischen *deutschen* Mächten auf *deutschem* Boden geführt« wurde und deshalb als »Bruderkrieg« galt.[102]

Im preußischen Liberalismus wandelte sich jedoch bald nach dem Ausbruch des Krieges das Meinungs- und Stimmungsbild. Der Krieg erschien jetzt in einem kulturkämpferischen Licht, in dem das Mißtrauen gegenüber Bismarck schwand oder zumindest in den Hintergrund rückte. Der kulturkämpferische Aspekt verlieh diesem Krieg einen Sinn, bedeutete doch ein Sieg Preußens »auf alle Fälle den Sieg der bürgerlichen über der kirchlichen Freiheit ..., die Bewahrung Norddeutschlands auf geistigem Gebiet vor den Jesuiten, auf materiellem vor finanziellem und volkswirtschaftlichem Ruin«.[103]

»Los von Österreich« hieß jetzt die Parole, die Heinrich von Treitschke als »nationale Losung« des Kampfes verkündete, dem er noch als legitimierendes Argument ein vermeintlich »deutsches« hinzufügte: Nicht gegen ein deutsches Österreich, dessen deutsches Wesen im Donaureich verkümmert sei, habe

98 *Baumgarten*, Liberalismus, S. 197.
99 *Treitschke*, Krieg, Zit. S. 684.
100 Vgl. hierzu *Winkler*, Liberalismus, S. 87.
101 *Höfele*, Königgrätz, S. 398 u. 399.
102 H.-p. Bll., Jg. 57, 1866, S. 908, 910 (Hervorh. i. Orig.).
103 Zit. nach *Winkler*, Liberalismus, S. 88.

Preußen diesen Krieg zu führen, sondern gegen das slawisch-deutsche Donau-reich, dessen »ungeheure Mehrheit der Bewohner des Reichs«: die Slawen, den »uralte[n] Racenhaß wider die Deutschen« hegten.[104] Jetzt, wo man sich der nationalen Einheit ein Stück näher glaubte, setzte vereinzelt bereits der Rück-zug auf das »Deutschtum« ein, das gegen alles, was man als »nicht-deutsch« definierte, zu schützen und zu verteidigen war. Hier schwang nicht nur der Gedanke einer ethnisch homogenen Nation mit, sondern auch die Vorstellung eines spezifisch »deutschen« Charakters. Nach dem Sieg über Österreich ver-kündete auch die »Nationalzeitung« angesichts der Möglichkeit, jetzt einen deutschen Nationalstaat zu errichten: »Wir *können* deutscher sein als es unseren Vorfahren vergönnt war.«[105]

Der unerwartet schnelle Sieg der preußischen über die österreichischen Truppen in der Entscheidungsschlacht von Königgrätz wurde von Zeitgenos-sen oft als *der* Wendepunkt einer »deutschen« Geschichte gedeutet und löste vor allem in Preußen eine regelrechte nationale Gründungsstimmung aus. Der Krieg von 1866 sei »eine Sache, deren Bedeutung die lebende Generation viel-leicht unterschätzen mag«, schrieb Friedrich Kapp, der sich in der Zeit zwi-schen 1840 bis zu den 1870er Jahren vom Frühsozialisten zum nationallibera-len Politiker gewandelt hatte, »deren Durchführung aber«, wie er meinte, »seit der Reformation den wichtigsten Markstein in unserer nationalen Entwicklung bilden« werde. Der Krieg eröffnete in seinen Augen »die Ära der nationalen Wiedergeburt Deutschlands«, von der auch er eine »gedeihliche nationale Zu-kunft« erwartete.[106]

Für zahlreiche preußische Liberale hatte sich die »historische Mission« Preu-ßens nicht nur bestätigt, sondern sie wurde mehr denn je überhöht. »Die ganze deutsche Welt« sei »von Grund aus verwandelt«, schien es Hermann Baumgar-ten nach der Schlacht von Königgrätz. Preußen stehe »wie die gesunde Macht neben der in allen Gliedern kranken«, wie die »hochzivilisierte Macht neben einer wesentlich barbarischen« da. Dieser Staat war für ihn »von der letzten auf eine der ersten Stufen im Kreise der Mächte vorgerückt«.[107] Hinter einem sol-chen Blickwinkel verbarg sich freilich nicht nur die Bereitschaft, Preußen auch in Zukunft die Behauptung und Erweiterung seiner Machtstellung zuzubilli-gen; auch Deutschland werde sich durch diese Eigenschaften auszeichnen, denn Preußen sei berufen und befähigt, »das Wohl Deutschlands zu fördern, seine Stellung in Europa zu sichern und allezeit geltend zu machen«.[108] In dieser

104 *Treitschke*, Krieg, S. 683.
105 Zit. nach *Winkler*, Liberalismus, S. 89 (Hervorh. i. Orig.).
106 F. Kapp an I. Zimmermann, 18.9.1866, in: *Kapp*, S. 86; vgl. auch F. Kapp an H. v. Sybel, in: ebd., S. 87f.; zeitgenössische Aussagen mit gleicher Stoßrichtung wie bei Kapp in *Höfele*, König-grätz, S. 407ff.
107 *Baumgarten*, Liberalismus, S. 205f.
108 Zit. aus der Protestantischen Kirchenzeitung nach *Höfele*, Königgrätz, S. 409.

Betrachtungsweise drückte sich schließlich auch das enorme Identifikations-
potential aus, das dieser Staat durch die ihm zugeschriebenen Charakteristika
freisetzen konnte. Doch Preußen war für die euphorischen Gewinner dieses
Krieges nur das Leitbild; der Fluchtpunkt blieb die nationale Einheit, und die
Erwartungen an das künftige staatliche Gebilde konnten und durften nicht hinter dem, was man in dem preußischen Staat zu entdecken glaubte, zurückblei-
ben. Immerhin: Man erwartete die »nationale Wiedergeburt«, die geradezu
zwangsläufig auf einen positiven Zukunftsverlauf verwies. Die Projektion dieser »preußischen« Deutungsmuster mußte sich freilich auch im Nationalismus
niederschlagen: Die Übertragung einer »zivilisatorischen Höherwertigkeit«
war eine der wichtigsten Grundlagen für die Entwicklung eines besonderen
»Volks- und Nationsbewußtseins«, mithin auch für jeglichen Glauben an die
besonderen Missions- und Sendungsaufgaben Deutschlands. Die Identifika-
tionskraft basierte jedoch in erheblichem Maße auch auf den Machtmitteln
dieses Staates. Die zunehmende Militarisierung der Gesellschaft, die durch das
sukzessive Eindringen militärischer Denk- und Deutungsmuster bereits seit
Jahrzehnten in Gang war,[109] erhielt dadurch noch einmal einen entscheidenden
Impuls.

In Preußen aber deutete man die Schlacht von Königgrätz nicht nur als einen
Sieg der »Bildung« über die »Rohheit« oder »deutsche[r] Sittlichkeit und Red-
lichkeit« über eine »bis ins Mark verderbte undeutsche Macht«.[110] Nach dem
militärischen Erfolg Preußens änderte sich weithin auch das Urteil über Bismarck, der zu einem der »größten Männer des Jahrhunderts« aufstieg.[111] »Wir
wissen es wohl«, hatte Heinrich von Treitschke vor diesem Beurteilungswandel
noch bemerkt, »die Leidenschaft liebt zu personifizieren«,[112] und kennzeichnete damit treffsicher einen in den darauffolgenden Jahren deutlich hervortreten-
den »Hang zur Personalisierung von Herrschaft und Politik«.[113] Die Glorifizie-
rung des Ministerpräsidenten leitete in Preußen bereits im Jahre 1866 einen
Jahrzehnte dauernden Bismarckkult ein, der nach der Nationalstaatsgründung
über den norddeutsch-protestantischen Raum weit hinausgriff.[114]

Aber auch in den süddeutschen Staaten machte sich bereits nach dem preußischen Sieg eine Umorientierung nicht nur bei den Liberalen, sondern ebenfalls im politischen Katholizismus bemerkbar, auch wenn von einer vorherr-

---

109 Zur Bedeutung des Militärischen und dem Einfluß der Armee in der Gesellschaft schon
vor den sogenannten »Einigungskriegen« *Frevert*, Modell, wobei die Schubkraft durch die militärischen Leistungen in den Kriegen der 1860er Jahre unstrittig bleibt.

110 So die Ausdrucksweise Treitschkes, zit. nach *Höfele*, Königgrätz, S. 409.

111 Rudolf Ihering in einem Brief, zit. nach *Höfele*, Königgrätz, S. 409.

112 *Treitschke*, Krieg, S. 693.

113 *Hardtwig*, Aufgabe, S. 313.

114 Zum Bismarckkult der nachfolgenden Jahre vgl. u.a. *Dülffer* u. *Hübner* (Hg.); *Hardtwig*,
Bürgertum; *Hedinger*; *McGuire*; *Breitenborn*.

schenden Tendenz sicherlich nicht die Rede sein konnte. Nach einer Beobachtung der süddeutschen »Allgemeinen Zeitung« mehrte sich gleichwohl die Zahl derer, die »geblendet durch den Glanz der preußischen Waffenerfolge ... in der Unterwerfung unter den preußischen Willen der augenblicklichen Gewalthaber in Preußen eine Rettung für das Vaterland« erblickten.[115] Die preußische Glanztat allein wird als Grund für diesen Perspektivwechsel kaum hinreichend sein. Mindestens ebenso wichtig scheint die Tatsache gewesen zu sein, daß gerade Österreich in diesem Krieg Frankreich zu Hilfe rief. Sowohl im süddeutschen Liberalismus als auch im politischen Katholizismus wurden Stimmen laut, die darüber eine tiefe Enttäuschung verrieten.[116] Zumindest im Feindbild Frankreich hatte man sich als »Nation« verbunden geglaubt, welche Erwartungen und Vorstellungen auch sonst an diese geknüpft sein mochten. Der »Brükkenschlag« zu Preußen mochte für manchen aufgrund der Haltung Österreichs gegenüber dem »nationalen Feind«, die durchaus als Verrat begriffen wurde, relativ einfach erscheinen.

Im politischen Katholizismus läßt sich zudem aber auch eine rein pragmatische Überlegung, eine – wenn man so will – »realpolitische« Motivation für die Umorientierung auf Preußen ausmachen. Man stehe nun »mit einem Male in einer neuen Welt«, verkündeten die »Historisch-politischen Blätter« unmittelbar nach dem Waffenstillstand, die es erforderlich mache, sich »viele der liebgewordenen Anschauungen« ab- und andere anzugewöhnen. Mit Österreich war in den Augen dieses Verfassers auf eine »nationale« Einigung nicht mehr zu rechnen. Das katholische Interesse, schloß daher der Autor der »Zeitläufe« und griff damit auf eine vor geraumer Zeit von ihm schon einmal formulierte Position wieder zurück, sei »durch alle Möglichkeiten einer dunkeln Zukunft mit dem nationalen Interesse und der deutschen Pflicht stets vollständig« vereinbar, »im schlimmsten Falle selbst bis zu dem Grundsatz: wenn keine andere Wahl mehr bleibt, dann unbedingt lieber preußisch-kaiserlich, als abermals französisch-deutsch und Rheinbundgenossen!«[117]

Dieser Einstellungswandel war aus der Not heraus geboren. Zum einen wollte man sich mit einem »wesenlosen Südbund« nicht abfinden; zum andern fürchtete man den Krieg zwischen Frankreich und Preußen, der in jedem Fall auf Kosten der süddeutschen Staaten gehe, sofern man sich auf die preußische Seite stellte. Die Orientierung auf Preußen war allein deshalb notwendig, wie sich die »Historisch-politischen Blätter« ausdrückten, weil man als eine »politische Lebensgemeinschaft« auf Preußen, der einzigen »Großmacht, welche sich jetzt allein noch ›deutsch‹ nennen darf«, angewiesen war.[118] »Wir können«, hoff-

---

115 Zit. nach *Höfele*, Königgrätz, S. 406.

116 Zum württembergischen Liberalismus vgl. *Langewiesche*, Liberalismus, S. 330; zum politischen Katholizismus z. B. den Artikel in: H.-p. Bll., Jg. 57, 1866, S. 147–160.

117 H.-p. Bll., Jg. 58, 1866, S. 215–232, Zit. S. 232.

118 Ebd., S. 313–328, Zit. S. 328.

te man daher für den Fall eines Bruches zwischen Preußen und Frankreich, »den sofortigen Anschluß an Preußen unter *annehmbaren Bedingungen* erlangen und den neuen Bund mit Ehren einweihen durch einen mannhaften Kampf gegen den französischen Erbfeind.«[119]

Das vorrangige Ziel, das die »Historisch-politischen Blätter« ins Auge faßten, war seither die Einigung der norddeutschen und süddeutschen Staaten. Insoweit waren sie bereit, sich Preußen zuzuwenden, dessen Vorherrschaft in einem deutschen Einigungsprozeß sie anerkannten. Freilich waren auch sie nur das Sprachrohr *einer* Tendenz im politischen Katholizismus. In anderen Strömungen war die Ablehnung Preußens, die sich seit 1866 zu einem regelrechten Preußenhaß steigern konnte, deutlich vernehmbar. Eine auch nur annähernde Identifikation mit dem siegreichen Preußen blieb jedoch auch den pragmatischer Denkenden, wie man sie im Kreis der »Historisch-politischen Blätter« finden konnte, verschlossen. Weit entfernt von dem Gefühl einer »nationalen Wiedergeburt«, registrierte man hier die konfessionellen Barrieren und verknüpfte sie mit einer entschiedenen Frontstellung gegen den Liberalismus. Die Gegenwart nahm man dabei allgemein als eine Phase des Verfalls wahr – als eine Zeit, in der die »Herrschaft des Unglaubens« auf dem Vormarsch und die Loyalität zu den Fürsten gebrochen war, der Materialismus triumphierte und das »Judentum« als der »Todfeind echt deutscher Sitte und Treue« durch »Presse und Geld einen großen Teil der Nation« beherrschte.[120] Damit benannte der politische Katholizismus die aus seiner Sicht zentralen Mißstände, die das »echt deutsche Volk« in der Zukunft zu beheben hatte – allerdings nicht nach seinem eigenen Willen, sondern in der Ausübung einer neuen großen »Mission«, die es mit der Rückbesinnung auf Sitte und Religion »vom höchsten Lenker der Welt« erhalten sollte.[121] An dieser Überzeugung, der eine spezifische Welt- und Gesellschaftsdeutung zugrunde lag, sollte sich über Jahrzehnte hinaus nichts grundlegend ändern.[122]

Für diejenigen, die einen Krieg zwischen Preußen und Frankreich als unerläßliche Voraussetzung für die Gründung eines großpreußischen oder auch kleindeutschen Staates ansahen – und dafür fand man nun selbst Fürsprecher in den »Historisch-politischen Blättern«[123] –, konnte der deutsch-französische Krieg 1870/71 nur als eine Bestätigung ihrer vorausgegangenen Situationsanalyse erscheinen, mit dem einzigen Unterschied, daß er sich nicht an den Einigungsversuchen der nord- und süddeutschen Staaten entzündete, sondern an der Thronkandidatur eines Hohenzollern als Nachfolger für die spanische

---

119 Ebd., S. 326 (Hervorh. i. Orig.).
120 H.-p. Bll., Jg. 58, 1866, S. 952–972, Zit. S. 970; vgl. auch ebd., S. 781–796.
121 Ebd., S. 972.
122 Ausführlich dazu das Kap. Rahmenbedingungen, Konfliktherde und Feindkonstellationen: Die gespaltene »Einheit«.
123 H.-p. Bll., Jg. 58, 1866, S. 972.

Königin Isabella.[124] Doch ausschlaggebend war letztlich auch hier ein machtpolitisches Kräftemessen zwischen zwei Staaten, von denen der eine, Frankreich, die machtpolitische Sphäre des anderen begrenzt wissen wollte und der andere, Preußen, nicht daran dachte, sich seine machtpolitischen Grenzen durch Frankreich diktieren zu lassen. Dennoch stand Frankreich in diesem Krieg nicht allein Preußen, sondern einer preußisch-süddeutschen Militärallianz gegenüber. Das galt bereits als »deutscher« Krieg, in dessen Verlauf die Verhandlungen über einen Zusammenschluß des Norddeutschen Bundes mit den süddeutschen Staaten erfolgreich geführt wurden. Noch bevor der Krieg endgültig zu Ende war, wurde bereits am 18. Januar 1871 der preußische König Wilhelm I. im Schloß von Versailles zum deutschen Kaiser gekrönt.

Weite Teile der Öffentlichkeit hatten im Juli 1870 darauf gehofft, daß sich mit diesem Krieg der letzte und entscheidende Durchbruch zur kleindeutschen Einheit verbände.[125] Allein im politischen Katholizismus und unter den württembergischen Demokraten wurden Stimmen gegen eine süddeutsche Kriegsbeteiligung zur Unterstützung Preußens laut. Nicht die Ablehnung einer »nationalen Einheit« war hier das Motiv, sondern ein großdeutsches Kalkül, bot sich doch in ihren Augen die Gelegenheit, Österreich im Falle einer preußischen Niederlage in das Kriegsgeschehen und damit wieder in die »deutsche Frage« miteinzubeziehen. Im Moment des Krieges freilich schien dieses Aufleben des »großdeutschen Phantoms«, wie sich Hermann Baumgarten einmal ausgedrückt hat,[126] nur in den Köpfen einer Minderheit zu spuken; die Mehrheit der deutschen Öffentlichkeit schien hinter Preußen zu stehen.[127] »Unkluger hätten es die Franzosen auch nicht einrichten können«, schrieb Hildegard Freifrau von Spitzemberg noch im Juli 1870 in ihr Tagebuch; »anstatt uns zu spalten«, notierte sie mit Blick auf Frankreich, »vollziehen sie faktisch die Einigung Deutschlands, die nichts fester kitten wird als dieser gemeinsam geführte, blutige Krieg um die eigene Existenz.«[128] Die integrierende Wirkung ging in diesem Moment zweifellos von der Konfrontation mit dem französischen Feind aus. In den protestantischen Teilen Deutschlands wurde sie verstärkt durch eine verbreitete konfessionelle Deutung dieser militärischen Auseinandersetzung als eines Krieges des Protestantismus gegen den Katholizismus. Zahlreiche Anhänger der württembergischen »Volkspartei«, die ihre Mitglieder aus der evangelischen Bevölkerung rekrutierte, verließen jetzt ihre Partei, die sich gegen eine militärische Beteiligung ausgesprochen hatte. Unter den Ka-

---

124 Vgl. zu den Ursachen des Kriegsausbruchs *Kolb*; zusammenfassend auch *Siemann*, Gesellschaft, S. 298ff.

125 Zur Stimmungslage in den deutschen Staaten vgl. v.a. *Fenske*, Deutschen; *Brakelmann*; *Höfele*, Sendungsglaube.

126 *Baumgarten*, Liberalismus, S. 207.

127 Vgl. die Interpretation bei *Fenske*, Deutschen, S. 183.

128 Zit. nach ebd., S. 182.

tholiken hingegen trat die konfessionelle Loyalität weithin in den Hintergrund.[129] In erster Linie führte man Krieg gegen den »Erbfeind«, zumal einen Verteidigungskrieg. Auch in dieser Interpretation waren sich Liberale, Konservative, Sozialisten und ein Teil des politischen Katholizismus einig. Die Nation war im Krieg an die erste Stelle der Loyalitätsbeziehungen getreten.

Der sächsische Minister Richard Freiherr von Friesen nahm diese Haltung durchaus zur Kenntnis. Im September 1870 erläuterte er daher dem bayerischen Ministerpräsidenten in einem Brief, warum er den Zeitpunkt der Nationalstaatsgründung gerade jetzt für besonders geeignet hielt: »Die gegenwärtige Bewegung unterscheidet sich nämlich von den früheren, ähnlichen Bewegungen ganz wesentlich durch den doppelten Umstand, daß sie nicht revolutionär, das heißt nicht gegen das monarchische Prinzip gerichtet ist, wie zum Teil die Bewegung von 1848 und 1849, und daß sie auch nicht unitarisch, das heißt auf die Vernichtung der einzelnen Staaten und deren Einverleibung in einen Einheitsstaat gerichtet ist, wie die nationalliberalen Bestrebungen der letzten Jahre.«[130] Diese Interpretation war gleichermaßen treffend wie trügerisch: Der Wandel der Liberalen, die mit weitreichenden Implikationen für ihre politische Ausrichtung seit der Revolution zunehmend auf die Nationalstaatsgründung »von oben« gesetzt hatten, sprach durchaus für diese Betrachtungsweise. Und ebenso deutlich hatte sich gezeigt, daß der Nationalismus insofern eine »staatstragende« Ausrichtung hatte, als sich der Primat der »Nation« in der äußeren »nationalen« Konfliktsituation ungeachtet aller politischen Vorstellungen durchsetzte.

Im Ziel der Nationalstaatsgründung drückte sich allerdings kaum mehr aus als ein gesellschaftlicher Minimalkonsens. Schärfer als Friesen hatte Ludwig August von Rochau die Heterogenität der deutschen Staatenwelt vor Augen, dem noch wenige Zeit vor dem deutsch-französischen Krieg die deutsche Einheit »keineswegs eine Sache des Herzensdranges der Nation« zu sein schien: Dem widersprachen auch die emphatischen Feierlichkeiten keineswegs, die, wie er mutmaßte, bei einer »nüchternen Betrachtung der Wirklichkeit keinen Moment« standhielten.[131] Bereits im Siegestaumel von 1871 sollte sichtbar werden, wie berechtigt eine solche skeptische Haltung selbst nach der errungenen nationalstaatlichen Einheit sein würde. Der gemeinsam erlebte Krieg mochte das Zusammengehörigkeitsgefühl gestärkt haben; der konfessionelle, aber auch der politische Zwiespalt trat alsbald jedoch mit aller Vehemenz wieder zum Vorschein. Schon während der Verhandlungen über die Form des Zusammenschlusses drängte sich in den Reihen der Süddeutschen der Eindruck auf,

---

129 Allein in Bayern wirkte der Katholizismus noch deutlich als integrierendes Moment der antipreußischen Opposition, zum Teil auch in der bayerischen Pfalz und im katholischen Münsterland. Vgl. *Höfele*, Sendungsglaube, S. 270, u. *Fenske*, Deutschen, S. 182.

130 *Deuerlein* (Hg.), S. 120–123, Zit. S. 122.

131 *Rochau*, S. 230.

daß offensichtlich nicht nur der äußere Feind niedergeworfen werden sollte, sondern auch der Gegner im Innern.[132] Vor allem aber die Interpretation des Kriegserfolges auf seiten der Protestanten machte deutlich, daß die Deutschen zwar eine nationalstaatliche Einheit gewonnen hatten, von einer auch nur annähernd erreichten nationalen Einigkeit aber weit entfernt waren. In der protestantischen Deutung ließ man nicht ab, diesen Krieg als einen »Sieg … deutscher Bildung über ultramontane Geistesverknechtung« zu feiern.[133] Ein preußisch-protestantisch gefärbtes Macht- und Sendungsbewußtsein, das in der religiösen Überhöhung dieses Sieges noch eine gottgewollte Legitimation fand, dominierte unmittelbar nach der Nationalstaatsgründung die Stimmung im deutschen Nationalismus und nahm den Kulturkampf deutlich vorweg.

132 Vgl. *Fenske*, Deutschen, S. 195.
133 Zit. nach *Höfele*, Sendungsglaube, S. 270.

B. Der organisierte Nationalismus

1. Organisation und Struktur der deutschen Turnbewegung

Zu den unstrittigen Ergebnissen der Historiographie zum 19. Jahrhundert gehört, daß sich die Turnbewegung während der ersten Hälfte dieser Zeit zu einem zentralen Bestandteil des organisatorischen Rückgrats der deutschen Nationalbewegung entwickelte. Im Verlauf von etwa vier Jahrzehnten war das Turnen, von Friedrich Ludwig Jahn[1] als ein national-erzieherisches Mittel mit dem Zweck einer vormilitärischen Ausbildung *und* einer nationalpolitischen Erziehung gedacht, für weite Teile der deutschen Turnbewegung zum nationalen Bekenntnis schlechthin geworden. Mit dem Aufbau eines vielschichtigen Kommunikations- und Organisationssystems wurde die Turnbewegung bis zum Vormärz zu einer der drei größten Massenorganisationen und zu einem der wichtigsten Sammelpunkte der Nationalbewegung.[2] Das Prinzip der »Öffentlichkeit« bildete die Voraussetzung nicht nur für die territoriale Expansion der Turnbewegung, sondern auch für die Verbreitung, Rezeption und Erfahrbarkeit der nationalen Idee: Die lokalen, vor allem aber die überregionalen Feste waren die vielleicht wichtigste Plattform, auf der man ein nationales Bekenntnis ablegen konnte. Hier waren, mit zunehmend unterschiedlichen politischen Erwartungen zwar – auch die Turnbewegung spaltete sich in einen konstitutionell-monarchischen und einen demokratisch-republikanischen Flügel –, aber immer mit dem Blick auf die »nationale« Einheit die nationalpolitischen Forderungen in zahlreichen Reden vorgetragen, in nationalen Symbolen dokumentiert und in symbolträchtigen Handlungen zum Ausdruck gebracht worden. Mit der Beteiligung der Turnbewegung an der Revolution von 1848/49[3] erlitt aber auch dieser Teil der Nationalbewegung seit dem Beginn der Reaktionsära und mit dem ausgreifenden polizeilichen Überwachungssystem das gleiche Schicksal wie die anderen Vereine, die sich in irgendeiner Weise nationalpolitisch betätigt hatten. Die überwiegende Anzahl der Turnvereine

---

1 Zur Ideologie F.L. Jahns vgl. *Düding*, Organisierter gesellschaftlicher Nationalismus; *Ders.*, Friedrich Ludwig Jahn; *Jahn*; *Kohn*, Father.

2 *Düding*, Organisierter gesellschaftlicher Nationalismus, ist nach wie vor wegen ihres systematischen Zugriffs die beste Studie über die Turnbewegung bis zur 1848er Revolution. Die zahlreichen Lokal- und Regionalstudien der Sportgeschichte ergänzen die Arbeit Düdings allenfalls durch weiteres Quellenmaterial, bieten aber keinen neuen analytischen Ansatz und bleiben wegen ihrer interpretatorischen Schwäche weit hinter ihr zurück. Vgl. z.B. *Braun*; oder etwa die Beiträge im Themenheft »Turngeschichte« der Sozial- u. Zeitgeschichte des Sports 5, 1991. Zum Aspekt der militärischen Ausbildung vgl. *Schodrok*, v.a. S. 111–123. *Krüger*, Einführung.

3 Zur Turnbewegung 1848/49 vgl. u.a. *Obermann*; *Neumann*, Turnbewegung; *Geisel*; *Eckart*; *Wettengel*; *Heß*; *Eichel u.a.* (Hg.), S. 134ff.

wurde verboten und aufgelöst. Von den schätzungsweise 300 Turnvereinen des Jahres 1847 mit ihren 80.000 bis 90.000 Mitgliedern überdauerten nur etwa 100 Vereine die Reaktionsära, dazu mit einer deutlich verringerten Mitgliederzahl der meisten Vereine.[4]

Erst seit dem Beginn der »Neuen Ära« zeichnete sich wieder eine deutliche Zunahme der Turnvereinsgründungen ab. Die erste umfassende Statistik, die Aufschluß über die organisatorische Entwicklung der Turnbewegung gibt, ermittelte im Juli 1862 über 1000 Neugründungen innerhalb der vergangenen zweieinhalb Jahre: Im Juli 1862 gab es bereits 1284 Vereine und 134.507 Vereinsmitglieder;[5] nur zwei Jahre später hatte sich die Zahl der Turnvereine um weitere 650 – und das war immerhin eine Steigerungsrate von etwa 50% – auf 1934 erhöht, die Mitgliederzahl stieg um etwa 24% auf 167.932.[6] Die Vereinsfeste auf lokaler und regionaler Ebene waren wieder an der Tagesordnung. Bereits 1860 feierte man in Coburg das Erste deutsche Turn- und Jugendfest, auf dem sich etwa 1000 Turner aus zahlreichen deutschen Staaten versammelten. Aber weder der Aufschwung der Vereinsgründungen und der damit einhergehende Anstieg der Mitgliederzahlen noch die Frequenz der turnerischen Fest- und Feierlichkeiten mit ihren zahlreichen Akteuren und Zuschauern – das Leipziger Turnfest 1863 wurde immerhin von etwa 22.000 Turnern und über 100.000 Zuschauern besucht – können allein im Kontext der politischen Konstellation als Ausdruck eines nationalpolitischen Aufbruchs oder gar als Gradmesser eines steigenden Nationalgefühls interpretiert werden.[7] Vielmehr ist auch die Entwicklung der Turnbewegung in einen sehr viel komplexeren gesellschaftlichen Prozeß einzubeziehen: Denn seit dem Beginn der zweiten Jahrhunderthälfte waren gerade auch die Turnvereine weit mehr als ein mögliches Forum der politischen Artikulation.[8] Im Kontext von Industrialisierung und Urbanisierung, in einer Zeit rapiden gesellschaftlichen Wandels durch

4 Die Mitgliederzahlen des Vormärz beruhen auf Schätzungen von *Düding*, Organisierter gesellschaftlicher Nationalismus, S. 233, der für jeden Verein dieser Zeit eine Mitgliederzahl von 250 annimmt. Vgl. zum Verbot der Turnvereine nach der Revolution z.B. *Braun*, Bd. 2; u. die Lit. aus Anm. 3.

5 Statistisches Jahrbuch, S. XXXV, XXXVIII. Die Zahl der 134.507 Mitglieder schloß die Turnschüler (21.463) und Turnschülerinnen (3.172) noch nicht mit ein, faßte aber die aktiven Mitglieder (96.272) und die passiven Mitglieder (38.235) zusammen. Eine Übersicht über die Mitgliederentwicklung auch bei *Krüger*, Körperkultur, S. 41ff., der sich überwiegend ebenfalls auf die Ergebnisse der drei statistischen Jahrbücher der Deutschen Turnerschaft stützt.

6 Zweites statistisches Jahrbuch, S. XLI.

7 Die organisatorische Entwicklung ist im zeitgenössischen Urteil ebenso wie in der Historiographie häufig allein in diesem Zusammenhang gesehen worden. Vgl. z.B. Statistisches Jahrbuch, S. XXIV; *Neumann*, Leibesübungen, S. 273; *Eichel u.a.* (Hg.), S. 178f.; verhaltener *Düding*, Nationalbewegung, S. 620f.; u. ebenso *Langewiesche*, Volk, S. 52, allerdings mit deutlich differenzierterer Interpretation des Mitgliederrückgangs seit 1864, der mit dem Schleswig-Holstein-Krieg zusammenfiel (S. 54ff.).

8 Zur Vielfalt des Vereinswesens und seinen unterschiedlichen Funktionen vgl. *Tenfelde*; *Nipperdey*, Verein; *Hardtwig*, Gesellschaft; *Dann*, Anfänge.

geographische und soziale Mobilität füllten die Vereine oftmals eine Leerstelle in dem aufbrechenden Ordnungssystem und einer sich wandelnden Lebenswelt. Als integrative und stabilisierende Gemeinschaften traten sie an die Stelle der älteren, sich auflösenden Bindungseinheiten wie der Großfamilie oder etwa der Dorfgemeinde. Die innere Struktur der Vereine schuf neue, kleinere Ordnungen mit der Möglichkeit der individuellen Verortung in einer überschaubaren Großgruppe. Und gerade auch das weite Spektrum der vielfältigen Geselligkeits- und Festformen bot häufig die Möglichkeit, die veränderten Freizeitbedürfnisse mit traditionalen Bedürfnissen der Lebensgestaltung zu verbinden.[9]

Die Ergebnisse der statistischen Erhebungen aus den Jahren 1862 und 1864 legen es nahe, die Turnbewegung der späten 1850er und frühen 60er Jahre *auch* als Bestandteil dieses allgemeinen Wandlungsprozesses zu begreifen. Ein Blick auf das Alter der Turnvereine scheint zunächst wenig vielversprechend, der Hinweis auf die Zahl der Neugründungen angesichts der Tatsache, daß nur etwa 100 Vereine das Reaktionsjahrzehnt überdauert hatten, zunächst nahezu banal. Im Zusammenhang mit der Altersstruktur der Vereinsmitglieder erhalten jedoch diese Angaben ein anderes Gewicht: Demnach waren nach den Ergebnissen der zweiten statistischen Erhebung aus dem Jahre 1864 1787 der 1934 Vereine Neugründungen seit 1858, nur 96 Vereine hatten hingegen ein Gründungsjahr angegeben, das vor 1849 lag.[10] Selbst wenn man in Rechnung stellt, daß ein Teil der »Neugründungen« eher als »wiederauflebende« Vereine bezeichnet werden müßte, denen es damit auch möglich war, an die vorrevolutionären Vereinsstrukturen und -traditionen anzuknüpfen – die Zahl der Vereine im Vormärz belief sich immerhin auf etwa 300 –, muß allein aufgrund der Altersstruktur der Vereinsmitglieder der Bruch mit der vormärzlichen Turnbewegung stärker veranschlagt werden als die Kontinuität: 88.816 der 105.676 Turner[11] – und das waren immerhin 84%! – waren unter 30 Jahre alt; nur die ältesten von ihnen – und das setzte voraus, daß sie im Jahr 1834 geboren worden waren – hatten die Vormärzzeit noch als dreizehn- oder vierzehnjährige Jugendliche erlebt; doch kaum einer von ihnen wird im Vormärz oder auch in den Revolutionsjahren in der Turnbewegung aktiv gewesen sein.[12] Etwa 33% der aktiven Turner aus dem Jahre 1864 gehörten als unter 20jährige schon zu einer neuen politischen Generation.

9 Vgl. dazu auch die Überlegungen bei *Kaschuba*, Lebenswelt, S. 109ff.; *Blessing*, Analyse, v.a. S. 808ff.

10 Zweites statistisches Jahrbuch, S. XXXIX.

11 Ebd., S. XLI; die Turnfreunde (62.256) sind hier nicht miteingerechnet, da Altersangaben fehlen; ebensowenig die männlichen und weiblichen Vereinsschüler (zus. 34.734).

12 Denn auch die meisten Turnvereine der Vormärzzeit legten in ihren Vereinsstatuten ausdrücklich ein Mindestalter von 18 Jahren fest. Vgl. *Düding*, Organisierter gesellschaftlicher Nationalismus, S. 234.

Es ist bezeichnend für die Turnvereine und untermauert zugleich ihre Betrachtung unter dem Aspekt der integrativen und stabilisierenden Gemeinschaftsbildung, daß die Turnbewegung der ausgehenden 1850er und beginnenden 60er Jahre primär eine städtische Erscheinung war. Die Statistik des Jahres 1862 ordnete die zu diesem Zeitpunkt bestehenden 1284 Turnvereine 883 selbständigen oder amtssässigen Städten, 99 Marktflecken und 171 Dörfern zu.[13] Mit 42,5% waren die Handwerker in den Turnvereinen am stärksten vertreten, die Kaufleute folgten mit 22,7%.[14] Da sich im Kontext der Industrialisierung vor allem in den Städten die Erwerbsstruktur wandelte, erstaunt es kaum, daß sich das Spektrum der vertretenen Sozialgruppen im Unterschied zur vormärzlichen Turnbewegung erweitert hatte: Mit 6,7% waren die Hand- und Fabrikarbeiter im Jahre 1862 bereits als drittstärkste Gruppe der Mitglieder vertreten.[15] Bei diesem Erscheinungsbild einer städtischen, »jungen«, kleinbürgerlich-mittelständischen Formation konnte es nicht ausbleiben, daß zahlreiche Vereine in dieser Zeit über eine hohe Mitgliederfluktuation klagten. Die geographische Mobilität schlug sich auch im Vereinswesen der Turner nieder. So verwies beispielsweise die Lübecker Turnerschaft 1857 darauf, daß die Mitgliederzahl »einem beständigen Schwanken unterworfen« sei, »da der Ein- und Austritt jederzeit gestattet und die Mehrzahl derselben angehende Kaufleute und Handwerker« seien, die »für die Dauer weder über ihre Zeit noch über ihr Verbleiben am Ort frei verfügen« könnten.[16]

Aus dieser Perspektive erscheinen die Turnvereine jener Zeit als ein Ort, dessen spezifische Bedeutung in dem Vermögen lag, eine – wenn auch bisweilen nur momentane – Stabilisierung der Lebenswelt zu leisten. Diese Interpretation erhält ein zusätzliches Gewicht durch den hohen Stellenwert, den man der Geselligkeit im Vereinsleben beimaß: Der Chronist des Dresdener Turnvereins erinnerte an die »besondere Unzufriedenheit« während des Vereinsjahres 1856/57 über den Rückgang der geselligen Versammlungen, die »in früherer Zeit eine besondere Lichtseite des Vereins dargestellt hatten«;[17] und im Män-

13 Statistisches Jahrbuch, S. XXXVII; die Anzahl der Turnvereine (1284) überstieg damit die Zahl der erfaßten Ortschaften (1153) um 131; diese Diskrepanz ist damit zu erklären, daß in den größeren Städten mehrere Turnvereine nebeneinander bestanden.

14 Zum Bedeutungszuwachs des Vereinswesens für die städtischen Handwerker vgl. auch *Lenger*, S. 105ff.

15 Ob diese Gruppe auch Gesellen-Arbeiter miteinschloß, ist den Angaben der Statistik nicht zu entnehmen. Vgl. Zweites statistisches Jahrbuch, S. XLI, mit dem Hinweis des Herausgebers, daß aufgrund fehlender Angaben nur von etwa 5/6 der sämtlichen Turnvereinsmitglieder der Beruf bestimmt werden konnte.

16 Bericht der Turnanstalt aus dem Jahre 1857, zit. in: Die Lübecker Turnerschaft, S. 16f. Vgl. auch den Bericht Von der Ruhr, in: DTZ 1860, S. 32, in dem erwähnt wird, der Verein aus Mühlheim a.d. Ruhr bestehe »kaum zur Hälfte aus Eingeborene[n]«, weshalb »die Sache des Turnens im Ganzen der Stadt ziemlich fremd« bleibe.

17 Geschichte des Allgemeinen Turnvereins zu Dresden, S. 43.

nerturnverein Stuttgart stellte man nach dem schleswig-holsteinischen Krieg die »zu weit getriebenen Wehrübungen« als den Grund für den »völlige[n] Zerfall des turnerischen Zusammenlebens auf dem Turnplatz und in den geselligen Versammlungen« wieder ein.[18]

Schließlich aber muß das Erscheinungsbild der Turnbewegung noch um ein letztes, jedoch nicht weniger wichtiges Charakteristikum ergänzt werden: Es war »männlich«. Mädchenturnen wurde zwar in einigen Turnvereinen angeboten, der Anteil der Mädchen betrug aber, rechnet man zu den Turnern die Vereinsschüler und -schülerinnen noch hinzu, im Jahr 1864 gerade einmal 3%.[19] Frauenabteilungen wurden bis in die 1880er Jahre hinein strikt abgelehnt.[20] Das Turnen war allein den Männern vorbehalten. In Anbetracht der aufbrechenden traditionalen gesellschaftlichen Ordnungs- und Gliederungsprinzipien erhielt die Abgrenzung von Männern und die Selbstvergewisserung von »Männlichkeit« einen besonderen Stellenwert. Sie war erstens ein verbindendes Element, das die soziale Heterogenität innerhalb des Vereins überwölbte; und sie war zweitens ein identitäts- und sinnstiftendes Element: Mit dem Ausschluß der Frauen aus den Vereinen schien zumindest die soziale Ordnung der Geschlechter fixiert.

Das funktionierte freilich nicht allein mit der Exklusion von Frauen; es erforderte zugleich die Inszenierung von »Männlichkeit«, die zumindest auf eine gelegentliche Anwesenheit des anderen Geschlechts angewiesen war.[21] An der turnerischen Lebenswelt in einem weiteren Sinne hatten die Frauen daher durchaus teil: Sie stickten die Vereinsfahnen, standen bei der Übergabe der Fahnen auf den Fahnenweihfesten der Vereine für einen kurzen Moment sogar im Mittelpunkt des Geschehens, traten zu diesem Anlaß sogar selbst als Rednerinnen auf. Frauen waren als Zuschauerinnen bei den turnerischen Vorführungen auf den Turnfesten präsent und überreichten Kränze bei den Siegerehrungen. Und: Sie waren Zuhörerinnen bei den Festreden ihrer Männer, nahmen sogar als Mitspielerinnen bei den Laienspielvorführungen teil. So waren sie selbst Bestandteil der turnerischen Lebenswelt, jedoch nur aus einer spezifischen Perspektive, in einer ihnen zugeteilten Rolle, die in einem doppelten Sinne auf »Männlichkeit« ausgerichtet war: auf den »männlichen« Charakter des Turnens und auf die Männer als die eigentlichen Akteure des Turnbetriebes.

---

18 *Rauschnabel*, S. 55. Auf die meist vorrangige Bedeutung der Geselligkeit auch in den Handwerker- und Arbeiterbildungsvereinen oder den Kolpingvereinen verweist *Lenger*, S. 105.

19 Berechnungen nach Zweites statistisches Jahrbuch. Die Zahl der 34.734 Vereinsschüler setzte sich aus 30.451 Schülern und 4283 Schülerinnen zusammen.

20 Die wenigen Frauenturnvereine, die während der 48er Revolution gegründet worden waren, hatten sich nach kurzer Zeit wieder aufgelöst. Vgl. dazu *Pfister* u. *Langenfeld*.

21 Vgl. auch die Überlegung von *Klein*, bes. S. 145f., dort aber mit der argumentativen Stoßrichtung, daß die Inszenierung von Männlichkeit auch ohne Frauen funktionierte. Zur Bedeutung der Geschlechteridentität und der Geschlechterbeziehung vgl. ausführlicher die Kap. Männlichkeit, sowie Militarisierung und Männlichkeit.

Dieser Blick auf die Strukturmerkmale der Turnbewegung am Ende der 1850er und zu Beginn der 60er Jahre ist nicht etwa ein weitschweifiger organisationsgeschichtlicher Exkurs, sondern zielt auf die Ursachen der Gemeinschaftsbildung im Kontext der gesellschaftlichen Entwicklung dieser Zeit. Diese hatten, für sich genommen, mit »nationalem Bewußtsein«, Nationalgefühl oder gar nationalpolitischer Motivation a priori nichts zu tun. Das spezifische Zusammengehörigkeitsgefühl bereitete dem Nationalismus jedoch einen fruchtbaren Nährboden, trug mithin wesentlich zu seinen Entfaltungsmöglichkeiten und seiner Durchsetzungskraft bei. Wo sich der Nationalismus mit den ihm vorgelagerten kulturellen Mustern und vorpolitischen Werten verband, konnte »nationales Bewußtsein« entstehen, die »Nation« erfahrbar werden, konnten Begriffe wie »national« oder »deutsch« durch die Verknüpfung mit anderen Identitäten eine Bedeutung gewinnen. Aus der Verbindung mit den vorpolitischen Werten erhielt der Nationalismus dann auch seine je besondere Prägung; an dem politischen Inhalt allein läßt sich die Stoßrichtung des Nationalismus jedenfalls nicht festmachen.

Diese Überlegungen wären müßig, hätte es in der Turnbewegung der zweiten Hälfte des 19. Jahrhunderts nicht *auch* diejenigen gegeben, die am »nationalen Charakter« des Turnens festhielten: aus einer »äußeren« Perspektive, indem sie das Turnen als ein Mittel zu einer umfassenden Nationalerziehung begriffen, oder aus einer »inneren« Perspektive, indem sie selber, als praktizierende Turner, ein in ihren Augen »nationales Verhalten« einübten. »Der Sinn und Gedanke, welcher der Turnsache Leben und Stärke verleiht«, hieß es zusammenfassend in einer schriftlich verfaßten Ansprache des Geschäftsführers der »Deutschen Turnerschaft«, Ferdinand Goetz, an alle deutschen Turnvereine aus dem Jahre 1869, »ist der, daß wir turnen, um ein kräftiges, sittliches, willensstarkes Geschlecht erziehen zu helfen, welches, von heißer Liebe zum Vaterlande erfüllt, geschickt und entschlossen ist, für die einige und freie Entwicklung desselben mit ganzer Manneskraft einzustehen.«[22]

Mit dieser Haltung stand die Verbandsspitze der »Deutschen Turnerschaft« nicht allein. Vielen, die seit den späten 1850er Jahren der Turnbewegung als aktive oder passive Mitglieder angehörten, war Turnen gleichbedeutend mit dem Bekenntnis zur Nation; das Turnen selbst galt ihnen als ein Beitrag, oder besser gesagt: als eine geradezu notwendige Voraussetzung zu einer gelingenden nationalen Entwicklung. Die Funktionselite der deutschen Turnvereine und insbesondere der Gesamtorganisation der »Deutschen Turnerschaft« war der vielleicht herausragendste, vor allem aber der beständigste Impulsspender, der diesen engen Konnex zwischen Nation und Turnen in Gang hielt. Und das aus zwei Gründen: Erstens gehörten im Unterschied zum Gros der Mitglieder

22 Vgl. den Aufruf An die deutschen Turnvereine, in: Drittes statistisches Jahrbuch, Zit. S. XXIII.

zahlreiche Funktionäre der Turnbewegung nach 1858 zu derjenigen Generation, die den Vormärz und die Revolutionsjahre bereits als Erwachsene erlebt und den Turnvereinen dieser Zeit angehört hatten, daher auch in der Revolutionsbewegung aktiv gewesen waren. Nach der gescheiterten Revolution, der sich anschließenden Zerschlagung des Turnvereinswesens und der politischen Verfolgung zahlreicher Vereinsmitglieder schreckten viele von ihnen in der Folgezeit zwar vor einer offenen nationalpolitischen Stellungnahme zurück, versuchten mithin, jegliche Politik aus den Turnvereinen herauszuhalten; nach ihrem Verständnis schloß das jedoch den Bezug auf das »Nationale« im weitesten Sinne nicht aus: weder die »nationale« Erziehung durch das Turnen noch die »nationale« Agitation im Verein, auf den Festen oder etwa vermittels der vereins- oder verbandseigenen Publikationsorgane. Zweitens gewährleistete ihre lange Amtszeit und Ämterkumulation ein gewisses Maß an Kontinuität in der »nationalen« Ausrichtung der Turnbewegung sowohl im Hinblick auf ihre öffentliche Inszenierung und Artikulation als auch in bezug auf die nationalen Aspekte des Turnens als Körperpraxis.

Die Durchsetzungskraft des Nationalismus war jedoch nicht allein dem rhetorischen Geschick und der Überzeugungskraft einer nationalistischen Funktionselite zu verdanken. Unter den Vereinsmitgliedern und Festteilnehmern – und dazu gehörten die Turner als die eigentlichen Akteure ebenso wie die dort anwesenden Zuschauer – konnte sich ein »nationales Bewußtsein« und »nationales Verhalten« als Ergebnis einer vielfältigen »Einprägungs- und Aneignungsarbeit« ausbilden.

Dazu trug etwa der organisatorische Zusammenschluß der deutschen Turnvereine in einem nationalen Verband bei, der im Jahre 1868 gegründeten »Deutschen Turnerschaft«, die weit mehr war als eine zweckgebundene Veranstaltung. Sie hatte vielmehr eine nicht zu unterschätzende »nationale« Bedeutung. Nach dem preußisch-österreichischen Krieg schloß die »Deutsche Turnerschaft« als großdeutsche Organisation die deutsch-österreichischen Turner in ihrem XV. Turnkreis mit ein, und das nicht nur aus dem Impuls eines kulturnationalen Zusammengehörigkeitsgefühls, sondern auch als Symbol für die nationale Einheit und ersten Schritt einer politischen Zusammenführung. »Es hat sich auch nach den Ereignissen des Jahres 1866 nichts in unserer Sache geändert«, hieß es in einer Stellungnahme des Geschäftsführers, dessen programmatische Konsequenz daher lautete: »Unsere Vereinigung soll nach wie vor ein Bild der künftigen Einheit Deutschlands sein, und wir wollen, unerschüttert in dem Glauben an die Zukunft des Vaterlandes, fortfahren, durch gemeinsames Wirken unsern Theils das Bewußtsein der Zusammengehörigkeit des gesammten deutschen Volkes wach zu halten und zu stärken.«[23] Dieser für notwendig erachtete Einschluß der deutsch-österreichischen Turner war

23 Ebd.

keineswegs eine bloß formale Handlung der Verbandsspitze und blieb auch kein abstraktes Ereignis. Und das nicht etwa, weil die Zugehörigkeit der Deutsch-Österreicher zur deutschen »Nation« zu den wichtigsten Themen in der »Deutschen Turnzeitung« und in den Ansprachen der Festredner gehörte; vielmehr machte die Präsenz der deutsch-österreichischen Turner auf zahlreichen Festen die Zusammengehörigkeit bewußt, wurde in den Reden der Deutsch-Österreicher eingefordert und immer und immer wieder durch Verbrüderungsszenen bestätigt, prägte mithin die territoriale Dimension dessen, was unter »national« zu begreifen war.

»Einprägungs- und Aneignungsarbeit« vollzog sich vor allem aber auch durch das sprachliche Symbolsystem des Nationalismus. Männlichkeit und Wehrfähigkeit, Sittlichkeit, Ordnung und Disziplin – das waren zunächst nur einige der wesentlichen Autostereotype im turnerischen Diskurs. In ihnen verbanden sich individuelle Selbstzuschreibungen und Wertvorstellungen mit kollektiven Vorstellungsbildern, die einer Identität von individuellem und gemeinschaftlichem Bewußtsein Vorschub leisteten. Diese Autostereotype fungierten daher zugleich auch als relevante Beurteilungs-, vielleicht sogar als Kontrollkriterien der Vereinsmitglieder untereinander, lösten daher einen »in-group/out-group«-Mechanismus aus, der immer auch einen gewissen Handlungszwang beförderte.[24]

In der Projektion auf die Nation verliehen diese identitäts- und integrationsfähigen Autostereotype den Schlüsselbegriffen des Nationalismus: den vermeintlichen »nationalen« oder auch »deutschen« Eigenschaften einen nachvollziehbaren Sinn. So erhielt der Nationalismus zum einen durch die Verbindung mit diesen Autostereotypen, die immer auch eine Vorstellung von bestimmten Idealen und Zielen waren, eine spezifische Prägung. Zum andern waren zugleich wesentliche Kriterien umrissen, die eine Zugehörigkeit zur Nation festlegten. »National« und »deutsch« wurden auf einer sprachlichen Ebene begreifbar, die freilich die antithetische Konstituierung des »Nicht-Nationalen« und »Nicht-Deutschen« jeweils miteinschloß. Die individuelle Identität konnte mit einer auf die Nation erweiterten kollektiven Identität zur Deckung gebracht werden[25] – ein Prozeß, in dem der »in-group/out-group«-Mechanismus ebenso zum Tragen kam wie auf der unpolitischen Ebene der Vereinsgemeinschaft.

Ein letztes Beispiel: Die Entwicklung eines »nationalen Verhaltens« konnte vor allem durch den Körper eingeübt werden.[26] Ob nun im Verein selbst oder

24 Vgl. dazu auch die Überlegungen von *Becker*, Fußballfans, v.a. S. 151f.
25 Zu den Voraussetzungen für eine Integration des Individuums in eine Gemeinschaft, auch die Nation, vgl. *Elias*, Exkurs, S. 196f., dessen Ansatz an dieser Stelle fruchtbar verwendet werden kann. Grundlegend zum Spannungsverhältnis zwischen subjektiver Wertsetzung und individueller Aneignung von Werten einerseits und ihrer gesellschaftlichen Setzung andrerseits *Hettling* u. *Hoffmann*.
26 Die folgenden Überlegungen greifen Anregungen des theoretischen Ansatzes von *Bourdieu*, Glaube, auf.

im Massenturnen auf den Turnfesten: Die Erfahrung von »Gemeinschaft« und die sich ständig wiederholenden, einheitlich ausgeführten Übungen verliehen dem Turnen insofern eine spezifische Bedeutung, weil in dieser körperlichen Praxis die Einverleibung einer Vorstellung von Zusammengehörigkeit, ja, von »Einheit« entstehen konnte; vor allem aber auch, weil im Turnen, gefördert durch ein Regelwerk, das von allen Beteiligten anerkannt und eingehalten werden mußte, Autostereotype wie die der Männlichkeit und der Wehrhaftigkeit, der Disziplin und der Ordnung einverleibt wurden. Sie alle waren auch nationalisierbar, und sie bestimmten als dauerhafte Dispositionen nicht nur Gang und Haltung, sondern auch Fühlen und Denken mit. Diese einverleibten, das menschliche Verhalten strukturierenden Werte und Normen mußten nicht notwendigerweise überlegt und nicht einmal in jedem Fall zweckbestimmt sein; wurden sie eingefordert, mußte ihrer Aktivierung eine vorgeschaltete willentliche Anerkennung nicht einmal unbedingt vorausgehen.

2. Ziele, Erwartungen, Autostereotype

Am 28. Oktober 1865 hielt der Männer-Turnverein zu Cöthen eine kleine Feier zur Einweihung der neu erbauten Turnhalle ab. Das war für sich genommen nichts Besonderes, vergleichbare Turnfeste gab es seit den ausgehenden 1850er Jahren allerorten. Ebensowenig spektakulär war die Ansprache des Festredners Conrad Rieger: Er erinnerte seine Zuhörer an den nationalen Gehalt der Turnerei, der in der Verbindung der körperlichen Übungen mit der Idee des Vaterlandes und der Freiheit liege; er gedachte der Generation der Befreiungskriege und sprach schließlich, wie ein unausweichliches Gebot, das Gelöbnis aus: »So möge der Dank an unsere Väter für das von ihnen vergossene Blut darin bestehen, daß wir gleich ihnen Leib und Leben für das Vaterland und dessen Einheit und Freiheit freudig hinzugeben bereit sind.«[1]

Sowohl ihrer Form als auch ihrem Inhalt nach war diese Rede regelrecht stereotyp: »Einheit« und »Freiheit« gehörten zu den zentralen Zielvorstellungen, die innerhalb der deutschen Turnbewegung, wie in der Nationalbewegung überhaupt, unzählige Male postuliert wurden. Das ist hinlänglich bekannt und fast schon ein Allgemeinplatz. In der wissenschaftlichen Literatur wird daraus gemeinhin der emanzipatorische und oppositionelle Charakter des Nationalismus in der Turnbewegung bis zur Nationalstaatsgründung abgeleitet. Zugegeben: Der Wunsch nach politischer Einheit einerseits, der sich gegen die selbständige Existenz der Einzelstaaten richtete, und die Einforderung politischer Freiheitsrechte andrerseits erforderten in jedem Fall eine weitgehende Entmachtung der regierenden Fürsten, waren mithin ein Angriff auf die ständisch-

---

1 Rede zur Einweihung.

feudale Gesellschaftsordnung.[2] Der Nationalismus als »doppelte Untergangs-drohung« – aus der Perspektive der Fürsten hat diese Charakterisierung des Nationalismus zweifellos ihre Richtigkeit gehabt.[3]

Doch »Einheit« und »Freiheit« zielten nicht allein auf die Veränderung der politischen Ordnung; sie beschrieben vielmehr einen Entwurf für die »nationa-le« Entwicklung in einem viel umfassenderen Sinne: »Einheit« und »Freiheit« bezeichneten, erstens, das Verhältnis zu den umliegenden Nationalstaaten, waren damit Bestandteil einer äußeren Dynamik im Spannungsfeld zwischen nationaler Selbstbehauptung einerseits und Abgrenzung von den bestehenden Nationalstaaten andrerseits. Und sie beschrieben, zweitens, die von sozialen und politischen Erfahrungen, Wahrnehmungen und Deutungen geprägten Vorstellungen einer »nationalen« Entwicklung *und* eines »nationalen« Verhal-tens im Innern, denen ein eigentümliches Mischungsverhältnis zwischen rück-wärtsgewandtem Verharren in überkommenen Traditionen einerseits und dem Aufbruch in die »Moderne« andrerseits zugrunde lag.[4]

In der »Einheit« und »Freiheit« wurden daher die Zielvorstellungen in einer doppelten Perspektive definiert: nach innen und nach außen. Dabei waren die-se Begriffe, die man auch als Kernbestandteile eines nationalistischen Katechis-mus bezeichnen könnte, vor allem durch dreierlei gekennzeichnet: Erstens durch ihre Polysemie, die eine Vereinigung unterschiedlicher und mitunter auch gegensätzlicher Vorstellungen zuließ; zweitens durch ihre inhaltliche Ver-änderbarkeit, die von der Wahrnehmung und Deutung insbesondere der politi-schen und gesellschaftlichen Entwicklung abhing; und schließlich durch ihre enge Verflechtung mit einem weiter gespannten Feld der in der deutschen Turnbewegung formulierten Ziele, Erwartungen und Autostereotype: denen der Sittlichkeit, Religiosität und Frömmigkeit, der Männlichkeit und Wehrfä-higkeit, der Bildung und Erziehung, der Unterordnung, Disziplinierung und Selbstdisziplinierung.

Die Einbeziehung dieser Ziele, Erwartungen und Autostereotype mag zu-nächst wie eine artifizielle Nationalisierung dieser Begriffe erscheinen; mit der »Einheit« und »Freiheit« waren sie jedoch vielfältig verwoben oder bezogen sich in irgendeiner Weise auf diese, vor allem auf der Ebene des nationalistischen Diskurses, zum Teil sogar auf der Ebene der Körperpraxis. Ihre Bedeutung aber liegt vor allem darin, daß diese Ziele, Erwartungen und Autostereotype, als die von den gedeuteten politischen und gesellschaftlichen Strukturen erzeugten »kognitiven und motivationalen Strukturen«,[5] Bestandteil eines dialektischen Prozesses waren und ihrerseits wiederum die Wahrnehmung der vermeintlich

2 Diese gleichwohl verengte Perspektive findet sich beispielsweise bei *Düding*, Nationalbewe-gung.

3 Vgl. dazu *Langewiesche*, Reich, das Zit. S. 352.

4 Anregend hierzu *Langewiesche*, Volk.

5 *Bourdieu*, Struktur, S. 183.

objektiven Strukturen beeinflußten, die nicht nur den Rahmen für die Durchsetzbarkeit der »Einheit« und »Freiheit« vorgaben, sondern zugleich auch die Vorstellungen prägten, die mit diesen Zielen verbunden wurden.[6]

2.1. Einheit – Eintracht – Einigkeit

Als der Krieg gegen Frankreich gewonnen und das Deutsche Kaiserreich im Jahre 1871 gegründet war, veranstaltete der Frankfurter Turnverein zu Ehren der aus dem Feld zurückgekehrten Turner eine Begrüßungsfeier. Da blieb es nicht aus, daß sich eine wortgewaltige Rede an die andere reihte. Unüberhörbar brach sich hier das Empfinden Bahn, an einem überaus einschneidenden Wendepunkt vor einer neuen Zeit zu stehen: Von der errungenen »Wiedergeburt Deutschlands«[7] war hier die Rede – ein Topos, der wie kein anderer der Vorstellung einer »Erneuerung« und der Hoffnung auf eine nun positiv verlaufende Zukunft Ausdruck verlieh,[8] mithin auch das Ende eines im Gegensatz dazu stehenden negativen Zeitabschnittes markierte.

An diesem lang ersehnten und tief empfundenen historischen Wendepunkt mischten sich unzweideutig Zukunftsoptimismus und Aufbruchstimmung auf der einen und ein an Selbstzufriedenheit grenzendes Innehalten auf der andern Seite. So erklang bereits der Appell an die versammelten Turner, dafür zu sorgen, daß nun auch »die Freiheit zur Wahrheit werde«;[9] doch sah man sich zugleich, noch völlig im Banne der Ereignisse, »am Schlusse einer ernsten, gewaltigen Zeit«[10] angekommen: Denn schließlich sei »Deutschland« nun, konstatierte der Sprecher des Frankfurter Turnvereins mit Zufriedenheit, »einig geworden nach innen, wie nach außen«.[11]

Es mag vorerst dahingestellt bleiben, ob diese Bilanz, wie sie hier formuliert wurde, über die nächsten Jahre hinweg Bestand hatte, ja, überhaupt haben konnte. Aus der Sicht dieses Turners schien zumindest im Jahre 1871 das Ziel der »Einheit« erreicht, einer »Einheit«, die nicht nur die politische Dimension zu besitzen schien, einer »Einheit«, die zudem nicht nur nach »innen«, sondern auch nach »außen« definiert wurde. Damit verband sich – auf verschiedenen,

---

6 Diese eng miteinander verflochtenen Ziele, Erwartungen und Autostereotype werden erst an dieser Stelle aus rein analytischen Gründen wieder voneinander getrennt – nicht etwa, wie es vielleicht scheinen mag, um den Preis, die »Wirklichkeit« künstlich zu zerschneiden, sondern in der Absicht, die Ambivalenzen und zum Teil antagonistischen Denkmuster schärfer herauszuarbeiten, kurzum: den »Wirklichkeiten« ein Stück näher zu kommen.

7 Vgl. die Rede von Dr. Vinassa auf der Feier des Frankfurter Turnvereins, in: DTZ 1871, S. 193.

8 Zum Topos der »Wiedergeburt« vgl. auch *Gall u.a.*, S. 136.

9 Vgl. die dort gehaltene Rede von O. Lindheimer, in: DTZ 1871, S. 1983.

10 Ebd.

11 Rede von Dr. Vinassa, in: ebd.

aber oft eng miteinander verschränkten Ebenen – ein ganzes Geflecht von Erwartungen und Vorstellungen, die vor allem durch dreierlei geprägt waren: erstens die Erfahrungen der gescheiterten »Einheit« von 1848/49, aber auch der nachfolgenden Reaktionsphase; zweitens die Wahrnehmung des Industrialisierungs- und Urbanisierungsprozesses mit seinen Folgen für die gesellschaftliche Entwicklung;[12] und drittens – aus einer ganz anderen, aber nicht weniger wichtigen Perspektive – die Selbstverortung der deutschen »Nation« in einer Umwelt von Nationalstaaten.

Doch der Reihe nach: In Anbetracht der Tatsache, daß die politische »Einheit« zu den obersten Zielen der deutschen Turnbewegung gehörte, erscheint es zunächst wie ein Paradox: In den ersten Jahrgängen der 1856 gegründeten »Deutschen Turnzeitung« wurde der Wunsch nach einer »Einheit« allenfalls implizit geäußert. Man sprach vom »Volk« und vom »Vaterland«, von der »Nation«, ja, sogar von »Deutschland«. Der Begriff der »Einheit« aber schien aus dem Sprachgebrauch der Turner verschwunden.

Das politische System der Reaktionsdekade mit seiner massiven Einschränkung der Pressefreiheit[13] war hierfür sicherlich eine Erklärung. Immerhin tauchte der Begriff der »Einheit«, wenn auch immer noch vereinzelt, erst wieder seit dem Jahre 1859 auf – zu einem Zeitpunkt, der wohl nicht zufällig mit der »Neuen Ära« zusammentraf. Das Ziel der politischen Einheit im Blick, lautete die beständige Forderung auch jetzt jedoch nicht »Einheit«, sondern »Eintracht« und »Einigkeit«.

Diese im nationalistischen Diskurs der Turner geradezu allgegenwärtige Beschwörung von »Eintracht« und »Einigkeit« mochte, für bare Münze genommen, als »dichterische Selbsttäuschung« erscheinen, wie es Ludwig August von Rochau einmal skeptisch, ja, mit einem Hauch von Abfälligkeit über den gerade auch auf den Turn- und Schützenfesten bekundeten Einheitsdrang formulierte.[14] Und gewiß, »Eintracht« und »Einigkeit« appellierten in starkem Maße an das Gefühl, zumal, wenn ihre Grundlagen, anknüpfend an christliche Einheitsvorstellungen, mit dem »Gefühl der Freundschaft«, der »Gleichheit und der Brüderlichkeit«, vor allem aber auch der »Liebe« beschrieben wurden[15]- Assoziationen, die der Idee der »Einheit« auch einen chiliastischen Unterton gaben.[16]

Doch in aller Regel war von »dichterischer Selbsttäuschung« keine Spur.

12 Die tiefen Spuren, welche die Revolutionserfahrung, aber auch die Wahrnehmung des Industrialisierungsprozesses hinterlassen hatten, ist für die Turnbewegung kaum von der Hand zu weisen. In welchem Maße der Liberalismus in seinen vielfältigen Ausprägungen durch diese Ereignisse und Entwicklungen verändert wurde, kann hier freilich nicht Gegenstand der Diskussion sein. Zu den unterschiedlichen Positionen vgl. u.a. *Gall*, Liberalismus; *Mommsen*, Liberalismus.

13 Vgl. dazu zusammenfassend *Siemann*, Gesellschaft, S. 65ff.

14 *Rochau*, S. 230.

15 Vgl. beispielsweise: Ueber das Turnen.

16 Vgl. dazu auch *Gall u.a.*, S. 136.

Weder »Eintracht« noch »Einigkeit« konnten diagnostiziert werden – darüber waren sich auch die meisten Turner im klaren; »Eintracht« und »Einigkeit« waren vielmehr Forderungen, die, aufbauend auf der Wahrnehmung und Deutung nicht nur der politischen, sondern auch der gesellschaftlichen Strukturen, den scheinbar gangbaren Weg zur gewünschten politischen Einheit beschrieben. Sie bezeichneten auf politischer und sozialer, geistiger und sittlicher Ebene Vorstellungen einer »nationalen« Entwicklung *und* eines »nationalen« Verhaltens, die zum Ziel der politischen Einheit führen sollten, den Einheitsgedanken damit zugleich aber auch mit Erwartungen und Hoffnungen aufluden, die den politischen Bereich bei weitem sprengten – ein dialektischer und in sich vielschichtiger Prozeß, ohne den die antagonistischen Stoßrichtungen der Einheitsidee im Nationalismus der deutschen Turnbewegung kaum zu begreifen sind.

In die Forderung nach »Eintracht« und »Einigkeit« ging die ganze Ambivalenz der auf den Nationalstaat zielenden Turner ein: Denn »Eintracht« und »Einigkeit« standen einerseits für den realpolitischen Weg zur politischen Einheit, der unumgänglichen Grundlage zur Durchsetzung der politischen Freiheitsrechte, kennzeichneten mithin einen Aufbruch nach »vorn«, der mit den Machtstrukturen des ständisch-feudalen Obrigkeitsstaates doch weitgehend brechen mußte. Andrerseits aber waren »Eintracht« und »Einigkeit« zugleich der Versuch, eine »Nation« zusammenzuhalten, die nicht nur aufgrund überkommener konfessioneller und einzelstaatlicher Loyalitäten nach wie vor in sich gespalten war, sondern aufgrund der voranschreitenden Industrialisierung und Urbanisierung auch in ihren sozialen Strukturen immer weiter auseinanderzubrechen drohte – ein Prozeß, der den Zerfall in unterschiedliche parteipolitische Lager beschleunigte.

»Einigkeit« und »Eintracht« – das zielte hier vor allem auf ein Ende aller Spannungen und Zerrissenheit, nicht jedoch durch die Aufhebung, sondern durch eine – zumindest weitgehende – Beibehaltung der traditionellen einzelstaatlichen und gesellschaftlichen Unterschiede. Denn das Begriffspaar umschrieb auch die Vorstellung eines inneren Ordnungs- und Gliederungsprinzips der künftigen nationalen Einheit: Auf der Ebene des politisch zu einenden Staatskörpers beanspruchte es Toleranz, zielte nicht auf die völlige Destruktion der deutschen Einzelstaaten, sondern auf eine weitgehende Bewahrung der Vielfalt in der »Einheit«; auf sozialer Ebene ließ es die staatsbürgerliche Gleichheit zu, hielt jedoch am Bestand einer hierarchisch gegliederten Gesellschaft fest. Damit war nichts anderes ausgedrückt als der innerhalb des Liberalismus tief verankerte Glaube an ein harmonistisches Gesellschaftsideal, in dem letztlich ein tatsächlich divergierendes Interesse und ein fundamentaler Konfliktpunkt negiert wurden. Anders als weite Teile der kleindeutschen Liberalen, die im Verlauf der 1860er Jahre das Ziel der inneren Einigung auf die Zeit nach der erreichten politischen Einheit verschoben, hielten die Turner an ihrer Vorstellung fest, daß der politischen Einheit zunächst die Fähigkeit zu »Eintracht« und »Einigkeit« vorauszugehen habe.[17]

Daß die Nationalbewegung mit der »Einheit« ein sehr weit gespanntes Feld an Erwartungen und Hoffnungen verknüpfte, war nichts grundlegend Neues, sondern bereits während des Vormärz zu beobachten gewesen.[18] In den letzten beiden Jahrzehnten vor der Gründung des Deutschen Kaiserreichs jedoch hatten sich die Gewichte noch deutlicher verschoben. Innerhalb der deutschen Turnbewegung war es unverkennbar, daß die »Einheit« nicht allein als politisches, sondern in zunehmendem Maße auch als ein soziales und sittliches Problem wahrgenommen wurde. Für diese Verschiebung gab es – wie bereits angedeutet – mehrere Gründe.

Die Revolution der Jahre 1848/49 hatte hier gleich in mehrfacher Hinsicht ihre Spuren hinterlassen. Denn eines war bereits den Zeitgenossen deutlich geworden: Das Ziel der politischen Einheit war insbesondere aus dreierlei Gründen gescheitert: Erstens wegen der Polarisierung der politischen Zielvorstellungen innerhalb der Nationalbewegung, soweit sie den territorialen Umfang des zu gründenden Nationalstaats betrafen; zweitens aufgrund der sozialen Interessengegensätze, wie sich beispielsweise an der Ausgestaltung des Grundrechtekatalogs gezeigt hatte. Und schließlich hatte sich, drittens, die einzelstaatlich-dynastische Tradition als enorm resistent gegenüber den Einheitsvorstellungen der Nationalbewegung erwiesen. Ohne die regierenden Fürsten war die politische »Einheit« nicht zu erreichen – das war nach der militärischen Niederschlagung der Revolution endgültig klar.

Doch es waren nicht allein die Revolutionserfahrungen, mit denen sich die Vorstellungen der »Einheit« veränderten und auch weiter ausdifferenzierten: Mit zunehmendem Gewicht fielen auch die fortschreitende Industrialisierung und, was angesichts der Tatsache, daß die Turnvereine ein primär städtisches Phänomen waren, zunächst paradox klingen mag: die Urbanisierung ins Gewicht – Prozesse, die aus der Perspektive der Turner die Zersplitterung der »Nation« beschleunigten.

Die Turner nahmen die »Nation« als eine vom totalen Zerfall bedrohte Gesellschaft wahr: zerrissen durch die »Eifersüchteleien und Splitterrichterei«[19] zwischen den Einzelstaaten, gespalten durch die »Zeit der politischen Parteiungen«,[20] gefährdet durch »große soziale Gebrechen«.[21] Vor allem aber sahen die Turner die »nationale« Entwicklung zur »Einheit« durch einen Zustand »sitt-

---

17 Vgl. dazu vorn das Kap. Nationalismus, nationale Bewegung u. Liberalismus: die Diskussion nach 1848. Zur Problematik des harmonistischen Gesellschaftsentwurfes vgl. das Kap. Freiheit in der Einheit – ein Anachronismus?
18 Vgl. *Gall u.a.*
19 Zwei Reden zum Schwäbischen Turn-Feste, S. 4.
20 Rede des Dr. Hölzer, in: Gedenkblatt für den Cottbusser Turnverein.
21 Zwei Reden zum Schwäbischen Turn-Feste, S. 7.

liche[r] und bürgerliche[r] Verkümmerung«[22] bedroht – eine Kritik, die sich gegen die Begleiterscheinungen von Industrialisierung und Urbanisierung richtete.[23] In den Reihen der deutschen Turnbewegung wurden die »heutigen Kulturzustände« mit ihrem »Überfluß an üppigen Genüssen« und den »immer wachsenden Bedürfnissen der Civilisation« beständig angeprangert.[24] »Weichlichkeit und Willensschwäche«, »Unsittlichkeit«[25] und »Materialismus«[26] galten als die zeitbedingten und gesellschaftsbestimmenden Eigenschaften, die, wie man zu beobachten glaubte, dazu führten, daß »die Jugend sich entnervenden Genüssen und die Männer sich einer philisterhaften faulen Gleichgültigkeit gegen alles Große und Gute, gegen Vaterland und Freiheit« hingaben.[27] »Die Sorge selbst für die nächste Zukunft« war, so der Eindruck, durch ein »vielfach sehr ungebundenes Wesen« und die »Genußsucht« vielen aus dem Blick geraten, ja, »bis zur Ehrvergessenheit fremd« geworden.[28]

Unter diesen Umständen mußte sich die Frage förmlich aufdrängen, ob die »Vereinigung aller Deutschen mit Einem Parlament und Einer Regierung« nicht in Gefahr geraten war, wenn doch das »Volk bereits so entnervt und heruntergekommen [war], um sich aus seiner gefahrvollen Zerrissenheit nicht wieder erheben zu können«.[29]

Was aus der Distanz als vereinfachende Analogie erscheint, war den Zeitgenossen eine plausible Erklärung für die immer noch während Entbehrung der ersehnten »Einheit«. Die Konsequenz lag damit auf der Hand: Das Ziel der politischen Einheit setzte die Beseitigung der diagnostizierten »Schäden«: der politischen und sozialen, der sittlichen und kulturellen voraus.

Angesichts der mit der »modernen Kultur« verbundenen zivilisatorischen Fehlentwicklung schien es der deutschen Turnbewegung demnach unerläßlich, jede »Verzärtelung und Zierbengelei, Modesucht und Nachäffung ausländischen Wesens«, jede »Hinneigung zu verfrühten Genüssen, Unmäßigkeit und Unreinigkeit« aus den Turnvereinen herauszuhalten, kurzum: an der auf dem Turnplatz üblichen »Zucht der Gemeinschaft« festzuhalten, die nach der

22 Festrede, gesprochen bei der Einweihung der neuen Turnhalle des Männerturnvereins Lindenau, S. 4.

23 Eine Großstadt- und Industrialisierungskritik klang bereits in der Turnbewegung der ersten Jahrhunderthälfte an. Vgl. dazu *Langewiesche*, Volk, S. 46ff., der diesen Aspekt der Zivilisationskritik bisher als einziger heraushebt.

24 Das II. Bayerische Turnfest, S. 14.

25 Vgl. ebd., S. 14f.

26 Rede, gehalten am Stiftungsfeste des Männerturnvereins zu Stralsund.

27 Festrede, gesprochen bei der Einweihung der neuen Turnhalle des Männerturnvereins Lindenau, S. 4. Nach den bisherigen Studien zu schließen, tauchte die Kritik an »Materialismus und zivilisatorischer Verweichlichung« im Deutschen Sängerbund erst um die Jahrhundertwende auf. Vgl. *Klenke*, Vereinsnationalismus, hier vor allem S. 216ff., das Zitat S. 216. Für einen größeren Zeitraum ist das jedoch systematisch noch nicht untersucht.

28 Vgl. Ueber das Turnen, S. 4.

29 Ansprache des Tribunalraths Ulrich.

Aussage eines Gymnasialdirektors auf einem Stuttgarter Turnfest in der Vergangenheit auch nicht vor dem Ausschluß der unbekehrbaren Vereinsmitglieder haltgemacht hatte[30]- eine im übrigen nicht unerhebliche Bemerkung, verdeutlichte sie doch den ausgesprochen hohen Anpassungsdruck innerhalb der Vereine, der abweichendes Verhalten durch den Ausschluß aus der Gemeinschaft sanktionierte.

Diese »Zucht« erforderte in den Augen der Turner konkret: eine mannhafte, kraftvolle und sittliche Erziehung, denn nur eine solche werde schließlich, so die Überzeugung, das »Volk« davor bewahren zu sinken; das Turnen selbst galt hier als »treffliches Heilmittel« gegen »Weichlichkeit und Willensschwäche«; ebenso die Turnfahrt, die als ein ausgesprochenes Gegengewicht zur »bequeme[n] Gelegenheit, mit Hülfe fremder Kräfte die Länder zu durchfliegen«, den Turnern »Anstrengungen und Entbehrungen« abverlangen sollte.[31]

In diesen Formulierungen klangen Ängste, aber auch Wert- und Verhaltensvorstellungen an, die allesamt schon in der vorgreifenden Großstadt- und Industrialisierungskritik der Turnbewegung vor 1848 greifbar gewesen waren. Der städtische Turnverein war ein Ort gewesen, wo man sich den Begleiterscheinungen von Urbanisierung und Industrialisierung entziehen zu können glaubte,[32] und daran hatte sich für zahlreiche Turner auch in den 1850er und 60er Jahren nichts geändert. In den Turnvereinen sollte aufgefangen werden, was angesichts von Urbanisierung und Industrialisierung immer mehr verschwand: traditionelle Wertmuster und, damit eng verknüpft, das Gefühl von »Gemeinschaft«.

Die Notwendigkeit von »Gemeinschaft« und »Gemeinschaftsbewußtsein« spielte auch in den Überlegungen derjenigen Turner, die das Turnen als nationalerzieherisches Mittel begriffen, mithin auch die »Einheit« im Blick hatten, eine wichtige Rolle. Ihre Vorstellungen von »Gemeinschaft« waren für die Einheitsvorstellungen der deutschen Turnbewegung durchaus zentral. Denn für sie war der Verein das Abbild der gewünschten »Einheit« und die »Macht der Gemeinschaft«, die »in ihrer Gesellschaft Brüderlichkeit, Eintracht, Begeisterung« habe, das wirksamste Mittel, um dem »von Fremden geschmähte[n], verachtete[n] und mit Füßen getretene[n]«, durch »Eigennutz und Selbstsucht« zerrissenen »Vaterland«, zur »Mannhaftigkeit und Wehrkraft«, zu »Eintracht« und »Einheit« zu verhelfen.[33]

Entsprechend aufschlußreich waren ihre Vorstellungen von der inneren Struktur, der Funktionsweise und den zentralen Werten und Normen im Verein, denn sie ließen sich ohne weiteres auf ihre Konzeptionen von der »Einheit« übertragen.

30 Rede zum Turnfest des Gymnasiums und der Realschule in Stuttgart, den 10. August 1861.
31 Vgl. ebd.
32 Vgl. dazu *Langewiesche*, Volk, S. 46ff.
33 Vgl. Rede, gehalten am Stiftungsfeste des Männerturnvereins zu Stralsund.

In den Augen der auf den Nationalstaat zielenden Turner erforderte eine für den Staat nützliche, funktionsfähige »Gemeinschaft« zuvörderst den Abbau der sozialen Spannungen. Daher schien den Turnern die Aufgabe ausgesprochen dringlich, »die heterogensten Elemente des deutschen Volkslebens« zu binden[34]- ein Vorhaben, das nach ihrer Auffassung die Vermischung der verschiedenen Stände auf der Ebene des Vereins unweigerlich notwendig machte.

Im konkreten Fall erwies sich das als überaus schwierig. »Gewöhnlich sind an Orten, wo zwei Vereine bestehen, diese durch den Rang der Mitglieder auch verschieden zusammengesetzt«, berichtete im Jahre 1861 ein Turner in der »Deutschen Turnzeitung«; der eine Verein bestehe dann »aus sogenannten ›noblen‹, der andere aus den ›gewöhnlichen‹ Leuten«.[35] Der Herstellung eines die sozialen Grenzen überschreitenden Gemeinschaftsbewußtseins waren damit deutliche Grenzen gesetzt, oder, um es drastischer auszudrücken: Es blieb eine Utopie.

Und dennoch ließen die Turner von ihrem Vorsatz der sozial heterogenen Vereinsbildung nicht ab.[36] Im Gegenteil, leitete man doch gerade von der zu beobachtenden Rivalität zwischen den jeweiligen sozial homogenen Vereinen die Notwendigkeit ab, daß erst durch die Vermischung der Stände die sozialen Spannungen abgebaut werden könnten, um dann in »Eintracht« und »Einigkeit« das Ziel der »Einheit« erreichen zu können.

Dabei hatten die Turner keinesfalls eine »Gemeinschaft« als Vorstufe einer nivellierten Bürgergesellschaft im Blick. Im Gegenteil: Man verurteilte die »zerstörende Zeit mit ihren Nivellierungsgelüsten«[37] aufs schärfste, seien doch die Stände, wie man zu bedenken gab, »verschieden ihrer Natur nach und müssen es auch bleiben«. Am dynastisch-ständischen Obrigkeitsstaat hielten die Turner dennoch nicht fest. Sie hatten die staatsbürgerliche Gleichheit vor Augen, vorbereitet bereits im Verein, denn die Turnerei sei selber, so sahen sie es, die »Schule des kernigen Bürgerthumes, das nicht willkürlich über sich verfügen läßt, sondern das selbständig über sein Wohl und Wehe bestimmen will«.[38] Trotz der hier anklingenden Freiheits- und Partizipationsvorstellungen schien den Turnern dennoch der Kampf zwischen den Ständen töricht, denn schließlich ließen sich nur »in harmonischem Zusammenwirken große Ziele« erreichen.[39] Den Turnvereinen wurde daher die Aufgabe gestellt, »durch die Beförderung geselligen Treibens ... das Gefühl der Zusammengehörigkeit zu erwecken und zu stärken« und die »entfernt voneinander Stehenden« durch

---

34 DTZ 1857, S. 43.
35 Ueber die Spaltungen in den Turnvereinen, in: DTZ 1861, S. 78.
36 Eine, allerdings äußerst seltene, Gegenposition in: Die Turnanstalt als Schule der Männlichkeit, in: Neue Jahrbücher für die Turnkunst, Bd. 4, Dresden 1858, S. 169f.
37 *Täschner*, S. 32.
38 Festrede, gehalten bei dem 6. Mittelrheinischen Turnfest in Hanau am 9. August 1868.
39 Eine soziale Aufgabe der Turnvereine, in: DTZ 1862, S. 49.

»geistige und sittliche Hebung« einander zu nähern. Denn was sollte man schließlich, fragte man sich, »von Schwaben und Sachsen sagen«, wenn »Handwerker und Kaufleute in derselben Stadt sich ängstlich voneinander trennen?«[40]

Aus heutiger Perspektive auf den Stellenwert der »Nation« als kollektiver Loyalitätsinstanz und handlungsleitender Größe im Jahrzehnt vor der Nationalstaatsgründung wirkt diese Frage durchaus plausibel, und die Bemühungen der Turner, das »Gemeinschaftsbewußtsein« in sozialer Hinsicht zu stärken, erscheinen nur allzu verständlich. Gerade auf dem Turnplatz, glaubten sie, müßten die sozialen Unterschiede nahezu zwangsläufig in den Hintergrund treten, da »jederzeit der Eine den Andern bei den Übungen zu überwachen und vor Gefahren zu bewahren« habe und so das »Gefühl der Freundschaft und der Genossenschaft wachgerufen« werde. Für den Abbau sozialer Spannungen war aus der Sicht der Turner die Vermischung der verschiedenen Stände jedoch nur eine notwendige, keinesfalls eine hinreichende Bedingung. Erst dadurch, daß auf dem Turnplatz auch das »persönliche Ehrgefühl« des »Geringen« befriedigt werde, da er es hier »dem Vornehmen zuvorthun« könne, schien der »soziale Friede« hergestellt, erst durch die »Beobachtung des Einzelnen durch Alle der Boden zu der Sittlichkeit gelegt, ohne die keine Gesellschaft, keine Familie, kein Staat bestehen« könne.[41] Erst in der »Gemeinschaft« konnte dann auch, so die Argumentation, jene durch das Turnen erzeugte »That- und Willenskraft« – der Antipode zu den vermeintlichen Verfallserscheinungen der kulturellen Entwicklung von »Weichlichkeit« und »Willensschwäche« – nicht nur zur Geltung kommen, »sondern eine Form annehmen«, durch die der einzelne seinen Wert kennenlerne und die »ihm endlich die Bedingungen an die Hand« gebe, »ein nützliches Mitglied des großen Ganzen zu werden«.[42]

In den Vorstellungen von »Gemeinschaft«, das war unübersehbar, schlug sich unter umgekehrten Vorzeichen nieder, was man als Defizit der gesellschaftlichen Entwicklung wahrzunehmen glaubte und mit Blick auf die politische Einheit überwinden wollte. Dem dynastisch-ständischen Obrigkeitsstaat begegnete die »Gemeinschaft« mit der Möglichkeit der Partizipation – einer Partizipation, die nicht einer »auf Kastenwesen und Privilegien gegründeten Anerkennung« unterlag, sondern auf »persönlicher Leistung« aufbaute;[43] der hierarchisch gegliederten Gesellschaft begegnete sie – mit einer gewissen Halbherzigkeit allerdings – durch das Gefühl der Egalität; dem vermeintlichen kulturellen Verfall durch die Etablierung spezifischer Wert- und Verhaltensmuster.

In Anbetracht der politischen Polarisierung und der sozialen Interessengegensätze, die die Nationalbewegung seit der 48er Revolution unübersehbar in verschiedene Lager spaltete, war es kaum verwunderlich, daß in den Augen der Turner eine funktionierende »Gemeinschaft« – ebenso wie die »Einheit« – ein

---

40 Ebd.
42 *Faber*, Anwendung, S. 118.

41 Ueber das Turnen, S. 7.
43 Zwei Turnreden, S. 15.

entsprechendes Regelwerk, und das hieß vor allem: die Unterordnung individueller Interessen und ein diszipliniertes Verhalten erforderte. Im Turnverein hatte sich »jeder mit bereitwilligem Gehorsam« dem Gesetz und der Verfassung unterzuordnen, »mit Bekämpfung«, wie es hieß, »des dem Menschen als Erbsünde eingewurzelten, die Ordnung des Ganzen störenden Eigenwillens«. Das sei, folgerte man denn auch, eine »vortreffliche Schule für das künftige Leben« und nur, »wer ein gutes Mitglied einer Turngemeinde« sei, verspreche schließlich ein »tüchtiges Mitglied der bürgerlichen Gemeinde« zu werden.[44]

Selbst wenn man konzediert, daß die von den Turnern angestellten Überlegungen über die »Gemeinschaft« des Vereins auch ihre Vorstellungen von der gewünschten »Einheit« widerspiegelten, mag die Versuchung groß sein, das von ihnen entworfene Gemeinschafts- und Einheitsbild als wirklichkeitsfremde Ideenspielerei abzutun. Der realgeschichtlich nicht nachvollziehbare Abbau sozialer Konflikte durch die Annäherung oder gar die Vermischung der »Stände«, die sie immer wieder postulierten, wäre dafür ein gutes Argument. Und dennoch greift eine solche Betrachtungsweise zu kurz. Denn die Vorstellungen der Zeitgenossen von einer funktionsfähigen Gemeinschaft oder Einheit waren das Ergebnis ihrer politischen und gesellschaftlichen Wahrnehmungen und Deutungen und als solche sowohl handlungsrelevant als auch ausschlaggebend für die Reproduktion ihrer Wahrnehmungen. Ohne hier einen statischen Determinismus zu proklamieren, *konnte* das – um nur ein Beispiel herauszugreifen – konkret heißen: Je mehr man den Abbau sozialer und politischer Spannungen mit dem Ziel der »Einheit« anstrebte, desto deutlicher traten die sozialen und politischen Trennungslinien zutage; je deutlicher man sie wahrnahm, um so vehementer versuchte man, ihnen durch »Eintracht« und »Einigkeit«, durch Disziplin und Ordnung zu begegnen.

Die Gemeinschaftsvorstellungen der Turner waren aber auch aus einem weiteren Grund von Bedeutung. Denn die »Gemeinschaft« des Vereins erhielt durch die entworfenen Strukturvorgaben, Funktionsprinzipien und verhaltensnormierenden Wertmuster selbst eine Struktur, die wegen der Redundanz ihrer Bestandteile nicht nur auf einer sprachlichen Ebene erfaßt werden konnte; eine für die »Gemeinschaft« beziehungsweise »Einheit« mindestens ebenso wichtige Rolle spielte ihre Aneignung und Einverleibung durch praktische Handlungen: durch die nach den Wert-, Norm- und Ordnungsvorstellungen funktionierenden körperlichen Übungen, das Turnen.[45] Die durch den Körper einverleibten, »jenseits des Bewußtseinsprozesses« angesiedelten, zu »Körpern gemachten Werte«[46] riefen ihrerseits Wahrnehmungs- und Verhaltensdisposi-

---

44 Rede, gehalten am Turnfeste zu Ulm, S. 5f.

45 Ausführlich dazu das Kap. Erzeugung, Entwicklung und Ausdruck »nationalen Bewußtseins«: Festgestaltung – Massenturnen – Kriegsspiele.

46 Vgl. dazu *Bourdieu*, Struktur, S. 189ff., Zit. S. 200, und die Überlegungen in *Ders.*, Glaube, S. 122ff.

tionen hervor, die im Prinzip auch auf übergeordnete, größere »Einheiten« gerichtet waren und von diesen gewissermaßen abgerufen werden konnten. Das galt zunächst für jede »Einheit« – den Einzelstaat ebenso wie die »nationale« Einheit –, sofern sie nur als maßgebliche handlungsleitende Instanz anerkannt wurde.

Daß die »nationale« Einheit während der 1850er und 60er Jahre auch in den Reihen der auf den Nationalstaat zielenden Turner noch keineswegs zwangsläufig als höchste Loyalitätsinstanz fungierte, diese mitunter durchaus schmerzliche Erfahrung mußten auch die Turner machen. Denn im Moment des preußisch-österreichischen Krieges stand für die preußischen Turner die Loyalität zu ihrem Staat zweifellos im Vordergrund. So äußerte die Preußische Turnerschaft in einem Rundschreiben zwar ihr Bedauern darüber, »gegen die deutschen Brüder im Süden kämpfen zu müssen«, gab jedoch zugleich zu bedenken, »daß sie Mitglieder desjenigen Staates seien, der vor allen dazu berufen sei, die Einigung der deutschen Lande zu fördern, der seit Jahrhunderten für Deutschland gefochten habe, dem die Kräfte seiner Angehörigen zunächst gehörten«. Die preußischen Turner wurden daher aufgefordert, sich jeder Politik fernzuhalten und, »wenn das preußische Vaterland sie zum Kampfe rufe«, sich an ihm zu beteiligen.[47]

Die großdeutsch-kleindeutschen Auseinandersetzungen innerhalb der Nationalbewegung vor Augen, könnte man hinter dieser Haltung auch das Bekenntnis für die kleindeutsche Lösung der »nationalen« Einheit vermuten. Doch dem war nicht so. Bereits im Oktober 1866, zwei Monate nach dem Abschluß des Prager Friedens, sahen es die preußischen Turner erneut als eine der dringlichsten Aufgaben, »die deutschen Stämme, die leider gegenwärtig mehr als in manch früherer Zeit durch allerhand Mißstimmungen voneinander geschieden seien, social einander zu nähern« und schließlich »nicht eher zu ruhen, als bis ganz Deutschland vollständig vereinigt« sei und Österreichs deutsche Provinzen mit zu dem von ihnen »erstrebten deutschen Reiche« gehörten. »Wir haben jetzt ganz großdeutsch zu sein«[48] – mit diesem Votum bekräftigten auch die preußischen Turner, daß die politische Einheit, so wie man sie bisher vor Augen gehabt hatte, wieder zu ihren höchsten Zielen gehörte.

Was hier im Konfliktfall offen zutage getreten war, erwies sich für die Haltung weiter Teile der deutschen Turnbewegung während der 1850er und 60er Jahre im Grunde genommen als symptomatisch: Ein ausgesprochen ausgeprägtes einzelstaatliches Identitätsbewußtsein, mit dem sich oft auch die Loyalität zum angestammten Fürstenhaus verband, ging mit dem Ziel der »nationalen« Einheit eine eigentümliche Symbiose ein.

---

47 So die Wiedergabe eines Rundschreibens der Preußischen Turnerschaft auf dem 5. Preußischen Provincial-Turntag, in: Verhandlungen.
48 Vgl. ebd.

Die Bewahrung einzelstaatlicher Traditionen war für viele Turner die conditio sine qua non, ohne die auch eine politische Einheit nicht denkbar schien.[49] Die innere Ausgestaltung der politischen Einheit wurde in den Reihen der deutschen Turnbewegung zwar nie explizit diskutiert, ihre Vorstellungen schlugen sich jedoch begrifflich nieder, und das in mehrfacher Hinsicht: durch die Beibehaltung des Vaterlandsbegriffs auch für den Einzelstaat, der als »engeres Vaterland« *einen* Bestandteil des »Gesammtvaterlandes« bildete;[50] der Begriff des »Bruderstammes« verwies metaphorisch auf die Zugehörigkeit zu einer Familie, die mit der »Mutter Germania« oder dem *Vater*land[51] zwar auch ein höchstes Oberhaupt hatte, mithin hierarchisch gegliedert war, jedoch – um im Bild zu bleiben – aus mehreren Familienangehörigen bestand; analog konnte auch die Verwendung der Körpermetaphorik interpretiert werden, wenn die »Glieder«[52] die Einzelstaaten, der »deutsche Staatskörper«[53] die »Einheit« bezeichneten. Das alles schloß im Grunde genommen bereits den Einheitsstaat aus und läßt auf die Vorstellung von einem bundesstaatlichen Modell der »Einheit« schließen.

Ein Redner auf dem Feldbergfest in Wiesbaden im Jahre 1864 machte es schließlich deutlicher: »Wir [müssen] uns wohl bewußt bleiben«, mahnte er seine Zuhörer, »daß wir, soll unser Bau ein naturwüchsig fester werden, dem Grundcharakter des deutschen Wesens, der eigenthümlichen und freien Entfaltung jedes einzelnen Volksstammes nicht zu nahe treten dürfen. Denn gerade durch diese freie Entfaltung des Volkslebens in seiner Eigenart, in Sitte und Recht, in sprachlicher und staatlicher Besonderung« sei, erläuterte er, »die germanische Menschheit geworden, was sie war und was sie ist. Die Einheit, nach der wir trachten«, lautete daher sein warnendes Plädoyer, »darf nicht in Einerleiheit ausarten.«[54] Das war eine klare Absage an den Einheitsstaat *und* an jede Vorherrschaft eines deutschen Staates in der »Einheit«, der auch symbolisch Rechnung getragen werden sollte: »Kein schwarz-weißes Leichentuch ..., kein schwarz-gelbes Banner ...; aber Schwarz, Roth und Gold«, das sollte – und man könnte hinzufügen: mußte – nach der Vorstellung dieses Redners, der in dieser Ansprache eine weitverbreitete Meinung wiedergab, das »einigende Zeichen sein und bleiben, unter dem alle deutschen Stämme sich wieder erkennen« konnten.[55]

Fraglos gab es Fürsprecher einer preußischen Vorherrschaft – auch über den

---

49 Daß diese Haltung in der Gesellschaft überaus verbreitet war, stützt die jüngst erschienene Studie von *Langewiesche*, Nationsbildung.

50 Vgl. z.B. Rede des Dr. Hölzer, in: Gedenkblatt für den Cottbusser Turnverein, S. 13.

51 Vgl. z.B. die Rede von C. Kallenberg, in: Turn- u. Jugendfest, S. 10 u. 12.

52 Vgl. GStA Merseburg, Rep 77, Tit. 343A, Nr. 121, Bd. 4, Bl. 16.

53 Vgl. z.B. Rede des Oberbürgermeisters Oberländer, in: Turn- u. Jugendfest, S. 14.

54 Rede, gehalten beim 12. Feldbergfest am 3. Juli 1864.

55 Ebd.

Kreis der preußischen Turner hinaus.[56] Es kann jedoch nicht genug betont werden, daß sich dieses Zugeständnis an Preußen nicht auf die Dominanz dieses Staates in einer künftigen kleindeutsch-großpreußischen »Einheit« bezog. Gemeint war die Führungsrolle im Einheits*prozeß* – eine Position, die dem preußischen Staat aus unterschiedlichen Gründen zugestanden wurde: Die preußischen Turner beispielsweise verwiesen mitunter auf die »nationale« Haltung des Preußenkönigs Friedrich Wilhelm III. im Jahre 1813, der mit seinem Aufruf »An mein Volk«, so die Argumentation, die »unauflösliche Einheit« nicht nur des »Königs und des Volkes«, sondern auch »Preußens und des Gesammtvaterlandes« bewiesen hätte.[57] Das war ein Mythos. Doch im Glauben an ein »wahres« Ereignis sanktionierte er für die preußischen Turner die Führungsrolle dieses Staates im Einheitsprozeß und gab zudem ihrer Loyalität gegenüber dem preußischen Einzelstaat eine höhere Legitimation. Anderen wiederum galt Preußen schlichtweg als der »mächtigste« aller Staaten – ein »realpolitisches« Argument, doch wichtig genug, wie es schien, um die Vorbehalte gegenüber Preußen in den Hintergrund zu rücken und sich unter seine Führung zu begeben.[58]

Insgesamt aber scheuten die Turner in den übrigen deutschen Einzelstaaten vor einer preußischen Vorherrschaft zurück. Zu ausgeprägt waren in den 1850er und 60er Jahren das einzelstaatliche Identitätsbewußtsein und die Loyalität zum angestammten Herrscherhaus. Noch im Jahre 1865 konstatierte der Turner Eduard Dürre, der »Schwabe« glaube »sich verschieden von dem Sachsen, der Pommer von dem Rheinländer, der Schlesier von dem Ostfriesen, der Altpreuße von dem Bayern«.[59] Ohne ein sich auf Tradition gründendes Verbundenheitsgefühl zur Region oder zum Einzelstaat war das kaum denkbar. Und auch die von den Fürsten lancierten Maßnahmen zur Hebung eines einzel-

56 Vgl. z.B. Gedenkblatt für den Cottbusser Turnverein, S. 7, 14; Rede zur Feier des 17. März.
57 Vgl. Rede zur Feier des 17. März, S. 10f.
58 Vgl. dazu die Ansprache des aus Württemberg stammenden Turners Theodor Georgii auf dem 2. deutschen Turnfest in Berlin, der hier »dem Herrscher dieses Landes« versicherte, daß die Turner mit dazu beitrügen, daß »Deutschland, mit dem Staat voran, der der mächtigste ist, groß und frei« werde, in: Gedenkbuch, S. 71. Noch im Jahr zuvor, auf dem 1. deutschen Turn- u. Jugendfest in Coburg, hatte Georgii es abgelehnt, eine Grußadresse an den Prinzregenten von Preußen zu entsenden, statt dessen aber in einer Ansprache verkündet, man werde am liebsten unter der Führung des Herzogs Ernst II. zu Sachsen-Coburg-Gotha »für des Vaterlandes Ehre und Freiheit gegen jeden Feind einstehen«, in: Turn- u. Jugendfest, S. 21 u. 56. Da Georgii 1860/61 Mitglied im Ausschuß des »Deutschen Nationalvereins« war, spricht daraus allerdings kein grundsätzlich antipreußisches Ressentiment; vielmehr bestanden zwischen dem »Nationalverein« und dem als liberal geltenden Herzog Ernst II. enge Kontakte, und sprach man ihm seine Unterstützung zu, so setzte man gegenüber dem preußischen Königshaus ein klares Zeichen, daß die Befürworter einer Liberalisierung von ihnen aus klare Rückendeckung zu erwarten hatten. Zur personellen Verflechtung mit dem Nationalverein *Biefang*, S. 450ff., passim.
59 *Dürre*, Turnen, Zit. S. 202.

staatlichen »Nationalgefühls« hatten ihre Spuren hinterlassen.[60] Doch gab es noch einen weiteren Grund: die »Neue Ära« mit ihren liberalen Reformen, die keineswegs – wie fälschlicherweise oft angenommen wird – eine Zäsur allein in der preußischen Innenpolitik markierte. Denn auch in anderen deutschen Staaten setzte eine innenpolitische Wende ein, die vor allem eines zur Folge hatte: Nicht Preußen stand wegen seiner Reformen im Blickfeld, sondern der jeweilige Einzelstaat.[61] Ja, mehr noch: Das Reformprogramm verstärkte die Loyalität der Turner auch zu ihren Fürsten.

Von einer politisch oppositionellen Haltung gegenüber den Fürstenhäusern konnte zu Beginn der 1860er Jahre kaum mehr die Rede sein, ja, es schien, als ob die Turner diese sogar mit einer gewissen Erleichterung aufgaben. In Preußen feierten die Turner den König, offensichtlich Bezug nehmend auf seine berühmte Rede aus dem Jahre 1858, als den »Wiederhersteller der Herrschaft des Gesetzes im Lande« und als den »moralische[n] Eroberer«, den sie nun als den »deutscheste[n] der deutschen Fürsten« hochleben ließen.[62] »Treu dem angestammten Herrschergeschlecht, treu dem Heimatland«[63] – unmißverständlicher als dieser Redner aus dem preußischen Cottbus konnte man seine Loyalität nicht zum Ausdruck bringen. Auch wenn die emphatischen Bekundungen für die Einheit des deutschen Volkes und Vaterlandes damit nicht abrissen – während der 1860er Jahre lautete unter den preußischen Turnern das Bekenntnis vielerorts noch: »Zunächst sind wir preußische Patrioten; wir halten die Fahne Preußens hoch und wehe dem, der sie uns anrührt.«[64]

Auch in Baden, dem Staat mit den am weitesten gehenden Reformen, hatte der Großherzog die Sympathien der Turner ganz auf seiner Seite. Im badischen Pforzheim bejubelten die Turner ihren Fürsten auf eine sonst vielleicht etwas ungewöhnliche Weise: in einem selbstgeschriebenen Stück, das bei der Einweihung der Pforzheimer Turnhalle aufgeführt wurde. Hier sprachen die darstellenden Turner den Dialog:

Ernst: »… Ich bring' Euch große Freude: – unser Fürst / Hat Worte an sein Badnervolk gerichtet, / Die einen Freiheitsmorgen uns verkünden, / In Irrwahnsnacht der Wahrheit Fackeln zünden, / Des Rechtes Sieg in einem freien Staat / und Untergang dem Concordat!

60 Vgl. dazu v.a. *Hanisch*, Fürst; *Ders.*, Nationalisierung.
61 Vgl. *Sellin*, bes. S. 259, der die Bedeutung der »partikularen Staatsbildung« durch Verfassungsreformen auch während der 48er Revolution hervorhebt und betont, daß die »partikulare Nationsbildung die politische Stoßkraft der Nationalbewegung schon insofern schwächte, als sie eine alternative Identifikationsmöglichkeit bereitstellte«. Allg. zur »Neuen Ära« in den Einzelstaaten *Siemann*, Gesellschaft, S. 231ff.
62 Rede des Dr. Koppe, in: Gedenkblatt für den Cottbusser Turnverein, S. 7; vgl. dazu auch die Ansprache des Vorsitzenden des Jahndenkmal-Ausschusses, Kerst, auf dem 2. deutschen Turnfest in Berlin, in: Gedenkbuch, S. 44.
63 Rede des Dr. Koppe, in: Gedenkblatt für den Cottbusser Turnverein, S. 7.
64 Rede des Dr. Hölzer, in: ebd., S. 14.

Die Anderen: Wie? was? das Concordat gestürzt?
Ernst: Ja wohl! und neue Räthe hat der Fürst erwählt,/ Die Bürgschaft für des Rechts Entwicklung sind,/Die, aus dem Volke, für das Volk erstreben/ Sein ächt gut Heil: ein freies Vaterland!«[65]

Um schließlich ein letztes Beispiel zu nennen: Selbst in Bayern, wo Maximilian II. doch nur mit einigem Widerwillen der Forderung der Opposition im Landtag nachkam und den Minister von der Pfordten aus seinem Amt entließ, war das hinreichend, um sich der Gefolgschaft der Turner sicher sein zu können. Im Duktus der Sprache ausgesprochen devot, richtete ein Redner auf dem 2. Bayerischen Turnfest 1863, begleitet vom Jubel der anwesenden Turner, seine Gruß- und Dankesworte an den »eifrigsten Beförderer alles Edlen und Guten«: an den »vielgeliebten« König Max II., der »seine Politik mit den Wünschen und Sympathien seines treuen Volkes« im Einklang sehe – eine Position, die der Redner offensichtlich teilte, schließlich könne der König, wie er hinzufügte, »aller Welt mit hoher Befriedigung« sagen: »Jede Schwierigkeit ist zu bewältigen, wo die Krone und die Vertreter der Nation im wechselseitigen Vertrauen sich begegnen.«[66]

Das einzelstaatliche Identitätsbewußtsein trat nicht immer so deutlich hervor wie auf diesen regionalen Festen. Und auch das Verhältnis zu den Fürsten zeigte sich manchmal nicht so eindeutig. Das Meinungsspektrum innerhalb der deutschen Turnbewegung war wie in der übrigen Nationalbewegung wesentlich breiter und differenzierter. »Den Fürsten und Adeligen die Köpfe herabzuschlagen« – derart krasse Forderungen, wie sie in der Frankfurter Turngemeinde noch im Jahre 1864 geäußert wurden,[67] waren in den zwei Jahrzehnten vor der Nationalstaatsgründung jedoch die absolute Ausnahme. Auf den ersten Blick aber schien das Verhältnis zu den Fürsten zumindest gebrochener: Auf dem Coburger Fest von 1860 etwa sollten »Einigkeit« und Tatkraft gegenüber der Uneinigkeit und Tatenlosigkeit der regierenden Fürsten demonstriert werden; und doch verbarg sich auch hinter dieser Haltung nicht eine tiefsitzende und unüberbrückbare Opposition, sondern die Aufforderung an die Fürsten, im Verbund mit dem »deutschen Volk« einmütig zur Tat zu schreiten gegen die vermeintliche Gefahr eines französischen Angriffs. »Keiner unserer Fürsten

---

65 Die Weihe der Turnhalle zu Pforzheim. Festspiel, S. 13f.; vgl. dazu aber auch den später folgenden Ausschnitt aus dem Stück auf S. 33: Friedrich: »... Bad'nerland! der Freiheit Heimat/ mit des Rechtes stolzen Warten –/ Das die Nachbarstämme nennen/ einen gottgeliebten Garten –/ Das ist uns're Heimath, Turner,/ und gewiß geloben wir:/ Uns're Kraft beschütz' im Sturme/ hoch sein heiliges Panier!// Darum soll an unserm Feste/ stolz des Dankes Flamme brennen,/ Soll den Ersten uns'res Volkes/ unser, Fürsten jubelnd nennen,/ Der da aus der Nacht der Knechtschaft/ rief der Freiheit Morgen wach,/ Und erkor als Rechtsbeschützer/ Stabel, Lamey, Roggenbach.// So wie hier erglänzt sein Name,/ Soll er licht im Herzen lodern,/ Soll von uns den Schwur der Treue/ Für der Zukunft Kämpfe fordern! ...«
66 Das II. Bayerische Turnfest, S. 15f.
67 Polizeibericht GStA Merseburg, Rep. 77, 343A, Nr. 121, Bd. 4, Bl. 215.

84

darf und wird Deutschland verlassen und eine Sonderpolitik verfolgen« – das war die Hoffnung der überwiegenden Mehrheit der deutschen Turnbewegung, und dafür war sie bereit, den Fürsten die »Kraft des ganzen Volkes«, wie sie sich ausdrückte, zur Verfügung zu stellen.[68]

Im Konflikt um die schleswig-holsteinischen Herzogtümer zeigte sich im Grunde genommen kein anderes Bild: Enttäuscht über die zögernde Haltung der Regierungen und ohnehin überzeugt von der Leistungsunfähigkeit der stehenden Heere, machten sich die Turner »waffentüchtig«, nicht um Freischaren zu bilden, sondern um als Turnermiliz in den Dienst der regulären »nationalen Streitkräfte« zu treten, die den Krieg um die schleswig-holsteinischen Herzogtümer ausfechten werde.[69] Daß hier auch ein Partizipationsanspruch gegen das geltende Recht erhoben wurde, ist unbestreitbar. Die Hoffnung auf ein einmütiges Handeln der deutschen Fürsten in dieser Frage bestand jedoch, wie bereits vor Jahren, weiter fort.[70] In Opposition sahen sich die Turner nicht, schließlich ging es ihnen nicht zuletzt um die erfolgreiche »Einsetzung des angestammten Herrschers«[71] in den Herzogtümern – ein Ziel, das im Hinblick auf die Anerkennung der Legitimität der Fürsten Bände sprach.[72]

Diese Haltung mochte zum Teil auch eine Konzession an die Macht der regierenden Fürsten sein. Die politische Einheit war ohne sie nicht zu erreichen, das hatte die Erfahrung der 48er Revolution gelehrt; ein gewisser Pragmatismus gegenüber den Regierenden war daher kaum auszuschließen. Zudem schien die Angst davor, denselben Repressions- und Verfolgungsmaßnahmen, wie sie die vorhergegangene Generation und mancher der jetzt Aktiven auch noch selber erlebt hatten, erneut zum Opfer zu fallen, im steten Bemühen, nur ja nicht das »Mißtrauen der Regierungen«[73] zu wecken, allenthalben durch und mahnte, wie das im Vorfeld des Coburger Festes von 1860 deutlich wurde, zu beständiger Vorsicht, um nur ja »keine Demonstration gegen irgend wen im Lande, nichts Heimliches, nichts Verbotenes« zu veranstalten.[74]

68 *Dürre*, Verständigung, S. 70.

69 Vgl. dazu auch *Krüger*, Körperkultur, S. 243.

70 Vgl. den Aufruf An die Turngenossen, in: DTZ 1863, S. 337. Im Unterschied dazu wieder die Frankfurter Turngemeinde, die in bezug auf die Haltung der Regierungen eine geradezu aggressive Stellung bezog. Vgl. Bericht über die Turngemeinde (1863), GStA Merseburg, Rep. 77, Tit. 343A, Nr. 121, Bd. 4, Bl. 15–18r.

71 DTZ 1863, S. 342. Vgl. auch *Georgii*, Schleswig-Holstein.

72 Die Führungsspitze der deutschen Turnbewegung zeigte sich hier völlig im Einklang mit der Linie des »Deutschen Nationalvereins« am Ende des Jahres 1863 und untermauerte ihre Position durch die Veröffentlichung des von Rudolf v. Bennigsen im Namen des DNV erlassenen Aufrufs »An das deutsche Volk!«, in: DTZ 1863, S. 342.

73 *Werth*, Zit. S. 44.

74 Vgl. Aus Sachsen, Zum »Ruf zur Sammlung«, in: DTZ 1860, S. 31; vgl. dazu auch Stenographischer Bericht über die Sitzung der ersten deutschen Turner-Versammlung zu Coburg am 17. Juni 1860, S. 76ff.

Das war das Paradebeispiel eines, so könnte man meinen, durch die politischen Strukturen und Herrschaftsverhältnisse determinierten Verhaltens. Doch der Vorsatz der Turner, auf dem Coburger Fest »dem ganzen Vaterlande Zeugniß abzulegen, daß auch in der heutigen deutschen Jugend der Geist der alten deutschen Treue, die gute alte deutsche Kraft noch lebendig sind, und daß nicht der Geist der Umsturzes und der Zerstörung, sondern der erhaltende Geist deutscher Vaterlandsliebe, das Lebensprinzip der deutschen Turnkunst«[75] seien, erzwingt eine weitere Perspektive. Denn die Turner hielten – das klang an dieser Stelle wie auch schon in ihren Überlegungen zu einer funktionierenden »Gemeinschaft« deutlich an – die Bewahrung traditioneller Werte und, wenn auch in gewissen Grenzen, das Festhalten an den überkommenen gesellschaftlichen Ordnungs- und Gliederungsprinzipien für geboten. Das war ihr Gegenentwurf zu einer angeblich aus den Angeln geratenen und deshalb in ihrer kulturellen, politischen und sozialen Entwicklung zu korrigierenden Gesellschaft, kurzum: eine Konsequenz, die ihren Ursprung auch in der Wahrnehmung einer sich durch Industrialisierung und Urbanisierung wandelnden Gesellschaft hatte.

An dieser Stelle schloß sich der Kreis zwischen denjenigen, die aus einzelstaatlichem Identitätsbewußtsein und traditioneller Verbundenheit zum angestammten Herrscherhaus an der Loyalität zu den Fürsten festhielten, und denjenigen, die aus eher pragmatischen, realpolitischen Gründen das Einvernehmen mit den Fürsten suchten. Mochte das Ziel der politischen Einheit auch weiterhin als ein wichtiger Schritt auf dem Weg zur Durchsetzung politischer Freiheitsrechte gelten, waren doch die Vorstellungen der Turner vom vermeintlich richtigen Weg zur politischen Einheit und ihre Erwartungen an diese auch wesentlich geprägt von dem, was sie im Hinblick auf dieses Ziel als die zeitbedingten Hinderungs- oder gar Scheiternsgründe wahrzunehmen glaubten: die sozialen Interessengegensätze, die parteipolitische Polarisierung und der vermeintlich kulturelle Verfall – für die Zeitgenossen Phänomene einer »modernen«[76] Entwicklung, die aus ihrer Perspektive die Stärkung der traditionellen Wert- und Normvorstellungen ebenso zum Gebot machte wie die Beschränkung des Erosionsprozesses, in dem man die überkommene gesellschaftliche Ordnung begriffen sah.

Folgte man dieser Deutung, war die »Einigkeit« mit den Fürsten naheliegend. Immerhin, seit der »Neuen Ära« in einigen Einzelstaaten konnte man auch im Hinblick auf die politische Einheit wieder hoffen – auch in dem vorn erwähnten Laienschauspiel schöpften die Turner seit den Reformen ihres Fürsten wieder Mut und wehrten sich erfolgreich gegen den Reaktionär, den Philister, den Jesuiten, den Lügengeist, die Zwietracht und die Selbstsucht, um

75 Vgl. Aufruf aus Coburg, in: DTZ 1860, S. 31f., Zit. S. 32.
76 Vgl. z.B. Rede des Dr. Hölzer, in: Gedenkblatt für den Cottbusser Turnverein, S. 9.

»Germania« schließlich treu zu dienen[77] –, ließen doch die liberalisierenden Reformen zumindest auf ein schrittweise erfolgendes Entgegenkommen der Fürsten schließen. Gewiß: Die »große[n] soziale[n] Gebrechen« sah man die Regierungen allein zu lösen außerstande, doch schienen sie zumindest in der Lage, das »moralisch durchlöcherte Kleid [zu] flicken«,[78] folglich eine der wichtigsten Grundlagen für jede »Eintracht«, »Einigkeit« und »Einheit« überhaupt erst wieder herzustellen. In diesem Punkt schien es mithin möglich, einen Konsens zu finden. Entsprechend präsentierten sich die Turner gegenüber den Fürsten in einer oft geradezu anbiedernden Art und versicherten, der »Deutsche« sei »heute noch treu und bieder«, »bedächtig« überdies und stürze »nichts Bestehendes übermüthig um«.[79] Eine krasse Distanzierung von des »Pöbels Geschrei«[80] und den »politischen Doktoren«[81] schloß das selbstredend mit ein, drohte durch sie doch die Gefahr, daß die sozialen und politischen Spannungen und Gräben sich weiter vertieften, das Ziel der politischen Einheit somit in immer weitere Ferne rückte oder, was vielleicht noch schlimmer war: der aufstrebende »Vierte Stand« durch seine Emanzipations- und Partizipationsforderungen die vermeintlich »natürliche Ordnung« der ständisch gegliederten Gesellschaft[82] zunichte machte.

Die alte ständestaatliche Ordnung schien gegenüber dieser zerstörenden »Zeit der politischen Parteiungen«[83] geradezu wieder als eine vielversprechende, harmonische Organisationsform der Gesellschaft, die man keinesfalls im Widerspruch zur politischen Einheit sah. Denn schließlich sei die »Sache des deutschen Vaterlandes ... nicht mehr Parteisache«, sondern die »Sache des ganzen Volkes vom gekrönten Haupt herab bis zum Ackersmann hinterm Pfluge«.[84]

Das kam einer völligen Hypostasierung der »vaterländischen Interessen« gleich, mit der die Diskreditierung jeglicher Parteipolitik Hand in Hand ging, und beides verleitete gleichermaßen dazu, die sozialen und politischen Interessengegensätze ganz zu negieren. Daß sie selbst als ein Teil der Nationalbewegung mitten in einem sozialen und politischen Konfliktfeld standen, nahmen die Turner, je mehr sie das Einvernehmen mit den regierenden Fürsten auf dem Weg von »Eintracht« und »Einigkeit« suchten, nicht wahr. Dem lag ein spezifisches und durchaus folgenreiches Politikverständnis zugrunde.

---

77 Vgl. Die Weihe der Turnhalle, S. 11–36.
78 Zwei Reden zum Schwäbischen Turn-Feste, S. 6.
79 Ueber das Turnen, S. 14.
80 Vgl. z.B. Rede bei der Grundsteinlegung zur Turnhalle in Frankenberg; Rede des Dr. Koppe, in: Gedenkblatt für den Cottbusser Turnverein, S. 7.
81 Ueber das Turnen, S. 14.
82 Vgl. Eine soziale Aufgabe der Turnvereine, in: DTZ 1862, S. 49.
83 Rede des Dr. Hölzer, in: Gedenkblatt für den Cottbusser Turnverein, S. 13.
84 Rede, gehalten am Stiftungsfeste des Männerturnvereins zu Stralsund.

Als der Ausschuß der »Deutschen Turnerschaft« im Dezember 1861 einen Beschluß verabschiedete, der den Turnvereinen jede »politische Parteistellung« untersagte,[85] schrieb er eigentlich nur eine Grundhaltung fest, die in der deutschen Turnbewegung ohnehin traditionell weitverbreitet war. Denn die entschiedene Distanzierung von jeder politischen Parteinahme war keineswegs etwas Neues. Vor der Revolution von 1848/49 war das Verhältnis der Turner zur Politik immerhin noch ein Streitpunkt der Auseinandersetzungen innerhalb der deutschen Turnbewegung gewesen. Doch mehrheitlich scheinen die Turner auch damals schon der Auffassung gewesen zu sein, daß die »Politik« im Verein nichts zu suchen habe. Dieser Grundsatz wurde jedoch während der 1850er Jahre, wie es aussieht, noch vehementer als zuvor postuliert,[86] hatte während des Jahrzehnts von der Nationalstaatsgründung Bestand und wurde schließlich bis weit ins Kaiserreich hinein aufrechterhalten – auch wenn man schließlich aus der zeitlichen Distanz die Agitation der Turner während der 1850er und 60er Jahre für das Ziel der politischen Einheit durchaus mit dem Etikett »politisch« versah.[87]

Für die geradezu rigide Zurückweisung jeder »Politik« auch seit dem Beginn der »Neuen Ära« war die Angst vor einem erneuten Verbot der Turnvereine als »politischen Vereinen« oder vor anderen repressiven Maßnahmen der Regierungen schon ein hinreichendes und im übrigen auch durchaus gerechtfertigtes Motiv. Die Sitzungen der Turnvereine, ebenso wie ihre Versammlungen und Feste, wurden, wenigstens zum Teil, immer noch von Polizeibehörden überwacht, die dann ausführliche Berichte über den Verlauf verfaßten, Namenslisten von Vereinsvorsitzenden erstellten und an die Ministerien weiterleiteten.[88] Doch diese Angst, so deutlich sie mitunter auch hervortrat,[89] war

85 DTZ 1862, S. 10.

86 Daß die politische Parteinahme aus den Turngemeinden herausgehalten werden sollte, war bereits ein Beschluß des Eisenacher Turntages am 31. März 1850 gewesen; vgl. auch Protokoll über die Verhandlungen des am 20. März 1859 zu Hamburg abgehaltenen Turntages des Deutschen Turner-Bundes, wo der Eisenacher Beschluß aufgegriffen und erneut bekräftigt wurde; sowie Aus dem Rundschreiben des Hamburger Turnerbundes an die Vereine des Deutschen Turner-Bundes, in: DTZ 1859, S. 71.

87 Vgl. dazu die Artikelreihe von *Herrmann*. Das geschah freilich vor allem, um sich seit den 1870er Jahren um so mehr der »unpolitischen« Haltung zu rühmen und damit seine Loyalität gegenüber der »Nation«, und das hieß vor allem: gegenüber dem Kaiser und Bismarck, zu bekräftigen. Ausführlicher dazu die Kap. im zweiten Teil.

88 Vgl. z.B. Die Polizeiberichte über ein Turnfest in Berlin (1860), eine Turnerversammlung im Grunewald (1862) und eine Sitzung der »Berliner Turnerschaft«, GStA Merseburg, Rep. 77, Tit. 925, Nr. 2, Bd. 3, Bll. 6–8, 11–12r, 13–16; die Polizeiberichte über die Frankfurter Turngemeinde, GStA Merseburg, Rep. 77, Tit. 343A, Nr. 121, Bd. 1–6; sowie über das 3. deutsche Turnfest in Leipzig (1863), GStA Merseburg, 2.4.1., Abt.1, Nr. 8252, Bl. 371–371r.

89 Vgl. dazu die Diskussion über die Gründung eines allgemeinen deutschen Turnerbundes auf der Turnerversammlung in Coburg 1860, in der sich einige der Abgeordneten gegen einen Turnerbund aussprachen mit dem Argument, daß die Furcht vor den Turnerbünden von 48 bei den Regierungen noch nicht verflogen sei und sie dies auch als politischen Schritt ansehen könn-

nicht der alleinige Grund. Mindestens ebenso ausschlaggebend war die Überzeugung, daß die Politik oder, besser gesagt: die politische Stellungnahme, wie
es Ludwig Aegidi, Professor für Jura und seit 1867 Abgeordneter der Freikon-
servativen im Norddeutschen Parlament, einmal paradigmatisch für die weitverbreitete Auffassung in der deutschen Turnbewegung formulierte, dem »Biedermann und Patrioten, der nicht Politiker von Fach ist«, nicht zustehe.[90] Denn
Politik definierte man als die »wissenschaftlich bewanderte, künstlerisch geüb-
te, welterfahrene Handhabung staatlicher Interessen, die Leitung der Staaten
und die Entscheidung der großen Fragen des Jahrhunderts«,[91] und schlug sie
sich auch in der »Tagespolitik« oder »Zeitungs-Politik über sogenannte ›schwe-
bende‹ oder ›brennende‹ Tagesfragen«[92] nieder, erfordere deren Verständnis
doch »besondere Gaben«, die nicht jeder habe, und »spezielle Kenntnisse, welche Wissenschaft und Erfahrung« voraussetzten, »also mehr«, so die Schlußfolgerung Aegidis, als das, »was Gemeingut aller ehrlichen und ehrliebenden
Männer« sei.[93]

In diesem Rahmen war der Begriff »Politik« für die Turner durchaus positiv
besetzt. Denn nach diesem Verständnis bezog sich »Politik« allein auf die Vertretung eines vermeintlichen Gesamtinteresses des – die Begriffe wurden in
diesem Fall synonym verwendet – Volkes beziehungsweise Staates.[94] »Gesamt-
interesse« – das unterstellte nichts anderes als das »Gemeinwohl«,[95] das Konflikte im Grunde genommen ausschloß und daher auch von einer dazu aus-
gebildeten Elite geradezu technokratisch verwaltet werden konnte.

Im Unterschied zu dieser durchaus akzeptierten Politik wurde von den Turnern jede im »Interesse einzelner Stände und Schichten der Gesellschaft« agi-
tierende Parteipolitik als »mißbräuchlich« ausgeübte Politik diskreditiert. Das
waren »Sonderinteressen«, ja, jede »Parteistellung« war eigentlich schon gleichbedeutend mit »politische[m] Kampf«,[96] schien bedrohlich zu sein und als Folge unweigerlich nur eines nach sich zu ziehen: Spaltung, Zwietracht und Zerrissenheit.

Dieses Politikverständnis, das – wie die gesamte ältere deutsche Parteitheorie
– jeden Interessengegensatz negierte und dem die Vorstellung einer konflikt-
freien Gesellschaft zugrunde lag, entsprach völlig dem Streben der deutschen

---

ten, in: Turn- u. Jugendfest, S. 78, passim. Auch der Turntagsabgeordnete Friedländer lehnte im
Jahre 1866 den Antrag, eine »energische Erklärung gegen jede Trennung Deutschlands zu erlas-
sen«, noch mit dem Argument ab, daß dies »ein rein politischer Schritt, ein Selbstmord für die
Turnvereine« sei. Vgl. Verhandlungen des 5. Preußischen Provinzial-Turntages.
90 *Aegidi*, Zit. S. 14; der Artikel wurde auch in der Norddeutschen Turnzeitung abgedruckt.
91 Ebd., S. 11.
92 *Schloenbach*, Politik, Zit. S. 10.
93 *Aegidi*, S. 15.
94 Vgl. *Sonne*, Gemeinwohl, Zit. S. 307.
95 Vgl. ebd.
96 Vgl. ebd.

Turner nach dem »harmonischen Zusammenwirken« aller Stände. Und es dokumentierte zugleich eine tief verankerte und langfristig folgenreiche Untertanenmentalität, die einer tiefgreifenden Demokratisierung das Wasser abgrub und den Bestand des Obrigkeitsstaates absicherte.

Die Forderung nach »Einheit« hatte schließlich noch eine weitere Dimension. Als gegen Ende der 1850er Jahre in den Reihen der deutschen Turnbewegung die »Einheit« wieder unüberhörbar beschworen wurde, schien das nicht weniger eine Maßnahme der Abgrenzung nach »Außen« zu sein, verbunden nicht nur mit der Vorstellung von Größe, sondern auch von innerer Stärke und äußerer Macht.[97] Denn gerade die politische »Einheit« bedeutete aus der Perspektive der meisten Turner zunächst: Durchsetzung gegenüber den umliegenden Nationalstaaten, danach vor allem aber auch die nationale Behauptung im System der konkurrierenden Staatenwelt. In den Augen der deutschen Turner war dazu vor allem eines erforderlich: die Erziehung zur »höchsten Potenz der Kriegstüchtigkeit«,[98] mithin die Stärkung von Wehrkraft und Wehrfähigkeit.

Die nationalkriegerische Ausrichtung, die Dietmar Klenke als das zentrale Charakteristikum der deutschen Turnbewegung in den 1860er Jahren hervorgehoben hat,[99] ist demnach ebensowenig von der Hand zu weisen wie das kaum zu unterschätzende Aggressivitätspotential, das davon ausgehen konnte.[100] Dennoch gilt es zu unterscheiden: Denn »nicht um blutiger Thaten und eitlen Ruhmes willen«, wie das ein Turner noch im Jahre 1866 ausdrückte, sah man das deutsche Volk berufen, sondern – wie es seit dem ausgehenden 18. Jahrhundert hieß – zur »Lösung großer, menschlicher Probleme« – einer »Mission«, deren Erfüllung aber an die »Selbständigkeit, Macht und Einheit Deutschlands geknüpft« sei.[101] Diese weitverbreitete Vorstellung einer besonderen Mission – ein typisches Motiv in vielen Ausprägungen des Nationalismus – war zwar getragen von einem ausgesprochenen Überlegenheitsgefühl, der Annahme der eigenen Höherwertigkeit gegenüber anderen Nationen. Die Stoßrichtung des Nationalismus war damit jedoch nicht von vornherein aggressiv. Denn die Zeitgenossen versprachen sich von der »Einheit« – und dieser frühliberale Gedankengang darf nicht übergangen werden – einen positiven, und das hieß auch: friedlichen Zukunftsverlauf, nicht nur für die eigene Nation, sondern ebenso für die anderen Staaten – freilich erst, nachdem die deutsche Nation ihre »hervorragende Rolle in den civilisatorischen Bestrebungen der Völker«[102]

97 Vgl. hierzu die zahlreichen Beispiele in: Das erste deutsche Turn- und Jugendfest, z. B. S. 14f., 30ff., 41f.

98 Die Klärung der Wehrfrage, in: DTZ 1863, S. 338–340, Zit. S. 339.

99 Vgl. dazu auch *Klenke*, Gemeinschaftsideal; *Ders.*, Nationalkrieger.

100 Vgl. hierzu auch die Argumentation von *Langewiesche*, Nationalismus.

101 Vgl. den Bericht über die Stiftungsfeier des deutschen Turnvereins zu Prag, in: DTZ 1866, S. 93–95, Zit. S. 94.

102 Festrede, gehalten bei dem 6. Mittelrheinischen Turnfest in Hanau.

einzunehmen imstande sei. Trotzdem: Im Rahmen dieses Gedankengebäudes hatten die Überzeugung vom »sittlich humanen Gehalt« der »Vaterlandsliebe« und die Distanzierung vom »neidische[n], zähnezerfleischende[n] Haß gegen alles Fremde, den barbarische Völker Patriotismus nennen«[103] durchaus ihren Raum. Die oft artikulierten Vorstellungen eines künftigen »Völkerfrühlings«,[104] der »Völkersolidarität« und des »Völkerfriedens«[105] bestimmten den Gedanken der nationalen »Einheit«, ihrer inneren Stärke und äußeren Macht wesentlich mit. Er war durchaus ein Bestandteil eines universalistisch geprägten Weltbildes[106] – sofern es sich auf die Zukunft bezog.

Wie brüchig dieses Gedankengerüst jedoch war und wie schnell das darin ruhende Aggressivitätspotential freigesetzt werden konnte, zeigte sich anläßlich der französischen Beteiligung am italienischen Einigungskrieg überdeutlich. »Wer zweifelt, daß das Vaterland bedroht ist, daß jeden Tag Krieg kommen kann?«[107] – Johann Baptist v. Schweitzer, später Lassalles Nachfolger, zu dieser Zeit selber Mitglied der Frankfurter Turngemeinde, sprach hier eine in der Turnbewegung weit verbreitete Befürchtung aus. Frankreich war das Gegenüber, dem man die »Einheit« entgegensetzen mußte, eine »Einheit«, die Stärke – und das hieß Wehrkraft – voraussetzte. Das lehrte bereits die Vergangenheit – so sahen es zumindest die Turner. Die sogenannten Befreiungskriege, oder konkreter: die »Völkerschlacht« des Jahres 1813 war ein aufmunterndes, mahnendes und verpflichtendes Beispiel zugleich.[108] Die »sieben Leidensjahre des französischen Druckes« hätten, wurde im Rückblick kolportiert, nur durch die Einsicht beendet werden können, »daß Deutschland frei werden müsse durch Einigkeit« und die Vorfahren »in der Stunde der Vergeltung« zu sterben gewußt hätten, »weil sie uneinig und unfrei nicht länger leben konnten«.[109]

An diese Zeit der, wie es hieß, »politischen Wiedergeburt«[110] erinnerte man stets im Kontrast: Auf der einen Seite, zu Beginn des anbrechenden Jahrhunderts, »das alte Reich deutscher Nation morsch, zerfallen, ein wesenloser Schatten, unfähig zu leben und doch nicht begraben, ein Gelächter der Weisen und Thoren; das Land zerrissen, zerfetzt, eine Musterkarte winziger Staatsdomänen; das Volk verdummt, verrostet, in engherzigem Stammesvorurtheil«.[111] Auf der andern Seite, seit dem Wiener Kongreß 1815, die »kranke

103 DTZ 1866, S. 94.
104 Vgl. z. B. die Rede v. C. Kallenberg, in: Turn- u. Jugendfest, S. 12.
105 Vgl. z. B. die Rede eines Vertreters der deutschen Turner aus Amerika auf dem 2. Deutschen Turnfest in Berlin 1861, in: Gedenkbuch, S. 32f.
106 Zur Problematik universalistischer Ansprüche vgl. das Kap. Freiheit in der Einheit – ein Anachronismus?
107 J. B. v. Schweitzer in der Debatte während der ersten deutschen Turner-Versammlung in Coburg 1860, in: Turn- u. Jugendfest, S. 84.
108 Vgl. dazu auch *Hoffmann*, Mythos.
109 Rede zum 18. October 1863.
110 Ueber das Turnen.
111 Rede zum 18. October 1863.

Zeit«,[112] in der das »Gewürm der Denuncianten und Spione«,[113] wie es in einer Festansprache hieß, wieder die Oberhand gewonnen hatte. Was lag da näher, als jetzt, da Frankreich, »jede Ader geschwellt von trotziger Angriffslust«, und »Deutschland«, »zerrissen und ohnmächtig, ein Spielball fast fremder Launen«, sich gegenüberstanden, zu jener »Einheit« und Stärkung der Wehrfähigkeit zu mahnen, nach deren Demonstration man einst Frankreich »klein und besiegt« hinterlassen und sich selbst als »Siegerin, hinschreitend über gebeugte Nacken der Fremden«,[114] hatte feiern können?

Der Appell zur »Einheit« erschien im Moment der tatsächlichen oder vermeintlichen Gefahr einer »neuen Fremdherrschaft«[115] im Gewande eines unumgänglichen Gebots zur Verteidigung. »Einheit« als Abwehr – damit war jedes kriegslüsterne Geschrei, jede noch so übersteigerte emotionsgeladene Haßtirade sanktioniert, die in dem Aufruf gipfeln konnte, »den rechten Groll, den rechten Haß im Herzen zu tragen und den in Afrika geschulten Spießgesellen an Deutschlands Grenze die Schädel zu zerschmettern«.[116]

Der Umschlag von Angst in Aggression war – wie das Beispiel zeigt – leicht vollzogen. Damit war jener Prozeß in Gang geraten, in dem die »Einheit« auf der einen Seite der Stärke durch Wehrhaftigkeit bedurfte, auf der andern Seite aber auch selber zum Symbol von Stärke wurde, mithin auch das Gefühl von Stärke, oder übersteigert: auch von Macht vermittelte – ein dialektischer Prozeß, in dem sich beide Komponenten nicht nur wechselseitig bedingten, sondern auch steigern konnten.

So mancher Turner dachte daher bereits über die Abwehr eines möglichen französischen Angriffs hinaus: Denn die »Einheit« schien zugleich die lang ersehnte nationale Selbstbehauptung im Kreis der Nationalstaaten zu ermöglichen, setzte – um in der Sprache der Zeitgenossen zu bleiben – der vielbeklagten »Erniedrigung« ein Ende und schuf schließlich die Voraussetzung, um »zu einer ... würdigen Stellung unter den Völkern der Erde«[117] zu gelangen. Zuge-

---

112 Ueber das Turnen; die »kranke Zeit« bezeichnet geradezu einen feststehenden Topos in der Sprache der deutschen Turnbewegung, vgl. z. B. auch die Rede von C. Kallenberg, in: Turn- u. Jugendfest, S. 11.

113 Rede von J. Rindfleisch.

114 Ebd. In der »Deutschen Turnzeitung« finden sich in den Jahren 1859–1863 zahlreiche Aufrufe zur Stärkung der Wehrfähigkeit, immer im Verbund mit der Forderung nach »Einheit« (oftmals auch als Appell zum »einmüthigen Handeln« oder als »ein Volk« zu handeln u.ä.) und als Abwehr der französischen Kriegsgefahr. Vgl. dazu u.a. *Dürre*, Wach, DTZ 1859, S. 45–47; den Bericht von Kallenberg Vom Süden, in: ebd., S. 56; *Heck*, in: ebd., S. 58f.; aus der Rubrik Nachrichten u. Vermischtes: Aus dem Rundschreiben des Hamburger Turnerbundes an die Vereine des Deutschen Turner-Bundes, in: ebd., S. 71f.; Die Turnkunst u. die Wehrverfassung im Vaterlande, in: DTZ 1860, S. 22f., S. 27. Ebenso in nahezu allen Reaktionen zum »Ruf zur Sammlung«, in: DTZ 1860, S. 31, passim.

115 *Dürre*, Verständigung, in: DTZ 1859, Zit. S. 70.

116 Aus Sachsen, in: DTZ 1860, S. 31.

117 Rede des Geh. Regierungsrates Kerst, in: Gedenkbuch, S. 44.

spitzt galt die »Einheit« bereits als der erste Schritt auf dem Weg, die Stellung »eine[r] sechste[n] Großmacht«[118] zu erringen.

So gewaltig dieses überzogene Macht- und Geltungsbedürfnis auch klang – ob es die Oberhand gewinnen würde über die Vorstellung, »an dem großen Tempel der Humanität [zu bauen], in welchem alle Völker in Frieden und Eintracht nebeneinander wohnen werden«,[119] war bis zur Nationalstaatsgründung offen. Noch schwankte die »Einheit« – so könnte man es pointiert ausdrücken – zwischen einem nationalen Macht- und Geltungsanspruch und einem universalistischen Weltbild. In beiden Fällen aber war das Ziel der politischen Einheit von den »Außenbezügen« schlechterdings nicht zu lösen. Damit unterlagen auch die mit der »Einheit« verbundenen Vorstellungen einer nicht zu unterschätzenden äußeren Dynamik, deren Entfaltung nicht von der konkreten Bedrohung durch einen anderen Staat als conditio sine qua non abhing. Sie geriet auch durch eine gedeutete Bedrohung in Gang, die mitunter an nahezu jedem Grenzstreifen von der »Nordmark Schleswig-Holsteins« über die »Grenzlande im Westen«, das »deutsche Tyrol« im Süden bis zu den »deutschen Grenzlande[n] im Osten, Schlesien, Ost- und Westpreußen«[120] wahrgenommen wurde. Ja, selbst die noch so weit hergeholte Befürchtung, daß »eine neue Völkerwanderung aus Asien« dem eigenen »ruhmlosen Dasein« ein Ende bereiten könne,[121] sicherte einer äußeren Dynamik ihren Bestand, die ihrerseits den Wunsch nach »Einheit« zuspitzte und die Einheitsvorstellungen mitprägte.

2.2. Die Einverleibung der Freiheit

Begreift man die »Einheit« und mit dieser auch die aus zeitgenössischer Perspektive zugrunde liegenden Vorstellungen von »Eintracht« und »Einigkeit« als ein konstituierendes Element in der Ausformung eines nationalistischen Habitus, einer spezifischen auf die »Nation« ausgerichteten »Handlungs-, Wahrnehmungs- und Denkmatrix«, treten die antagonistischen Stoßrichtungen im Nationalismus der deutschen Turnbewegung in den zwei Jahrzehnten von der Gründung des Kaiserreichs offen zutage. Unübersehbar brach sich hier der Wunsch nach einem deutschen Nationalstaat Bahn, der die Auflösung der deutschen Einzelstaaten und eine weitgehende Entmachtung der regierenden Fürsten voraussetzte, mit einem ausgeprägten einzelstaatlichen Identitätsgefühl und einer fortwährenden Loyalität zum angestammten Herrscherhaus, der sporadisch mit aller Deutlichkeit nach wie vor Ausdruck verschafft wurde.

118 Stenographischer Bericht, in: Turn- und Jugendfest, S. 82.
119 Ansprache an die Damen.
120 So ein Festredner im Jahre 1860, in: Turn- u. Jugendfest, S. 52. Vgl. auch Fest- u. Schluß-rede bei dem Fahnen-Weih-Fest des Turnvereins zu Marburg am 1. Sept. 1861, S. 4.
121 Ansprache des Tribunalraths Ulrich.

Dem harmonistischen Gesellschaftsbild, das die kulturellen, sozialen und politischen Unterschiede weitgehend negierte, stand die Vorstellung von einer hierarchisch strukturierten Gesellschaft entgegen, mit der die »natürliche Ordnung« der »Stände« gegen die politischen Ansprüche des »Pöbels« verteidigt wurde; Partizipationsanspruch und Gleichheitsgefühl korrespondierten mit dem Rückgriff auf die traditionalistischen Wert- und Verhaltensmuster von Zucht, Ordnung und Gehorsam.

Angesichts dieser Antagonismen mag es zunächst wie ein Paradox erscheinen, daß von einem Bedeutungsverlust der »Freiheit« im Zielkatalog der deutschen Turnbewegung keinesfalls die Rede sein konnte. Im Gegenteil, darauf läßt zumindest das Empfinden der Zeitgenossen schließen: So verkündete etwa der Leipziger Dr. Heyner, um nur ein Beispiel herauszugreifen, beim Festmahl des Leipziger Turnfestes 1863 den dort versammelten Gästen in einem für die Anwesenden ebenso feierlichen wie ergreifenden Moment, er könne »mit Recht« und »getragen von stolzem Bewußtsein« sagen, daß es »trotz allen Jammers deutscher Zerrissenheit und Zerfahrenheit« für ihn »eine Ehre« sei, ein »Deutscher zu sein, einer Nation anzugehören, deren heiligstes, inniges, unwiderstehliches Streben, deren ernstes, unabweisbares Ziel deutsche Einheit, deutsche Freiheit« sei.[122] Darin steckte mehr als ein persönliches Bekenntnis, zeigte er sich doch über jeden Zweifel erhaben, daß es überhaupt einen Dissens über den Stellenwert der »Freiheit« unter den »Deutschen« gebe. Und in der Tat wurde die »Freiheit« während der 1860er Jahre innerhalb der deutschen Turnbewegung in emphatischen Bekundungen als das »Edelste und Höchste«,[123] als die »wichtigste Idee«[124] beschworen. In ihrer Faszinationskraft, so schien es, war die »Freiheit« ungebrochen, in ihrer Bedeutung als zu erzielendes und zu verteidigendes Gut unumstritten.

Entsprechend hoch waren die Erwartungen, die an dieses Ziel geknüpft wurden. Gerade im Verbund mit der »Einheit« nahmen die Hoffnungen, die an die »Freiheit« gebunden wurden, einen geradezu heilsgeschichtlichen Charakter an. Und das nicht nur, weil das »brave deutsche Volk in Einheit und Freiheit« ein »großes, ein starkes, ein achtunggebietendes, unüberwindliches Volk« zu werden versprach; vielmehr schienen auch in der »Einheit und Freiheit des geliebten deutschen Vaterlandes Glück, Segen, Würde und Frieden« erreichbar – das war zumindest die Überzeugung des Leipziger Festredners Dr. Heyner, und damit stand er keineswegs allein.[125]

Doch was war gemeint? »Freiheit« – das ließ Raum für Projektion, war, so könnte man sagen, im Nationalismus der deutschen Turnbewegung ein Symbol par excellence: Gebunden an die Wahrnehmung und Deutung der gesell-

122 Festrede des Dr. Heyner, in: Erinnerungs-Kalender, S. 41.
123 Rede, gehalten am Stiftungsfeste des Männerturnvereins zu Stralsund.
124 *Götte*, Mahnruf, S. 306.
125 Festrede des Dr. Heyner, in: Erinnerungs-Kalender, S. 42.

schaftlichen und politischen Entwicklung, in seinen Bedeutungen geprägt und deshalb wandelbar aufgrund von sozialen und politischen Erfahrungen und gekoppelt an kulturelle, staatliche und politische Identitäten, vereinte das Postulat der »Freiheit«, sofern es um die Durchsetzung politischer Freiheitsrechte ging, unterschiedliche und mitunter durchaus konkurrierende Vorstellungen. Zugleich aber war die »Freiheit« in sich vielschichtig: »Sittlichkeit«, »Frömmigkeit« und »Wehrfähigkeit« – diese Eigenschaften galten innerhalb der deutschen Turnbewegung als die wesentlichen Voraussetzungen dafür, daß das Ziel der »Freiheit« erreicht und schließlich auch bewahrt werden könne.[126]

Daß die »Freiheit« dabei eine kaum zu überschätzende integrative und mobilisierende Kraft entfalten konnte – dafür sind vor allem vier Gründe anzuführen: Erstens lag es gerade an der relativen Unbestimmtheit des Begriffs – um in Anlehnung an Pierre Bourdieu zu argumentieren –, daß »Freiheit« nicht nur von nahezu allen sozialen Gruppen eingefordert, sondern mit dem Postulat der »Freiheit« auch nahezu alle sozialen Gruppen erreicht werden konnten. Mochte die jeweilige Rezeption und Interpretation des Freiheitsbegriffs an unterschiedliche und mitunter durchaus divergierende Intentionen und Interessen gebunden gewesen sein – im Namen oder auch für das Ziel der »Freiheit« konnte, zumindest während eines konkreten historischen Moments, der »ideologische Effekt der Vereinigung der Gegensätze« erfolgen.[127]

Zweitens aber ließ die »Freiheit« aufgrund ihres begrifflichen Kerns keineswegs jede beliebige Deutung zu; auch die mit dem Begriff verknüpften Autostereotype der »Sittlichkeit«, »Frömmigkeit« und »Wehrhaftigkeit« erschienen im Licht der Befreiung von unautorisierter Herrschaft und Unterdrückung. Von einem emanzipatorischen Impetus war der Freiheitsbegriff nicht zu lösen. Damit ging nicht nur das Gefühl der Partizipationsmöglichkeit einher, vielmehr verhieß sie auch stets eine Verbesserung der gesellschaftlichen, politischen, ja, sogar der kulturellen Entwicklung, vermochte, kurz gesagt, einen positiven Zukunftsverlauf zu versprechen.

Drittens war der »Freiheit« stets das Moment von Integration und Desintegration immanent. »Freiheit« – das hieß immer auch: Abwehr von »Unfreiheit«. Und das bezog sich keineswegs allein auf die Verteidigung der »Nation« gegen die vermeintliche oder tatsächliche Gefahr einer Fremdherrschaft. Gerade weil die »Freiheit« mit spezifischen Wert- und Verhaltensvorstellungen verbunden war und gerade weil diese mit emanzipatorischem Gestus verfochten wurden, war der »Freiheit« ein ausgeprägt normativer Charakter zu eigen: Jedes Abweichen drohte als »unfrei« kategorisiert, ja, stigmatisiert zu werden. Im Grenzfall

---

126 Vgl. dazu auch *Jeismann*, »Feind«, hier S. 287f., der auch für das frühe 19. Jh. hervorhebt, daß das Maß der von den Bürgern errungenen Freiheit von den ihr vorgelagerten Tugenden wie etwa der Treue, des Glaubens oder der Ehre abhing, die man zunächst besitzen mußte.

127 *Bourdieu*, Was heißt sprechen?, S. 15.

war die Dialektik von »Freiheit« und »Unfreiheit« von einem Freund – Feind – Gegensatz nicht mehr zu lösen.

Schließlich ein vierter und letzter Grund: »Freiheit« war erlebbar. Denn die mit diesem Begriff verbundenen Autostereotype – in der deutschen Turnbewegung hieß das konkret: die »Sittlichkeit«, »Frömmigkeit« und »Wehrhaftigkeit« – waren mitsamt den ihnen zugrundeliegenden Wert- und Verhaltensvorstellungen Bestandteil einer vielfältigen »Einprägungs- und Aneignungsarbeit«.[128] Als immer wiederkehrende Sequenz im Diskurs der deutschen Turnbewegung waren sie auf der sprachlichen Ebene vorstellbar; vor allem aber wurden sie durch die körperliche Erfahrung verinnerlicht. Sei es durch die Redundanz der Begrifflichkeit im sprachlichen Diskurs, sei es durch die beständige Einverleibung in der ritualisierten körperlichen Übung: Im Medium der Sprache und des Körpers wurden die verinnerlichten Wert- und Verhaltensvorstellungen zum strukturierenden Merkmal der »Handlungs-, Wahrnehmungs- und Denkmatrix«, ja, zu einem Teilelement des nationalistischen Habitus, sobald die erfahrenen und einverleibten Autostereotype zum Maßstab für die nationale »Freiheit« wurden. Und nicht nur das: Als »strukturale Übungen« schufen sie Verhaltensdispositionen, die als Wert- und Normvorstellungen auch im Namen der »Freiheit« für die »Nation« abrufbar und aktivierbar waren.[129]

Führt man sich die Historiographie zum Nationalismus und Liberalismus an dieser Stelle vor Augen, muß freilich die Feststellung, daß die »Freiheit« im Zielkatalog der Turner während der zwei Jahrzehnte vor der Kaiserreichsgründung gegenüber der »Einheit« nicht an Gewicht verlor, Skepsis hervorrufen. Doch diese These läßt sich sogar zuspitzen: »Freiheit« zu erwerben – das galt sogar als eine unumgängliche Voraussetzung dafür, daß das Ziel der politischen Einheit erreicht und schließlich auch bewahrt werden könne. Gleichzeitig jedoch – und das mag zunächst paradox erscheinen – stand diese Haltung völlig im Einklang mit der Entwicklung im nationalen Liberalismus dieser Zeit, die gekennzeichnet war von einem deutlichen und überaus einschneidenden Einstellungswandel hinsichtlich der Etappen auf dem Weg zu »Freiheit« und »Einheit«. Im Zeichen der Realpolitik, das zeigt übereinstimmend die Geschichtsschreibung zu Liberalismus und Nationalismus, wurde die Handlungsmaxime »Freiheit« vor »Einheit« mehr und mehr ersetzt durch die Kurzformel »Freiheit« durch »Einheit« – ein Postulat, mit dem die Durchsetzung der politischen Freiheitsrechte für die »Nation« auf die Zeit nach der errungenen politischen Einheit vertagt werden sollte.[130]

---

128 Zum Begriff und der Theorie der Habitusentwicklung vgl. *Bourdieu*, Struktur, v.a. S. 86f.
129 Vgl. dazu ebd., S. 189ff., 192; u. *Douglas*, S. 99, 103f.
130 Vgl. dazu u.a. *Winkler*, Nationalismus; *Ders.*, Emanzipation, S. 24–35. *Langewiesche*, Liberalismus, S. 85–104; *Sheehan*, Liberalismus, S. 147ff.; *Dipper u.a.*, S. 509ff.; *Siemann*, Staatenbund, S. 407ff. *Klenke*, Schwur, S. 68f., betont eine Verschiebung seit dem Ende der 1850er Jahre »von

Auch die allerorts euphorische Beschwörung der »Freiheit« innerhalb der deutschen Turnbewegung vermochte diesen Einstellungswandel kaum zu verschleiern. Welche politischen Freiheitsrechte, muß man sich mitunter sogar fragen, forderten die Turner überhaupt ein?

»Darum freien Raum der Kraft/So des Armes, wie des Kopfes!/Freies Feld der Wissenschaft/Und Vernichtung jedes Zopfes!/Freie Bahn dem Arbeitsdrange,/Freien Spielraum den Gewerben!/Wo das Privileg im Schwange,/Liegt der Aufschwung schon im Sterben!//Freies Forschen, freies Ringen/In dem Kampf mit Geisteswaffen,/Freiheit von des Wahnes Schlingen/Und der Heuchelei der Pfaffen!«[131]

Das war ein buntes Gemisch bürgerlich-liberaler Kernforderungen mit der Zielvision eines ausgebauten liberalen Rechtsstaats, der die Gleichheit vor dem Gesetz ebenso voraussetzte, wie er die verfassungsmäßig garantierte Mitbeteiligung der Bürger durch ein Parlament an der Ausübung politischer Gewalt und an der Gesetzgebung vorsah; der weiterhin das Recht auf Rede- und Versammlungsfreiheit, auf Berufs- und Gewerbefreiheit, ja, auf Wettbewerb und Freihandel garantieren sollte; in dem jedes Privileg durch die Möglichkeit von Chancengleichheit und Eigeninitiative abgeschafft, jeder autoritären Bevormundung, ob nun von seiten des Staates oder der Kirche, Einhalt geboten werden sollte.

In der Regel jedoch sucht man vergebens nach vergleichbar formulierten Zukunftsvorstellungen, die auch nur annähernd den Wunsch nach politischen Freiheitsrechten zu konkretisieren vermocht hätten. Daß »Eines«, wie es ein Redner in seiner Ansprache an die versammelten Turner wie eine Selbstverständlichkeit formulierte, »doch Jedem einleuchten [müsse], der sich auch nur einigermaßen in der deutschen Geschichte und Gegenwart umgesehen hat: die Nothwendigkeit der Vereinigung aller Deutschen mit einem Parlament und Einer Regierung«[132] – derartige Annahmen beruhten seit der gescheiterten Revolution wohl eher auf Projektion, als daß sie sich auf artikulierte Wünsche und Hoffnungen seitens der deutschen Turnbewegung hätten stützen können. Wer sein Verständnis von »Freiheit« als das Ziel der »Selbstregierung« mit »*geistigen* oder *pecuniären* Mitteln«[133] explizierte, gehörte im Jahrzehnt vor der Nationalstaatsgründung zweifellos zu einer verschwindend kleinen Minderheit.

Und doch, es war unübersehbar und kann nicht nachdrücklich genug wiederholt werden: »Freiheit« zu gewinnen – das blieb auch während der 1850er und 60er Jahre ein unumstößliches Ziel, das nicht erst in weiter Ferne erreicht werden sollte, sondern zu dessen Verwirklichung ein jeder unverzüglich aufge-

---

liberalen Forderungen auf einen nach außen gerichteten kriegerisch-heroischen Nationalkollektivismus«.

131 Toast beim Schillerfest in Leipzig, in: DTZ, Nr. 48, 1861.
132 Ansprache des Tribunalraths Ulrich.
133 *Götte*, Mahnruf, S. 306 (Hervorh. i. Orig.); u. *Ders.*, Frisch, S. 57.

fordert war. Der Wahlspruch der deutschen Turnbewegung: »Frisch, fromm, fröhlich, frei«, der wie ein Emblem jeder Vereinsschrift voranstand und unzählige Vereinsfahnen schmückte, schien der Ausdruck einer auferlegten wie auch akzeptierten Pflicht zu sein.

Die Erfahrung von Repression und Verfolgung, die den Turnvereinsmitgliedern im Anschluß an die 48er Revolution nicht erspart geblieben war, mahnte, konnte man meinen, auch seit dem Beginn der »Neuen Ära« zu anhaltender Vorsicht. »Auf den Turnplätzen wird keine Politik getrieben!«[134] Vehementer hätte man der politischen Stellungnahme kaum entgegentreten, dem Postulat politischer Freiheitsrechte kaum deutlichere Schranken setzen können. Tatsächlich war die Angst vor einem Wiederaufleben des polizeilichen Überwachungs- und Unterdrückungsapparates ein wesentlicher Impuls für die offenkundige ›politische Sprachlosigkeit‹; ihr alleiniger Grund war sie jedoch nicht.

Dem Blick des kritischeren Zeitgenossen entging das keineswegs. »Unter den deutschen Turnern« herrsche, faßte ein Autor der »Deutschen Schützen- und Wehrzeitung« seine Wahrnehmung zusammen, eine »zum Theil noch großartig grassierende Philisterei«, eine, wie erläuternd hinzugefügt wurde, »gräuliche Composition von Selbstsucht, politischer Trägheit, Schlaffheit, Unlust zu thatkräftigem Handeln und allzugroßer Ängstlichkeit, durch irgend Etwas das Mißfallen oder den Zorn einer hohen Polizeibehörde zu erregen«.[135]

Mochte dieses Urteil gegenüber der tiefsitzenden Furcht vor innenpolitischer Repression als einem der Gründe für die politische Lethargie auch wenig einfühlsam, ja, geradezu abschätzig erscheinen – einer Furcht, die, wenn sie hierin als Beweggrund für die politische Zurückhaltung auch nicht gebilligt, so jedoch zumindest als eine ihrer Ursachen bestätigt wurde –, zielte diese Kritik doch auf ein breiteres Spektrum an Gründen für die politische Schweigsamkeit innerhalb der deutschen Turnbewegung, die außerhalb des »Politischen« zu suchen waren. Doch hier gilt es, deutlich zu differenzieren:

In der Tat, so scheint es, war die Mitgliedschaft in einem deutschen Turnverein während der 1850er und 60er Jahre vielen kaum mehr als ein Selbstzweck, der mit nationalpolitischer Aufbruchstimmung ebensowenig gemein hatte wie mit dem Versuch, sich mit dem Verein ein Forum für die Artikulation politischer Freiheitsvorstellungen zu schaffen. »Frisch, fromm, fröhlich, frei«, der Wahlspruch der deutschen Turnbewegung – das war für weite Teile der Vereinsmitglieder keineswegs eine Camouflage, die den Anspruch auf politische Freiheitsrechte auf versteckte Art und Weise angemeldet hätte. Weit mehr schien für viele die Geselligkeit und das Vergnügen, im besten Fall die gemeinsam praktizierte körperliche Ertüchtigung die eigentliche Attraktion des Vereinslebens auszumachen. »Schlägt die Glocke zum Versammeln«, lautete das gerade-

---

134 Ansprache des Tribunalraths Ulrich.
135 *Götte*, Frisch, S. 57f.

zu verzweifelte Fazit eines zeitgenössischen Beobachters, der das Vereinsleben einem kritischen Blick unterzog, »so sieht man sie nicht etwa feurigen Sinnes zum Turnplatz eilen, nein, langsam, fast schleichend, der eine früher, der andere später, und es finden sich von etwa 150 Turnern, 20 höchstens 25 ein. Statt ferner«, wie er in seinem Bericht fortfuhr, »sofort zu einer gemeinsamen regelrechten Übung überzugehen, sieht man sie ihre Leib- und Kunststücke produciren, während eine Menge anderer Turner nichtsthuend zuschaut.« Dabei habe freilich jeder »eine prächtige Entschuldigung für diesen Müßiggang«: Der eine habe »Zahnschmerzen, dieser sich eine Sehne in der Hand verschlagen und jenen hält ein versprochenes Rendevouz seiner Flamme ab, der er nicht mit derangirten Haaren und zerknitterten Vatermördern oder Stehkragen aufwarten« könne.

Es war unübersehbar: Ob nun »mit langen Pfeifen oder Cigarren in den Händen auf dem Platze« umhermarschierend oder sich der Turnsache im engeren Sinne zuwendend – das gesellige Beisammensein, die Unterhaltung, ein beständiges ›Sehen- und Gesehen-Werden‹, sie zeigten sich oft als die ausschlaggebenden Motive, dem Turnverein als Mitglied beizutreten und den dazugehörigen Veranstaltungen beizuwohnen. Denjenigen, die, wie Seemann es formulierte und vermutlich auch für sich in Anspruch nahm, »es wirklich ernst mit der Sache meinen«, blieb nur ein trauriges Resümee: »In der Regel wird alle Abend geturnt und damit Punktum, Sonntags aber s.g. Turnfahrten, oder besser gesagt Tanzpartien und Schlemmerfahrten abgehalten ... Die Woche über ein wenig zu turnen und bunte Bänder und gestickte Turngürtel zu tragen, scheint einem großen Theile unserer Turner der Hauptzweck des Vereins zu sein.«[136]

Man liefe freilich in die Irre, zöge man daraus den Schluß, daß dem Wunsch, »frei« zu sein, ja, der Verteidigung der »Freiheit« in den von Seemann beschriebenen Turnerkreisen ein untergeordneter Stellenwert beizumessen sei. Im Gegenteil, »Freiheit« zu fordern – das blieb keineswegs den nationalpolitisch denkenden und nach politischen Freiheitsrechten strebenden Turnern vorbehalten. »Wir sind *freie* Turner, wir machen was wir wollen! Wir *wollen* uns nicht knechten lassen«,[137] derartige oder vergleichbar formulierte Ansprüche schienen innerhalb der deutschen Turnbewegung durchaus an der Tagesordnung zu sein.

Damit spiegelte sich im Verein im kleinen, was die begriffsgeschichtliche Untersuchung über die »Freiheit« auf der Ebene der um die politische Herrschaft ringenden Parteien in der »longue durée« seit Beginn des 19. Jahrhunderts konstatiert: Die »Freiheit« war nicht nur zum »Legitimationsbegriff jeder Herrschaft« geworden; das »Schlagwort ›Freiheit‹, so die Bilanz Christof Dip-

136 *Seemann*, Zit. S. 11.
137 Ebd., S. 11 (Hervorh. i. Orig.).

pers, »schickte sich an, von einem alle Emanzipationsbewegungen erfassenden Integrationsbegriff, zur Bezeichnung jeweils einer unter mehreren ›Parteien‹ zu werden«.[138]

Anders gesagt: »Freiheit« zu fordern oder in Anspruch zu nehmen, dahinter konnten sich auch innerhalb der deutschen Turnbewegung durchaus unterschiedliche Interessen und Intentionen verbergen, die allerdings durchaus quer zur politischen Stellungnahme liegen mochten. »Frei« zu sein – das maß sich mitunter in erster Linie an der Möglichkeit, sich »in einer unbeschränkten Äußerung des eigenen Willens«[139] gegenüber den Ansprüchen und Normen anderer zu behaupten.

Daß diese Inanspruchnahme der »Freiheit« als Legitimation der eigenen Abgrenzung keineswegs auf ein generelles Einverständnis unter den Turnern treffen konnte, wird kaum Erstaunen hervorrufen. Der Dissens spiegelte sich auf vielfache Weise wider, sei es, daß die Verteidigung der eigenen »Freiheit«, wie sie von den einen vorgenommen wurde, von den andern als »gängige und beliebte Kraftwörter«, mit denen man »den Teufel aus der Hölle zu locken meint«,[140] gleichsam annulliert wurde, sei es in dem Versuch, die wahre Bedeutung des Wahlspruchs, und damit vor allem der »Freiheit«, festzuschreiben.[141] In diesen Momenten offenbarte sich nicht nur die Bedeutungsvielfalt des Freiheitsbegriffs. Vielmehr ließ sich zugleich der ausgesprochen normative Charakter der »Freiheit« erahnen, der sich aber erst im Konfliktfall voll entfaltete.[142]

Daß die eigentliche, die deutsche Turnbewegung auf lange Sicht spaltende Konfliktlinie jedoch nicht zwischen den nationalpolitisch denkenden, nach politischer Einheit und »Freiheit« strebenden Turnern auf der einen und denjenigen auf der andern Seite verlief, die unter Berufung auf ihre »Freiheit« jede Reglementierung am Ort ihrer Freizeitgestaltung abzulehnen schienen, mag zunächst erstaunen. Doch ebensowenig wie sich aus der Inanspruchnahme der »Freiheit« eine nationalpolitische Orientierung und die Forderung nach politischen Freiheitsrechten geradlinig ableiten läßt, so wenig ist die Forderung nach »Einheit« und »Freiheit« zwangsläufig in eins zu setzen mit dem Ziel, die politische Einheit an die Durchsetzung politischer Freiheitsrechte zu binden.

Im Gegenteil: Bei der Mehrheit der auf den Nationalstaat hoffenden Turner verbarg sich hinter dem Ziel der »Freiheit« keinesfalls mehr die Vorstellung, daß der politischen Einheit eine Liberalisierung der deutschen Einzelstaaten, so

138 *Dipper u.a.*, S. 489. In welchem Maße die »Freiheit« und andere zentrale Leitbegriffe der Aufklärung etwa auch bei den protestantischen Frühkonservativen zu Beginn des 19. Jh. eindrangen betont *Graf*, Spaltung, hier S. 173ff.

139 *Seemann*, S. 11.

140 Ebd.

141 *Götte*, Frisch, S. 57f.; *Seemann*, S. 11.

142 Dieses Problem wird aufgegriffen und ausführlich erörtert im Kap. Freiheit in der Einheit – ein Anachronismus?

sehr sie die ersten Schritte dahin seit dem Beginn der »Neuen Ära« im einzelnen auch begrüßen mochten, vorauszugehen habe; ja, selbst für die Zeit nach der errungenen nationalstaatlichen Einheit war von einer dann notwendig folgenden Durchsetzung politischer Freiheitsrechte nur noch selten die Rede.

Eng verflochten mit den Vorstellungen von »Eintracht« und »Einigkeit« als den unabdingbaren Voraussetzungen für die politische Einheit, galt die »Freiheit« dennoch als der Garant einer erfolgreichen »nationalen« Entwicklung. Denn »Freiheit« zu gewinnen – dahinter steckte weniger die Forderung nach politischer Partizipation als vielmehr die Vorstellung eines spezifischen Verhaltens, das auf der Grundlage von »Sittlichkeit«, »Frömmigkeit« und »Wehrhaftigkeit« erworben sein wollte. Um es in der zeitgenössischen Sprache eines Turners auszudrücken: »Froh, frisch, fromm und frei, das sind«, so seine Umschreibung, »vier schöne Worte, und sie haben guten Klang; den schönsten Klang aber hat das letzte; es hält uns das Ziel vor Augen, zu dem die drei andern Worte nur die Mittel, die Durchgangsstufen bezeichnen.«[143]

In der deutschen Turnbewegung war der Freiheitsbegriff damit keineswegs von Grund auf umgedeutet worden. »Frisch, fromm, froh und frei« – dieses »geistige Fundament«, wie es auch zutreffend bezeichnet wurde,[144] war seit jeher das Wahrzeichen eines jeden Turnvereins. Als vierfaches F im Turnerkreuz verbunden, versinnbildlichte es die unter den Turnern gemeinhin anerkannten Autostereotype mitsamt den ihnen zugrundeliegenden Wert- und Verhaltensvorstellungen. Ja, mehr noch, diesen Eindruck vermittelte zumindest die Überzeugung eines Turners: »So wie das Kreuz im Allgemeinen das Symbol des Glaubens« sei, faßte er seine Anschauung zusammen, sei »das Turnerkreuz das Symbol des Turnerglaubens, – das Mahnzeichen, welches ein jeder Turner bei sich führt, auf daß es ihn an seine Pflicht als Turner erinnere«.[145]

Doch die Gewichte der mit dem Freiheitsbegriff verbundenen Vorstellungen hatten sich gegenüber der ersten Hälfte des 19. Jahrhunderts, wenn auch nur partiell, verschoben. Definiert durch »Sittlichkeit«, »Frömmigkeit« und »Wehrhaftigkeit«, wurde die »Freiheit« in einem gewissen Sinne entpolitisiert und von den drängenden innenpolitischen Problem- und Konfliktpunkten, wie etwa der Verfassungsfrage, gelöst. Als eine primär apolitische Eigenschaft war sie damit ihres oppositionellen Gehaltes weitgehend beraubt; damit aber war umgekehrt die Grundlage geschaffen für eine Politisierung durchaus individueller Wertsetzungen, wie etwa der »Sittlichkeit« oder der »Frömmigkeit«, die dann auf die politische Ordnung: den Nationalstaat transformiert wurden. Unter »nationalen« Gesichtspunkten schien die »Freiheit« daher fortab vor allem dreierlei zu versprechen: Erstens die Stabilisierung der gesellschaftlichen Ord-

143 Ansprache bei der Weihe der Vereins-Fahne an den Cöthner Männer-Turnverein.
144 *Götte*, Frisch, Zit. S. 57.
145 Ebd., S. 58.

nung, die durch einen zunehmenden und als bedrohlich empfundenen sozialen und politischen Differenzierungsprozeß zu zerbrechen drohte; zweitens eine Wende im vermeintlichen kulturellen Verfallsprozeß, mit dem die Lebensfähigkeit des »Volkes« zu schwinden drohte; und drittens die sichere Behauptung der eigenen »Nation« im Kreis der umliegenden Nationalstaaten, die mit der angestrebten »kulturellen« Stabilisierung überhaupt erst möglich schien.[146]

Es war nurmehr eine logische Konsequenz, daß die »Freiheit« fortab weniger als eine Forderung an die regierenden Fürsten denn als eine Fähigkeit verstanden wurde, die zu erwerben jeder einzelne aufgefordert war. »Frei sollt Ihr sein in Eurem späteren bürgerlichen Leben«[147] – so lautete der Zukunftsentwurf, zu dessen Verwirklichung ein jeder erst beizutragen hatte. Denn die Entwicklung zum Bürger galt auch in den 1850er und 60er Jahren vielen Turnern als ein längst noch nicht abgeschlossener Prozeß.

Gerade die Turnvereine als die »gebornen Hüter und Wahrer deutscher Gesittung«,[148] galten als das geeignete Arsenal, in dem der Weg ins Bürgerleben und in die »bürgerliche Freiheit« erfolgversprechend vorbereitet werden konnte.[149] Der Blick auf die Geschichte der Turnbewegung konnte das bestätigen – diesen Eindruck mußte zumindest die Schilderung eines Festredners nahelegen, der im Rückblick zusammenfaßte: »Im Leben des Vereins [erschloß sich] die Vorschule zum Bürgerthum, da blüthen sie auf, die schönsten Bürgertugenden: Selbstbeschränkung, männliche Zucht und Bescheidenheit, da regte sich Freundschaft und Anhänglichkeit, da verwischten sich die enggesteckten Grenzen der Gesellschaft, der Mensch ward zum Menschen und sah auch im Andern den Menschen.« Das gab Hoffnung, schien es, auch für die Entwicklung in Gegenwart und Zukunft, denn »wer sich einmal bewußt geworden ist des eigenen gesunden Lebens«, schloß daraus zumindest dieser Redner, »der wird auch Theil nehmen am Leben Anderer, und wer einmal sich gefühlt hat als Mitglied einer freien und strebenden Genossenschaft, der wird dieses Gefühl auch übertragen auf die Gemeinschaft, der wir Alle angehören, auf das große gemeinsame Vaterland!«[150]

146 Ähnliche Argumentationsmuster gab es bereits in der zweiten Hälfte des 18. Jahrhunderts. Vgl. dazu *Jeismann*, Vaterland, der herausgearbeitet hat, daß die »deutsche Freiheit« durchaus auch im Sinne eines »moralische[n] Gegenbegriff[s] zur politischen und revolutionären Auffassung der ›Freiheit‹« verwendet wurde. Für diese Zeit aufschlußreich: *Valjavec; Prignitz. Echternkamp*, Erinnerung, weist ebenfalls darauf hin, daß die fehlende Freiheit als Ursache für den konstatierten gesellschaftlichen und politischen Verfall angesehen wurde, mit der man den moralischen Verfall einhergehen sah. Auf eine Entpolitisierung der Freiheit schließt er daraus jedoch nicht, zielte die Forderung nach Freiheit, so sein Argument, doch nach wie vor ganz entschieden auf die Durchsetzung innenpolitischer Liberalisierung und das in deutlicher Opposition zum Adel und den regierenden Fürsten.
147 Rede bei der Grundsteinlegung zur Turnhalle in Frankenberg.
148 Fest-Rede zum ersten Turnfeste des Saal-Elb-Turngaus, S. 6f.
149 Vgl. dazu auch u.a. Festrede, gehalten bei dem 6. Mittelrheinischen Turnfest in Hanau.
150 Fest-Rede zum ersten Turnfeste des Saal-Elb-Turngaus, S. 6f.

In eine solche Betrachtungs- und Argumentationsweise waren unübersehbar Versatzstücke der deutschen Spätaufklärung Kantscher Prägung eingeflossen. Ohne dem aufklärerischen Gedankengerüst in toto zu folgen, schien das von den deutschen Aufklärern formierte Gesellschaftsbild mit all den daran anknüpfenden Wert- und Normvorstellungen hinreichend Ansatzpunkte für eine Verarbeitung und Deutung der gesellschaftlichen Entwicklung zu bieten. Daß die Akzente von den Turnern freilich anders gesetzt wurden, war unübersehbar und angesichts des »nationalen« Blickwinkels, der die Wahrnehmung der zeitgenössischen Situation mitbestimmte, auch durchaus einleuchtend. In der Bestimmung des Freiheitsgedankens schlug sich das unweigerlich nieder. Doch dafür lohnt es sich, weiter auszuholen und den Blick zunächst noch einmal auf die dem Einheitsgedanken zugrundeliegenden Vorstellungen zu richten:

In Anbetracht der gescheiterten Revolution, der sich spaltenden nationalen Bewegung in unterschiedliche politische Lager, ja, angesichts eines weithin zu beobachtenden sozialen Wandlungsprozesses, mit dem die politische Differenzierung beschleunigt wurde, beschrieb der innerhalb der deutschen Turnbewegung vielfach artikulierte Wunsch nach »Eintracht« vor allem die Hoffnung auf ein mögliches Ende aller kulturellen, sozialen und politischen Spannungen, mit denen die »nationale« Zerreißprobe so unglaublich nah, die politische Einheit hingegen in weite Ferne gerückt zu sein schien. Dabei stand die »Eintracht«, um es kurz zusammenzufassen, keineswegs nur für den realpolitischen Weg zum ersehnten Nationalstaat; vielmehr lag dem Wunsch nach »Eintracht« ein überaus harmonistisches Gesellschaftsbild zugrunde, in das sich die Loyalität zum angestammten Herrscherhaus ebenso nahtlos einfügte wie der weithin verbreitete Glaube an eine »natürliche« gesellschaftliche Differenzierung zwischen den »Ständen«.[151]

»Eintracht« als ein im Menschen verwurzeltes Verlangen, das hatte freilich schon Kant in seiner Abhandlung über die »Idee zu einer allgemeinen Geschichte in weltbürgerlicher Absicht« diagnostiziert. Im Unterschied zu Kant jedoch, dem die »Zwietracht« als ein in der Natur des Menschen liegendes – und für die gesellschaftliche Entwicklung durchaus gewinnbringendes – Streben die andere Seite der Medaille gewesen war,[152] galt den Turnern jener Antagonismus als eine der entscheidenden Ursachen für die als niederschmetternd empfundene »nationale« Entwicklung.

Der Liberale Rudolf Virchow, zu Beginn der 1860er Jahre im Vorstand der »Berliner Turnerschaft«,[153] gab mit seiner Begrüßungsrede auf dem Märkischen

---

151 Vgl. dazu ausführlich Kap. Einheit – Eintracht – Einigkeit.

152 Dazu die Ausführungen Kants über den von ihm konstatierten gesellschaftlichen Antagonismus der »ungeselligen Geselligkeit«, in: *Kant*, Idee, Zit. v.a. S. 37–39.

153 So eine Liste vom 10. Nov. 1864, angefertigt für den Staats- und Innenminister Graf zu Eulenburg. GStA Merseburg, Rep. 77, Tit. 925, Nr. 2, Bd. 3, 1860–1919, Bl. 13r.

Turntag ein treffliches Beispiel für diesen Eklektizismus:[154] »ein Kosmopolit, ein Weltbürger« – keine Charakterisierung hätte entschiedener die Distanzierung zum Ausdruck bringen können, die Virchow Kant gegenüber empfand. Dabei teilte Virchow durchaus die Gedanken zur Pflicht des einzelnen und über das Sittengesetz, die dieser deutsche Aufklärer im ausgehenden 18. Jahrhundert entwickelt hatte. Doch sei es »zu beklagen«, so der Redner, »daß Kant über die Pflicht des Einzelnen das Recht des Einzelnen« vergessen habe. »Deshalb«, so Virchows Folgerung, die seinen Hauptvorwurf begründete, sei es unter den Deutschen »niemals zu dem Gefühle der Nationalität« gekommen.

Unter »nationalen« Gesichtspunkten boten sich die Überlegungen Kants freilich auch für den Berliner Professor an: Für das Ziel der »Pflege und Ausbreitung des deutschen Geistes, der in seiner höchsten Aufgabe das Vaterland kennt«, wie Virchow es formulierte, war die Pflicht des einzelnen geradezu ein unerläßliches Gebot: »daß wir uns fügen, daß wir bei der nationalen Entwicklung unsere eigenen Interessen hintansetzen dem Wohle des Ganzen, daß wir da eintreten auch zu eigenem Schaden, wenn es gilt, das Ganze zu fördern«, das war die Erwartung an jeden einzelnen und der Maßstab, an dem sich zugleich das »nationale«, das »deutsche« Verhalten bewies. »Diese Pflicht der Selbstüberwindung und sich selbst in Zucht halten«, führte Virchow dazu abschließend aus, »erleichtert uns die Pflicht, gegen Andere das Gute zu tun, und die Eintracht, welche wir erstreben sollten, kann erst erreicht werden, wenn wir diese Pflicht üben. Sich selbst voranstellen ist der gerade Gegensatz zum Deutschtum und führt zum Materialismus. Der Geist des eignen Rechts, der Französischen Revolution, der wohl seine Berechtigung bis zu einem gewissen Grade hat, muß bekämpft werden, wo er dem Ganzen nachteilig wird.«

Eine Balance zwischen Recht und Pflicht zu finden, oder anders gesagt: das Verhältnis zwischen »Freiheit« und Ordnung auszutarieren – dieser Versuch hatte seit der Französischen Revolution freilich schon unzählige Köpfe beschäftigt.[155] In Virchows Plädoyer, das der Pflicht des einzelnen ein deutlich stärkeres Gewicht beimaß als dem Recht, das er gleichwohl in Grenzen anzuerkennen bereit war, spiegelte sich dabei eine im deutschen Liberalismus jener Zeit häufig anzutreffende Überzeugung wider: daß, erstens, die »Freiheit« als gesetzliche Freiheit gewollt und zulässig, als solche aber auch begrenzt sein müsse; und daß, zweitens, die Unterordnung unter das Gesetz aus der sittlichen Freiheit hervorgehe, mithin eine aus freiem Willen getroffene Entscheidung, zum Wohle der Gesamtheit und unter Hintanstellung des eigenen Interesses, sei.

Virchow war innerhalb der deutschen Turnbewegung nicht der einzige Ex-

---

154 Zum folgenden vgl. Prof. Dr. Virchows Rede bei der Begrüßung der Abgeordneten zum Märkischen Turntag, Berlin, 30.4.1864, in: DTZ 1864, S. 155f., Zitate S. 156.
155 Vgl. dazu ausführlicher *Dipper u.a.*, bes. S. 525–531.

ponent dieser Einstellung. Im Gegenteil, daß »die Turner«, wie es in der »Deutschen Schützen- und Wehrzeitung« formuliert wurde, »nicht genug beachten« könnten, »sich in der Bestrebung nach Freiheit doch ja stets innerhalb der zu *Recht bestehenden* Gesetze zu halten«, war als Norm gemeinhin unbestritten. »Ohne die strikte Innehaltung von Recht und Gesetz« schien die »wahre Freiheit« den Turnern geradezu »undenkbar«.[156]

Dahinter verbarg sich eindeutig die Vorstellung von der »Freiheit« als einem »regulativen Prinzip«[157] nicht nur der vorgestellten staatlichen, sondern auch der gesellschaftlichen Ordnung. Sie wurde vernehmbar in dem Versuch, die »Freiheit« als einen durch »Mißdeutung und Verdrehung« gefährdeten Begriff zu definieren, und das in deutlicher Abkehr von einer »Freiheit«, die – das schien aus der rückblickenden Bewertung der historischen Ereignisse nicht zu leugnen – »in früheren Zeiten« die Turner »auf Abwege geführt habe«.[158] Sie kam zum Ausdruck in der überaus scharfen Abgrenzung von »des Pöbels Geschrei und des Mißbrauchs rasender Thoren«, kurzum: von all denen, die meinten – so der offenkundig herrschende Eindruck von dieser zutiefst verachteten Haltung –, »Freiheit« besitze derjenige, der »kein Gesetz achtet und sich über alle Ordnung hinwegzusetzen vermeint«.[159]

Was aus der zeitlichen Distanz als Folge der sich im Verlauf von Industrialisierung und Urbanisierung zunehmend herauskristallisierenden sozialen und politischen Interessengegensätze, die sich während der 48er Revolution zugespitzt hatten, erscheint, mochte für viele Zeitgenossen ein rational schwer zu konkretisierendes, ein, wenn man so will, Diktat der Emotionen sein: Doch in der Angst vor dem Verlust einer prinzipiell möglich erscheinenden und verherrlichten sozialen Einheit, mit der dann auch die politische Einheit schlechterdings nicht mehr zu verwirklichen war, wurde die »Freiheit« zu einem Mittel der selbstgerechten Behauptung gegenüber den Ansprüchen des »Vierten Standes« und all derer, die auf eine weitergehende Demokratisierung drängten.

Die Zeitgenossen nahmen das freilich häufig anders wahr: Im Glauben an ein »gemeinsame[s] Interesse«, das jeden einzelnen dazu anhalten mußte, sich »der öffentlichen Ordnung der Dinge im Staat und in der Gemeinde«[160] zu fügen, wurde jeder Interessengegensatz negiert, jedes abweichende Verhalten als Unfähigkeit zur »Freiheit« diskreditiert. Wer »frei« zu sein erstrebte oder es für sich in Anspruch nahm, hatte sich an klar umrissene Wert- und Verhaltensvorstellungen zu halten: »Frei ist«, so erläuterte es ein Redner seinen Zuhörern, »wer sich selbst in Zucht und Ordnung zu halten weiß, wer sich selbst Schran-

---

156 *Götte*, Frisch, S. 57f. (Hervorh. i. Orig.).
157 Zum Begriff der »Freiheit« bei Kant vgl. v.a. seine Ausführungen in: *Ders.*, Metaphysik, S. 326ff.
158 Rede, gehalten am Stiftungsfeste des Männerturnvereins zu Stralsund.
159 Rede bei der Grundsteinlegung zur Turnhalle in Frankenberg.
160 Ebd.

ken setzt, weil und soweit es die gesunde Vernunft gebietet.«[161] »Freiheit« in Einheit, Eintracht, Einigkeit – so ließen sich die Erwartungen und Hoffnungen umschreiben.

Der sozialen und politischen Entwicklung in den zwei Jahrzehnten vor der Nationalstaatsgründung entsprach das aber nicht. Nicht einmal aus der zeitgenössischen Perspektive: Weder Eintracht noch Einigkeit – das ist bereits ausführlich dargelegt worden – waren aus der Sicht der Turner während der 1850er und 60er Jahre verwirklicht. Die zunehmenden sozialen Gräben und die daraus erwachsenden politischen Zerwürfnisse, aber auch die scheinbaren sittlichen Mängel und der kulturelle Verfall – all diese von den Turnern beobachteten Erscheinungen wurden als Ursachen für die fehlende politische Einheit ausgemacht. Und nicht nur das: Sie waren Symptome für ein Stadium der gesellschaftlichen Entwicklung, die, in der Lesart der Kantschen Philosophie,[162] anzeigte, daß der Prozeß der Aufklärung bei weitem noch nicht als abgeschlossen gelten konnte. Fehlende »That- und Willenskraft«, »Weichlichkeit und Willensschwäche«, »Schwäche und Laster«, »hinterlistiges und unterwürfiges Kriechen«, »Menschenfurcht«,[163] kurzum: »Faulheit und Feigheit«, wie Kant selber es formuliert hatte, waren als die eigentlichen Ursachen für die Verbannung in »selbstverschuldete Unmündigkeit« verantwortlich; allein die Fähigkeit, sich seines eigenen Verstandes zu bedienen, verhieß den Weg aus dem »Joch der Unmündigkeit« zur »Freiheit« im Sinne der Aufklärung.[164]

Führt man sich an dieser Stelle noch einmal vor Augen, mit welcher Vehemenz die Nationalbewegung während des Vormärz und im Verlauf der 48er Revolution für die Durchsetzung politischer Freiheitsrechte gestritten hatte, muß die Inanspruchnahme und die Verteidigung der »Freiheit« als Teil des bürgerlichen Wertekanons wie ein Rückzug in die Innerlichkeit erscheinen. Immerhin, es war nicht zu übersehen: Die Liberalisierung galt keineswegs mehr als das vorrangige Ziel, das vor dem Zusammenschluß in der politischen Einheit erreicht werden müsse. »Unsere Freiheit ist die sittliche Freiheit« – so lautete statt dessen seit dem Beginn der 1850er Jahre das Bekenntnis innerhalb der deutschen Turnbewegung. Mit dieser »inneren Freiheit«, so auch die Umschreibung in einer Festrede, fühle sich der Turner dann auch »in jedem Stande, in jedem Berufe frei«; ja, er sei imstande zu erkennen, »daß auch die politische Freiheit nicht durch Gesetze und Errungenschaften begründet« und nur durch »die sittliche Bildung des Charakters und die sittliche Freiheit der Einzelnen das Glück der Staaten« erreicht werden könne.[165]

---

161 Ebd.
162 Vgl. dazu v.a. *Kant*, Beantwortung, S. 53–61.
163 Diese Formulierungen sind in den zeitgenössischen Flugschriften, Reden und Zeitungsartikeln der Turnerpresse ubiquitär. Vgl. nur Rede, gehalten am Stiftungsfest des Männerturnvereins zu Stralsund; Rede zum Turnfest des Gymnasiums u. der Realschule in Stuttgart.
164 Die Zitate in: *Kant*, Beantwortung, S. 54f.
165 Rede, gehalten am Stiftungsfest des Männerturnvereins zu Stralsund.

Genaugenommen konnte von einem Rückzug in die Innerlichkeit jedoch kaum die Rede sein. Im Gegenteil: Erkennt man die Wahrnehmung und Deutung der kulturellen, sozialen und politischen Entwicklung als strukturierendes Moment auch für die Ausprägung der Freiheitsvorstellungen an, die dann ihrerseits die Wahrnehmungs- und Deutungsmöglichkeiten beeinflußten, folgte die Verteidigung einer »inneren« oder eben auch »sittlichen« Freiheit als der eigentlich anzustrebenden Daseinsform einer anderen Logik, in der zugleich die ganze Ambivalenz der aufklärerischen Gedankenwelt zutage trat.

In Anbetracht der fortdauernden »selbstverschuldeten Unmündigkeit«, die sich nach der Auffassung weiter Teile der deutschen Turnbewegung in den vermeintlichen kulturellen und sittlichen Mängeln spiegelte, schien den Turnern vor allem eines ebenso notwendig wie dringlich: eine »Erziehung«, die zur Befreiung von jeglichem Drill und unreflektiertem Gehorsam befähige und den charakterfesten und wehrhaften Staatsbürger, selbständige – und das hieß vor allem: mündige Charaktere hervorbringe.

Als Gegenentwurf zu den beobachteten Mängeln hatte dieses Erziehungsziel fraglos einen emanzipatorischen, ja, mit Blick auf die beklagenswert erscheinende politische Situation des gescheiterten Nationalstaats, sogar oppositionellen Gehalt. Ohne weiteres ließ sich darin das Bedürfnis erkennen, den ständisch-feudalen Obrigkeitsstaat mitsamt den für den Adel geltenden Vorrechten und Privilegien abzuschaffen und eine neue Legitimation von Herrschaft zu erwirken. Doch das war nur die eine Seite der Medaille.

Denn »Erziehung« – das hieß auch: im Geist von »Sittlichkeit« und »Frömmigkeit« zu denken und zu handeln und »Wehrhaftigkeit« zu erwerben. Diese Autostereotype waren gekennzeichnet durch den Rekurs auf überkommene traditionelle Wert- und Verhaltensmuster, die sich nicht nur gegen jede durchgreifende Demokratisierung sperrten, sondern selbst zur Stabilisierung der bestehenden gesellschaftlichen Ordnungs- und Gliederungsprinzipien eigneten.

Indes blieb die emanzipatorische und oppositionelle Stoßrichtung, die dem Gedanken einer »Erziehung« aus der Unmündigkeit zur »Freiheit« eigen war, auf eigentümliche Art und Weise erhalten. Sie schimmerte wie ein Unterfutter hinter einem löchrigen Kleid traditioneller Werte und Normen hervor und vermittelte ein Gefühl der Partizipation, ohne daß diese als Forderung konkret gestellt, geschweige denn eingelöst werden mußte. Wie ein roter Faden zog sich diese Ambivalenz durch den Freiheitsgedanken, wie er innerhalb der deutschen Turnbewegung formuliert wurde. Das gilt es im einzelnen zu verfolgen.

Als Ferdinand Goetz auf dem 3. Deutschen Turnfest im Jahre 1863 seinen Zuhörern mit aller Nachdrücklichkeit versicherte, daß es eine der dringlichsten Aufgaben der deutschen Turnbewegung sei, »dafür zu sorgen, daß im deutschen Vaterlande Männer erstehen, die ein freies, ein einiges Vaterland wollen, die eins schaffen und die es gegen jeden Feind schützen wollen«, war dem eine düstere Skizze der gesellschaftlichen Entwicklung vorausgegangen: »Es siecht die Welt an Leib und Seele«– das waren warnende Worte, die einer Untergangs-prophezeiung gleichkamen. Allein »ein kräftiges, ein sittliches Geschlecht zu erziehen«, auf den Turnplätzen »Männer erziehen zu helfen«,[166] vermochte die-sem Verfall nach Goetz, und in dieser Überzeugung folgten ihm unzählige Turner, ein Ende zu setzen und den weiteren Bestand des Vaterlandes zu si-chern.

Diese »kulturkritische Perspektive« war ebensowenig etwas Neues wie der Gedanke, daß eine spezifische »Erziehung« zur Sicherung des Vaterlandes not tue. Das war durchaus auch den Turnern der 1850er und 60er Jahre bewußt. Schließlich habe auch Friedrich Ludwig Jahn, wie aus der Retrospektive kolportiert wurde, den ersten deutschen Turnverein nicht allein deswegen ge-gründet, »um der Unnatur und Verkrüppelung unserer modernen Lebensver-hältnisse ein heilsames Gegengewicht zu bieten, sondern auch in der ausge-sprochenen Absicht, dem Vaterlande Söhne erziehen zu helfen, die in guten und in bösen Tagen ihre Pflicht für dasselbe zu thun bereit seien«.[167]

Doch gerade die Vergangenheit, konkret: der Sieg gegen die napoleonischen Truppen in der »Völkerschlacht« bei Leipzig, stand damit als hinreichende »Er-fahrung« fest, die auch ein halbes Jahrhundert später handlungsleitend blieb. Im Rückblick auf diesen Zeitraum ließen sich, wie es schien, der vermeintliche Aufstieg und der darauffolgende Verfall des »deutschen Volkes« mit fasziniere-der Präzision und Eindeutigkeit erklären: »Das Vaterland war frei und diese Freiheit verdankte es zuvörderst dem erwachten Selbstbewußtsein, dem Selbstgefühl, der physischen und moralischen Kraft, die samt und sonders den Maßstab eines Volkes gegeben haben und stets geben werden.« Innerhalb der deutschen Turnbewegung verstand es sich nachgerade von selbst, daß diese gloriose Entwicklung zur Zeit der »Befreiungskriege« sich ohne das Turnen, das »so außerordentlich günstig auf die Kräftigung des Volkes, so belebend auf den Volksgeist zu wirken vermochte«, nicht eingestellt hätte und daher mit dem darauffolgenden Verbot der Turnvereine geradezu zwangsläufig ihr Ende fin-den mußte. Der weitere Verlauf der gesellschaftlichen Entwicklung konnte demnach nur düster sein: Dem »körperliche[n] wie geistige[n] Verkümmern« mußte letztlich, so die Prognose, die Vernichtung des Selbstbewußtseins, der »Thatkraft« und damit auch der »Lebensfähigkeit des Volkes« folgen.[168]

Angesichts einer solchen Wahrnehmung der gesellschaftlichen Entwicklung konnte es nicht verwundern, daß die Angst vor einer erneuten Fremdherr-schaft, die dann den endgültigen Untergang des »deutschen Volks« besiegeln würde, fortwährend virulent war. Mehr noch: Auch von den »drohenden Even-

---

166 Vgl. Das dritte deutsche Turnfest in Leipzig (Rede von Ferdinand Goetz), in: DTZ 1863, S. 219f.

167 Rede zur Einweihung der Turnhalle des Männerturnvereins zu Cöthen, S. 4f.

168 *Faber*, Turnen, S. 22.

tualitäten von Ost und West, Süd und Nord«,[169] denen keine konkrete Bedrohungssituation vorausgehen mußte, ging in der Wahrnehmung der Turner eine tatsächliche und akute Gefahr aus, die zu sofortigen und einschneidenden Maßnahmen zwang. Daß die Sicherung der »äußeren« Freiheit in ihrer Vorstellung nur durch die »Einheit« aufrechterhalten werden konnte, ist vorn bereits erörtert und dargelegt worden.[170] Doch wie ließ sich die »Einheit« erringen? Sie war, so schien es vielen, ein unerreichbares Ziel, eine Utopie, solange die Fähigkeit zur »Freiheit« fehlte. Und diese galt es nicht nur auf einer »inneren«, geistigen, sondern auch auf einer körperlichen Ebene herzustellen. Um es anders und pointierter auszudrücken: Erst mit der Vervollkommnung, in der zeitgenössischen Sprache: mit der »Veredelung des ganzen Menschen«,[171] war die Grundlage geschaffen, um »Freiheit« und damit auch die ersehnte »Einheit« zu gewinnen.

Aus der kritischen Distanz mag das als bizarrer Gedanke, als unerreichbare Vision oder als leicht zu enttarnendes falsches Versprechen erscheinen. Und doch konnten gerade von einer solchen Vorstellung eine Anziehungskraft und Wirkungsmacht ausgehen, die kaum zu überschätzen sind. Denn »Freiheit« wurde in diesem Sinne zunächst vom Individuum gedacht. »Durch die gleichmäßige Ausbildung der menschlichen Gesammtanlagen« könnten, schwebte es den Turnern vor, »alle Blüthen des menschlichen Wesens frei sich entfalten und gesunde Früchte in Gesinnung und That zur Reife gelangen«.[172] In diesem Glauben, der auf dem überkommenen Individualitätsbegriff des ausgehenden 18. Jahrhunderts aufbaute, verschränkten sich Individualität und Kollektivität auf eigentümliche Weise: Jeder einzelne schien sich demnach durch einen Kern des »Allgemein-Menschlichen« auszuzeichnen, in dem sich das Individuum überhaupt erst finden und damit auch entwickeln konnte. Gerade im Menschen als solchem – der fraglos ein Mann war – hatte damit aber auch das allen Gemeinsame Bestand.[173] Es war, um es mit den Worten Georg Simmels auszudrücken, »ein mit anderen Geteiltes«,[174] das wie ein unsichtbares Band die Kollektivität umschloß, in der sich die Gleichheit der Individuen, allen kulturellen, sozialen und politischen Unterschieden zum Trotz, zu vollziehen vermochte.

In dieser »Freiheit« des Individuums war für individuelle Freiheit allerdings wenig Raum. Und dafür gab es zwei völlig unterschiedliche Gründe: Denn zum einen mußte gerade die individuelle Freiheit in dem Maße gebändigt wer-

169 Ebd., S. 23.
170 Vgl. dazu Kap. Einheit – Eintracht – Einigkeit.
171 Das II. Bayerische Turnfest, S. 18.
172 Ebd.
173 Daß die Menschheit und das Allgemein-Menschliche »männlich« gedacht wurden, greift in Anlehnung an Simone de Beauvoir auch *Frevert*, Soldaten, hier S. 71, auf, wobei sie die »doppelte Relationalität des Geschlechterverhältnisses« und die »jeweilige Partikularität« herausstreicht. Zur Ausschließlichkeit des Mensch-Seins für den Mann vgl. auch das Kap. Männlichkeit.
174 Anregend dazu *Simmel*, Individuum, Zit. S. 215.

den, in dem sie die »nationale« Einheit auf irgendeine Art und Weise zu zersplittern, mithin auch als Ziel zu bedrohen schien. Zum andern wurden die zur »Freiheit« erworbenen Fähigkeiten und Eigenschaften auf die »nationale« Einheit und ihre äußere Freiheit projiziert, die dann umgekehrt die Vorstellungen und Erwartungen an die »Freiheit« des einzelnen bestimmten.

Damit gingen individuelle Selbstzuschreibungen und Wertvorstellungen in kollektiven Vorstellungsbildern auf und leisteten einer Identität von individuellem und gemeinschaftlichem Bewußtsein Vorschub. Nicht nur das: Auch die »nationale« Freiheit wurde für jedes Individuum erfahrbar – nicht nur auf der sprachlichen, sondern auch auf der körperlichen Ebene.

Für die deutsche Turnbewegung läßt sich das auf besonders eindrückliche Art und Weise verfolgen: Und das nicht nur, weil die körperliche Konstitution, wie die Turner glaubten, ein Zeichen für die Befähigung zur »Freiheit« war. Vielmehr sahen und nutzten sie den Körper als Medium für die Verinnerlichung ihrer Freiheitsvorstellungen, deren Umsetzung mehr zu erfordern schien als eine spezifische Geisteshaltung. »Frei« zu sein, umschrieb eben nicht nur die Hoffnung auf eine »nationale« Entwicklung. Es war zugleich die Erwartung an ein »nationales« Verhalten, das an die körperliche Entwicklung gebunden, über den Körper eingeübt wurde und in ihm selber seinen Ausdruck fand.

Diese Verschränkung schlug sich in den Vorstellungen und den Erwartungen, die seitens der Turner an die »Freiheit« gebunden wurden, nieder. Denn auch das »geistige Fundament«, die Grundlage zur »Freiheit«, fand seine Vollendung und Verwirklichung erst im Körper.

Das galt auch für die »Sittlichkeit«, die innerhalb der deutschen Turnbewegung in den 1850er und 60er Jahren nicht nur als eine unumgängliche Voraussetzung für die »Freiheit«, sondern auch als ihr Wesen zum Gebot stilisiert wurde. Im Turnverein, der als der geeignete, ja, vielleicht der einzige Ort begriffen wurde, an dem die Fähigkeiten zur »Freiheit« erworben werden konnten – zumal doch gerade hier, in der Gemeinschaft des Vereins, die erhoffte »Einheit« vorweggenommen und in ihrer Funktionsfähigkeit erwiesen werden sollte[175] –, mußte sich das unweigerlich ausdrücken.

In einer Rede, gehalten auf dem 2. Bayerischen Turnfest im Jahre 1863, erläuterte ein Turner mit unvergleichlicher Präzision, welche Erwartungen er an das Vereinsleben knüpfte, das von einem »sittlichen Geiste« getragen war:[176] So sprach er, erstens, von dem »Geist des Friedens und der Eintracht«, einer Vorstellung, in der sich noch einmal das harmonistische Gesellschaftsbild reproduzierte, das unzählige Turner als Wunsch teilten –, und das um so mehr, als sich mit diesem, wie vor einer Negativfolie, die scheinbar zerstörenden sozialen und politischen Spannungen immer wieder von neuem abbildeten.

175 Vgl. dazu das Kap. Einheit – Eintracht – Einigkeit.
176 Das II. Bayerische Turnfest, S. 18f.

110

Von ebenso entscheidender Wichtigkeit schien dem Redner, zweitens, ein unter den Turnern herrschender »Geist des Anstands und der edlen Sitte«, der durch die Abkehr von »wälscher Art und Sitte«, die Rückkehr zu »eigner Kraft, zum deutschen Volksthum« erwirkt werde.

Mit dem »Geist der Ordnung und des Gehorsams«, der »alle Turner durchdringen und beleben« müsse, war, drittens, eine besondere Maxime verbunden: »Daß wir auf dem Turnplatz lernen, den Eigenwillen zu beherrschen und einem andern unterzuordnen, weil nicht der Einzelne sich übt, sondern eine gegliederte Gesammtheit, daß wir die wahre Freiheit im Gehorsam gegen ein gegebenes Gesetz erblicken, daß wir an Zucht und Ordnung gewöhnt sind, das wollen wir auch überall außerhalb des Turnplatzes beweisen durch treues Festhalten an Gesetz und bürgerlicher Ordnung, durch Ehrfurcht und Gehorsam gegen König und Obrigkeit.«

Damit habe schließlich auch, diese vierte Anforderung fügte sich hierin nahtlos ein, der »Geist der Bescheidenheit« unter den Turnern zu herrschen. »Damit wir nicht«, so die Erläuterung dieses Redners, »in voreiliger Hast auf die Bühne der Öffentlichkeit drängen, damit wir bewahrt bleiben vor jenem unruhigen und überstürzenden Wesen, das sich in vergangener Zeit schon einmal zum Nachtheile der Turnsache mancher Turnvereine bemächtigt« habe. Das Ansinnen ließ sich kaum deutlicher formulieren: Im »Geist der Bescheidenheit«, schien es, konnten Gesetzestreue und Fürstenloyalität noch einmal bestätigt werden, ließ sich der Vorwurf des revolutionären Umsturzes erneut entkräften, konnte die Kohärenz und die Vereinbarkeit zwischen der bürgerlichen Ordnungsvorstellung der Turner und der überkommenen Gesellschaftsordnung wiederum bekräftigt werden.

Daß schließlich auch der beobachteten kulturellen Deformation mit dem »sittlichen Geiste« Einhalt geboten werden könne, legte die Argumentation dieses Turners abschließend nahe, verband er mit dem »Geist der Mäßigkeit«, sofern ein jeder von diesem »beseelt« würde, doch eine besondere Auflage: »Denn wer auf dem Turnplatz sich Kräfte sammelt« – das war Mahnung und Forderung zugleich – »darf sie nicht außerhalb desselben vergeuden; wer auf dem Turnplatz seine Gesundheit festigt, soll sie nicht außerhalb desselben durch Maßlosigkeit im Genuß gefährden; wer auf dem Turnplatz seinen Leib stärkt, muß ihn auch außerhalb desselben durch deutsche Sitte und rechten Wandel ehren.«

Was sich in den ständigen Aufforderungen zur »Sittlichkeit« oder auch in den immer wiederkehrenden Ermahnungen zum »sittlichen« Verhalten oft nur schwer greifen ließ, wurde hier ohne Umschweife und in aller Klarheit benannt: »Sittlichkeit« umschrieb mit der Ordnung und dem Gehorsam, der Zucht und der Ehrfurcht, der Bescheidenheit und der Mäßigkeit, der Kraft und der Gesundheit ein Geflecht an Wert- und Verhaltensvorstellungen, das durch seine Aneignung die einzig möglichen und damit ebenso unanfechtbaren wie unhintergehbaren Verhaltenspraktiken festlegte, aus denen die Zeitgenossen die Gewähr für eine gelungene politische, gesellschaftliche und kulturelle Entwicklung zu ziehen vermochten. Dabei war es gerade der Rekurs auf diese traditionellen Werte und Normen, dessen Notwendigkeit sich aus den wahrgenommenen Fehlentwicklungen der jüngeren Geschichte und den vermeintlichen Schäden der Gegenwart wie von selbst zu ergeben schien.[177] Er versprach zweierlei: erstens die Möglichkeit, die scheinbar in der Vergangenheit existente, nunmehr aber verlorengegangene »Einheit« des »deutschen Volkes« wiederherzustellen, die in den gemeinsam geglaubten Wertvorstellungen zu liegen schien; und, zweitens, die Verwirklichung der »Freiheit«, die umgekehrt ihren Ausdruck und ihren Raum in eben diesen Werten finden sollte.

Begriffen als das »geistige Streben des Menschen, wie es sich zugleich in seiner ganzen leiblichen Erscheinung und Thätigkeit« darstelle, so eine Formulierung Theodor Georgiis am Ende der 1850er Jahre,[178] war die »Sittlichkeit« in ihrer ganzen Bedeutung von der körperlichen Verfaßtheit und dem körperlichen Verhalten schlechterdings nicht zu trennen. Das hieß auch: »Freiheit« war in ihrer Anbindung an die »Sittlichkeit«, konkret: mit der Einhaltung von Zucht und Ordnung, von Ehrfurcht und Gehorsam, von Bescheidenheit und Mäßigung, und schließlich mit der Steigerung der Kraft und der Bewahrung der Gesundheit über den Körper erreichbar und erfahrbar.

Dieser Gedanke spiegelte sich in den Überlegungen über die Funktionsweise des Turnbetriebs und die Wirkungen des Turnens deutlich wider. Die Gelehrsamkeit des Geistes und die Gelehrigkeit des Körpers voraussetzend, gab es aus der Sicht der Turner keinen Zweifel: Das Turnen selbst war bereits als unschätzbarer Beitrag zur »sittlichen Bildung« zu betrachten. Die Begründungen waren ebenso zahlreich wie unterschiedlich: »Es lehrt den Körper nicht nur, sondern auch die Seelen abhärten und an Straffheit gewöhnen« – so etwa die Argumentation eines Festredners in Bayreuth 1861.[179] Ein Artikel der »Deutschen Turn-Zeitung« versuchte, einen anderen, ergänzenden Nachweis zu führen: So könne sich gerade in den Turnanstalten »nach und nach in allen Schichten des Volkes jene Mäßigung heimisch machen, welche in der Beherrschung der Leidenschaften, der Sinnenlust und der sinnlichen Begierden (also in der Kraft der Selbstbeherrschung) die Grundlage für alle sittliche Ausbildung« lege. Denn nichts vermöge »bei der Jugend«, begründete der Autor, »diese Kraft zur Selbstbeherrschung und mit ihr einen lebendigen, starken und entschlossenen Willen so sicher zu entwickeln ... als gut geordnete gemeinsame Leibesübungen«. Damit nicht genug: Die Turnanstalten seien, wie dieser Artikel nahelegte, noch aus einem weiteren, zweiten Grund »als Hauptbildungsanstalten der Sittlichkeit« zu rühmen: Schließlich habe es bei »allen Proben kör-

---

177 Eine ähnliche Argumentation bei *Ilting*, bes. S. 909, allerdings für die erste Hälfte des 19. Jh.
178 *Georgii*, Sittlichkeit, Zit. S. 159f.
179 Das II. Bayerische Turnfest, S. 14.

perlicher Ausbildung ... offen und ehrlich« herzugehen. Weder »Hinterlist« noch »Verstellung«, weder »Betrug« noch »Protection« hatten, so wollte es der Glaube des Autors, im Turnbetrieb ihren Platz; »kein Sichverstecken hinter fremde Kraft, kein Sichschmücken mit fremden Federn, kein Sichbücken vor fremder Autorität« schienen hier möglich. Ohne »ein muthiges Herausgehen aus sich, gesundes Selbstvertrauen und eigene Tüchtigkeit« schien die körperliche Ausbildung schlechterdings nicht denkbar. »Besonnenheit, Geistesgegenwart, Unerschrockenheit, Entschlossenheit, Standhaftigkeit und Überwindungskraft sind das Geforderte, ›Selbst ist der Mann!‹ die Parole«[180] – so ließen sich, prägnant und konzis formuliert, die Forderungen an die Turner zusammenfassen, die sich jedoch durch ihre Teilnahme am Turnbetrieb wie von selbst zu erfüllen schienen.

War das nicht eine allzu euphemistische Darstellung, in der die Bedeutung und die Wirkung des Turnens und daher auch des Körpers überzogen wurden? Überdies: Standen die hier formulierten Vorstellungen der »Sittlichkeit«, in denen die Abscheu vor den verhaßten Privilegien, die Infragestellung von Autorität, der eigene Partizipationswille so deutlich zum Ausdruck kamen, nicht den Verhaltensnormen von Zucht, Ordnung und Gehorsam entgegen?

Folgte man dem Freiheitsverständnis der Turner, war beides mitnichten der Fall. Im Gegenteil: Zwar waren mit der »Besonnenheit« und der »Geistesgegenwart«, der »Unerschrockenheit« und der »Entschlossenheit«, der »Standhaftigkeit« und der »Überwindungskraft« gerade jene Eigenschaften benannt, in denen die ersehnte »That- und Willenskraft« zum Tragen kam, die den Menschen zum vernünftigen Gebrauch seines Verstandes und damit zur Befreiung aus seiner »selbstverschuldeten Unmündigkeit« befähigte. Doch waren der freien Willensausübung klare Grenzen gezogen. Denn »Einheit«, ja, selbst die Gemeinschaft im Verein erforderte – das war den Turnern eine unumgehbare Prämisse ihres Handelns –, dem »gemeinsamen Ziel und Interesse gern und willig Opfer [zu] bringen und das mit der größten Selbstverleugnung«.[181] Herrschaft über sich selbst – das war mithin die alles entscheidende Voraussetzung, die, so befremdlich es heute klingen mag, den Bestand der »Freiheit« durch Kraft und Gesundheit, Zucht, Ordnung und Gehorsam zu sichern vermochte.

Mit diesem Gedanken, daß die Unterwerfung eine freiwillige sein könne,[182] war das Ziel, »nicht willkürlich über sich verfügen« zu lassen, sondern »selbständig über sein Wohl und Wehe« zu bestimmen,[183] ohne weiteres vereinbar. Seine Verwirklichung jedoch führte allein über das Medium des Körpers. Und das auf unterschiedlichen Ebenen: Erstens spiegelte, so die Annahme der Tur-

---

180 Das Turnen in seinem Einfluß auf die Bildung der Sittlichkeit, in: DTZ, Nr. 12, 1861.
181 Über die Spaltung in den Turnvereinen, in: DTZ 1861, S. 78.
182 Vgl. dazu u.a. Zwei Turnreden, S. 14.
183 Festrede, gehalten bei dem 6. Mittelrheinischen Turnfest in Hanau.

ner, die körperliche Verfassung die Fähigkeiten zur »Freiheit« wider; diese wiederum ließen sich, zweitens, erst im Erleben des eigenen Körpers erfahren und mit diesem zum Ausdruck bringen; erst mit dem daraus erwachsenden Bewußtsein der körperlichen »Freiheit« war schließlich die Voraussetzung auch für die geistige Festigung und Willensstärke gegeben.

Ausgehend von dem gesellschaftlichen Zustand, den die Turner in den 1850er und 60er Jahren wahrzunehmen glaubten, tat demnach vor allem eines Not: die »physische Wiedergeburt und Wehrhaftmachung des Volkes«. Denn, »niedergedrückt von der Noth um's sinnliche Dasein und zerfressen von den tiefen sittlichen Schäden der Zeit«, so das erschrockene Resümee eines Artikels der »Deutschen Schützen- und Wehrzeitung« mit der daraus folgenden düsteren Zukunftsvision, drohe das deutsche Volk »zunächst allem ungebrochenen gesunden Sinnenleben und infolge davon auch allem edleren gehobenen Geistesdasein abzusterben und in völliger physischer und moralischer Erschlaffung zu versumpfen«.[184]

Eine solche Prognose, die zwangsläufig die Angst um die eigene Existenz schüren mußte, konnte innerhalb der deutschen Turnbewegung auf fruchtbaren Boden fallen. Wenn nur in einem gesunden Körper, wie es als herrschende Meinung unter den Turnern unzählige Male formuliert wurde, ein gesunder Geist wohnen konnte, lag auch der Umkehrschluß mit all seinen Folgen nahe – und das bis in die letzte Konsequenz: »Völker, die körperlich entarten, verlieren zuletzt auch ihre geistige Selbständigkeit, und verschwinden aus der Geschichte«.[185] Drastischer hätte die Schreckensvision nicht vor Augen geführt werden können.

Angesichts der »modernen Kultur« schien auch das deutsche Volk vor dieser Bedrohung nicht gefeit. Denn diese verhindere, wie ein Turner seine Beobachtungen mitteilte, die »vollkommene Kraft und Gesundheit«, aus der schließlich »überhandnehmende Schwäche und körperliche Leiden aller Art« resultierten.[186] Gerade die städtische Bevölkerung schien in höchstem Maße betroffen und gefährdet, ließen doch die »gesteigerten Anforderungen des Lebens«, wie man glaubte, wenig freien Raum für die ungesuchte Betätigung der körperlichen Kraft, war es darüber hinaus doch gerade der »Überfluß an üppigen Genüssen«, der zu »erschlaffendem Wohlleben« verleitete.[187] Die auftretenden Krankheiten, die alsbald infolge körperlicher Untätigkeit drohten, ließen dann auch die kommenden Generationen nicht unbeeinträchtigt. Ja, sie pflanzten sich, befürchtete ein Turner, »zum größeren Unglücke noch auf die kommenden Geschlechter als Lebensschwäche überhaupt, ... als Dummheit, Verstockt-

184 Zur Neugestaltung des Turnwesens, in: Deutsche Schützen- u. Wehrzeitung 1863, S. 264f., Zit., S. 264.
185 *Angerstein*, Ruf, S. 11.
186 Rede des Dr. Hölzer, S. 9.
187 Rede zum Turnfest des Gymnasiums u. der Realschule in Stuttgart.

heit, Widerwärtigkeit des Charakters und Bosheit mit der Anlage zu den Verbrechern, die dann die Gefängnisse füllen, fort«.[188]

Es mag dem heutigen Betrachter fremd und schwer nachvollziehbar erscheinen, daß den Turnern nicht die körperliche Ertüchtigung in einem allgemeinen und unspezifischen Sinne als notwendige und unumgängliche Maßnahme galt, mit der die bestehenden und drohenden Schäden der gesellschaftlichen Entwicklung abzuwenden waren. Ein »sinkendes Volk« zu retten, das verlangte vielmehr nach der »Stärkung des Leibes«, um, wie es Ferdinand Goetz in einer Ansprache erläuterte, die »Harmonie zwischen Leib und Seele« und damit den »ganzen selbstbewußten Menschen« wiederherzustellen.[189] Anders gesagt: Der selbstbewußte, und das hieß: der »freie« Mensch, der den Bestand des ganzen Volkes erst sicherte, war ohne den kräftigen, gesunden Körper, in dem sich umgekehrt ein Teil der »Freiheit« abbildete und erfahren ließ, undenkbar.

Die Wirkungen, die die Turner den körperlichen Übungen dabei zuschrieben, waren weit weniger bizarr, als es vielleicht aufgrund ihrer antiquierten Sprache erscheinen mochte. So verleihe etwa die »geordnete Übung des Körpers« dem Turner ein »Kraftgefühl«, mit dem er »jede Anstrengung mit Leichtigkeit« überwinden könne.[190] Nicht nur das: Gerade mit den »geregelten Muskelübungen« ließe sich, wie es an anderer Stelle hieß, ein »Bewußtsein gelenkter Kraft« erlangen, das schließlich Selbstvertrauen, aber auch Mut, Entschlossenheit und Geistesgegenwart gebe. Auch die »Herausforderung und Festigung der Willensenergie«, die zur »Ausführung geregelter Muskelübungen« aufgebracht werden müsse, sei, wie hier weiter ausgeführt wurde, eine »treffliche Vorschule über sich selbst zu gebieten, der schweren Kunst der Selbstbeherrschung«.[191] Jede Übung berge schließlich, so eine weitere – und letzte – Vorstellung innerhalb der deutschen Turnbewegung, die Aufforderung, »den Körper zu beherrschen und den Widerstand der fleischlichen Trägheit zu überwinden« – ein vortreffliches Mittel gegen »Weichlichkeit und Willensschwäche«, eine Schule des Mutes, ein Schutz gegen »Unsittlichkeit und Verweichlichung«, das versprach zuletzt auch ein bayerischer Turner 1863.[192]

Und in der Tat: Führt man sich die Turnübungen vor Augen, die in vorbildlicher Ordnung und in striktem Gehorsam in den Vereinen eingeübt und auf den Turnfesten der Öffentlichkeit präsentiert wurden, hatten solche Erwartungen durchaus ihre Plausibilität. Ob vor den Augen der mitturnenden Vereinsgenossen oder des kritischen Publikums: Jede Übung, die nach den Befehlen und nach dem Vorbild des Vorturners ausgeführt werden mußte, verlangte eine

---

188 Ueber das Turnen, S. 6.
189 Festrede gesprochen bei der Einweihung der neuen Turnhalle des Männerturnvereins zu Lindenau, S. 4.
190 Rede, gehalten am Turnfeste zu Ulm, S. 5.
191 Zwei Turnreden, S. 15.
192 Das II. Bayerische Turnfest, S. 14.

Präzision, die vor allem zweierlei voraussetzte: die Beherrschung des eigenen Körpers und den Willen, sich den gestellten Anforderungen zu beugen. Im Bewußtsein der eigenen Kraft und in der Bestätigung, die geforderten Fähigkeiten erlangt zu haben, mochte sich sodann jenes Gefühl körperlicher »Freiheit« einstellen, in deren Gefolge Selbstvertrauen, Mut und Entschlossenheit erst möglich wurden.

Wer – wie der Soester Festredner Dr. Garms – frei zu sein als die Möglichkeit begriff, »mit vernünftiger Selbstbeherrschung über sich [zu] gebieten«, war in diesem Sinne der Turnerei geradezu verpflichtet. »Die Turnerei macht zuvörderst körperlich frei« – dieses Versprechen konnte er seinen Zuhörern mit aller Überzeugung von dessen Einlösbarkeit machen. Denn der Turner, fuhr er in seinem Beitrag fort, lerne, »seinen Körper vollständig in seine Gewalt zu bekommen«. Nicht nur das – die Vorzüge, die er zu sehen meinte, waren vielfältig: So werde der Körper »gewandt, geschmeidig und behende«, sei mit »Kraft und Ausdauer in der Arbeit« versorgt, man werde ihn »nicht alsobald ... ermatten, und erst spät altern sehen«, ja, ein Turner verfüge geradezu, so legten seine Ausführungen nahe, über einen unausschöpflichen Quell an Kraft, die seine Glieder »fast unbesiegbar« mache.[193]

Selbstvertrauen und Entschlossenheit, Überwindungskraft und Mut, Stärke und Gewandtheit, Ausdauer und Unbesiegbarkeit, auch das hier implizit enthaltene, dort explizit geäußerte Versprechen ewiger Jugendlichkeit[194] – diese Eigenschaften und Fähigkeiten sein eigen nennen zu können, mochte für so manchen attraktiv und verführerisch genug sein, um sich den körperlichen Anforderungen zu stellen und Zucht, Ordnung und Gehorsam einzuhalten.

Daß ein Turner jedoch um seiner selbst willen diesen Weg beschritt, war für diejenigen, die den Blick auf die nationale »Einheit« und »Freiheit« richteten, gewiß ebenso verpönt wie undenkbar. Die »höhere Freiheit«,[195] die jedem einzelnen durch die körperliche Ertüchtigung zu erfahren möglich war, beschrieb die »Freiheit« des Individuums als eine Voraussetzung für die »Freiheit« und »Einheit« der Nation, der sie zugleich untergeordnet werden mußte. Und doch war es gerade auch die »Freiheit« der Nation, die als eigene »Freiheit« erlebt werden konnte.

»Ein Bau der Einheit und der Freiheit«, mahnte der Turner Theodor Georgii auf dem zweiten deutschen Turnfest 1861 in Berlin, »kann nur erstehen, wenn jeder einzelne Baustein für denselben gut und voll ist. Und diese Bausteine sind wir alle, die dem deutschen Volke angehören.« Ein »Beispiel der Nacheiferung« könne man dafür geben, sei doch das »Turnen einfach die Zucht an Leib und Geist, daß aus dem ganzen, das Gott in den Menschen gelegt hat, nun wieder frisch und fröhlich die Kraft und Gesundheit des Leibes und Geistes erblühe«.

193 Zwei Turnreden, S. 13.
194 So z. B. *Georgii*, Rede, Zit. S. 195.
195 Zwei Turnreden, S. 13.

116

Wenn schließlich die »Kraft und Gesundheit, das eigentümliche Zeichen deutscher Männer und Frauen«, wie er hoffnungsvoll seine Rede schloß, »überall im Vaterlande« vorhanden seien – »wenn dann Freiheit und Einigung nicht kommen, dann hört alles auf, der Glaube an die Wahrheit der Macht des Guten und Schönen!«[196]

Auf »Wahrheit« zu bestehen und die »Macht des Guten und Schönen« zu beschwören – das war rhetorische Geschicklichkeit, die den Turner in die Pflicht zu nehmen wußte. Der alleinige Grund dafür war sie jedoch nicht. Die Mobilisierung des einzelnen für die nationale »Freiheit« und »Einheit«, die Entstehung eines nahezu uneingeschränkten Pflichtbewußtseins gegenüber der »Nation« bis hin zur Unterordnung unter jedes vermeintlich »nationale« Interesse wurzelte vielmehr in einem Gefühl der Partizipation, das sich aus der eigenen, scheinbar wichtigen Bedeutung für die »nationale« Entwicklung und den Bestand von »Freiheit« und »Einheit« speiste. Damit war zugleich die Möglichkeit zur individuellen Verortung innerhalb der »Nation« gegeben, die immer auch mit einer – zumindest partiellen – Übereinstimmung individueller und kollektiver Identität einhergehen mußte.

Gerade in der »Verwerthung, in der Uebertragung der gewonnenen Eigenschaften auf's Leben« bestand mithin, wie es Oswald Faber Ende der 1850er Jahre ausdrückte, auch die »nationale Bedeutung« des Turnens, der ein jeder nachzukommen hatte. Als »Glied eines großen Ganzen«, das war auch in seinen Augen ein unwiderlegbares und unhintergehbares Gebot, blieb der einzelne »gewisse Verpflichtungen schuldig«. Dabei werde »dieses Ganze, nennen wir es Volk, oder in engerer Beziehung Staat«, wie er mit aller Nachdrücklichkeit betonte, »in dem Maße ein tüchtiges, ein lebensfähiges sein, als der einzelne die hierzu nöthigen Eigenschaften besitzt; denn gerade so, wie alle Elemente aus Atomen zusammengesetzt« seien, bildeten auch »im Völkerleben die Einzelnen ein Ganzes, und je tüchtiger diese in Hinsicht auf körperliche und geistige Fähigkeiten« sich erwiesen, um so »kräftiger« werde sich auch der »staatliche Gesammtkörper gestalten«.[197]

»Körperkraft, Gewandtheit, That- und Willenskraft«,[198] kurzum: die der »wahren«, »höheren« oder auch »sittlichen« Freiheit zugrundeliegenden Eigenschaften und Fähigkeiten in den Dienst der Gesamtheit zu stellen – das legte eine Projektion der eigenen Werte und Normen auch auf den »Gesammtkörper«, wie es hier sehr schön formuliert wurde, nahe. In der Tat: Im Diskurs der deutschen Turnbewegung fanden sich zentrale Elemente der »sittlichen Freiheit« auch in der »Freiheit« der Nation wieder: als Attribute der Stärke und der Kraft oder, in anderem Gewand, der »Volkskraft«, der »Wehrkraft«, der »nationa-

---

196 *Georgii*, Rede, Zit. S. 195.
197 *Faber*, Turnen, S. 20.
198 Ebd.

len Kraftentfaltung« und der »Macht«.[199] Sie beschrieben in gleichem Maße die Voraussetzungen für die »nationale« Freiheit wie auch die Erwartungen, die mit dieser verbunden wurden. Daher stand mit der nationalen »Freiheit« immer auch die eigene »Freiheit« zur Disposition. Denn für die »Freiheit« der Nation einzustehen – das war auch eine Frage der eigenen Identität, die hierin bestätigt und verteidigt werden konnte. Dabei war im Einsatz der eigenen körperlichen Kraft und Stärke die nationale »Freiheit« für jeden einzelnen spürbar und Teil seiner selbst.

War das jedoch Gewähr genug für ein bedingungsloses Eintreten für die »Freiheit« der Nation? Zumal: Identität – das war nichts Statisches[200] und umfaßte mit der Bildung und dem Beruf, dem Geschlecht und der Religion, auch der regionalen oder sogar lokalen Herkunft – um nur einige Eckpfeiler der Identitätsentwicklung zu nennen – weitaus mehr als nur ein Geflecht von Wert- und Normvorstellungen. Und tatsächlich lassen sich zahlreiche Beispiele denken, in denen sich das Gewicht der einzelnen Variablen aufgrund von konkreten sozialen Erfahrungen etwa verändern und in einem Identitäts- und Interessenkonflikt niederschlagen konnte.

Ungeachtet der sozialen Realität, in der sich die widerstreitenden Interessen als Ausdruck unterschiedlicher kultureller, sozialer und politischer Identitäten immer wieder von neuem abbildeten, maßen die Turner allerdings der körperlichen Konstitution und Gesundheit ein nahezu unerschütterliches und unübertreffbares Gewicht in der eigenen Identitätsentwicklung bei. Und das aus mehreren, auf unterschiedlichen Ebenen angesiedelten Gründen: Erstens galten die körperliche Kraft und Gesundheit ebenso wie die Herrschaft über den eigenen Körper, mit denen sich dann auch das Selbstvertrauen und die Überwindungskraft, der Mut und die Entschlossenheit, die körperliche, aber auch die geistige Tat- und Willenskraft ausbildeten, als die zentralen Eigenschaften und Fähigkeiten auch für die »Männlichkeit« und als Grundlage jeder Form von Leistung, sei es im Bereich der Bildung oder des Berufes. Dabei war es gerade die Annahme, daß der Körper im Prinzip beherrschbar sei, die diesen – darin lag der zweite Grund – als ein stabilisierendes Moment der eigenen Identität aufwertete. Folgte man dem Denksystem der Turner, gab es jedoch noch einen weiteren, dritten Grund: die »Frömmigkeit«. Im Glauben, daß jede Fähigkeit als Möglichkeit von Gott in den Menschen gelegt worden sei, war diese als etwas Gegebenes, »Natürliches« angelegt, das sich jedoch nur durch die Pflege und Ausbildung des Körpers und damit auch des Geistes entfalten konnte.[201] Was lag da näher, als auf die Gesundheit, die Kraft, die Stärke ein besonde-

---

199 Vgl. z.B. *Georgii*, Rede, S. 195; *Faber*, Turnen S. 24.

200 Das wird als ein Grundproblem jeder Identitätsentwicklung ausführlich erörtert in der Einleitung und in dem Kap. Militarisierung u. Männlichkeit. Von der bleibenden Sehnsucht, ein ganzer Mensch zu werden.

201 Vgl. dazu z.B. *Georgii*, Rede, S. 195.

res Gewicht zu legen, wenn daraus doch die Hoffnung, ja, das Versprechen auf eine positive, erfüllende Zukunft gezogen werden konnte?

»Frömmigkeit« – das konnte in diesem Sinne ohne weiteres auch als Voraussetzung für die »sittliche« Freiheit des einzelnen und damit auch für die nationale »Freiheit« gedacht werden. Und tatsächlich: Innerhalb der deutschen Turnbewegung waren der Gedanke der »Frömmigkeit« und derjenige der »sittlichen Freiheit« untrennbar miteinander verschränkt. In dieser eigentümlichen Vermischung kam der aufklärerische Impetus, der im Gedanken der »sittlichen Freiheit« enthalten war, auch in der »Frömmigkeit« zum Tragen. Gleichwohl war es gerade die »Frömmigkeit«, die zum strengen Regulativ der »sittlichen Freiheit« avancierte. Dabei fand auch die »Frömmigkeit« ihren Ausdruck in der Gesundheit und Kräftigung des Körpers, den sie zugleich zu beherrschen suchte.

In der Novemberausgabe des Jahres 1861 erschien auf der Titelseite der »Deutschen Turn-Zeitung« ein Toast, in dem die »Frömmigkeit« und die »Freiheit« in klare Abhängigkeit voneinander gesetzt wurden. Dort hieß es:

»*Frömmigkeit*, die wahre, echte, / Ist nach ew'gem Gottesrechte / Nur der Freiheit Wunderblume / In des Herzens Heiligthume. / Nur wer selbst sich frei gemacht / Von des Aberglaubens Nacht, / Von des Lasters Tyrannei, / Der ist *fromm* und der ist *frei*!«[202]

Was hier in blumiger Sprache umschrieben wurde, war in mehrfacher Hinsicht für das Frömmigkeitsverständnis der deutschen Turner aufschlußreich: Erstens war es ein spezifisch »männliches«, das mit der Zurückweisung des »Aberglaubens Nacht« auf die Benutzung des Verstandes und die Fähigkeit zur Herrschaft über sich selbst verwies – eine geschlechtsspezifische Zuschreibung, die sie vom Bild der weiblichen Frömmigkeit unterschied.[203] Daß in dieser Formulierung darüber hinaus eine polemische Spitze gegen die katholische Kirche steckte, ist nicht ohne weiteres von der Hand zu weisen. Zweitens aber zeigte sich hier auch die Überzeugung, daß sich die »Frömmigkeit« erst in der Abkehr von jeglichem Hedonismus bewahrheiten könne; und schließlich war die Ansicht unverkennbar, daß auch die »Frömmigkeit«, konkret: der Glaube an und die Unterordnung unter das göttliche Gesetz, ein freiwilliger Akt sei. Zwischen diesen Überzeugungen gab es durchaus einen Zusammenhang – wenngleich er auf den ersten Blick keineswegs ersichtlich sein mochte.

Als der Redner zum Soester Turnvereinsfest im Jahre 1863 den anwesenden Gästen den Wahlspruch der deutschen Turnbewegung aus seiner Sicht erläuterte, stellte er, beim Begriff »fromm« angekommen, den Körper in den Mittel-

---

202 Toast beim Schillerfest in Leipzig, in: DTZ, Nr. 48, 1861 (Hervorh. i. Orig.).
203 Vgl. *Hölscher*, hier S. 207. Vgl. auch *McLeod*, der vergleichbare Geschlechterzuschreibungen allerdings im Katholizismus der 1840er Jahren ausmacht, in dem der Frömmigkeit der Frauen kein freier Wille zugestanden wurde, weil diese, so die Annahme, von einem »»unsichtbaren Mann««, dem Priester, gesteuert seien. McLeod hält diese Position allerdings für einen Extremfall.

punkt. Er wolle zwar, wie er beteuerte, »keine Vergötterung des Fleisches pre-
digen«, doch gehöre, wie er sogleich fortfuhr, »ein gesunder Körper ...
nothwendig mit zum Begriffe des Idealmenschen«. Gesundheit des Körpers –
das galt ihm wie vielen anderen wie ein Gebot Gottes, dafür war auch die Bibel,
die »den Körper des Menschen einen Tempel des heiligen Geistes« nenne, nur
ein weiterer Beleg.[204]

Jede Krankheit, zumal wenn sie sich in der Folge »verkehrte[r] Lebensord-
nung« oder etwa auch der »Unmäßigkeit«[205] einstellte, konnte daher nur als
Ausdruck einer Deformation, als Zeichen des Verfalls und der Dekadenz verstanden werden. Unter den Turnern war das – es wurde vorn in einem anderen
Zusammenhang bereits gezeigt – eine gängige Deutung. Der grassierende Hedonismus, den man wahrzunehmen glaubte und auf das entschiedenste verurteilte, schien die physische und damit auch die geistige Kraft zu zerstören, so
daß das »Volk« letztlich seinem Untergang entgegensteuern mußte.

Es lag in der Logik der Denkweise innerhalb der deutschen Turnbewegung,
daß das Turnen in seiner »sittlichen« Bedeutung, die letztlich auf die Kräftigung
des Körpers rekurrierte, auch als Beitrag zur »Frömmigkeit« verstanden wurde.
Und das nicht nur, weil das Turnen, wie die Erklärung lautete, »die Kraft auf die
Muskulatur« leite und dadurch »manchem auch moralischem Uebel siegreich
vorgebeugt« werden könne. Die wichtigere, den Frömmigkeitsgedanken prä-
gendere Begründung war vielmehr eine andere: »Das Turnen macht gesund
und frisch, und so ist die Frömmigkeit der Turner auch eine gesunde und frische, die allerdings nichts zu thun hat mit jener Zerknirschung und Zermür-
bung, welche hier und da noch als das Wesen der Frömmigkeit angesehen werden.«[206]

Hier schien der Gedanke der »sittlichen Freiheit« durch. Denn »Frische« –
das ließ sich übersetzen als jene oft beschworene »That- und Willenskraft«, die,
erreicht durch die körperliche Kräftigung, den charakterfesten und selbständigen: den »freien« Bürger kennzeichnete.[207] In der »Frömmigkeit« der Turner
schloß das jeden dogmatischen Glaubenssatz aus; eine Frömmigkeit, die »fest-
klammernd an bestimmten Artikeln in den Buchstaben das Heil sucht und den
Geist ertodtet«,[208] ließ den Turner nur Abscheu empfinden.

Doch ebenso wie die »sittliche Freiheit« schloß auch die »Frömmigkeit« ein
Moment des Gehorsams, der Ordnung und der Unterordnung ein. Denn »wie
der Körper«, so die Argumentation, »so soll sich auch der Wille und der Muth
der Herrschaft der Vernunft und der Ueberlegung beugen, und aus freien Stük-
ken dem Gesetze folgen, das nicht wir, sondern ein Anderer in unser Herz

204 Zwei Turnreden, S. 15.
205 Ebd.
206 Ebd.
207 Vgl. Ansprache bei der Weihe der Vereins-Fahne an den Cöthner Männer-Turnverein.
208 Vgl. Rede, gehalten am Stiftungsfeste des Männerturnvereins zu Stralsund.

eingepflanzt!«[209] Erst darin, in der »Ehrfurcht vor dem Heiligen«, der »Achtung vor dem göttlichen Gesetze«, schien mithin auch der Schutz zu liegen, der den Turner vor jedem »schrankenlose[n] Überschäumen der Kraft, vor der Zügellosigkeit, vor dem Zerrbilde der Freiheit« bewahren könne. Ja, es sei gerade dieses »Gefühl«, das ihn schließlich zur »rechten Freiheit, zur Gesittung, zur vollständigen Herrschaft über sich selbst« befähige.[210]

Der Gedanke der Selbstbestimmung, wie er in der »sittlichen Freiheit« enthalten war und auf die »Frömmigkeit« übertragen wurde, war durch seine Koppelung an die Ordnung, vor allem aber an die Unterordnung unter ein wie auch immer definiertes göttliches Gesetz, in den metaphysischen Bereich abgedrängt. Damit war dem angestrebten charakterfesten, selbständigen Bürger, der aus »freier« Entscheidung die Ordnung akzeptieren und sich in diese fügen sollte, durch die Bindung an die »Frömmigkeit« auch die letzte Möglichkeit eines Handlungs- und Entscheidungsspielraums genommen. Überdies: Mit der Anbindung der »Frömmigkeit« an die »sittliche Freiheit« entfiel jede Notwendigkeit zu einer rational erschließbaren Begründung. Zwar hatte auch die »Frömmigkeit« einen, wenn man so will, emanzipatorischen und befreienden Charakter. Die höchste Instanz jedoch blieb der göttliche Wille.

Im Namen der »Frömmigkeit« ließ sich nicht zuletzt selbst die Wehrhaftmachung des Volkes begründen. Mochte die »Liebe zu Gott und allen unseren Mitmenschen« auch eine honorige geistige Haltung sein – erst im Turnen, Fechten, Schießen, so etwa die Überzeugung des Turners Götte, ließ sich das »Zeug dazu erlangen, die Liebe zu unseren Mitmenschen bethätigen, beweisen zu können«.[211]

Und die Gefahr, so schien es immer wieder, war bei weitem noch nicht vorbei: »Noch sind die Feinde, die uns dräuen, nicht niedergeworfen, noch lauern sie links und rechts an unseren Gränzen.«[212] In Anbetracht dieser in den Augen der Turner offenkundig prekären Situation war dann auch jede Mobilmachung gegen die Feinde von der göttlichen Instanz sanktioniert. Ja, wer »gottvertrauend, ehrlich« als »echter treuer Deutscher« nicht von der »Frömmigkeit« ließ, der konnte sich im Schutz des göttlichen Willens wiegen: »Dann werdet Ihr in Noth und Gefahr auch nicht verlassen, denn Gott verläßt den ächten, den ehrlichen und treuen Deutschen nicht« – kaum ein Beispiel schien das besser belegen zu können als die französische Besatzungszeit: »Alles schien verloren, Nichts blieb dem deutschen Volke übrig, außer der Hoffnung auf Gott.« Die Niederlage des »fremden Despoten« in der Völkerschlacht rechtfertigte die

209 Ansprache bei der Weihe der Vereins-Fahne an den Cöthner Männer-Turnverein.
210 Ebd.
211 *Götte*, Frisch, Zit. S. 57.
212 Rede bei der Grundsteinlegung zur Turnhalle in Frankenberg. Dort auch die nachfolgenden Zitate.

Heiligsprechung des Krieges. Damit hatten auch die Ausbildung der Wehrkraft und die Kriegführung ihre göttliche Legitimation erhalten.

Mochte sich unter Berufung auf die »Frömmigkeit« jede Stärkung der Wehrfähigkeit sanktionieren lassen – von dem Gedanken der »Freiheit« war die Wehrfähigkeit schlechterdings nicht zu trennen. Das wäre fraglos eine banale Feststellung, handelte es sich dabei allein um die Verteidigung der »äußeren Freiheit«; doch das war keineswegs der Fall: Denn mit dem Gedanken einer gestärkten Wehrkraft ging, erstens, die Überzeugung einher, daß die allgemeine Wehrpflicht in jedem deutschen Staat durchgesetzt werden müsse – ein, wenn man so will, letztes Relikt der politischen Freiheitsforderungen, das weiterhin offensiv gefordert wurde; zweitens aber spiegelte sich in der »Wehrfähigkeit« auch die »sittliche Freiheit«; denn erst die Fähigkeiten, die innerhalb der deutschen Turnbewegung mit dieser Freiheitsvorstellung verbunden wurden, befähigten überhaupt zur Entwicklung einer »Wehrfähigkeit«, wie sie den Turnern vorschwebte, und ließen diese als Partizipationsmöglichkeit im Rahmen auch der herrschenden Ordnung zu.

Unter dem Eindruck einer »volle[n] Niederwerfung und schmachvolle[n] Demüthigung«, die »von neuem, Tag für Tag«, dem »Vaterland« drohe, wie es der Vorsitzende des Casteler Turnvereins, Dr. Klober[213] und mit ihm viele andere glaubten, war es nicht erstaunlich, daß die deutschen Turner in den zwei Jahrzehnten vor der Gründung des Nationalstaats die Stärkung der Wehrfähigkeit mit einer an Besessenheit grenzenden Nachdrücklichkeit zur Pflicht eines jeden, und das hieß zugleich: zu einer »vaterländischen«, »nationalen« Pflicht, erhoben. Dabei war es selten so klar erkennbar: Die dazu notwendige Stärke und die Kraft des einzelnen, die mit der körperlichen Ertüchtigung erworben und erfahrbar sein sollten, schienen sich im Verbund gewissermaßen zu potenzieren, wodurch die Vorstellungen von der »Nation« und die Erwartungen an sie: an ihre Stärke, ihre Macht und ihre »Wehrkraft« entscheidend bestimmt wurden. Das hieß umgekehrt: Drohte die »Nation« in der Auseinandersetzung mit einem Feind zu unterliegen, war das auch immer ein Ausdruck der eigenen Unzulänglichkeit, des eigenen Versagens.

Diese Verflechtung wurde in den Überlegungen der Turner immer wieder von neuem sichtbar. Dabei formulierten sie die Verbindung zwischen dem einzelnen und der Gesamtheit, ob diese nun als »Volk«, »Vaterland« oder »Nation« beschrieben wurde, als eine wechselseitige Abhängigkeit: Jeder hatte mit seinen Fähigkeiten eine Bedeutung im »Volk« und für das »Vaterland«, die jedoch erst in dem Moment, in dem er diese für sein »Volk« und »Vaterland« einsetzte, bestätigt wurde.

»Daß der einzelne Mensch für sich eine Macht sei, wenn er seine Kräfte geistig und körperlich zusammenfasse, daß von dem einzelnen Mann aus die

213 Ueber das Turnen, S. 11.

zerstörte Gesammtheit des Volkes sich wieder selbst erzeugen könne und müsse«, wie es ein Reutlinger Festredner 1861 als den Gedanken der Turnväter formulierte, schienen die Befreiungskriege unwiderlegbar zu zeigen. Dieser Gedanke, der in jener Zeit, wie er argumentierte, »zur That geworden« sei und sich »in blutigen Kämpfen« bewährt habe, ging mithin auch seinen Überlegungen voraus, als er vor seinen Zuhörern für die »Sache deutscher Turnerei« zu werben suchte: »Warten wir nicht noch einmal die grimmige Nothwendigkeit ab, sie steht uns nahe genug« – das war nicht nur eine Ermahnung, die ein Zurückweichen vor jeder Gefahr perhorreszierte; es war zugleich ein hoffnunggebender Appell, dem die Überzeugung zugrunde lag, daß jeder einzelne zur »nationalen« Stärke beitragen könne: »Trete Jeder herein in die noch dünne Reihe, daß sie zu einer Kette werde zwischen uns Allen in allen deutschen Landen; eine Kette«, wie dieser Redner zu prognostizieren wagte, die dann »von innen geschlossen sei durch jede gute Kraft der Körper und der Geister, die von keinem Feinde durchbrochen werden könne, ja die vielleicht durchbrochen werden mag, um sich hinter dem Feinde zu schließen und ihn unentwirrbar in ihren eisernen Ringen zu erdrücken«.[214]

Die damit mögliche Verschmelzung des einzelnen mit der Gesamtheit, in der »Ich-« und »Wir-Bild«[215] nicht mehr voneinander zu trennen waren, hätte kaum unmittelbarer sein können. Indem ein »jegliches Mitglied der Volksgemeinde« seinen »Antheil«, wie es den Reutlinger Festteilnehmern versprochen wurde, zum Erhalt und zur Verteidigung des Vaterlandes beitragen konnte, war es Teil des »Volkes«, welches, wie man erhoffte, dastehen werde »vor sich selbst und vor der Welt in der vollen Waffenrüstung des Leibes und des Geistes, [als] ein Volk in Wehr und Waffen«.[216]

Was die Zeitgenossen pathetisch als die »Liebe zum Vaterlande« beschworen, die den einzelnen »stark« mache; die den »ächten Mann sein eigenes Ich vergessen« lasse, ihn für das »Gemeinwohl« begeistere und ihn »in den Kampf für das Vaterland« führe,[217] hatte seinen substantiellen Kern in der Übereinstimmung der eigenen und der »vaterländischen« Eigenschaften, die unter den national denkenden Turnern stillschweigend vorausgesetzt wurde. Damit mußte jede Bedrohung der »nationalen« Stärke und Kraft als ein Angriff auf die »Freiheit«: auf die »nationale« ebenso wie auf die eigene, begriffen werden, wie umgekehrt jeder Beweis der eigenen wie auch der »nationalen« Stärke als ein Zeichen der »Freiheit« gedeutet werden konnte. Und das galt in jeder tatsächlichen oder vermeintlichen Gefahrensituation, sei es, daß diese von einem »äußern Feind« drohte, der, wie es zu Beginn der 1860er Jahre angenommen wurde, »des geheiligten Rheines Ufer berühren« wolle, sei es, daß diese von den »innern

---

214 Rede zum schwäbischen Turnfeste in Reutlingen, Zit. S. 4 u. 5f.
215 Grundlegend dazu *Elias*, Exkurs, S. 196ff.
216 Rede zum schwäbischen Turnfeste, S. 6.
217 Rede beim Mulden-Zschopauthal-Gau-Turnfest.

Widersacher[n], die des Reiches Grundvesten bedräuen«, auszugehen schien.[218]

In den zwei Jahrzehnten vor der Nationalstaatsgründung galt die größere Aufmerksamkeit jedoch unstrittig dem äußeren Feind, der potentiell überall und so lange eine akute Bedrohung darstellte, bis die nationale »Freiheit« und »Einheit« hergestellt waren. Oder um genauer zu sein: Es war wiederum die »sittliche Freiheit«, die als Voraussetzung für die »Wehrfähigkeit« des einzelnen erworben werden mußte, um diese in die »Wehrkraft« der Nation umzuwandeln.

Die Turnerei galt auch in dieser Hinsicht als »nicht allein menschliche, sondern bürgerliche, vaterländische Pflicht«,[219] sei doch das Turnen, wie auf einem Turnfest in Ulm 1862 bekräftigt wurde, die »beste Schule der Wehrhaftigkeit des Volkes«.[220] Und das in einem spezifischen Sinn: Sein »Grundwesen« lag, wie ein süddeutscher Festredner behauptete, in der »körperliche[n] Wehrhaftigkeit und geistige[n] Freiheit«.[221] Das ließ sich konkreter fassen: So war es wiederum nicht allein die körperliche Kräftigung, die man innerhalb der deutschen Turnbewegung als grundlegendes Moment der Wehrhaftigkeit betrachtete; nur als Voraussetzung und Teil der als notwendig erachteten »That- und Willenskraft«[222] – ein Merkmal, in dem sich die Fähigkeit zur »sittlichen Freiheit« äußerte – ließ sich eine Wehrfähigkeit erlangen, die zum »Schutz des Vaterlandes gegen den seine Grenzen bedrohenden äußeren Feind«[223] beitragen konnte.

Aus der Sicht der Turner stand das zeitgenössische Wehrsystem – so unterschiedlich dies in den deutschen Staaten auch war – dieser Entwicklung ganz entschieden entgegen. Unablässig prangerten sie das Wehrsystem daher an – aus unterschiedlichen Gründen. So stelle sich, wie ein erstes Argument lautete, innerhalb der »heutigen konskriptionspflichtigen Mannschaften« ein solches »Mißverhältnis in Bezug der physischen Tätigkeit derselben heraus, daß man daraus am deutlichsten die körperliche Herabgekommenheit« der Generation erkennen könne;[224] und ebenso wie man sich von dem »Zwang und [der] Disziplin« distanzierte,[225] dem sich die einen innerhalb des Heeres zu beugen hatten, verurteilte man die Möglichkeit, daß »Jeder, dem die Mittel zu Gebote« stünden, sich »das Gesetz zu Nutzen« machen und sich vom Heeresdienst freikaufen könne.[226]

218 Ebd.
219 Rede zum schwäbischen Turnfeste, S. 5.
220 Rede, gehalten am Turnfest zu Ulm.
221 Ebd., S. 7.
222 *Faber*, S. 26.
223 Rede, gehalten am Turnfest zu Ulm.
224 *Faber*, Turnen, S. 26.
225 *Bosinger*, Zit. S. 7.
226 *Faber*, Turnen, S. 27.

Das Vorhaben der Turner verfolgte eine andere Stoßrichtung. Mit einer allgemeinen Wehrpflicht, wie sie den Turnern für alle deutschen Staaten vorschwebte, sollte sich die »Freiheit« auf eine doppelte Weise verwirklichen: als eine »sittliche« und eine »nationale« gegen den äußeren Feind. Ja, mit der allgemeinen Wehrpflicht ließ sich sogar einer »Freiheit« entgegenwirken, die den Turnern als eine falsch verstandene und mißbräuchlich genutzte erschien. Solange ein Gesetz selbst Ausnahmen zulasse, argumentierte Oswald Faber in seiner Streitschrift 1859 mit Blick auf das zeitgenössische Wehrsystem, könne »es nicht fehlen, daß man, namentlich in Anbetracht des Dranges nach Freiheit und Ungebundenheit, der der menschlichen Natur eigen« sei, sich derselben bediene, um dem Wehrdienst zu entgehen. Ein Gesetz, das den Wohlhabenderen die Möglichkeit offenlasse, sich vom Wehrdienst freizukaufen, bleibe, so seine Argumentation, notwendig zweideutig. Dadurch schüre es schließlich die »Mißgunst auf Diejenigen, welche durch Glücksumstände in den Stand gesetzt waren, dem bürgerlichen Leben zu verbleiben«, ohne sich der Wehrpflicht unterworfen zu haben.[227] Mit andern Worten: Das gültige Wehrsystem war der Ausdruck der fehlenden »sittlichen Freiheit« und damit ein Moment der Zwietracht, die jene erwünschte und für notwendig erachtete »Eintracht«, die der nationalen Einheit vorauszugehen hatte, zunichte machte.

Die Möglichkeiten der Privilegierung, die das bestehende Wehrsystem offenließ, waren in der Tat kaum zu bestreiten. Das galt selbst für Preußen, wo sich trotz der Einführung der Allgemeinen Wehrpflicht zahlreiche Gelegenheiten auftaten, am Militärdienst nicht teilnehmen zu müssen.[228] Insofern erstaunt es nicht, daß die Turner immer wieder für eine entsprechend rigide Durchsetzung der Allgemeinen Wehrpflicht in allen deutschen Einzelstaaten stritten. Jede Ausnahme stand im Verdacht der Privilegierung, die die verlangte Gleichheit vor dem Gesetz zunichte machte und den Zugewinn an Demokratisierung weiterhin vertagte. Doch ihre Vorstellungen von der Wehrfähigkeit waren vielfältiger, die Erwartungen an diese weitaus schillernder. Das lag nicht zuletzt an der »sittlichen Freiheit«, ohne die sich, wie die Turner glaubten, weder die Wehrfähigkeit erlangen noch die Allgemeine Wehrpflicht durchsetzen ließen. Denn erst wenn man im Besitz jener Fähigkeiten war, die, wie etwa die Ordnung, die Disziplin und der Gehorsam, aber auch die Willenskraft und die Selbstbeherrschung, zu den zentralen Voraussetzungen auch der »sittlichen Freiheit« gehörten, ließ sich die Wehrhaftigkeit im Interesse der »Nation« mit einer, wie man erwartete, bisher nicht gekannten Effektivität nutzen. Daß die Unterordnung unter die Befehle der Obrigkeit nicht in Frage gestellt werden mußte und dabei dennoch eine freiwillige sein würde – das ergab sich aus dem Glauben an die »sittliche Freiheit« von selbst. »Bieten wir ihnen [den Regierun-

227 Ebd., S. 27f.
228 Vgl. dazu *Frevert*, Modell, S. 33.

gen, S. G.] die Hände. ... Daß es unser heiliger Ernst ist, zeigen unsere Bestrebungen. Haben wir doch dieses Jahr erstmals die Feuerwaffe in unseren Fest-
kreis gezogen. Was müßte das für eine Heldenschar sein, die nicht Zwang und
Disciplin, sondern freier eigener Wille spornt zu ernstem Thun! ... Unsere
Politik sei, uns wehrhaft zu machen zum Dienst des Vaterlandes, uns anzeig-
nen einen freien, sittlichen guten Willen.«[229] Daß man bereit stand, im Verbund
mit der Obrigkeit den Nationalstaat zu erstreiten, hätte man nicht deutlicher zu
verstehen geben können.

Wenn man sich zu jener Zeit im Turnverein zusammenfand, geschah das
durchaus auch in der Überzeugung, daß sich gerade hier durch die körperliche
Übung jene Fertigkeiten erlernen ließen, die man zur Wehrhaftigkeit brauchte.
Für die Plausibilität dieses Arguments, das immer wieder Gegenstand der Diskussion war, konnte wie so oft schon die Zeit der Befreiungskriege herhalten, in
denen die zu Helden stilisierten Kämpfer auf dem Turnplatz, wie man sich
immer wieder erzählte, »im kräftigen Muskelspiele des Leibes und fröhlichen
Tummeln auf dem Platze zugleich jegliche nationale Tugend« und den
»grimmige[n] Haß gegen die Feinde« erlernt hatten.[230]

Und das war in der Tat, auch für die sechziger Jahre, alles andere als ein
absurder Gedanke: Die Entwicklung körperlicher Kraft, die, wie der Festredner
ausdrücklich hervorhob, zum Umgang mit der Waffe befähigen sollte, war im
Moment der Übung jederzeit nachvollziehbar. Das hieß zugleich: Die mißlun-
gene Turnübung war in jedem Fall ein Ausdruck der Schwäche. Sie stand für
die Niederlage in der bevorstehenden bewaffneten Auseinandersetzung mit
dem Feind, nahm den Schmerz, das Gefühl der Unterlegenheit, die Scham
nicht nur vor dem Gegner, sondern auch vor den übrigen Turnern vorweg.
Und schließlich: Die Schwäche war ein Stigma, dem wohl jeder entgehen
wollte, zumal in einer Gemeinschaft, in der Stärke, Kraft und Wehrhaftigkeit
nicht nur als unumgängliche Voraussetzungen für die »Freiheit« erachtet, sondern zugleich als wichtige Kennzeichen von »Männlichkeit« angesehen wurden.

2.3. Männlichkeit

Die deutsche Turnbewegung der 1850er und 60er Jahre, die den Kampf für
nationale Einheit und Freiheit auf ihre Fahnen geschrieben hatte, blieb hinter
den damit verbundenen Ansprüchen und Zielen weit zurück.[231] Dieser Umstand wurde nur von wenigen Zeitgenossen konkret benannt, doch implizit
schien er in unzähligen Artikeln, Flugschriften und Reden der Turner durch.

229 *Bosinger*, Zit. S. 7 u. 8.
230 Festrede (des Stolper Turnvereins).
231 Vgl. dazu ausführlicher die anderen Kapitel des 1. Teils.

126

Ihre Hoffnungen auf Eintracht und Einigkeit hatten sich nicht erfüllt: Die von ihnen erhoffte Vermischung der verschiedenen »Stände«, die der sozialen Fragmentierung und den damit einhergehenden Spannungen entgegenwirken sollte, war innerhalb der Turnvereine – wenn überhaupt – nur in Ansätzen gelungen. Auch das Ausmaß der zu fordernden politischen Freiheitsrechte war umstritten; damit setzten sich die politischen Spannungen innerhalb der deutschen Turnbewegung fort, wenn auch in bescheidenerem Maße als im vorausgegangenen Jahrzehnt. Schließlich waren das einzelstaatliche Identitätsbewußtsein und auch die Loyalität zum angestammten Herrscherhaus in vielerlei Hinsicht ungebrochen. Von einem Primat der »Nation« jedenfalls konnte, das zeigte am augenfälligsten der deutsch – deutsche »Bruderkrieg« 1866, nicht die Rede sein.

Zugegeben, die Mehrheit der deutschen Turner teilte das Ziel der nationalen Einheit und Freiheit. Und ihren Erwartungen an Eintracht, Einigkeit und »sittliche Freiheit« lag ein breites Spektrum gemeinsamer Wert- und Verhaltensvorstellungen zugrunde. Dennoch war die deutsche Turnbewegung, allein aufgrund der koexistierenden und auch konkurrierenden Identitäten, heterogener, als es die Fürsprecher des ersehnten Nationalstaats wahrhaben wollten. Eines jedoch hatten die Mitglieder der Turnvereine ungeachtet ihrer regionalen Herkunft, ihres religiösen Bekenntnisses, ihres Zugehörigkeitsgefühls zu einer sozialen Klasse oder auch ihrer politischen Überzeugung gemein: Sie wollten »Männer« sein.

Das ergab sich keineswegs von selbst. »Individuen männlichen Geschlechts gibt es genug«, klagte im August 1861 ein Festredner bei der Eröffnung eines Turnplatzes. Folgte man seiner Sicht, gab es aber ein Defizit an wirklichen »Männern«. Er zumindest forderte prompt: »Männer, Männer braucht die Gesellschaft, bedarf das Vaterland.«[232] »Männlichkeit« besaß man nicht, die mußte erworben werden – daran ließ dieser Redner wie viele seiner Zeitgenossen keinen Zweifel.

Es wäre freilich zu weit gegriffen zu behaupten, daß die Turner mit dieser Differenzierung vorweggenommen hätten, was die Frauen- und Geschlechterforschung seit den 1960er Jahren zu vermitteln versucht: Daß weder das »Männliche« noch das »Weibliche« allein als »angeborene Seinsmerkmale«[233] erachtet werden können, daß »Geschlecht« vielmehr auch immer als ein kulturelles Konstrukt zu begreifen ist,[234] mit einer Vielfalt zugeschriebener Bedeu-

232 Ueber das Turnen, S. 12.
233 *Frevert*, Soldaten, Zit. S. 69.
234 Aus der mittlerweile umfangreichen Literatur sei nur auf folgende Beiträge hingewiesen: *Scott*, Gender; *Dies.*, Deconstructing; *Bock*, History; *Dies.*, Challenging; *Hof*, Entwicklung, gibt einen kurzen Überblick über die Bedeutung und die unterschiedliche Verwendung von »gender« als analytischer Kategorie; dort auch die dazu grundlegende Literatur. Zur Konstruktion von »Männlichkeit«, die erst seit wenigen Jahren aufgegriffen wird, vgl. *Frevert*, Geschlecht; *Dies.*, Män-

tungen, die variabel, mithin auch über die Zeit hinweg veränderbar sind. Das gilt selbst für den Körper, der ebenfalls durch kulturelle Zuschreibungen determiniert wird.[235]

Männlichkeitsideale werden diskursiv vermittelt. Die Aneignung der damit verbundenen Vorstellungen erfolgt jedoch nicht allein auf dieser Ebene.[236] Für ihre Verinnerlichung ist es ebenso bedeutend, daß sich das entworfene Bild von »Männlichkeit« visuell erfassen läßt, was dem Konstrukt der »Männlichkeit« eine Faktizität verleiht, die kaum in Frage gestellt, vielmehr als »natürlich« bestätigt und anerkannt wird.[237] Schließlich aber wird »Männlichkeit« durch den Körper einverleibt. »Stärke« und »Kraft« etwa, die zum Männlichkeitsbild der deutschen Turnbewegung gehörten, waren über den eigenen Körper erfahrbar: beim Turnen, im Kriegsspiel oder etwa bei den ritualisierten Aufmärschen bei den Festzügen. Auf diesem Weg wurden die Eigenschaften, die man der »Männlichkeit« zuschrieb, ein Moment der eigenen Körperwahrnehmung und als solche zur körperlichen »Realität«. Auch mit der körperlichen Aneignung und in der Körperpraxis war der Konstruktcharakter der zeitgenössischen Männlichkeitsbilder freilich nicht aufgehoben; er blieb bestehen, determiniert durch die in ständigem Fortgang begriffene diskursive Vermittlung, die überhaupt erst die Voraussetzung dafür war, daß Männlichkeits- und Körpervorstellungen internalisiert werden konnten.

Bei der Entwicklung des Nationalismus als Habitus waren die Vorstellungen und Erfahrungen von »Männlichkeit« ein wichtiges, ja, eins der entscheidenden Momente.[238] »Männlichkeit« war ein Symbol, in dem individuelle Selbstzuschreibungen und Wertvorstellungen mit kollektiven Vorstellungsbildern verbunden wurden. Durch die Übertragung der Geschlechterzuschreibungen auf

nergeschichte; *Stearns; Dubberts; Mangan* u. *Walvin* (Hg.); ein relativ statisches Männlichkeitsbild seit dem 18. Jh. zeichnet *Mosse*, Bild. Interessanter ist die ethnologische Studie von *Gilmore*; sowie die Beiträge in den jüngst erschienenen Sammelbänden von *Kühne* (Hg.) und *Berger u.a* (Hg.).

235 Vgl. dazu die Kritik an der Trennung von »sex« und »gender« bei *Butler*, Gender Trouble. Grundlegend dazu *Foucault*, Sexualität, Bd. 1. Zur Kritik an Butler vgl. das Themenheft »Kritik der Kategorie ›Geschlecht‹« der Feministischen Studien, Jg. 11, H. 2, 1993.

236 Diesen Eindruck, daß die Verinnerlichung eines Männlichkeitsideals allein auf der sprachlichen Ebene vollzogen wird, gewinnt man allerdings bei *Hagemann*, Heran, deren Handhabung einer Diskursanalyse über eine funktionalistische Interpretation kaum hinauskommt, da ihre Argumentation einen deutlichen intentionalistischen Impetus aufweist. Vgl. auch *Dies.*, Nation.

237 Ebenso argumentiert *Krais*, hier S. 215, die für ihre Analyse der Geschlechterbeziehungen ebenfalls auf das bei Bourdieu entwickelte Habituskonzept zurückgreift.

238 Vgl. dazu auch *McMillan*, der »Männlichkeit« als »Leitmotiv der ideologischen Auseinandersetzung der Turnbewegung seit ihren Anfängen« (S. 89) begreift, dabei aber auch die Bedeutung von »Männlichkeit« in der turnerischen Praxis berücksichtigt. Grundsätzlich gilt jedoch nach wie vor, wie das jüngst von Sylvia Walby beklagt wurde, daß in den Studien zur Nation die Bedeutung von »Geschlecht« bislang nur sehr unzureichend berücksichtigt wurde. Vgl. dazu *Walby*. Eine Ausnahme ist der Sammelband von *Yuval-Davis* u. *Anthias* (Hg.). Als Forschungsdesiderat mahnen das auch *Frevert*, Nation, an sowie *Haupt* u. *Tacke*.

die »Nation«[239] erhielten die Begriffe »deutsch« und »national« eine mit der Geschlechteridentität eng verwobene Bedeutung, wurde die Erfahrung »nationaler Eigenschaften« und eines »nationalen Verhaltens« durch die Geschlechteridentität möglich.

Daß der Nationalismus als Habitus, verstanden im Sinne Bourdieus als eine »Handlungs-, Wahrnehmungs- und Denkmatrix«, auch oder sogar gerade wegen seiner Abhängigkeit vom Geschlecht weder als ein »monolithisches Ganzes« erfaßt noch als eine Konstante verstanden werden kann, liegt auf der Hand. Um es noch einmal zu sagen: Als kulturelles Konstrukt ist »Geschlecht«, ohne daß freilich das dichotome Schema zwischen den Geschlechtern gesprengt würde, in seinen Bedeutungen wandelbar und daher als strukturierendes Element eines nationalistischen Habitus veränderbar. Die Nationsvorstellungen und die Erfahrungen eines »nationalen Verhaltens«, die sich in Abhängigkeit von den verschiedenen Männlichkeits- und Weiblichkeitsbildern entwickelten, mußten dabei keineswegs identisch sein. Denn die Vorstellungen davon, was unter »Männlichkeit« beziehungsweise unter »Weiblichkeit« zu verstehen sei, konnten zwischen den Geschlechtern, aber auch innerhalb desselben Geschlechts, unter den Männern wie unter den Frauen, unterschiedlich sein und verschieden erlebt werden.[240] Denn »Männlichkeit« wurde nicht nur in der Auseinandersetzung mit oder gar Abgrenzung von »Weiblichkeit« entworfen; »Differenz« wurde auch zwischen den »Nationen« diagnostiziert, indem den Männern einer anderen »Nation« abweichende oder gar gegensätzliche Eigenschaften zugewiesen und ihnen jegliche »Männlichkeit« abgesprochen wurde.[241] Das läßt sich auch innerhalb ein und derselben »Nation« verfolgen: Denn »nationale« Eigenschaften, die die Zugehörigkeit zur »Nation« bestimmen sollten, wurden durch eine Vorstellung von »Männlichkeit« definiert, der spezifische Werte und Normen zugrunde lagen. Diese waren stets mit verschiedenen Variablen, wie etwa der politischen Identität, verknüpft, wodurch auch »Männlichkeit« konträre Bedeutungen enthalten konnte.[242] Im Konfliktfall kam ihre

---

239 Grundlegend dazu *Scott*, Women's History. Daran anschließend vgl. *Kuppler*, bes. S. 278f.

240 Vgl. zur komplizierten Problematik der Kategorien »Gleichheit« und »Differenz«: *Bock*, Gleichheit. Dort auch weitere Literaturangaben. Zu den unterschiedlichen Männlichkeitsentwürfen im 18. Jh. vgl. *Herrmann*, Arminius.

241 Zu den Geschlechterstereotypen in der Gegenüberstellung der deutschen u. der französischen Nation vgl. *Tacke*, Denkmal, S. 44ff.

242 Überlegungen zur problematischen Gewichtung von »Geschlecht« als einer Variablen unter mehreren bei der Formierung des Habitus in: Eine sanfte Gewalt. Pierre Bourdieu im Gespräch mit Irene Dölling u. Margareta Steinrücke (März 1994), in: *Dölling* u. *Krais* (Hg.). Der Stand der gegenwärtigen Forschung erlaubt es nur in Ansätzen, unterschiedliche Korrelationen von Männlichkeitsentwürfen und Nationsvorstellungen gegeneinanderzuhalten. Die mögliche Vielfalt, die aufgrund der unterschiedlichen Ausprägungen von Identität denkbar ist, kann deshalb hier lediglich als theoretisches Problem formuliert und vorerst nur ansatzweise am Beispiel der Turner aufgezeigt werden.

unterschiedliche Gültigkeit zum Vorschein und legte die Zugehörigkeit zur »Nation« auf unterschiedliche Weise fest.

Doch die Verbindung von »Geschlecht« und »Nation« war noch komplizierter. Denn diese Unterschiede und Differenzen, die sich aufgrund der diversen politischen Identitäten, der unterschiedlichen einzelstaatlichen Identitäts- und Loyalitätsbezüge oder etwa verschiedener religiöser Bekenntnisse ergaben, konnten für einen kurzen historischen Moment aufgrund des Appells an ein »männliches« Verhalten in den Hintergrund rücken und dabei das Gefühl einer »nationalen« Zusammengehörigkeit hervorrufen. Diese Vergesellschaftung war jedoch nicht in erster Linie der »Nation«, sondern der Geschlechteridentität geschuldet.

Ohnehin ergibt sich aus der Interaktion von »Geschlecht« und »Nation«, mit der Übertragung von Geschlechterzuschreibungen auf diese keineswegs eine Primäridentifikation mit der »Nation«; sie wird nicht, wie man vielleicht meinen könnte, zur obersten Loyalitätsinstanz jedes einzelnen. Der stets existierende Pluralismus an Identitäten ist damit nicht aufgehoben und behält, zumal die einzelnen Variablen ohnehin das Männlichkeitsverständnis auf unterschiedliche Weise mitprägen, sein Eigengewicht gegenüber der »Nation«.

Doch wer war nun, den Vorstellungen der deutschen Turner zufolge, ein »Mann«? Oder genauer ausgedrückt: Wie wurde man ein »Mann«? Und was zeichnete »Männlichkeit« aus?

Unter den Turnern wird es in wenigen Fragen eine derartige Übereinstimmung gegeben haben wie in dieser: »Männer« mußten geschaffen werden, zur »Männlichkeit« mußte erzogen werden. Weder das eine noch das andere ergab sich, so glaubten sie, gewissermaßen von selbst, stellte sich im Verlauf zunehmenden Alters von allein ein und ließ sich dann ohne weiteres Zutun erhalten.[243]

Gerade daraus ergab sich die spezifische Attraktivität der Turnvereine. Mit »nationaler« Überzeugung mußte das – zunächst einmal – nichts gemein haben. Für die integrative und mobilisierende Wirkung, die dem Nationalismus zugeschrieben wird, hatte »Männlichkeit« eine zentrale Bedeutung, die jedoch zuerst einmal außerhalb des »Nationalen« zu suchen ist. Auf lange Sicht galt das auch für die Entwicklung eines »nationalistischen« Habitus. Dazu muß man sich die Bedeutung der »Männlichkeit« innerhalb der deutschen Turnbewegung vergegenwärtigen, auf der eine Vergesellschaftungs- und Sozialisationsleistung der Turnvereine aufbaute, die kaum überschätzt werden kann.

Turnen war eine männliche Veranstaltung. »Von einer Zuziehung und Mitwirkung der Frauen ist in unserem Vereinsgesetz keine Rede«, erklärte ein Tur-

---

243 Für diese Auffassung gibt es unzählige Beispiele, von denen an dieser Stelle nur genannt seien: Ueber das Turnen; Ansprache an die Damen; Gedenkblatt. Die Turner-Fahnenweihe zu Landsberg a. W.; sowie *Goetz*, Ausschuß, S. 187f.

ner den anwesenden Zuschauern auf einem Turnfest.[244] Auf diese Exklusivität legte auch jedes Mitglied in den 1850er und 60er Jahren gesteigerten Wert. Allein aufgrund der Tatsache, daß Frauen aus den Turnvereinen ausgeschlossen waren, wurde eine Dichotomie in der Geschlechterordnung festgeschrieben, mit der die eigene Identitätsbildung erleichtert wurde. An welchem Ort konnte man besser erfahren, was es hieß, ein »Mann« zu sein, als in einem Verein, der nur aus »Männern« bestand? Hier wurde die soziale Ordnung der Geschlechter fixiert, hier existierte ein Erfahrungsraum, in dem »Männlichkeit« als verbindendes Element in einer heterogenen und sich weiter differenzierenden Gesellschaft erlebt werden konnte.

Das dezidierte Ziel der deutschen Turnbewegung, das Turnen solle »Männer schaffen«,[245] versprach dabei, sofern man die Anforderungen des Vereinslebens erfüllte, Erhebendes: »Sobald du den Leib zum freien Tempel des Geistes gemacht, so wirst du vor dir selbst erröthen, wolltest du diesen Tempel verunreinigen oder verfaulen und verkommen lassen«, lautete das schon fast ehrwürdige Versprechen eines süddeutschen Festredners, bevor dieser in seiner Rede mit den verheißungsvollen Worten fortfuhr: »O! es ist etwas Edles, etwas Großes um solch einen Mann, der körperlich gekräftigt und frischen Geistes dasteht – der Mann ist fertig!«[246]

Im einzelnen setzte das freilich eine Vielzahl an Fähigkeiten und Eigenschaften voraus, mit denen klare Verhaltensvorstellungen verbunden waren. Das Männlichkeitsideal der Turnbewegung war zweifellos umfassend: Demnach zeichnete sich der »ächte«[247] oder »rechte«[248] Mann, wie er auch genannt wurde, aus durch seine Kraft und Gesundheit,[249] er war tapfer, treu[250] und wehrhaft,[251] er besaß Mut und Willensstärke,[252] lebte in Mäßigkeit, Gottesfurcht und Gesetzestreue,[253] er verfügte über geistige Bildung,[254] hatte gelernt, »sein eigenes Ich« zugunsten des Gemeinwohls zurückzustellen.[255]

Allerdings wird man kaum davon ausgehen können, daß alle Turner diesem Männlichkeitsideal mit all den damit verbundenen Wert- und Verhaltensvorstellungen zu gleichen Teilen anhingen oder sich gar vollständig nach diesen

244 Gedenkblatt. Die Turner-Fahnenweihe zu Landsberg a.W.
245 Ueber das Turnen, S. 12.
246 Zwei Reden.
247 Rede beim Mulden-Zschopauthal-Gau-Turnfest zu Frankenberg.
248 Das II. Bayerische Turnfest, S. 19f.
249 Rede, gehalten am Stiftungsfeste des Männerturnvereins zu Stralsund.
250 Rede beim Mulden-Zschopauthal-Gau-Turnfest zu Frankenberg.
251 Vgl. den Beitrag von *Goetz*, Turner.
252 Das erste deutsche Turn- u. Jugendfest zu Coburg, S. 37.
253 Rede des Sailermeisters S. Müller, Sprecher des Coburger Vereins, in: Turn- u. Jugendfest, S. 31.
254 Gedenkbuch, S. 47.
255 Rede beim Mulden-Zschopauthal-Gau-Turnfest zu Frankenberg.

richteten. Mit ihren vielfältigen Möglichkeiten der Unterhaltung und der Geselligkeit, der körperlichen Betätigung und der Verbesserung der eigenen Kondition, die immer auch als eine Entlastung von der Alltags- und Arbeitswelt begriffen werden konnten, ließen die Turnvereine grundsätzlich Raum für unterschiedliche Bedeutungen, die ihnen seitens ihrer Mitglieder zugeschrieben wurden. Es erstaunt daher nicht, daß sich an dieser Stelle zahlreiche Berichte über das interne Vereinsleben anführen ließen, in denen immer wieder appelliert wurde, die »höhere[n], ernste[n] Ziele« der deutschen Turnbewegung einzuhalten. Doch mochten die einen auch wiederholt daran erinnern, daß »nicht die Sucht nach Vergnügen und Zerstreuung«[256] die Turnvereine gegründet hätte, so ließ es sich gewiß nicht verhindern, daß gerade dieser Aspekt für andere einen großen Reiz des geselligen Vereinslebens darstellte. Tatsächlich jedoch mußte auch das dem Bedürfnis, »Männlichkeit« gerade in einem Turnverein zu erwerben und sich hier seines »Mannseins« zu vergewissern, nicht widersprechen. Auch wenn letztlich nur darüber spekuliert werden kann: Gerade im Turnverein, dank der hier gebotenen Möglichkeiten zur Zerstreuung, mochte die Gelegenheit liegen, für einen Moment das Gefühl zu gewinnen, die im Alltag: am Arbeitsplatz oder in der Familie zugedachte, verlangte und gelebte Rolle des »Mannes« hinter sich lassen und sich statt dessen in der vermeintlich eigentlichen »Männlichkeit« präsentieren zu können. Grundsätzlich bot das Spektrum der Eigenschaften und Fähigkeiten, die nach der Vorstellung der deutschen Turnbewegung »Männlichkeit« ausmachten, prinzipiell unterschiedliche Möglichkeiten der Identifikation mit dem hier vorherrschenden Männlichkeitsbild. Es setzte nur eines voraus: die Anerkennung der körperlichen Konstitution als entscheidender Voraussetzung für die Entwicklung des »Mannes« und als Maßstab für dessen »Männlichkeit«.

Als Mitglied eines Turnvereins erwarb man die »Männlichkeit« vor allem beim Turnen. Dafür waren unzählige Übungen vorgesehen, bei denen der einzelne bestimmte Eigenschaften und Fähigkeiten erlernen sollte. Die Vielzahl der Übungen mit ihrem unterschiedlichen Schwierigkeitsgrad war dafür keineswegs unerheblich. Denn dadurch war es jedem Turner, welches Geschick und welche Leistungsfähigkeit er auch mitbrachte, möglich, seine körperlichen Fähigkeiten entsprechend seinem Können einzusetzen, ohne dabei als »Versager« entlarvt und seiner »Männlichkeit« beraubt zu werden. Ein Blick auf die unterschiedlichen Turnübungen kann die Plausibilität dieses Arguments untermauern.

Da waren, erstens, die Freiübungen. Sie waren in der Regel einfache Übungen, bei denen alle Körperteile eingesetzt wurden. Die dazu zählenden »Beugungen, Streckungen, Drehungen der Füße, der Unter- und Oberschenkel, des Rumpfes, des Kopfes, der Ober- und Unterarme und Hände« zielten, wie

256 Rede, gehalten am Stiftungsfeste des Männerturnvereins zu Stralsund.

Eduard Angerstein, Arzt und Vorsitzender des Berliner Turnrates, in einer seiner Schriften erläuterte, auf die freie »Beweglichkeit jedes Einzelnen Körpertheils«. Dem Übenden sollten sie »Gewandtheit und Schmiegsamkeit« verleihen und ihn damit in die Lage versetzen, den Körper nach seinem Willen zu bewegen.[257]

Da waren, zweitens, die Ordnungsübungen. Auch diese setzten keine außergewöhnliche Begabung voraus. Es waren Gang- und Laufbewegungen, bei denen weniger das einzelne Geschick im Vordergrund zu stehen schien. Denn es waren Massenübungen, deren Bedeutung hauptsächlich in der Darstellung der Übung lag: »Wendungen der Einzelnen, An-, Neben-, Vor-, Hinter- und Umreihungen, Schwenkungen der Reihen, Züge und Gegenzüge« gehörten zu den »gewöhnlichsten Ordnungsübungen«. Und diese erforderten vor allem eines: eine gehörige Disziplin, die trotz all der Veränderungen in der Aufstellung der Turner den Eindruck und das Gefühl der Ordnung aufrechterhielt.

Drittens gab es die Geräteübungen, den anspruchsvollsten Teil des Turnens. Gerade weil diese meistens, wie Angerstein hierzu ausführte, »eine größere Anstrengung« erforderten, »auch oft mit ihrer Ausführung ein gewisses Wagniß verbunden« sei, »welches in der Nichtbeachtung und Überwindung einer freilich meist nur scheinbaren Gefahr« bestehe, dienten »sie hauptsächlich zur Erwerbung von Muskelkraft und Muth«, aber auch zur Entwicklung von »Selbständigkeit« und der Fähigkeit, die eigene »Kraft zu berechnen und richtig anzuwenden«. Darin sollte sich auch der »ungeübteste Anfänger« schulen. Durch die langsame Steigerung der Schwierigkeitsgrade werde schließlich auch er, so das erklärte Ziel, in der Lage sein, durch ein »bewunderungswürdiges Zusammenspiel von Kraft, Ausdauer, Gewandtheit, Schnelligkeit, Besonnenheit und Muth« die Geräteübungen zu meistern.

Diese Übungen mochten für sich genommen wie eine harmlose Körperbetätigung erscheinen, bei der jeder Turner seine körperliche Kraft steigern, sich in Geschicklichkeit üben und seine Ausdauer verbessern konnte. In der Praxis der Turnvereine verfolgten diese Übungen jedoch oft einen weiteren Zweck. Das Turnen sollte den »Mann« in seiner Wehrhaftigkeit schulen. Daran ließen wiederholte Erklärungen keinen Zweifel. »Turnen, und damit die leibliche Übung, macht zum Einzelkampf in Kriegen tüchtig«, versprach ein Mitglied der Frankfurter Turngemeinde auf einem Diskussionsabend und erläuterte das an einem Beispiel: »Am Reck und Barren, am Sprungbrett und Voltigierpferd muß der Turner lernen, Mauern zu erklettern«,[258] und auch der Turner Oswald Faber verhehlte diesen programmatischen Punkt keineswegs: »Laufen, Springen, Schwimmen und Fechten auf Hieb und Stoß« sollten wie

---

257 Vgl. *Angerstein*, S. 17. Dort auch zu den anderen, hier angeführten Übungen.
258 Polizeibericht über die Frankfurter Turngemeinde, GStA Merseburg, Rep. 77, Tit. 343A, Nr. 121, Bd. 4, Bl. 191.

die ausgedehnten Marschübungen auf den »künftigen Wehrstand« vorbereiten[259] – vielen Turnern schien darin ein klarer Vorzug der Turnübungen zu liegen.

Führt man sich diese Übungen vor Augen, ist es unschwer vorstellbar, daß sich jeder Turnende die Eigenschaften und Fähigkeiten der »Männlichkeit«, wie sie innerhalb der deutschen Turnbewegung gedacht und formuliert wurden, durch die körperliche Praxis einverleibte. In jeder Bewegung, die der einzelne vollzog, wurde die Vorstellung von »Männlichkeit« in ihren unterschiedlichen Bestandteilen gewissermaßen »verkörpert«. Denn jedem Turner war es möglich, seine »Männlichkeit« durch den eigenen Körper zu erleben. Das war alles andere als ein rationaler Vorgang. Die Aneignung der mit dem Männlichkeitsbild verbundenen Wert- und Verhaltensvorstellungen gründete sich vielmehr auf ein Gefühl zum eigenen Körper. Das hieß anders gesagt: In dem Moment, in dem Kraft und Geschicklichkeit, aber auch das Gefühl der vollständigen Kontrolle des eigenen Körpers erlebt wurde, in dem Moment, in dem Ausdauer und Überwindungskraft, Mut, Tapferkeit und Wehrhaftigkeit durch den Einsatz des Körpers erfahren wurden, waren diese Eigenschaften ein Bestandteil des eigenen Körpergefühls und der eigenen Körperwahrnehmung. Mit der »Verkörperung« »männlicher« Wert- und Verhaltensideale wurde der Körper damit jedoch nicht nur zum »natürlichen« Ausdrucksmittel der »Männlichkeit«; er war zugleich ein wichtiges Medium männlicher Identitätsentwicklung und immer wieder selber ein Maßstab für die Entwicklung des »Mannes« und ein Gradmesser seiner erworbenen »Männlichkeit«.

Dabei war es gerade die Bindung »männlicher« Eigenschaften an den Körper, die zwangsläufig auch Ängste hervorrufen mußte. Denn es lag in der Natur des Körpers, daß die einmal erworbene »Männlichkeit« im Verlauf der Jahre erneut in Frage gestellt wurde. Die Angst vor dem alternden, verfallenden Körper, vor schwindender Kraft und sich einstellender Gebrechlichkeit hing wie ein Damoklesschwert über jedem Mann. Das Alter machte den Verlust der »Männlichkeit« am eigenen Körper schmerzhaft spürbar. Letztlich konnte dem kein Mann entgehen.

Doch es war nicht allein die eigene Körperwahrnehmung und Körpererfahrung, die darüber entschied, ob sich der einzelne als »Mann« fühlen konnte oder nicht. Das war keineswegs der Fall. Denn auch »Männlichkeit« brauchte Anerkennung.

In einem Turnverein stand die »Männlichkeit« eines jeden beständig auf dem Prüfstand. In jeder Turnstunde wurde sichtbar, inwieweit der einzelne seinen Körper gekräftigt hatte und die Anforderungen des »männlichen« Tugend- und Verhaltenskataloges zu erfüllen in der Lage war. Jede Übung, die unpräzise ausgeführt wurde, jedes Ermatten bei den Laufübungen oder den ausgedehn-

---

259 *Faber*, Turnen, S. 27.

ten Märschen drohte von den anderen als Mangel an »Männlichkeit« interpretiert zu werden. Allein durch Leistungsstärke war es möglich, sich den Zuschauern und Mitturnenden als »echter Mann« zu präsentieren und von diesen in seiner »Männlichkeit« bestätigt zu werden.

Kaum ein Turner vermochte sich diesem öffentlichen Urteil zu entziehen. Das galt vor allem für die jüngsten unter ihnen, die ihre »Männlichkeit« in besonderem Maße zu beweisen hatten. Dazu gehörte wenigstens ein Drittel der Turner – im Jahre 1864 waren immerhin 33% aller aktiven Vereinsmitglieder, die Schüler nicht eingerechnet, weniger als 20 Jahre alt, und es waren sogar weit über 80%, wenn man die Altersgruppe der bis zu 30jährigen miteinschließt.[260] Die Kraft des Körpers zu stärken und zu bezeugen, gehörte für sie ebenso wie ein mutiges, unerschrockenes, tapferes Auftreten und ein wehrhaftes Gebaren zu den Initiationsriten, mit denen der Schritt zum »Mann«-Sein vollzogen, die »Männlichkeit« dokumentiert werden konnte.

Doch auch »Männer« waren nur begrenzt in der Lage, sich ihrer »Männlichkeit« zu versichern. Denn wenngleich sich »Männlichkeit« auch in der Auseinandersetzung mit und oft genug in der Abgrenzung von »Weiblichkeit« zu entwickeln vermag, besteht die eindrücklichste – und vermutlich auch attraktivste – Möglichkeit, sich seiner »Männlichkeit« zu versichern, in der Einbeziehung des »weiblichen« Geschlechts. Das war bei den Turnern nicht anders. Sie suchten die Bestätigung der Frauen, und die erhielten sie auch. Jedes Turnfest bot dafür reichlich Gelegenheit. Zum Beispiel beim Schauturnen: Hier präsentierten sich »Männer«, die gerade auch den Frauen im Publikum ihre Leistungsfähigkeit demonstrierten und sich, durch den Zuspruch und den Beifall der Zuschauerinnen bestätigt, ihrer »Männlichkeit« versicherten. Vor den Frauen, die in den 1850er und 60er Jahren die Turnfeste besuchten, schien das nicht schwierig zu sein. Sie erweckten zumindest den Eindruck, als ob keine von ihnen auch nur in Ansätzen die Geschlechterzuschreibungen in Frage stellte; und auch die Frauen schienen nicht weniger als die »Männer« ihre Identität in Abgrenzung vom anderen Geschlecht zu entwickeln. War es den Frauen auch »nicht vergönnt«, wie es eine Zuschauerin des Landsberger Turnfestes ohne einen Hauch von Vorwurf in den Worten formulierte, als handle es sich um eine Selbstverständlichkeit, in den Riegen der Männer mitzuwirken, »so wünschen wir doch, unser Beifall möchte ihre Übungen beleben, die von ihnen errungene Gewandtheit, Kraft und Stärke komme auch uns zu gute und übertrage sich als stets wachsende Erbschaft des alten Vater Jahn auf die kommenden Geschlechter«.[261] Beim Schauturnen, wo die einzelnen Übungen, wie es ein Berichterstatter festhielt, »mit große[r] Regelmäßigkeit«, in Ordnung und mit

---

260 Vgl. die Angaben zur Organisationsstruktur im Kap. I. B.1.
261 Rede von Olga Thimm, in: Gedenkblatt. Die Turner-Fahnenweihe zu Landsberg a. W.

aller Ernsthaftigkeit ausgeführt wurden,[262] konnten sich die Turner der Anerkennung auch der Frauen im Publikum gewiß sein: Sie forderten »ein starkes, freies und kunstgeübtes Männerthum, wie es die Turnerei erzieht«[263] – und das bekamen sie auch präsentiert. Nicht nur das: Denn das Schauturnen war nicht zuletzt auch eine visuelle Akzentuierung der Geschlechterdifferenz, sei es, daß durch die Zurschaustellung der körperlichen Konstitution oder die Vorführung körperlicher Leistungsfähigkeit Differenz sichtbar und auf diese besondere Weise eingängig nachvollzogen werden konnte, sei es, daß schlicht und ergreifend die räumliche Distanz die Trennung der Geschlechter unterstrich, die auch durch das gemischtgeschlechtliche Publikum nicht außer Kraft gesetzt wurde. Ausschlaggebend war die Abgrenzung der auf dem Platz turnenden »Männer« durch einen Zaun: Die Konnotation der hier demonstrierten Eigenschaften und Fähigkeiten als rein »männliche« lag damit durchaus nahe; zudem aber wurde die vermeintliche Überlegenheit des »Mannes« im Geschlechterverhältnis, die sie mit der Zurschaustellung ihrer im Vergleich außergewöhnlich erscheinenden Leistungen demonstrierten, durch ihre Abschließung auf dem Platz zusätzlich hervorgehoben. Diese Hervorhebung verlieh nicht nur dem Gezeigten, sondern auch den »Männern« etwas Exzeptionelles, Besonderes, Unerreichbares. Die Geschlechterdifferenz wurde im Schauturnen nicht nur bestätigt; sie gewann noch einmal an Evidenz.

Dazu noch ein letztes Beispiel, das auf eindrückliche Weise das Verlangen der »Männer« vor Augen führt, ihre »Männlichkeit« zur Schau zu stellen und vom weiblichen Geschlecht als »Männer« zur Kenntnis genommen und als solche bestätigt zu werden. Auf jedem Festumzug ließ sich das nachvollziehen, wenn die Turner vor der Menschenmenge entlang den Straßen und unter den Augen der Schaulustigen an den Fenstern, »namentlich festlich gekleidete[r] Damen«,[264] wie mitunter eigens betont wurde, durch die Städte zogen. So auch auf dem 3. deutschen Turnfest 1863 in Leipzig, dessen Festbeschreibung einen in seiner Anschaulichkeit einzigartigen Bericht veröffentlichte: »Nicht zu beschreiben ist der Jubel«, hieß es darin, »mit dem der Zug überall empfangen wurde, jedes Fenster war mit Köpfen besäet, aus jedem tönten Freudenrufe, winkten Taschentücher und regnete es Blumen und Kränze auf den vorüberschreitenden Zug. Konnte man es da den Turnergästen verdenken«, lautete die einfühlsame Frage des Autors, »wenn sie auf Augenblicke den Zug verließen, um ein Bouquet aus schöner Frauenhand ... zu erhaschen«? Und er fuhr in seiner Schilderung fort: »Oft geschah es, daß nicht einer, sondern viele das Zugeworfene zu erhaschen suchten, so daß ein förmlicher Wettstreit stattfand; jeder wollte es dem andern an Gewandtheit hervortun, um das gewünschte zu

262 Gedenkblatt. Die Turner-Fahnenweihe zu Landsberg a. W.
263 Rede v. Olga Thimm, in: ebd.
264 So z. B. in einem Bericht über das Berliner Turnfest 1861, in: NPZ, Nr. 186, v. 11.8.1861, S. 3.

erbeuten. Aber nicht allein die Zuschauer warfen Blumen und Kränze, auch die Teilnehmer am Zuge benutzten oft das auf einer Straße Erbeutete, es auf einer andern den aus den Fenstern schauenden Damen zuzuwerfen; gelang ein solcher Wurf ..., so jubelte nicht nur der Werfer, sondern die ganze Riege, der er zugehörte.«[265]

Das war eitles Kokettieren in dem Wunsch nach Bewunderung und Bestätigung – auf beiden Seiten –, ein Spiel, das auf der Spannung zwischen den Geschlechtern aufbaute und offenkundig reibungslos funktionierte. Der Wunsch, als einzelner »Mann« in der Menge sichtbar zu werden und dabei die anderen an »Männlichkeit« noch zu überbieten – das kam schon einem Hahnenkampf gleich, bei dem sich der Sieger unter dem ungeteilten Beifall des Publikums der allgemeinen Anerkennung und Wertschätzung, aber auch seiner Überlegenheit als »Mann«, für einen Moment versichern und in ein Gefühl von Stolz und Bewunderung eintauchen konnte.

In diesem Augenblick schien die Geschlechterbalance verschoben: Es war nicht die Frau, mit der ihr zugeschriebenen Emotionalität, die dem Mann mit der ihm eigenen Beherrschtheit gegenüberstand;[266] und auch dem Bild von der zurückgenommenen, passiven Frau auf der einen und dem aktiven, tatkräftigen Mann auf der andern Seite entsprach das zur Schau gestellte Verhalten nicht. Im Gegenteil: Die zugeschriebenen Geschlechtscharaktere waren gleichsam auf den Kopf gestellt. Doch das Aufbrechen der festen Anordnung während des Spiels war ein Teil des Rituals, mit dem sich die Geschlechter gleichzeitig ihrer Identität vergewissern konnten.

Dabei war es die Unterstützung aus den eigenen Reihen, die den einzelnen nicht zum »geschlechtsneutralen« Individuum werden ließ; der Applaus der eigenen Riege vermochte die im Moment des Wettstreits für einen Augenblick bestehende Differenz zwischen den »Männern« wieder aufzuheben und zugleich das Gefühl einer »männlichen« Zusammengehörigkeit und einer kollektiven »männlichen« Identität wiederherzustellen. Die Trennlinie zwischen den Geschlechtern war damit von neuem gezogen.

Der Wunsch, im Turnverein ein »Mann« zu werden, oder, betrachtete man sich bereits als solchen, die eigene »Männlichkeit« weiter auszubilden; die Möglichkeit, sich seiner »männlichen« Identität durch die – körperliche – Aneignung vermeintlich »männlicher« Eigenschaften und Fähigkeiten zu vergewissern; die Erfahrung der eigenen »Männlichkeit« durch die Einhaltung spezifischer Wert- und Verhaltensvorstellungen; das Bedürfnis, von anderen Männern, aber auch von Frauen als »Mann« anerkannt zu werden; ein Gefühl der kollektiven »männlichen« Identität und der Zusammengehörigkeit zu entwik-

---

265 Erinnerungs-Kalender, S. 49.

266 Vgl. zu diesen Geschlechterzuschreibungen auch *Lipp*, Liebe, hier S. 357f. Nach wie vor einflußreich: *Hausen*. Wie unzutreffend allerdings diese polarisierenden Geschlechterzuschreibungen die Rolle der Geschlechter und ihr Verhältnis mitunter jedoch beschreiben, zeigt *Trepp*.

keln – all dem wurde innerhalb der deutschen Turnbewegung auf vielfältige Weise Genüge getan. Der daraus resultierende Sozialisations- und Vergesellschaftungsprozeß setzte, um es noch einmal hervorzuheben, das gemeinsame Ziel der »nationalen« Einheit und Freiheit keineswegs voraus. Innerhalb einer Bewegung, die unzählige Verfechter des Nationalstaatsgedankens zu ihren Mitgliedern und Anhängern zählte – und das in führenden Positionen –, leistete jedoch »Männlichkeit« als identitätstiftende Kategorie der Entwicklung eines »nationalen Bewußtseins« und eines »nationalen Verhaltens« deutlich Vorschub. Denn »Männlichkeit« gehörte unter den »national« denkenden Turnern, um den Faden an dieser Stelle wiederaufzunehmen, zu den unverzichtbaren Voraussetzungen »nationaler« Einheit und Freiheit, gehörte mithin zu den strukturierenden Elementen des Nationalismus als Habitus. Von den Fähigkeiten und Eigenschaften, die man der »Männlichkeit« zuschrieb, wurden die Vorstellungen und Erwartungen, wie die »Nation« beschaffen sein müsse, abgeleitet. Am Verhalten des einzelnen »Mannes« maß sich zugleich sein »nationales« oder auch »deutsches« Verhalten. Damit war umgekehrt verbunden, daß »Männlichkeit« stets mit dem Blick auf die »nationale« Entwicklung und auf die Beschaffenheit der »Nation«, wie sie die Turner wahrnahmen, beurteilt wurde. Zwischen »nationaler« und »männlicher« Identitätsentwicklung bestand eine Wechselbeziehung, bei der die unterschiedlichen Faktoren und Mechanismen der vorn beschriebenen Sozialisations- und Vergesellschaftungsprozesse voll zum Tragen kamen.

Für die deutsche Turnbewegung der 1850er und 60er Jahre war die Erziehung von »Männlichkeit«, ohne die jedes »Mann«-Sein zwangsläufig ausgeschlossen war, von allergrößter Notwendigkeit und Dringlichkeit. Die gesamte kulturelle, politische und gesellschaftliche Entwicklung, wie sie von den Turnern wahrgenommen wurde, war ihnen dafür ein ständiger Beweis. In unzähligen Situationen des Alltags fanden sie dafür immer wieder von neuem eine Bestätigung. Darauf ließ die von ihnen unaufhörlich behauptete »Genußsucht« und »Trägheit«[267] ebenso schließen wie die »Befangenheit« und der »Eigennutz« – Verhaltensweisen, die von den Turnern als kulturelle und gesellschaftliche Schäden erlebt wurden. All das schien die ersehnte und weiterhin ausstehende »nationale« Einheit und Freiheit in weite Ferne zu rücken. Um es anders zu sagen und in der Konsequenz zuzuspitzen: Solange das Ziel der »Einheit« und »Freiheit« nicht erreicht war, gab es ein Defizit an »Männern« und »Männlichkeit«.

Daß die »Männer«, wie es in einer Ansprache hieß, »in den Conditoreien, beim Kartenspiel, in unseren Schauspielen und auf den Bierbänken« nicht »gebildet« würden,[268] daß es nicht die »süßen feilen Höflinge«,[269] nicht die »Staats-

267 Ein Rückblick, in: Deutsche Turn- u. Volks-Wehr-Zeitung 1861, S. 67f., hier S. 67.
268 Ansprache des Tribunalraths Ulrich.
269 Die Turner und die Studenten, in: DTZ 1859, S. 78f., Zit. S. 79.

138

hämorrhoidarier und formreitenden Calculatornaturen« der Aktenstuben[270] waren, die »Mann«-Sein und »Männlichkeit« verkörperten, lag für die Turner auf der Hand. Für Genußsucht, Faulheit und Eigennutz, Schwäche, Feigheit und dumpfe Unterordnung hätte es für sie keine treffenderen Sinnbilder geben können. Den Turnern dienten sie als Gegenbild, das für diese verachteten Eigenschaften die Projektionsfläche bot und sie selbst davon freisprach.

»Dem Vaterlande ganze tüchtige Männer zu erziehen«,[271] verlangte etwas anderes: »Unser Streben darf nicht aufgehen in der Sorge um unser alleiniges persönliches Wohl«, lautete die Maßregel eines bayerischen Festredners, und er setzte diesem verwerflichen Eigennutz entgegen: »In dem Herzen eines Jeden unter uns muß mit leuchtenden Zügen geschrieben stehen, daß er nicht zu eigenem Behagen seine Glieder übt, sondern daß er als ein rechter Mann sich Kräfte sammelt, um sie zu verwerthen«: »für das Wohl seiner Mitmenschen und für das große Band, das ihn an die Welt knüpft: für das Vaterland.«[272] Das setzte vielerlei voraus: Neben Mut und körperlicher Kraft kennzeichneten den wahrhaft *deutschen* Mann, wie er den Turnern vorschwebte, auch Willensstärke und Überwindungskraft, Tapferkeit, Aufopferungsbereitschaft und Wehrfähigkeit. Damit verfügte er, so hoffte man, nicht nur über die »Bereitwilligkeit«, »Gut und Leben zum Opfer einzusetzen, für deutsche Ehre und Unabhängigkeit«, sondern auch über die »Fähigkeit«, in der Gefahr zum Schutz des Vaterlandes als »Mann« einzustehen.

Sobald es nur genug »Männer« gab, die sich durch diese, im turnerischen Sinne: Qualitäten auszeichneten, werde sich, darüber gab es unter den Turnern weithin Übereinstimmung, das Ziel der Einheit und Freiheit gleichsam von selbst verwirklichen.[273] Und nicht nur das, bestimmten doch die Eigenschaften des »Mannes« auch diejenigen der »Nation« – einer »Nation«, wie man allerdings hinzufügen muß, wie sie von Männern gedacht wurde.

Verfolgt man den Diskurs der deutschen Turnbewegung, zeigt sich deutlich, in welchem Maße auch hier Geschlechterzuschreibungen auf übergeordnete Referenzsysteme übertragen wurden und gesellschaftliche Ordnungs- und Verhaltensvorstellungen prägten. Der »Nation« wurden Eigenschaften zugeschrieben, die von den Vorstellungen der »Männlichkeit« abgeleitet wurden, um dann wiederum auf die Formierung des Männlichkeitsbildes zurückzuwirken. Damit aber stellte die »Nation«, um es schärfer zu formulieren, erst in dem Moment ihre Existenzfähigkeit unter Beweis, wenn sie den »männlichen« Eigenschaften entsprach. Der Umkehreffekt, der mit dieser Übertragung verbunden war, blieb nicht aus: »Männlichkeit« maß sich an der Leistungsfähigkeit

---

270 Ebd.
271 Beschlüsse der Sitzung des Ausschusses der deutschen Turnerschaft am 28. u. 29.12.1861, in: DTZ 1862, S. 10.
272 Das II. Bayerische Turnfest, S. 19.
273 Vgl. auch *McMillan*, S. 88f.

und dem Erscheinungsbild der »Nation« – der ja selbst die Vorstellung einer spezifischen »Männlichkeit« zugrunde lag. Das hieß mit andern Worten: Solange die »Nation« auch nur potentiell als schwach, wehrlos oder unterlegen eingestuft wurde, blieb jeder einzelne den Beweis seiner »Männlichkeit« schuldig, drohte ein jeder mit seiner ihm mangelnden »Männlichkeit« entlarvt zu werden. Erlitt die »Nation« sogar eine Niederlage, ergab sich daraus zwangsläufig ein Defizit an »Männern«, war das Ziel, »Männlichkeit« zu erwerben, gescheitert.

Und nicht nur das: Die dem Männlichkeitsbild entstammenden und der »Nation« zugeschriebenen Eigenschaften prägten zugleich die Vorstellungen eines »nationalen« oder auch »deutschen« Verhaltens. Das hieß zum einen, daß »national« oder auch »deutsch« zu sein durch die Einübung eines »männlichen« Verhaltens erfahrbar war. Doch es hieß zum andern, daß eine spezifische Vorstellung von »Männlichkeit« und »männlichem« Verhalten als eines der Kriterien – und möglicherweise als eines der wirkungsmächtigsten – für »nationale« Zugehörigkeit fungierte.

Für diese Interaktion gibt es hinreichend Beispiele, zumal die Turner aus dem vermeintlichen Zusammenhang zwischen »männlicher« und »nationaler« Entwicklung keinen Hehl machten und auch die »männlichen« und die »nationalen« Eigenschaften mit aller Selbstverständlichkeit in eins setzten.

So war die oft beschworene »deutsche Volkeskraft« oder auch das ersehnte starke »Volk«,[274] die mit »nationaler« Stärke und Wehrkraft gleichgesetzt wurden, ohne die Kraft des »Mannes« undenkbar. Die Kämpfer der »Befreiungskriege« – den Turnern jedes Mal von neuem ein Vorbild an »Männlichkeit« – waren dafür immer wieder der schlagkräftigste Beweis. »An solche Männer und an die Zeiten der Drangsal in der sie lebten und wirkten, sollen wir uns erinnern«, lautete etwa die Mahnung des Bürgermeisters Meltzer an die anwesenden Turner eines Festes, »um uns« – seine Begründung wirkte geradezu beschwörend – »zu zeigen, wie noth es thut und wie es sich lohnt, tapfer zu sein, und um uns anzuregen, tapfer und wehrhaft zu werden. Auf solche Männer ächter Währung« müsse denn, wie er abschließend noch einmal insistierte, »auch für die Zukunft ein Volk hoffen können, das unter den Völkern sich als Nation erhalten« wolle.[275]

Für ein, wie es die Turner mitunter ausdrückten, »Individuum männlichen Geschlechts« war die Aufgabe mithin klar umrissen, der damit verbundenen und auch geforderten Verantwortung war kaum zu entgehen: »Männlichkeit« mit all den ihr zugeschriebenen Eigenschaften zu erwerben, sich zum »Mann« zu entwickeln, war in den Augen der Turner für die schiere Existenz einer »Nation« unumgänglich. Und das hieß eben: Solange an der Stärke der »Nation« ein

---

274 Vgl. z. B. Gedenkbuch, S. 57; Gedenkblatt. Die Turner-Fahnenweihe zu Landsberg a.W.
275 Rede beim Mulden-Zschopauthal-Gau-Turnfest zu Frankenberg.

Zweifel bestehen, ihre Verwundbarkeit nicht ausgeschlossen werden konnte, mußte jede »Männlichkeit« erst noch bewiesen werden. »Dem Vaterlande als einen ganzen Mann sich stellen zu können, damit ein Volk von Männern, nicht eine körperlich geschwächte und verweichlichte Nation, zum Dienst des Vaterlandes bereit stehe«,[276] hieß daher das unumgängliche Gebot.

Doch der Zusammenhang zwischen dem Männlichkeitsideal und den Vorstellungen davon, wie die »Nation« beschaffen war oder sein sollte, war umfassender, die damit verbundenen Implikationen reichten noch weiter. Das zeigte sich auch am Freiheitsverständnis. Denn die »Freiheit« der Nation war den Turnern ohne »nationale« Stärke und Wehrkraft unvorstellbar. Die französische Besatzungszeit und die darauffolgenden »Befreiungskriege« hatten das, wie es vielen Turnern schien, doch mit aller Deutlichkeit gezeigt, und die vermeintlich drohende Gefahr eines erneuten französischen Angriffs konnte das immer wieder von neuem untermauern. Doch dafür, daß die »Freiheit« der Nation nicht ohne Stärke und Wehrkraft gedacht werden konnte, war das nicht der alleinige Grund. Die Ursache aber wurde nicht, wie es auf den ersten Blick erscheinen mag, von vornherein externalisiert und auf die Stärke und Wehrkraft eines »äußeren« Gegners bezogen. Vielmehr schien den Turnern die Sorge um die »nationale Freiheit« hinfällig, sobald der einzelne die Fähigkeit zur »Freiheit«, und das hieß immer zur »sittlichen Freiheit« mit all den ihr zugeschriebenen Bedeutungen, erworben hatte.

Damit war ausschließlich die »Freiheit« des »Mannes« gemeint. Unter den Turnern bedurfte das in aller Regel keiner weiteren Ausführung und Begründung, war doch nur der »Mann«, wie sie glaubten, überhaupt in der Lage, »Freiheit« zu erlangen, und jeder »Frau« diese Fähigkeit versagt. Die Argumentation war einfach: Obwohl »Männlichkeit« nur durch Erziehung erworben werden konnte, der »Mann« erst geschaffen werden mußte, wurde der Unterschied zwischen »Männern« und »Frauen« mit körperlichen Unterschieden zwischen ihnen begründet und damit eine quasi naturgegebene Differenz kulturell festgeschrieben. Nur »Männer« waren demnach aufgrund ihrer physischen Konstitution überhaupt fähig, jene körperliche Kraft und Stärke zu entwickeln, die nach der Vorstellung der Turner eine unumgängliche Voraussetzung für den Erwerb von »Freiheit« war.[277] Auf der Kraft des Körpers baute letztlich alles auf: Sie war die Grundlage dafür, daß die entwickelten geistigen Fähigkeiten ausgebaut und eingesetzt werden konnten; denn ohne die körperliche Kraft fehlte die grundlegende Bedingung für jedes Selbstvertrauen, jede Überwindungskraft, für Mut und Entschlossenheit, kurzum: für jene »That- und Willenskraft«, an der sich die Fähigkeit zur »Freiheit« zeigte und in der die Wehrfähigkeit ihren Ausdruck fand.

276 Das II. Bayerische Turnfest, S. 19f.
277 Vgl. dazu ausführlicher das Kap. Die Einverleibung der Freiheit.

In der »nationalen« Aufbruchstimmung der ausgehenden 1850er und beginnenden 1860er Jahre, die durch die ständig vorhandene Angst vor einem Angriff des französischen Nachbarn andauernde Impulse erhielt, schienen die Wehrfähigkeit und mit ihr die körperliche Kraft, die geistige Stärke, der Mut und die Tapferkeit die eigentlichen Kennzeichen der »Männlichkeit« zu sein. Keine anderen Eigenschaften wurden zu dieser Zeit so oft gefordert und als entscheidendes Merkmal eines »Mannes« bezeichnet. Der süddeutsche Turner Carl Kallenberg, der die Gefahr des französischen Übergriffs für noch akuter hielt als mancher seiner Mitstreiter, faßte das, einem unentrinnbaren Appell gleich, in folgendem Gedicht zusammen: »... Auf das mit Thaten frisch und frei//Das Vaterland gerettet sei.//›Zum Kampf‹, er ist des Mannes Zier.//Immer voran der Freiheit Panier ...«.[278] Die Fähigkeit zur Vaterlandsverteidigung, »die Leistungen gegen den äußeren Feind, also Ausbildung der kriegerischen Tüchtigkeit«, gehörten, um es mit den Worten eines Zeitgenossen auszudrücken, zu dem, »was der Mann als Mann der Gesellschaft und dem Staate zu leisten« hatte.[279]

Man würde den Vorstellungen der deutschen Turnbewegung freilich nicht gerecht, reduzierte man ihr »Männlichkeitsideal« auf das Vorbild eines kraftstrotzenden Kriegers. »Männlichkeit« zeigte sich nicht – darauf wurde innerhalb der deutschen Turnbewegung immer wieder dezidiert hingewiesen – allein in der körperlichen Kraft und den kriegerischen Fähigkeiten. Zwar galt ihr das Turnen als ein »Hauptfaktor der männlichen Erziehung«, weil es »alle körperlichen Fähigkeiten« zu entwickeln versprach; und auch das Schießen wurde bewußt als ein Teil dieser »Erziehung zur Männlichkeit«[280] verstanden und eingesetzt. Doch damit allein war »Männlichkeit« nicht zu erlangen. Die »Erziehung des Volkes zur Mannhaftigkeit« verfolgte »allgemeine Zielpunkte«, wie sich Ferdinand Goetz ausdrückte und die er folgendermaßen begründete: »Das Schießen und Exercieren macht den Mann nicht fertig, sonst wären unsere Communalgardisten und Bürgerschützen schon längst wahre Ideale gewesen«. »Wehrhaft ist der«, erläuterte er statt dessen, »der seine Glieder und Kräfte nach seinem Willen gebrauchen kann.«[281] Wehrhaft und mannhaft zu sein erforderte mehr als körperliche Kraft und kriegerisches Rüstzeug. Selbstbewußtsein und Charakterstärke waren die entscheidenden Merkmale, die den wehrhaften »Mann« auszeichneten und ihn von zweierlei Typen absetzen sollten: vom disziplinierten, unselbständigen Soldaten der obrigkeitlichen Kriegsmaschinerie und vom kraftstrotzenden Mann, der sich trotz körperlicher Kräfte »feig und weibisch« zeigte.[282] Das Ziel der »Mannhaftigkeit und Wehrhaftigkeit des Vol-

---

278 Vgl. das Gedicht von C. Kallenberg, in: Turn- u. Jugendfest, S. 41.
279 Ueber das Turnen, S. 12f.
280 Dazu der Beitrag von *Goetz*, Ausschuß, S. 187f.
281 Ebd.
282 Rede, gehalten am Stiftungsfeste des Männerturnvereins zu Stralsund.

kes« vor Augen, galt die Aufmerksamkeit nicht nur der Ausbildung eines gesunden, kräftigen Körpers, wenngleich dieser auch als unstrittige Voraussetzung der »Mannhaftigkeit« angesehen wurde. Denn »auch der Gesundeste und Kräftigste« war, wie den Zuschauern eines Stiftungsfestes mit aller Eindringlichkeit erläutert wurde, »noch nicht nothwendig auch mannhaft«. »Zur Mannhaftigkeit gehört vor allem der feste Charakter«[283] – darauf bestanden die Turner mit aller Vehemenz. Das Bild des »Mannes« war daher zweifellos facettenreicher, als es auf den ersten Blick erscheinen mochte: Als selbstbewußter Mensch war der »Mann« ein »Bürger«, der, wie Ferdinand Goetz bekräftigte, »mit Männerstolz vor Königsthronen stehen und vernünftige Gesetze zu achten, aber auch mitzugeben« wußte; er war wehrhaft, doch mit der »gedrillte[n] Soldateska«, von der man sich voller Abscheu und Verachtung distanzierte, hatte er nichts gemein; denn nicht wie diese wünsche man den Krieg, sondern als »Volkswehr nur dessen Ende« – so meinte Goetz die Männer der Turnplätze treffend charakterisieren zu können. Und doch hatte er Männer vor Augen, die »Vaterland und Freiheit zu schätzen« wußten und dabei in der Lage waren, »bei der Brüder Noth mit Kraft und Muth in Gefahren [zu] stehen«, die, kurzum: ihre Wehrhaftigkeit »zum Heile des Vaterlandes« einzusetzen bereit waren[284] und dabei das größte Opfer freimütig in Kauf nahmen: den Tod für's Vaterland.[285]

Vorderhand konnte dem nicht einmal eine aggressive Haltung oder eine expansive Absicht unterstellt werden. Die Wehrhaftigkeit diente der Vaterlandsverteidigung und dem Schutz von »Eigenthum und Leben des Nächsten«[286] – das war im Grunde genommen das klar umrissene Aufgabenfeld des »Mannes« mit einer ausgesprochen defensiven Stoßrichtung. So mochte es auf den ersten Blick aussehen. Doch das Bild war brüchig. Immer wieder schimmerten Allmachtsansprüche hervor, welche die Sicht auf das latente Aggressivitätspotential, das der Aneignung der Wehrfähigkeit immanent war, freilegen. »Schulturnen, Turnen, Turnen der Soldaten, stehendes Heer, das sind bis jetzt noch getrennte Bäche«, bedauerte der Festredner Professor Kapff 1862 auf dem Ulmer Turnfest; »wir hoffen und wünschen«, fuhr er jedoch sogleich fort, »daß sie sich zu einem großen Strom vereinen, und diesem«, schien er vor Ungeduld zu strotzen, »wird keine Macht der Welt Widerstand leisten!«[287]

Auch wenn der eine oder der andere diese Phantasie nicht teilen mochte, blieb es dennoch eine unumstößliche Tatsache, daß sich Wehrhaftigkeit nur in der gedachten Konfrontation mit einem potentiellen Feind erlernen und einüben ließ. Und wer entschied schließlich darüber, zu welchem Zeitpunkt eine

283 Ebd.
284 Rede von F. Goetz, in: Festrede gesprochen bei der Einweihung der neuen Turnhalle des Männerturnvereins Lindenau, S. 5.
285 *Ders.*, Ausschuß, S. 187f.
286 Das II. Bayerische Turnfest, S. 20.
287 Rede, gehalten am Turnfeste zu Ulm.

wahrgenommene Bedrohung die Verteidigung, ohne selbst ein Angriff zu sein, mit kriegerischen Mitteln rechtfertigte?

Auf den Turnplätzen jedenfalls probten die Turner den wehrhaften Teil ihrer »Männlichkeit« nicht nur angesichts der vermeintlichen Gefahr eines französischen Angriffs. Mit allem Eifer verfolgten sie das Ziel, im Kampf gegen den »Reichsfeind« Dänemark die »uneingelöste Ehre des Vaterlandes« zu retten und die Herzogtümer Schleswig und Holstein, wie sie es sahen, zu befreien.[288] Als sich unmittelbar nach dem Tod des dänischen Königs der Streit um die Erbfolge entzündet hatte, brannten weite Teile der deutschen Turnbewegung nachgerade darauf, die sich bietende »Möglichkeit eines Kampfes mit den Waffen für das Vaterland«[289] zu ergreifen. Daß den meisten von ihnen diese Gelegenheit verwehrt blieb, lag allein daran, daß keiner sie zu den Waffen rief.

Für die Zeitgenossen mochte sich das anders darstellen. Und so eigenartig und unverständlich es aus der Distanz erscheinen mag: Für die Turner war mit dieser Gemengelage von »männlichen« Eigenschaften und Fähigkeiten die Voraussetzung formuliert, um in den »Besitz der höchsten Güter der Menschheit«[290] gelangen zu können. Läßt man sich auf ihre Argumentation ein, war es allein dem männlichen Geschlecht vorbehalten, dieses Ideal zu erreichen, waren doch nur »Männer« aufgrund ihrer körperlichen Konstitution in der Lage, zum »Menschen« ausgebildet zu werden. Damit war ihre Höherwertigkeit gegenüber den Frauen unumstößlich festgeschrieben. Doch die Entwicklung von echter »Männlichkeit« und die Ausbildung des »Mannes« zum Menschen funktionierte so, wie sie sich die Turner in den zwei Jahrzehnten vor der Reichsgründung vorstellten, ohne die Aneignung von »weiblichen« Eigenschaften nicht. Das muß erläutert werden.

»Männlichkeit« war ohne das »Weibliche« nicht möglich. Um es pointierter auszudrücken: Jeder »Mann« schien ein Mängelwesen zu bleiben, solange er nicht auch über Eigenschaften, die dezidiert dem weiblichen Geschlecht zugeschrieben wurden, verfügte. Die Turner selber formulierten das freilich anders, und doch war der von ihnen beschriebene Sachverhalt damit zutreffend erfaßt: »Der Zweck unseres Vereins ist«, erläuterte der Turner Meydam dem anwesenden Publikum des Fahnenweihfestes in Landsberg, dem Männer wie auch Frauen beiwohnten, »die körperliche Kraft durch Leibesübungen zu heben und den Geist der Gemeinsamkeit durch geselliges Zusammensein und Pflege des vaterländischen Gesanges zu fördern.« Da dies, wie er betonte, unter Ausschluß von Frauen stattfinde, liege »die Gefahr nah ..., daß die Hebung nur der körperlichen Kraft die Bildung des Geistes vernachlässigen lasse, und daß der ausschließliche Verkehr ihrer körperlichen Kraft sich bewußter Männer schran-

288 Vgl. dazu die zahlreichen Reden zum Schleswig-Holstein-Problem auf dem 1. deutschen Turn- und Jugendfest in Coburg 1860, in: Turn- u. Jugendfest, Zit. S. 31.

289 *Georgii*, Schleswig-Holstein, Zit. S. 233.

290 Ansprache an die Damen, Zit. S. 67.

ken- und zügellos machen« könnte.[291] Mochte das »Ideal des Mannes«, nach dem er strebte, auch noch so »ein stolzes, ein hohes« sein,[292] schien doch gerade im Streben nach Freiheit, das dem Mann als »natürliche« Eigenschaft zugesprochen wurde und durch das er sich von der »Sitte« der Frauen unterschied,[293] ein latentes Gefahrenpotential zu lauern, das durch die Ausübung »männlicher« Kraft und Willensstärke manifest werden konnte. Was lag da näher, als gerade diejenigen Eigenschaften der Mäßigung und Bescheidenheit, der Disziplin und der Ordnung als Regulativ einzufordern, um dieser Bedrohung, die man wahrzunehmen glaubte, entgegenzuwirken?

Die Erfahrungen der Revolution von 1848/49 hatten hier zweifellos ihre Spuren hinterlassen. Die Distanzierung von den politisch radikaleren Demokraten, aber auch die Einsicht, gegen die Obrigkeit den Nationalstaat nicht durchsetzen zu können, hatten ebenso wie die damit verbundene Angst, einer erneuten Repression zum Opfer zu fallen, die Konsequenz, jeglichen Eindruck des Gefährlichen, Anrüchigen, Revolutionären zu vermeiden. Das war auch in der Konstruktion des Männlichkeitsideals greifbar, das die »Sittlichkeit« – in den ersten Jahrzehnten des 19. Jahrhunderts oftmals noch die Eigenschaft des »Weiblichen« schlechthin[294] – als integrativen Bestandteil einer »männlichen« Identität nun sehr viel nachhaltiger akzentuierte, als das bis vor geraumer Zeit der Fall gewesen war.[295]

Ein echter »Mann« zu werden und sich eines »männlichen Verhaltens« rühmen zu können, erforderte mithin die Aneignung eines dem »weiblichen Geschlecht« zugeschriebenen Verhaltensmusters. Mit der Zuschreibung der »Sittlichkeit« als einer durch das »weibliche Geschlecht« verkörperten Eigenschaft wurde freilich weder die Dichotomie noch das hierarchische Gefälle zwischen den Geschlechtern aufgehoben. Die Vervollkommnung zum »Menschen« blieb allein dem »Mann« vorbehalten – das kann nicht entschieden genug hervorgehoben werden. Die Aneignung der »Sittlichkeit« setzte jedoch ein gewisses Maß an Anerkennung des anderen Geschlechts voraus. In der Tat fanden die »Frauen« unter den Turnern der 1850er und 60er Jahre Akzeptanz als notwendiges Korrektiv. Auf den Fahnenweihfesten dieser Zeit wurde der Bedeutung der Frauen in der Beziehung der Geschlechter unzählige Male mit salbungsvollen Worten Rechnung getragen. Auf eine klare Rollenzuschreibung verzichtete man dabei, wie das Beispiel einer Ansprache auf dem Mainzer Turnvereinsfest zeigt, aber keineswegs. Die Unterschiede und die sich daraus

---

291 Gedenkblatt. Die Turner-Fahnenweihe zu Landsberg a.W.
292 Ansprache an die Damen.
293 Vgl. ebd.
294 *Hagemann*, Nation, S. 564.
295 Vgl. dazu auch *McMillan*, S. 96 u. 98f., der im Hinblick auf die Turnübungen, die seit der Revolution mehr Gewicht auf die gehorsame Unter- und Einordnung legten, sogar von einer unterschwelligen Feminisierung der Männer spricht.

ergebenden Pflichten und Fähigkeiten wurden hier klar benannt, so daß sich ein ausführliches Zitat aus der Ansprache lohnt: »Der strebsame Jüngling«, wurde hier erläutert, »hat sich sein Ziel in die Ferne gesteckt; er muß deshalb wirken und schaffen ... Sein Sinnen und Trachten ist deshalb mehr auf das Äußere gerichtet; es ist, je nach seiner Berufsthätigkeit, hauptsächlich der Kopf oder der Körper der bei ihm arbeitet. Das Leben der Frauen dagegen« sei, wie der Redner hervorhob, und auf diesen Gegensatz legte er wie viele andere deutlich Wert, »vorzugsweise ein Gemüthsleben; ihr Wirkungskreis ist ein äußerlich beschränkter; sie ist von Natur auf den häuslichen, den Familienkreis angewiesen; hier ist die Heimat des Weibes, welches berufen ist, den Segen und Frieden des Hauses zu hüten. Während der Mann«, fuhr er fort, »sich vorzugsweise vom Verstande leiten läßt, zieht das Weib das Herz zu Rathe«. Es sei daher »in der Regel religiöser als der Mann«, daher auch »die hohe Begeisterung für alles Edle, Schöne und Gute«, die »sittliche Entrüstung beim Anblick all dessen, was im entferntesten ans Gemeine grenzt«. Doch so »äußerlich« begrenzt die der Moral und Ästhetik zugewandte »Frau« aus dieser Sicht auch erscheinen mochte – für den »Mann« war sie gerade wegen ihrer Eigenschaften unverzichtbar: »Wenn nun bei diesem Ringen und Streben, in dem Jagen nach seinem Ideale der Mann sich ins Weite verlieren will; wenn er zuweilen in Versuchung kommt, die Grenzen des Erlaubten zu überschreiten; – dann«, so glaubte – und hoffte vermutlich – dieser Redner, »ruft das Weib ihn wieder zu seinem Ausgangspunkt zurück, vertauscht den kalten Gedanken mit der Anschauung des warmen Gemüths und bringt dem Bewegten Ruhe.«[296]

Doch wenn man auch auf die »Strahlen ihres reichen Gemüthslebens«,[297] wie man sich in offenkundigen und im deutschen Bürgertum jener Zeit durchaus gängigen Stereotypen ausdrückte,[298] nicht verzichten wollte, bedeuteten diese Lobpreisungen des anderen Geschlechts keineswegs, daß man es als »Mann« in Kauf genommen hätte, sich durch die »Sittlichkeit« der »Frauen« im eigenen Tatendrang begrenzen zu lassen. Ein »Mann« begrenzte sich selbst – und wenn er sich dazu auch die »weiblichen« Eigenschaften der »Sittlichkeit« zu eigen machen mußte.

»Wer anders« aber konnte, das mußten an dieser Stelle jedoch auch die Turner einräumen, »den Jünglingen ein besserer Leitstern in dem Streben nach sittlicher Vervollkommnung sein« als die Frauen?[299] »Sittlichkeit« ließ sich nicht in Abgrenzung von, sondern am besten in der Auseinandersetzung mit dem »weiblichen Geschlecht« erlernen – unter den Turnern war das offenbar unstrittig. Freimütig erkannte man die Frauen in diesem Falle als Vorbild, ja, als

296 Ansprache an die Damen. Vgl. mit durchaus vergleichbaren Szenen für die 48er Revolution *Lipp*, Liebe.
297 Ansprache an die Damen.
298 Vgl. *Frevert*, Kulturfrauen, S. 151; *Dies.*, Staat, v. a. S. 110f.
299 Ansprache an die Damen.

Erzieherinnen eines »sittlichen« Verhaltens an. So sollte sich der »Jüngling«, wie das den Turnern vorschwebte, »in dem zeitweiligen ungezwungenen Verkehre mit unseren Frauen und Jungfrauen« an »Anstand« und »Sitte« gewöhnen.[300] Damit war nicht die ständige Anwesenheit der Frauen beim Turnbetrieb gemeint; doch es legitimierte ihre Teilnahme an den Festen, zu denen sie in den 1850er und 60er Jahren geladen wurden, in besonderem Maße.[301] Doch die Vermittlung eines »sittlichen« Verhaltens stand bei der Anwesenheit der Frauen nicht einmal im Vordergrund. Man suchte vielmehr ihre Anerkennung für die »Sittlichkeit«, die man sich bereits angeeignet zu haben glaubte. Denn letztlich konnten auch darüber nur die Frauen entscheiden, dessen waren sich die Turner bewußt. Und tatsächlich gaben die Frauen den Turnern auf den Festen hinreichend Gelegenheit, sich der erstrebten »Sittlichkeit« wie der »Männlichkeit« überhaupt zu versichern. An den Fahnenweihfesten läßt sich das auf besonders anschauliche Weise nachzeichnen. Hier kamen Frauen zu Wort; hier setzten die Frauen durch die Überreichung einer von ihnen angefertigten Fahne ein Zeichen.

Eine Fahne war weit mehr als das Wahrzeichen eines Turnvereins. Die Fahne galt, da man sie aus der Hand der Frauen empfing, als Symbol der Unterstützung und Anerkennung. Jede Fahnenübergabe ließ den Stolz und die Zufriedenheit, ja, die Erleichterung spürbar werden, mit der die Turner dieses »Zeugniß«[302] in Empfang nahmen. In jeder Fahne wurden ihre »männlichen« Fähigkeiten und Eigenschaften versinnbildlicht, wurde ihrer »Männlichkeit« Tribut gezollt. Das schloß die »Sittlichkeit« bereits mit ein. Auf dem Landsberger Turnfest verlieh der dortige Festredner der Bestätigung, die er so offenkundig im Moment der Fahnenübergabe empfand, klaren Ausdruck: Wir dürfen »uns versichert halten, daß es uns gelungen ist, die Schranken der Sitte und Wohlanständigkeit, deren Hüterinnen und Wächter alle edlen Frauen sind, zu wahren«.[303]

An diesem Eindruck konnten die Turner kaum Zweifel haben. Im Gegenteil: Das Maß an Anerkennung, das die Turner mit der Fahnenübergabe durch die Frauen erfuhren, galt uneingeschränkt der »Männlichkeit«, wie sie hier mit all ihren Facetten zur Schau gestellt wurde. Die Fahnenübergabe war eine Lobpreisung des »Mannes«, oder um genauer zu sein: des »deutschen Mannes«. »Es ist mir der ehrenvolle Auftrag geworden«, leitete Olga Thimm als Überbringerin der Fahne ihre Rede ein, »Ihnen von den Frauen und Jungfrauen der

---

300 Ebd.
301 Daß die Frauen während des 19. Jahrhunderts keineswegs, wie das lange Zeit in der Geschlechtergeschichte behauptet wurde, auf das Haus verwiesen und aus der Öffentlichkeit als einer vermeintlich primär männlichen Domäne verbannt wurden, haben *Paletschek*, u. *Lipp*, Frauen, deutlich gemacht. Als eine auch methodisch interessante amerikanische Studie vgl. *Ryan*.
302 Gedenkblatt. Die Turner-Fahnenweihe zu Landsberg a.W. (Rede des Turners Meydam).
303 Ebd.

Anerkennung Gabe zu überreichen. Wir wollten«, fuhr sie offenbar voller Bewunderung und mit allem Respekt vor den »männlichen« Leistungen fort, »mit dieser Gabe thatsächlich beweisen: daß die Bestrebungen der Turnerei, wie jede den Jüngling und Mann zierende Kunst, von uns deutschen Frauen und Jungfrauen hoch gewürdigt wird.«[304]

Darin steckte mehr als eine passive Unterstützung und Anteilnahme. »Auch wir wollen«, fügte die Rednerin hinzu, »wie die Frauen und Jungfrauen überall im lieben deutschen Vaterlande, die deutsche Sitte, deutsche Kunst und deutsches Vollbringen schätzen und verherrlichen.« Daran sollte die Turner »diese Gabe, diese Fahne mahnen«.[305]

Die Überbringung der Fahne durch die Frauen war, könnte man sagen, ein Akt restringierter Partizipation. Mochten ihre Vorstellungen, die sie an die erhoffte »deutsche Nation« knüpften, auch kaum faßbar sein – sie bargen die Hoffnung auf eine glorreich verlaufende Zukunft, die auf spezifisch »deutschen« Eigenschaften und Fähigkeiten aufzubauen schien. Die »Nation« war, um es anders auszudrücken, die Metapher, durch welche die Machtbalance zwischen den Geschlechtern ausgehandelt wurde. Das nahm die Männer auf subtile Art in die Pflicht. Denn die Fahne war nicht nur ein Verbindungsglied, das die Männer auf eigentümliche Weise an die Frauen zurückband; sie war zugleich ein Zeichen, in dem die Erwartungen der Frauen an ein »männliches« und »deutsches« Verhalten festgeschrieben waren. Das setzte weit mehr noch als die »Sittlichkeit« die körperliche Kraft und Stärke, den Mut, die Tapferkeit und die Wehrhaftigkeit, aber auch die Selbständigkeit des Mannes voraus. Dem starken »Volk, das seine gekräftigten Muskeln den Feinden des Vaterlandes« entgegenzusetzen vermochte; dem freien »Volk, welches die Kniebeuge nur zur Stählung der Sehnen, nicht zur sclavischen Erniedrigung« vollzog; dem Mann, der den »Schutz und Schirm seiner Kraft« beweisen konnte, sollte die Liebe der Frauen zuteil werden. Doch dafür mußte ein »Mann« sich auch mit der erwarteten »Männlichkeit« zeigen.

Die Bindung zwischen »Mann« und »Frau«, die mit einer Fahnenübergabe auf besondere Weise vollzogen wurde, war fraglos eine durch und durch emotionale. Gefühle der Zuneigung und der Liebe, der Anerkennung, der Bewunderung und des Stolzes waren die tragenden Bestandteile einer inneren Verbundenheit zwischen den Geschlechtern. Von der Furcht des Versagens und der Angst, zurückgewiesen zu werden, waren diese Gefühle jedoch schlechterdings nicht zu trennen. Dabei trat auf den Fahnenweihfesten deutlich zutage, was auf den ersten Blick kaum möglich scheint: Es war gerade die Emotionalität zwischen Mann und Frau, die in die Bindung an die »Nation« miteinfloß, ja, ein Gefühl zwischen »Mann« und »Nation« zum Äquivalent der Geschlechterbe-

304 Ebd. (Rede von Olga Thimm).
305 Ebd.

148

ziehung werden ließ, dessen Grundlage jedoch immer die Bindung des Mannes an die Frau blieb.[306]

Auf den Fahnenweihfesten, die eine ausgesprochene Ähnlichkeit zu einem Hochzeitszeremoniell aufwiesen, war das deutlich erkennbar. So sprach etwa eine Überbringerin der Fahne das folgende Gedicht:

»Und hier ein frischer Kranz, die junge Braut zu schmücken,/ Daß ihr's an keiner Zier am heut'gen Tag gebricht./ Ihr Anblick soll den Mann begeistern und entzücken,/ Ihr frommen, was er schafft, ihr nützen, was er spricht,/ Und sie soll ihm in's Herz tief ihre Farben drücken,/ Damit dies Herz ihr nie die heil'ge Treue bricht./... So nehmt aus uns'rer Hand der Lieben heil'ges Zeichen/ Die für das Vaterland in unsern Seelen glüht.«[307]

Die Fahne wurde als Symbol der Liebe zwischen »Mann« und »Frau« überreicht; sie drückte die Zugehörigkeit von »Mann« und »Frau« aus, die wie ein unsichtbares Band die Verbindung über jede räumliche Distanz aufrechterhielt. Einer angetrauten Braut gleich, die sich im höchsten Gefühl der Verbundenheit der obersten Loyalität und Treue des »Mannes« gewiß sein sollte, symbolisierte die Fahne die Beziehung zwischen »Mann« und »Frau«, die auf das Vaterland, die »Nation« übertragen werden konnte – und durfte. Die Bindung zwischen »Mann« und »Nation« wurde mit der Fahnenübergabe durch die Frauen vollzogen und durch sie legitimiert. Dabei standen die Bindungen zwischen »Mann« und »Frau« und »Mann« und »Nation« in einem kaum zu trennenden, ja, unauflöslichen Verhältnis zueinander. Es war eine Symbiose, die den »Mann« gegenüber der »Frau« und der »Nation« gleichermaßen in die Pflicht nahm, die seinem Handeln darüber hinaus aber auch einen spezifischen Sinn und eine höhere Weihe zu verleihen vermochte. Daher schloß Emma Nauwerk die Fahnenübergabe mit folgenden Worten:

»Und nun auch diesen Schmuck laßt Euch noch überreichen,/ Mit welchem das Vertraun den regen Eifer lohnt/ Und wißt, man sieht in ihm der Bürgschaft schönes Zeichen,/ Daß unter diesem Schmuck auch deutsche Treue wohnt./ Wie Ihr dies Banner führt voran im Brautgewande/ und wie vor Allen Euch wird dieser Schmuck zu Theil,/ Sollt Ihr die ersten sein, wenn's gilt dem Vaterlande, Wenn's gilt für Fürst und Volk, wenn's gilt der Brüder Heil.// Der Liebe Eintracht ist's, die wir vor Euch entfalten,/ Der schöne heil'ge Schmuck des lieben Vaterlands./ Schwört laut vor Gott und Volk, sie immer hoch zu halten/ Und knüpfet fest an sie der Ehre Strahlenglanz./ Wenn diese Fahne hier nun hoch in den Lüften schwebet,/ Ein deutscher Eichenkranz an ihrer

306 Anregend dazu auch der Aufsatz von *Kühne*, Krieg, in dem ausführlich die Vorstellung vom kameradschaftlichen Männerbund während der NS-Zeit behandelt wird, der sich allerdings »durch den Gegensatz zur Familie, durch seine kalte Gleichgültigkeit gegenüber Gefühlen und Emotionen« definiert habe, was sich, wie Kühne zeigt, deutlich von der »Praxis der Kameradschaft« unterschied.

307 Gedenkblatt. Die Turner-Fahnenweihe zu Landsberg a.W. (Rede von Bertha Finsterbusch).

Spitze winkt,/ Und frisch, fromm, fröhlich, frei sich Herz und Geist erhebet,/ Ein Lied aus deutscher Brust empor zum Himmel dringt,/ Dann gieb, o ew'ger Gott! die Weihe unserm Werke,/ Und schling um Fürst und Volk der Treue festes Band;/ Gieb Eintracht, wo sie fehlt, die Eintracht bringt die Stärke;/ Und Stärke bringt das Heil für Fürst und Vaterland.«[308]

Für jeden Turner mußte ersichtlich sein, welche Erwartungen seitens der Frauen an seine »Männlichkeit« gestellt wurden: körperliche Kraft und geistige Stärke, Treue, aber auch Mut, Tapferkeit und Überwindungskraft, schließlich die Bereitschaft, die eigenen Interessen zugunsten der Eintracht zurückzustellen, sich wehrfähig und opferbereit zu zeigen – all das gehörte, implizit vorausgesetzt oder explizit eingefordert, zum Männlichkeitsbild nicht nur der Männer, sondern auch und gerade der Frauen, die für dieses »männliche« oder eben »deutsche« Verhalten ihre Zuneigung und Liebe zusicherten. Damit gaben die Frauen einem Bedürfnis nach emotionaler Bindung Raum, das dem der Turner durchaus entgegenkam und bereitwillig von ihnen in Anspruch genommen wurde: »Wenn auch die Tage kommen sollten, wo wir [der Fahne] in der Schlacht nachfolgen sollten«, dankte ein Turner den Frauen, »dann sollen auch Sie unser Gedanke sein. Sie haben ja, indem Sie uns dieses würdige Geschenk überreichten, den schönsten Beweis geliefert, daß auch Sie unser und unseres Vereines freundlichst gedenken, und wenn holde Frauen unserer gedenken, dann fühlen wir uns ja alle neu beseelt, wenn der Genius schöner Frauen über uns waltete, dann auch hinaus in's wilde stürmische Leben, es schlägt ja immerhin ein liebendes Herz, das auch in der Ferne unserer gedenket.«[309]

Für jedes Mitglied eines Turnvereins, das sich seiner »Männlichkeit« vergewissern und als »Mann« Anerkennung und Wertschätzung erfahren wollte, setzte das allemal die Einhaltung der erwarteten Wert- und Verhaltensvorstellungen voraus. Von ihr hing die Erfahrung eigener »Männlichkeit« und die Entwicklung einer »männlichen« Identität ab, die der Bestätigung durch beide Geschlechter bedurfte. Dabei wurden »männliche« Geschlechterzuschreibungen von Männern und Frauen gleichermaßen auf die »Nation« projiziert, wurden »deutsche«, »nationale« und »männliche« Eigenschaften von ihnen wie selbstverständlich in eins gesetzt. Damit geriet die Entwicklung der »Nation« auch zum Gradmesser der erreichten »Männlichkeit«: An ihr ließ sich das Ausmaß »männlichen« Verhaltens nachvollziehen, das nicht nur dem Urteil der Männer, sondern auch der Frauen unterlag. Die »Männlichkeit« stand immer wieder auf dem Prüfstand, und das um so mehr, als sich die »Nation« weder einig noch frei, weder stark noch wehrhaft zeigte – zumindest nicht auf die erwartete Art und Weise.

Mit dem deutschen »Bruderkrieg« von 1866 wurde aber jede Vorstellung von

308 Ebd.
309 Ansprache an die Damen.

einer bereits existierenden »deutschen Männlichkeit« ad absurdum geführt und bis auf weiteres in das Reich der Utopien verwiesen. »Das ist kein Kampf, der für einen sittlichen Grundsatz; – es ist kein Kampf, der die selbstlose treue Liebe zum deutschen Vaterland entzündet hat, geschweige denn zum heiligen Kampf stempeln wird.«[310] Ferdinand Goetz wandte sich mit aller Entschiedenheit vom Verhalten der Kämpfenden ab, das er zutiefst mißbilligte und das er sich allein durch »die eiserne Kriegszucht«, welche die »Brüder« in die »Reihen der Kämpfenden« gezwungen habe, erklären konnte. Mit »männlichem« Verhalten hatte das in seinen Augen nichts gemein, im Gegenteil. Doch anstatt die eigenen Vorstellungen von »Männlichkeit« in Frage zu stellen oder wenigstens die Dysfunktionalität des eigenen Männlichkeitsideals zu erkennen, das im preußisch-österreichischen Krieg so offen zutage getreten war, sah Goetz die Aufgabe der deutschen Turnbewegung bestätigt. »Wir wollen«, bekräftigte er in der »Deutschen Turn-Zeitung«, »fort streben und fort arbeiten, mit Hülfe der Turnerei Männer zu erziehen, die mit Freudigkeit nur in den einen, den letzten Kampf ziehen, der Deutschland frei und einig macht. Wir wollen arbeiten, daß Selbständigkeit, Freiheitsliebe und Manneskraft in die Menschen kommen, also die Tugenden, die dem deutschen Volke fehlen.«[311]

Ob der »Mann« jedoch jemals den Erwartungen, die dem Männlichkeitsbild zugrunde lagen, entsprechen konnte – das mußte sich mit der Gründung des deutschen Nationalstaats erweisen. An der Wahrnehmung der »Einheit« und »Freiheit«, der Stärke und Wehrhaftigkeit der »Nation« maß sich letztlich auch dann von neuem, ob es überhaupt »Männer« gab.

3. Erzeugung, Entwicklung und Ausdruck »nationalen Bewußtseins«: Festgestaltung – Massenturnen – Kriegsspiele

Da die zentralen Schlüsselbegriffe des Nationalismus: Nation und Nationalität, national und deutsch, Volk und Vaterland, keine feststehenden und begrifflich eindeutig faßbaren Größen waren, sondern im Gegenteil erst durch die Verknüpfung mit unterschiedlichen Identitäten und Erfahrungen ihren spezifischen und durchaus wandelbaren »Sinn« erhielten, ist die Analyse *eines* nationalen Bewußtseins ein widersprüchliches, ja geradezu unsinniges Unterfangen. *Das* »nationale Bewußtsein« als eindeutige Größe gab es nicht, in der frühen Phase des Nationalismus ebensowenig wie etwa zur Zeit der 48er Revolution, im Jahrzehnt der sogenannten »Einigungskriege« oder nach der Nationalstaatsgründung von 1871.

310 So *Goetz*, Turner.
311 Ebd.

»Nationales Bewußtsein« entwickelt sich stets im Zusammenspiel mit einem ganzen Geflecht von Variablen, die in unterschiedlichen Mischungsverhältnissen auftreten und deren Stellenwert keineswegs konstant bleibt. Die lokale, regionale oder einzelstaatliche Herkunft, die Konfession, das Geschlecht, das Alter, die Zugehörigkeit zu einer sozialen Klasse, die unterschiedlichen politischen Ziele, die verschiedenen Norm- und Wertvorstellungen prägen »nationales Bewußtsein« auf unterschiedliche Weise und üben – das darf nie übersehen werden – immer wieder auch ihre eigene Geltungskraft aus.[1] Anders gesagt: »Nationales Bewußtsein« existiert nur innerhalb eines Pluralismus von Loyalitäten und Identitäten, vor allem selbst nur als Pluralität.

Die unterschiedlichen Ausprägungen des »nationalen Bewußtseins« konnten gleichwohl in Ausnahmesituationen konvergieren: Die gemeinsam empfundene Bedrohung durch den äußeren Feind Frankreich während des österreichisch-italienisches Krieges, die »nationale« Euphorie zu Beginn des Krieges um die schleswig-holsteinischen Herzogtümer, der deutsch-französische Krieg 1870/71 sind nur die herausragenden Beispiele dafür. Doch ebenso schnell konnten die Antagonismen umgehend wieder hervortreten, die Elemente »nationalen Bewußtseins« in einem konkurrierenden Verhältnis zueinander erscheinen. Im politischen Alltag, wo das am augenfälligsten war, verschob sich das Gewicht der einzelnen Elemente, und ihre Konturen traten deutlicher hervor. Den Ausschlag für politisches Handeln und Verhalten gaben dann oft die anderen Identitäts- und Loyalitätsbezüge als eigenständige Größen oder als variable Teileelemente des »nationalen Bewußtseins«.

So dokumentierten etwa die »bedenkliche[n] Verschiedenheiten in der politischen Meinung« und die »Mißstimmung«, die Zeitgenossen am Ende des Jahres 1865 »nicht blos in einzelnen Theilen des Reiches« beobachteten,[2] die konkurrierenden Elemente »nationalen Bewußtseins«, die seit der Entscheidung über eine gemeinsame Verwaltung der Elbherzogtümer durch Preußen und Österreich und – noch weiter zugespitzt – mit der vorhersehbaren Annexion offenkundig aufeinanderprallten. Die Hoffnung weiter Teile der Nationalbewegung auf eine Beteiligung der bereitstehenden Freiwilligen am Krieg hatte sich zerschlagen; und ihre Forderung nach einem eigenständigen Staat mit dem Herzog von Augustenburg als regierendem Fürsten an der Spitze, die wesentlich dem Wunsch nach der Bewahrung einzelstaatlicher Traditionen und dem Konzept einer föderalistisch strukturierten »Einheit«, mithin einer klaren Absage an die Dominanz und Machtentfaltung der beiden größten deutschen Staaten entsprang, hatte auf die Politik der preußischen und der österreichischen

---

1 Vgl. dazu auch *Hardtwig*, Bürgertum, der für die Zeit des Kaiserreichs vergleichbare Probleme für die Begriffe des »Staatsbewußtseins« oder »Reichsbewußtseins« formuliert.
2 Dazu Bericht über die Sitzung des Gesamtausschusses der deutschen Turnvereine am 28. u. 29. Dezember 1865 in Leipzig, in: DTZ 1866, S. 12.

Regierung keinerlei Einfluß gehabt. Die schleswig-holsteinische Frage war rundum zu einer Machtdemonstration der alten Gewalten geworden, die »nationales Bewußtsein« herausforderte und zum Teil auch veränderte. Wer sich jetzt hinter den preußischen Staat stellte und auf seine Macht vertraute, mußte auch die Vorstellungen vom territorialen Umfang des erhofften Nationalstaats korrigieren: Denn mit Preußen an der Spitze war er nur unter Ausschluß der österreichischen Gebiete denkbar.

Im Verlauf der schleswig-holsteinischen Krise traten die unterschiedlichen nationalpolitischen Optionen deutlich hervor: Während die einen, ob nun aus pragmatisch abwägenden Gründen oder aus preußischem Verbundenheitsgefühl, hoffnungsvoll auf die Stärke des preußischen Staates setzten, hielten die andern ihre antipreußische Gesinnung aufrecht und setzten, den Nationalstaat im Blick, weiterhin auf Österreich; andere wiederum erhielten sogar an einem dritten Weg fest, der die Einflußsphären sowohl des preußischen als auch des österreichischen Staates zu begrenzen suchte. Die Verteidigung des föderalistischen Einheitskonzepts konnte hier gleichermaßen eine Rolle spielen wie die Angst der Katholiken vor dem Übergewicht des protestantischen Nordens oder etwa die grundsätzliche Aversion gegenüber dem preußisch-konservativen Obrigkeitsstaat. Politische Überlegungen konnten ebenso ausschlaggebend sein wie tief verankerte Identitätsbezüge, irrationale Einstellungen und Emotionen – eine Tatsache, die geradezu zwingend die koexistierenden Elemente und ihre eigene Geltungskraft in den Blick rückt und zugleich den vielschichtigen und komplexen Charakter »nationalen Bewußtseins« hervorhebt.

Die Vielfalt nationaler Bewußtseinsformen, ihre Wandelbarkeit[3] und die Prägekraft sowohl rational abwägender als auch durch das Gefühl, das Gemüt oder die Phantasie motivierter Denk- und Verhaltensmuster für deren spezifische Ausformung, machen »nationales Bewußtsein« zu einem schwer faßbaren Phänomen. In der Tat ist Vorsicht geboten. Denn überall, wo »nationales Bewußtsein« zum Ausdruck gebracht wurde, sei es im öffentlichen Diskurs der Reden und der Publizistik oder sei es auf den ritualisierten Feiern von Gedenktagen, nationalen Festen oder Denkmalsenthüllungen mit ihren vielfältigen Symbolen und symbolischen Handlungen, gibt all das nur bedingt Aufschluß über die tatsächliche Verbreitung »nationalen Bewußtseins« in der Zuhörer- oder Leserschaft oder auch unter den Anwesenden bei einer nationalen Feier. Und zu welchem Zeitpunkt die »Nation« den Primat vor den anderen Identitätsbezügen oder Loyalitätsbindungen einnahm, ist schließlich am ehesten – und auch dann keinesfalls generell – aus dem politischen Handeln der Akteure erschließbar.

---

3 Vgl. hierzu auch *Hobsbawm*, Nationen, S. 22, der sowohl auf den Pluralismus von Identifikationen als auch den möglichen Wandel »nationaler Identifikation« selbst innerhalb kürzester Zeiträume hingewiesen hat.

Dennoch ist es unverzichtbar, den Blick auf die nationalen Symbole und symbolischen Handlungen mit ihrem rituellen Charakter zu lenken, um Ausdrucksformen »nationalen Bewußtseins« paradigmatisch zu erfassen und zugleich mögliche Entstehungs- und Entwicklungsbedingungen aufzuweisen, die der Ausbreitung »nationalen Bewußtseins« zugrunde lagen.

Um die Ausdrucksstärke und Wirkungskraft der Symbolik zu begreifen, ist es unumgänglich festzustellen, daß jedes Symbol – auch ein Bild oder Denkmal – niemals das Zeugnis allein einer individuellen Auffassung, sondern immer schon das Ergebnis eines Habitus ist: einer »Handlungs-, Wahrnehmungs- und Denkmatrix«, in der stets auch Kollektives zum Ausdruck kommt. Schließlich ist auch der Habitus, um noch einmal daran zu erinnern, selber erst das Ergebnis einer vielfältigen »Einprägungs- und Aneignungsarbeit«, in der der einzelne durch seine kulturellen, sozialen und politischen Erfahrungen mit der Kollektivität verbunden ist.[4]

Mit dem Blick auf die nationale Symbolik heißt das freilich nicht, daß das »nationale Bewußtsein«, das in einem Symbol oder einer symbolischen Handlung ausgedrückt wird, auch ein kollektives ist. Wenn aber Symbole – und nach dem bisherigen Kenntnisstand der Kulturanthropologie gibt es gute Gründe, das anzunehmen – von den Menschen mit einer gewissen Zwangsläufigkeit als Möglichkeit zur Orientierung aufgenommen werden,[5] und wenn man darüber hinaus davon ausgehen kann, daß es unter den Zeitgenossen stets mehrere Schnittmengen der kulturell, sozial und politisch geprägten Erfahrungen gibt, hat es ein hohes Maß an Plausibilität für sich, daß das »Bedeutete« der Symbolik für diese erfaßbar und erfahrbar war, mithin seinerseits auch wieder »bedeutend« werden konnte.[6]

Um sogleich einem Mißverständnis vorzubeugen: Symbole lassen einen Deutungsspielraum zu. Es ist bekannt, daß Symbole häufig erst aus dem realhistorischen Kontext interpretiert werden können, da sich die Vorstellungen und Meinungen, Ideen und Erwartungen, die in verdichteter Form in Symbolen zum Ausdruck gebracht und zugleich von den Menschen in diese hineingelesen wurden, im Verlauf der Zeit ändern können.[7] Doch auch im konkreten historischen Moment bleiben Symbole in einem gewissen Sinne mehrdeutig. Denn sie erhalten ihren »Sinn« erst durch die aktivierten kulturell, sozial und politisch geprägten Erfahrungen, die in der neuzeitlichen Gesellschaft mit ihrer

4 Vgl. dazu *Bourdieu*, Habitus, v.a. S. 132.

5 Vgl. dazu *Douglas*, S. 25, oder auch *Geertz*, Religion, S. 60.

6 Grundlegend die Überlegungen von *Bourdieu*, Habitus, S. 131. Es steht außer Frage, daß eine stringente und unanfechtbare Beweisführung in bezug auf die Wahrnehmungs- und Wirkungsweise der Symbolik nicht möglich ist. Die Ergebnisse der Kulturanthropologie und Kultursoziologie sind jedoch hinreichend überzeugend, um diesen Weg einzuschlagen und eine neue Untersuchungsperspektive zur Erforschung der Genese und Entwicklung »nationalen Bewußtseins« zu eröffnen.

7 Vgl. insbes. *Hoffmann*, Mythos, S. 112.

Vielfalt koexistierender Identitäten extrem unterschiedlich ausfallen können. Das heißt nicht, daß Symbole zu ein und demselben Zeitpunkt beliebig gedeutet werden können, läßt aber weitgehend offen, welches Gewicht einzelne Elemente des symbolischen Ausdrucks in einem bestimmten Kontext für die Menschen erhalten.[8]

Die Aneignung und Verinnerlichung symbolisch dargestellter Vorstellungen bedarf keinesfalls der rationalen Auseinandersetzung.[9] Ein wesentlicher Teil der Wirkungsmacht der Symbolik besteht gerade darin, daß unterschiedliche Wahrnehmungsebenen erreicht und Inhalte und Werte einverleibt werden können, ohne rational reflektiert zu werden. Denn zum einen trägt die nationale Symbolik durch ihre Allgegenwart in Diskursen: in Liedern, Toasts, Gedichten oder Reden, in Bildern, Denkmälern oder Fahnen, in Festumzügen oder Aufmärschen – um nur einige Beispiele zu nennen – dazu bei, daß der symbolische Gehalt relativ leicht erfaßt und zum strukturierenden Moment der Wahrnehmung werden kann.[10] Zum andern sind der gemeinsame Gesang eines Liedes, die aktive Beteiligung am Festzug, sei es durch die Darstellung eines sogenannten »lebenden Bildes«, sei es durch das vereinte Marschieren in der Gruppe, schließlich auch die Teilnahme am »nationalen« Turnen oder an einem inszenierten Kriegsspiel »strukturale Übungen«,[11] geeignet, die »nationalen« Eigenschaften und Vorstellungen einzuüben und eine auf die »Nation« ausgerichtete Wahrnehmungs-, Denk- und Verhaltensdisposition zu fördern.

Man muß an dieser Stelle aber einwenden, daß die Feste und die Rhetorik, die Lieder und die Aufmärsche völlig unabhängig von einer »nationalen« Botschaft gerade durch die an sie gebundene Emotionalität als eine Form der Vergesellschaftung das Zusammengehörigkeitsgefühl unterstützen konnten. Auch das Bedürfnis nach Geselligkeit oder der Konformitätsdruck innerhalb einer Gruppe sind als konstituierende Bestandteile einer Gemeinschaft wirksam. Man kann daher durchaus argumentieren, daß diese integrativen Mechanismen die Wirkungskraft der nationalen Symbolik innerhalb eines kurzen Zeitraums relativieren konnten, weil sie völlig unabhängig von einem Bezug auf die »Nation« als Ursachen für die Entwicklung eines Zusammengehörigkeitsgefühls wirksam sind. Dieses Argument jedoch läßt sich auch anders betrachten: Denn die Wirkung der nationalen Symbolik ist damit letztlich nicht außer Kraft gesetzt. Im Gegenteil, bieten diese gemeinschaftsbildenden Mechanismen doch eine günstige Grundlage für die Rezeption der Symbolik, die sie in einem solchen Moment intersubjektiv verstärken, wodurch sie die Entwicklung »nationalen Bewußtseins« mitbegünstigen.

---

8 In einer ganz ähnlichen Richtung argumentiert auch *Glassberg*, S. 1–5.

9 Das schließt nicht aus, daß Symbole durchaus auch das Mittel darstellen können, »durch das die Menschen sich ihrer Position bewußt werden«. Vgl. dazu *Hunt*, S. 71f.

10 Vgl. dazu *Bourdieu*, Struktur, S. 189ff.

11 Vgl. ebd., S. 192.

Doch die nationale Symbolik ist schließlich noch unter einem weiteren – und letzten – Gesichtspunkt von Bedeutung: Denn sie ist es, die dem Nationalismus seinen religiösen Charakter verleiht.[12] Im Unterschied zu zahlreichen anderen Symbolen vermag sie nicht nur Dispositionen auszulösen; sie formuliert zugleich eine Ordnungsvorstellung,[13] die aufgrund des seriellen Charakters der nationalen Symbolik – die ritualisierten Handlungen miteingeschlossen – mit jener »Aura von Faktizität«[14] umgeben wird, die dazu führt, daß die vorgestellte Welt mit der Wirklichkeit zu verschmelzen scheint. Da die Differenz zwischen der erlebten Realität des Alltagslebens und der vorgestellten Ordnung damit jedoch nicht unbedingt aufgelöst ist, bezieht sich das daraus entwickelte »nationale Bewußtsein« auch nicht zwangsläufig auf einen »erlebten« Status quo. Es tendiert vielmehr dahin, zu dem zu werden, was Clifford Geertz eine »religiöse Perspektive« nennt – eine Perspektive, die »zu einer umfassenderen Realität hinstrebt«, die jene des Alltagslebens korrigiert, ergänzt und vor allem transzendiert.[15]

Es ist frappierend – und läßt ein Gefühl zwischen Unbehagen und Respekt aufkommen –, daß in Turnerkreisen zum einen gerade die Mechanismen reflektiert wurden, von denen man glaubte, daß sie eine Gemeinschaft zusammenhalten und ein Zusammengehörigkeitsgefühl erzeugen könnten und sich insofern, in einem weiteren Schritt, auch für die »Nation« in einer doppelten Hinsicht als funktional erweisen würden: Denn damit erhöhe sich, glaubte man zum einen, die Bereitschaft zur Integration auch in die »nationale« Gemeinschaft; und schließlich würden, so die Hoffnung zum andern, bestimmte Verhaltensweisen präjudiziert, die auch im »nationalen Bewußtsein« ihren Niederschlag fänden.

Doch damit nicht genug: Mindestens ebenso erstaunlich ist es, daß die Turner – zeitgenössisch freilich anders ausgedrückt – vor allem die sinnliche Wahrnehmung und die körperliche Erfahrung thematisierten, in denen sie die beste Gewähr dafür sahen, daß die, oder besser gesagt: ihre »nationalen« Vorstellungen den Zuschauern und Akteuren nicht nur vermittelt werden konnten, sondern von diesen auch angenommen wurden.

Es verwundert daher nicht, daß die Turner vor allem im Fest die geeignete Form erblickten, die all diesen Aspekten Rechnung tragen könne. Damit rechneten sie bereits in der Vorbereitungsphase eines Festes. Denn man baute auf den Druck der Öffentlichkeit, der von den Vereinsmitgliedern bereits im Vorfeld eines Festes antizipiert und daher von Beginn an seine Wirkung zeigen

12 Die Debatte, ob und in welchem Sinne der Nationalismus als Religion bezeichnet werden kann, ist in jüngster Zeit wieder eröffnet worden. Vgl. als Überblick *Walkenhorst*, dort auch die dazu einschlägige Literatur.

13 Vgl. *Geertz*, Religion, S. 59.

14 Ebd., S. 48.

15 Ebd., S. 77.

werde. Da man nicht, so das Argument, »in nothdürftiger Ausstattung vor das Publikum hintreten« könne und wolle, sei es schließlich notwendig, »einmal alle Kräfte des Vereines in Bewegung und Spannung zu versetzen«[16] – ein Vorgang, dem sich kein Vereinsmitglied entziehen werde. Diese Vermutung war fraglos berechtigt. Denn die Furcht vor einem öffentlichen Gesichtsverlust des einzelnen wie auch des gesamten Vereins ging mit einem erhöhten moralischen Druck zur Hilfeleistung Hand in Hand und steigerte den Konformitäts- und Integrationsdruck innerhalb der Gruppe beträchtlich.[17]

Die Erwartungen, die sich an die Rückwirkungen der Festvorbereitungen auf die Gemeinschaft der Vereinsmitglieder hefteten, waren daher optimistisch: »Indem nun bei dem Zusammengreifen aller Kräfte nach *einem* Ziele hin«, so die Hoffnung, »Allen zu Bewußtsein kommt, welch schöne Summe der Kraft sie als Gesammtheit besitzen, und wie sie Glieder eines lebenskräftigen Ganzen sind, zwingt das Ganze dem Einzelnen höhere Achtung ab und erfüllt ihn mit stärkerer Anhänglichkeit und Liebe. Und auf diese Weise wird der Gemeingeist, ohne welchen eine Gemeinschaft kaum ärmlich bestehen, aber nimmer zu gedeihlichem Fortgange gelangen kann, neu belebt und lebendig gehalten.«[18]

Diese Erwartungen mögen überzogen klingen, doch sollte man sich allein aufgrund einer heute weithin anderen Ausdrucksweise den Zugang zur zeitgenössischen Sprache nicht versperren: Die Protagonisten der Feste setzten auf die Wirkung dieser integrativen Mechanismen, die sie für sich und ihre Ziele zu nutzen versuchten, ohne auch nur den Verdacht auf irgendeinen negativen »bias« von Zwang aufkommen zu lassen.

Und in der Tat: Wer konnte – oder wollte? – sich schon, muß man fragen, in einer Vereinsbewegung, in der die öffentliche Zurschaustellung der erworbenen körperlichen Leistungen und Fähigkeiten ein geradezu fester programmatischer Bestandteil war, der Mitwirkung entziehen? Und wer gab dann, unter dem kritischen Blick der Öffentlichkeit nicht sein Bestes, um seine Fähigkeiten zu beweisen und die Akklamation des Publikums zu gewinnen?

Man muß sich hier noch einmal vergegenwärtigen, daß die Turnbewegung ihrem Selbstverständnis nach einen »nationalen« Charakter hatte, um zu begreifen, in welchem Zusammenhang diese Motivationen mit der Entwicklung eines »nationalen Bewußtseins« standen. Ein zentrales Scharnier ist zweifellos die öffentliche Darstellung. Denn ungeachtet der Beweggründe, die den einzelnen dazu veranlaßt haben mochten, in einen Turnverein einzutreten, ist es eine Tatsache, daß die Turnbewegung keine Gelegenheit ausließ, den »nationalen« Charakter ihrer Tätigkeit in der Öffentlichkeit zu betonen und zu doku-

---

16 Hierzu der Beitrag Ueber Turnfeste, in: DTZ 1857, S. 31.
17 Vgl. dazu die Überlegungen von *Douglas*, S. 27.
18 Ueber Turnfeste, in: DTZ 1857, S. 31 (Hervorh. i. Orig.).

mentieren. Das aber hieß für alle Mitwirkenden eines Festes gleichermaßen, daß sie von der teilnehmenden, beobachtenden und kommentierenden Öffentlichkeit in einem »nationalen« Kontext verortet und gemäß den von der Turnbewegung aufgestellten und postulierten »nationalen« Kriterien beurteilt wurden. Unter diesen Bedingungen »verkörperte« jeder Turner, der an einem Fest teilnahm, die »Nation« und die »nationalen« Ziele und Werte in einem doppelten Sinne: Denn er war, erstens, aus einer äußeren Perspektive, der Darsteller »nationaler« Vorstellungen und das Vorbild für ein bestimmtes »nationales« Verhalten, war mithin selber – nolens volens – ein strukturierendes Moment für die Perzeption konkretisierter »nationaler« Charaktereigenschaften von seiten der Zuschauer. Zweitens aber verschmolzen in dieser Rolle, der man sich auch dann nicht entziehen konnte, wenn sie von außen zugeschrieben wurde, für die aktiv Beteiligten die Selbstzuschreibung von bestimmten Werten und Fähigkeiten und die Selbstdarstellung einerseits mit den »nationalen« Wert- und Verhaltensmustern andrerseits zu einer untrennbaren Legierung.[19] In der praktischen Handlung des Turnens, des Festumzuges, des Spiels wurden die »nationalen« Eigenschaften selbst während eines »So-tun-als-ob« einverleibt und zu jenen »zu Körpern gemachten Werten« verwandelt,[20] die eine dauerhafte Wahrnehmungs- und Verhaltensdisposition begründeten und für die »Nation« reaktiviert oder auch abgerufen werden konnten.

Auf den sorgfältig inszenierten Festen der Turner funktionierte das Zusammenspiel der gemeinschaftsbildenden Mechanismen einerseits und des sinnlich wahrnehmbaren und zum Teil eben auch körperlich erfahrbaren symbolischen Ausdrucks »nationaler« Vorstellungen andrerseits mit einer kaum vorstellbaren Perfektion. Das lag nicht zuletzt daran, daß die Feste der Turner als wahre Volksfeste gefeiert wurden – was im übrigen der Absicht der Initiatoren durchaus entsprach. Dabei verstand es sich nachgerade von selbst, daß die auf Sitte, Disziplin und Ordnung bedachten Organisatoren sich von denjenigen Volksfesten, die in ihren Augen nur noch »Zusammenläufe der rohesten Masse« waren, »von der ein Jeder bestrebt« sei, »an dem Tage eines solchen sogenannten Festes seiner Rohheit nach Möglichkeit die Zügel schießen zu lassen, in den niedrigsten Genüssen sich zu sättigen und endlich durch eine Rauferei im Branntweinrausch das Volksfest zu beschließen«,[21] mit aller Entschiedenheit distanzierten. Im Gegensatz dazu sollten die Volksfeste der Turner die »Zusammengehörigkeit aller Glieder des Volkes hervortreten« lassen – und das meinte nicht nur die Zusammenführung der Vereine aus unter-

---

19 An dieser Stelle greift auch der Ansatz von Norbert Elias, der die »Nationalisierung des individuellen Ethos und Empfindens« davon abhängig macht, daß das Ich-Bild und Ich-Ideal mit dem Wir-Bild und Wir-Ideal der Nation in Deckung gebracht wird. Vgl. dazu seine Ausführungen in: Exkurs, S. 196ff.

20 Vgl. *Bourdieu*, Glaube, v.a. S. 127ff. u. 134ff.

21 Vgl. Das Stettiner Turnfest am 22. Juli, in: DTZ 1860, S. 97.

schiedlichen Regionen oder Einzelstaaten, um den »Gedanken der größeren Einheit« zu vermitteln, sondern zugleich die Vermischung der »Stände«, die jedoch nur unter einer Voraussetzung möglich schien: Anstand und Sitte mußten gewahrt bleiben, denn nur durch sie werde, glaubte man, »Männern und Frauen aus jedem Stande« die Teilnahme gestattet und Jedem ermöglicht, »in der Übereinstimmung aller Gefühle zu *einer* heiteren, gemüthlichen Erregung das Wohlbehagen des Heimischseins in dem großen Ganzen, wie bei einem Familienfeste« zu empfinden.[22]

Trotz dieses moralischen Regelwerks von Anstand, Sitte und Ordnung ließ der Festablauf genügend Raum für das gesellige Vergnügen. Und das auf ganz verschiedene Art und Weise: So zum Beispiel durch das Rahmenprogramm, das Stadtbesichtigungen und Fahrten in die nähere Umgebung des Festortes anbot[23] oder auch die Möglichkeit zum gemeinsamen Besuch der eingeplanten Theatervorführungen eröffnete; durch die Gelegenheit zu längeren Pausen, in denen die einen in einem dafür ausgesuchten »Etablissement« das Mittagessen »à la carte« genießen, andere sich in kleinere Lokale zurückziehen oder gar »auf dem Rasen gelagert ... ihre mitgebrachten oder gekauften Vorräthe« verzehren konnten;[24] und nicht zuletzt durch das gemeinsame Übernachten in einem der riesigen Massenquartiere, wo unzählige Turner auf engstem Raum den Tag beschlossen.

Doch die Turnfeste – zumindest die größeren – brachten noch eine ganz andere Art von Attraktion mit sich: »Buden, Caroussels, fliegende Restaurationen« säumten auf dem Berliner Turnfest 1861 die Straße zwischen dem Turnplatz und Moabit, entlang der Strecke, auf der sich der Festzug in Richtung dieses Ortes fortbewegte. »Moabit hat wohl noch nie eine solche Menschenmasse versammelt gesehen«, berichtete die »Neue Preußische Zeitung« und schätzte die dort Anwesenden »einschließlich des Zuges auf 60 bis 70.000«.[25]

Diese ganz andere Art des Amüsements, mit seiner offenbar faszinierenden Anziehungskraft, war als integrativer Bestandteil eines »nationalen« Turnfestes von unschätzbarem Wert. Denn Heiterkeit, Ausgelassenheit und Freude wurden zu den tragenden Stimmungen des Festes, die Tausende in ihren Bann ziehen konnten. Der notwendige Einsatz von Extrazügen, der die Teilnahme unzähliger Fremder an diesem Ereignis in Moabit gewährleistete,[26] unterstreicht das rein quantitativ. Vor allem aber ließ eine derartige Stimmungslage

22 Vgl. ebd. (Hervorh. i. Orig.).
23 Vgl. z. B. Turn- u. Jugendfest, S. 4f.; u. Fest-Programm.
24 Vgl. dazu den Bericht über das Berliner Turnfest 1861, in: NPZ, Nr. 187, v. 13.8. 1861, S. 2f.
25 Vgl. ebd., S. 3. Ähnlich auf dem Leipziger Turnfest 1861, wo sich auf dem Festplatz außer den »Restaurationszelten«, »eine Reihe von Schießständen, Cigarrenhandlungen, ein Photographisches Atelier, mehrere Buden mit verschiedenen Andenken an das Turnfest« u.a.m. befanden. Vgl. Erinnerungs-Kalender, S. 13f.
26 Vgl. ebd.

das Turnfest auch in seiner Eigenschaft als »nationales« Ereignis in einer ausgesprochenen Aufbruchstimmung erscheinen, deren mitreißende Wirkung sich allenthalben zeigte, sei es, daß die Schaulustigen von ihren Fenstern oder dem Straßenrand aus die Vorbeiziehenden mit »Hochs und Tücherschwenken« begrüßten, sei es, daß sich die Feiernden in den Festzug der Turner einreihten und damit selbst zum aktiven Teil des »nationalen« Szenariums wurden.[27]

Gerade auf dieses gemeinsame Durchleben der »Festesfreude«, in der »ein Jeder nicht sich, sondern dem Ganzen« angehöre, setzten auch die Festinitiatoren, hatten sie doch deutlich einen äußerst subtil sich abspielenden dialektischen Prozeß vor Augen, der den einzelnen in die Gemeinschaft einband und diese zugleich für ihn erlebbar machte: »Das Gefühl der Zusammengehörigkeit«, erläuterte einer der Turner im Anschluß an das gerade abgehaltene Erste deutsche Turn- und Jugendfest in Coburg 1860, »macht die geistige Erhebung des Einzelnen zur allgemeinen und die allgemeine wirkt zurück auf den Einzelnen und strahlt vieltausendmal in ihm wieder.«[28]

Daß dennoch, entgegen der formulierten Absicht, »die Zusammengehörigkeit aller Glieder des Volkes hervortreten zu lassen«, keineswegs alle Mitglieder der Gesellschaft an diesem Zusammengehörigkeitsgefühl teilhaben sollten, verdeutlichen einige der Vorüberlegungen zum Berliner Turnfest. Denn im Vorfeld dieses Festes bemühte man sich eifrig darum, den »Pöbel«, dem »Nichts heilig« sei und der sich – so äußerte man seine Befürchtungen – »leicht als Werkzeug aller derer und ihrer Bestrebungen mißbrauchen« ließe, die »als Gegner der großen volksthümlichen Bewegung der Gemüther, die mit dem Turnfest heranzog, in diese Bewegung eine zersetzende Hefe« werfen wollten, unter allen Umständen von der Teilnahme am Fest fernzuhalten. Die Angst vor der Masse oder, wie man sich mitunter präziser auszudrücken versuchte: dem »Pöbel«, war ungemein groß. In einem öffentlichen Schreiben bat man deshalb um die Unterstützung der Stadtbevölkerung Berlins, »alle etwa auftretenden unlauteren und störenden Bestrebungen zu unterdrücken«, gelte es doch auch für sie zu zeigen, »daß Berlin auf der Höhe der Bildung und vaterländischer Begeisterung« stehe.[29]

Dieser Aufruf zeigte nicht nur die Furcht vor dem zersetzenden und zerstörenden Gebaren des »Pöbels«, das man – seit dem Vormärz – wahrzunehmen glaubte und als eine wesentliche Ursache des immer wieder konstatierten und aufzuhaltenden »kulturellen Verfalls« ausgemacht hatte.[30] Vielmehr ist dieser Appell in einem sehr viel umfassenderen Sinn ein Dokument der Abgrenzung und der eigenen Positionsbestimmung: Indem die Turnbewegung die ver-

27 Vgl. ebd.
28 Beispielhaft: Das Stettiner Turnfest am 22. Juli, in: DTZ 1860, S. 97.
29 Diese Befürchtungen hatte man offensichtlich im Vorfeld des Zweiten deutschen Turnfestes in Berlin 1861; vgl. Gedenkbuch, S. 24.
30 Vgl. dazu auch das Kap. Einheit – Eintracht – Einigkeit.

meintlichen potentiellen Verursacher von Unruhe und Unsicherheit anpran-
gerte, versicherte sie der Öffentlichkeit, daß sie selber als ein Garant für Ruhe
und Ordnung, Sicherheit und Stabilität zu begreifen sei – ein Selbstverständnis,
das durch das öffentlich verfochtene moralische Regelwerk von Sitte und Anstand zusätzlich untermauert wurde. Auch die »vaterländischen Bestrebungen«, als deren Verfechter sich die Turnbewegung auf den Festen präsentierte,
erhielten damit eine eindeutige Stoßrichtung, mit der die gefürchteten Unru-
hestifter des »Pöbels« selbstredend in den Bereich des »Nicht-vaterländischen«
ausgemustert wurden.

Trotz dieser deutlichen Abgrenzung vom »Pöbel« mußten die Turner mitunter die schmerzhafte Erfahrung machen, daß der von ihnen gewünschten »Zusammengehörigkeit« dennoch von seiten der höheren gesellschaftlichen
Schichten Grenzen gesetzt wurden. Als der Zug der Turner am zweiten Festtag
des Berliner Turnfestes die »Linden« hinabschritt, demonstrierten die dort an-
wohnenden Bürger unverkennbar, daß sie nicht als Teil dieser Zusammengehörigkeit zu vereinnahmen waren. Als »kalt und vornehm« beschrieb der Festbericht die auf den Festzug blickenden Anwohner »dieser schönsten Straße
Berlins«, die auch ihre Häuser gänzlich ungeschmückt gelassen und dadurch
bereits ein unmißverständliches Zeichen ihrer Teilnahmslosigkeit gesetzt hatten. Die Bewohner glaubten hier vielleicht, so die Erklärung des Berichterstatters, »daß es sie erniedrige oder ihrem geschäftlichen Rufe schade, wenn sie, die
in Verbindung stehen mit den höchsten Kreisen der Gesellschaft, sich an einem
ächten Volksfest mitfreuten«. Doch ungeachtet des offenbar »bitteren« Ein-
drucks, den die ablehnende Haltung bei den vorbeiziehenden Feiernden in
diesem Moment hervorrief,[31] da ihnen jede Anerkennung verwehrt wurde,
vermochten die Turner einen solchen Affront – man kann davon ausgehen, daß
das kein einmaliges Erlebnis war – zu überspielen; denn schließlich bot das Fest
noch hinreichend Gelegenheit, den anwesenden Zuschauern und Zuhörern
die »Zusammengehörigkeit aller Glieder des Volkes« trotzdem nahezubringen,
sich dieser zu versichern und sich als Teil derselben zu fühlen.

Das geschah zum Beispiel durch die Anwesenheit bedeutender Repräsentanten des öffentlichen Lebens. Zu diesen gehörten in Berlin unter anderem der
Minister des Innern, Graf Schwerin, der Polizeipräsident von Winter, der Bürgermeister Hedemann und Deputationen des Magistrats und der Stadtverord-
neten;[32] in Leipzig Staatsminister von Beust, Vertreter des diplomatischen
Korps und der königlichen und städtischen Behörden, der Kreisdirektor von
Burgsdorff, der Bürgermeister Dr. Koch, der Polizeidirektor Metzler, der Rektor der Universität Dr. Erdmann und andere mehr.[33] Und gleich welchen Ran-

31 Vgl. Gedenkbuch, S. 61f.
32 Ebd., S. 65.
33 Erinnerungs-Kalender, S. 37.

ges sie auch waren: Traten sie als Redner auf, bekräftigten auch sie, daß »das Gefühl der Einigkeit und Zusammengehörigkeit ... nimmermehr ersterben« dürfe, sondern in »allen deutschen Gauen des deutschen Vaterlandes« erhalten werden müsse, wie es der Berliner Bürgermeister Hedemann in seiner Ansprache, paradigmatisch für viele andere, formulierte.[34]

Mochten solche öffentlich ausgesprochenen Bekundungen eine Übereinstimmung im Hinblick auf diesen »nationalen« Gedanken bekräftigen, machte die schlichte Präsenz dieser Honoratioren sie zu einem sichtbaren Teil der Zusammengehörigkeit. Das um so mehr, als sie in ihrer Eigenschaft als »Ehrengäste« nicht in der Menge der Anwesenden verloren gingen, sondern stets an herausragender Stelle die Blicke der Zuschauer auf sich zogen, sei es, daß sie innerhalb der ersten Abteilung den Festzug geradezu mitanführten, sei es, daß der ihnen zugewiesene Platz auf der eigens für sie vorgesehenen höheren und überdachten Tribüne ihre Gegenwart besonders augenfällig hervorhob.[35]

Ihre Präsentation als »Ehrengäste« veranschaulichte auf eine besonders eindringliche Art und Weise, daß die beständig geforderte und hier dargestellte Zusammengehörigkeit auch eine innere Struktur besaß. Denn wenngleich sich die anwesenden Ehrengäste nach den Übungen mitunter auch in die Reihen der Turner mischten, mit diesen sprachen und für einen Moment Anteil an den besonderen turnerischen Angelegenheiten nahmen,[36] war das Bild der Festgemeinschaft in der Regel doch durch ihre herausgehobene Positionierung geprägt – eine deutliche Distinktion, die gleichermaßen Ausdruck von Differenz wie von sozialer Hierarchie war.[37] Und das schien durchaus der Vorstellung dieser hochrangigen Vertreter zu entsprechen, war ihre erklärte Absicht doch lediglich, mit den Turnern, um noch einmal die Worte des Berliner Bürgermeisters zu zitieren, »in eine nähere geistige Verbindung« zu treten,[38] ohne – könnte man hinzufügen – die sozialen Unterschiede damit aufheben zu wollen. Doch daran störten sich die Turner nicht. Gleichwohl schien ihre Vorstellung der sozialen Gliederung auf den ersten Blick gebrochener zu sein. So wurden beispielsweise in Berlin die Theaterkarten »zu jedem Platze für denselben Preis ... versiegelt verkauft, damit der Zufall über den Platz entscheide und keinerlei Bevorzugung Statt finden könne«.[39]

Tatsächlich aber war dieses scheinbar so deutliche Entgegenwirken gegen alle

---

34 Vgl. Gedenkbuch, S. 29.

35 Zur Aufstellung der Festzüge vgl. Gedenkbuch, S. 13f., u. Erinnerungs-Kalender, S. 49ff.; zur Gestaltung des Turnplatzes hinsichtlich der Zuschaueraufteilung: NPZ, Nr. 187, 13.8.1861, S. 3.

36 Vgl. Das Zweite allgemeine deutsche Turnfest in Berlin, S. 10.

37 Zu den vielfachen Möglichkeiten einer Symbolisierung sozialer Distinktion vgl. die Inszenierung des Herrscherauftritts auf einem bayerischen Turnfest im Jahre 1882 im Kap. Nation u. Volk seit 1871.

38 Gedenkbuch, S. 29.

39 Ebd., S. 82.

Privilegien, die der einzelne sich allein aufgrund seiner finanziellen Möglichkeiten hätte sichern können, nur ein halbherziger Akt. Denn es beschränkte sich auf den Kreis der Turner, war innerhalb der eigenen Reihen eine Demonstration der angestrebten – und im Verein doch oftmals gescheiterten – Vermischung der »Stände«, die den sozialen Spannungen entgegenwirken sollte, nicht etwa, indem man sich die tatsächliche Gleichheit zum Ziel setzte, sondern die »geistige und sittliche Hebung« im geselligen Zusammensein voranzutreiben suchte.[40] Daß die anwesenden Honoratioren nicht an diesem Verfahren der Platzverteilung teilnehmen sollten, stand daher nicht einmal im Widerspruch zu den sozialen Ordnungsvorstellungen der Turner. Und wer hätte es da nicht als »natürlich« empfunden, daß diesen als »Ehrengästen« wieder einmal »die besten Plätze«[41] zugewiesen wurden?

Es gibt keinen Anlaß zu der Annahme, daß diese Form der Zusammengehörigkeit, wie sie auf den Turnfesten inszeniert und zur Schau getragen wurde, von den Festteilnehmern in ihrer überwiegenden Mehrheit nicht angenommen wurde oder ihren Vorstellungen zuwiderlief. Zugegeben, auch hier gab es Ausnahmen, bei denen ihre Akzeptanz eingeschränkt war: Ein »Zwischenfall«, provoziert durch die Anwesenheit des Staatsministers Graf Beust auf dem Leipziger Turnfest 1863, verdeutlichte, daß andere Identitäten – wie hier die politische – nicht immer mit der beschworenen und demonstrierten Zusammengehörigkeit in Einklang gebracht werden konnten. Ein im geheimen vorbereitetes, anonymes und zu dem Fest verteiltes Flugblatt benannte unumwunden das Defizit an politischer Freiheit im Königreich Sachsen, für die der Minister mitverantwortlich zeichnete, um, wie es hier hieß, »den piquanten Gegensatz seiner politischen Haltung und Schöpfung mit dem Geiste des Turnerthumes«, der als ein freiheitlicher bezeichnet wurde, herauszustellen.[42]

Dabei lehnten die anonymen Flugblattschreiber die Anwesenheit königlicher Repräsentanten keineswegs prinzipiell ab: so des Großherzogs von Baden, des Herzogs von Coburg-Gotha oder des Großherzogs von Weimar, denen die Sympathien »freisinniger Deutscher Männer und Jünglinge« durchaus zugetan seien und auf die man, »wenn sie gekommen, die Augen am freudigsten gerichtet« hätte.[43] Auch ihnen ging es mithin nicht um einen grundsätzlichen Bruch, oder genauer gesagt: um eine Ausgrenzung der Regierungsinhaber aus der proklamierten Zusammengehörigkeit; doch mußten sich diese – das wurde hier unverkennbar zum Ausdruck gebracht – auf überzeugende und glaubwürdige Weise zu liberalisierenden Reformen bereit finden.

Die überwiegende Mehrheit der Festteilnehmer reagierte jedoch anders. Sie

---

40 Vgl. dazu das Kapitel: Einheit – Eintracht – Einigkeit.
41 Gedenkbuch, S. 82.
42 Das Flugblatt ist abgedruckt in: NPZ, Nr. 180, 5.8.1863, S. 3. In den offiziellen Festberichten der Turner zum Leipziger Turnfest wurde es geflissentlich verschwiegen.
43 Ebd.

duldete, wußte die »Leipziger Zeitung« zu berichten, das Verhalten eines einzelnen, der während der Ansprache des Staatsministers »einige Worte des Mißtrauens« dazwischengeworfen habe, keineswegs; vielmehr sei die Rede »fast bei jedem einzelnen Satz vom lautesten Beifall unterbrochen« worden und »der Minister beim Herabsteigen von der Rednerbühne unter Jubel umringt und von den Turnern der verschiedenen Stämme, namentlich aus Preußen und Österreich, mit herzlichem Händedruck empfangen« worden.[44]

Nun mag es sein, daß die anwesenden Zuhörer von vornherein das berechtigte Erscheinen des Staatsministers gar nicht in Zweifel gezogen hatten. Hegten sie aber irgendeinen Vorbehalt, hatte die Anwesenheit des sächsischen Ministers als symbolischer Akt seine Wirkung unter den Festteilnehmern nicht verfehlt. Denn sein Auftreten konnte als ein unmißverständliches Signal gedeutet, als ein Zeichen der Übereinstimmung begriffen werden. Und Beust wußte das, rhetorisch gewandt, zweifellos zu untermauern. Immerhin bekräftigte er vor seinen Zuhörern, und das als offizieller Vertreter des Landes Sachsen und seiner Regierung, daß der Landesfürst an »Deutscher treuer Gesinnung« keinem »Deutschen Bundesgenossen« nachstehe, wie überhaupt die Fürsten Deutschlands dem Gedanken der Einheit nicht mehr entgegenstünden. Und warum sollte man diesem Regierungsvertreter keinen Glauben schenken, gestand er doch in aller Öffentlichkeit ein, daß »in Sachsen das freie Wort nicht gewährt« sei, weshalb es ihm, wie er mit angeblichem oder tatsächlichem Bedauern beteuerte, nicht gestattet sei, »mit so beredten Worten« zu den Turnern zu sprechen, wie es seine Überzeugung eigentlich gebiete. Die Unterstützung, die das Turnfest durch die Regierung und den Fürsten erfuhr, sprach, konnte man meinen, ohnehin für sich. Schließlich zeigten diese durchaus ihre Bereitschaft, zum Gelingen des Festes beizutragen, hatten sie sich doch, wie Beust verkündete, die Aufgabe gestellt, »alles fern zu halten, was der Verherrlichung [des Festes] störend oder hemmend entgegentreten könnte«. Und der sächsische Minister schien dem Turnfest mit allem Wohlwollen entgegenzusehen, drückte er doch seine Zuversicht aus, daß es auf diesem Fest gelingen werde, »die Deutsche Kraft zu veranschaulichen«; ja, er begrüßte diese Feier in der Überzeugung, daß das »Zusammenfinden im Volke« um so mehr gedeihen werde, je »beharrlicher die deutschen Volksstämme ihre brüderliche Gesinnung gegeneinander« bewiesen, als ein »Fest der Eintracht« und als »Baustein zum Werke der Einigung«.[45]

---

44 Der Bericht der Leipziger Zeitung ist auszugsweise wiedergegeben in: NPZ, Nr. 180, 5.8.1863, S. 3. Diese Schilderung entspricht auch den Angaben in einem sog. politischen Bericht, der an das Ministerium für auswärtige Angelegenheiten nach Berlin geschickt wurde; GStA Merseburg, Hist. Abt. II, 2.4.1., Abt.I, Nr. 8252, Bll. 371–371r.

45 Vgl. die Rede des Staatsministers in: NPZ, Nr. 180, 5.8.1863, S. 2. Ein etwas anderer Wortlaut der Rede, doch mit derselben Stoßrichtung, in: Leipziger Zeitung, Nr. 183, 4.8.1863, S. 3891f., in: GStA Merseburg, Hist. Abt. II, 2.4.1. Abt. I., Nr. 8252, Bll. 372–373.

Die rhetorische Versiertheit des Staatsministers mag es gewesen sein, die ihn dazu veranlaßte, sich die Sprache der Turner zu eigen zu machen, ohne daß es eine tatsächliche Übereinstimmung in den Vorstellungen und Zielen gab. Entscheidend für die offenbar nachhaltige Wirkung seiner Rede war es aber, daß die zentralen Begriffe von »deutscher Kraft«, von »Eintracht« und »Einigung« von den Turnern mit einer vermeintlichen Eindeutigkeit interpretiert werden konnten, die eine Übereinstimmung suggerierte. Und das trotz oder besser gesagt: gerade wegen der Mehrdeutigkeit dieser Begriffe im nationalistischen Diskurs der Turner, die Raum zur Interpretation und Identifikation ließ.

Gewiß, »Eintracht« und »Einigung« konnten durchaus im Sinne der vielfach beschworenen sozialen Zusammengehörigkeit begriffen werden. Doch sie beschrieben auch auf der politischen Ebene eine innerhalb der Turnbewegung weitverbreitete Vorstellung von der inneren Struktur der anvisierten »nationalen« Einheit, die einem in hohem Maße ausgeprägten, tiefverwurzelten einzelstaatlichen Verbundenheitsgefühl entsprang und auf eine weitgehende Bewahrung einzelstaatlicher Tradition in einem föderalistischen Einheitskonzept zielte.

Diese partikulare Identität war zweifellos ansprechbar, denn sie hatte, davon zeugt jedes Turnfest im Jahrzehnt vor der Nationalstaatsgründung, im Bewußtsein der Zeitgenossen ein kaum zu überschätzendes Gewicht. Bis ins Detail, schien es, trug jede Festgestaltung dem Ausdruck einzelstaatlicher Identität Rechnung und bot den Anwesenden damit zugleich die Möglichkeit, sich über diesen engeren Bezug in der weitergespannten politischen Einheit wiederzufinden.

Am auffälligsten schien sich das im Fahnenschmuck zu spiegeln: So wehte beispielsweise auf dem Zweiten nationalen Turnfest in Berlin 1861 neben der schwarz-rot-goldenen Fahne von zahlreichen Häusern und öffentlichen Gebäuden die preußische Flagge; im Festzug der Turner wurde sie an der Spitze jeder Abteilung vorangetragen; und das Banner der Berliner Turnerschaft, das in der Führungsriege des Festzuges erstmals zur Schau gestellt wurde, zeigte nicht nur die deutschen und preußischen Farben, sondern auch – ein Ausdruck lokaler Identität – das Berliner Stadtwappen mit dem steigenden Bären.[46] Das Leipziger Fest bot zwei Jahre später ein durchaus vergleichbares Bild: Die deutsche Flagge schmückte, faßte es der Polizeibericht zusammen, jedes Gebäude, doch standen ihr durchweg die weiß-roten Farben der Turner, die sächsische Fahne und die Farben der Stadt Leipzig zur Seite.[47]

Doch der Fahnenschmuck allein verwies nur in begrenztem Maße auf die Vielzahl koexistierender Identitäten und Loyalitäten und verbannt Aussagen über ihre Verbreitung und ihr Gewicht als Teilelemente »nationalen Bewußt-

---

46 Vgl. dazu NPZ, Nr. 186, 11.8.1861, S. 3; ebd., Nr. 187, 13.8.1861, S. 3; Gedenkbuch, S. 13f., 38ff.

47 GStA Merseburg, Rep. 77, Tit. 925, Nr. 1, Bd. 4, Bl. 20.

seins« in den Bereich der Spekulation. Es mag verwirrend sein, aber es war insbesondere der ausgesprochen hohe Bekenntnischarakter, den die Öffentlichkeit den mitgeführten Fahnen zuschrieb, der das Bild verzerren und jede Interpretation in die Irre führen konnte. Gerade die Anzahl der Fahnen verleitete jeden Berichterstatter der Polizei zur Interpretation des tatsächlichen Ausmaßes »deutsch-nationaler« oder auch einzelstaatlich-patriotischer Gesinnung und damit zu einer Einordnung des oppositionellen Potentials. Dabei hätten gerade sie es besser wissen müssen: Immerhin ließ man sich im Vorfeld des nationalen Turnfestes in Berlin vom damaligen Vorsitzenden des Berliner Turnrates, Eduard Angerstein, die Zusicherung geben, »daß die den Berliner Turnvereinen angehörigen Vereine und die sonstigen preußischen Vereine ... bei dem Festzuge nur preußische Fahnen führen werden«.[48]

Vor diesem Hintergrund war die Berichterstattung, wie etwa die der »Neuen Preußischen Zeitung«, die im übrigen mit absoluter Genugtuung feststellte, die preußischen Fahnen seien auf dem Berliner Fest mindestens ebensooft wie die deutschen Farben, wenn nicht sogar in überwiegender Zahl anzutreffen gewesen, durchaus von zweifelhafter Zuverlässigkeit. Zumal, wenn doch oftmals, wie das auch hier der Fall zu sein schien, der Wunsch als Vater des Gedankens den Blick des scheinbar kritischeren Beobachters zusätzlich trübte und eine eher eigenwillige Interpretation des Geschehens hervorbrachte, nach der die Beflaggung der Häuser mit den deutschen Farben als freundliche Geste gegenüber den »außerpreußischen Gästen« wohlwollend abgetan und die Ausschmückung mit den Landesfarben als unumgängliches Gebot und natürlicher Ausdruck eines sich auf den preußischen Staat beziehenden Nationalgefühls und des patriotischen Takts begrüßt wurde.[49]

Mochte es sich hier auch um einen klassischen Fall einer standortbedingten Übergewichtung einzelstaatlicher Loyalitätsbekundungen handeln, trafen diese Beobachtungen dennoch den Kern eines weitverbreiteten Bedürfnisses nach Bewahrung und Würdigung einzelstaatlicher, aber auch regionaler und lokaler Identität innerhalb des umfassenderen »nationalen« Bezugsrahmens – ein Ziel, dem die Turner mit unterschiedlicher Intensität Ausdruck verliehen.

Gerade auf den regionalen und lokalen Festen wurde – was im Grunde genommen kaum verwunderlich ist – diesem Verlangen unumwunden nachgegangen. Loyalitätsbezeugungen zum angestammten Herrscherhaus waren hier, das wurde bereits vorn ausgeführt, an der Tagesordnung[50] und verliehen dem einzelstaatlichen Zugehörigkeitsgefühl, das seinen symbolischen Ausdruck in den allerorts sichtbaren Landesfarben fand, ein unvergleichlich hohes Gewicht. Und das in einem Ausmaß, daß sich mitunter bereits schon wieder die Kritiker

48 GStA Merseburg, Rep. 77, Tit. 925, Nr. 2a.
49 Vgl. NPZ, Nr. 186, 11.8.1861, S. 3.
50 Vgl. dazu das Kap. Einheit – Eintracht – Einigkeit.

166

zu Wort meldeten, sahen sie doch den Primat der »nationalen« Loyalität gefährdet. Um nur ein Beispiel herauszugreifen, das die massiven Angriffe dokumentierte, denen sich die bayerischen Turner nach der Abhaltung eines Festes in
München ausgesetzt sahen: Sie hätten, so der Vorwurf eines Besuchers, ein Fest
ohne »deutsche[n] Geist« abgehalten; zwar habe man »sehr vereinzelt ein trico-
lores Zeichen« gesehen, »zum Zeugniß, daß auch hier nicht aller Bürgermuth
erloschen, nicht jede Hoffnung auf Deutschlands Wiedergeburt begraben« sei;
doch sei das Fest ein »bayerisches« gewesen, auf dem die Münchner in erster
Linie die »deutsche Heimat, Weiß und Blau«, ihren Bayernkönig und sein Geschlecht huldigungsvoll im Gesang verehrten, was den bayerischen Turnern
den aus »nationaler« Perspektive vernichtenden Vorwurf einbrachte, eines jener
»Partikularfeste« abgehalten zu haben, das einen »unverwischbar schlechten
Eindruck« auf das »Kräfte-Material der blühenden deutschen Turnerjugend«
hinterlassen werde.[51]

Doch in aller Regel, darüber soll dieses Beispiel unverhohlener Kritik nicht
hinwegtäuschen, waren Vorwürfe dieser Art nicht zu vernehmen. Im Gegenteil: Jedes der drei großen »nationalen« Feste, ob in Coburg, Berlin oder Leipzig,
schien den partikularen Identitäten mit dem nötigen Respekt zu begegnen und
diese als integrale Bestandteile eines »nationalen Bewußtseins« zu begreifen
und zu akzeptieren. Das vermittelte jedenfalls die symbolische Darstellung, auf
die die Festinitiatoren besonderen Wert legten, maßen sie ihrer Wirkung doch
einen ausgesprochen hohen Wert bei. Eine Debatte unter den Organisatoren
des Coburger Festes läßt darüber keinen Zweifel zu. Sollte man den Festzug,
fragten sie sich, »nach Städten, als Symbol allgemeiner Einheit, in Verwischung
aller Landesfarben« oder »nach der alten Stammes-Eintheilung, als Symbol einer Darstellung der natürlichen Grenzen im Vaterlande« ordnen?[52] Sie entschieden zugunsten des zweiten Vorschlags und behielten die getroffene Lösung auch auf den darauffolgenden Festen bei – eine, wie sich bereits in Berlin
1861 zeigte, ebenso wünschenswerte wie auch notwendige Entscheidung.
Denn schon bei der Aufstellung des Festzuges gab es Protest: »Einige deutsche
Stämme«, erläuterte der Berichterstatter in der nachfolgenden Erinnerungs-
schrift, »die sich größeren Stammabtheilungen anschließen sollten«, waren
»nicht als einzelne erwähnt worden, so die Hannoveraner und Braunschweiger,
die sich dadurch zurückgesetzt fühlten«; sie hätten sich, hieß es weiter, jedoch
beruhigt, als sie, »bei der Aufstellung als Niedersachsen dem großen Stamm der
Sachsen eingeordnet, wohl merkten, daß keine Zurücksetzung ihnen hatte zu
Theil werden sollen«.[53]

51 Vgl. Die bayerischen Turnvereine in München, in: Deutsche Schützen- u. Wehrzeitung,
1862, S. 202f.
52 Vgl. dazu den Bericht von *Schloenbach*, (Ms.), Archiv der Deutschen Sporthochschule Köln,
120.42.
53 Gedenkbuch, S. 38.

Dieser Zwischenfall spricht für sich, und man wird es kaum in Frage stellen können, daß die »fremden Turner«, wie sie von der »Neuen Preußischen Zeitung« genannt wurden, in Berlin mit Selbstbewußtsein und Stolz ihre jeweiligen Abteilungen durch »ein vorgetragenes Schild mit dem Namen der Landsmannschaft« und ihre »verschiedenartigen Fahnen« kennzeichneten, um auch ihr partikulares Zugehörigkeitsgefühl zu verdeutlichen, dessen sie sich, im Augenblick der öffentlichen Darstellung, zugleich versicherten.

Und doch vermittelte ein derart gegliederter und gestalteter Festzug nicht »Zerrissenheit«, sondern Zusammengehörigkeit, oder besser gesagt: die Vorstellung einer in sich strukturierten »Einheit«, ja, er unterstützte – auf seiten der Zuschauer wie der Teilnehmer – die Ausformung eines spezifischen »nationalen Bewußtseins«, und das in zweierlei Hinsicht: erstens in bezug auf die innere Ausgestaltung der politischen Einheit, die ein föderatives Modell nahelegte, und zweitens in bezug auf »nationale« Verhaltensregeln, die als Grundlage und Maßstab für eine im weiteren Sinn erfolgreiche nationale »Einheit« begriffen werden konnten. So wichtig die analytische Trennung dieser Ebenen auch sein mag: In der sinnlichen Wahrnehmung der Beobachter und Akteure verschmolzen sie, das steht zu vermuten, unauflöslich miteinander. Dazu trug die symbolische Verknüpfung von schwarz-rot-goldenen Bändern mit Schleifen in den jeweiligen Landesfarben[54] als Ausdruck verschiedener, aber – zumindest in der Wahrnehmung der Zeitgenossen – sich doch nicht ausschließender Identitäten und Loyalitäten bei. Wie ein roter Faden zog sich diese Verschränkung durch den gesamten Festzug, konnte daher nicht nur als ein gemeinsames Bekenntnis zur »nationalen« Zugehörigkeit interpretiert werden, sondern stellte auch eine visuell wahrnehmbare Zusammengehörigkeit der nach »Stämmen« geteilten Abteilungen her. Aber auch das »leinene Turnerhabit«, in dem sich offenbar die allermeisten Mitglieder des Zuges der Öffentlichkeit präsentierten,[55] war der Ausdruck und das Sinnbild einer vorgestellten »Gleichheit« vor der »Nation«, in der nicht nur die politischen, sondern vor allem auch die sozialen Grenzen aufgehoben schienen – das konnte zumindest das Bild der Einheitlichkeit vermitteln. Einheitlichkeit im Ausdruck gab es schließlich auch noch in einer anderen Hinsicht: Denn der Aufbau der Festzüge folgte, über die Einteilung nach »Stämmen« hinweg, einem klaren und strengen Regeln unterworfenen Ordnungsprinzip. So etwa in Berlin, wo jede der vier Abteilungen »in Züge[n] zu etwa 60 Mann« und »jeder Zug in 3 Riegen zu etwa 20 Mann« aufgeteilt wurden, um dann »in Gliedern zu 5 Mann« gemeinsam »im raschen Schritt«, wie die »Neue Preußische Zeitung« festhielt, durch die Straßen zu marschieren.[56]

Die nachfolgenden Festberichte, die allenfalls monierten, daß sich Teile des

---

54 Zu den mitgeführten Symbolen im Festzug vgl. NPZ, Nr. 186, 11.8.1861, S. 3.
55 Vgl. ebd.
56 Vgl. ebd.

Publikums in die verschiedenen Abteilungen drängten, ließen keinen Zweifel daran, daß dieser Aufbau die ganze Strecke hinweg aufrechterhalten wurde.[57] In dieses Bild einer offenbar beeindruckenden Ordnung fügten sich die einzelnen Stammesabteilungen in ein zusammengehöriges Ganzes ein. Doch nicht nur das: Es vermittelte auch die Vorstellung von einer »Einheit«, die nur nach ganz bestimmten Prinzipien: der Ordnung und der Disziplin funktionieren konnte – und sollte.

In der Tat ist es unschwer vorstellbar: Die Einhaltung einer solchen Aufstellung über mehrere Kilometer hinweg war ohne ein gemeinsames und geschlossenes Marschieren, ein Schritthalten in der Riege gar nicht möglich. Die Mehrheit der Turner hatte damit keine Mühe. Schließlich gehörten Ordnung und Disziplin innerhalb der deutschen Turnbewegung zu den obersten Leit- und Verhaltensprinzipien, die, unauflöslich verknüpft mit den Vorstellungen eines männlichen, sittlichen und vor allem auch wehrhaften Auftretens, im Turnbetrieb eingeübt wurden – eine Arbeit, bei der man auch während des Alltags die Öffentlichkeit keineswegs scheute. Das zeigte eine Versammlung von Mitgliedern verschiedener Turnvereine im Berliner Grunewald im August 1862 – ein Paradebeispiel für die Einübung und Zurschaustellung eines wehrhaften Verhaltens nach den Regeln der Disziplin und Ordnung.

Die Berliner Turner seien dort, das überlieferten übereinstimmend die Berichte der zur Aufsicht abkommandierten Polizeibeamten, »in geschlossenen Sectionsgliedern«, begleitet »von zahlreichen Menschenmassen« und »unter Absingen von vaterländischen Kriegs- und Soldatenliedern«, zum angestrebten Versammlungsort aufgebrochen. Bis in die späte Nacht hinein habe man dann »militärische Bewegungen – mit Ausschluß allen Turnens – vorgenommen«, bis sich der Zug »mit derselben Ruhe und Ordnung« zum ursprünglichen Ausgangsort zurückbewegt und sich die einzelnen Vereine »vom Ganzen« in derselben Ordnung getrennt hätten.[58]

Der Ablauf dieser Versammlung, vom gemeinsamen Aufmarsch über die abgehaltenen Übungen bis hin zur Auflösung der zusammengekommenen Turnerriegen, schien mit einer derart ungezwungenen Mustergültigkeit vonstatten gegangen zu sein, daß nicht nur der Bericht erstattende Polizeiwachtmeister die Veranstaltung dahingehend kommentierte, sie habe »nur den Eindruck einer harmlosen Vergnügung hinterlassen«, sondern auch Innenminister von Jagow befand, die Versammlung gebe »zu besonderen Maßnahmen keine Veranlassung«.[59]

Diese Deutung unterschätzte die Ernsthaftigkeit, mit der die Turner den militärischen Aspekt ihrer Übungen verfolgten; doch der Eindruck, den diese

---

57 Vgl. z.B. NPZ, Nr. 186, 11.8.1861, S. 3.
58 GStA Merseburg, Rep. 77, Tit. 925, Nr. 2, Bd. 3, 1860–1919, Bl. 12–12r.
59 Vgl. ebd., Zit. Bl. 11 u. 12r.

Veranstaltung selbst auf derart skeptische Beobachter machte, bleibt trotzdem aufschlußreich. Denn immerhin verfolgte das Turnen auch den Zweck einer vormilitärischen Ausbildung, und die Turner verlangten – um das noch einmal in Erinnerung zu rufen – eine strikte Demokratisierung des Militärwesens, indem sie für die strenge Durchsetzung der Allgemeinen Wehrpflicht in allen deutschen Einzelstaaten eintraten. Doch das war nur die eine Seite der Medaille; denn zugleich sollte das Turnen, wie die deutsche Turnbewegung auf der andern Seite stets bekräftigte, »ohne Nachtheil für die Subordination«[60] innerhalb einer Armee sein, erfolgte die Erziehung der Turner zur Wehrhaftigkeit nach den Regeln der Disziplin, des Gehorsams, der Einhaltung von Ordnung – so die innerhalb der deutschen Turnbewegung weithin anerkannten Grundprinzipien mit einem ohnehin ausgesprochen verhaltensnormierenden Charakter, mochte auch noch so sehr auf ihre Freiwilligkeit insistiert werden.[61]

In der geregelten Aufstellung der Turner in den Festzügen und ihrem geordneten Aufmarschieren durch die Straßen fanden diese Wert- und Verhaltensvorstellungen ihren symbolischen Ausdruck. Daß er seine Wirkungsmacht nicht verfehlte – darauf deutet bereits das Urteil der preußischen Behörden über den Berliner Turnerzug zum Grunewald hin. Doch ihre Eindrücke standen mit aller Wahrscheinlichkeit nur stellvertretend für die Mehrheit des zuschauenden Publikums. Denn Ordnung und Disziplin, das kann man ohne Übertreibung sagen, gehörten für den weitaus überwiegenden Teil der Gesellschaft zu den lebensweltlichen Erfahrungen aus den unterschiedlichsten Bereichen der Sozialisation: der Familie, der Schule oder des Militärdienstes, soweit es die Männer betraf.[62] Das hieß: Für die Betrachter waren diese in den Ausdruck der Darstellung eingehenden Wert- und Verhaltensvorstellungen der Turner in ihrer Bedeutung mühelos begreifbar. Nicht jeder Zuschauer mußte deswegen zwangsläufig – um hier einem Mißverständnis vorzubeugen – diese Ideen teilen oder sie sich zu eigen machen. In der Verknüpfung der eigenen Erfahrungen mit der Symbolik konnten Gefühle und Gedanken hervorgerufen werden, die Distanzierung und Ablehnung zur Folge haben mochten – das ist unbestritten. Sofern aber die in der Darstellung zum Ausdruck gebrachten Eigenschaften der Disziplin und Ordnung mit den eigenen Wert- und Verhaltensvorstellungen in Einklang gebracht werden konnten – und dafür scheint der Wertekanon der bürgerlichen Gesellschaft dieser Zeit zu sprechen[63] –, folgte daraus nicht nur ein Gefühl der Übereinstimmung und der Zustimmung; vielmehr entwickelte sich zugleich eine Vorstellung von »nationalen« Eigenschaften, die mit den bereits bestehenden Elementen der eigenen Identität kon-

---

60 Vgl. Das Turnen u. die neuere Kriegsführung, in: DTZ 1859, S. 103.
61 Die Verschränkung dieser Wertvorstellungen mit dem Gedanken der Freiheit wird im Kap. Die Einverleibung der Freiheit ausführlich erläutert.
62 Vgl. dazu u.a. *Budde*; *Kraul*.
63 Vgl. *Siemann*, Gesellschaft, S. 14.

gruent waren, mithin zu einem Bestandteil des »nationalen Bewußtseins« werden konnten.[64]

Auf ganz andere und vielleicht einschneidendere Weise traf das auf die teilnehmenden Turner zu, und zwar aus den folgenden Gründen: Der geregelte Aufbau eines Festzuges verlangte die Einhaltung gerade derjenigen Werte: der Ordnung und der Disziplin, die als zentrale Strukturmerkmale den Turnbetrieb wesentlich prägten – sei es durch die Art der Anweisung oder genauer gesagt: der Befehle, nach denen das Turnen ausgeübt werden mußte, sei es durch den Aufbau und die Anforderungen der Turnübungen selber, deren strukturierende Wirkung die Entwicklung der »Handlungs-, Wahrnehmungs- und Denkmatrix« mitbeeinflußte. Oder, um es anders zu sagen: Ordnung und Disziplin gehörten längst zu den einverleibten Werten, die sich in Verhaltensdispositionen niederschlugen und im strikten und geregelten Aufbau der Festzüge – um zunächst bei diesem Beispiel zu bleiben – aktiviert,[65] ja, als Realisierung der eigenen Wertvorstellungen ausgedrückt wurden.[66] Die Beobachtungen des Turners Egon Hirth über eine Abteilung im Leipziger Festzug erstaunen daher keineswegs: »Strammen Schrittes, als wollten sie schnurstracks wieder in's Feld ziehen«, hielt er in einer kurzen Bemerkung fest, seien die »annoch Rüstigen«, wie er die Garde der älteren Turnvereinsmitglieder, die ehemals an den Befreiungskriegen teilgenommen hatten, bezeichnete, »nach den Klängen der Musik« im Festzug marschiert.[67] Es war unverkennbar: Im strukturierten Ablauf des Festzuges traten diese spezifischen und offenkundig langlebigen Verhaltensdispositionen zutage. Und indem sich die Veteranen der Öffentlichkeit mit offenkundigem Stolz in ihren alten Uniformen präsentierten, »mit gezogenem Schwert«, das sie, so der Kommentator, »vor 50 Jahren in das Herzblut des Feindes getaucht hatten«,[68] verschmolzen Ordnung, Disziplin und Wehrhaftigkeit zu untrennbaren Komponenten eines Habitus, der zugleich als symbolischer Ausdruck »nationaler« Eigenschaften erkennbar war.

Auf den unterschiedlichen Schauplätzen der Feste und im Detail der Festgestaltung waren die im symbolischen Ausdruck verdichteten Vorstellungen der »nationalen« Einheit, in der sich politische, soziale und kulturelle Erwartungen vermischten, als variationsreiches Zusammenspiel, und das heißt vor allem: in

---

64 Vgl. dazu auch die Bemerkungen von *Bourdieu*, Glaube, S. 134, der hinsichtlich der Wirkung von Bildern und dem Prozeß der Einverleibung von Schemata deutlich unterscheidet zwischen der Position einer zuschauenden und einer praktizierenden Gruppe; auch *Geertz*, Religion, S. 79, verweist in bezug auf die religiösen Veranstaltungen ganz explizit auf den Unterschied zwischen Besuchern und aktiven Teilnehmern, könnten diese für erstere doch nur der Ausdruck einer bestimmten Perspektive sein, während sie für letztere immer auch Inszenierung, Materialisierung und Realisierung ihrer eigenen Perspektive seien.

65 Vgl. zu dieser Argumentation *Bourdieu*, Glaube, S. 127ff., u. *Ders.*, Struktur, S. 200f.

66 Vgl. *Geertz*, Religion, S. 79.

67 *Hirth*, Zit. S. 299.

68 Vgl. ebd.

der unterschiedlichsten Zusammensetzung verschiedener Elemente, erlebbar. Und doch waren sie als einzelne, für sich stehende, isolierte Ausdrucksformen kaum erkennbar. Sie fügten sich zusammen in der Dichte der Symbole und symbolischen Handlungen, die regelrecht in einer Überflutung auf die sinnliche Wahrnehmung einwirkten. Ja, auch die vorgeführten Turnübungen büßten in diesem Rahmen den letzten Anschein einer rein körperlichen Ertüchtigung ein, sie wurden selber zur symbolischen Handlung einer »national« agierenden Gemeinschaft.

Über die Wirkungskraft des Massenturnens hatte man sich innerhalb der deutschen Turnbewegung bereits seine Gedanken gemacht. Man veranschlagte sie offenbar so hoch, daß die Überlegungen über Jahrzehnte hinweg völlig kongruent blieben. Im »freien und doch geregelten Ineinandergreifen des Uebens«, folgerte man, fühle sich der einzelne »als Glied einer großen Gemeinschaft, der er sich, um sie bei Gedeihen zu erhalten, unterordnen, zu deren Gedeihen er aber auch selbst tätig mithelfen« müsse.[69] In der Masse von Turnenden sollte, hoffte man offenbar, die Einbindung des einzelnen in die Gemeinschaft gelingen, ein Gefühl von Zusammengehörigkeit entstehen, das sich im wesentlichen aus einem – wenn man so will – partizipatorischen Moment ergeben sollte.

Die Doppelbödigkeit, die hinter dieser Vorstellung steckte, ist unübersehbar: Setzte man auf der einen Seite auf das Gefühl einer Partizipationsmöglichkeit, das sich bei den einzelnen entwickeln und diese als Ganzes zusammenhalten werde, hatte man auf der andern Seite den Zwang zur Partizipation klar vor Augen. Und genau daraus schien der eigentliche Vorteil hervorzugehen, erkannte man doch den disziplinierenden Effekt dieser Massenübungen, bei denen die gemeinsamen Handlungen die Einordnung, ja, die Unterordnung des einzelnen unausweichlich machten. Dieses, man kann schon sagen: Kalkül, wurde in einer späteren Schrift aus dem Jahre 1896, in der das Massenturnen auf den Festen abermals verteidigt wurde, noch deutlicher: »Diese Gleichmäßigkeit bei der Ausführung der Übungen«, versuchte man hier den Nachweis zu führen, »bei welchem sich der einzelne Turner eifrigst bemüht, seine Bewegungen genau in Übereinstimmung zu bringen und zu erhalten mit denen seiner mitturnenden Genossen, sowie die überaus straffe Art des Heran- und Wegtretens bringen eine Übung für Ordnung und Manneszucht, sowie für unbedingtes Einfügen des Einzelnen in das Ganze.«[70]

In dieser kurzen, aber dafür um so plastischeren Skizzierung zentraler Bewegungsabläufe während einer Turnvorführung steckte der zweifellos ungewöhnliche Versuch, den Blick auf die ausschlaggebenden Mechanismen zu lenken, die als Folge geregelter Körperübungen das Verhalten an sich beein-

---

69 Die Turnkunst u. die Wehrverfassung im Vaterlande, in: DTZ 1860, S. 22f., Zit., S. 33.
70 Zur Sitzung des Ausschusses in der Deutschen Turnerschaft 1896.

flußten, darüber hinaus aber auch unter »nationalen« Gesichtspunkten von Vorteil seien. »Jeder Teil«, folgerte man, »wird dienstbar gemacht dem großen Ganzen, er lernt sich fügen als Glied in dem großen Bunde und der Bund erstarkt, da er in einerlei Geist, in einerlei Zucht und Ordnung seine Glieder erzieht und kräftig umschließt.«[71]

Das war jedoch bei weitem nicht der einzige Vorzug, den die Befürworter dieser Art von Präsentation dem Massenturnen zuschrieben. Vielmehr werde »dieses Bild strengster Ordnung in Verbindung mit lebendiger und bis zu hohem Grade gesteigerter Kraftanstrengung« auch auf den Zuschauer einen, wie man hoffte, »geradezu bestechlichen Eindruck« machen; ja, es sei »klarer und weit packender«, »weil geschlossene Kraft, das Bild der Einheit, verstanden werden kann und mitreißt«.[72]

Es wäre methodisch unzulässig, allein diese Verteidigungsschrift des ausgehenden 19. Jahrhunderts als einen Beleg für die tatsächlichen Wirkungsmechanismen und die Symbolkraft des Massenturnens während der 1860er Jahre heranzuziehen. Sie faßt jedoch, erstens, in aller Stringenz und durchaus pointiert die Erwartungen zusammen, die innerhalb der deutschen Turnbewegung über Jahrzehnte hinweg an die Wirkungen des Massenturnens gebunden waren – Erwartungen, die sich in der Inszenierung der Massenturnübungen niederschlugen, deren Präsentationsform über den gesamten Zeitraum hinweg in ihren wesentlichen Zügen konstant blieb. Und es scheint, zweitens, als ob die hier formulierten Überlegungen auch für die frühen Turnfeste der 1860er Jahre alles andere als abwegige und haltlose Spekulationen waren.

Doch es gilt genau hinzusehen: Denn die Reichweite der erwarteten Wirkungen war offener, als sich das so mancher Turner erhofft haben mag – zumindest, sofern es die Entwicklung eines einheitlichen »nationalen Bewußtseins« und eines damit einhergehenden »nationalen Verhaltens« betraf. Das galt in gleichem Maße für die anwesenden Zuschauer wie für die teilnehmenden Turner.

Im Moment eines Festes war das nicht ohne weiteres zu erkennen. Denn das Massenturnen war bis ins Detail eine Inszenierung »nationaler« Zusammengehörigkeit und eine Demonstration »nationaler« Eigenschaften, die, vermittelt durch die Vielfalt und Dichte der Symbole und symbolischen Handlungen, für jeden einzelnen begreifbar und spürbar werden konnten.

Dazu gehörte auch der Auftakt zu den Massenturnübungen, der einer regelrechten Eröffnungszeremonie gleichkam – eine Einstimmung des Publikums und der Turnenden, die erste Eindrücke und Gefühle hervorrufen konnte, die auf seiten der Zuschauer sowohl die Wahrnehmung als auch die Erwartungen an das nachfolgende Turnen, auf seiten der Vorturnenden vor allem ein spezifisches Körperverhalten im voraus festlegten.

71 Ebd.
72 Ebd.

Das Berliner Fest von 1861 veranschaulicht das auf prägnante Weise: Die Präsentation der Turner in den Straßen Berlins im klar strukturierten »Einheitszug« und das Massenturnen gingen geradezu nahtlos ineinander über. Das sicherte einen geordneten Auftakt: »In Rotten zu 10 Mann« seien, hielt das Gedenkblatt fest, die Turner aus dem ankommenden Festzug, im Dauerlauf und in »schönster Ordnung« auf dem Platz eingerückt; darunter die »Fahnenträger mit ihren Fahnen und Bannern immer in gleichem Schritt«, auch wenn so mancher, wie der Autor der Festschrift bemerkte, »wohl unter der Last« zu keuchen hatte. Dieses »Schauspiel flinkgewandter und geregelter Kraft« verfehlte seine Faszinationsmacht auf die Zuschauer nicht. Sie ließen sich mitreißen von der sichtbaren Anstrengung, die mit diesem Aufmarsch verbunden war und honorierten die enorme Ausdauer der einströmenden Turnermassen mit »laute[m] Beifall«, bis »der Zug stand, den ganzen gewaltigen Raum erfüllend«. Umgehend, als hätte man die Turner zum Appell gerufen, marschierten je zwanzig von ihnen auf, »eine Riege bildend, nach Anordnung der Turnwarte Mann neben Mann in eine Reihe; ein langgehaltenes Hornsignal ertönte«, und »die Fahnenträger, von den Fahnenwachen begleitet«, traten hervor, um ihre Fahnen und Banner um eine Säule mit der Büste Jahns in der Mitte des Platzes zu gruppieren – für die Dauer des Schauturnens ein Symbol für die »Vertretung des gesamten Deutschlands und der fernsten Orte bewohnter Erde, wo deutsche Sitte lebt«, so erläuterte es der Berichterstatter.[73]

Das war die klare symbolische Interpretation eines Zeitgenossen; eindeutig aber war die Symbolik auch in diesem Fall keineswegs. Das gesamte Szenarium: eine symbolische Handlung vom Aufmarsch der Fahnenträger bis zur gemeinsamen Aufstellung der Fahnen, konnte »Einheit« in einer weitaus vielschichtigeren und komplexeren, aber auch vieldeutigeren Weise vermitteln. Denn im Moment der Durchführung verschmolzen in der symbolischen Handlung Ordnung, Disziplin und kräftiges Auftreten auf der einen und »nationale« Zusammengehörigkeit auf der andern Seite zu einer Einheitsvorstellung, in der zentrale Verhaltensweisen als »nationale« Eigenschaften gedeutet werden konnten. Ja, es scheint, als ob diese vermeintlich »nationalen« Eigenschaften noch um einen weiteren Punkt ergänzt werden mußten: die Wehrhaftigkeit. Das legen der Einsatz des Befehls und die darauffolgende Art des Antretens nahe; doch der Ausdruck war subtiler, vermittelte sich in der scheinbar unbedeutenden Art der körperlichen Haltung; denn das Hervortreten aus der Riege setzte für einen Moment die »sogenannte militärische Haltung« voraus – vergleichbar der »kurzen Zeitspanne zwischen Ankündigungsbefehl und Ausführungsbefehl zum Marsche vorwärts«, in der sie bei den Freiübungen die übliche turnerische Grundhaltung ablöste.[74]

---

73 Vgl. Gedenkbuch, S. 65.
74 Vgl. dazu den Art. »Stehen«, in: *Handbuch*, S. 744.

Diese »nationalen« Eigenschaften schienen Voraussetzungen einer »Einheit« zu sein, die, symbolisiert durch das Zusammentragen der Fahnen, auf zweierlei Weise begriffen werden konnte: als eine politische Einheit »Deutschland« und als eine, man könnte sagen: »deutsche« Einheit, die über den politischen Raum, in welchen territorialen Grenzen dieser auch immer gedacht wurde, weit hinausging, stützte sie sich doch auf die Verbreitung gemeinsamer Kulturgüter wie der Sprache und der »Sitte«. Daß sich die Vorstellung von einer politischen und einer kulturellen Einheit keineswegs ausschlossen, darauf deutet die vorn angeführte zeitgenössische Interpretation unzweifelhaft hin. Das ist im Grunde auch nicht erstaunlich: Denn gerade in der symbolisierten kulturellen Einheit konnten die verschiedenen und oft konkurrierenden Identitäten und Loyalitäten aufgehen, ohne dabei ihre Bedeutung zu verlieren. Es blieb vielmehr, mit anderen Worten, Raum für den Pluralismus von Identitäten und Loyalitäten und damit auch für die Ausprägung unterschiedlicher »nationaler« Bewußtseinsformen.

Im Vergleich mit einer solchen Auftaktinszenierung büßte das Massenturnen an symbolischer Reichhaltigkeit nichts ein. Die strikte und geregelte Aufstellung der Turner vereinte die Vielzahl der Anwesenden zu einer in sich geordneten Einheit, die aufgrund ihrer Struktur den einzelnen in die Gesamtheit einband, Zusammengehörigkeit sichtbar und erlebbar machte. Aus der Perspektive der Außenstehenden und für die teilnehmenden Turner freilich aus unterschiedlichen Gründen: Für die Zuschauer entstand ein imposantes Bild, das allein durch seine Ästhetik bestach. Auch der letzte Hauch von Anrüchigkeit mußte, sofern er der deutschen Turnbewegung noch anhaftete, in diesem Moment entschwinden. Tausende von Menschen oder – um an dieser Stelle bewußt auf den militärischen Sprachschatz zurückzugreifen – ein ganzes Heer von Turnenden präsentierte sich geordnet und diszipliniert auf dem Feld. Jeder hatte bei den Freiübungen den Abstand von einer Armeslänge zu den vor und neben ihm stehenden Turnern einzuhalten – eine Aufstellung, die den Eindruck von Geschlossenheit hinterließ, in der die Unterschiede unmerklich, die Gleichheit statt dessen als herausragendes Merkmal hervorstach, einprägsam durch seine Struktur und Übersichtlichkeit.

Den Turnenden blieb dieses Blickfeld verschlossen. Doch gerade im Massenturnen als körperlicher Praxis konnte jeder Turner das Gefühl, ein tragender und damit auch bedeutender Teil des Ganzen zu sein, entwickeln; war jeder einzelne nicht nur mit der Gemeinschaft verbunden, sondern zugleich gefordert, ein Höchstmaß an Disziplin, Anstrengung und körperlicher Leistungsfähigkeit aufzubringen. Dabei konnten durchaus unterschiedliche Mechanismen zum Tragen kommen, die nicht nur der präzisen Durchführung der Übungen, sondern auch der Eingliederung und Unterordnung jedes einzelnen, letztlich sogar einem »nationalen« Zusammengehörigkeitsgefühl deutlich Vorschub leisteten. Denn gerade in der vermeintlichen Übersichtlichkeit der

Menge schien jeder einzelne sichtbarer Teil im Ganzen zu bleiben, jede unkorrekte Bewegung zu stören, die die eigene Leistungsfähigkeit beim geringsten Fehler coram publico bloßstellte.

Das kam nicht nur einer öffentlichen Diskreditierung gleich; es war unweigerlich auch ein Angriff auf die eigene Identität, die im Moment der Darbietung von der kollektiven Identität, wie sie vor den Massenturnübungen von den Rednern entworfen wurde, nicht mehr ohne weiteres zu trennen war. In diesen kollektiven Selbstportraits erhielten populäre Autostereotype: vor allem der Männlichkeit und der Wehrhaftigkeit, der Stärke und der Kraft, der Disziplin und Ordnung eine, teils explizit, teils implizit hergestellte »nationale« Bedeutung. Mit diesem Transfer von Wert- und Verhaltensvorstellungen verschmolzen Ich-Identität und Wir-Identität, wurden erfahrbare »nationale« Eigenschaften entworfen, die nicht nur eine integrative, sondern auch eine disziplinierende Wirkung entfalteten. Denn an ihnen orientierte sich das beurteilende Publikum, dessen Maßstäben jeder einzelne standzuhalten hatte: Wer hier turnte, hatte »Kraft und männlichen Sinn«[75] zu zeigen, seine Berufung »zu Schutz und Wehr dem *einen* deutschen Vaterland«[76] zu beweisen, demonstrierte als »Turner, als Deutscher und als rechter Mensch«, mit welchem »Ernst und heiligem Willen zu streben und zu arbeiten« er bereit war, um einst »dem Vaterlande endlich Sieg und Freiheit zu bringen«.[77]

Derartige Erwartungen, wie sie in den Reden zahlreicher Vortragender immer wieder anklangen, lassen keinen Zweifel offen: Massenturnen – das sollte mehr sein als der symbolische Ausdruck »nationaler« Zusammengehörigkeit; es war zugleich gedacht als eine Demonstration »nationaler« Wert- und Verhaltensvorstellungen. Die Inszenierung, die sich keineswegs in der geordneten Aufstellung der Turner während der Freiübung erschöpfte, wurde dem durchaus gerecht: Denn, erstens, wurden einfache Übungen vorgeführt, und, zweitens, ließ man die Vorführung von einem dafür ausgewählten Oberturnwart leiten. Das waren keineswegs unbedeutende Einzelheiten und vernachlässigbare Nebensächlichkeiten, wie es vermutlich manchem auf den ersten Blick erscheinen mag. Im Gegenteil: Sie waren mit ausschlaggebend für die präzise, und das hieß vor allem: für die übereinstimmende Durchführung der Übungen und bestimmten daher auch den Ausdruck und die Wirkung des Massenturnens auf die Außenstehenden weithin mit – und nicht nur das.

Man muß es sich vielleicht zunächst vor Augen führen: Inmitten der Teilnehmenden stand auf der erhöhten Rednerstätte der leitende Oberturnwart, sichtbar für alle und kraft seiner Funktionen eine Autorität, die, bestärkt durch die ihm zugewiesene Position auf dem Platz, Disziplin und Unterordnung for-

75 Vgl. Eduard Angerstein in seiner Rede unmittelbar vor Beginn des Massenturnens, in: Gedenkbuch, S. 66–69, Zit. S. 67.
76 Turn- u. Jugendfest, S. 31 (Hervorh. i. Orig.).
77 Gedenkbuch, S. 68.

dern konnte. Auf seinen Befehl – es konnte ein Wink sein – und nach seinem Vorbild – jede Bewegung wurde von ihm mustergültig vorgemacht – hatten die Turnenden die Übungen durchzuführen: Armstoßen nach oben, Kniebeugen, Rumpfbeugen und dergleichen mehr. Das waren gängige und daher leicht zu bewältigende Aufgaben, für die Turner eine Selbstverständlichkeit und gerade deshalb in ihrer Wirkung nicht zu unterschätzen. Aufgrund des scheinbar belanglosen Befehls konnten die Körper in Haltungen gebracht werden, die unter den praktizierenden Turnern unweigerlich spezifische Gefühle hervorrufen mußten: Denn mit diesen Übungen, die ein Teil des alltäglichen Turnbetriebs waren, ob als reine Körperertüchtigung oder als Vorbereitung für die späteren Waffenübungen,[78] waren Wert- und Verhaltensvorstellungen verbunden und einverleibt worden, die jetzt, im Moment der wiedereingenommenen körperlichen Haltung, gewissermaßen abgerufen wurden und nicht nur den körperlichen Ausdruck, sondern auch das Fühlen und Denken der Turnenden mitbeeinflußten:[79] Ordnung und Disziplin, Gelenkigkeit, Kraft und Wehrhaftigkeit.

Die Eindrücke der Zuschauer spiegeln das zweifellos wider: Es gibt kaum einen Kommentar, der nicht die »große Regelmäßigkeit, die Ordnung und de[n] Ernst« hervorgehoben,[80] die »Kraft und Gewandtheit« lobend betont[81] oder »die Genauigkeit, Uebereinstimmung und Regelmäßigkeit« zur Sprache gebracht hätte, mit der die Turnenden, »trotz ihrer Zusammenwürfelung aus Nah und Fern«, wie der Berichterstatter des Berliner Festes eigens hinzufügte,[82] die vorgeschriebenen Übungen ausführten. Von einem »überraschenden und überwältigenden Eindruck« war sogar die Rede, den die Zuschauer mit rauschendem Beifall »wie ein Sturm« bestätigten, »wenn 8000 Arme gleichzeitig, wie von einem Willen gelenkt, in die Höhe fuhren; wenn 4000 Mann, gleichmäßig auf einen Wink, eine tiefe Kniebeuge ausführten«.[83] Und einem Augenzeugen des Leipziger Festes blieb es, wie er betonte, ein unvergeßlicher Augenblick, als »die vierzehntausend erhobenen Arme mit einem Male an die Körper gleichmäßig niederfielen und ein Geräusch entstand«, das sich nach seinem Empfinden »am besten mit dem Knattern des Kleingewehrfeuers vergleichen« ließ.[84]

Es steht außer Frage, daß derartige Interpretationen und Assoziationen das Ergebnis eines spezifischen Habitus waren, in dem bestimmte kulturelle, soziale und politische Erfahrungen zum Tragen kamen. Dennoch wird man von dieser Deutung weder, wie es vielleicht den Anschein erweckt, auf ein allgemeines noch auf ein konstantes »nationales Bewußtsein« schließen können, setzte

78 Vgl. z.B. *Klumpp*, S. 19ff.
79 Vgl. dazu die Argumentation von *Bourdieu*, Glaube, S. 127ff.
80 Gedenkblatt. Die Turner-Fahnenweihe zu Landsberg a.W.
81 Das schwäbische Turnfest zu Ulm.
82 Vgl. Gedenkbuch, S. 69.
83 Ebd.
84 Erinnerungen, S. 559.

sich dieses doch aus einem ganzen Geflecht von Variablen zusammen, die in verschiedenen Situationen mit unterschiedlichem Gewicht zur Geltung kamen. Sie verweisen jedoch auf die Verbreitung gemeinsamer Wert- und Verhaltensvorstellungen, die als dauerhafte Dispositionen in einem bestimmten Kontext durch die Symbole, seien es nun sprachliche, bildliche oder andere, aktiviert und als Bestandteile der »Handlungs-, Wahrnehmungs- und Denkmatrix« Bedeutung erlangen konnten.

Dazu ein letztes erläuterndes Beispiel in der gebotenen Kürze: Das erste deutsche Turn- und Jugendfest, gefeiert in Coburg 1860, war – vorn wurde bereits darauf hingewiesen – mehr als ein Ausdruck »deutscher« Zusammengehörigkeit. Vor dem Hintergrund der vermeintlichen Bedrohung durch den äußeren Feind Frankreich, die bereits im Vorfeld, aber auch während des Festes vielfach beschworen wurde, sollte es die »Thatkraft« und die Stärke eines »mächtigen und unüberwindlichen Vaterlandes«[85] zum Ausdruck bringen, war das Fest selbst ein Symbol, dessen Bedeutung in einer Vielzahl einzelner Symbole festgehalten wurde.

So wurde das Fest am 17. und 18. Juni gefeiert, an den Tagen der Schlacht bei Belle-Alliance – bekannter noch als Gedenktage der Schlacht von Waterloo –, als »die Ehre und Unabhängigkeit des gemeinsamen Vaterlandes gegen fremden Unmuth siegreich gewahrt worden« seien.[86] Bereits die Wahl der Festtage war ein Symbol der Stärke, der Wehrkraft, der Unbezwingbarkeit. Doch davon gab es weitere. Den Versammlungsort am Abend: die »Veste«, nach wie vor ein offensichtlich beeindruckendes Bauwerk mit seinen »Mauern und Zinnen, Wällen und Thoren«; ein Siegeszeichen und historisches Mahnmal »deutscher«, und das hieß in diesem Fall vor allem: protestantischer Geschichte, geachtet als Herberge Luthers, »an dessen Gewalt sich Rom brach«, und als Festung, an der sich einst auch »die Kräfte des allbezwingenden« – und man müßte hinzufügen: zum katholischen Glauben konvertierten – Wallenstein brachen.[87] Doch die »Veste« eignete sich zum abendlichen Aufenthalt noch aus einem weiteren Grund: Ihre Halle beherbergte das Galionsbild des Linienschiffes Christian VIII., das von deutschen Kugeln vernichtet worden war[88] – ein in seiner Bedeutung und Wirkung unvergleichlich wirksames Symbol, ließ doch die darin festgehaltene Bezwingbarkeit der Dänen den als überaus schmerzlich empfundenen Verlust der schleswig-holsteinischen Herzogtümer und die Verletzung »deutscher« Ehre spüren.

Diese Symbolik war Ermutigung, Mahnung und Verpflichtung zugleich: zur Überwindung von Spaltung und Zerrissenheit, vor allem aber auch zur Siche-

85 Vgl. die Rede des Coburger Oberbürgermeisters Oberländer, in: Turn- u. Jugendfest, S. 13f., und das Kap. Einheit – Eintracht – Einigkeit.
86 Aufruf vom 18. Juni 1860, in: DTZ 1860, S. 69.
87 *Schloenbach*, S. 3; Turn- u. Jugendfest, S. 9f., 53f.
88 Ebd., S. 9f.

rung der Wehrhaftigkeit, die am ehesten durch die »That kraftentfaltender Leibesübung«,[89] das Turnen, gewährleistet sein sollte, das damit einen spezifischen »Sinn« erhielt. In dieser Überzeugung traten die Redner vor das Publikum, erfolgte der Appell an die Turner, wurden die Turnübungen präsentiert.

»Deutsche Jugend, treu vereint/ Schlag' gemeinsam auf den Feind«[90] – Worte wie diese aus einem eigens für dieses Turnfest verfaßten Lied, das einleitend zu dem Riegen- und Schauturnen vorgesungen wurde: Das waren einprägsame Redewendungen, mit denen die Zuschauer und die Turner eingestimmt wurden und die als strukturierendes Moment der Wahrnehmung wirksam waren. In einer beständigen Vergegenwärtigung von Gefahr und einer gleichzeitigen Selbstvergewisserung, diese bewältigen zu können, erhielt das Turnen eine weitere symbolische Bedeutung: Wehrfähigkeit, Stärke und Kraft wurden zu sinnlich erfaßbaren und emotional erlebbaren Eigenschaften, die der ersehnten und beschworenen Unbesiegbarkeit eines einigen »deutschen« Volkes Glaubwürdigkeit verliehen. Die Turnenden, deren »Kraft und Gewandtheit«, »Gleichmäßigkeit und Gediegenheit« bei den Übungen an Reck und Barren mit Bewunderung zur Kenntnis genommen wurden, erschienen vor diesem Hintergrund als »Kämpfer«; ebenso während der »Spiele«: Im »mannhafte[n] Ringkampf« – das Vokabular der Zeitgenossen spricht für sich – traten abermals »Kämpfer« gegeneinander an, standen sich »Gegner« einander gegenüber, deren »Kampf« durch »raschen Angriff« entschieden werden konnte.[91]

Ob im rituellen Turnen oder im Spiel – für die Beteiligten verschmolzen hier vorgestellte und erlebte Welt zu ein und demselben, wurden gelebte Wert- und Verhaltensweisen zur Realisierung und Inszenierung der eigenen Perspektive, in denen die geweckten Gefühle und Stimmungen zum bestimmenden Moment des »nationalen Bewußtseins« und des augenblicklichen Handelns werden konnten.[92] In einem eigentümlich anmutenden Kriegsspiel des Coburger Festes zeigte sich auf besonders eindrucksvolle Weise, wie der einzelne durch symbolische Handlungen angesprochen werden und sich in ihnen wiederfinden konnte. In diesem Spiel wurden Emotionen freigesetzt, weil Ängste und Aggressionen aufgegriffen wurden. Diese Gefühle konnten kanalisiert und mit der praktischen Handlung in das Bewußtsein von Einheit, Wehrfähigkeit, Stärke und Überlegenheit gegenüber dem eigentlichen Adressaten dieser Demonstration: Frankreich umgewandelt werden.

Der Beobachter Arnold Schloenbach hat dieses Spektakel anschaulich beschrieben und gedeutet: »Der Rückzug zur Stadt wurde ein höchst merkwürdi-

89 Aufruf vom 18. Juni 1860, in: DTZ 1860, S. 69.

90 Aus: Turner-Willkomm, in: Turn- u. Jugendfest, S. 32ff.

91 Vgl. die Schilderung in: Turn- u. Jugendfest, S. 35. Dazu auch: Das XVI. schwäbische Turnfest zu Halle, in: DTZ 1865, S. 293.

92 Vgl. dazu sowohl die Argumentation von *Geertz*, Religion, S. 78, als auch von *Bourdieu*, Struktur, S. 189ff.

ges Kriegsspiel; die Turner theilten sich in zwei Heere, das eine hatte das Losungswort ›Coburg‹, das andere ›Deutschland‹. Coburg zog zuerst rasch vorwärts und verschanzte sich auf einer Anhöhe hinter einem Graben. Hier wurde es von Deutschland angegriffen und nach hartnäckigem Kampfe vertrieben. Nun zog Deutschland sich schnell zurück und war bald dem verfolgenden Coburg verschwunden. Es blieb ihm verschwunden bis an die erste Brücke zur Stadt. Diese hatte Deutschland mit vielfältigem Material von einem naheliegenden Bauplatz verbarricadiert, und Coburg mußte diese Barricade erstürmen, was ihm dann auch nach tapferer Gegenwehr Deutschlands gelang. Fassen wir dieses Spiel symbolisch zusammen, so möge uns daraus der ernste Gedanke entgegengetreten: Daß Deutschland nicht besiegt werden wird, wenn Coburg an seiner Spitze steht.«[93]

Das alles waren jedoch Momentausschnitte. Sie erfassen nicht mehr als Teilelemente »nationalen Bewußtseins«, die im Verlauf eines Festes zum Ausdruck kamen. Und dabei konnten unterschiedliche Faktoren und Mechanismen eine Rolle spielen: Die Atmosphäre eines Festes, der Konformitäts- und Integrationsdruck innerhalb der Turnvereine, aber auch im Kreis der Festgemeinschaft, schließlich die urteilende Öffentlichkeit und die Angst vor einer Blamage – auch diese Faktoren konnten dem Eindruck von »nationaler« Zusammengehörigkeit und gleichen Vorstellungen »nationalen« Verhaltens zugrunde liegen. Selbstverständlich konnten auch daraus Dispositionen für eine spezifische Wahrnehmung, ein bestimmtes Betragen und Denken hervorgehen: Die eingängigen, redundanten und daher auch leicht anzueignenden sprachlichen, körperlichen und bildlichen Darstellungsformen prägten den Habitus durchaus, leisteten der Entwicklung eines »nationalen Bewußtseins« Vorschub. Doch stets blieb offen, welches Gewicht die verschiedenen Komponenten im »nationalen Bewußtsein« erlangten. Ja, man muß, das zeigte sich im Jahrzehnt vor der Gründung des Nationalstaats noch deutlich, sogar noch einen Schritt weiter gehen: Es blieb offen, in welchem Verhältnis die einzelnen Elemente überhaupt zu dem Wunsch nach »nationaler« Zusammengehörigkeit standen. Nach wie vor bewiesen die partikularen Identitäten und Loyalitäten ihre eigene Geltungskraft. Einen unumstößlichen Primat der »Nation« gab es bei weitem noch nicht.

Die Vertreter im Gesamtausschuß der deutschen Turnvereine hatten das vermutlich vor Augen, als sie Ende des Jahres 1865 in eine Kontroverse über das geplante Turnfest im darauffolgenden Jahr gerieten.[94] Denn von einem einheitlichen »nationalen Bewußtsein« innerhalb der deutschen Turnbewegung konnte in Anbetracht der unübersehbaren politischen Diskrepanz hinsichtlich der schleswig-holsteinischen Frage, und das hieß in diesem Augenblick vor allem:

93 *Schloenbach*, S. 9f.
94 Bericht über die Sitzung des Gesamtausschusses der deutschen Turnvereine am 28. u. 29. Dez. 1865 in Nürnberg, in: DTZ 1866, S. 12f.

hinsichtlich der preußischen und österreichischen Politik, nicht die Rede sein. Unter diesen Umständen war es nur allzu verständlich, daß die Wirkungskraft eines Festes – immerhin waren bereits drei deutsche Turnfeste und unzählige kleinere Feiern abgehalten worden – im Hinblick auf die Entwicklung eines »nationalen« Zusammengehörigkeitsgefühls und gemeinsamer »nationaler« Wert- und Verhaltensvorstellungen nicht mehr völlig unumstritten war.

Daß »die großen Nationalfeste«, wie das von den Befürwortern des geplanten Festes argumentativ ins Feld geführt wurde, »zu den wirksamsten Agitationsmitteln« der deutschen Turnbewegung gehöre – diesen Standpunkt mochten Mitte der 1860er Jahre keineswegs mehr alle teilen. Unter den Skeptikern war sogar von einem möglichen »Schaden«, den das Fest »im Falle eines Mißlingens anrichten« könne, die Rede. Schließlich berechtige weder »die nationale Entwicklung in den letzten zwei Jahren« noch die turnerische »zur besonderen Freude« – eine Tatsache, die auch durch »Festprunk und Festlärm« nicht geändert werden könne. Wenngleich sich die Kritiker nicht durchzusetzen vermochten – allein die politische Zersplitterung schien ihnen recht zu geben.

II. Nationalismus und Nationalstaat seit 1871

A. Veränderte Rahmenbedingungen und die Zäsur des Krieges. Konfliktherde und Feindkonstellationen: Die gespaltene »Einheit«

»Ohne die 3 Kriege«, schrieb Jacob Burckhardt im Oktober 1871 an Friedrich von Preen, wären der Kronprinz und sein Haus »bereits in größerer Gefahr als er es jetzt ist. Man wird sich überhaupt mit der Zeit darüber klar werden«, bemerkte er kritisch, »bis zu welchem Grade die 3 Kriege aus Gründen der *inneren* Politik sind unternommen worden. ... Rein vom Gesichtspunkt der Selbsterhaltung aus war es die höchste Zeit, daß man die 3 Kriege führte. Aber freilich über die weitern *innern* Entwicklungen, die das Alles noch mit sich führen wird«, prognostizierte er abschließend, »dürften uns noch öfter die Augen übergehen.«[1]

Aus diesen Beobachtungen, denen Burckhardt keine analytischen Details hinzufügte, sprach eine zurückhaltende Vorsicht, wenn nicht sogar eine tiefe Skepsis gegenüber der künftigen »nationalen« Entwicklung im soeben gegründeten Deutschen Kaiserreich. Es mag auf den Blick des außenstehenden Beobachters zurückzuführen sein, daß Burckhardt im Anschluß an den von Deutschland gewonnenen Krieg gegen Frankreich nicht in den Taumel der Nationalstaatsgründung geraten war, wie man das bei vielen seiner Zeitgenossen aus Deutschland beobachten konnte. Heinrich von Sybel, der an dieser Stelle nur als das prominenteste Beispiel genannt werden soll, schien es einer »Gnade Gottes« gleichzukommen, »so große und mächtige Dinge erleben zu dürfen«. Das drückte mehr aus als die Ergriffenheit im Moment eines großen historischen Augenblicks; vielmehr sah er sich, wie viele andere aus seiner Generation, mit der Nationalstaatsgründung am Zielpunkt »alles Wünschens und Strebens« angekommen, das er nun »in so unendlich herrlicher Weise erfüllt« glaubte.[2]

Doch gerade die darin enthaltene Zukunftsgewißheit vieler Liberaler, daß

---

1 Jacob Burckhardt an Friedrich von Preen, 12. Okt. 1871, in: *Ders.*, S. 138–140, Zit., S. 139 (Hervorh. i. Orig.).

2 Zit. nach *Langewiesche*, Liberalismus, S. 128; vgl. auch die Aufsätze von *Höfele*, Sendungsglaube; *Brakelmann*; u. *Fenske*, Deutschen, die alle eine reichhaltige Fundgrube für die zeitgenössischen Empfindungen rund um die Nationalstaatsgründung abgeben.

mit der politischen Einheit dem »einmütigen Willen des deutschen Volkes«[3] auf Dauer kein Widerstand entgegengesetzt werden könne, der imstande sei, die innenpolitische Liberalisierung aufzuhalten, sollte sich in vielerlei Hinsicht als Trugschluß erweisen. Der einmütige »nationale« Wille war eine Vision, der eine Vielfalt von Identitäten und Loyalitäten, von unterschiedlichen Welt- und Gesellschaftsdeutungen, von verschiedenen Wert- und Verhaltensvorstellungen entgegenstand. Sie fanden Eingang in ganz verschiedenartige Vorstellungen darüber, wie die »Nation« und das »Volk« beschaffen sein und welche Bedeutung Begriffen wie »national« oder auch »deutsch« zugrunde gelegt werden sollten. Und sie drückten sich aus in verschiedenen Ausprägungen »nationalen Bewußtseins«, die sich im Verlauf der nächsten Jahrzehnte entwickelten und dabei immer wieder auch veränderten.

Darüber hinaus war, um das an dieser Stelle einzuflechten, die Identifikation mit der »Nation« auch nach der Gründung des Nationalstaats keine Selbstverständlichkeit – zumal das Deutsche Kaiserreich als kleindeutscher Nationalstaat eine Reihe von potentiellen Konfliktherden in sich barg: Erstens waren das einzelstaatliche Identitätsbewußtsein und die Loyalität zum angestammten Herrscherhaus keineswegs hinfällig.[4] Bis weit in die 1890er Jahre hinein – und oft noch weit darüber hinaus – behielten sie ihre eigene Geltungskraft – trotz oder gerade wegen des föderativen Aufbaus des neuen Reiches, der den Einzelstaaten in vielerlei Hinsicht ihre eigene Hoheit ließ und ihnen auf Reichsebene durch die Institution des Bundesrates eine gewisse Beteiligung an den »nationalen« Entscheidungen ermöglichte.

Vor allen Dingen standen die überkommenen einzelstaatlichen Verbundenheiten und Loyalitäten in einem Spannungsverhältnis zu Preußen, das als größter und bevölkerungsreichster Bundesstaat eine hegemoniale Stellung im Kaiserreich einnahm. Mit 17 Stimmen im Bundesrat besaß Preußen zwar keine Mehrheit gegenüber den Stimmen, welche die übrigen Bundesstaaten zusammen hätten aufbringen können; als ökonomische, militärische und politische Kraft verfügte es jedoch über genügend Einflußmöglichkeiten und Druckmittel, die es als Bündnispartner für zahlreiche Mittel- und Kleinstaaten immer wieder attraktiv machten, die dann die erforderlichen Mehrheiten gewährleisteten.[5]

Zweitens war das Reich konfessionell gespalten, wobei der protestantische Norden den katholischen Süden eindeutig dominierte. Das implizierte divergierende Welt- und Gesellschaftsdeutungen, aus denen unterschiedliche natio-

---

3 So hatte es Rudolf von Bennigsen noch im Jahre 1870 formuliert; Zit. nach *Langewiesche*, Liberalismus, S. 111.

4 Vgl. auch *Tacke*, Denkmal; *Blessing*, Kult; *Hanisch*, Nationalisierung; *Berding*, Identität; *Hardtwig*, Bürgertum; *Ders.*, Topographie; *Kennedy*.

5 Ausführlicher dazu *Nipperdey*, Geschichte, Bd. 2, S. 85–109; als neuer, kurzer Überblick: *Ullmann*, S. 31ff.

nal- und rechtspolitische, verfassungs- und gesellschaftspolitische Vorstellungen hervorgingen, die nur schwer zur Deckung gebracht werden konnten.[6] Drittens schloß das neue staatliche Gehäuse der »Nation« bei weitem nicht alle deutschsprachigen Bevölkerungsgruppen mit ein, umfaßte jedoch mit den Franzosen im annektierten Elsaß-Lothringen, den Dänen in Schleswig und den Polen in Preußen starke nationale Minderheiten, die sich unter Berufung auf das Nationalitätsprinzip der deutschen »Nation« nicht zugehörig fühlten. Welches einheitliche Verständnis sollte angesichts dieser offenkundigen kulturellen, politischen und auch sozialen Heterogenität der »Nation« zugrunde gelegt werden?

Im Deutschen Kaiserreich, das sich als Nationalstaat verstand, erwies sich diese Konstellation, auf die in der Historiographie immer wieder mit Nachdruck hingewiesen wird, als durchaus problematisch. Um so mehr erstaunt es, daß die Entwicklung des deutschen Nationalismus seit der Kaiserreichsgründung nach wie vor als ein Wandel von einem »linken« zu einem »rechten« Nationalismus oder als Verschiebung von einem Liberal- zu einem Radikalnationalismus beschrieben wird, der – wenngleich mit unterschiedlicher Akzentuierung – auf einen Funktionswandel zurückgeführt wird.[7] Zugespitzt formuliert, ist eine solche Klassifizierung und Interpretation der Fortschreibung jener liberalen Perspektive verpflichtet, die noch im Vorfeld der Nationalstaatsgründung die »nationale« Argumentation dominierte und – trotz aller Differenzen, die auch innerhalb des Liberalismus auftauchten – die »nationale« Idee mit einer fortschreitenden politischen Liberalisierung verband.

Eine solche Etikettierung verstellt jedoch den Blick in mehrfacher Hinsicht: auf die Entwicklungsbedingungen eines »nationalen Bewußtseins«, das sich vielfach erst herausbilden mußte; auf die Gleichzeitigkeit verschiedener »nationaler Bewußtseinsformen«, die bestimmt waren von einer Vielzahl von Variablen, zu denen die regionale Herkunft, die Religionsangehörigkeit, das Zugehörigkeitsgefühl zu einer sozialen Klasse oder das Geschlecht ebenso gehören konnten wie etwa die politischen Überzeugungen oder die differierenden Wert- und Normvorstellungen; auf die vielfältigen Ursachen der inhaltlichen Wandlungsfähigkeit des Nationalismus; und auf die Dynamik des Nationalismus, die in den Welt- und Gesellschaftsdeutungen, mit all den daraus erwachsenden Hoffnungen und Ängsten, Werten, Normen und politischen Überzeugungen ebenso liegen konnte wie in den vorherrschenden Herrschaftsstrukturen und sich eröffnenden Partizipationsmöglichkeiten.

---

6 Vgl. dazu v.a. *Anderson*, Windthorst, S. 103ff.; *Blackbourn*, Marpingen; *Gründer*; *Langner*, Katholizismus; *Tilgner*; für das wilhelminische Deutschland: *Hübinger*, S. 233–250, 291–302.

7 Bei aller Differenzierung, die zugegebenermaßen die jüngeren Arbeiten zum Nationalismus kennzeichnet, hat diese Charakterisierung und Interpretation in zahlreichen Arbeiten nach wie vor Bestand. Als Beispiele seien hier nur genannt: *Winkler*, Nationalismus; *Langewiesche*, Nationalismus; *Wehler*, Gesellschaftsgeschichte, Bd. 3, S. 938–965; *Koselleck u.a.*, S. 376.

Damit soll ein zunehmender Radikalisierungsprozeß im deutschen Nationalismus in den auf die Nationalstaatsgründung nachfolgenden Jahrzehnten nicht in Abrede gestellt werden. Im Gegenteil: Die illiberalen Elemente, die, um zunächst nur die gängigsten Beispiele zu nennen, im Kampf gegen die Katholiken, die Sozialisten, die »Juden« und die nationalen Minderheiten deutlich wurden, verschärften den Nationalismus ebenso wie die Forderung nach einer expansionistischen Politik und der zunehmende Drang nach Weltmachtgeltung.

Diese Entwicklung, die sich immer weiter zuspitzte und im Nationalsozialismus ihren Kulminationspunkt gefunden zu haben scheint, war mit der Nationalstaatsgründung keineswegs vorgezeichnet oder gar zwangsläufig. Und doch griff, mag es zunächst auch paradox erscheinen, dieser Radikalisierungsprozeß zum Teil über die politischen Lager hinweg. Das Zusammenspiel zwischen »inneren« und »äußeren« Feindbildern einerseits und den innen- und außenpolitischen Vorstellungen und Konsequenzen andrerseits gestaltete sich dabei freilich unterschiedlich, wurde verschieden begründet und nicht immer mit der gleichen Unnachgiebigkeit verfochten. Mit der Nationalstaatsgründung jedoch hatte in der kulturell, sozial und politisch heterogenen Gesellschaft des Deutschen Kaiserreichs ein Ringen um ein Wert- und Deutungsmonopol eingesetzt, das unter dem Banner der »Nation« stets den Anspruch auf Allgemeingültigkeit erhob. Damit wurde stillschweigend die Homogenität der »Nation« vorausgesetzt oder doch zumindest für die allernächste Zukunft unterstellt.

Angesichts der fortbestehenden, ja, zunehmenden Diversifizierung und Fragmentierung im Kaiserreich mit ihren sich verschärfenden Konflikten läßt sich diese Vorstellung aus der zeitlichen Distanz leicht als eine Utopie bezeichnen. Aus der Perspektive der Zeitgenossen jedoch stellte sich das anders dar, sei es, daß die Gründung des Nationalstaates von 1871 als »Wiedergeburt« der »Nation« gedeutet und erlebt wurde, die in Abgrenzung von der »nationalen« Zersplitterung der Vergangenheit die Wiedererlangung der »Einheit« und einen positiven »nationalen« Zukunftsverlauf verhieß; sei es aus dem Glauben an die mögliche Verwirklichung einer harmonischen Gesellschaftsordnung, der innerhalb des Liberalismus beheimatet war;[8] sei es, daß dem »deutschen Volk«, wie das von den Sozialdemokraten lange Zeit formuliert wurde, ein gemeinsames proletarisches Interesse unterstellt wurde, das allein gegen die Machtstellung der Fürsten durchgesetzt werden müsse.[9] Damit sind nur einige Beispiele genannt. Jede abweichende Vorstellung und jedes andersartige Verhalten konnte demnach jedoch stets als »reichsfeindlich« diskreditiert und als Gefahr für die »Nation« gebrandmarkt werden.

8 Vgl. *Sheehan*, Liberalismus, S. 319.
9 Vgl. *Groh* u. *Brandt*, S. 20ff.

Nur in der Abgrenzung von dem »äußeren« Feind konnten diese Konflikte kurzfristig in den Hintergrund geraten, ehe sie in unveränderter Schärfe wieder zutage traten. Integration und Konfrontation, Konsens und Dissens zeigten sich im Nationalismus stets als zwei Seiten ein und derselben Medaille.

Vor diesem Hintergrund muß man der Vorstellung von einer »Nationsbildung«, die unmittelbar mit der Nationalstaatsgründung eingesetzt habe, ebenso wie der einer »inneren Reichsgründung«, die der »äußeren« gefolgt sei, mit Vorsicht entgegentreten. Gedacht als Integrationsprozesse im Innern erscheinen sie insofern als irreführend, als sie die Möglichkeit einer »nationalen«, das heißt: milieu-, klassen-, geschlechter- und konfessionsübergreifenden Verständigung auf ein gemeinsames Wert- und Normsystem suggerieren. Zugegeben, die »Nation«, das »Vaterland«, selbst der »Kaiser« setzten sich auf lange Sicht als Symbole des Deutschen Kaiserreichs durch, an die sich Loyalitäten und Gefühle banden,[10] und die, obgleich oder gerade weil sie politisch mehrdeutig waren und blieben,[11] dazu imstande waren, die vielfältigen Gegensätze zu überbrücken. Die innergesellschaftlichen Antagonismen jedoch vermochten auch sie nicht aufzuheben.

Prinzipiell galt das auch für die Abgrenzung nach »außen«. Doch die Entwicklung des »nationalen Selbstbildes«, das im Kontrast zu den Fremd- und Feindbildern anderer »Nationen« entstand – ein Prozeß, der integraler Bestandteil jeder Identitätsentwicklung, so auch der »nationalen« ist[12] –, erwies sich gegenüber den inneren gesellschaftlichen Friktionen als weitaus resistenter. Die im Innern kulturell und konfessionell, sozial und politisch differenzierte Gesellschaft konnte in der Abgrenzung nach außen als homogene Einheit erlebt werden.[13] Denn zumindest in der vermeintlichen oder tatsächlichen Bedrohung durch einen äußeren Feind war die Einheit der »Nation« im emotionalen Konsens erfahrbar.[14]

Dieser vielschichtige und komplexe Prozeß setzte nicht erst mit der Nationalstaatsgründung ein. Wie die »Nation« verfaßt und welches System von Leitwerten mit ihr verbunden sein sollte, war auch in den Jahrzehnten zuvor keineswegs eindeutig gewesen. Entsprechend waren auch der integrative Anspruch und der zugleich polarisierende Charakter der »nationalen« Idee[15] keineswegs eine Neuerung im Nationalismus seit 1871. Mit der Gründung des Kaiserreichs jedoch verdichtete sich dieser Prozeß, wodurch sich seine dynamische Kraft enorm steigerte. Dafür sind zunächst zwei Ursachen zu nennen:

10 Ausgezeichnet hierzu *Blessing*, Kult.
11 Vgl. *Langewiesche*, Reich, S. 375.
12 Zu Recht wird in jüngeren Arbeiten zum Nationalismus auf die Bedeutung der Feindbilder hingewiesen. Vgl. dazu in erster Linie *Jeismann*, Vaterland. Darüber hinaus *Langewiesche*, Nationalismus; sowie *Tacke*, Denkmal.
13 Vgl. dazu *Tacke*, Denkmal, S. 289.
14 Vgl. dazu *Jeismann*, Vaterland.
15 Vgl. dazu den glänzenden Aufsatz von *Blessing*, Gottesdienst, hier S. 217f.

Erstens mußte sich das Kaiserreich, das als neue Großmacht aus einem gewonnenen Krieg hervorging, auf ganz andere Weise im Geflecht der umliegenden Nationalstaaten verorten und behaupten. Und zweitens schuf der Nationalstaat eine neue Legitimationsbasis. Damit wurde auf der politischen Ebene der Bezug auf die »Nation« für all diejenigen, die an seiner Ausgestaltung teilhaben wollten, unausweichlich. Liberale, Sozialdemokraten und politischer Katholizismus – sie alle fühlten sich seit der Nationalstaatsgründung auf ihre Weise und mit ihren unterschiedlichen Vorstellungen als die besseren Sachwalter der »Nation«. Und auch die Konservativen stimmten in dieses Konzert allmählich, spätestens jedoch seit 1876, mit ein.[16]

Die Kräftekonstellation im neugegründeten Nationalstaat konnte darüber hinwegtäuschen. Als stärkste Kraft aus den Reichstagswahlen von 1871 hervorgegangen, avancierten die Liberalen zwar nicht zu einer Regierungspartei im strengen Sinne. Bis zur konservativen Wende von 1878 wirkten sie jedoch als Bündnispartner Bismarcks, für den es in diesen Jahren keine politischen Alternativen gab, am inneren Ausbau des Reiches maßgeblich mit. In relativ kurzer Zeit bewirkte diese Allianz ein in vielerlei Hinsicht imposantes Reformwerk, das die wirtschaftliche Liberalisierung und den Ausbau des Rechtsstaates weiter vorantrieb.[17] Und nicht nur das. Denn die Kooperation zwischen Reichskanzler und Liberalen blieb darauf nicht beschränkt: Sie setzte sich fort im »Kulturkampf« und im Kampf gegen die Sozialisten, der in der Verabschiedung der Sozialistengesetze gipfelte.

Die Resultate dieser Zusammenarbeit lassen diese Jahre, wenngleich die dazu nötigen Kompromisse auf beiden Seiten auch immer wieder konzediert werden, im Licht einer »liberalen Ära« erscheinen. Das ist im Hinblick auf den liberalen Ausbau des Rechts- und Verfassungsstaates eine zutreffend bilanzierende Charakterisierung. Doch sie verstellt den Blick auf zweierlei: Zum einen auf die Divergenzen innerhalb des Liberalismus, die immer auch mit unterschiedlichen Vorstellungen einer »nationalen« Entwicklung verbunden waren. Diese entzündeten sich an militärpolitischen und wirtschaftspolitischen Fragen, vor allem auch im Bereich der Sozialpolitik; und sie schlugen sich nieder in der unterschiedlichen Intensität und Schärfe, mit der man bereit war, in den Kampf gegen »Ultramontane« und Sozialisten einzutreten. Zum andern läßt sie überparteiliche und überkonfessionelle Gemeinsamkeiten, die immer auch »national« begründet wurden, in den Hintergrund treten. Das gilt beispielsweise für den Antisozialismus, der wahrhaftig nicht allein als Phänomen eines liberalen Nationalismus bezeichnet werden kann. Vielmehr war die tiefsitzende Sozialistenfurcht in der Gesellschaft des Deutschen Kaiserreichs von Beginn an

16 Vgl. zu den Liberalen: *Sheehan*, Liberalismus, S. 319; *Langewiesche*, Liberalismus, S. 217; zu den Sozialdemokraten: *Groh* u. *Brandt*, S. 21; zum politischen Katholizismus *Anderson*, Windthorst; *Gründer*; *Iserloh*; zu den Konservativen: *Retallack*.

17 Vgl. dazu im einzelnen *Sheehan*, Liberalismus, S. 147–211.

fest verankert. Der politische Katholizismus ist dafür nur ein Beispiel, obwohl dieser im Sozialismus, im Liberalismus und im »Judentum« fast austauschbare Elemente seines »nationalen« Feindbildes zu erkennen meinte.[18] Doch dem Kampf gegen die Sozialisten, der im Namen der »Nation« geführt wurde, verlieh das seit den siebziger Jahren eine enorme gesellschaftliche Schubkraft, die der Liberalismus allein nicht hätte entfalten können.

Dennoch rechtfertigt es die dominierende Position der Liberalen in der Reichspolitik, der in den ersten Jahren nach der Nationalstaatsgründung eine solide Unterstützung innerhalb der Gesellschaft zugrunde lag, an erster Stelle die liberalen Vorstellungen von der »Nation« und ihre damit verbundenen Erwartungen genauer in den Blick zu nehmen, um diese dann, in einem zweiten Schritt, innerhalb eines weit aufgefächerten Spektrums »nationaler« Vorstellungen zu verorten. Dadurch treten die diametralen Gegensätze, aber auch die Schnittstellen zwischen den unterschiedlichen Ausprägungen »nationalen Bewußtseins« ebenso hervor wie die Dynamik, die sich mit der Bezugnahme auf die »Nation« entfalten konnte.

Bereits unmittelbar nach der Gründung des Kaiserreichs blieb es nicht aus, daß der hervorstechendste Nationalismus von der federführenden Hand der Nationalliberalen geprägt wurde. Er war gekennzeichnet durch den preußisch-protestantischen und bürgerlichen Charakter dieser Partei, der sich in vielerlei Hinsicht niederschlug: im Glauben an einen spezifischen Geschichtsverlauf, in ihren Welt- und Gesellschaftsdeutungen und in ihren Wert- und Verhaltensmaßstäben, an denen die »Nation« von ihrer Seite immer wieder gemessen wurde.

Läßt man die im Vorfeld der Nationalstaatsgründung von seiten der Nationalliberalen formulierten Kernvorstellungen über den Weg zur »nationalen Einheit« und ihre damit verbundenen Erwartungen noch einmal Revue passieren,[19] erstaunt es nicht, daß sie der »nationalen« Zukunft nach 1871 durchaus hoffnungsvoll entgegensahen: Das Ziel einer Nationalstaatsgründung »von unten« hatten sie längst verworfen; statt dessen setzten sie auf die Zusammenarbeit mit den Fürsten, vor allem mit der preußischen Regierung. Das war mehr als eine »realpolitische« Wende gewesen. Ihr lag der Glaube an einen preußischen »Missionsauftrag« zugrunde, an den sich die Erwartung eines künftigen »nationalen« Machtstaats band. Dabei war von der militärischen Schlagkraft des preußischen Staates, die dieser in den Kriegen von 1864, 1866 und 1870/71 immer wieder bewiesen hatte, eine unverkennbar imponierende Wirkung ausgegangen, die eine verheißungsvolle Stellung auch der »deutschen Nation«, ihrer Stärke, Macht und Größe ankündigte. Zum andern hatte diesem

---

18 Vgl. dazu *Blaschke*, Katholizismus (MS), S. 242ff.

19 Ausführlicher dazu vorn das Kap. Nationalismus, nationale Bewegung und Liberalismus: Die Diskussion nach 1848/49.

Perspektivwechsel die zunehmende Aussöhnung mit dem preußischen Obrigkeitsstaat zugrunde gelegen, der geeignet schien, die »Nation« von der gefürchteten sozialen Revolution abzuschirmen. Diese tiefsitzende Revolutionsfurcht hatte die Demokratisierungsvorstellungen der Nationalliberalen maßgeblich beeinflußt und zurückgeschraubt: Der Einführung des allgemeinen Wahlrechts hatten sie extrem zurückhaltend, wenn nicht sogar überwiegend ablehnend gegenübergestanden; manche von ihnen sahen darin »den Anfang von Ende« des parlamentarischen Systems.[20] Diese Haltung – die im übrigen nicht einmal ein nationalliberales Spezifikum bezeichnet – konnte in den ausgehenden 1860er Jahren niemanden mehr ernstlich überraschen. Die konstitutionelle Monarchie war längst zum verfassungsrechtlich favorisierten Modell des Nationalstaats geworden, das jeder Vorstellung von der »Volkssouveränität« eine klare Absage erteilte und als Garant der »bürgerlichen Gesellschaft« fungieren sollte. Schließlich schien den preußischen Nationalliberalen der Beweis erbracht, daß sich im preußisch-österreichischen wie auch im deutsch-französischen Krieg die Überlegenheit des Protestantismus gegenüber dem Katholizismus endgültig offenbart hatte.

In den »nationalen« Vorstellungen der Nationalliberalen schlug sich dieses preußisch-protestantisch-bürgerliche Macht- und Sendungsbewußtsein unmittelbar nach der Nationalstaatsgründung nieder. Dabei spielte die nach »außen« zu demonstrierende Stärke zunächst eine untergeordnete Rolle: Mit dem errungenen Sieg hatte die »Nation« ihre Machtposition bewiesen und schien darin unerschütterlich. »Wir sind nicht mehr das schmählich mißhandelte Volk, das endlich seine Fesseln brach«, schrieb Heinrich von Treitschke wenige Monate nach dem Versailler Gründungsakt, ehe er das siegreiche Deutsche Reich nun geradezu auftrumpfend »als die stärkste Nation des Welttheils« bezeichnete.[21] Doch damit war kein »nationaler« Geltungsdrang in Form einer expansiven Politik verbunden. Das Augenmerk richtete sich in den 1870er Jahren vielmehr auf die »nationale« Entwicklung im Innern, in der die Macht der »nationalen Einheit« endlich voll zur Geltung gebracht werden konnte. Diese Hoffnung hegten viele Nationalliberale. Treitschke verlieh ihr, den von allen deutschen Einzelstaaten gemeinsam errungenen Sieg gegen Frankreich vor Augen, in seiner wortgewaltigen Sprache Ausdruck: »Zum ersten Male seit der Reformation«, erläuterte er, »stand die gesammte Nation zu großer That vereinigt; zum ersten Male, seit es ein Preußen giebt, schlug dieser Staat seine deutschen Schlachten, ohne daß Neid und Tadelsucht, Bruderhaß und Bruderkrieg ihm die Wege durchkreuzten. Die also im Heldenkampfe verbundene Nation empfängt jetzt in dem deutschen Reichstage das Mittel, die Bahnen ihrer friedlichen Entwicklung selber zu bestimmen, in der Kaiserkrone das Symbol ihrer

20 So eine Bemerkung Sybels, zit. nach *Sheehan*, Liberalismus, S. 173.
21 *Treitschke*, Parteien, Zit. S. 175.

Macht und Größe, das den Gedanken unserer Einheit verkörpert, mit der Wucht allheiliger Erinnerungen auf die Gemüther der Deutschen wirkt und die Fremden zwingt, nur noch von Deutschen, nicht mehr von Baiern und Badenern zu reden.«[22]

In dieser Wahrnehmung von der »nationalen Einheit«, ihrer Grundlagen und ihres künftigen Werdegangs war der preußisch-protestantische und bürgerliche Charakter unverkennbar. Dieser Nationalismus war gesättigt vom borussischen Geschichtsglauben an die preußische »Mission«, die diese für die »Nation« erfüllen sollte; in ihm schlug sich die liberale Deutung einer mit der Nationalstaatsgründung zum Abschluß gebrachten Reformation nieder, die den Sieg über den Katholizismus besiegelte; schließlich lag ihm der Glaube an die »bürgerliche Gesellschaft« zugrunde, die im Rahmen einer konstitutionellen Monarchie durchaus genügend Raum für die Durchsetzung »bürgerlicher« Herrschaftsteilhabe erblickte. In der Annahme einer auf »natürlicher« Ungleichheit aufbauenden Gesellschaft, die zwar von unterschiedlichen Klassenidentitäten ausging, einen tiefgreifenden Konflikt zwischen ihnen jedoch negierte, ließ sich der Kaiser mühelos zum konkurrenzlosen Integrationssymbol stilisieren. »National« war mithin ein Epitheton, das vor allem dreierlei umschrieb: preußisch, protestantisch und bürgerlich.

In der kulturell, sozial und politisch differenzierten Gesellschaft des Kaiserreichs war das eine eigentümlich verengte Perspektive, deren Grenzen von den Zeitgenossen durchaus gesehen wurden. Kritische Stimmen und Protest blieben nicht aus. »Ich glaube, daß die Aufgabe Süddeutschlands und insbesondere der liberalen Partei in Bayern jetzt darin besteht, den *deutschen* Gedanken im Gegensatz zu dem *spezifischen Preußentum* auszubilden«, schrieb etwa Graf Karl von Tauffkirchen in einem Brief an den liberalen Abgeordneten Franz von Stauffenberg, und legte damit ein klares Votum gegen jede Borussifizierung der »deutschen Nation« ab.[23]

Diese tiefsitzende Abneigung und Furcht vor einer preußischen Übermacht im neugegründeten Nationalstaat teilten vor allem die Katholiken. Dabei lag ihrem Ressentiment gegenüber Preußen nicht nur die konfessionelle Barriere gegenuber dem Protestantismus zugrunde; vielmehr war diese Kluft untrennbar verwoben mit ihrer zutiefst ablehnenden Grundhaltung gegenüber dem Liberalismus, der nun als dominierende Kraft in der preußischen und in der »nationalen« Politik auftreten konnte. Grundsätzlich zur Mitarbeit im kleindeutschen Nationalstaat bereit und durchaus von einem »nationalen« oder »deutschen« Zugehörigkeitsgefühl bestimmt, hielten weite Teile des Katholizismus daher am Ziel eines großdeutsch zu erweiternden Nationalstaats fest.

22 Ebd., S. 176.
23 Graf Karl v. Tauffkirchen an Franz v. Stauffenberg, 13. Januar 1871, in: *Wentzcke* (Hg.), Bd. 2, S. 6–8, Zit. S. 7 (Hervorh. i. Orig.).

Aufgrund »seiner Geschichte und wegen seiner vielfachen Beziehungen und Interessen«, hatte Österreich in den Augen vieler »nicht aufgehört ..., Deutschland anzugehören«.[24] Innenpolitisch erhoben sie verfassungsrechtliche Bedenken, die darauf abzielten, die preußisch-protestantisch-liberale Übermacht zu brechen. »Im Interesse Preußens«, so stellte sich die Situation aus katholischer Sicht dar, »scheint es zu liegen, die Erweiterungen der Competenz des Bundes zu fördern; denn die Macht die dieser dadurch gewinnt, ist ein Zuwachs seiner eigenen Macht, weil es den Bund beherrscht.« Im Katholizismus war das gleichbedeutend mit der Errichtung eines zentralistischen Einheitsstaates, der die »Freiheit und hervorragende Cultur« der Bundesstaaten untergrub[25] und damit, um es mit anderen Worten auszudrücken, jede überkomme Identitäts- und Loyalitätsbindung leugnete. Die wiederholte Hervorhebung des »protestantische[n] Charakter[s]« des neuen Reichs gegenüber den katholischen Abgeordneten galt ihnen geradezu als »reichswidrig« und »unpolitisch«. Sie war eine ständige Vergegenwärtigung des »confessionellen Unterschied[s] zwischen kleindeutsch und großdeutsch«, der in »bittere Erinnerung« zurückgerufen wurde.[26] Vor allem aber sah sich der Katholizismus gegenüber dem »verbissenen Kleindeutschtum« und »herrschsüchtigen Liberal-Nationalismus«, wie es in einer scharfen Attacke der »Historisch-politischen Blätter« hieß, in seinem »Existenzrecht« bedroht.[27]

Damit hatte der politische Katholizismus nicht nur seine Frontstellung gegenüber den preußischen Nationalliberalen, sondern gegenüber dem Liberalismus überhaupt markiert, der, ungeachtet seiner politischen Präferenzen, seiner regionalen Verbundenheiten und Traditionen, im Katholizismus den Erzfeind »nationaler« Modernisierung und Liberalisierung erblickte. Daran ließ auch die bayerische Fortschrittspartei keinen Zweifel. In einem Rundschreiben vom März 1871 unterstrich sie in einem Appell an ihre Mitglieder die dringende Notwendigkeit, »gegen die klerikalen und partikularistischen Gegner« zusammenzuhalten, und ergänzte dann weiter: »Wir wünschen deshalb alles vermieden zu sehen, was die Verschiedenheit der unleugbar einmal in der Partei vorhandenen Schattierungen verschärfen könnte.«[28]

Umgekehrt konnte innerhalb des Liberalismus der Antikatholizismus über Jahrzehnte hinweg eine ungeheure Bindekraft entfalten. »Kaiser und Reich gegen den römischen Papst, weltliche gegen kirchliche Herrschaft, Nationalität

---

24 H.-p. Bll., Jg. 67, 1871, S. 547–556, Zit. S. 548.
25 Ebd., S. 551.
26 H.-p. Bll., Jg. 67, 1871, S. 852–868, S. 860.
27 So die Bezeichnungen in einem Artikel der »Historisch-politischen Blätter für das katholische Deutschland«. H.-p. Bll., Jg. 67, 1871, S. 763–775, Zit. S. 764.
28 Vgl. das Rundschreiben der bayerischen Fortschrittspartei, in: *Wentzcke* (Hg.), S. 15f., Zit. S. 15.

gegen Internationalismus«[29] – mit dieser Kurzformel läßt sich aus der Sicht des Liberalismus die Frontstellung gegenüber dem Katholizismus beschreiben. Doch dieses Bild war verzerrt. Denn gerade dem deutschen Kaiser schrieben viele Katholiken zu, daß er »allen verbündeten Staaten gleiches Recht und gleiche Freiheit, wie Preußen«, sichern »und die gemeinsamen Interessen mit gleicher Gerechtigkeit gegen alle« fördern werde.[30] Darüber hinaus galt die Monarchie – und das auf noch viel grundlegendere und weiterreichende Art und Weise als für jeden Liberalen – als einziger Garant für die überkommene Ordnung, die »gegen alle revolutionären Strömungen aufrecht erhalten« werden sollte.[31]

Die Gründung der katholischen Zentrumsfraktion im Reichstag wurde daher von seiten der Liberalen als unmißverständlicher Ausdruck einer »nationalen« Kampfansage gewertet.[32] Dahinter verbarg sich keineswegs ein rein politischer Konflikt. Vielmehr sollte man den Begriff des »Kulturkampfes«, der im zeitgenössischen Vokabular bereits seit den 1860er Jahren verankert war, beim Wort nehmen. Zum einen wurde der »Kulturkampf« durch moralische Zuschreibungen begründet, die in ihrem Bezug auf vermeintlich »nationale« oder »deutsche« Eigenschaften die Kampfmaßnahmen gegen den Katholizismus auch politisch rechtfertigen konnten. Den als »finster, abergläubisch« und »mittelalterlich«, als »faul, schlampig, dreckig, heuchlerisch und verlogen«[33] geltenden Katholiken, wurde auf der andern Seite die »Einigkeit und deutsche Mannhaftigkeit«[34] gegenübergestellt, die jedem Kontrahenten des Katholizismus bereitwillig attestiert wurde. Zum andern lag dem Vorwurf der »Reichsfeindlichkeit«, der von seiten der Liberalen gegen den politischen Katholizismus erhoben wurden, die Konfrontation mit einer übernationalen Weltanschauung zugrunde, die aus der Sicht des Liberalismus die Grenzen der »Nation« sprengen mußte. Der katholische Internationalismus, der dem Papst und seinem Herrschaftsanspruch verpflichtet war, schloß den Primat der »Nation« zwangsläufig aus. Selbst ein Pluralismus an Loyalitäten, gegenüber Rom und der »deutschen Nation«, war seit den päpstlichen Deklarationen im Syllabus Errorum von 1864 und im Unfehlbarkeitsdogma von 1870, die den päpstlichen Lenkungsanspruch äußerst kompromißlos weiter fundamentiert hatten, vollends unglaubwürdig geworden. Das wog um so schwerer, als in diesen neuen Dogmen die katholische Religion als die eigentliche christliche Religion erneut festgeschrieben wurde. Und schließlich waren sie eine Kampfansage in

29 *Langewiesche*, Liberalismus, S. 182.
30 H.-p. Bll., Jg. 67, 1871, S. 548.
31 Ebd., S. 554.
32 *Langewiesche*, Liberalismus, S. 182.
33 Zit. nach *Blaschke*, Katholizismus, S. 53.
34 Vgl. z. B. Franz Künzer an Eduard Lasker, 9. August 1874, in: *Wentzcke* (Hg.), S. 108f., Zit. S. 109.

mehrfacher Hinsicht: an den modernen Staat, dessen Rechte sie auch und gerade im Bereich der Kulturpolitik beschränkt sehen wollten; an die liberalen Prinzipien der Meinungs- und Religionsfreiheit; und an die innerweltliche Fortschrittsüberzeugung der Liberalen, an ihren Glauben an Wissenschaft und Bildung.[35]

Das war ein umfassender Angriff auf die zentralen liberalen Grundwerte, die aus Sicht der Liberalen als Maßstab par excellence für den Stand der kulturellen Entwicklung galten und die Grundlage für jene fortschrittsverbürgende Kraft darstellten, die mit der »nationalen Einheit« und dem Nationalstaat verbunden wurde. Die Durchsetzung des säkularisierten Staates galt ihnen daher als die einzige Möglichkeit, dem kulturwidrigen und fortschrittsfeindlichen Katholizismus Einhalt zu gebieten.

Mit der Rückendeckung Bismarcks fochten die Liberalen ein Gesetzeswerk durch, das mit dem Schulaufsichtsgesetz von 1872 dem Staat die Bestimmungsmacht in der Schule sicherte, mit den »Maigesetzen« von 1873 den Einfluß der katholischen Kirche im Bereich der theologischen Ausbildung eindämmte und die kirchliche Disziplinargewalt beschnitt; die Einführung der Zivilehe 1874 verlieh allein der staatlichen Trauung Rechtsgültigkeit. Diese rechtlich untermauerte Trennung von Kirche und Staat sollte unanfechtbar sein – das wurde unmißverständlich mit einer Reihe von Ausnahmegesetzen, die besondere Sanktionsmaßnahmen gegen die katholischen Geistlichen rechtfertigten, zum Ausdruck gebracht. Bei einem Verstoß gegen die »Maigesetze« mußten diese im schlimmsten Falle mit der Aberkennung der deutschen Staatsangehörigkeit und der Ausweisung aus dem Reich rechnen. Das Expatriierungsgesetz von 1874 schuf dafür die gesetzliche Grundlage.

Einig in der Verurteilung des Katholizismus als kulturwidrig, fortschrittsfeindlich und »national« unzuverlässig, und einig in den liberalen Grundsätzen, die auf die Säkularisierung des modernen Staates drängten, waren Teile des Liberalismus im Hinblick auf die verabschiedeten Kulturkampfmaßnahmen dennoch gespalten. Das betraf nicht die Gesetze zur Trennung von Kirche und Staat, wohl aber die Ausnahmegesetze, die mit den liberalen Freiheitsrechten brachen und deren Notwendigkeit von einigen Liberalen nicht nachvollzogen werden konnte. Zu ihnen gehörte etwa der sächsische Altliberale Karl Biedermann, der aus seiner Empörung über das Jesuitengesetz als »Ausnahmegesetz im allerschlimmsten Sinne« keinen Hehl machte und es für seine »Pflicht« hielt, »gegen das Gesetz zu stimmen«, wie er Eduard Lasker in einem Brief mitteilte. Dazu war er bereit, auch den »direkten Zwiespalt« mit den Nationalliberalen hinzunehmen. Zwar sei es »hart«, wie er beteuerte, »wegen einer Sache, in der man ja natürlich *au fonds* ganz einig ist, wegen der Mittel und Wege in einen solchen Konflikt zu geraten. Aber was wäre Überzeugungstreue, wenn

35 Vgl. *Mergel*, S. 157ff.; *Wehler*, Gesellschaftsgeschichte, Bd. 3, S. 384ff.

man Fragen von so ungeheurer Konsequenz wie die der Ausnahmegesetze anders oder leichter behandeln wollte, weil es gerade gegen Jesuiten, nicht gegen Liberale oder Nationale geht.«[36]

Mit dieser Haltung ließ sich im protestantischen Liberalismus keine Mehrheit gewinnen. Im Gegenteil: Wer sich nicht rückhaltlos hinter die »geistige[n] Römerzüge«, diesen »großartige[n], weltentscheidende[n] Kampf«, den das »glorreich entstandene Deutsche Reich mit seinem Hohenzollernkaiser« gegen die papsttreue katholische Kirche ausfocht, stellte, hatte schnell das Stigma des »Reichsfeindes« an sich heften. So sprach Franz Künzer zwar sein tiefstes Bedauern darüber aus, daß einem »Teil der deutschen Demokratie, gerade der deutschen Fortschrittspartei« für die getroffenen Maßnahmen wohl das rechte Verständnis fehle, doch er fügte hinzu: »Aber vielleicht ist es gut so; denn, wenn unser Volk Verständnis und Mut für jenen Kampf hat, für ihn entschieden einzutreten, so wird es jene Art von Demokraten vollends beseitigen und sich von der Fortschrittspartei gänzlich abwenden. Wir werden dann nur die große Partei der Reichsfreunde und eine kleine Partei von Partikularisten aller Art besitzen.«[37]

Diese Prognose erwies sich als grundfalsch. Es verging nicht einmal ein Jahrzehnt, bevor deutlich wurde, daß sich der Antikatholizismus als Bindekraft des »Volkes« nicht eignete. Das spiegelte sich auch in den Reichstagswahlen wider: Das Zentrum an den Rand des Parteienspektrums zu zwingen, gelang nicht. Das hätte die Mobilisierung der katholischen Bevölkerung gegen die eigene Partei erfordert, von deren Wählern sich jedoch bei den Reichstagswahlen von 1874 mehr als 80% hinter die katholische Zentrumspartei stellten, die fortab im Reichstag mit etwa 23% aller zu erringenden Mandate relativ stabil vertreten war. Demgegenüber war die Serie von Einbrüchen innerhalb des Liberalismus seit 1878 fatal, so daß er seine dominierende Stellung seit diesem Zeitpunkt nicht mehr behaupten konnte.[38] Als »bürgerliche« Partei von Besitz und Bildung gerieten die Liberalen gegenüber dem tiefgreifenden gesellschaftlichen Wandel, der den fortschreitenden Industrialisierungsprozeß mit seiner zunehmenden Ausdifferenzierung von Klassenidentitäten- und interessen begleitete, ins Hintertreffen. Dieser Wandel fand seinen Ausdruck in einer »Fundamentalpolitisierung«, die sich in zweierlei Hinsicht äußerte: in der wachsenden Zahl der außerparlamentarischen Interessenverbände und in der rasant ansteigenden Wahlbeteiligung auf dem neuen »politischen Massenmarkt« (Hans Rosenberg), von der auf lange Sicht die Sozialdemokratie am meisten profitierte. Dazu kam die in den Augen vieler glaubwürdige Diskreditierung des Liberalismus, der für

36 Karl Biedermann an Eduard Lasker, 12. Juni 1872, in: *Wentzcke* (Hg.), S. 53f. (Hervorh. i. Orig.).
37 Künzer an Lasker, in: ebd., Zit. S. 108.
38 Zu den Wahlergebnissen im einzelnen vgl. *Langewiesche*, Liberalismus, S. 133ff. u. die Tab. S. 309.

die wirtschaftliche Krise seit 1873 verantwortlich gemacht wurde. Ungeachtet aller Revisionsbereitschaft vor allem von seiten der Nationalliberalen, die kompromißbereit die anvisierte Schutzzollpolitik mitzutragen bereit waren, breitete sich in der Öffentlichkeit eine antiliberale Stimmung aus, die, getragen von existenziellen Ängsten weiter Teile der Bevölkerung, die politischen Kontrahenten des Liberalismus stützte. Die »nationalen« Vorstellungen und Begründungen seitens der Katholiken und Konservativen erhielten deshalb seither ein spürbar stärkeres Gewicht.

Demgegenüber konnten die Liberalen keine übergreifende, einheitsstiftende Idee mehr zur Verfügung stellen, die den Liberalismus auch nur annähernd als alleinigen Protagonisten der »Nation«, des »Volkes« oder als »Partei des Reiches« hätte erscheinen lassen können. Das galt für ihre Unterstützung der Kolonialpolitik ebenso wie für ihre Hinwendung zur imperialistischen »Weltpolitik«. Innenpolitisch traf das – trotz aller Unterschiede, die sogleich deutlich gemacht werden – auch für ihren Kampf gegen die »inneren« Feinde der Sozialdemokratie und für ihre Assimilierungs- und Germanisierungspolitik gegenüber den »nationalen« Minderheiten zu.

Noch bevor das Kaiserreich zu Jahresbeginn 1871 gegründet worden war, stand die Sozialdemokratie, obgleich sie selber früh in den Kampf für die »nationale Einheit« miteingetreten war, auf der Anklagebank: Ihre Führung, vertreten durch August Bebel und Wilhelm Liebknecht, die den Krieg gegen Frankreich als Angriffs- und Eroberungskrieg verurteilt hatte, wurde des Hochverrats angeklagt und erlebte die Nationalstaatsgründung im Gefängnis. Der Kampf gegen die als »reichsfeindlich« oder »vaterlandslos« beschimpfte Sozialdemokratie war damit in Gang gesetzt. Ihre sich wandelnde Haltung gegenüber dem Krieg, den sie eingangs, noch völlig im Einklang mit der herrschenden Meinung als Verteidigungskrieg unterstützt hatte, nun aber als Eroberungskrieg hart kritisierte, kann dafür kaum als alleinige Ursache betrachtet werden; sie bot lediglich den günstigen Anlaß.

Als Kritiker der Nationalstaatsgründung von »oben«, die allenfalls eine »Einigung durch Unterordnung« hervorgebracht habe und sich, beherrscht durch die »Interessen des Hauses Hohenzollern«, in »diametralem Gegensatz mit dem Interesse des deutschen Volkes« befinde,[39] waren die Sozialdemokraten für den überwiegenden Teil der Gesellschaft vor allem eine innenpolitische Gefahr. Denn ihre Vorstellungen von »Volk« und »Freiheit« bedeuteten einen radikalen Bruch mit der überkommenen gesellschaftlichen Ordnung, deren sowohl soziale als auch wirtschaftliche und politische Ungleichheit eingeebnet werden sollte. Das war gleichbedeutend mit »Communismus« und »Revolution« – Schreckgespenste, die in der Gesellschaft des Kaiserreichs um so größere Ängste und Befürchtungen auslösten, als die »soziale Frage« in zunehmendem

---

39 W. Liebknecht, zit. nach *Groh* u. *Brandt*, S. 20.

Maße als ungelöstes Problem im Raum stand, das im Zuge der Industrialisierung immer weitere Teile des rapide anwachsenden Proletariats der Sozialdemokratie zuführte.

Der Antisozialismus war mithin kein Phänomen, das sich auf den Liberalismus beschränken läßt. In ungebrochener Kontinuität seit den 1840er Jahren ist die Furcht vor der sozialistischen und revolutionären Gefahr über den Zeitpunkt der Nationalstaatsgründung hinweg auch unter den Katholiken und Konservativen greifbar, die sich seit dem fehlgeschlagenen Attentat auf Kaiser Wilhelm I. in immer lautstärkeren Warnungen vor der expandierenden sozialdemokratischen Anhängerschaft äußerte. Zeigten sich die Katholiken gegenüber dem Sozialistengesetz von 1878 noch reserviert, waren die Konservativen bereit, es als wirkungsvolles Gesetz zur Zerschlagung der Sozialdemokratie mitzuverabschieden. Allerdings, das muß man an dieser Stelle betonen: Die gemeinsam erlebte und weiter geschürte Angst vor den Sozialisten wurde unterschiedlich begründet und mit verschiedenen Gesellschaftsentwürfen beantwortet: Der politische Katholizismus konterte mit seiner ständisch-dynastischen Ordnungsvorstellung, die, antiliberal und antisemitisch aufgeladen, die schroffen Gegensätze durch die »wahre Religion« des Katholizismus überbrücken wollte; der Liberalismus hielt demgegenüber das Ideal der »bürgerlichen Gesellschaft« aufrecht.

Kaum ein anderer hat in den 1870er Jahren dem Antisozialismus unter den Liberalen prononcierter und schärfer Ausdruck verliehen als Heinrich von Treitschke. In seiner bekannten Streitschrift »Der Socialismus und seine Gönner« entwickelte er einen Entwurf der »bürgerlichen Gesellschaft«, deren Ungleichheit quasi naturrechtlich begründet und sozialdarwinistisch untermauert wurde. »Die Menschen [sind] ungleich von Natur, weil mit dem Dasein der Menschheit die Ungleichheit gegeben ist«, diese These setzte Treitschke dem »Wahngebilde der natürlichen Gleichheit der Menschen« entgegen, welches seit Rousseau, den »Grundirrthum aller Socialisten und mancher gelehrten Nationalökonomen« kennzeichne.[40]

Damit begegnete Treitschke auch den Vorstellungen der sogenannten »Kathedersozialisten«, an dieser Stelle namentlich Gustav Schmollers, der sich noch kurz zuvor für eine Abkehr von der liberalen Freihandelspolitik und für weitreichende sozialpolitische Maßnahmen stark gemacht hatte, um den auseinanderklaffenden sozialen Unterschieden zu begegnen.[41] Tatsächlich fiel die Beurteilung innerhalb des Liberalismus, welche Ursachen auch im einzelnen für die Entstehung und Expansion der Sozialdemokratie verantwortlich gemacht wurden, höchst unterschiedlich aus; ebenso die Aufgeschlossenheit ge-

---

40 *Treitschke*, Socialismus I., Zit. S. 73f.
41 Vgl. dazu etwa *Schmoller*.

genüber den sozialen Problemen der Arbeiterschaft und die Konzeptionen, mit denen man diesen zu begegnen bereit war.[42]

In das Kreuzfeuer der Kritik gerieten dabei die liberalisierenden und demokratisierenden Reformen, an erster Stelle das allgemeine Wahlrecht für Männer, das auf politischer Ebene die Distinktion zwischen den »Massen«, die man letztlich nach wie vor vom aufgeklärten und mündigen »Volk« der »Bürger« unterschied, aufhob. Doch die befürchteten Konsequenzen lagen nicht nur auf der politischen Ebene; vielmehr war dem Entwurf der »bürgerlichen Gesellschaft« jede Legitimation entzogen, sobald deren Grundwerte von Besitz, Bildung und Leistung als Momente des gesellschaftlichen Ordnungsgefüges an Kraft verloren. Das »allgemeine Stimmrecht«, kritisierte Treitschke daher auch in aller Schärfe, schlage »den sittlichen Grundanschauungen des Staates« »in's Gesicht«, der sonst jedes politische Recht an eine Pflicht binde: »Er verlangt von allen, die an der Leitung des Staates irgendwie theilnehmen wollen, daß sie sich diese Macht durch Besitz und Bildung erst verdienen; ... er mildert selbst die allgemeinste seiner Bürgerpflichten, die Wehrpflicht, zu Gunsten dieser Mächte des Geistes, giebt der Bildung durch das Freiwilligenjahr eine überaus wirksame Belohnung.«[43] Das allgemeine Stimmrecht erschien daher in höchstem Maße als kulturwidrig, gewährte es doch jedem »der sich nur die Mühe gegeben hat, geboren zu werden«, wie Treitschke hämisch polemisierte, »ohne Beschränkung das höchste politische Recht des Bürgers«.

Mit der »bürgerlichen Gesellschaft« war das nicht vereinbar. Ja, es stand im Widerspruch zu ihrer vermeintlich »nothwendigen aristokratischen Gliederung«, die durch »die phantastische Ueberschätzung der eigenen Macht und des eigenen Werthes in den Massen« erschüttert schien. Viele, die wie Treitschke, die »verheerenden Wirkungen« des allgemeinen Wahlrechts beschworen, mit dem sie sich gleichwohl arrangieren mußten, verstiegen sich zu einer naturrechtlichen Begründung der gesellschaftlichen Unterschiede und Hierarchien, mit der die Klassengesellschaft zwar zunehmend anerkannt, doch zugleich auch als unvermeidbar für den kulturellen Fortschritt angesehen wurde. Die Verteidigung des gesellschaftlichen Status quo und die Abschirmung gegenüber den »niederen Klassen«, von denen »nur einer Minderzahl« die »höchsten Arbeiten und Genüsse der Cultur« gewährt werden sollten, erhielten dadurch ebenso eine Legitimation wie der bitter ausgetragene Kampf gegen die Sozialdemokratie.

Gegenüber dieser Haltung stießen die mäßigenden Stimmen innerhalb des Liberalismus auf eine relativ geringe Resonanz. Statt dessen wurde Treitschkes rhetorisches Geschick zur Mobilisierung gegen die Sozialdemokratie nur zu bereitwillig in Anspruch genommen. Mochte die Schärfe seiner Worte man-

---

42 Einen Überblick gibt *Langewiesche*, Liberalismus, S. 187–200.
43 Alle Zitate in: *Treitschke*, Socialismus I., S. 109f.

chen auch überzogen erscheinen, so überzeugte doch die Durchschlagskraft seiner Argumentation, die in weiten Teilen des Besitz- und Bildungsbürgertums auf einen fruchtbaren Nährboden zu fallen schien. In einem Brief an Treitschke bat deshalb Rudolf von Gneist für die »antisozialistische Korrespondenz, welche nun endlich in Gang gekommen« sei, »de- und wehmütig um einige Brosamen« von seinem »reichen Tische, d.h. um kurze, aphoristische, pikante Antithesen, welche geeignet sind in der Massenverbreitung durch die kleinen Lokalblätter Effekt zu machen«. »Geben Sie uns von Ihrem Reichtum an kernigen schlagenden Sätzen etwas ab«, schrieb Gneist voller Bewunderung für die einprägsame und durchschlagskräftige Wortgewaltigkeit seines liberalen Mitstreiters; »so haben wir wenigstens ein Muster für die wirksamen Schreibweisen.«[44]

Wie tief die Furcht vor dem sozialistischen Umsturz in den Gemütern verankert war und in welchem Maße dieses Gefühl der Bedrohung die Wahrnehmung, das Handeln und Denken weiter Teile der Gesellschaft mitbestimmte, zeigte sich, als Bismarck im Jahre 1878, anläßlich der Kaiserattentate, die Zustimmung für das Sozialistengesetz einholen wollte. Gewiß, die erste Vorlage, die nur auf seiten der konservativen Parteien breite Unterstützung fand, wurde noch von der überwiegenden Mehrheit der Abgeordneten abgelehnt.[45] Als Vertreter der Nationalliberalen brachte jedoch Bennigsen in seiner Begründung, »um Mißdeutungen zu vermeiden«, klar zum Ausdruck, daß seine Partei »in der Erkenntnis der Gefahr der anwachsenden sozialdemokratischen Bewegung« und »in der Notwendigkeit, den Übergriffen und Ausschreitungen dieser Bewegung entgegenzutreten«, mit der Regierung und dem konservativen Vorredner »vollkommen einverstanden« sei. Nach einer erneuten Überprüfung der Verhältnisse und der Auswirkungen und nach einer Überarbeitung von Inhalt und Form verlangte er nach geeigneten »Maßregeln«, die »dieser anwachsenden Wühlerei und Gefährdung der rechtlichen und sittlichen Grundlagen der bürgerlichen Gesellschaft in Deutschland mit Erfolg entgegenzutreten geeignet« seien.[46] Das war einerseits ein Plädoyer für die vollständige Ausschöpfung der »vorhandenen Gesetze ... bis an die Grenze des Zulässigen«;[47] andrerseits war die implizite Maßgabe für die eventuelle Zustimmung zu einem Ausnahmegesetz unverkennbar: Die Vorlage sollte in weitaus stärkerem Maße konkretisiert und auf die sozialdemokratische Agitation zugespitzt werden. Das hatte zweierlei Gründe: Erstens mußte ausgeschlossen werden, daß mit dem »Sozialistengesetz« nicht gegen all diejenigen vorgegangen werden konnte, die sich im weitesten Sinne für die wirtschaftliche Verbesserung der Arbeiter und sozial-

---

44 Rudolf Gneist an Heinrich von Treitschke, 13. Mai 1877, in: *Wentzcke* (Hg.), S. 180f.

45 Einen Einblick in die rechtsstaatlichen Bedenken gegenüber dem »Sozialistengesetz« gibt *Höhn*, S. XXff., mit einer Ansammlung zeitgenössischer Zitate.

46 Zit. nach *Bennigsens* Reden, S. 378.

47 Ebd., S. 384.

politische Maßnahmen einsetzten.[48] Zweitens aber versprach eine Zuspitzung auf die »sozialistische Agitation«, die den »Umsturz der bestehenden Staats- oder Gesellschaftsordnung«[49] bezwecke, eine mögliche Domestizierung und Integration der sozialdemokratischen Anhänger – ein Ziel, das zumindest partiell nach der Jahrhundertwende geglückt sein sollte.

Dem daraufhin modifizierten Gesetz stimmten außer den Konservativen zumindest die Nationalliberalen geschlossen zu.[50] Zugegeben, dieser Schritt war auch eine Kapitulation vor Bismarck und dem öffentlichen politischen Klima, die bereits von ihren schärfsten Gegnern, den Katholiken, mit scharfer Zunge als »Trieb zur Selbsterhaltung«[51] entlarvt wurde. Doch ihrer Zustimmung mußten die Liberalen keine neuartige Begründung hinzufügen: Im Namen der »Nation« wurde das »Sozialistengesetz« zum Schutz vor der »äußersten Tyrannei«, die den größten Teil »des seit Jahrhunderten angesammelten nationalen Kapitals«: das Recht, die Sitte und die überlieferte Kultur, zu zerstören drohte, befürwortet.[52]

In den Augen des politischen Katholizismus hatte sich der Liberalismus damit allerdings nicht rehabilitiert. Im Gegenteil: Die katholischen Politiker verweigerten dem Sozialistengesetz auch in seiner zweiten Fassung die Zustimmung – und dieser Schritt ließ sich vor allem auf zweierlei zurückführen, das freilich auf völlig unterschiedlichen Ebenen angesiedelt war: Erstens hatten sie vor geraumer Zeit selber die stigmatisierende und diskriminierende Bedeutung von Ausnahmegesetzen zu spüren bekommen; und zweitens waren es aus ihrer Sicht gerade die Liberalen, die als die eigentlichen Urheber der sozialdemokratischen Lehren zur Verantwortung gezogen werden sollten.[53] Obwohl auch der politische Katholizismus seit den Attentaten auf den Kaiser konstatierte, daß »die socialistische Propaganda ... im deutschen Reich, und zwar mehr als in jedem andern Lande, zu einer brennenden Gefahr herangewachsen« sei,[54] entsprach es doch nur ihrer Logik, daß sie in dem Ausnahmegesetz keine wirkungsvolle Maßnahme zur Zerschlagung der Sozialdemokratie erblicken konnten.[55] Statt dessen pochten sie erneut auf die »allgemeinen Zustände im

48 Vgl. ebd., S. 382, u. die Begründung Bennigsens für die Zustimmung zur zweiten Gesetzesvorlage, in: ebd., S. 404f.

49 Vgl. ebd., S. 405.

50 Zu den Auswirkungen vgl. *Wehler*, Gesellschaftsgeschichte, Bd. 3, S. 800 u. 905f.

51 H.-p. Bll., Jg. 82. 1878, S. 570.

52 *Bennigsens* Reden, S. 413.

53 So befürchteten die Katholiken durchaus, selber zum Opfer des Sozialistengesetzes werden zu können. Dabei verwiesen sie – und durchaus zu Recht – auf die wechselnden Feindkonstellationen, unter denen einst die Liberalen als Gefahr für die bestehende Staats- und Gesellschaftsordnung bekämpft wurden, die nun jedoch selbst, in umgekehrter Frontstellung, als »erhaltende[s] Element« die Altkonservativen »als die staatsgefährlichen Feinde der bestehenden Ordnung« anprangerten. H.-p. Bll., Jg. 82, 1878, S. 560–735, Zit. S. 564.

54 Vgl. ebd., S. 564f.

55 Vgl. dazu *Blaschke*, Katholizismus (MS), S. 248.

Reich«, die in erster Linie beseitigt werden müßten, lieferten diese doch den »Kitt oder das Elixier, das die Partei auch in den bedrängtesten Umständen« stärken und zusammenhalten könne.[56]

Damit stand erneut der Liberalismus in der Schußlinie des politischen Katholizismus. Selbstbewußter als in den vergangenen Jahren verschafften sich seine Vertreter Gehör, die sich nunmehr in ihren Anklagen gegen die Liberalen nicht alleine sahen. »Der Sozial-Demokratismus will nichts seyn als der Liberalismus par excellence«, verkündete im August 1878 auch der Berliner »Staats-Socialist«, auf dessen Erläuterung die »Historisch-politischen Blätter« gerne zurückgriffen, denn dort hieß es jetzt weiter: »Nein, solange der Liberalismus fortfährt zu seyn, was er seither war: der Sammelteich des Atheismus und Materialismus, solange hört die Verpestung der öffentlichen Atmosphäre und die Durchseuchung der Eingeweide unseres Volkslebens mit dem nihilistischen und sozialdemokratischen Contagium nicht auf.«[57]

Die Katholiken mochten im Hinblick auf die rechtlichen Schritte gegen die Sozialdemokratie eine mißbilligende Haltung einnehmen – in der Vehemenz ihres Antisozialismus standen sie den Liberalen jedoch in nichts nach. Dabei war es keineswegs erstaunlich, daß die Katholiken sich nicht zu einer Demaskierung der Sozialdemokraten als »nationale« Feinde verstiegen, denn in dem von Liberalen und Protestanten dominierten kleindeutschen Nationalstaat, dem die Zusammengehörigkeit einer großdeutschen »Nation« nach wie vor entgegengehalten wurde, wäre das eine absurde Argumentation gewesen. Aus ihrer Sicht ließen sich Sozialisten und Liberale viel eher als Feinde des »Vaterlandes« oder des »Volkes«, ja selbst als Feinde der »Menschheit« stigmatisieren. Das war eine eigentümliche Adaption liberaler und demokratischer Werte durch den Katholizismus, die jetzt gegen die Inanspruchnahme der »Nation« von seiten der Liberalen und die Verengung auf den Primat der »Nation« als alleiniger Loyalitätsinstanz ins Feld geführt werden konnten. Doch ebenso wie die »Nation« besaßen das »Vaterland«, das »Volk«, selbst die »Menschheit« – im Denken der Katholiken meinte diese alle Angehörigen des Christentums – Ausschließlichkeitscharakter. Nicht die Differenz, sondern eine unterstellte »Einheit« stand im Vordergrund, die jede Abweichung als zerstörend erleben und mit der Abspaltung aus der gedachten Gemeinschaft sanktionieren mußte. Mit dem »Manchestertum« schienen nunmehr die höchsten »Ideale der Menschheit«: Gott und Monarchie, Sittlichkeit und Vaterland dem »materialistischen Strome des Verderbens« preisgegeben.[58] Ja, die Sozialdemokratie wurde in den »Historisch-politischen Blättern« bereits als »ein Volk im Volke« beschrieben, »ähnlich wie die Juden«, wie der Autor des Artikels hinzufügte,

56 H.-p. Bll., Jg. 82, 1878, S. 565.
57 »Staats-Socialist« v. 10.8.1878, zit. in: ebd., S. 566f.
58 Auch in diesem Urteil schlossen sich die »Historisch-politischen Blätter« den Ausführungen im »Staats-Socialist« an. Vgl. ebd., S. 567.

»auch mit einer eigenen populären Ir-Religion«, die nichts anderes sei »als der Darwinismus«.[59]

Antisozialismus, Antiliberalismus, Antisemitismus – all das war bereits in den 1870er Jahren unter den Katholiken untrennbar miteinander verflochten.[60] Diese Anti-Gefühle und -Haltungen speisten sich vor allem aus dem religiösen Konflikt, in dem sich der Katholizismus als die vermeintlich einzig wahre Religion des Christentums in dreifacher Hinsicht bedroht sah: durch den auf »nationaler« Ebene übermächtigen Protestantismus, durch das internationale »Judentum« und durch den Atheismus – eine Gemengelage, von der er glaubte, daß in diesem schillernden Gewand der Liberalismus und Sozialismus seinen Kampf gegen den Katholizismus führten. Religiöse und weltanschauliche, wirtschaftspolitische und sozialpolitische Überzeugungen gingen eine untrennbare Legierung ein; in einem Atemzug ließen sich die Liberalen, die »Juden« und die Sozialisten als die vermeintlichen Urheber der Säkularisierung und als Verantwortliche der ökonomischen, politischen und kulturellen Entwicklung entlarven.[61]

Es war dieses »*geistige* Miasma«,[62] wie die »Historisch-politischen Blätter« im Jahre 1878 klagten, aus dem die Sozialdemokratie ihre eigentliche »Lebensluft« bezog, und das der »materielle[n] Nothlage und volkswirthschaftliche[n] Unnatur« seine eigentliche Brisanz verlieh. So sei zwar »das wachsende Proletariat ... ein furchtbares Uebel«, doch habe sich das »geistige Elend in den höheren Schichten« als »ein noch größeres« erwiesen, das »nach unten wie eine Pest ansteckend gewirkt« habe. Noch visierten die Katholiken eine »geistige Luftreinigung« in den »allgemeinen Zuständen« an – eine notwendige Bedingung, wie sie glaubten, auch für die Lösung der »sozialen Frage«. Doch Skepsis und Zukunftsangst schwangen bereits mit: Sollte diese nicht gelingen, sei »jede Hoffnung auf Heilung der Krankheit verloren«.[63]

Damit galt für die vermeintlichen Volks- und Vaterlandsfeinde der Katholiken zunächst jedoch das gleiche wie für die »nationalen« Feinde der Liberalen: Prinzipiell glaubte man diese in die vorgestellte »Einheit« integrierbar, denn letztlich sprach man keinem ab, daß er sich als ein Teil des »Volkes«, des »Vaterlandes« oder auch der »Nation« verhalten und empfinden könne. »Die große Masse des katholischen Volkes ist verführt«[64] – ähnliche Vorwürfe ließen sich innerhalb des Liberalismus auch über die Sozialdemokratie vernehmen, deren Anhänger man von »Demagogen verhetzt und verführt«[65] glaubte. Die Katho-

---

59 Ebd., S. 578.
60 Vgl. dazu ausführlicher *Blaschke*, Katholizismus (MS), S. 242.
61 Vgl. im einzelnen *Blaschke*, Katholizismus, v.a. S. 43–56 u. S. 84–90.
62 H.-p. Bll., Jg. 82, 1878, S. 567 (Hervorh. i. Orig.).
63 Ebd.
64 Künzer an Lasker, in: *Wentzcke* (Hg.), S. 99f., Zit. S. 100.
65 *Schmoller*, Zit. S. 327.

liken stimmten in den selben Vorwurf mit ein – die Schuld dafür lasteten sie freilich den Liberalen an.[66]

Dabei kristallisierte sich jedoch in zunehmendem Maße heraus, daß den »Juden« die Zugehörigkeit zum »Volk« abgesprochen wurde. Wenige Jahre später wurden sie von seiten der Katholiken nicht nur den Christen, sondern vor allem den »Deutschen« und auch dem »nationalen Volkstum« als Feinde entgegengestellt.[67] Es ist hinreichend bekannt, daß damit kein katholisches Spezifikum beschrieben ist.

Im Antisemitismus des Kaiserreichs, der die gesellschaftlich tief verankerte Judenfeindschaft auf erschreckende Weise bündelte und steigerte, ließen sich lautstarke Verfechter aus allen Teilen der Gesellschaft finden.[68] Diese zeigten sich weitgehend unabhängig von der konfessionellen Herkunft oder politischen Überzeugung: innerhalb des Katholizismus und Protestantismus, unter den Konservativen, ja, selbst unter den Liberalen – den ursprünglichen Protagonisten der Judenemanzipation – traten im emotionalen und argumentativen Repertoire, mit dem viele auf die wahrgenommenen »Schäden« der kulturellen, wirtschaftlichen und politischen Entwicklung reagierten, antisemitische Einstellungen und Verhaltensweisen zutage.[69] Die unterschiedlichen Begründungen des Antisemitismus waren in den 1870er Jahren noch ebenso deutlich zu erkennen wie die damit einhergehenden und variierenden Feindkonstellationen, die erst im »national« oder rassistisch begründeten Antisemitismus weitgehend eingeebnet wurden. Die integrativen und desintegrativen Wirkungen des Antisemitismus hielten sich bis dahin jedoch in der Balance.

Der Antisemitismus konservativer und katholischer Provenienz bewegte sich zunächst in völliger Übereinstimmung mit der kulturellen und politischen Demarkationslinie innerhalb des Nationalstaats. Denn ob in seiner religiösen oder wirtschaftlichen Begründung: Der Liberalismus stand immer mit auf der Anklagebank, sei es, daß er als Einfallstor für die scheinbare Macht der »Juden« in Wirtschaft, Politik und Kultur gebrandmarkt wurde, sei es, daß die »Juden« als die eigentlichen Urheber des liberalen Gesellschaftsentwurfes und als die

---

66 H.-p. Bll., Jg. 82, 1878, S. 567.

67 Dazu *Blaschke*, Katholizismus (MS), S. 230ff.

68 Anstelle von umfassenden Literaturangaben zum Antisemitismus, die angesichts der Fülle der erschienenen Arbeiten ohnehin fragmentarisch bleiben müßten, vgl. die angegebene Literatur in: *Blaschke*, Katholizismus; als Überblicke zur Genese und Verankerung des Antisemitismus *Berding*, Antisemitismus; u. *Wehler*, Gesellschaftsgeschichte, Bd. 3, v. a. S. 924ff. u. 1063ff., dort ebenfalls mit umfassenden Literaturangaben.

69 In den Arbeiten über die Sozialdemokratie wird das Problem des Antisemitismus in aller Regel ausgespart. Zwar scheinen innerhalb der sozialdemokratischen Arbeiterbewegung antisemitische Vorurteile durchaus nachweisbar, gegenüber dem lautstarken Antisemitismus des Kaiserreichs erwies sich die Sozialdemokratie jedoch weitgehend resistent. Vgl. dazu *Lidtke*, Party, S. 148; *Ders.*, Culture, S. 66; *Leuschen-Seppel*; *Evans* (Hg.), Kneipengespräche, S. 302ff.; sowie *Ders.*, Antisemitism, S. 155ff.

vorherrschenden Akteure bei der Durchsetzung liberaler Wertideen und kapitalistischer Wirtschaftsformen im Nationalstaat verurteilt wurden. Diese Feindbildkonstruktion mit ihrem charakteristischen Dopplungseffekt verschärfte die Gegnerschaft zum »Judentum« ebenso wie zum Liberalismus und verlieh ihr jeweils eine zweifache Legitimation.

Das ließ sich – um nur einige Beispiele herauszugreifen – für die vorangetriebene Säkularisierung und den »Kulturkampf« ebenso beobachten wie im Bereich der Wirtschaftspolitik – und beides wurde nur allzu oft miteinander vermischt.

Aus der Sicht des Katholizismus war der »Kulturkampf« stets ein »liberaljüdisches« Machwerk.[70] Dabei oszillierte die Position, die den »Juden« zugeschrieben wurde, zwischen derjenigen eines Handlangers für die Liberalen und derjenigen des eigentlichen Initiators – eine weithin verbreitete Beschuldigung. So hieß es etwa in einer Schrift der frühen 1870er Jahre: »Der Jude« sei »vermöge seines unauslöschlichen, daher unvertilgbaren Hasses gegen das Christentum und in erster Linie gegen die katholische Kirche die Seele des in unserer Zeit erfundenen ›Culturkampfes‹«.[71] Angereichert mit den überkommenen Topoi der jüdischen Gier nach Weltherrschaft und des jüdischen Wuchergeistes ließ sich scheinbar differenziert und analytisch gefestigt die Plausibilität dieser Argumentation noch erhöhen. So fügte etwa Edmund Jörg, einer der einflußreichsten katholischen Publizisten der Zeit, erläuternd hinzu, daß der »Kulturkampf« von den »Börsenjuden« betrieben werde, die sich damit das »Commando über die vereinigten Massen des fanatischen Protestantismus« sicherten und den »gesammten Liberalismus mit dem preußischen Cäsarismus ihrer obersten Leitung« unterwerfen könnten.[72] Im Rückblick auf den »Gründerkrach« und die Auswirkungen der wirtschaftlichen Rezession seit 1873 vor Augen ließ sich mithin selbst die Behauptung aufstellen, die »Juden« hätten den Kulturkampf initiiert und forciert, damit »die vereinzelten Schmerzensschreie der Ausgeplünderten ... in dem allgemeinen Culturkampf-Getöse untergingen«.[73]

Die religiösen und wirtschaftlichen Stereotypen ließen sich mühelos in die Welt- und Gesellschaftsdeutung des Katholizismus einpassen, waren für sich genommen jedoch kein katholisches Spezifikum. Überschneidungen mit anderen antisemitischen Hetzparolen gab es durchaus – in der »Gartenlaube« und in der konservativen »Kreuzzeitung« lassen sich dafür zahlreiche Beispiele finden. Namhafte Protestanten, wie etwa Otto Glagau, bezichtigten hierin die

---

70 Zahlreiche Belege dafür bei *Blaschke*, Katholizismus, S. 42ff.
71 Zit. nach ebd., S. 37.
72 H.-p. Bll., Jg. 76, 1875, S. 215–230.
73 So ein Beitrag der »Christlich-sozialen Blätter« aus dem Jahre 1880, zit. nach *Blaschke*, Katholizismus, S. 88.

»Juden« als die »wüthendsten ›Culturkämpfer‹«;[74] Konservative setzten zu unverholenen Attacken gegen Liberalismus und »Judentum« an. »Die ›Verjudung‹ macht reißende Fortschritte«, hieß es 1878 in der »Kreuzzeitung«, die den unliebsameren Feind jedoch kaum mehr präzis auszumachen schien, geißelte sie doch zugleich den Liberalismus als den eigentlichen Verursacher, der dieselbe fördere. Ja, er schädige das »Volk geistig und materiell«, gerate dieses doch mehr und mehr »in die Abhängigkeit von Geldleuten« – »leider meist Juden«, wie der Autor hinzufügte.[75]

Von einer geschlossenen antisemitischen Front zwischen Katholiken, Protestanten und Konservativen kann dennoch nicht die Rede sein; noch war die konfessionelle Spaltung zu tief, die der Antisemitismus nur partiell überwölben konnte.[76] Das galt erst recht im Hinblick auf den Antisemitismus, der sich auch innerhalb des Liberalismus in zunehmendem Maße seinen Weg ebnete. Denn der Durchschlagskraft des Antisemitismus standen hier nicht nur die antagonistischen konfessionellen Identitäten, sondern ebenso die kontrahierenden politischen Identitäten und Loyalitätsbezüge hemmend entgegen. Daran vermochten auch Treitschkes antisemitische Vorstöße in den »Preußischen Jahrbüchern« noch nichts grundlegendes zu ändern.

Im Verlauf der 1880er Jahren verlor dieses Spannungsverhältnis jedoch sukzessive an Kraft – zweifellos in einem langwierigen Prozeß. Doch je mehr die »Nation« zu einer höherwertigen kollektiven Identität avancierte, desto deutlicher verschoben sich die Akzente der eigenen Positionierung. Damit wurden die konfessionellen oder politischen Konflikte zwar keinesfalls hinfällig; eine auf die »Nation« ausgerichtete Wahrnehmung barg jedoch stets die Vorstellung von einer ursprünglichen und damit wiedererreichbaren Homogenität in sich, die sich durch spezifische gemeinsame Merkmale auswies. Im »Deutschtum« oder »nationalen Volkstum«, die beide das Ideal einer ethnisch homogenen Reichsnation umschlossen, ließen sich die koexistierenden und konkurrierenden Identitäten vereinigen. Die »Rasse« lieferte jetzt vielen ein plausibles Deutungsangebot für die vermeintliche Homogenität des »deutschen Volkes«, die man in spezifisch biologischen und deshalb auch wissenschaftlich überprüfbaren Merkmalen zu finden glaubte.

Im christlich-sozialen Antisemitismus Adolf Stoeckers war die rassistische Unterfütterung des Antisemitismus bereits in der ersten Hälfte der 1880er Jahre greifbar. Neben die schon klassische Perhorreszierung der »jüdische[n] Übermacht«[77] traten nunmehr verstärkt auch andere Begründungen für den Antisemitismus: So wurde den »Juden« wiederholt eine »parasitische Existenz« zugeschrieben oder – mit nicht weniger drastischen Worten – das »jüdische

74 So Glagau in einer Ausgabe der »Gartenlaube« aus dem Jahre 1874, zit. nach ebd., S. 40.
75 Zit. nach *Winkler*, Nationalismus, S. 15.
76 So argumentiert auch *Blaschke*, Katholizismus, S. 52.
77 So etwa in einem Flugblatt aus dem Jahre 1881, zit. nach *Massing*, S. 45.

Wesen« als »Gifttropfen in dem Herzen unseres deutschen Volkes« bezeichnet. »Wenn wir gesunden wollen, wenn wir unsere deutsche Volkstümlichkeit festhalten wollen, müssen wir den giftigen Tropfen der Juden aus unserem Blut loswerden«, lautete bereits im Jahre 1882 die unmißverständliche Warnung Stoeckers.[78] Eine ausgefeilte Rassentheorie lag dem nicht zugrunde, doch der Übergang zum völkischen, rassistischen Antisemitismus der Jahrhundertwende war fließend. Die grundlegenden Kategorien für die Wahrnehmung und Deutung der »völkischen Nation« waren bereits in den grausamen Metaphern von Stoecker und seinen Gesinnungsgenossen vorgegeben.

Der »Jude« erschien nicht mehr nur als der »Feind«, der sich – zumeist mit unterstellter Hilfe des Liberalismus – eine übermächtige Stellung in Kultur, Wirtschaft und Politik angeeignet habe. Statt dessen wurde dem »Judentum« eine vermeintlich »zersetzende« Wirkung innerhalb des deutschen »Volkskörpers« zugeschrieben, die das »deutsche Volk« abzuwehren habe. Damit wurde eine Bedrohungssituation entworfen, die nicht von »außen«, sondern von »innen« heraus wirkte. Gerade darin lag die besondere Brisanz und der qualitative Unterschied zu den »nationalen« Feinden, die bislang in variierenden Konstellationen entweder in der Sozialdemokratie oder im Katholizismus, im Liberalismus oder Konservativismus ausgemacht worden waren: Denn diese waren immer – darauf wurde vorn bereits hingewiesen – »Feinde« der »Nation«, des »Volkes« oder »Vaterlandes«, wobei die Möglichkeit ihrer prinzipiellen Integrationsfähigkeit von ihren jeweiligen Gegnern immer mitbedacht und ihnen letztlich ihre Zugehörigkeit nicht in Abrede gestellt wurde. Im rassistischen Antisemitismus jedoch war der »Jude« innerhalb des gedachten »deutschen Volkskörpers« kein dazugehöriges Glied, sondern ein Eindringling, der als solcher mitsamt den ihm zugeschriebenen zerstörenden Eigenschaften allerdings erst kenntlich gemacht werden mußte; die Unterschiede zwischen »Deutschtum« und »Judentum« mußten in ihren Konturen klar erkennbar werden.

Dieser schleichende Prozeß prägte auch den katholischen Antisemitismus. Im Verlauf der 1880er Jahre wurde das »Judentum« nicht mehr allein dem Christentum gegenübergestellt; auch hier gewann statt dessen das Gegensatzpaar von »Judentum« und »Deutschtum« an Bedeutung, und selbst von seiten der Katholiken wurde den »Juden« nunmehr jede »nationale« Zuverlässigkeit in Abrede gestellt.[79] Im Verlauf der nächsten Jahrzehnte gewannen schließlich auch die rassistischen Elemente zunehmend an Gewicht. »Die Antipathie zum modernen Judentum« wurde kurz nach der Jahrhundertwende nicht mehr nur durch die vermeintliche »Gegnerschaft des Judentums zum Christenvolk« begründet, sondern ebenso auf eine, wie man jetzt glaubte, »Charakterveranlagung der Wirtsvölker« zurückgeführt. Das »Judentum als Rasse« müsse deshalb,

78 Zit. nach *Berding*, Antisemitismus, S. 94.
79 Vgl. *Blaschke*, Katholizismus (MS), S. 229ff.

lautete denn auch eine Formulierung eines Katholiken, »wie ein feindlicher Pfahl im Volkskörper empfunden werden«.[80]

Auch innerhalb des Katholizismus blieben Unterschiede bestehen, etwa in der Vehemenz, mit der ein rassistischer Antisemitismus verfochten wurde. Beispiele, in denen der universale Gedanke des Christentums der völkisch-rassistischen Verengung die Spitze brach, lassen sich mühelos finden. Und unstreitig gab es auch Gegenstimmen, die bereits seit den ausgehenden 1870er Jahren den grassierenden Antisemitismus scharf verurteilten.[81] Einem all-gegenwärtigen Antisemitismus, zumal in seiner rassistischen Variante, soll hier keineswegs das Wort geredet werden. Doch ebensowenig läßt sich der mit dem »völkischen« Gedanken verbundene rassistische Antisemitismus in seiner Be-deutung herunterspielen. Um die Jahrhundertwende folgten ihm bereits un-zählige Protestanten und Katholiken, Liberale und Konservative. Seine stärk-sten Verfechter fanden sich schließlich seit den 1890er Jahren in den protestantisch geprägten nationalen Agitationsverbänden: im »Alldeutschen Verband«, im »Ostmarkenverein«, im »Allgemeinen Deutschen Schulverein«, aber auch in der »Deutschen Kolonialgesellschaft« oder im »Flottenverein«. Sie alle huldigten der Idee von der Reinhaltung des »Volkes« und der Vollendung der »Nation« nach »innen« und »außen«. Das schloß den Antisemitismus eben-so ein wie die Germanisierungspolitik, die besonders aggressiv gegenüber den Polen verfochten wurde; dazu gehörte die Pflege des »Deutschtums im Aus-land« ebenso wie die Unterstützung einer imperialistischen »Weltpolitik«.

Bereits seit der Gründung des kleindeutschen Nationalstaats gebärdete sich der Nationalismus der Liberalen und der offiziellen Regierungspolitik – um hier auf eine treffende Charakterisierung aus den »Historisch-politischen Blät-tern« zurückzugreifen – »wie ein eifersüchtiger Gott, der keine andern Götter neben sich duldet«. »Er ist«, mit diesen Worten wurde der Skepsis gegenüber dem Nationalismus noch einmal zusätzlich Ausdruck verliehen, »ein ruheloses Ferment, das unwiderstehlich auf vollständige Erfüllung drängt.«[82] Im Hin-blick auf die imperialistische »Weltpolitik« seit den 1890er Jahren muß diese Warnung rückblickend als treffsichere Prognose erscheinen; in der »Nationali-tätenpolitik« schien diese Prophezeiung bereits seit den 1870er Jahren in ihrer Substanz erfüllt.

Der Umgang mit den »nationalen« Minderheiten der Franzosen, Dänen und Polen im deutschen Nationalstaat und die Politik ihnen gegenüber waren von Beginn an geprägt durch die Vorstellung einer »nationalen« Homogenität. Das schloß selbstredend die Kultivierung anderer, das hieß: nicht-«deutscher« Iden-

80 Zit. nach ebd., S. 231.

81 Vgl. dazu etwa die Auseinandersetzungen im Berliner Antisemitismusstreit, in: *Boehlich* (Hg.); zusammenfassend auch *Berding*, Antisemitismus, S. 151–162, u. *Wehler*, Gesellschaftsge-schichte, Bd. 3, S. 928f. u. 932.

82 H.-p. Bll., Jg. 67, 1871, S. 858.

titäten aus, und das um so mehr, wie es schien, als sich vor allem die Polen für ihre »nationale« Selbstbestimmung und die Wiedererrichtung des polnischen Staates stark machten.[83] Fraglos darf man daher die Dynamik, die sich durch die konkurrierenden Nationalismen entfaltete, nicht unterschätzen; umgekehrt jedoch sollte man die eingeleiteten Maßnahmen, mit deren Hilfe die Integration und Assimilierung der Franzosen, Dänen und Polen in den deutschen Nationalstaat gefördert werden sollte, nicht beschönigen: Sie alle zielten darauf, die »nationale Identität« dieser Minderheiten zu brechen – mit Liberalität oder Toleranz hatte das nichts zu tun. Gegenüber den Polen lag den Nationalisierungsmaßnahmen sogar von Beginn an die Vorstellung von der Höherwertigkeit der eigenen und der Minderwertigkeit der anderen »Nation« zugrunde[84] – eine arrogante Haltung, die im Bewußtsein vieler jedoch die schonungslose Nationalisierungspolitik gegenüber den Polen hinreichend legitimierte.

Die sukzessive Zurückdrängung der jeweiligen Landessprachen aus dem öffentlichen Leben insbesondere im überwiegend polnischsprachigen Posen und in Westpreußen wurde bis zur Suprematie der deutschen Sprache durchgefochten.[85] In diesem äußerst rigiden Vorgehen bildeten deutsch-nationale Überheblichkeit und konfessioneller Konflikt eine explosive Mischung. Nationalitätenpolitik und »Kulturkampf« waren in den 1870er Jahren in den preußischen Ostprovinzen zur Assimilierung der polnischen Bevölkerung und als Maßnahmen gegen die polnisch-nationalistische Opposition untrennbar miteinander verwoben. Nachdem der »Kulturkampf« im Reich nach der konservativen Wende von 1878 langsam abgemildert wurde, trat er in seinem antipolnischen Zuschnitt in eine um so unerbittlichere nächste Phase: Im März 1885 wurden weit mehr als 30.000 Polen des Landes verwiesen;[86] mit dem »Ansiedlungsgesetz« von 1886 wurde der Aufkauf polnischen Großgrundbesitzes in die Wege geleitet, um vor allem den polnischen Adel als den vermeintlichen Hauptträger der nationalpolnischen Opposition ökonomisch zu schwächen und den Anteil »deutscher« Neusiedler in den ostpreußischen Gebieten zu erhöhen. Mit Hilfe einer »Germanisierung« des Bodens sollten diese nun als ein »lebendige[r] Wall« die »slawische Flut« eindämmen.[87]

---

83 In Elsaß-Lothringen und Schleswig stellte sich dieses Problem insofern nicht in gleichem Maße, als zahlreiche Franzosen und Dänen, die dem deutschen Nationalstaat nicht angehören wollten, nach 1871 nach Frankreich oder Dänemark als »Optanten« übergesiedelt waren. Vgl. dazu *Nipperdey*, Geschichte, Bd. 2, S. 281ff.

84 Zum Nationalitätenproblem vgl. *Hagen; Balzer; Blanke; Hauser*, Polen; *Ders.*, Staatsräson; *Wehler*, Polenpolitik.

85 Die einzelnen Gesetzesmaßnahmen im Überblick in *Nipperdey*, Geschichte, Bd. 2, S. 271; ausführlich, aber speziell für Nordschleswig, *Hauser*, Staatsräson, S. 62–108.

86 Die Angaben über die ausgewiesenen Polen variieren zwischen 32.000 (*Nipperdey*, Geschichte, Bd. 2, S. 272) und 48.000 (*Wehler*, Gesellschaftsgeschichte, Bd. 3, S. 963).

87 Zit. nach *Wehler*, Gesellschaftsgeschichte, Bd. 3, S. 964.

Man muß an dieser Stelle einflechten, daß weite Teile der Gesellschaft dieser antipolnischen Nationalitätenpolitik eine klare Absage erteilten oder ihr zumindest mit äußerster Skepsis begegneten. Von seiten der Katholiken konnte bis in die 1890er Jahre die offizielle Nationalitätenpolitik mit ihrer konfessionellen Unterfütterung keine Zustimmung finden.[88] Wieder einmal standen konfessionelle Identitäten quer zu einem »nationalen« oder »deutschen« Zusammengehörigkeitsgefühl und milderten die mögliche Radikalität und Sprengkraft ab, die der deutsch-polnische Konflikt schon frühzeitig hätte entfalten können. Hinzu kam die oppositionelle Haltung von Linksliberalen und vor allem der Sozialdemokratie, die, obgleich auch sie vom west-östlichen Kulturgefälle überzeugt waren, aus rechtsstaatlichen Bedenken und humanitären Gründen scharfen Protest erhoben.[89]

Eine Ausweitung und schließliche Radikalisierung des Nationalitätenkonflikts konnte das auf längere Sicht jedoch nicht abwenden. Die polnische Bevölkerung hatte mit einem erbitterten Widerstand gegen die antipolnische Politik des Kaiserreichs reagiert – durchaus verständlich, doch in der Konsequenz spitzte das den Konflikt in den preußischen Ostprovinzen notgedrungen zu. Das Gespenst der »slawischen Flut« wirkte dabei um so gefährlicher, als die polnische Bevölkerung in diesen Gebieten im Vergleich zur deutschen verhältnismäßig viel schneller anwuchs und überdies die Ansiedlungspolitik grundlegend scheiterte: Der Grundbesitz war bis zur Jahrhundertwende nicht – oder zumindest nicht überwiegend – von polnischer in deutsche Hand gewechselt, sondern umgekehrt.[90]

Auch der katholische Widerstand gegen die inhumane Nationalitätenpolitik brach seit den 1890er Jahren zusehends auseinander. Doch dafür war die Konstellation in den preußischen Ostgebieten nicht der einzige Grund. Vielmehr ist dieser Einstellungswandel auch in diesem Fall ohne den Einstieg der Katholiken in den Kampf um die Verteidigung des »Deutschtums« und ihre Utopie von der »nationalen Volksgemeinschaft«, mit dem sich auch ihr Antisemitismus verändert hatte, kaum zu begreifen. Die »Germanisierung« in den polnischen Gebieten konnte nunmehr auf die Unterstützung vieler Katholiken bauen – sofern die katholische Kirche unbeschadet blieb.[91] Die »nationalen« Fronten waren verhärtet.

Die Milderung der antipolnischen Nationalitätenpolitik unter Caprivi, stieß deshalb auf erbitterten – und letztlich erfolgreichen – Protest, der sich vor allem

88 Dazu einige Hinweise bei *Blaschke*, Katholizismus (Ms), S. 224 und die dazugehörige Anmerkung. Zur Zurückhaltung des Zentrums in den antipolnischen Kampagnen seit den 1890er Jahren *Loth*, Katholiken. Ausführlicher, aber auf die polnisch bewohnten Gebiete beschränkt *Smith*, German, S. 196ff.

89 Vgl. dazu *Wehler*, Sozialdemokratie, S. 103ff.

90 Zum Scheitern der Ansiedlungsgesetzgebung vgl. *Ders.*, Gesellschaftsgeschichte, Bd. 3, S. 964 u. 1068.

91 *Smith*, German, 185ff.

im 1894 gegründeten »Ostmarkenverein« organisierte.[92] Sein antipolnischer Nationalismus kann ohne weiteres als eine der Speerspitzen des alldeutschen Nationalismus angesehen werden, der in seiner rassistisch-sozialdarwinistischen Variante den »Volkstumskampf« der Deutschen gegen die Polen auf die Spitze trieb. Die überkommene Vorstellung von einem kulturellen West-Ost-Gefälle, die bisher eine hinreichende Legitimation für die Assimilierung der Polen geboten hatte, wurde jetzt von der biologistisch gesättigten Überzeugung einer vermeintlichen »germanischen« Überlegenheit und »slawischen« Unterlegenheit abgelöst, die nunmehr bewiesen werden mußte. An dieses Konstrukt banden sich Hoffnungen, gleichwohl schloß es ein ständiges Gefühl der Bedrohung mit ein: Zwar verhieß die sozialdarwinistische Lehre im »Kampf ums Dasein« die Übermacht der »zivilisierten«, und das hieß in diesem Fall: der »deutschen Nation«; doch auch dieser Kampf mußte erst einmal erfolgreich gefochten werden. Bis zu seiner Entscheidung blieb die Angst vor der potentiellen Niederlage der eigenen »Nation« bestehen, schien diese ihre Kraft doch in dem Maße einzubüßen, wie sie auf die vollständige Durchsetzung des »Deutschtums« verzichtete.

Damit war ein grundsätzlicher und in seinen Konsequenzen weitreichender Perspektivenwechsel gegenüber der Nationalitätenpolitik der 1870er und 80er Jahre markiert: Die polnische Minderheit, die durch ihren Protest gegen die nationalkulturelle und nationalpolitische Zwangseinverleibung in die deutsche »Nation« zum »inneren« Feind der »nationalen Einheit« geworden war, rückte jetzt auf ganz andere Weise als »Nation« und damit als eine Art »äußere« Bedrohung in den Blick, die innerhalb der deutschen Grenzen ihre Wirkungskraft bereits voll zu entfalten schien. Im antipolnischen Nationalismus des »Ostmarkenvereins«, dessen Ziele von einer rigorosen »Eindeutschung« bis zur Vertreibung der polnischen Bevölkerung reichten, gingen das Gefühl eines notwendigen Abwehrkampfes und der Glaube an die eigene »nationale« Überlegenheit eine explosive Mischung ein. Nach innen entlud sie sich im aggressiven Kampf um die »Germanisierung«; nach außen ließ sie ihre zerstörerische Wirkung unmißverständlich erkennen: Der »Alldeutsche Verband«, der in dieser Hinsicht noch über die Ziele des »Ostmarkenvereins« hinausschoß, dabei jedoch eine deutliche Affinität zu deren rassistisch-sozialdarwinistischem Denken aufwies, preschte bereits 1894 mit seinem Mitteleuropa-Projekt voraus. Dessen Realisierung sei notwendig, so die Begründung in den »Alldeutschen Blättern«, um »der germanischen Rasse diejenigen Lebensbedingungen zu sichern, deren sie zur vollen Entfaltung ihrer Kräfte bedarf, selbst wenn dadurch solch minderwertige Völklein wie Tschechen, Slowenen und Slowaken ... ihr für die Zivilisation nutzloses Dasein einbüßen sollten ... Deutsche Kolonisation, deut-

---

92 *Galos u.a.*; *Tims.* Bemerkenswert die Studie von *Chickering,* Casting, die erstmals ein Licht auch auf den Deutschen Frauenverein für die Ostmarken wirft.

scher Gewerbefleiß und deutsche Bildung ... sollen bis nach Kleinasien als ein Bindemittel dienen, durch das sich große und zukunftsreiche Wirtschaftsgebiete ... uns angliedern.«[93]

Es kann nicht die Rede davon sein, daß dieser alldeutsche Geltungs- und Expansionsdrang, wie er hier formuliert wurde, ein genaues Bild der Stimmungslage im Kaiserreich der 1890er Jahre widerspiegelt. Unstreitig gab es vielfältige personelle Überschneidungen zwischen den Alldeutschen und den anderen nationalen Agitationsverbänden; die engen Verbindungen zu den Nationalliberalen, den Konservativen und Antisemiten stehen außer Zweifel; überdies konnten die Alldeutschen ihre Anhängerschaft nachweislich vor allem aus der Wählerschaft dieser Parteien rekrutieren.[94] Doch die Alldeutschen waren Opposition – nicht nur, weil es ihrem Selbstverständnis als außerparlamentarischer Organisation entsprach. Vor der Jahrhundertwende konnte kaum von einer Massenbasis die Rede sein, wenngleich konzediert werden muß, daß die Zahl der »stummen« Gesinnungsgenossen kaum zu erfassen ist. Im Liberalismus und Katholizismus – von den Sozialdemokraten einmal ganz abgesehen, die zumindest in den offiziellen Proklamationen jeder imperialistischen Versuchung zu widerstehen schienen[95] – ließ sich jedenfalls der alldeutsche Expansionismus nicht als dominierendes Programm festmachen. Vielmehr zeigten sich sowohl zum erstarkenden Kolonialenthusiasmus im Katholizismus als auch zum Imperialismus liberaler Provenienz, der seit den 1880er Jahren zu einem scheinbar unverzichtbaren Bestandteil »nationaler« Behauptung geworden war,[96] bedeutende, qualitative Unterschiede: Erstens zielte der Erwerb von Kolonien nicht auf eine Vergrößerung des »deutschen« Lebensraumes, und, zweitens, fehlte jede Bezugnahme auf die »germanische Rasse«, die ihre Überlegenheit gegenüber den vermeintlich minderwertigeren »Rassen« zu beweisen hatte. Von dieser Art Begründung waren die Befürworter kolonialer Expansion im Katholizismus und Liberalismus weit entfernt.

Obwohl es daher sicherlich zu weit gegriffen wäre, eine zwangsläufige Entwicklung hin zum alldeutschen Expansionismus anzunehmen, war diesem mit

93 Zit. nach *Berding*, Antisemitismus, S. 136.

94 Vgl. dazu ausführlich die glänzende Studie von *Chickering*, Men.

95 Von einer geschlossenen antiimperialistischen Haltung unter den sozialdemokratischen Anhängern kann jedoch keine Rede sein, sei es, daß sie, wie Karl Hoechberg, auf eine Machtvergrößerung des Deutschen Kaiserreiches setzten, um England als Weltmacht endlich in Schach halten zu können, oder sei es, daß sie sich von der kolonialen Expansion verbesserte Arbeitsmöglichkeiten für die Hafenarbeiter erhofften. Vgl. dazu *Lidtke*, Party, S. 194f.; *Wehler*, Bismarck, S. 175f., u. *Anderson*, Windthorst, S. 382.

96 Der Imperialismus soll damit nicht als Neuerscheinung der 1880er Jahre bezeichnet werden. Dagegen steht die Kontinuität spezifischer Argumentationsfiguren, in denen auch schon vor der Reichsgründung der Imperialismus als Aufgabe »Deutschlands« und als zu rechtfertigender Schritt der vermeintlich stärkeren »Völker« begriffen wurde. Vgl. als kurzer Überblick *Fenske*, Zuschauer.

dem Imperialismus, wie er etwa von Liberalen oder Katholiken verfochten wurde, dennoch ein fruchtbarer Nährboden bereitet. Zum einen lassen sich strukturelle Gemeinsamkeiten zwischen den unterschiedlichen Ausprägungen des Imperialismus erkennen. So unterschiedlich die Begründungen auch sein mochten – und davon gab es eine große Bandbreite –, die auch den Liberalismus vom Katholizismus schieden, sie waren stets mit dem Glauben an die eigene Höherwertigkeit oder Auserwähltheit verbunden. Das schloß nicht aus, daß der Imperialismus seine entscheidende Schubkraft aus einem Konglomerat von Ängsten, aber auch Hoffnungen bezog, die sich wechselseitig bedingten und steigerten und damit eine eigene Dynamik entfalteten. Dazu gehörten äußere Faktoren, wie die Einbettung in den okzidentalen Imperialismus der umliegenden Nationalstaaten, die durch ihre koloniale Expansion wirtschaftlich, aber auch militärisch ein Gewicht errungen hatten, das als Gefahr für die eigene Nation wahrgenommen wurde. Dazu gehörten aber auch innere Faktoren. Denn der Imperialismus verhieß, eine zukunftsverbürgende Kraft zu sein, schienen doch gerade durch den Erwerb von Kolonien die wahrgenommenen sozialen, politischen und auch kulturellen Spannungen und Konflikte bewältigt werden zu können. Damit jedoch entwickelten sich – und das ist der andere Aspekt – neue Wahrnehmungs- und Deutungsmöglichkeiten der eigenen Stärke nach außen und der gesellschaftlichen Entwicklung nach innen, die sich am imperialistischen Kräftefeld als einer immer selbstverständlicheren Bezugsgröße zu messen hatten.

Daß dabei die »Nation«, die das militärische und auch wirtschaftliche Potential zur Verfügung stellen mußte, zwangsläufig in den Blick geriet und die koloniale Expansion zur »nationalen« Aufgabe deklariert wurde, steht außer Frage. Dennoch bedurfte der Imperialismus nicht notwendigerweise der »nationalen« Begründung; als übersteigerte Form des Nationalismus wird er daher nur unzureichend erfaßt. Imperialistische Strömungen im Katholizismus sind dafür ein Beispiel.

Ausgehend von der »orientalischen Frage«,[97] die hier zur »Aufgabe des Jahrhunderts« stilisiert wurde, entwickelte ein Beitrag, der den »Historisch-politischen Blättern« zu Beginn der 1880er Jahre zugesandt worden war, eine umfassende und durchaus vielschichtige Begründung, mit der die dringende Notwendigkeit, ja, Überfälligkeit, kolonialer Expansion erläutert wurde.[98] Im Mittelpunkt kolonialer Agitation stand dabei nicht die eigene »Nation«. »Europa« – oder um genauer zu sein: Deutschland und Österreich, Frankreich und Spanien – wurde als dem wahren Verteidiger der »christlichen Zivilisation« die Aufgabe zugesprochen, vor allem in Nordafrika und Kleinasien der »Herrschaft

---

97 Eine kurze Auswertung der »Historisch-politischen Blätter« zu diesem Aspekt, jedoch auf die Zeit zwischen 1860 und 1878 begrenzt, bei *Lucas*, S. 110–114.
98 H.-p. Bll., Jg. 87, 1881, S. 681–709; daraus auch die folgenden Zitate.

des Islams ein jähes Ende zu bereiten«. Das schien nicht nur historisch legiti-
mierbar, sondern als Fortsetzung der »Kreuzzüge« geradezu eine Vollendung
eines vermeintlich geschichtlichen Auftrags, den das alte Heilige Römische
Reich begonnen hatte. Doch diese christliche, genauer katholische Sendungs-
idee, die in missionarischem Eifer auf die Verbreitung christlicher »Gesittung«
hoffte, mischte sich mit durchaus tiefgreifenden und äußerst weltlichen Ängsten und Interessen, mit denen sich ein unmißverständliches Credo verband:
»Europa muß auf jene Gebiete reflektieren, wenn es nicht wirthschaftlich zugrunde gehen und verarmen will« – so lautete der Glaubenssatz, dem wie
selbstverständlich hinzugefügt wurde: »Es muß natürlich zu dem Zwecke auch
besagte Länder in Besitz nehmen und der Herrschaft des Islams ein Ende machen.« Koloniale Expansion – damit verband sich konkret auch die Erwartung,
die europäische Auswanderung kanalisieren, neue Nutzflächen für Landwirt-
schaft und Industrialisierung gewinnen und weitere Absatzmärkte erschließen
zu können. Damit schien dann auch die »gedeihliche Lösung der sozialen Frage« gefunden und eine erneute wirtschaftliche Prosperität für Deutschland und
die anderen drei europäischen Staaten in greifbarer Nähe.[99]
    Diese vergleichsweise früh formulierte und pointiert zur Sprache gebrachte
Haltung, erhielt in den kommenden Jahren im Katholizismus eine immer größere Rückendeckung.[100] Hatte das Zentrum im Jahre 1880 die Samoa-Vorlage
noch abgelehnt, votierte es 1888/89 für die Kolonialvorlage im Reichstag. Für
diese veränderte Position darf die innenpolitische Konstellation, die hier nicht
noch einmal erörtert werden soll, nicht zu gering veranschlagt werden; zu den
überzeugten Antikolonialisten sind die Katholiken jedenfalls auch in den Jahren zuvor nicht hinzuzurechnen. Sofern die Katholiken den Raum für ihren
christlichen Missionseifer gegeben sahen, konnte die offizielle Kolonial- und
Flottenpolitik auch ihrer vorbehaltlosen Unterstützung gewiß sein. Doch ein
primär von der »Nation« her gedachtes Macht- und Geltungsbewußtsein war
damit zumindest bis zur Jahrhundertwende nicht verbunden. Und gerade darin unterschieden sie sich grundlegend von den Verfechtern einer kolonialen
Expansion innerhalb des Liberalismus.
    Auch unter den Liberalen, das ist unstrittig, erhielt der Imperialismus eine
ausgesprochene Dynamik durch die Ängste, die durch die wirtschaftliche Krise
und die zunehmenden sozialen Spannungen im Innern hervorgerufen worden
waren. Die Aussicht auf neue Absatzmärkte und Rohstoffe galt hier ebenso als
hinreichendes Argument für den Erwerb von Kolonien wie die Hoffnung auf
eine Stabilisierung der sozialen und politischen Konflikte.[101] Darüber hinaus
jedoch waren die meisten Liberalen von dem Glauben an eine potentiell mög-

    99 Vgl. zu diesem Aspekt auch *Loth*, Zentrum, S. 68ff.
    100 Vgl. *Gründer*, S. 74ff.
    101 Umfangreiche Belege dazu in: *Wehler*, Bismarck, S. 139ff.; vgl. auch *Langewiesche*, Libera-
lismus, S. 211ff., u. *Sheehan*, Liberalismus, S. 237f.

liche und durchaus erstrebenswerte »nationale« Machtentfaltung geradezu besessen. Sie war das einigende Band, von dem viele Liberale glaubten, es werde nicht nur den zerrütteten Liberalismus, sondern letztlich die ganze »Nation« im »Kampf um ideale Güter«[102] einen. Der Imperialismus war immer auch eine Vision, mit der das alte, jedoch keineswegs verworfene Ziel »nationaler Einheit« eingelöst werden sollte – eine »Nation«, die bei den Liberalen noch immer auf die Vorstellung von einer sozial differenzierten, in sich jedoch harmonisch gegliederten »bürgerlichen Gesellschaft« zugeschnitten war.

Die Idee der deutschen »Weltpolitik« schloß in den 1890er Jahren an diese Grundgedanken und Hoffnungen an. Dabei trat jedoch das »nationale« Kraft- und Geltungsbedürfnis immer stärker in den Vordergrund. Der »Macht- und Gestaltungswillen einer Nation«[103] maß sich an der Zahl ihrer Kolonien – dieser Überzeugung hatte 1890, im Jahr von Bismarcks Sturz, schon ein führender Nationalliberaler wie Johannes Miquel Ausdruck verliehen. Oftmals traten wirtschafts- und machtpolitische Begründungen in einer kaum zu entwirren-den Argumentation auf, der die überkommene Vorstellung von der kulturellen Überlegenheit der westlichen »Nationen«, mit der sie nunmehr auch die Kolonien zu bereichern glaubten, beigemischt wurde.

In seiner Konsequenz unterschied sich dieser säkularisierte Missionsgedanke nicht von dem christlichen Sendungsbewußtsein der Katholiken, von dem er sich doch immer wieder abgrenzen wollte. So konnte es den Anschein erwek-ken, als ob der Imperialismus die Gräben zwischen der politisch, kulturell und sozial so tief fragmentierten Gesellschaft des Kaiserreichs überbrücken könne. Doch das war allenfalls partiell und nur in kurzen historischen Momenten der Fall. Vielmehr konnte sich der Imperialismus mit unterschiedlichen Identitä-ten und Loyalitäten verbinden – »national« gefärbt oder auch nicht, ohne daß dadurch die konfessionellen oder politischen Antagonismen aufgehoben wor-den wären. In dem auf »Einheit« zielenden Imperialismus, ob diese nun »natio-nal« oder »christlich« gedacht wurde, ist es vielmehr gerade diese »Differenz« gewesen, die das Vordringen eines rassistisch-sozialdarwinistischen Einheits-imperialismus über Jahre hinaus wirkungsvoll verhindern konnte.

102 *Langewiesche*, Liberalismus, S. 219.
103 Zit. nach ebd.

B. Ambivalente Identitäten im Nationalstaat

1. *Nation und Volk seit 1871*

»Nun ist das Sehnen erfüllt – Schleswig-Holstein wurde unser, Elsaß-Lothringen zurück erkämpft – am 18. Januar [ist in] Versailles das Deutsche Reich [...begründet] und gestern ist in Berlin der erste Deutsche Reichstag eröffnet.«[1]

In dieser handschriftlichen Notiz, datiert auf den 22. März 1871, ließen vier kurze Zeilen die soeben in Erfüllung gegangenen Hoffnungen auf dem Weg zur lang ersehnten politischen Einheit Revue passieren und gaben der emotionalen Bewegtheit Raum. Sie wurden geschrieben unter ein verwahrtes Exemplar des »Weihe-Liedes« zum elf Jahre zurückliegenden ersten deutschen Turnfest in Coburg 1860, in dem noch der einige »Bund« der »deutschen Stämme«, der Schwur dem »einen Vaterlande« im Kampf gegen den »Feind« und für des »einen Deutschlands Macht« gefordert worden war. All das gehörte jetzt der Vergangenheit an. Der deutsche Nationalstaat war gegründet, in geradezu telegraphischem Stil wurde das erreichte Ziel festgehalten.

Verglichen mit den öffentlichen Feiern jener Zeit, auf denen die Nationalstaatsgründung mit unverkennbarem Pathos zelebriert wurde, konnte diese asketisch anmutende Ausdrucksweise dennoch ungewöhnlich wirken. Die Kürze der Zeilen ließ bewegende Gefühle der Freude und des Stolzes über den errungenen Sieg und die daraus hervorgegangene politische Einheit zu einer fast unscheinbaren Randbemerkung zusammenschmelzen – mit den emphatisch gefeierten Festen, ihren weitschweifigen und redundanten Reden schien sie kaum etwas gemein zu haben. In diesen wurden der Sieg über Frankreich, in der Rückschau glorifiziert und sakralisiert als ein Urteil »Gottes«,[2] und die daraus hervorgegangene politische Einheit mit geradezu unbändiger Freude und Euphorie immer wieder gefeiert und durch die endlos wiederholten Hochs auf das Vaterland und die unzähligen Toasts auf Kaiser und Bismarck bekräftigt.

Doch diese laut tönenden Festtagsreden im Gedenken an die errungene Einheit hinterließen einen irreführenden Eindruck, der für einen Moment über ein sehr viel weiteres Spektrum an Stimmungen, vor allem aber auch über die veränderte Konstellation, der sich die Turnvereine mit der Nationalstaatsgründung seither gegenüber sahen, hinweg täuschen konnte. Tatsächlich war die Situation prekärer, als die feierlichen Festreden erahnen ließen. Denn die

---

1 Vgl. Handschriftliche Notiz.

2 So etwa in dem Bericht über das Vierte allgemeine Turnfest in Bonn 1872, in: DTZ, Nr. 22, 31. Mai 1872. Schon zu Kriegsbeginn war innerhalb der Turnerschaft vom »heiligen Kampfe« die Rede gewesen. Vgl. den Aufruf An die Turnvereine des 2. Kreises, in: DTZ 1870, S. 165.

»Deutsche Turnerschaft« blieb, um es mit der treffenden Charakterisierung eines scharfen, der Turnidee jedoch wohlwollend gegenüberstehenden Kritikers zu formulieren, nurmehr als »entseelter Körper« bestehen, der, wie es sich diesem nach dem 4. nationalen Turnfest in Bonn 1872 dargestellt hatte, allenfalls noch »eine traurige Scheinexistenz« führe.[3]

Mit der Gründung des Kaiserreichs hatte sich die »Deutsche Turnerschaft« als nationalpolitische Bewegung überlebt – dieses Urteil war bereits unter zahlreichen Zeitgenossen unstrittig, die daraus auch in der öffentlichen Diskussion, zum Ärger der Turner, keinen Hehl machten.[4] Die Entwicklung der Mitgliederzahl schien diesen Skeptikern recht zu geben. Bereits seit der Mitte der 1860er Jahre kündigte diese einen sukzessiven Bedeutungsverlust der deutschen Turnbewegung an. Von den 167.932 Mitgliedern, die ihr noch im Jahr 1864 angehört hatten,[5] verzeichnete die Statistik bis 1869 einen Rückgang auf 128.501. Das war ein Verlust von immerhin rund einem Viertel (23,5%)[6] bis zu diesem Zeitpunkt – eine Entwicklung, die bis in die zweite Hälfte der 1870er Jahre anhielt. Dafür gab es mehrere Gründe, deren Ursprünge zum Teil bereits Jahre zurücklagen.

Erstens handelte es sich um eine Nationalstaatsgründung von »oben«, und nicht, wie viele erhofft und erwartet hatten, um den nationalen Zusammenschluß zur politischen Einheit unter tatkräftiger Mitwirkung jedes einzelnen. Gerade dafür hatte man sich aber im Turnbetrieb gerüstet, hatte den Körper gestärkt, um zu jener Tat- und Willenskraft, zu jener selbstbestimmten Disziplin und Unterordnung, jenem Mut, jener Wehrhaftigkeit und Männlichkeit gelangen zu können, die als die unabdingbaren Voraussetzungen galten, wenn man das Ziel der Einheit erreichen wollte. Daß der Verlauf ein anderer sein würde, hatte sich im Krieg um Schleswig-Holstein erstmals und im preußisch-österreichischen Krieg erneut angekündigt. Die Gründung des Nationalstaats von 1871 hatte dann endgültig andere Fakten geschaffen. Die »nationalen Wünsche Deutschlands und auch das nationale Programm der Turnvereine« hätten

3 Der Pionier, Nr. 164, 27.9.1872.
4 Vgl. dazu etwa auch folgende Auseinandersetzungen innerhalb der »Deutschen Turnerschaft« mit offenkundig vergleichbaren Angriffen, in denen die eigene Existenzberechtigung und die Notwendigkeit nationaler Feste auch nach der Gründung des Kaiserreichs nachgewiesen werden sollten: Das IV. Deutsche Turnfest, in: DTZ 1872, S. 271f., v.a. S. 272, mit einem Rückblick auf das vermeintlich »echte« Nationalfest von 1863 in Leipzig; sowie Geschichte, S. 64, die in bezug auf das Jahr 1871 festhält, es sei »bald die irrige Meinung« verbreitet worden, »*die Bestrebungen der Turnvereine seien nunmehr, nachdem der geniale Baumeister das Reich, ohne deren Zuthun, in erhabener Schönheit zusammengefügt habe, durchaus gegenstandslos geworden*« (Hervorh. i. Orig.).
5 Zur Mitgliederentwicklung der frühen 1860er Jahre siehe vorn das Kap. über Organisation u. Struktur der Turnbewegung.
6 Die Mitgliedererhebung aus dem Jahre 1869 in: Drittes Statistisches Jahrbuch, hier bes. S. XXXVIII. Die oben angegebene Zahl der Vereinsmitglieder umfaßt, wie für das Jahr 1864 auch, die Zahl der aktiven und passiven Mitglieder, schließt jedoch die Zahl der Vereinsschülerinnen und -schüler nicht mit ein.

sich, lautete das Fazit, das 1872 im »Pionier« zu lesen war, seit der »Wiedergeburt Deutschlands«, die mit der Annektion von Schleswig-Holstein begonnen und mit der »kaum noch erhofften Wiedergewinnung des Elsaß und der Proklamation des deutschen Kaiserthums ihren wundergleichen Abschluß gefunden« habe, »um so mehr erledigt, als die großartige Entwicklung der Militärkraft die Turnvereine zum Zweck der Landesvertheidigung ... entbehrlich erscheinen ließ«. Mit andern Worten: »Bismarck und Moltke hatten die national-politische Mission der Turnvereine übernommen und glorreich erfüllt.«[7] Daß die Nationalstaatsgründung der Turner und ihrer eingeübten Wehrhaftigkeit nicht bedurfte – das hätte kaum deutlicher geäußert werden können.

Zweitens aber hatten die Turnvereine in den Augen vieler ihre Bedeutung als öffentliche Plattform für die Verbreitung nationalpolitischer Vorstellungen verloren. Bereits nach dem sogenannten »Bruderkrieg« von 1866 klagten zahlreiche Vereine, darunter auch die Berliner Turnerschaft, die bislang den prominenten Liberalen Rudolf Virchow zu ihren Vorstandsmitgliedern hatte zählen können, über das Verschwinden der »glänzenden Namen« und den Austritt der »einflußreichen Männer«.[8] Mochte über die Form, in welcher der ersehnte Nationalstaat entstehen werde, noch nicht in letzter Instanz entschieden sein; daß dieses Ziel näher gerückt war, zumal für jene protestantischen Liberalen, die ohnehin für die kleindeutsche Lösung gestritten hatten, war nun deutlich geworden. Damit hatten sich die Akzente verschoben. Als sich mit der Gründung des Norddeutschen Bundes die Möglichkeit eröffnete, an der inneren Ausgestaltung dieser Staatenunion zu partizipieren, suchte man jene »glänzenden Namen« innerhalb der Turnvereine zumeist vergebens. Man fand sie nurmehr in den Parteien, die jetzt augenscheinlich das weitaus geeignetere Forum zur Durchsetzung ihrer politischen Vorstellungen abzugeben schienen.

Drittens aber war die Nationalstaatsgründung eine einschneidende Zäsur: Mit der politischen Einheit war das zentrale Ziel der deutschen Turnbewegung erfüllt. Das mag rückblickend selbstverständlich erscheinen, erwies sich jedoch in seinen Konsequenzen als folgenreich.

Konfrontiert mit der eigenen Historizität, der sich die bislang um die politische Einheit kämpfenden Turner im Augenblick der Nationalstaatsgründung stellen mußten, lag die Radikalisierung der bisher verfolgten Ideen nahe. Das meinte nicht nur und vor allem nicht ausschließlich die Adaption neuer Inhalte. Denn gerade in der vermeintlichen Anknüpfung an die überkommenen Vorstellungen und Ziele, die immer auch ein Defizit an unerfüllten Erwartungen suggerierten und von neuem konstruierten, lag die Möglichkeit, nicht nur den weiteren Bestand der Organisation zu legitimieren, sondern darüber hin-

7 Der Pionier, Nr. 164, 27.9.1872.
8 Bericht der Berliner Turnerschaft über das XIV. Verwaltungsjahr 1876/77, in: GStA Merseburg, Rep. 77, Tit. 925, Nr. 2, Bd. 3, 1860–1919, Bl. 111–138r, bes. 123r u. 125, Zit. Bl. 125.

aus auch die eigene Historizität und die damit im Raum stehende eigene Vergänglichkeit zu relativieren.

Diese Problematik schimmerte auch in der Erklärung des bereits zitierten Kritikers durch, der mit analytischer Schärfe und ungewöhnlicher Klarheit die schwierige Situation der Turnvereine nach der Gründung des Kaiserreichs vor der Folie der vergangenen Jahrzehnte zusammenfaßte: »Was die Turnvereine früher beseelte und den Turnfesten die begeisterte Theilnahme des Volkes sicherte«, erläuterte er, »waren gewisse nationale Wünsche und Hoffnungen, welche unbefriedigt an der Volksseele nagten und in den Turnvereinen eine Bürgschaft ihrer Verwirklichung erblickten.« So sei es auch nicht »die Leibesübung als körperlicher Selbstzweck gewesen«, welche die »Flammen der Begeisterung« hätte entzünden können; nur die Bindung an das »nationale Programm«, das der Turnerei eine Seele eingehaucht habe und durch die »Reck und Barren ... in den Dienst einer höheren Idee« gestellt und damit »in ein ideales Licht« gerückt worden seien, habe diese Wirkung zu erzielen vermocht. »Nicht weil die Turner Gymnastik betrieben, scholl ihnen der Volksjubel entgegen, *sondern weil sie ein nationales Banner entfalteten und im Herzen des Volkes nationale Hoffnungen erweckten und bekräftigten.*« Nun jedoch seien die Turnvereine, so die schonungslose Charakterisierung, ein »todter Leichnam, der nicht galvanisiert werden« könne. Doch sei es eine offene Frage, ob man den Toten begraben solle oder sich diesem »entseelten Körper eine neue Seele« einhauchen ließe. Die Antwort im »Pionier« war ebenso dezidiert wie kompromißlos: »Die Wiederbeseelung des deutschen Turnwesens ist nur möglich durch Entfaltung des moralischen Banners.«[9] Das war das Plädoyer für die Notwendigkeit eines neuen Impulses, durch den nunmehr das »nationale Banner« eine neue Bedeutung bekommen sollte.

Um die äußere Entwicklung und Momente des inneren Wandels in groben Zügen vorwegzunehmen: Im Verlauf der zweiten Hälfte der 1870er Jahre ließ sich innerhalb der »Deutschen Turnerschaft« ein zögerlicher Anstieg der Mitgliederzahlen verbuchen, auf den einzelne Vereine mit spürbarer Erleichterung in ihren Jahresberichten hinwiesen. Das war immerhin ein ersten Anzeichen dafür, daß die Talsohle durchschritten war.[10] Nach wenigen Jahren hatte sich die Anzahl der Mitglieder noch einmal rapide verändert: Bereits im Jahr 1895 zählte die »Deutsche Turnerschaft« nach einer Erhebung 529.925 Vereinsmit-

---

9 Der Pionier, Nr. 164, 27.9.1872.

10 Eine umfassende Statistik für diese Jahre liegt leider nicht vor. Vgl. jedoch den Bericht der Berliner Turnerschaft über das XIV. Verwaltungsjahr 1876/77, in: GStA Merseburg, Rep. 77, Tit. 925, Nr. 2, Bd. 3, 1860–1919, Bl. 123r, sowie eine Auswahl von Vereinschroniken, deren Zahl sich mühelos erweitern ließe: Von »weiteren Rückschlägen im Vereinsleben« seit 1871 berichtet auch der Dresdener Turnverein. Ein »langsames aber stetes Wachstum« setzte hier sogar erst zu Beginn der 1880er Jahre ein. Vgl. Geschichte, S. 64f. u. 74; ähnlich etwa in: *Beckel*, S. 62f., hier auch deutlich der rapide Rückgang der Übungsbesuche um 1870; ebenso Die Lübecker Turnerschaft, Tafel 2.

glieder im Alter über 14 Jahre[11] – eine Größenordnung, die jeden bisher gekannten Umfang an Mitgliederzahlen seit der Entstehung der deutschen Turnbewegung um ein Vielfaches sprengte.[12] Die Mehrzahl der Mitglieder gehörte nun zu einer neuen Generation.

Diese Entwicklung drückte sich auch in der ungeheuren Resonanz aus, die den Festen im Verlauf der Jahrzehnte nach 1870/71 zukam. Das zeigte sich nicht nur in einem steten Anstieg der Zuschauerzahlen.[13] Das Engagement und die Unterstützung der Bürger waren in vielfacher Hinsicht eindrucksvoll. Um nur ein Beispiel zu nennen: Für das VII. deutsche Turnfest in München 1889 formierte sich eine Festvereinigung, die an der Vorbereitung über ein Jahr lang mitwirkte und zum Zeitpunkt des Festes immerhin 900 Teilnehmer umfaßte. Immens war auch die finanzielle Unterstützung: Für das Fest hatte der Finanzausschuß einen Bedarf von 281.500 Mk. ausgerechnet, der freilich im Vorfeld der Veranstaltung nicht zur Verfügung stand, sondern erst während des Festes im wesentlichen durch den Erlös der Eintrittsgelder, der Festbeiträge und der verkauften Speisen gedeckt werden sollte. »Ohne großes Drängen«, konnte jedoch der Bürgermeister auf dem Probebankett den anwesenden Gästen berichten, habe die »Bürgerschaft« einen »Garantiefond bewilligt«, der im Sommer 1889 schließlich 225.000 Mk. umfaßte, zu der die Gemeinde selbst 25.000 Mk beigetragen hatte. Klarer hätte das Interesse der Bürger an dieser Veranstaltung, die der Bürgermeister als »bedeutsames vaterländisches Werk« bezeichnete, nicht zum Ausdruck kommen können.[14]

In diesem Zeitraum zwischen der Nationalstaatsgründung und den ausgehenden 1880er Jahren, in dem ein nahezu kompletter Austausch des Mitgliederbestandes stattfand, vollzog sich in einem schleichenden, fast unmerklichen Prozeß eine partielle, gleichwohl folgenreiche Uminterpretation des Einheitsbegriffs, die aufgrund der sprachlichen Konstanz nur schwer zu erfassen ist, jedoch ihrerseits die Anschlußfähigkeit an die sich wandelnden Vorstellungen ermöglichte. Als »Rechtsruck im Kaiserreich« ist diese Entwicklung jedoch nur unzureichend etikettiert.[15] In einer geradezu eminent auffälligen sprachlichen Kontinuität ging dieser Prozeß mit einer zunehmenden Akzentuierung, genauer gesagt: mit einer nun zum Kernpunkt turnerischer Verhaltensvorstellungen

11 Auszug aus der Statistik der »Deutschen Turnerschaft«, in: Festschrift zum XI. Deutschen Turntag, S. 9.

12 Bis ins Jahr 1914 soll sich die Anzahl der Mitglieder nach Angaben der »Deutschen Turnerschaft« sogar noch einmal verdoppelt haben. Vgl. dazu die Angaben in: *Jeran*, S. 605f., die jedoch allenfalls als Richtwert zu betrachten sind.

13 Vgl. ebd.

14 Vgl. den Artikel über das Probebankett für das VII. Deutsche Turnfest, in: MNN, Nr. 335, 24.7.1889, S. 3.

15 So eine Zwischenüberschrift in *Langewiesche*, Volk, S. 57, mit der die Entwicklung innerhalb der Turnerschaft seit 1871 im Einvernehmen mit der gängigen Interpretation zusammengefaßt wird.

avancierenden Moral einher, die jetzt, auch offensiv vertreten, durch die Verpflichtung auf ein Repertoire vermeintlich gemeinsamer Werte die vorgegebene »Einheit« stabilisieren und letztlich zu einer ihr zugedachten Vollendung befähigen sollte. Dabei konnten die überkommenen zentralen Wertvorstellungen der Eintracht, der Einigkeit und der sittlichen Freiheit, mit den ihnen zugrunde liegenden Vorstellungen von Disziplin und Ordnung, Enthaltsamkeit, Bescheidenheit und Gesundheit, schließlich auch von Stärke und Wehrhaftigkeit sowie einer damit eng in Beziehung gesetzten Männlichkeit, die alle als die zentralen Grundlagen dieser »Einheit« gedacht, inszeniert und in den turnerischen Übungen erfahren und einverleibt wurden, als weiterhin gesetzte Autostereotypen den Eindruck einer fast ungebrochenen Kontinuität lange aufrechterhalten.

Doch ihre Gewichtung begann sich im Verlauf zweier Jahrzehnte, einhergehend mit einem gleichzeitig verlaufenden inhaltlichen Wandel einiger dieser Autostereotypen, langsam zu verschieben. Diese Veränderung lag einerseits in der Anbindung dieser Werte an den Begriff der »Einheit« und seiner ihm immanenten Negation von Differenz selbst begründet; andererseits resultierte diese Entwicklung aus einem kaum lösbaren Spannungsverhältnis, dem diese als »nationale Tugenden« bezeichneten Werte verhaftet waren: Denn während sie den inneren Aus- und Fortbau des Nationalstaats gewährleisten sollten, mithin als Elemente eines spezifischen Fortschrittsdenkens zu begreifen waren, zielten gerade jene grundlegenden Werte der Ordnung etwa oder der Disziplin, der Bescheidenheit oder der Enthaltsamkeit nicht auf einen möglichen Wandel, sondern auf den Erhalt der gesellschaftlichen Ordnung, in der jede sozial, politisch oder kulturell bedingte Fragmentierung zur Gefahr zu werden drohte.

Als sich im letzten Jahrzehnt des 19. Jahrhunderts unter den Turnern die Redewendung »Einheit durch Reinheit«[16] langsam durchzusetzen begann, brachte die Formel ein zentrales Moment dieses Wandels mit einer nun auch deutlich rassistischen Konnotation zum Ausdruck. Bis der Einheitsbegriff in diesem Sinne eindeutig wurde, zeigten sich jedoch in den Vorstellungen davon, wie die »Einheit« beschaffen sein und welche Verhaltensweisen ihr zugrunde liegen sollten, deutlich gegenläufige Haltungen und Kräfte, die seiner vollständigen Umdeutung und einer damit einhergehenden grundlegenden Veränderung des Habitus zumindest für etwa zwei Jahrzehnte entgegenzuwirken vermochten.

16 Eine stehende Formel, die um 1890 jedoch überwiegend in den deutsch-österreichischen Turnvereinen zu hören war. Diese gehörten zu diesem Zeitpunkt zum großen Teil nicht mehr der »Deutschen Turnerschaft« an, sondern dem antisemitischen »Deutschen Turnerbund«. Vgl. etwa in einer Schrift des Grazer Turnvereins, abgedruckt in: DTZ 1896, S. 437. Zu den Abwehrversuchen des Antisemitismus innerhalb der »Deutschen Turnerschaft« vgl. auch das Kap. Freiheit in der Einheit – ein Anachronismus?

In dieser Phase zeigte sich die Prägekraft, aber auch die Veränderbarkeit jenes nationalistischen Habitus, der sich – wie vorn gezeigt worden ist – als Ergebnis einer vielschichtigen Aneignungsarbeit zentraler auf die »Nation« bezogener Wertkategorien schon vor der Gründung des Nationalstaats entwickelt hatte. Dieser Habitus hatte in einer spezifischen »Handlungs-, Wahrnehmungs- und Denkmatrix«, welche die »Nation« und die Zugehörigkeit zu ihr definierte, bestanden, die auf den Kriterien etwa der Ordnung und der Disziplin, der Sittlichkeit, der Stärke und der Wehrhaftigkeit aufbaute, die wiederum selber als strukturierende Elemente in der Wahrnehmung der »nationalen« Entwicklung und des »nationalen« Verhaltens, deren Maßstab sie zugleich abgaben, gewirkt hatten. Daß dies ein unverkennbares, dem Habitus selbst innewohnendes dynamisierendes Prinzip umschloß, war bereits nach zwei Jahrzehnten nicht mehr länger zu übersehen. Ohne die vielfältige »Einprägungs- und Aneignungsarbeit«, die immer auf unterschiedlichen Ebenen erfolgte, ließ sich jedoch auch dieser Wandel, bei dem sich »nationale« Vorstellungen in der Erfahrung von »Nation« teils verfestigten, teils veränderten, nicht begreifen.

Auch mit der Nationalstaatsgründung war dieser Prozeß nicht unterbrochen und schon gar nicht zum Stillstand gekommen. Zugegeben: Jahre des offenen Streits für den politischen Zusammenschluß der deutschen Staaten, in denen die andauernde Gefahr einer erneuten politischen Repression die Angst zum ständigen Begleiter hatte werden lassen, waren vorübergegangen, und auch das Alltagsleben war von den Strapazen der Kriege, die sich in der Furcht vor einer akuten Bedrohung und der Sorge angesichts der Zukunft niedergeschlagen hatten, nicht verschont geblieben. Die Zeit hatte unweigerlich an den Kräften gezehrt und ihre Spuren hinterlassen. Im Eindruck der »gewonnenen Stärke und Sicherheit« und in der »Freude an der lang ersehnten nationalen Einigung«, die 1871 die Gefühle tiefster Erschütterung, der Unruhe, der »drohende[n] Gefahr« und der Unsicherheit vor dem »Gähren der unfertigen Zustände, von denen man sorgte, wo hinaus es wolle«,[17] endlich ablösen konnten, drückten sich außer der Erleichterung über die zu erwartende Friedenszeit immer auch eine gewisse Erschöpfung aus. »Was das deutsche Volk, und nicht am wenigsten die Turnerschaft bewegte ..., ist nun vollbracht« – in diesen Worten wurde die nationale Saturiertheit bekräftigt. Mit dem Errungenen zeigte man sich zufrieden; fortab galt es dieses »zu halten, zu schützen, und zu festigen«.[18] Doch inmitten dieser Erschöpfung nach dem Kriegsende drückte sich in den überschwenglichen Reden von der »Größe« und der »Machtstellung« des neuen »Reiches« oder gar von seiner errungenen Stellung als »Weltmacht«[19] nicht nur ein erworbener Habitus aus; vielmehr generierte sich dieser durch die einmal

---

17 Aus Baden, in: DTZ 1872, S. 149f., Zit. S. 149.
18 Vgl. den Bericht über das Turnfest in Bonn 1872, in: DTZ , Nr. 22, 31. 5. 1872.
19 Der 22. März 1871 im Stettiner Turnverein, in: DTZ 1871, S. 99.

implizit enthaltenen, dann wieder explizit formulierten Anforderungen weiter fort. Die Metapher des »entseelten Körpers«, die den Appell zu seiner »Wiederbeseelung« bereits in sich trug, ist dafür nur ein weiteres Beispiel.

Ließ man die vergangenen Jahre Revue passieren, mußte die mitunter euphorisch behauptete Zufriedenheit mit der errungenen Nation demgegenüber fast befremdlich wirken. Denn der Nationalstaat in seiner kleindeutschen Form entsprach mitnichten den Vorstellungen, die in den vergangenen Jahrzehnten innerhalb der »Deutschen Turnerschaft« über die staatliche Form der ersehnten politischen Einheit formuliert worden waren. Offenbar sind die meisten von jenen, die nicht, wie viele ihrer gleichgesinnten Mitglieder nach dem preußisch-österreichischen Krieg mit der in Sichtweite rückenden kleindeutschen Lösung ihr Ziel erreicht oder aus Kapitulation vor den Fakten die Vereine verlassen hatten, in ihrer Hoffnung, die großdeutsche Einheit dennoch erreichen zu können, unbeirrt geblieben. Die Gründung der »Deutschen Turnerschaft« im Jahre 1867, die als XV. Kreis Deutsch-Österreich mit einschloß, um als Vereinigung »ein Bild von der künftigen Einheit Deutschlands« zu geben, hatte das hinreichend deutlich gemacht.[20]

Doch bereits unmittelbar nach der Gründung des Kaiserreichs – und bis in die 1890er Jahre änderte sich daran nichts – ließ sich von offizieller Seite kein Ton der offenen Mißbilligung der 1866/1871 gezogenen nationalen Grenzen vernehmen. Zwar unterschied auch der langjährige Vorsitzende der Turnerschaft, Theodor Georgii, noch weiterhin zwischen dem »*geträumten* und *gehofften* Deutschen Reich« einerseits, dem nun das »*wirkliche* deutsche Reich« andererseits entgegenstehe; doch plädierte er eindeutig für die Anerkennung der politischen Grenzen, der er symbolisch Ausdruck verleihen wollte: Seiner Initiative und Durchsetzungskraft war es zu verdanken, daß auf dem IV. deutschen Turnfest in Bonn 1872 die Fahnen und die Knüpfbänder der Eichenkränze die schwarz-weiß-roten Farben trugen. »Schwarz-weiß-roth«, hielt er jenen entgegen, die an den schwarz-rot-goldenen Farben der deutschen Turner und ihrer damit verbundenen großdeutschen Hoffnung festhalten wollten, seien nun »einmal die Farben des Deutschen Reiches«, und als solche würden sie, mutmaßte er, nicht bloß den Angehörigen des Reiches, sondern auch den Genossen aus Österreich willkommen sein.«[21]

Das klang lakonisch. Doch die hinter aller glaubwürdigen Freude über die politische Einheit mitunter hervortretende Nüchternheit, in der viele, wie auch Georgii selber, die »vollendete Gestalt«[22] des soeben gegründeten Kaiserreiches beteuerten, war nur eine Seite der Medaille. Denn sie entsprach nicht dem Gefühl einer »deutschen« Zusammengehörigkeit des, wie man glaubte,

20 Vgl. den Aufruf An die deutschen Turnvereine, in: Drittes statistisches Jahrbuch, S. XXIII.
21 *Georgii*, Aufsätze, Zit. S. 262.
22 Unsere Gäste aus Österreich, in: Bonner Zeitung, Nr. 215, 4.8.1872, S. 1, aus: IV. Allgemeines Deutsches Turnfest in Bonn. Sitzungsberichte.

einen »Volkes«, dessen »Einheit« man selber auf unzähligen vergangenen Festen als Teil des sogenannten »Volkskörpers« in jeder gemeinsam durchgeführten Turnübung am eigenen Körper hatte erfahren können oder als Zuschauer im wahrsten Sinne des Wortes vor Augen geführt bekommen hatte.

Auch wenn die Historiographie in jüngerer Zeit konzediert, es habe auch innerhalb der neu gegründeten politischen Nation einen Pluralismus an bestehenden Loyalitäten gegeben, aufgrund derer ein gemeinsames Nations- oder Staatsbewußtsein nicht als Selbstverständlichkeit angenommen werden könne,[23] blendet doch die Forschung die von Teilen der Nationalbewegung über Jahrzehnte hinweg beschworene, inszenierte und gefühlte Verbundenheit als »Volk«, das die Deutsch-Österreicher wie selbstredend miteingeschlossen hatte, als möglichen Teil einer auch seit 1871 weiterhin existenten Identität völlig aus.[24] Sicherlich, nach der Gründung des Nationalstaats wurde die Forderung nach einer großdeutschen Staatsgründung nicht mehr lautstark erhoben; doch ob das Gefühl, ein über die Nationalstaatsgrenzen hinausgehendes »Vaterland« zu besitzen, damit auch der Vergangenheit angehörte, läßt sich allein damit nicht belegen.

Tatsächlich zeigt der Blick auf die »Deutsche Turnerschaft«,[25] daß mit der Gründung des Kaiserreichs das bisher als gemeinsam empfundene und als solches weiterhin hochgehaltene »Vaterland« des einen »Volkes« durch eine neu gezogene Grenze zwar zerschnitten schien; das Gefühl der Zusammengehörigkeit war damit aber nicht aufgehoben. Im Gegenteil: Das schlug sich etwa in der Berufung auf die »Germania« nieder, durch die man sich der gemeinsamen Verbundenheit noch einmal versicherte. In dieser gemeinsamen »Mutter« fanden, so die verbreitete Metapher, die getrennten »Söhne« ihre gemeinsame Herkunft und ihren unerschütterlichen und unauflösbaren Ursprung, der ihre Zusammengehörigkeit bekräftigte. Und daher forderte selbst Georgii, der als Vorsitzender der Turnerschaft das soeben gegründete Kaiserreich als »Vollendung und Krönung« des 1866 noch »unfertigen Werkes« hochgehalten hatte, im gleichen Atemzug geradezu emphatisch die zum nationalen Turnfest in Bonn

23 Vgl. u.a. *Hardtwig*, Bürgertum; *Ders.*, Topographie; *Tacke*, Denkmal; *Berding*, Identität.

24 Vgl. aus der Vielzahl an Monographien und Aufsätzen, die hier genannt werden könnten, nur *Dann*, Nation; *Langewiesche*, Reich; *Winkler*, Nationalismus; *Giesen*, Intellektuellen, S. 224ff.; *Ders. u.a.*; *Wehler*, Gesellschaftsgeschichte, Bd. 3; *Schieder*, Kaiserreich, v.a. S. 22; sowie *Carr*, Unification, der im Unterschied zu anderen jedoch betont, daß das kleindeutsche Kaiserreich kein Nationalstaat gewesen sei, und insofern dem Problem der bis zur Nationalstaatsgründung weithin verbreiteten großdeutschen Ausrichtung innerhalb der Nationalbewegung aufgeschlossener gegenübersteht. Allerdings unterschätzt auch er die Resistenzkraft der großdeutschen Ausrichtung über den Zeitpunkt der Kaiserreichsgründung hinweg.

25 Eine Untersuchung des »Deutschen Sängerbundes« wie auch des »Deutschen Schützenbundes« wäre unter dieser Fragestellung durchaus lohnenswert, da sie als großdeutsche Organisationen das Zusammengehörigkeitsgefühl eines über den kleindeutschen Nationalstaat hinausgehenden »Volkes« vermutlich ebenso wach hielten wie die »Deutsche Turnerschaft«.

Anreisenden offiziell auf: Soweit das »Deutsche Reich« nicht »alle Glieder des deutschen Volkes umfaßt, sollen die deutschen Turner die lebendige Zusammengehörigkeit aller Söhne der einen Mutter bekunden, und festhalten daran, daß Grenzpfähle und Staatsverfassungen deutsche Herzen und Hände nicht scheiden«.[26]

Auch wenn diesem Plädoyer, sich der »deutschen« Zusammengehörigkeit über die nationalstaatliche Grenze hinaus zu versichern, nicht die Forderung folgte, die politische Einheit durch den Einschluß Deutsch-Österreichs zu erweitern, war diese Haltung prekär. Denn sie erforderte, erstens, die Festlegung der vermeintlich gemeinsamen Grundlagen in den Begriffen des »Volkes« und des »Deutschen« – ein Problem, das in der Berufung auf die gemeinsame Abstammung immer wieder dazu tendierte, auf biologistische Erklärungsmerkmale zurückzugreifen, die ein wichtiges Moment für die Anknüpfungsmöglichkeiten des späteren Rassismus darstellten. Und sie erforderte, zweitens, die immer wiederkehrende Möglichkeit, sich der Grundlagen dieser Zusammengehörigkeit versichern zu können. Denn auch das »Volk« als eine seit 1871 überwiegend ethnisch definierte Entität, die nunmehr auch der Berufung auf die vermeintlich gemeinsame Geschichte oder Kultur eine andere Begründung verlieh, mußte erfahrbar sein, um als Teil der eigenen Identität Bestand zu haben.

Gleichwohl hieße es die Situation zu verkennen, würde man vorschnell von diesem ethnisch aufgeladenen Volksbegriff auf einen ethnisch gebundenen Nationsbegriff der Turner schließen. Vielmehr stellte sich für diese die Frage, was »deutsch« sei, seit 1871 in einer doppelten Weise: Zum einen für das »Volk«, das im gemeinsamen Vaterland über die »Nation« hinaus ging; zum andern aber – und mit einer ganz anderen Stoßrichtung – für die »Nation«, die nunmehr als politischer Begriff mit dem Staat, dem Kaiserreich, identisch war.[27] Dabei schienen in den Vorstellungen davon, wodurch die »Nation« als politische Einheit zusammengehalten und ihre fortschreitende Entwicklung gewährleistet werde, die vermeintlich gemeinsame Abstammung und die damit verbundenen naturgegebenen Eigenschaften keine zentrale Bedeutung zu haben. Vielmehr basierten die Grundlagen, durch welche man glaubte, die »Nation« erhalten zu können, auf der Annahme erziehbarer und damit prinzipiell jedem zugänglicher sogenannter »nationaler« oder auch »deutscher« Eigenschaften, die dann auch zu jener Eintracht und Einigkeit befähigten, in der die »Nation« Bestand haben könne.

Dem Glauben an eine in Eintracht und Einigkeit zusammengehaltene »Nation« lagen eindeutig präzise Vorstellungen von der politischen, sozialen und

---

26 *Georgii*, Aufsätze, S. 257.

27 Explizit hervorgehoben hat dieses Problem erstmals *Jeismann*, Vaterland, allerdings nur im Hinblick auf die Selbstbestimmung als »Deutscher im nationalen Sinne«.

kulturellen Ordnung und eines vermeintlich angemessenen »nationalen« Verhaltens als den Voraussetzungen für die Entstehung einer politischen Einheit zugrunde, von denen man nunmehr erwartete, sie würden auch deren fortdauernde Existenz und weitere Entwicklung garantieren. Nur durch Eintracht und Einigkeit, das blieb auch weiterhin die Annahme, die selber der Ausdruck eines bestehenden Habitus war, werde es möglich sein, die Gräben einer kulturell, sozial und politisch differenzierten und fragmentierten Gesellschaft zu überbrücken, wenn nicht gar zu überwinden, und diese als politische Einheit zu erhalten. Im Verständnis der Turner ließ ihr Modell prinzipiell eine Vielfalt an Identitäten zu;[28] letztlich jedoch wurde die »Nation«, der sich jede Identität unterzuordnen hatte, absolut gesetzt. Damit barg jede Abweichung, jede Dissonanz, jede Differenz ein latentes Gefahrenpotential in sich, das die politische Einheit, wie sie den Turnern vorschwebte, zu sprengen drohte.

Diese Unterscheidung mag zunächst verwirrend klingen – und das um so mehr, als die »Nation« ja selbst ein Teil des »Volkes« war und damit in einem dialektischen Verhältnis zu diesem stand. Doch wenn man diese Differenzierung nicht zur Kenntnis nähme, würde man weder den Vorstellungen, die unter den Turnern mit der »Nation« verbunden waren, gerecht, noch ließe sich die Übertragung des rassistischen Volksgedankens auf die »Nation«, wie sie sich seit den späten 1880er Jahren abzeichnete, hinreichend erklären. Denn mit der Inszenierung einer über die nationalstaatliche Grenze hinausweisenden Zusammengehörigkeit des einen »Volkes« und einer dadurch auf vielfältige Weise möglichen Erfahrung seiner ihm zugeschriebenen, gleichsam »natürlichen« und ursprünglichen »deutschen« Eigenschaften, war immer auch die Vorstellung einer »Einheit« verbunden, die letztlich ihren nicht zu zerstörenden Ursprung in einem Fundus gemeinsamer und an die Abstammung gebundener Eigenschaften zu finden schien. Innerhalb der »Deutschen Turnerschaft« gehörte dieser bereits seit 1871 in seinem Kern auch immer wieder ethnisch aufgeladene Volksbegriff frühzeitig zu einem festen Bestandteil der kollektiven Identität, die sich zunächst jenseits und doch in völligem Einklang mit einer nationalen Einheitsvorstellung entwickeln konnte, bevor dann auch der rassistische Volksbegriff zum Stabilität verheißenden Anker der scheinbar einem Auflösungs- und Verfallsprozeß unterliegenden »Nation« avancierte.

---

28 Die Verteidigung staatlicher und kultureller Vielfalt in der Nation als einer Fortschritt verheißenden Kraft beschrieb eine weithin verbreitete Haltung auch in der frühen Nationalbewegung, worauf Dieter Langewiesche unlängst hingewiesen hat. *Langewiesche*, Nationsbildung. In den Einheitsvorstellungen der Turnvereine hatte dieser Grundgedanke jedoch auch über die Nationalstaatsgründung von 1871 hinaus Bestand – allerdings, wie man hinzufügen muß, in einem durchaus heiklen Verhältnis zur Nation, die, wie im folgenden noch gezeigt wird, mit dem von ihr beanspruchten Primat der Loyalität auch immer wieder auf eine Eindeutigkeit drängte, die notwendigerweise in ein Spannungsverhältnis zu anderen Identitäten geriet.

Die Bewahrung kultureller Vielfalt und überkommener Loyalitäten
und die doppelte Inszenierung von Zusammengehörigkeit

Als sich unmittelbar nach der Gründung des Kaiserreichs die Turner auf ihren Festen wieder der Öffentlichkeit zuwandten, zeigte sich rasch, daß der Blick auf die »Nation« äußerst ambivalente Gefühle hervorbrachte. So enthielt der Topos von der »Wiedergeburt« oder die bald schon stereotype Metapher von dem »verjüngt« erstandenen »altehrwürdigen deutschen Reich« zum einen den Glauben an die Regenerationsfähigkeit der »Nation«, mit der sich die Hoffnung, ja, fast schon die Sicherheit einer wieder hinzugewonnenen Kraft und Leistungsfähigkeit sowie einer positiv verlaufenden Zukunft verband. Zum andern war jedoch gleichzeitig der Eindruck einer gewissen Labilität und Unvollkommenheit des Kaiserreichs, in der immer ein Hauch von Skepsis gegenüber seiner weiteren Entwicklung schwebte, unverkennbar. Mit der politischen Einheit, so ließ sich die Wahrnehmung vieler zusammenfassen, war zwar die »Nation« als Staat geschaffen; doch von einem Gefühl »nationaler« Zusammengehörigkeit, die auch die Anerkennung der »Nation« als oberster und einziger Loyalitätsinstanz mit eingeschlossen hätte, konnte man noch keineswegs ausgehen. Nach wie vor stand dem eine Vielfalt an Identitäten, ob kultureller, religiöser, sozialer oder politischer Natur, entgegen, die an Bedeutung kaum eingebüßt hatten, ja, deren Stellenwert sich zum Teil im preußisch-protestantisch dominierten Nationalstaat noch erhöht hatte.

Daß die »Nation« im Innern mithin erst geschaffen werden mußte – dieser Eindruck drängte sich auch jenen Turnern, die sich der Konstruiertheit der »Nation« durchaus bewußt waren, gleich zu Beginn der 1870er Jahre aus mehreren Gründen auf: wegen den unübersehbar konkurrierenden Identitäten des Katholizismus und Protestantismus, aber auch des Liberalismus und Sozialismus; und schließlich wegen der offenkundigen Beharrungskraft einzelstaatlicher Identitäten und Loyalitäten. Diese hatten zwar auf der einen Seite den ausschlaggebenden Grund für das bislang favorisierte und – entgegen dem zentralstaatlichen Anschein – in mancher Hinsicht beibehaltene föderative Modell der Nation dargestellt, der man auch seit 1871 in Anknüpfung an die überkommene einzelstaatliche Tradition die Bewahrung der kulturellen Vielfalt anvertraute. Doch stand diese partikulare Identität auf der andern Seite in einem ständigen Spannungsverhältnis zur »Nation«, deren Allgemeinvertretungsanspruch in Frage gestellt wurde. Die Berufung auf den Einzelstaat geriet daher nach 1871 nur allzu leicht in die Gefahr, mit dem unter den Zeitgenossen pejorativ verwendeten Etikett des »Partikularistischen« belegt zu werden. [29]

Gerade Elsaß-Lothringen, das lang ersehnte[30] und nun annektierte soge-

---

29 Ebd., S. 48.

30 Bereits in den frühen 1860er Jahren finden sich Belege dafür, daß innerhalb der Turnverei-

nannte »Reichsland«, war dafür ein Beispiel – daran konnten auch die Turner, trotz aller historischen Legitimationsversuche, die immer wieder auf seine vermeintlich »deutsche« Zugehörigkeit verwiesen, nicht vorbeisehen. So huldigte man zwar, bewundernd und devot dem »edle[n] Kaiser«, der »die zwei kostbaren Perlen, welche in der Fremde zu erblassen drohten, der Krone wieder eingefügt und dadurch auch des deutschen Stromes linkes Ufer wieder ganz deutsch gemacht« habe.[31] Doch »deutsch« – das konnte kaum mehr bezeichnen als die Zugehörigkeit zum deutschen Staatsgebiet in den Grenzen von 1871. Ohne die erst noch zu vollbringende »moralische Annexion von Elsaß und Lothringen«[32] und ohne die noch zu erreichende Wiedergewinnung der »Herzen der Brüder im Elsaß«[33] konnte, das wußten auch die Turner, von einem gemeinsam geteilten Nationalgefühl oder »nationalen Bewußtsein«, geschweige denn von einem Primat der »Nation«, nicht die Rede sein.

Doch diese Skepsis galt nicht nur dem »Reichsland«. »Kommet zu uns aus allen Gauen des weiteren Vaterlandes«, lautete der Appell im Vorfeld eines im Jahre 1872 abgehaltenen Festes, »damit hier ein Stamm es von dem andern lerne und heim die Kunde davon trage, daß wir nun ein einig Volk von Brüdern sind und bleiben wollen.«[34] Gefühle für die »Nation«, selbst für das »Volk« mußten vermittelt werden und verlangten nach andauernder Bekräftigung – gerade dafür sollte dieses »nationale« Fest in Bonn den Turnern aus allen Einzelstaaten den geeigneten Anlaß und die Möglichkeit bieten. Eine Verdrängung der überkommenen einzelstaatlichen Bindungen war damit jedoch nicht gemeint. Im Gegenteil: In der »Nation« wie auch im »Volk« ließen sich diese Identitäten und ihre Tradierung durchaus als kulturelle Vielfalt und damit als Zeichen eines hohen kulturellen Entwicklungsstandes deuten. Nur der Stellenwert der Loyalität sollte sich eindeutig zugunsten der »Nation« und ihres obersten Herrschers, des Kaisers, verschieben und das Zugehörigkeitsgefühl sollte in letzter Instanz dem übergeordneten »Volk« gelten.

---

ne nicht nur das Elsaß, sondern auch Lothringen zu den »heilige[n] Glieder[n]« des »ehemaligen großen deutschen Reiches« gerechnet wurde, die diesem jedoch einst »geraubt« worden seien. Vgl. etwa den Polizeibericht über die Frankfurter Turngemeinde, in: GStA Merseburg, Rep. 77, Tit. 343A, Nr. 121, Bd. 4 , Bl. 16. Daß der Geschäftsführer der Turnerschaft und Nationalliberale Ferdinand Goetz Ende 1870 eine Annexion des Elsaß und Lothringens gleichwohl mit der Begründung ablehnte, es handle sich dabei um einen »Gewaltschritt« und eine »Eroberung von Stämmen«, gibt allem Anschein nach nicht die vorherrschende Meinung innerhalb der Turnerschaft wider. Vgl. hierzu auch *John*, Politik, S. 127ff., hierin auch die Kritik von Goetz.

31 Viertes Allgemeines Deutsches Turnfest in Bonn, in: IV. Allgemeines Deutsches Turnfest in Bonn. Sitzungsberichte (auch in: DTZ, Nr. 22, 1872).

32 Vgl. die Rubrik Nachrichten und Vermischtes, in: Neue Jahrbücher für die Turnkunst, Jg. 17, 1871, S. 183.

33 Vgl. Das IV. Deutsche Turnfest, in: DTZ 1872, S. 272.

34 Viertes Allgemeines Deutsches Turnfest in Bonn, in: IV. Allgemeines Deutsches Turnfest in Bonn. Sitzungsberichte.

Bis weit in die 1890er Jahre hinein war es in der Tat kaum auszumachen, welche Gewichtung der einzelstaatlichen Identität und Loyalität im Vergleich mit der »Nation« zukam. Eher sporadisch und nur während eines kurzen Moments konnte man den Eindruck gewinnen, als gebe es einen klaren Primat zugunsten des ehemaligen Einzelstaats oder der »Nation«. Dabei waren im Grunde genommen weder die Resistenzkraft der einzelstaatlichen Bindung noch die Entwicklungsfähigkeit der »Nation« zu einer der wichtigsten Identitäts- und Loyalitätsinstanzen erstaunlich: Indem die »Nation« an bereits bestehende kulturelle Muster, wie das Zusammengehörigkeitsgefühl, anknüpfen konnte, das sich aufgrund der gemeinsam gesprochenen Sprache oder aufgrund der überkommenen Loyalität zum angestammten Herrscherhaus entwickelt hatte, wurde sie selber durchsetzungsfähig und ein Teil der kollektiven Identität, ohne jedoch deshalb die sie stützenden kulturellen Muster vollständig zu okkupieren. Insofern mußte die Frage nach der überwiegenden Loyalität sich keineswegs als ein vordringliches Problem stellen, das eine bewußte Option herausgefordert hätte.

Daß die Fürsten bei dieser Vermittlung zwischen Einzelstaat und »Nation« ein wichtiges Scharnier darstellten, wurde schon bald nach der Gründung des Kaiserreichs deutlich. Was durch den oppositionellen Gehalt der »nationalen« Idee, den diese im Vorfeld der Nationalstaatsgründung gegenüber den Fürsten zwangsläufig besessen hatte – bedeutete der Zusammenschluß der Einzelstaaten doch immer auch ihre weitgehende Entmachtung –, zumindest auf »nationaler« Ebene fast ganz in den Hintergrund gerückt worden war, wurde nach 1871 offensichtlich: Den Fürsten gehörte innerhalb der Turnerschaft ein enormes Maß an Loyalität, Akzeptanz und Bewunderung. Trotz, oder wie es scheint, gerade wegen der von »oben« erfolgten Nationalstaatsgründung versicherten ihnen die Turner nunmehr ihre tiefe Dankbarkeit und volle Unterstützung. Die in weiten Teilen der Turnerschaft – wie auch im sogenannten Vereinbarungsliberalismus – ersehnte »Einigung« mit den Fürsten war erreicht,[35] ja, es schien, als glaubte man, dieser sei vor aller Welt durch ein Gottesurteil nicht nur die Absolution erteilt, sondern auch eine höhere Weihe gegeben worden. »Der Gott der Eisen wachsen läßt, hat Deutschlands Fürsten und Völker geeint.«[36] Nach 1871 wurde durch diesen Glauben auch auf »nationaler« Ebene der Fürstenkult weiter legitimiert.

Der nun einsetzende Kult um den Kaiser wie auch die Verehrung der »Reichsgründer« Bismarck und Moltke schloß daran unmittelbar an. Damit soll ihre zentrale Rolle in den sogenannten »Einigungskriegen«, die sie erst zu weithin anerkannten Heroen der Nation gemacht hatte, nicht in Abrede gestellt

35 Beispiele dafür in dem Kap. Einheit – Eintracht – Einigkeit.
36 Viertes Allgemeines Deutsches Turnfest in Bonn, am 4., 5. u. 6. August 1872, in: IV. Allgemeines Deutsches Turnfest. Sitzungsberichte.

werden. Doch die Bereitschaft zur devoten Verehrung von Autorität besaß im überkommenen Herrscherkult, der letztlich immer auch die Anerkennung und eigene Einfügung in das soziale Ordnungsgefüge voraussetzte, ihre entscheidende Grundlage. Im Zusammenhang mit einer Erörterung der Frage, ob die Austragung von Kaisergeburtstagsfesten berechtigt sei, konnte selbst Konrad Friedländer, der sich im Unterschied zu unzähligen anderen Turnern auch in den 1860er Jahren im Hinblick auf die erhoffte und manchmal schon beschworene Einigkeit mit den Fürsten noch ungleich distanzierter und konsequenter verhalten hatte, die nun zur offiziellen Haltung erhobene Verehrung dieser Männer verteidigen. In einem mitunter sehr persönlichen Artikel, der kurze Zeit nach der Nationalstaatsgründung in der »Deutschen Turn-Zeitung« erschien, war die Erleichterung durchaus spürbar, mit der nunmehr auch er in den von ihm verteidigten Herrscherkult eintrat. Mit der zumindest auf »nationaler« Ebene gegenüber den Fürsten eingenommenen Zurückhaltung vergangener Jahre, die er hier noch einmal vor Augen führte, sollte das nichts mehr gemein haben. »Die deutsche Turnerschaft«, hielt er rückblickend fest, ohne damit allerdings einer völlig gegenläufigen Praxis innerhalb der Einzelstaaten gerecht zu werden, »hat den Cultus fürstlicher Persönlichkeiten stets von sich ferngehalten.« Doch auf die Frage, ob »die deutsche Turnerschaft jetzt von ihrer altgewohnten Praxis abgehen und sich dem Jubel anschließen« könne, »welcher in allen Gauen des deutschen Landes dem Kaiser und seinem Bismarck, Moltke usw. entgegengetragen« werde, fand er eine klare Antwort: »Ohne Scheu vor der Verketzerung, welche sicherlich über den ›Nationalliberalen‹ herfallen wird, sage ich: Ja, die deutsche Turnerschaft kann und soll von ihrer alten Praxis abgehen, weil der Grund zu derselben weggefallen ist. Ich werde in jedes Hoch, welches auf den Kaiser und Bismarck ausgebracht wird ... mit vollem Herzen einstimmen, weil ich es heute kann, ohne zu heucheln. Mag man über diese Männer denken wie man will, auch dem blödesten Auge und dem zweifelsüchtigsten Gemüthe muß es klar sein, daß ohne sie die gerade von der deutschen Turnerschaft zu allen Zeiten so heiß ersehnte und als das größte nationale Gut gepriesene Einheit der deutschen Stämme noch lange nicht erreicht worden wäre.«[37]

Daß sich Friedländer nicht der ungeteilten Zustimmung zu seiner Haltung gewiß war, ließen der Impetus dieser Worte und die durch ihn bereits antizipierte Verketzerung als »Nationalliberaler« durchaus erkennen. Immerhin war gerade auch im preußisch dominierten Nationalstaat die uneingeschränkte Loyalität zum Kaiser und das hieß vor allem auch: zum ehemaligen preußischen König nicht unbedingt zu erwarten, ganz zu schweigen von den konfessionellen und politischen Identitäten, die dem preußisch-protestantisch und nationalliberal dominierten Staat oppositionell entgegenstanden. Auf die vermeint-

37 *Friedländer*, Zit. S. 169.

liche oder tatsächliche Fragilität des soeben zusammengeschlossenen Staatengefüges reagierte zumindest Friedländer mit spürbarer Vehemenz in seinem Plädoyer für eine Beteiligung am Herrscherkult, hinter dem auch das Verlangen stand, den existierenden Pluralismus an Loyalitäten zugunsten dieser herausragenden Symbolfiguren des Kaiserreichs eindeutig einzuschränken.

Doch Stütze der politischen Einheit zu sein – das schloß innerhalb der Turnerschaft die Loyalität zu den Fürsten wie auch zum Kaiser nicht aus. Im Gegenteil: Mochte Friedländers Beurteilung der zeitgenössischen Stimmungslage, mit der er für seine Position warb, auch etwas überzogen sein, wenn er sie durch einen »Ausdruck von Sympathien«, gekennzeichnet sah, welche »gegenwärtig überall als mit richtigem nationalen Gefühl untrennbar verbunden angesehen« werde. Daß die Loyalität gegenüber den Herrschern, die innerhalb der Turnerschaft auch immer die einzelstaatlichen Fürsten mit einschloß, zu einem der entscheidenden Kriterien für »deutsches« oder auch »nationales« Verhalten geworden war, ließ sich nicht übersehen. Damit geriet jedes davon abweichende Verhalten – wie Friedländers Argumentation, allerdings auf die Reichsspitze blickend, beispielhaft belegt – in den Verruf der »nationalen« Unzuverlässigkeit und konnte mit dem Stigma eines »nationalen« Feindes versehen werden.

Dabei lag es völlig auf der Linie einer nunmehr schon fast traditionellen Denk- und Argumentationsweise weiter Teile der Turnerschaft, daß eine offen kritische Haltung – um von einer oppositionellen erst gar nicht zu reden – gegenüber den Fürsten wie nun auch dem Kaiser nur allzu leicht in den Verruf des Politischen geriet. Der offen proklamierte politische Standpunkt, der seit 1848/49 unter der überwiegenden Mehrheit der Turner aus Furcht vor der politischen Zersplitterung und der sozialen Umsturzgefahr perhorresziert worden war,[38] er erschien nun erneut als Sprengkraft der politischen Einheit wie auch der vermeintlichen sozialen Einigkeit zwischen Fürst und Volk. Das Politische, in diesem spezifischen und verengten Sinne, auszusparen – und das meinte nunmehr jede Kritik an der überkommenen sozialen und politischen Ordnung – gehörte mithin zum Imperativ einer »nationalen« Haltung, die sich auch im Respekt und in der Anerkennung der Obrigkeit ausdrücken sollte. »Gerade dadurch«, erläuterte daher auch Friedländer, »daß wir uns einem würdigen und ehrlichen Cultus der Männer, die uns die nationale Einigung gebracht haben, nicht entziehen, gerade dadurch verwerfen wir den speziell politischen Standpunkt, welcher ja erst wieder die Spaltung in die geeinten Völker bringt.«

Die Problematik dieses Politikverständnisses, in der das Politische reduziert wurde auf die parteipolitische Agitation zur Veränderung der Staatsverfassung oder auch der wirtschaftlichen und sozialen Ordnung, liegt unmittelbar auf der

38 Vgl. dazu vorn das Kap. Einheit – Eintracht – Einigkeit.

Hand. Und das nicht nur, weil sich auch die Haltung der Turner allzu leicht als parteipolitisch gebunden entlarven ließ. Vielmehr schloß die Abgrenzung von diesem parteipolitisch fixierten und reduzierten Politikbegriff selbst zutiefst politische Implikationen mit ein, die im Gewand eines vielverzweigten Wertegeflechts genaue Kategorien bereitstellten, mit deren Hilfe das vermeintlich angemessene Verhalten in der gegebenen sozialen und politischen Ordnung bestimmt werden konnte. Sie bildeten die Grundlage für den dezidiert staatstragenden Standpunkt, der innerhalb der Turnerschaft seit der Nationalstaatsgründung zum offiziellen Programm erhoben wurde. Die Haltung gegenüber dem Politischen, wie Friedländer es beschrieb, war dann auch ein simples Kriterium, mit dem fortab die Trennlinie zwischen Freund und Feind in der »Nation« markiert werden konnte. Auf der vermeintlich unpolitischen Ebene des Vereins, aber auch in der Auseinandersetzung mit den Kritikern der preußisch-protestantischen Nation: den Sozialisten, Katholiken und den nationalen Minderheiten, war das nachgerade eine Aufforderung, klare Fakten zu schaffen. Daran ließ auch Friedländer keinen Zweifel aufkommen, als er abschließend festhielt: »Gott wolle verhüten, daß die deutsche Turnerschaft je mit Jesuiten, Welfen und ähnlichem Gelichter auf eine Linie gestellt werden könne. So viel ist mir klar, wessen politische Nerven auch jetzt ein Hoch auf den deutschen Kaiser noch nicht ertragen können, der muß von großen turnerischen Vereinigungen fern bleiben.«[39]

Daher konnte man innerhalb der Turnerschaft mit einem Plädoyer für den Herrscherkult zugunsten derjenigen Männer, die 1871 die politische Einheit von »oben« geschaffen hatten, vielerorts nur offene Türen einrennen – sofern allerdings, das kann nicht deutlich genug herausgestrichen werden, ein Pluralismus an Loyalitäten denkbar blieb. Was auf vielen der lokalen und regionalen Feiern der 1860er Jahre längst gängige Praxis gewesen war, setzte sich nunmehr in der Verehrung des angestammten Herrscherhauses auf lokaler und regionaler Ebene und im »nationalen« Kult für den Kaiser, für Bismarck und für die Fürsten nahezu ungebrochen fort. Mit einem wesentlichen Unterschied: Der Status der Turnvereine begann sich auch aus der Sicht der Obrigkeit schrittweise zu ändern. Das drückte sich nicht nur in den seit den ausgehenden 1880er Jahren eintreffenden Gruß- und Dankestelegrammen des Kaisers zu den »nationalen« Festen aus; es zeigte sich vor allem auch in der Anwesenheit der Fürsten oder ihrer Abgeordneten auf manchem regionalen wie auch »nationalen« Fest.

Diesen Einstellungswandel seitens der Fürsten hielt im Jahre 1893 auf dem Mittelrheinischen Turnfest in Darmstadt der im Auftrag des Großherzogs angereiste Staatsminister Finger fest, indem er bis in die 1860er Jahre ausholte: So

---

39 *Friedländer*, S. 169. Zu den politischen Implikationen dieser Haltung vgl. ausführlicher das folgende Kapitel.

sei es »vor 30 Jahren«, wie die Bayerische Turnzeitung seine Ansprache wiedergab, »nicht möglich gewesen, daß ein Fürst einem Fest dieser Art beigewohnt« hätte. »Vor 20 Jahren habe man erst das Turnen in den Schulen zugelassen. Die damaligen Regierungen seien noch in Argwohn gegen die Turnvereine befangen gewesen«, da sie in diesen »Revolutionäre und Umstürzler erblickt« hätten. Daß sich diese Beurteilung mittlerweile grundlegend geändert hatte – daran ließ der Staatsminister in seiner ausführlichen Erklärung keinen Zweifel mehr. »Infolge der Umgestaltung der Verhältnisse und infolge der Bewegungsfreiheit der Nation nach allen Richtungen hin«, führte er aus, sei das nunmehr »in dieser Beziehung anders«. So hätten sich »die Turner auch der ihnen gewordenen Freiheit im vollsten Maaße werth gezeigt. Das Turnen diene dazu, Geist und Sinn zu erfrischen, den Willen zu stärken und die Selbstbeherrschung zu kräftigen. Es halte zur Maaßhaltung und Unterordnung des eigenen Willens« an. Und so bewiesen Tatsachen, endete der Staatsminister seine Ausführung, »daß Turner und Turnvereine betrachtet würden als Stütze der gesellschaftlichen Ordnung gegen revolutionäre und umstürzlerische Bestrebungen. Wenn die Turner, wie zu erwarten sei, die Tugenden hochhielten, die so schön in ihren vier F zum Ausdruck kämen, dann werde man mit Recht behaupten können, daß sie patriotische und treue Männer und Stützen der Gesellschaft seien.« Ein daraufhin erklingendes lebhaftes Bravo von seiten der Zuhörer konnte diesen Eindruck nur von neuem stärken.[40]

Immer häufiger wirkten jetzt bei der Inszenierung »nationaler« Zusammengehörigkeit, die der einzelstaatlichen Identität, etwa durch die besondere Hervorhebung der einzelnen Herkunftsregionen stets gerecht werden mußte, die Fürsten oder Angehörige des Kaisers mit. Das eröffnete jedem einzelnen nicht nur die Möglichkeit, sich in der »nationalen« Identität wiederzufinden; vielmehr wurde währenddessen im gemeinsamen Erleben und Zusammenwirken auf dem Fest eine Einigkeit erfahrbar, in der zwar Vorstellungen von sozialer Ordnung und sozialer Distinktion praktiziert und reproduziert wurden, die sich zugleich jedoch, auch wenn es zunächst paradox klingt, mit dem Gefühl der Partizipation und der Gleichheit paaren konnten.

Dabei war es kaum verwunderlich, daß die Feste durch die Anwesenheit der Fürsten oder der kaiserlichen Familie eine andere Prägung erhielten. Hatte sich in den 1860er Jahren die Loyalitätsbekundung zum angestammten Herrscherhaus noch weitgehend auf das ausgebrachte Hoch auf den jeweiligen Fürsten beschränkt, zeitigte der Herrscherkult seit 1871, ob er nun den Fürsten oder dem kaiserlichen Haus galt, ein ungleich höheres Maß an geradezu pompösen Huldigungs- und Verehrungszeremonien. Das VI. bayerische Turnfest im August 1882 in Bamberg kann dafür als ein vortreffliches Beispiel herangezogen werden.

40 Bayerische Turn-Zeitung, Jg. 1, Nr. 13, 1893, S. 4.

So war die ganze Stadt »zu Ehren des Kronprinzen des deutschen Reiches«, der diesem Fest auf der Durchreise zur Inspektion des bayerischen Armeekorps beiwohnte,[41] bei anbrechender Dunkelheit und zum Zeitpunkt seines Eintreffens »feenhaft beleuchtet«. Das verlieh der Stadt eine feierliche und zugleich erhabene Atmosphäre, die bei der Ankunft des Prinzregenten, wie man den Angehörigen der kaiserlichen Familie hier nannte, zusätzlich unterstrichen wurde: Zum einen durch die Inszenierung des Herrscherauftritts selber; zum andern durch die Gestaltung seines Empfangs, wie ihn die Turner vorbereitet hatten. Dabei ist es bemerkenswert, daß die von beiden Seiten inszenierte Demonstration gegenseitiger Verbundenheit und Zusammengehörigkeit immer ein Moment der Distinktion enthielt, deren beiderseitige Anerkennung die zentrale Voraussetzung für jede Form von Einigkeit darstellte. Dazu gehörte die Akzeptanz der einzelstaatlichen Identität und die Ehrerbietung vor dem Herrscher, mithin die Anerkennung der sozialen Differenz.

Im Verlauf des Festes und während des gesamten Aufenthaltes des Prinzregenten wurde das immer wieder und auf vielfältige Weise symbolisch übermittelt. Sein Eintreffen war davon nicht ausgenommen. Als der Prinzregent mit dem Zug, »jedoch in einem eigenen Waggon«, wie der Berichterstatter spürbar beeindruckt diese neue Form des Herrschereinzugs kommentierte, in Bamberg ankam, wurde er »mit tausendfachen Hochs« und »den Klängen der bayerischen Nationalhymne« begrüßt, die den Stolz auf die bayerische Identität herausstrichen. Doch die eigentliche Inszenierung folgte am nächsten Tag. Auch sie war gekennzeichnet nicht nur durch den Verweis auf die »nationale« Zugehörigkeit, sondern sie strich zugleich auch die Bedeutung der einzelstaatlichen Identität und Verbundenheit heraus. Die Einbeziehung der Natur war dafür äußerst wichtig. Kaum etwas anderes besaß eine derartige Assoziationgewalt wie die Landschaft, in der die Wurzeln gemeinsamer Herkunft und Geschichte zu liegen schienen, ohne daß dadurch der Blick auf die vermeintliche Ursprünglichkeit der einzelstaatlichen Gebundenheit verstellt worden wäre.[42]

Die Veranstalter hatten sich für eine Wasserfahrt entschieden, bei der der Prinzregent auf dem eigens dafür hergerichteten »Kaiserschiff« und die überwiegende Mehrheit der Teilnehmer – man sprach von etwa 800 Beteiligten – auf einem anderen größeren Festschiff einen Fluß hinabfuhren, von dem aus sich eindrucksvolle Bilder der umliegenden Landschaft boten. Indem sich der Prinzregent auf dem Fluß, und das hieß: umgrenzt von den Ufern und inmit-

---

41 Zur Bedeutung der Truppeninspektionen für die Nationalisierung und die Entwicklung der Loyalität gegenüber dem Kaiser vgl. v.a. *Blessing*, Kult; u. *Vogel*, Militärfeiern.

42 Vgl. dazu vor allem auch *Confino*, der die zentrale Bedeutung der Natur und ihren Stellenwert in der Kultivierung von Heimatempfindungen herausstreicht, in der sich die lokale und nationale Gemeinschaft verbinden konnten. Daß auch Natur und Heimat jedoch nicht als grundlegende Erfahrungsräume der Nation substantialisiert, sondern selbst als Konstruktionen untersucht werden müssen, zeigt in vergleichender Perspektive *Trom*.

ten der bayerischen Landschaft fortbewegte, war er als Angehöriger der kaiserlichen Familie und Repräsentant des deutschen Reiches Teil des Einzelstaates; zugleich jedoch war es gerade der Fluß, der ihn in seiner Besonderheit heraushob und seine unerreichbare Stellung auf der Leiter der sozialen Hierarchie unterstrich. Scheinbar zum Greifen nah und doch in gebührender Distanz, die gleichsam »natürlich« durch das dazwischen liegende Wasser hergestellt wurde, präsentierte sich der Prinzregent inmitten und damit als Teil der Anwesenden, ohne daß dadurch seine Unantastbarkeit in Frage gestellt wurde.

Doch die Präsentation ließ sich auch darauf nicht reduzieren. So zeigte sich der Prinzregent in Begleitung mehrerer hoher Offiziere der bayerischen und preußischen Armee – auch dies ein Zeichen nationaler Zusammengehörigkeit, das, obwohl vor allem die militärische Macht Preußens durch diese Zusammensetzung hervorgehoben wurde, gegenüber der militärischen Bedeutung des Einzelstaats durchaus als ein Ausdruck des Respekts zu lesen war. Der föderative Aufbau des Nationalstaats wurde in der Repräsentation der Armee veranschaulicht und nahm mithin die einzelstaatliche Verbundenheit in sich auf, ohne sie damit zwangsläufig aufzuheben. Ja, gerade weil damit, wie auch das Beispiel der militärischen Darstellung zeigt, prinzipiell die Möglichkeit sowohl der »nationalen« als auch der einzelstaatlichen Identität offengelassen wurde, ließ sie den föderativen Aufbau des Kaiserreichs als seine gleichsam natürliche Grundlage erscheinen.[43]

Doch darin erschöpfte sich die Bedeutung des anwesenden Militärs nicht: Denn es war zugleich eine Zurschaustellung militärischer Macht, die nicht nur die Bedeutung der Armee bei der Nationalstaatsgründung von 1871 in Erinnerung zu bringen vermochte, sondern immer auch ein Bild der derzeitigen »nationalen« Kampfbereitschaft vor Augen führte. Eben darin lag ein besonderes Moment der Identifikation für jeden einzelnen. Denn das anwesende Militär ließ den Glanz jener Wehrkraft aufscheinen, die innerhalb der Turnerschaft als eine der wichtigsten Eigenschaften angesehen wurde und zu der ein jeder im alltäglichen Turnen selbst beizutragen glaubte.[44]

Im Grunde sind damit die wichtigsten Elemente der symbolischen Repräsentation bezeichnet, in denen die spezifischen Vorstellungen von Einigkeit, sei es nun im Hinblick auf die Beziehung zwischen Einzelstaat und »Nation« oder sei es im Hinblick auf die soziale und politische Ordnung, zum Ausdruck gebracht wurden und die sich im Verlauf der Fahrt und während der Zeremonien nach der Ankunft nach dem gleichen Muster fortsetzten: In den festlich und »effektvoll mit unterschiedlichen Lichtquellen« geschmückten Villen entlang des Ufers; in den von dort aus entzündeten »hunderte[n] von Raketen«; in dem »festlich illuminierten und mit den Büsten Seines kaiserlichen Vaters und Sr.

---

43 Vergleichbar argumentiert auch *Vogel*, Militärfeiern, S. 202.
44 Zu diesem Moment der Identifikation vgl. ausführlicher das Kap. Militarisierung und Männlichkeit.

Majestät des Königs von Bayern, dann in dem mit deutschen und bayerischen Wappen« dekorierten Gartensalon; und schließlich – um ein letztes Beispiel zu nennen – in der Ansprache des Prinzregenten, die in den Worten des Berichterstatters den »Kulminationspunkt der Begeisterung« herbeiführte, als dieser, an das »lautlos erwartungsvolle Publikum« sich wendend, ausrief: »Zum Ausdrucke des Dankes für die mir von der Stadt Bamberg erwiesene Aufmerksamkeit bringe ich auf ihren König ein dreifaches Hoch aus. König Ludwig II. lebe hoch.«

Diese wenigen Worte erwiesen sich als äußerst wirkungsvoll. Denn sie führten die »Nation« und ihren Repräsentanten mit dem Einzelstaat und ihrem Herrscher in der erbotenen Anerkennung einer überkommenen Tradition und Verbundenheit zusammen und erwiesen damit zugleich jenem individuellen Gefühl Respekt, das an die bayerische Identität und Loyalität gebunden war.

Das Ausmaß »gehobenster patriotischer Stimmung«, das der Chronist des Festes wahrzunehmen glaubte, als die Anwesenden im Anschluß an die Worte des Prinzregenten ein dreimaliges Hoch auf den Landesherrn ausbrachten und in die sogleich von der städtischen Kapelle intonierte »bayerische Nationalhymne« mit einstimmten, galt vor diesem Hintergrund nicht nur dem Einzelstaat und seinem Herrscher. Denn mit diesen feierte man in jenem Moment zugleich zweierlei: sich selbst und die »Nation«, in der dem Einzelstaat jener Stellenwert und jene Anerkennung eingeräumt zu werden schien, wie sie von den Turnern immer erhofft worden war.

Damit war das Gefüge der bisher auf vielfache Art und Weise symbolisierten politischen wie auch sozialen Ordnung keineswegs ins Wanken geraten. Denn gerade indem der Prinzregent das Hoch auf den bayerischen König an die ihm erwiesene Achtung band, hatte er zugleich seine Stellung als Repräsentant des Kaiserreiches, der über den Einzelstaat herrschte, untermauert.

Auch die Wahl der Position, von der aus er zu seinen Zuhörern sprach, fügte sich hier ein. Hinter der Brüstung eines Balkons stehend, befand er sich in einem erhobenen und abgegrenzten Raum, der seine soziale Distanz und Erhabenheit auch dieses Mal unterstreichen konnte. Selbst ein durch die ausgesprochene Achtung gegenüber den anwesenden Turnern ausgelöstes Gefühl vermeintlicher Gleichheit, das die Bindung an den Herrscher verstärkte, konnte die Verinnerlichung sozialer Differenz während des gleichen Augenblicks nicht aufheben.[45]

Ein Paradebeispiel dafür waren auch die vor den Angehörigen des kaiserlichen oder des königlichen Hauses vorgeführten Turnübungen, die, wie etwa auf dem VII. Deutschen Turnfest in München 1889, mit einer anschließenden Preisvergabe durch den Regenten – diesmal durch ein Mitglied des angestammten Herrscherhauses – endeten. Dabei verlieh bereits die Anwesenheit

45 Festbeschreibung und Zitate in: Das VI. bayerische Bundes-Turnfest, S. 2, 10, 11, 12 u. 14.

des Prinzen Ludwig, der als Ehrenpräsident einem Teil der Veranstaltungen beiwohnte und die Preisverleihung im Anschluß übernahm, dem Turnen eine spezifische Note. Die mit dem Turnen verbundenen und hier demonstrierten Eigenschaften der Ordnung, der Selbstbeherrschung und der Disziplin, der Stärke und des Mutes, der Männlichkeit und der Wehrhaftigkeit, standen dadurch unvermeidbar in einem besonderen Kontext, der durch die Inszenierung gestützt wurde. Denn die Massenübungen, an denen etwa 300 Turner teilnahmen, wurden »unter den Klängen der Kapelle Fach des 1. Infanterieregiments« eingeleitet, die den »Aufmarsch« der Turner in »zahlreichen Kolonnen« begleiteten.[46] Diese durch und durch militaristische Sprache der »Münchner Neuesten Nachrichten«, die das Spektakel festhielten, wurde der Präsentation durchaus gerecht. Das illustrierte der weitere Ablauf. Unter dem Kommando des Vorturners und den Glockenschlägen, die das Tempo der Ausführung der einzelnen Übungen angaben, praktizierten die Turner ihre Freiübungen in einem fast zweistündigen Schauspiel. Das war zweifellos eine imposante Zurschaustellung ihrer erworbenen Fähigkeiten, mit denen ein kaum erwartetes Maß an Bewegungsfähigkeit und Ausdauer, aber auch an Disziplin und Ordnung bewiesen wurde, das sowohl die Fähigkeit zur Einigkeit als auch zur Wehrfähigkeit zum Ausdruck bringen sollte.

Auch das Wett- und Musterriegenturnen, bei dem sich die Turner nicht allein den Zuschauern und den Kampfrichtern, sondern auch oder vor allem der Obrigkeit präsentierten, konnte leicht den Eindruck erwecken, es handle sich hierbei um eine Truppenparade, die anläßlich einer Inspektion des Herrschers abgehalten würde: »Das Antreten zu den Übungen«, kommentierten erneut die »Münchner Neuesten Nachrichten«, »war durchwegs ein strammes«. »Bezüglich des Verhaltens der Riegen«, fuhr dieser Beitrag an anderer Stelle fort, »war eine straffe, männlich natürliche Haltung im Stehen und Gehen zu beobachten. Die Einzelnen hatten sich strammen Schrittes, jedoch ohne Hast, an das Gerät und in gleicher Weise von demselben an ihren Ort, in die Reihe begeben. Vor Beginn der Uebung ist in strammer Weise Grundstellung eingenommen worden.«[47]

Zugleich war auch dies eine Demonstration und mögliche Erfahrung von Einigkeit – allerdings auf unterschiedlichen Ebenen. Zum einen unter den Turnern. Im gemeinsamen Antreten auf dem Turnplatz blieb man Teil seiner Riege, in der ein Bild der Einigkeit gewahrt, die Zugehörigkeit verlangt und demonstriert wurde. Denn obgleich der einzelne sich aus seinen jeweiligen Riegen löste, um seine Fähigkeiten zu demonstrieren, trat er doch in diese zurück als einer unter vielen.

---

46 Dazu der Bericht über das VII. Deutsche Turnfest, in: MNN, Nr. 348, 31.7.1889, S. 2f., Zit. S. 3.
47 Ebd., S. 2.

Zum andern konnte sich – und wenn auch nur für einen kurzen Moment – während der dargebrachten Leistung, in der man aus der Riege heraustrat, vor allem jedoch für diejenigen, die an der anschließenden Preisverleihung teilnahmen, ein Gefühl von Einigkeit mit dem königlichen Repräsentanten entwikkeln. Schon im Augenblick des alleinigen Vorturnens, in dem man sich das höchste Maß an aufzubringender Perfektion abverlangte, zielte man darauf, sich von den Mitturnenden zu unterscheiden und ihnen überlegen zu sein. Die Preisverleihung selbst war die ersehnte und für manche tatsächlich erreichte Bestätigung der eigenen Besonderheit.

Nicht nur das: In der vorübergehenden Distanz zur zuschauenden und zurückbleibenden Masse konnte dieses Gefühl einhergehen mit dem der errungenen Machtteilhabe, die man durch herausragende Leistung erworben hatte und in der Preisverleihung durch den Herrscher zugesprochen bekam. Auch wenn man diesem für einen Augenblick näher zu rücken vermochte – von einer Gleichheit mit dem Herrscher konnte in diesem Augenblick nicht die Rede sein. Im Gegenteil: Sowohl das Turnen als auch die Preisverleihung durch den Herrscher waren ein Moment der symbolischen Reproduktion und Einübung von sozialer Distinktion im Verhältnis zur anwesenden Obrigkeit. Im Augenblick des Vorturnens implizierte das »Gefallen-Wollen« auf seiten des Turners bereits die Anerkennung sozialer Differenz und die Legitimität einer dadurch ausgeübten Machtstellung, die dann während der hingebungsvollen und dankbaren, ja, vielleicht demütigen Entgegennahme des Preises aus den Händen des Herrschers noch einmal bestätigt und erfahren werden konnte.

Denn eins stand ganz außer Frage: Ein Vortreten vor die Obrigkeit war ohne ein geradezu selbstverständliches Maß an ehrfurchts- und respektvollen Gesten kaum denkbar. Das zeigte sich bei den Teilnehmern des Festzugs, die, während sie an einem Gebäude, in dem sich der Prinzregent befinden sollte, vorbeimarschierten, ihre »Huldigung« darbrachten, indem sie die »Fahnen zum ehrerbietigen Gruß« senkten;[48] es wurde deutlich bei den spontanen Ovationen, die dem Prinzregenten und seiner Familie zu Ehren bei ihrem Erscheinen entgegengebracht wurden; und es zeigte sich erneut, als die Turner in die Königshymne einstimmten – »entblößten Hauptes«, wie die »Münchner Neuesten Nachrichten« festhielten, denen auch diese symbolisch zum Ausdruck gebrachte Geste der Anerkennung von Obrigkeit und der eigenen Unterordnung nicht entgangen war.[49] All das war zusammengenommen ein deutliches Zeichen für eine aus der Sicht vieler Turner nicht mehr in Frage zu stellen Etikette, die bereits zu einem Bestandteil ihres Habitus geworden war.

Doch dieses vielschichtige Bild, das den Eindruck eines scheinbar problemlosen Ineinandergreifens von einzelstaatlicher Identität und Loyalitätsgefühlen

---

48 MNN, Nr. 345, 30.7.1889, S. 3f., Zit. S. 4.
49 MNN, Nr. 338, 25.7.1889, S. 2f., Zit. S. 3.

gegenüber dem angestammten Herrscherhaus einerseits und gegenüber der »Nation«, vertreten durch den Repräsentanten des Kaiserreichs, andererseits mit all den implizierten Vorstellungen einer politischen wie auch sozialen Ordnung vermitteln konnte, war trügerisch. Denn die Verknüpfung der »Nation« mit dem überkommenen einzelstaatlichen Zusammengehörigkeitsgefühl stellte zwar ein entscheidendes, jedoch nicht das einzige Problem bei der Entwicklung eines »nationalen« Gefühls oder auch »nationalen Bewußtseins« dar, aufgrund dessen die »Nation« ein uneingeschränktes Maß an Loyalität für sich hätte in Anspruch nehmen können. Sowohl konfessionelle als auch politische Identitäten forderten mitunter eine schroffe Zurückweisung der »Nation« oder besser gesagt: der repräsentierten »Nation« mit ihrem Anspruch auf eine spezifische Deutungsmacht heraus. Das war bereits auf dem IV. deutschen Turnfest in Bonn deutlich geworden, das 1872 explizit als das »*erste deutsche*«[50] verstanden und gefeiert werden sollte, und auch das acht Jahre später in Frankfurt abgehaltene V. deutsche Turnfest konnte daran erneut keinen Zweifel lassen.

Was durch die Inszenierung des Bonner Festes nicht ans Tageslicht gefördert, in keiner der dort gehaltenen Reden und in der offiziellen Berichterstattung von seiten der Turnerschaft allenfalls am Rande thematisiert worden war, hatte die rheinische Presse, ganz zum Unmut der Turner, in schonungslosen Berichten festgehalten. So zeichnete die »Aachener Zeitung« etwa – und sie war kein Einzelfall – ein durchweg trübes Bild der Veranstaltung: »Kein freundlicher Empfang am Bahnhofe, keine Begrüßung, kein deutscher Händedruck, wie wir auf allen Turnfesten gewohnt sind. Steif standen einzelne vornehme Herren mit Binden um den Arm da, ohne auch nur sich herabzulassen, ein Wort des Willkommens den Turnern entgegenzurufen. Hie und da ein Musikcorps, dem sich dann die Vereine anschlossen, und von dem sie zur Beethovenhalle geführt wurden. Auf dem Wege dahin war alles ruhig, *wären nicht Fahnen ausgehängt gewesen, man hätte nicht gemerkt, daß in Bonn ein deutsches Fest gehalten werden sollte.*«[51]

Die Bedeutung der katholischen und spezifisch rheinischen, noch immer preußenskeptischen Identität trat in der Reaktion der Bonner Bevölkerung auf das Fest deutlich zutage. Ihre ablehnende Haltung gegenüber dem preußisch-protestantisch dominierten und zudem von Liberalen mitregierten Nationalstaat hatte sich in unverhohlener Skepsis auch gegenüber der »Nation«, die die Turner hier zu vertreten für sich in Anspruch nahmen, niedergeschlagen. Gewiß, auch der Zeitungsbericht gab an dieser Stelle nur einen Ausschnitt der Stimmung innerhalb der Bonner Bevölkerung wider, geprägt durch den eigenen Standpunkt, der den beschriebenen »nationalen« Ressentiments der katholischen Rheinländer diametral entgegenstand. So bekräftigte ein weiterer Arti-

---

50 Dazu der Artikel Zum 4. August 1872, in: Bonner Zeitung, Nr. 214, 3.8.1872, S. 1 (Hervorh. i. Orig.).
51 Bonn u. seine Turngäste, in: Aachener Zeitung, Nr. 215, 13. 8.1872, S. 2f., in: IV. Allgemeines Deutsches Turnfest in Bonn. Sitzungsberichte (Hervorh. i. Orig.).

kel dieser Zeitung zwar erneut, daß »die zum großen Theil ultramontan gesinnte Bonner Bevölkerung« sich »für das Fest nicht recht zu erwärmen vermocht« hätte und daß auch die als »»sozial-demokratisch‹ bezeichnete Barmer Turngemeinde«, so ein weiterer Hinweis auf die Verschiedenartigkeit der sich artikulierenden Dissonanzen, dagegen »Verwahrung erhoben« habe, daß »dem Turnfest eine bestimmte politische Färbung verliehen werde«. Dennoch attestierte der Berichterstatter der Turnerschaft ohne Einschränkung: »Die nach Bonn aus allen Gauen zusammengeströmten Turner sind ... echte, rechte Deutsche.«[52]

Mit dieser wohlwollenden Haltung gegenüber den Turnern und den ihnen zugestandenen »deutschen« Eigenschaften wird die gebotene Vorsicht noch einmal unterstrichen, mit der solche Berichte über die Stimmung in der »ultramontanen« Bevölkerung zu lesen sind. Dennoch ist die zwischen Zurückhaltung und Ablehnung oszillierende Haltung vieler Bonner Katholiken gegenüber den »nationalen« Inszenierungen, wie auf dem Bonner Turnfest, nicht einfach von der Hand zu weisen. Dafür war die geradezu erschreckend geringe Zuschauerzahl beim Turnfest selber, die mit dem absoluten Niedrigststand aller Festbesuche seit 1860 weit unter allen Erwartungen blieb, ein ebenso deutlicher Hinweis wie die Reaktion der übrigen katholischen Presse, die mit äußerster Sensibilität den vereinzelt zutage tretenden antikatholischen Einschlag in den Festbeiträgen registrierte und mit bissigen, voller Aversion steckenden Kommentaren quittierte. Offensichtlich zeigte sich in der Art der Berichterstattung mit ihren antagonistischen Beobachtungen und Urteilen wieder einmal die Pluralität der Identitäten und Loyalitäten, die selbst auf engstem Raum wie in Bonn nebeneinander Bestand hatten und dem Ringen um das nationale Deutungsmonopol verhaftet blieben.[53]

Auch die von seiten der Turnerschaft geforderte und immer wieder behauptete Eintracht und Einigkeit konnte darüber letztlich nicht hinwegtäuschen. Denn die Momente dieses symbolischen Kampfes um die Welt- und Gesellschaftsdeutung, die der »Nation« zugrunde gelegt werden sollte, waren zahlreich. Ob als süffisante Bemerkung eines Zeitungskorrespondenten, daß all jene »still zu Hause« geblieben seien, die »an der Aufrichtung des neuen deutschen Reiches keine Freude« gehabt hätten,[54] ob als beschwichtigende Worte aus der Turnerschaft, um den katholikenfeindlichen Äußerungen ihre Schärfe zu nehmen[55] oder, um ein letztes Beispiel zu nennen, ob als Aufforderung, ein

52 Wochen-Rückschau, in: Aachener Zeitung, Nr. 215, 13. 8. 1872, S. 1, in: IV. Allgemeines Deutsches Turnfest in Bonn. Sitzungsberichte.

53 Eine vergleichbare Argumentation, in der die innere Nationsbildung als Symbolkampf um die »kulturelle Besetzung des Nationalstaats« begriffen wird, findet man neuerdings auch in *Langewiesche*, Nationsbildung, S. 59.

54 Wochen-Rückschau, in: Aachener Zeitung, Nr. 215, 13. 8. 1872, S. 1, in: IV. Allgemeines Deutsches Turnfest in Bonn. Sitzungsberichte.

55 Für regelrechte Furore sorgte etwa die Rede des oberösterreichischen Landtagsabgeordne-

gemeinsames »Fest der Erinnerung an die großen Thaten des deutschen Volkes und seiner Fürsten zu feiern«[56] – all das muß selbst als Teil dieses Deutungskampfes um die »Nation« begriffen werden, der keineswegs an die harte, offene Konfrontation gebunden war, sondern auf äußerst subtile Art und Weise ausgetragen wurde.

Auch in Frankfurt zeigte sich, schon fast zehn Jahre nach der Gründung des Kaiserreichs, eine vergleichbare Szenerie, die erneut die Vielfalt dieser ungebrochenen und zum Teil auch konkurrierenden Identitäten veranschaulichte. So attestierte der Polizeipräsident, der den Festverlauf hatte beobachten lassen, in seinem abschließenden Bericht »die Haltung der Festzeitung« sei »eine durchaus loyale« und »der Geist, welcher das ganze Fest beseelte, ein nationaler und patriotischer« gewesen. Doch schien auch er sich durchaus darüber im klaren, daß die Inszenierung des Festes durch die Organisatoren und die anwesenden lokalen Repräsentanten einen wesentlichen Teil zu diesem Eindruck und der hergestellten Atmosphäre beigetragen hatten. »Es ist dies der Leitung«, lautete das gegenüber den Festorganisatoren wohlwollende Zugeständnis, »durch das Central-Comité und ganz wesentlich dem Einflusse zuzuschreiben, welcher der Oberbürgermeister Miquel, an der Spitze der Festleitung stehend, auszuüben wußte.«[57]

Doch die »enthusiastischen Huldigungen«, in die die Festzugteilnehmer einstimmten, während sie am kaiserlichen Postgebäude vorbeischritten, waren nur ein Ausschnitt. Auf den Toast, den Georgii zu Ehren des Kaisers beim Festbankett ausbrachte, reagierte die, wie der Polizei-Präsident in seinem Bericht eigens hervorhob, »demokratische und ultramontane Tagespresse, selbstverständlich die ›Frankfurter Zeitung‹« mit dem Vorwurf der Taktlosigkeit. Und dabei blieb es offenkundig nicht.

Denn diesem Ausdruck der Uneinigkeit mit der »Nation« in ihrer preußischen, protestantischen und nach wie vor obrigkeitsstaatlichen Prägung entsprach die symbolische Zurschaustellung der schwarz-rot-goldenen Farben,

---

ten Göllerich. Vgl. dazu den bissigen Kommentar in: Mainzer Journal, 24. Jg., 13.8.1872, S. 1, der in diesem Vorfall ohnehin nur die Bestätigung für die politische und anti-ultramontane Stoßrichtung dieses Festes sah. Als Besänftigungsversuch vgl. das nach dieser hitzigen Debatte entstandene Flugblatt »Rede stehen und Beweise bringen!«, durch das der Vorwurf, es habe sich um Katholikenhetze gehandelt, entkräftet werden sollte. Die Namen der Unterzeichneten wurden nicht genannt, statt dessen hieß es unbestimmt: »Mehrere Turner katholischer Konfession«. Ein Abdruck der Rede Göllerichs in dem Artikel über das IV. Allgemeine deutsche Turnfest in Bonn, in: Bonner Zeitung, Nr. 215, 4.8.1872, S. 1. Alle Nachweise in: IV. Allgemeines Deutsches Turnfest in Bonn. Sitzungsberichte. Ausführlicher dazu auch das folgende Kapitel.

56 Das IV. Allgemeine deutsche Turnfest in Bonn (Kölnische Zeitung), in: IV. Allgemeines Deutsches Turnfest in Bonn. Sitzungsberichte.

57 Betrifft den Ablauf des V. Allgemeinen deutschen Turnfestes. Polizeibericht vom 5. August 1880, in: GStA Merseburg, Rep. 77, Tit. 925, Nr. 11, Bd. 1, 1878–1892. Daraus auch die folgenden Zitate.

die dem etablierten Nationalstaat, sei es in Erinnerung an die demokratische Tradition der Turnbewegung, sei es als Symbol für die weiterhin gewollte großdeutsche »Nation« und ihre überwiegend katholische Bevölkerung, entgegengehalten wurden.

Trotz der andauernden Bekräftigung der Einigkeit zwischen den zusammengefügten »Stämmen« in der »Nation« und trotz oder vielleicht gerade wegen der andauernden Versuche, die Beharrungskräfte überkommener Identitäten herunterzuspielen – auch der Polizeipräsident führte als Gegengewicht die preußische Beflaggung an, schied deutlich zwischen neuen und alten schwarz-rot-goldenen Fahnen und deutete auf den verfälschenden Charakter der Tagespresse hin[58]-, blieben innerhalb der Turnerschaft bis weit in die ausgehenden 1880er Jahre hinein über den tatsächlich erreichten Stand der Einigkeit Zweifel bestehen.

Diese Skepsis gegenüber der tatsächlich vorhandenen »nationalen« Zusammengehörigkeit und die damit einhergehende Angst vor den vermeintlich partikularistischen Tendenzen drückten sich jedoch in aller Regel vermittelt aus. Sie artikulierten sich in der Art der Inszenierungen, in denen die Einigkeit zwar einerseits demonstriert werden sollte, in denen andererseits jedoch ein gewisser agitatorischer Impetus nicht verloren ging, der nicht der Verteidigung eines erreichten Status quo, sondern einer erwünschten Zukunftsvorstellung galt.

In dem Festspiel des VII. deutschen Turnfestes, vorgeführt im Jahre 1889 in München, wurde das deutlich. Ein kurzer Blick auf die Handlung und die gespielten Personen kann die wahrgenommene Situation hinreichend vergegenwärtigen: Selbstverständlich als Turner traten ein Preuße, ein Altbayer, ein Württemberger, ein Sachse und ein Pfälzer auf; eine Frau, die schließlich ihre Identität als Germania preisgab; und schließlich als zentrale Figur: der »Magister Negativus«, die personifizierte Zwietracht und Zersplitterung, oder, wie ihn die Germania im Stück vorstellte: »Es ist der Herr Magister Negativus/ Aus Selbstsuchtheim im Kreis Philisterland./ Ich kenn' ihn lang und wenig lieb ich ihn ...«.[59]

Die Differenz zwischen ihm und den Turnern wird klar ersichtlich: Im Unterschied zu den Turnern, die zwar einerseits ihre einzelstaatliche Herkunft und den daran gebundenen Stolz durch ihren jeweiligen Dialekt sprachlich zum Ausdruck bringen, die sich jedoch andererseits durch ihren Zusammenschluß und durch ihre erworbenen turnerischen Fähigkeiten als bedingungslose Stützen der »Nation« oder, wie es hier eindeutig heißt: des Staates betrachten, bezieht sich der Magister Negativus nur auf sich und überläßt den Staat sich selber.

Das zentrale Argumentationsmuster, das als Appell und Mahnung zugunsten des Zusammenhalts in der »Nation« gelesen werden kann, verkettet zweierlei:

58 Vgl. ebd.
59 *Dahn*, S. 6.

Die beim Turnen entwickelten Eigenschaften der Kraft und der Gewandtheit, des Mutes, der Wehrhaftigkeit und der Männlichkeit auf der einen und die Zugehörigkeit zum »Volk« – ethnisch definiert und ein Wert für sich – auf der andern Seite werden gegen den einzelstaatlichen Partikularismus, mit dem implizit alle antithetischen Eigenschaften, wie etwa die der Schwächlichkeit, Faulheit und Feigheit verbunden sind, ins Feld geführt und stark gemacht. Diese beiden argumentativen Stränge, die das Festspiel durchziehen, sind eng miteinander verschränkt. So etwa in dem inszenierten Disput über den Krieg von 1871. »Das deutsche Reich, nicht Sänger,/ Schützen, Turner,/ ganz andre Leute haben das gemacht.« – auf diesen Angriff des Magister Negativus greift schließlich Germania als Verteidigerin der Turner ein und teilt ihre, wie offenbar unterstellt wird, nicht mehr anzufechtende Position mit:

»Gewiß! Das that der Kaiser Barbablanca/ Und jene beiden, die, wie Wodans Raben,/ Von seiner Schulter nie gewichen sind,/ Mit Rat und That: der Bismarck und der Moltke./ Doch fragt den Feldmarschall, den Moltke selbst,/ Ob er mit seinem Feldherrnstab allein,/ Den Feind bezwungen hätte, oder ob er nicht/ Ein Heer bedurfte, nein, ein ganzes Volk,/ Das nicht aus zagen Schwächlingen bestand; Ein Volk von Männern mit geübter Kraft, Ja, mit dem Mut: denn auch den Willen,/ Nicht nur des Armes Muskel gilt's zu üben ...«[60]

Nur als eine Variation dessen ist schließlich der Sturz des Magister Negativus über die Treppen in einen Keller zu begreifen – ein Symbol für die Ohnmacht und Hilflosigkeit des Mannes aus »Selbstsuchtheim«, der in den rettenden Turnern nicht nur den Wert ihrer Fähigkeiten zu sehen beginnt, sondern auch die Überlegenheit der in Einigkeit Zusammenstehenden und Handelnden. Germania spricht auch an dieser Stelle die entscheidenden Worte, die einer Mahnung gleichkommen:

»Am eig'nen Leib erst muß die schnöde Selbstsucht/ Erfahren, welchen Wert hat Mannesmut/ Und Manneskraft! Geh in Dich, Negativus!/ Und lerne: »Nur in kraftgeübtem Leib/ Lebt mutgeübter Geist: den aber schuldet/ Jedweder seinem Vaterland: denn wahrlich: Das höchste Gut des Mannes ist sein Volk!«[61]

Auch die in vielerlei Hinsicht unübersehbare Provinzialität dieses Festspiels sollte nicht vorschnell den Blick darauf verstellen, daß auch dieses Theaterstück für die Wahrnehmung, das Denken und das Empfinden vieler Turner jener Zeit symptomatisch war. Und das nicht nur wegen der so häufig artikulierten Angst vor der Selbstsucht und Zersplitterung, die auch hier noch einmal aufgegriffen wurde. Charakteristisch war vielmehr auch der gleichzeitige Bezug auf die »Nation« auf der einen und auf »Volk« und »Vaterland« auf der andern Seite, zwischen denen sich die Gewichte im Verlauf der zwei vergangenen

60 Ebd., S. 10f.
61 Vgl. die Szene ebd., S. 11–13, Zit. S. 13.

Jahrzehnte, um das zunächst nur anzureißen, immer weiter zugunsten von »Volk« und »Vaterland« verschoben hatten. Zwar wurde von diesem nach wie vor die »Nation« als eine nicht ethnisch definierte Gemeinschaft der Staatsbürger geschieden; zugleich spiegelte das Stück jedoch den in den ausgehenden 1880er Jahren immer stärker werdenden Rekurs auf »Volk« und »Vaterland« als quasi natürliche Legitimation für das geschlossene und einige Handeln wider. Während dieser Entwicklung, in deren Verlauf sich bald auch die Anschlußfähigkeit des ethnisch definierten Volksbegriffs an einen rassistisch aufgeladenen erweisen sollte, war die fortwährende Unsicherheit im Hinblick auf den tatsächlichen »nationalen« Zusammenhalt oder die befürchtete Zersplitterung durch den einzelstaatlichen Partikularismus zwar nur ein Grund unter anderen gewesen und vielleicht nicht einmal der ausschlaggebende. Trotzdem ist der Versuch, den einzelstaatlichen Identitäten und Loyalitäten durch die Berufung auf die gemeinsame und vor allem unaufhebbare Zugehörigkeit zum »Volk« und die Verschmelzung mit dem »Vaterland« die Spitze zu nehmen, ohne dabei jedoch deren spezifischen Wert für die Herausbildung eines Volks- und Vaterlandsgefühls zu verkennen, am Ende der 1880er Jahre nicht zu übersehen. Die »Liebe und Treue gegen das große Ganze – sie kann ... nicht gedeihen und sie hat keinen Werth ohne Liebe und Treue gegen das engere Vaterland«.[62] In diesen Worten eines Festredners vom Münchener Turnfest 1889 wurde die Verschmelzung von traditioneller einzelstaatlicher Gebundenheit und vaterländischer Zusammengehörigkeit, in der die »Nation« als politische Ordnung keine im wahrsten Sinne des Wortes: erwähnenswerte Rolle mehr spielte, noch einmal ausgedrückt. Dieser sukzessive Wandel von der »Nation« zu »Volk« und »Vaterland« war zu diesem Zeitpunkt bei weitem noch nicht abgeschlossen, wie auch die damit einhergehende Ethnisierung noch nicht notwendigerweise rassistisch unterlegt war. Die seit 1871 praktizierte doppelte Inszenierung einer »nationalen« und einer »deutschen«, auf »Volk« und »Vaterland« bezogenen Zusammengehörigkeit hatte diesen Prozeß jedoch, wenn auch nicht unumgänglich erzwungen, so doch auf jeden Fall mit vorbereitet. Das läßt ein Rückblick klar erkennen.

Bei allem Stolz auf den 1871 gegründeten Nationalstaat, zu dessen Verteidigern sich auch die Mehrheit derjenigen erklärte, die bis zuletzt auf eine großdeutsche Lösung gehofft hatte, war es vielen Turnern offenbar undenkbar geblieben, daß mit den neu gezogenen politischen Grenzen auch die Zusammengehörigkeit des »Volkes« definitiv in Frage gestellt sein sollte. Auf jedem »deutschen« Turnfest, das seit 1872 von der Deutschen Turnerschaft gefeiert wurde, war das unübersehbar und das, was mit den Beteuerungen einer weiteren, ungebrochenen Einheit des »Volkes« zum Ausdruck gebracht wurde, war mehr als eine sentimentale Reminiszenz gegenüber den deutsch-österreichi-

---

62 VII. Deutsches Turnfest, in: MNN, Nr. 338, 25.7.1889, S. 2f., Zit. S. 3.

schen Mitgliedern und das mit ihnen bis dahin gemeinsam verfolgte Ziel.[63] Ja, man kann darüber hinaus den Eindruck gewinnen, als ob die für die »Nation« häufig beschworene Einigkeit verglichen mit der weiterhin postulierten Pflege der Volkszusammengehörigkeit als die ungleich schwierigere Aufgabe erachtet wurde. Als Vorstellung eines »nationalen« Verhaltens und als Ordnungsprinzip einer kulturell, sozial und politisch sehr verschiedenartigen und fragmentierten Gesellschaft wurde die Einigkeit als zentraler Wert zwar weithin anerkannt – doch in vielerlei Hinsicht blieb sie dennoch ein Postulat, dessen Bedingungen erst erfüllt werden mußten. Mochte sich auch über die Jahre hinweg unter vielen das »Gefühl der gemeinsamen Nationalität« entwickelt haben, wie ein Beitrag zum Turnfest von 1872 mutmaßte[64] – eine gefühlte Einigkeit im Innern, das ließ sich ihren Vorstellungen von einer erst noch zu erzielenden Einigkeit durchaus entnehmen, gab es noch nicht.

Jeder Appell an das »Volk«, jede Erinnerung an seine fortbestehende Zusammengehörigkeit schien dagegen unter den Teilnehmern und Zuschauern eines Festes von einer emotionalen Anteilnahme begleitet, die bei Außenstehenden ohne weiteres die Vorstellung von einer bereits gefühlten Zusammengehörigkeit erwecken konnte und sich damit, wenn auch graduell, von der Freude über die errungene politische Einheit abzuheben und von dem Wunsch nach einer auch »nationalen« Einigkeit zu unterscheiden schien. Kaum eine Berichterstattung, sei es in der lokalen Presse oder in den offiziellen Erinnerungsschriften, ließ es sich entgehen, auf die besondere Begeisterung im Anschluß an jede Rede zu verweisen, die von einem deutsch-österreichischen Turner gehalten oder ihnen zu Ehren als den Angehörigen des »deutschen Volksstammes« gehalten wurde; kein besonderer Applaus blieb unerwähnt, der den deutsch-österreichischen Turnern entgegengebracht wurde, wenn sie im Festzug die Zuschauer passierten. Die Anteilnahme und die Begeisterung jedesmal dann, wenn die Zusammengehörigkeit mit den Deutsch-Österreichern zelebriert wurde, schien immens zu sein. So konnten wenige Programmpunkte eines Turnfestes unter den Teilnehmern ein derartiges Interesse mobilisieren wie etwa die Abendveranstaltung der Deutsch-Österreicher auf dem Turnfest in Dresden 1885, zu der sich an die 10.000 Turner einfanden.[65] Die Zusammengehörigkeit des »Volkes«, läßt sich die Stimmung bei solchen Begegnungen zusammenfas-

63 Das Festhalten an der Zusammengehörigkeit des »Volkes« ist mit dem von *Langewiesche*, Nationsbildung, S. 48f., beobachteten Fortleben des Reichsgedankens, der innerhalb der Turnerschaft bei der Begründung einer über die Nationalstaatsgrenzen hinausweisenden Zusammengehörigkeit nicht zentral war, keineswegs gleichbedeutend. Ein entscheidender Unterschied liegt dabei gerade in der ethnischen und damit auch nicht territorial fixierten Begründung des Volksgedankens.

64 Das IV. Allgemeine deutsche Turnfest in Bonn (Kölnische Zeitung), in: IV. Allgemeines Deutsches Turnfest in Bonn. Sitzungsberichte.

65 Vgl. den Bericht zum Allgemeinen deutschen Turnfest, in: NPZ, Nr. 171, 25.7.1885, S. 2f., hier S. 3; die Angaben stützen sich auf einen Bericht im »Leipziger Tageblatt«.

sen, schien durch keinen Ton des Mißfallens, keine Meinungsverschiedenheit getrübt, nicht durch die für die »Nation« sonst oft beklagte »Zwietracht« oder »Selbstsucht« gefährdet zu sein.

Seit der Gründung des Kaiserreichs, mit der innerhalb der Turnerschaft der politische Nations- vom ethnischen Volksbegriff immer häufiger geschieden wurde, war diese so unterschiedlich vermittelte und unter vielen gewiß auch erlebte Qualität durchaus erklärbar. Denn, um es mit einer kurzen und einfachen Formel vorerst zu umschreiben: Zur »Nation« wurde man; »Volk« aber war man – das war zumindest die innerhalb der Turnerschaft herrschende Sichtweise in den beiden Jahrzehnten nach 1871. Dabei war es gerade die vermeintliche Natürlichkeit und Ursprünglichkeit des »Volkes«, durch die das Gefühl der Zugehörigkeit eine geradezu unvergleichliche Selbstverständlichkeit bekommen konnte. Gleichzeitig zeichnete sich jedoch das »Volk« durch einen eigentümlich transzendenten Charakter aus: Denn es band all das zusammen und wies wie ein Heilsversprechen über all das hinaus, was in der »Nation« einer ständigen Gefährdung ausgesetzt schien. Fraglos war jede Eigenschaft, die in der Vorstellung der Turner die »Nation« zusammenhalten und zu ihrer weiteren Fortentwicklung beitragen sollte, zwar, wie sie glaubten, prinzipiell erlernbar – darauf basierte ihre ganze Vorstellung vom Wert des Turnens für die »Nation« und seinem unstreitig emanzipatorischen Charakter, der den Glauben an die selbstbestimmte und eigenverantwortliche Handlungsfähigkeit mit einschloß. Doch ungeachtet des damit verbundenen Glaubens an eine implizite, Fortschritt verbürgende Kraft, die der »Nation« zugeschrieben wurde: Die zu erlernenden Eigenschaften und Fähigkeiten, die zu jener stabilisierenden Einigkeit in der »Nation« befähigen sollten, waren immer auch die Antwort auf eine Gesellschaft, die sich, wie das von seiten der Turner wahrgenommen wurde, in einem fortschreitenden kulturellen Erosionsprozeß befand, der die soziale und schließlich auch politische Ordnung zu zerstören drohte. Die Zielvorstellung von der Einigkeit der »Nation« barg immer, das sollte man nicht vergessen, die Angst vor der ihr drohenden Zersplitterung in sich.[66]

Bereits in den 1870er Jahren schwang eine solche Angst auch in den Beteuerungen der fortdauernden Einheit des »Volkes« mit, die selbst durch die politischen Grenzen nicht gebrochen werden könne. Immerhin war es unter den Turnern geradezu eine Selbstverständlichkeit, daß die Turnvereine in den Grenzgebieten – und das meinte vor allem die preußischen Ostprovinzen – über hinreichende Möglichkeiten verfügen mußten, um zu entscheiden, »durch welche Mittel nun die unpassenden Elemente ausgeschlossen werden, und wie man am zweckmäßigsten die nationalen Elemente vor fremden si-

---

66 Vgl. dazu auch *Fuchs*, v.a. S. 90f., mit einer durchaus vergleichbaren Argumentation, allerdings für den Patriotismus des ausgehenden 18. Jahrhunderts und das ihm zugrunde liegende Gemeinschaftsideal mit seinen zugeschriebenen Tugenden.

chert«.[67] Doch die eigentliche, weitaus akutere Quelle der Gefahr wurde an einer ganz anderen Stelle verortet: Für die »Nation« lag sie, könnte man sagen, nicht innerhalb, sondern außerhalb ihrer Grenzen: im vermeintlichen Angriff auf das »Deutschtum«, der vor allem dem »Volk« außerhalb der Grenzen des deutschen Nationalstaats, genauer: den Deutsch-Österreichern als Gefahr drohte. Für die Angehörigen des deutschen Nationalstaats war das trotzdem weit weniger konkret und substantiell als jeder Zwiespalt in den eigenen Reihen. Diesen Eindruck vermittelten die Turner jedenfalls bis weit in die 1880er Jahre, bevor sich ihr Glaube an die Überwindbarkeit jeder »Zwietracht« und damit auch an das in ihren Reihen weithin verbreitete harmonistische Gesellschaftsideal langsam verflüchtigte.[68]

Doch zunächst zum Ausgangspunkt zurück. Trotz aller Bekundungen, vom »deutschen« und das hieß bis in die Mitte der 1880er Jahre: »nationalen« Fest[69] ließ bereits die Feier in Bonn 1872 keinen Zweifel daran aufkommen, daß die Zusammengehörigkeit als »Volk« auch über die Gründung des Kaiserreichs hinweg gewollt, inszeniert und dadurch weiterhin erfahrbar gemacht werden sollte. So betonte etwa der Vorsitzende des Bonner Festausschusses den ausdrücklichen Wunsch, daß das Fest auch »dem hohen Zwecke dienen« solle, »das Bruderband zwischen dem deutschen Reiche und Oesterreich fest und fester zu knüpfen«.[70] Und tatsächlich konnte jede Inszenierung, hier in Bonn wie auch auf den darauffolgenden Festen, diesen Eindruck von einer nicht zu lösenden Verbindung zwischen den oftgenannten »deutschen Stämmen« auf eine vielfältige und vielschichtige Weise vermitteln.

Bereits die in unzähligen Variationen wiederkehrende Metapher des »Bruders« vermittelte – ähnlich wie die bereits erwähnte Verbindung in der »Germania« – auf der sprachlichen Ebene eine Vorstellung und das Gefühl von einer Zusammengehörigkeit, die aufgrund der ihr zugeschriebenen gemeinsamen Abstammung in ihren Fundamenten nicht zu erschüttern und in ihrer Substanz nicht zerstörbar schien. Obwohl in ihren inhaltlichen Konnotationen von dem Appell zur Brüderlichkeit, wie ihn etwa die Demokraten der Frankfurter Turngemeinde noch während der 1860er Jahre in der Tradition der Französischen Revolution erhoben hatten, weit entfernt, umschloß und vermittelte die nun verwendete Brüderlichkeitsmetaphorik ebenfalls die Vorstellung von einer Gleichheit, in der alle Unterschiede, seien sie sozialer, politischer oder etwa konfessioneller Natur in dem Glauben an die gemeinsame Abstammung in den Hintergrund rücken konnten, ohne tatsächlich aufgehoben zu sein. So erläu-

67 Bericht über den V. allg. Deutschen Turntag, abgehalten in Bonn 3.8.1872, in: DTZ 1872, S. 229–238, Zit. S. 231. Vgl. zum Nationalitätenkonflikt *Blecking* (Hg.).

68 Vgl. dazu das nächste Kapitel, in dem dieser Aspekt vertieft wird.

69 So auch die Formulierung in dem Beitrag: Unsere Gäste aus Österreich, in: Bonner Zeitung, Nr. 215, 4.8.1872, S. 1.

70 Das IV. deutsche Turnfest, in: DTZ 1872, S. 278f., Zit. S. 278.

terte etwa der Österreicher Göllerich in seiner Rede auf dem Bonner Turnfest 1872: »Das Schwert und die Politik haben das staatsrechtliche Band zerschnitten, das uns mit Deutschland verband. Aber das Blut, das in unsern Adern strömt, ist deutsches Blut, und die gleichen Sitten, die gleiche Cultur, eine gleiche, herrliche, erhabene Aufgabe, die uns allen gestellt ist, so weit die deutsche Zunge klingt, verbindet uns mit einem Bande, welches fest und heilig ist und welches kein Schwert und keine Politik zu zerreißen vermag.«[71]

Nicht immer schwang in den Erklärungen einer weiterhin fortbestehenden Zusammengehörigkeit, die in der gemeinsamen Abstammung oder, wie es jetzt deutlicher hieß: in dem »deutschen Blut« ihren letzten und unerschütterlichen Grund finden sollte, eine derartige Verbissenheit und fast schon an Fanatismus grenzende Unnachgiebigkeit mit wie in der Rede Göllerichs. Der Rekurs auf ein für alle in Anspruch genommenes gemeinsames Gefühl etwa vermochte dem Bezug auf die gemeinsame Abstammung noch jene Schärfe zu nehmen, die diese durch das in ganz anderer Weise existentielle »deutsche Blut« wegen seiner unmittelbaren Bindung an den Körper erhalten konnte. »Wir fühlen uns ebenso wie Sie, geliebte Landsleute aus dem deutsche Reiche, als treue, als opferwillige, als herzinnige Kinder unserer gemeinschaftlichen Mutter Germania«, erklärte entsprechend ein Österreicher in seiner Tischrede auf dem Turnfest 1885 in Dresden, bevor er, unterbrochen durch Bravorufe des Publikums, weiter ausführte: »Und wenn wir kein gemeinschaftliches Vaterland haben, kein Vaterland, welches auch uns in politischer Hinsicht umschließt, uns umschließt eins, nämlich der deutsche Gedanke, das deutsche Stammesbewußtsein, die Liebe für die höchsten Ideale der Menschheit, die glühende Liebe zu unserem deutschen, theuren Volksthum. Hierin liegt das einigende Band, dieses ideale Band, welches alle Deutschen umschließt. Wir fühlten es, als wir die Landesgrenzen überschritten, daß wir nicht in fremdes Land kommen, daß wir nicht eintreten als Fremde unter Fremdlinge, sondern daß wir kommen in die Reihen unserer geliebten deutschen Brüder, welche uns trotz politischer Trennung als gute, als wahre, als unverfälschte deutsche Brüder betrachten.«[72]

Doch die Verbindung und Gleichheit im »Volk« wurde auch anders, mitunter in kaum auffälligen, man könnte meinen: nebensächlichen und kurzen Sequenzen vermittelt: Durch die jeweils in abwechselnder Reihenfolge gehaltenen Reden der deutsch-österreichischen und reichsdeutschen Turner sowie der jeweiligen geladenen Gäste;[73] durch das ritualisierte gemeinsame Trinken im Anschluß an die auffordernde Geste eines Redners, der, nachdem er selber sein Glas erhoben hatte, den Anwesenden mitteilte: »Ich trinke auf die Zusam-

---

71 Die gesamte Rede von Göllerich im Wortlaut, in: ebd.
72 Vgl. die Rede des Dr. Knotz aus Österreich, die wiedergegeben ist in dem Beitrag über das deutsche Turnfest in Dresden, in: NPZ, Nr. 172, 26.7.1885, 2. Beilage, S. 1.
73 So etwa in Dresden. Dazu den Bericht in: NPZ, Nr. 171, 25.7.1885, S. 2f.

mengehörigkeit aller Deutschen, soweit die deutsche Zunge klingt«.[74] Ein darauf folgendes gemeinsames Anstoßen war immer auch demonstrierte Zustimmung und Akklamation, mit der das Gefühl »deutscher« Zusammengehörigkeit zum Ausdruck gebracht wurde, freilich ohne daß man sich dem in der Gruppe öffentlich hätte entziehen können.

Und schließlich, so unbedeutend das auf den ersten Blick auch immer scheinen mag, wurde durch die in den Festzug eingereihten deutsch-österreichischen Turner, die für den Zuschauer als ebenso selbstverständlicher wie auch konstitutiver Teil das »Bild einer großen gewaltigen Volkskraft«[75] formierten, das gemeinsame Volk demonstriert. Damit durchaus vergleichbar waren die gemeinsam vorgeführten oder auch im Wettkampf ausgetragenen Turnübungen. Auch diese konnten aus der Perspektive der Zuschauer jenes geschlossene Bild entstehen lassen, in dem die Turner, woher sie auch immer stammen mochten, sich im Moment der Übungen zu einem Ganzen zusammenfügten – eine Präsentation, die bei den Außenstehenden den Eindruck einer Geschlossenheit hinterlassen sollte und konnte, die jeder Beliebigkeit oder gar Zufälligkeit zu entbehren schien. Vielmehr bestach im Bild dieser dargebotenen Einheit – und darin fügten sich die widerstreitenden, jedoch an Regeln gebundenen Wettkämpfer durchaus ein – gerade die gezeigte »Willigkeit zu Zucht und Gehorsam«,[76] wie der stellvertretende Vorsitzende der Turnerschaft 1889 hervorhob, die der auf den Festen wiederholt beteuerten Zusammengehörigkeit des »Volkes« eine zusätzliche Plausibilität verschaffen konnte.

Das galt in ähnlicher Weise für die Turnenden selbst. Gewiß, in den vorgeführten Turnübungen, erst recht im Wettkampf war die erzielte Leistung vor allem eine individuell erbrachte, die jeder in der Anstrengung und in der Beherrschung des eigenen Körpers an sich selber erlebte. In der Einhaltung der verlangten Disziplin und Ordnung jedoch war jeder einzelne in die Gruppe eingebunden, in der er sich, um zum Gelingen der Vorführungen beizutragen, als Teil des Ganzen wahrnehmen mußte. Und ob in den gemeinsam vorgeführten Frei- und Ordnungsübungen oder im Wettkampf: Die dargebotene Leistungsfähigkeit des einzelnen, seine Kraft, seine Beweglichkeit, seine Schnelligkeit war immer eine mit anderen geteilte, zu denen der Bezug nie aufgehoben wurde. Dadurch wurde mit den Fähigkeiten des eigenen Körpers die Voraussetzung geschaffen, sich als Teil des viel beschworenen »Volkskörpers« zu begreifen, dessen Kraft, Stärke, Wehrfähigkeit und Gesundheit immer auch an dieselben individuellen Eigenschaften zurückgebunden wurden. »Ihr Sieger im Wetturnen! ... Ich bitte Euch ..., Eure Kraft und die Geschmeidigkeit da anzuwenden, wo es noth thut, wo der Bruder Euch ruft, wo die Gemeinde

74 Vgl. ebd. Dieses Beispiel aus Dresden könnte beliebig ergänzt werden.
75 VII. Deutsches Turnfest in München: MNN, Nr. 351, 2.8.1889, S. 2f.
76 Ebd.

Euch ruft, wo das Vaterland Euch ruft«[77] – so lautete einer der zahlreichen Appelle, mit dem beispielhaft die Verbindung zwischen individuellen Fähigkeiten und dem Wohl der Gemeinschaft: der »Nation«, des »Volkes« und des »Vaterlandes« zum Programm erhoben wurde.

Ein primär an die politische »Nation« gebundener und auf diese beschränkter Bedeutungsgehalt des Turnens ist seit 1871 daher im Grunde genommen nicht auszumachen. Daran änderte auch die sonst häufig behauptete Trennung zwischen dem Kaiserreich als der »vollendeten« Nation einerseits und den außerhalb ihrer Grenzen lebenden »deutschen Stämme« andrerseits nichts. Die mit dem Turnen verbundenen Werte der sittlichen Freiheit, der Ordnung und der Disziplin, der Kraft und vor allem auch der Wehrhaftigkeit, die einerseits als »nationale Tugenden« zum Erhalt der politischen Ordnung bezeichnet wurden, gerieten gleichzeitig zur unabdingbaren Voraussetzung für die mögliche Bewahrung und Verteidigung des »Deutschtums« – des wesentlichen Scharniers zwischen der »Nation« und all denen, die jenseits ihrer Grenzen lebten.

Der Glaube an ein gemeinsames »Deutschtum« oder »Volkstum«, das in der gemeinsamen Sprache noch seine plausibelste Begründung fand, bezeichnete im Grunde ein relativ apokryphes und mysteriöses Konglomerat von Eigenschaften, die ihren Wert und ihre Verbindlichkeit hier aus der Geschichte, dort aus der vermeintlich gemeinsamen Abstammung bezogen. Das allerorten vernehmbare Diktum, das zum Schutz des »Deutschtums« anhielt, war freilich nicht neu. Im Gegenteil: Das seit Jahrzehnten im Liberalismus verbreitete kulturelle Sendungsbewußtsein, das die eigene Höherwertigkeit aus dem Glauben an ein west-östliches Kulturgefälle bezog, war der zentrale Anknüpfungspunkt.

Er fand sich wieder in der bereits in den frühen 1870er Jahren von deutschösterreichischer Seite postulierten Aufgabe, daß »die Erhaltung, die Erstarkung, der Sieg des Deutschthums über alle seine Gegner« gemeinsam voranzutreiben sei, um schließlich, so die hier formulierte Hoffnung, auch den »Sieg der Freiheit, des Rechts, des Friedens« erringen zu können.[78] Für jedes Mitglied der Turnerschaft war daraus ein unumgängliches Gebot erwachsen: »In der deutschen Turnerschaft«, drückte es ihr langjähriger Geschäftsführer, der Nationalliberale Ferdinand Goetz, unmißverständlich für alle Anwesenden aus, »erblikken wir das Vorbild, das uns vorschweben muß, in der Arbeit, in dem Kampfe, für die Zukunft zusammenzuhalten, damit was Deutsch ist, treu Hand in Hand [geht], wo es gilt, deutsche Kultur, deutsche Sitte, deutsche Wissenschaft und deutsche Treue festzuhalten. Wir haben nicht mehr ein Vaterland, aber doch sind wir einig, doch dienen wir einer Sache, wir dienen der Sache, das

77 Ebd.
78 Das IV. deutsche Turnfest, in: DTZ 1872, S. 278.

Deutschthum aufrecht zu erhalten, und indem wir das thun, haben wir doch ein Vaterland.«[79]

Daß es jedoch nicht nur die auf eine reiche und lange Geschichte zurückblickende deutsche Kultur war, die eine Aufrechterhaltung des »Deutschtums« gebot und legitimierte, ist in der Semantik greifbar: etwa wenn vom »Erbtheil deutschen Geistes und Sinnes, deutscher Sitte und Ehrenhaftigkeit« die Rede war, den man durch die emigrierten »deutschen Brüder« in der fremden Welt verankert hoffte;[80] in der Beschreibung der Deutschen Turnerschaft als eines »Körpers«, an den »ferne und lose Glieder« sich anschließen könnten;[81] und schließlich in den Formulierungen von einer »gesunden Entwicklung«. Diese vielschichtige Metapher evolutionären Denkens, der unter den Turnern ohnehin die Annahme eines unauflösbaren Zusammenhangs zwischen der erhofften und eigentlich auch angenommenen positiven Entwicklung des »Volkes« auf der einen Seite und den Eigenschaften und der Konstitution des Körpers auf der andern Seite zugrunde lag, war letztlich auch anschlußfähig für biologistische Deutungsmuster, die seit dem letzten Jahrzehnt des 19. Jahrhunderts auf subtile Weise Eingang in die Denk- und Wahrnehmungswelt der Turner fanden.

Ohne hier einem Determinismus das Wort reden zu wollen – der tief verankerte Glaube an die gemeinsame Abstammung, in dem man letztlich auch den Grund für die kulturellen Leistungen zu finden meinte, hat dieser Entwicklung deutlich Vorschub geleistet. Die Verschränkung dieser unterschiedlichen Komponenten, die man schließlich für die Entwicklung des »Deutschtums« verantwortlich glaubte, brachte der auf dem nationalen Turnfest in München 1889 vortragende Bürgermeisters Widenmeyer noch einmal klar auf den Punkt: »Blut und Sprache, Geschichte, Kultur und Völkerinteressen« – das waren nach seinen Worten die zentralen und einander bedingenden Bestandteile, die auch nach der staatlichen Trennung die Angehörigen des Deutschen Kaiserreichs und die Deutsch-Österreicher zu »dauernder Gemeinschaft« verbanden. Jedes Turnfest und die fortdauernde Mitgliedschaft der Deutsch-Österreicher in der Deutschen Turnerschaft nannte er seinen Zuhörern einen dafür hinreichenden Beweis.[82]

Mit dem Kampf für das »Deutschtum« in Österreich-Ungarn war auch jedes reichsdeutsche Mitglied der Deutschen Turnerschaft in die Pflicht genommen. Denn wegen der eigenen Sicherheit, die man in den 1870er Jahren im »Deutsche[n] Reich, zusammengefügt aus allen unvermischt deutschen Elementen« als dem »starke[n] Hort des deutschen Geistes« verspürte – glaubte

---

79 MNN, Nr. 347, 31.7.1889, S. 2–4.
80 Das IV. deutsche Turnfest, in: DTZ 1872, S. 278.
81 Festschrift für das VI. deutsche Turnfest, S. 39.
82 MNN, Nr. 344, 29.7.1889, S. 2f., Zit. S. 3.

man doch die »Nation«, wie es ein Redner 1872 in Bonn stellvertretend für die vorherrschende Meinung innerhalb der Deutschen Turnerschaft ausdrückte, »mächtig und stark genug, selbst neuen vereinten Angriffen aller Feinde ringsum die kühne Brust zu siegreichem Kampfe zuzuwenden«,[83] gehörte die Unterstützung des »Deutschtums« in Österreich-Ungarn zu den unverzichtbaren Prämissen in der dem Volksgedanken verbundenen Turnerschaft. Und obgleich man die politischen Grenzen der »Nation« dabei nicht in Frage stellte – für ihr »mühen- und ehrenvolles Ringen, für ihren harten Kampf um die deutsche Existenz« sagte man den Deutsch-Österreichern bereits in Bonn 1872 die »aufrichtige« Teilnahme aus den eigenen Reihen zu. »Als die Vormauer deutscher Bildung und Cultur nach Osten werden wir sie stets in ihrem Streben für das Deutschthum in Österreich zu unterstützen haben.«[84] Das war ganz im Sinne eines bindenden Gelöbnisses zu verstehen, das für jeden Turner vorausgesetzt wurde: In den »traurigen[n] Stätten des Kulturhasses und der Deutschfeindlichkeit«, wie etwa die Zustände »ganz nahe« hinter der »Ostgrenze« beschrieben wurden, wo man als »Augenzeuge« die »Verfolgung deutscher Brüder« beobachtete, waren sich auch die reichsdeutschen Turner über die in ihren Augen angemessene Reaktion einig. Das konnte ein in Dresden gehaltener Trinkspruch mit den darauf folgenden Reaktionen des Publikums deutlich machen: »Solchen Kampf zu kämpfen ist deutscher Männer, Brüder Pflicht. (Bravo!) So schwer unsere Brüder in Österreich kämpfen, sie sind doch immer Kinder derselben Mutter, sind unser Fleisch und Blut (lebhafter Beifall) und nicht zum ersten Male sehen, hören und empfinden sie als Herzenstrost und Ermunterung bei uns den gleichen Pulsschlag deutscher Gesinnung und Gesittung, begeistert von aber und aber Tausenden.« Fast selbstredend folgten auch dieses Mal euphorisch zustimmende Zwischenrufe der Zuschauer, welche die Rede noch einmal unterbrachen.[85]

In diesem geradezu euphorischen Verhalten mischte sich zweierlei: Erstens die Bereitschaft zum Kampf um die eigene, bedroht geglaubte Existenz – eine Haltung, die ihre Legitimität vor dem Hintergrund der drastischen Schilderung der Verhältnisse in den gemischtnationalen Regionen aus dem Anspruch auf eine, zumindest rechtlich geforderte Gleichheit nationaler Minderheiten beziehen konnte. Das eindrückliche Bild, das ein Mitglied des deutschen Turnvereins aus Prag auf dem Commers der Deutsch-Österreicher zeichnete, legt das durchaus nahe. Als weitaus gravierender als etwa die »Steinwürfe«, welchen »die Prager Turner bei ihren Ausflügen … oft ausgesetzt« seien, die man jedoch als »pöbelhafte Rohheiten« begreife, empfand der Redner die »Art und Weise, wie die Deutschen von oben geschlagen würden, die ungleiche Behandlung,

83 Das IV. deutsche Turnfest, in: DTZ 1872, S. 278.
84 Bonner Zeitung, Nr. 215, 4.8.1872, S. 1.
85 Festzeitung für das VI. deutsche Turnfest, S. 96.

welche sie den Czechen gegenüber erfahren müßten. Es dringe nicht in die Oeffentlichkeit vor«, erläuterte er, »daß deutsche Gemeinden gezwungen würden, wegen einer geringen Anzahl Kinder czechischer Arbeiter auf Gemeindekosten czechische Schulen zu errichten, während die Deutschen mit den größten Schwierigkeiten zu kämpfen hätten, wenn es sich darum handle, in sprachlich gemischten Orten aus Privatmitteln eine Privatschule zu errichten.«[86]

Es wäre zu weit gegriffen, die emphatische Verteidigung des »Deutschtums« allein zu einem Anspruch auf rechtliche Gleichheit und Anerkennung zu stilisieren. Vielmehr war es eher der immer wieder zutage tretende Glaube an die eigene Höherwertigkeit, die der Verteidigung des »Deutschtums« in der Welt und gegen die Völker im Osten eine besondere Legitimation und eine höhere Weihe verlieh. Durch die Bewahrung des »Deutschtums« in anderen Ländern – und das schloß die harte Konfrontation mit anderen Nationalitäten, wie in Österreich-Ungarn nicht aus, – glaubte man, am »Tempelbau der Humanität« mitzuwirken.[87] Das umschloß mehr als den im älteren liberalen Grundsatz des Nationalitätenrechts verfochtenen Anspruch auf gegenseitige Achtung und Respekt. Im Glauben an die eigene Höherwertigkeit schien vielmehr unter zahlreichen Turnern die rigorose Durchsetzung des »Deutschtums« als eine nachgerade ehrenvolle Aufgabe betrachtet zu werden, als sie den Worten des Deutsch-Österreichers Göllerich zustimmend applaudierten: »Der Genius der großen Männer unserer Nation hat eine Leuchte der Cultur aufgerichtet, die weit hinausstrahlt in alle Welt. An uns ist es, diese Leuchte hoch zu halten, damit ihr immer heller strahlendes Licht der Wahrheit und des Rechtes die Schatten der Unwissenheit und der Lüge aus ihren Schlupfwinkeln vertreibe. Und wenn sich finstere Gesellen herandrängen, welche die Freiheit und das Licht auslöschen wollen, dann soll unsere Einigkeit die Ruthe recht fest flechten, die sie verjagt. In der Lösung dieser deutschen, aber in ihren Segnungen und ihren Folgen wahrhaft kosmopolitischen Aufgaben wollen wir Hand in Hand gehen und in Schutz und Trutz ein einig Volk von Brüdern sein.«[88]

Sei es im Glauben an die Erfüllung kosmopolitischer oder humanitärer Aufgaben, sei es aus der Überzeugung, nicht aus eigenem Interesse, sondern dem der »Menschheit«[89] das »Deutschtum« zu verteidigen – stets wurde das Eigene, das »Deutsche« absolut gesetzt, legitimiert durch die ihm zugesprochene Besonderheit und Höherwertigkeit, die jedoch immer wieder bewiesen werden mußte. Das schloß die Angst vor dem eigenen Versagen oder der eigenen Niederlage nie aus, vor allem nicht dort, wo unterschiedliche Nationalitäten, wie in Österreich-Ungarn, aber auch in den preußischen Ostprovinzen, aufeinander

86 Ebd., S. 112.
87 Ebd.
88 Das IV. deutsche Turnfest, in: DTZ 1872, S. 278f.
89 Festzeitung für das VI. deutsche Turnfest, S. 112.

trafen. Gerade weil die Vorstellung vom west-östlichen Kulturgefälle die schwächere und minderwertige Position den sogenannten slawischen Völkern zuwies, verlieh die Befürchtung vor einer möglichen Niederlage des »Deutschtums« – ob wegen einer tatsächlichen oder nur vermeintlichen Bedrohung – dem Ringen zwischen den Nationalitäten eine besondere Dynamik. »Lieber deutsch sterben als slavisch verderben!«[90] – in dieser von Hochmut strotzenden Redewendung, der »andauernder, stürmischer Beifall« innerhalb des Publikums folgte, wurde die Verbissenheit und Kompromißlosigkeit augenfällig, mit der man um die Mitte der 1880er Jahre das »Deutschtum« zu verteidigen bereit war. Jede auch nur antizipierte Einschränkung des »Deutschtums« verhieß den beginnenden Verfall und schließlich den Untergang, dem der eigenhändig vollzogene Tod als die einzige Lösung noch vorzuziehen war. Denn er allein bot die Möglichkeit, die vermeintliche Größe und Vollendung des Deutschtums auf ewig zu bewahren.

Die Wirkungskraft des hier ausgerufenen Todesmutes konnte sich auch auf anderen Ebenen entfalten. Wenn der Schrecken des Todes, der im Vergleich mit den Folgen der perhorreszierten Niederlage des »Deutschtums« Erleichterung für jeden einzelnen verhieß, konnte sich die Furcht vor den vermeintlich drohenden, offenbar nicht berechenbaren Greueltaten und die daraus erwachsende, in Haß umschlagende Aggression gegenüber den slawischen Völkern ins Unermeßliche steigern. Wollte man dieser Bedrohung aus dem Osten und dem Tod entgehen, konnte das nur eine Konsequenz haben: den harten, unerbittlichen Kampf gegen diesen Gegner. »Wie sollte es mit Europa, wie sollte es mit Deutschland werden, wenn czechischer Uebermuth, wenn slavische Unbildung das Scepter führen sollte?«[91] Innerhalb der »Deutschen Turnerschaft« konnte das kaum mehr sein als eine Suggestivfrage, bei der die vermuteten Schrecken, vor denen immer wieder von neuem gewarnt wurde, bei jedem Zuhörer umgehend ins Bewußtsein traten. Kein Aufruf zum Kampf bedurfte da noch einer besonderen Begründung.

Die von deutsch-österreichischer Seite geforderte und von reichsdeutscher Seite befürwortete Verteidigung des »Deutschtums«, bei dessen Unterstützung man sich wiederholt und auf vielfältige Weise bestätigte, hat ihre Wirkung nicht verfehlt. Auch den Zeitgenossen ist das nicht entgangen, die eine in dieser Hinsicht steigende emphatische Resonanz nicht ohne Erstaunen, doch mit deutlicher Zufriedenheit registrierten. Von einer »ins Unübersehbare gewachsenen Zahl freundschaftlicher, ja begeisterter Kundgebungen der Theilnahme für unser Fest« war in einem Trinkspruch die Rede, der auf dem im Jahre 1885 in Dresden abgehaltenen Turnfest zum Dank vor allem an jene gerichtet wurde, die aus anderen Ländern angereist waren. Denn sie galten als die Bürgen der Aufrechterhaltung und Verteidigung des »Deutschtums« außerhalb des Kaiser-

90 Ebd.
91 Ebd.

reichs und bewiesen zugleich durch ihre Teilnahme, so die Interpretation des Redners, »*deutschem* Streben, *deutscher* Manneskraft und *deutscher* nationaler Entwicklung« ihre Anerkennung.[92] Das vier Jahre später folgende deutsche Turnfest in München kreiste inhaltlich wie atmosphärisch um die zu bewahrende Volkseinheit und seine zentrale Grundlage: das »Deutschtum«. So kommentierten die »Münchner Neuesten Nachrichten« deutlich wohlwollend: »Sämmtliche Redner (es waren etwa 20) wußten ihre Höhrer zu fesseln und oft zu stürmischer Begeisterung hinzureißen. Der deutsch-nationale Gedanke, die Zusammengehörigkeit Aller, welche die deutsche Sprache reden, war der wesentliche Inhalt aller Ansprachen und dieses Gefühl der Interessengemeinschaft, das deutsch-nationale Bewußtsein erzeugte die Stimmung, welche das Fest zu einem wahren deutsch-nationalen Fest stempelte.«[93]

Daß diese anscheinend gehobene, fast feierliche Stimmung dennoch unter einer enormen Anspannung stand, die sich innerhalb eines kurzen Moments in offener Aggression entladen konnte, hatte ein kurzer Zwischenfall auf dem Fest in Dresden 1885 bereits deutlich gemacht. Dieses Ereignis – in den Festzeitungen der Turnerschaft wurde es symptomatischerweise nicht erwähnt – ereignete sich nach Presseberichten folgendermaßen: Als einige Turner aus Budapest während des Festbanketts einen mitgebrachten Lorbeerkranz, verziert mit »Schleifen in den ungarischen Farben« und dem Namen des Turnvereins in »ungarischen Lettern«, an der »großen Rednertribüne des Festsaales« befestigten, erhob sich unter den anwesenden Gästen – es sollen etwa 2600 gewesen sein – »von allen Seiten« ein »Sturm der Entrüstung«.[94] Ob einige »enragirte Köpfe« diese Spende tatsächlich gewaltsam vom Platz rissen[95] oder ob dieser Kranz, so eine anderslautende Version, zur Entschärfung des Konflikts »sofort entfernt werden mußte«[96] – die eruptive und offensichtlich aggressive Reaktion der Anwesenden sanktionierte hier, wie in einem »sozialen Drama«, eine als Kompromittierung empfundene Handlung, in der nicht nur die »geltenden sozialen Regeln« öffentlich verletzt, sondern auch die Machtverhältnisse in Frage gestellt wurden.[97] Der den ungarischen Gästen von allen Seiten »natürlich angedichtete Deutschenhaß«,[98] der sich im übrigen als Wahngebilde herausstellte, ließ im Grunde die Fragilität der vorgestellten und inszenierten Ordnung deutlich werden. Die spontane Parteinahme unter den Teilnehmern des

92 Ebd., S. 96 (Hervorh. i. Orig.).
93 Hierzu der Bericht über das Festmahl am VII. deutschen Turnfest, in: MNN, Nr. 347, 31.7.1889, S. 2–4, Zit. S. 2.
94 Die Besucherzahlen nach den Angaben über das deutsche Turnfest in Dresden, in: NPZ, Nr. 169, 23.7.1885, S. 2 (nach Angaben der »Post«); alle übrigen Zitate nach einem weiteren Festbericht, in: ebd., Nr. 170, 24.7.1885, S. 2 (hier nach Angaben aus dem »Leipziger Tageblatt«).
95 NPZ, Nr. 169, 23.7.1885, S. 2 (nach Angaben der »Post«).
96 NPZ, Nr. 170, 24.7.1885, S. 2 (Angaben aus dem »Leipziger Tageblatt«).
97 Zum »sozialen Drama« vgl. *Turner*, v.a. S. 11f.
98 So der Kommentar in NPZ, Nr. 169, 23.7.1885, S.2.

Festbanketts und die Stigmatisierung des vermeintlichen Gegners waren nichts anderes als der Versuch, diese ins Wanken geratene Ordnung umgehend wiederherzustellen.

Wenn dieser »Zwischenfall« zumindest von der Presse auch im nachhinein als peinlicher Fauxpas empfunden und als Ereignis heruntergespielt wurde – die dabei zutage getretene Verbissenheit und Illiberalität waren durchaus symptomatisch für eine innerhalb der »Deutschen Turnerschaft« weithin verbreitete Haltung, mit der man das »Volk« und sein »Deutschtum« zu verteidigen bereit war. Damit konnten liberale Grundsätze, wie sie im Hinblick auf die politische Nation und die zu erhaltende kulturelle Vielfalt der Einzelstaaten empor gehalten wurden, durchaus einhergehen. Unter der dafür erforderlichen Maxime der gegenseitigen Anerkennung und des Respekts, die zumindest als Prinzip weiterhin Bestand hatte, ließen sich die zutage tretenden Unsicherheiten und Unwägbarkeiten im Hinblick auf die tatsächliche Einigkeit der »Nation«, im Rückzug auf das »Volk« und sein reines, nach außen hin scharf zu verteidigendes »Deutschtum« zumindest sporadisch auflösen. In dieser Verschränkung jedoch tendierte die Frage des Primats unverkennbar dazu, zugunsten des ethnisch definierten »Volkes«, nicht aber der politischen Ordnung der »Nation« beantwortet zu werden.

2. Freiheit in der Einheit – ein Anachronismus?

Anläßlich des 7. deutschen Turnfestes in Dresden erschien im Jahre 1885 in einer der Festschriften ein kurzer geschichtlicher Abriß über die vergangenen fünfundzwanzig Jahre der deutschen Turnbewegung. Noch lange bevor die »deutschen Stämme durch ›Blut und Eisen‹ zusammengeschmiedet« worden seien, hieß es in der kurz gehaltenen Schlußpassage, habe die »Hoffnung auf ein einiges, freies Deutschland« in der »freiwilligen Vereinigung der deutschen Turnvereine die erste volksthümliche, nationale Verwirklichung« gefunden. In diesem Prozeß des kulturellen »nation-building« markierten der Krieg von 1870/71 und die daraus hervorgegangene Nationalstaatsgründung im Hinblick auf die »Freiheit« einen einschneidenden Wendepunkt. Mit der politischen Einheit, das ließ sich dieser kurzen Rückschau entnehmen, hatte sich die bis dahin gehegte Hoffnung auf die »Freiheit« hinreichend erfüllt – und das meinte nicht nur eine mit dem Sieg gegen Frankreich und der Nationalstaatsgründung bekräftigte Behauptung der Freiheit gegenüber einem äußeren Feind. Auch die bisher erstrebte innere Freiheit schien den Erwartungen nunmehr zu entsprechen. Das ließ ein klares Bekenntnis zum Nationalstaat, wie man ihn seit 1871 vorfand, zu, das auch den letzten Hauch an oppositionellem Geist eingebüßt hatte. Diesen Eindruck konnte zumindest der historische Rückblick aus dem

Jahre 1885 hinterlassen, in dem die nationalpolitische Haltung der Turner eindeutig festgehalten wurde: »Das Turnen bezweckt nicht die weitere freiheitliche Entwicklung Deutschlands; es will aber Vorschule und Pflanzschule sein für die Heranbildung tüchtiger Staatsbürger.«[1]

Dieses aus dem Blickwinkel von 1885 gefällte Urteil über den Status der »Freiheit« mag mit Skepsis betrachtet werden. Und fraglos muß einschränkend konzediert werden, daß der historische Rückblick aus dem Jahre 1885 in erster Linie Aufschluß geben kann über ein zu diesem Zeitpunkt zum Ausdruck gebrachtes – und keineswegs fünfzehn Jahre zurückliegendes – »nationales Bewußtsein«, auch wenn es rückwirkend Gültigkeit behauptete und seine Plausibilität aus einer vermeintlich erinnerten Geschichte zog.[2] Immerhin lassen sich gegenteilige Beispiele aus den frühen 1870er Jahren finden, die darauf hinweisen, daß die Durchsetzung der »Freiheit«, und das durchaus im Sinne einer nun zu verfolgenden Liberalisierung des Nationalstaats, seit der errungenen politischen Einheit sogar zum vordringlichen Ziel geworden war. So mahnte etwa ein Festredner bei der Einweihung des Jahndenkmals im Jahre 1872 eindringlich, daß die »deutsche Einheit nur gesichert werden« könne, wenn sie auf dem Felsengrunde der Volksfreiheit gegründet« sei. Gerade dieser »Kampf um die Freiheit« aber werde »allem Anschein nach«, wie die hinzugefügte Befürchtung lautete, »noch ein weit heißerer sein, als es die Riesenschlachten um die äußere Freiheit waren«.[3] »Freiheit« – das konnte auch seit 1871 Unterschiedliches bezeichnen, daran ließen derartige Äußerungen keinen Zweifel.

Doch auch wenn damit noch einmal der polysemische Charakter der »Freiheit« nach der Nationalstaatsgründung vor Augen geführt wird, der nicht nur auf ihre mögliche Vieldeutigkeit, sondern auch auf ihre prinzipielle Veränderbarkeit verweist, ist mit der Gegenüberstellung dieser unterschiedlichen Urteile noch keineswegs der Wandel erfaßt, den die »Freiheit« als Verhaltens- und Handlungsmaxime innerhalb der Turnerschaft durchlief. Denn auf der Tagesordnung standen in den 1870er Jahren diejenigen nationalpolitischen Vorhaben, die dezidiert der Durchsetzung einer weiteren Liberalisierung galten, gewiß nicht.

Eher ist die Geschichte der »Freiheit« bereits in den zwei Jahrzehnten nach der Gründung des Kaiserreichs durch ihr langsames Verschwinden gekennzeichnet. Diese Entwicklung gründete auf einem scheinbaren Paradox. Denn sie ging einher mit dem nahezu uneingeschränkten Durchbruch der »Freiheit«, wie sie von der Mehrheit der Turnerschaft schon in den 1860er Jahren gedacht und eingeübt worden war: einer »sittlichen Freiheit«, die an die spezifischen

---

1 *Brendicke*, Zit. S. 42.
2 Zur überaus komplexen, kontrovers geführten Debatte über Gedächtnis und Erinnerung vgl. etwa die Arbeiten von *Nora; Halbwachs; Assmann*, Funktionsgedächtnis; *Gedi* u. *Elam*.
3 *Euler*, S. 57, zit. nach *Langewiesche*, Volk, S. 58.

Eigenschaften und Fähigkeiten, etwa der körperlichen Kraft und Leistungsfähigkeit, der Tatkraft und des Mutes, der Disziplin und des Gehorsams, der Mäßigung und Bescheidenheit gebunden war, die dann zu Sittlichkeit, Frömmigkeit und Wehrfähigkeit befähigten, jenen unabdingbaren Voraussetzungen für eine »Freiheit«, von der man annahm, daß erst durch sie das Ziel der politischen Einheit erreicht werden könne.

Dieses Konglomerat von Verhaltensmaßstäben, das als Prämisse der »Freiheit« und in einem weiteren Schritt auch als Garant der »Einheit« galt, schien von der Zäsur der Nationalstaatsgründung unberührt zu sein und weiterhin uneingeschränkte Gültigkeit zu behaupten. Das war keineswegs selbstverständlich. Immerhin wurden Bismarck und Moltke – worauf bereits vorn hingewiesen worden ist – als die eigentlichen Vollender des Nationalstaats betrachtet und als solche verehrt. Lag da der Gedanke nicht nahe, daß die politische Einheit einer vorausgegangenen »Freiheit« gar nicht bedurfte? Innerhalb der Turnerschaft stand das keineswegs zur Debatte, und das hatte vor allem einen Grund: Der Nationalstaat war eine Geburt des Krieges, in dem sich die Bedeutung einer der wichtigsten Voraussetzungen der »Freiheit«: der Wehrfähigkeit, gezeigt hatte. Auch wenn die Turner selber nur einen Teil der damals kämpfenden Soldaten gestellt hatten – ihr Einsatz während des Krieges – man sprach von ungefähr 11.000, was etwa einem Drittel aller damals aktiven Mitglieder in der Altersgruppe zwischen 21 und 30 Jahren entsprach[4] – war ihnen immer wieder von Neuem eine hinreichende Bestätigung dafür, daß sie selber die nötigen Voraussetzungen für eine schlagkräftige Wehrfähigkeit erworben hatten, mit der sie schließlich zum Sieg gegen Frankreich beigetragen und die politische Einheit mitbewirkt hatten.[5]

Daß man hinter diesen Stand an möglicher Wehrkraft nicht zurückfallen wollte, glaubte man doch dadurch den Erhalt von Freiheit und Einheit gefährdet – darin bestand unter der Mehrheit der Turner seit 1871 ein Konsens. Von einer Faszination des Militärischen war das nicht weit entfernt. Eine zunehmende Militarisierung jedoch, das kann hier vorweggenommen werden, die zunächst eine Verengung der Freiheitsvorstellungen voraussetzte, mit der sich dann auch die Bedeutung der Wehrhaftigkeit änderte, begann sich nur langsam durchzusetzen. Doch auch wenn sie sich vom Gedanken der ursprünglich gedachten Freiheit immer weiter entfernte – der Zusammenhang zwischen »Freiheit« und Wehrhaftigkeit hat sich bis in die 1890er Jahre hinein nie ganz aufgelöst.[6]

4 Dazu der Bericht über die Deutsche Turnerschaft, in: MNN, Nr. 345, 30.7.1889, S. 1, der von 11.060 Turner spricht, die im Krieg gekämpft hätten. Die Altersgruppe zwischen 21 und 30 Jahren umfaßte innerhalb der Turnerschaft nach einer Erhebung aus dem Jahr 1869 etwa 39.920. Diese Angabe nach: Drittes Statistisches Jahrbuch, S. XXXVIIf.

5 Vgl etwa *Bach*; u. der Bericht über das Gauturnfest zu Groitzsch, in: DTZ 1871, S. 173f.

6 Zur Aufwertung des Militärischen innerhalb der Turnerschaft vgl. ausführlicher das folgende Kapitel.

Diese Entwicklung galt in ähnlicher Weise auch für die anderen Elemente, die der »sittlichen Freiheit« schon in den Jahrzehnten vor der Nationalstaatsgründung – um mit der Disziplin, dem Gehorsam, der Selbstbeherrschung, der Fähigkeit zur Unterordnung nur einige dieser Komponenten zu nennen – zugesprochen worden waren. Mehr und mehr verschob sich das Verhältnis dieser einzelnen Bestandteile zueinander und damit ihre jeweilige Gewichtung, bevor diese selbst ihre inhaltliche Bedeutung änderten, ohne daß dadurch jedoch – das ist durchaus zentral – die Vorstellung von der Freiwilligkeit des Handelns jemals völlig verloren gegangen wäre. Das drückte sich nicht nur in den unzähligen Reden, Flugschriften und Zeitungsartikeln aus; es schlug sich auch nieder in einer veränderten Turnpraxis, die eine körperliche Aneignung dieser Wertsetzung ermöglichte, die »Freiheit« mithin auf spezifische Weise erfahrbar machte, was wiederum ihre Wahrnehmung auf eine besondere Art mitprägte.

Diese Entwicklung stand mit dem schrittweise erfolgenden Wandel der Einheitsvorstellungen in einem untrennbar verwobenen, reziproken Verhältnis. Das ist auf den ersten Blick nicht unbedingt einsichtig. Zwar ist der überaus enge Zusammenhang zwischen »Einheit« und »Freiheit« evident, und läßt man die zeitgenössische Argumentation an dieser Stelle noch einmal Revue passieren, scheinen sich die Einheits- und Freiheitsvorstellungen, wie sie innerhalb der Turnerschaft artikuliert wurden, geradezu idealiter zu bedingen: War ihr Einheitsverständnis auf der einen Seite dem Anspruch verpflichtet, Raum zu geben für die kulturelle und politische Vielfalt innerhalb der Nation, bedurfte es auf der andern Seite der »sittlichen Freiheit« als eines Regulativs zwischen individuellen Ansprüchen und Gemeinschaftsbeziehungen. Dabei verband man mit der »Freiheit« stets mehr als die Annahme, daß es sich nur um eine Voraussetzung für die politische Einheit handle. Vielmehr war sie immer auch die Gewähr für ihre Stabilität und Funktionstüchtigkeit. Einheit durch Freiheit – auf diese Formel hätte man auch nach der Nationalstaatsgründung die Vorstellung von der angestrebten »nationalen« Entwicklung durchaus bringen können.

Auch in der Zeit nach 1871 blieb die »Freiheit« eines der zentralen strukturierenden Elemente bei der Entwicklung einer auf die »Nation« ausgerichteten »Handlungs-, Wahrnehmungs- und Denkmatrix«, die ihrerseits die Wahrnehmungs- und Deutungsmöglichkeiten, damit aber auch die Ausprägungen der Freiheitsvorstellungen rückwirkend mitbeeinflußte. Dadurch wurde eine Dynamik in Gang gesetzt, durch welche die Erhaltung der »Einheit« zu einer Art Fixpunkt wurde, die die Reduktion der »Freiheit« auf ihre systemstabilisierenden Elemente der Disziplin und des Gehorsams, der Zucht oder auch der Ordnung verlangte, während umgekehrt die Respekt und Toleranz verlangende Vorstellung einer in Eintracht und Einigkeit möglichen Differenz kultureller, politischer und sozialer Identitäten nach und nach ad absurdum geführt und der Radikalisierung der Einheitsvorstellungen deutlich Vorschub geleistet wurde.

Damit trat nicht nur ein grundsätzliches, kaum auflösbares Spannungsverhältnis zwischen »Einheit« und »Freiheit« zutage.[7] Denn es offenbarte sich zugleich die immer wiederkehrende Problematik jeder »Freiheit«, ihrer Begrenztheit und der Grenzen, die sie selbst hervorbrachte. Die »Freiheit« zu verteidigen – das zielte keineswegs immer auf die Gewährung gegenseitiger Toleranz. Oft diente – und dafür sind die Turner nur ein Beispiel unter mehreren – die Verteidigung dieses in Anspruch genommenen Wertes der selbstgerechten Behauptung gegenüber anderen, wurden Macht und Herrschaft zu den ausschlaggebenden Faktoren, die über die Anerkennung oder die Mißachtung der »Freiheit« der anderen entschieden.[8]

Das kann auch schon im frühen Kaiserreich verfolgt werden. Denn die Behauptung der »Freiheit« ist zum Vehikel in dem seit der Nationalstaatsgründung offen ausgetragenen Kampf um die vorherrschende Welt- und Gesellschaftsdeutung geworden, in den die Turnerschaft mit eingebunden war und der auch, wenngleich das selten an die Öffentlichkeit drang, in ihren eigenen Reihen ausgefochten wurde. In diesem Ringen trat dann auch die überwiegend bürgerliche, meist protestantische und propreußische Prägung zutage, die in weiten Teilen der Turnerschaft das »nationale Bewußtsein« kennzeichnete und in den Auseinandersetzungen dominierte. Damit aber stand die »Freiheit« selber im Fadenkreuz widerstreitender Identitäten. Daß ihre Allgemeingültigkeit für die gesamte »Nation« dennoch behauptet wurde, gehört keineswegs zur Ironie der Geschichte; denn in die Vorstellung eines bürgerlichen Ordnungsgefüges, wie sie unter den Turnern weithin verbreitet war, fügte sich diese Überzeugung nahtlos ein. Sie war geprägt von einem unreflektierten Universalismus, der selber Differenz produzierte, die er eigentlich aufzulösen für sich in Anspruch nahm. Unabhängig von ihren Einheitsvorstellungen, ist das jedoch, wie gesagt, nicht zu verstehen.

Bereits seit den ausgehenden 1850er Jahren ist es unverkennbar, um das in aller Kürze zu rekapitulieren, daß die »Einheit« von den Turnern nicht nur als ein politisches, sondern auch als ein soziales und sittliches Problem wahrgenommen wurde.[9] Nicht nur die überkommenen einzelstaatlichen Identitäten und Loyalitäten, die sich mitunter schroff gegenüberstanden; und nicht nur die konfessionelle Spaltung, sondern ein weit gespanntes Feld an diagnostizierten

---

7 Dieses Spannungsverhältnis zwischen »Einheit« und »Freiheit« zu konstatieren, bedeutet freilich nicht, um das ganz deutlich zu sagen, daß damit die Absicht verfolgt würde, das eine ohne das andere denken zu wollen und damit letztlich, um es überspitzt zu formulieren, zum Protagonisten eines autoritären Systems oder aber zum anarchistisch anmutenden Verfechter unantastbarer Differenz zu werden und damit einem Status das Wort zu reden, der in der Realität nur allzu leicht Gefahr läuft, in schonungsloser Egomanie die eigenen Pfründe sicherzustellen.

8 Vgl. dazu *Berlin*; *Goltermann*, Figuren.

9 Ausführlich dazu das Kap. Einheit – Eintracht – Einigkeit.

»Schäden«, die aus ihrer Wahrnehmung des Urbanisierungs- und Industrialisierungsprozesses abgeleitet worden waren, hatten die »Nation« im Licht einer
kurz vor ihrem völligen Verfall stehenden Gesellschaft erscheinen lassen. Die
»moderne Kultur« war zur Inkarnation des konstatierten Niedergangs und damit zum Antipoden der ersehnten »Einheit« geworden. Dabei waren die von
den Turnern beobachtete Weichlichkeit und Willensschwäche, die Mode- und
Genußsucht, die Unsittlichkeit, die wachsenden Bedürfnisse und der Materialismus – um nur einige der von ihnen benannten Beispiele dieser kulturellen
Entwicklung zu nennen – nicht in erster Linie deshalb als überwältigend große
Gefahr angesehen worden, weil sie von der bedrohlich erscheinenden gesellschaftlichen Entwicklung mit ihren sozialen Spannungen und ihrer zunehmenden politischen Fragmentierung ablenkten, sondern vor allem, weil sie
diese, wie man glaubte, selber mit hervorbrachten. Dieser gefährlichen kulturellen Entwicklung Einhalt zu gebieten und den beobachteten Verhaltensweisen, die man als Unfähigkeit zur »bürgerlichen Freiheit« interpretiert hatte,
entgegentreten zu wollen, um dadurch die Voraussetzung für die »Einheit« und
ihren weiteren Bestand zu sichern, war mithin nurmehr eine logische Schlußfolgerung.

Daß dem ein harmonistisches Gesellschaftsideal zugrunde lag, das man mit
dem Ziel der »Einheit« erstrebte und in dieser verwirklicht sehen wollte, ist
offenkundig. Damit jedoch war ein äußerst prekäres Verhältnis zum Problem
der Differenz verbunden: Als einer vermeintlich ursprünglichen und natürlichen Erscheinungsform war man sich ihrer bewußt und akzeptierte diese bereitwillig, sofern sie sich, denn das hatte dem Anspruch nach höchste Priorität,
der »Einheit« und ihrem angeblich vorhandenen Gesamtwillen unterordnete.
Ein tatsächlicher Interessenkonflikt zwischen diesen partikularen Identitäten
oder in der Konfrontation mit einem der »Nation« zugeschriebenen gemein-
gültigen Willen wurde jedoch völlig negiert und als kulturelle Deformation
stigmatisiert.

Statt dessen glaubte man, durch die Aneignung eines für alle verbindlichen
und der »modernen Kultur«, wie sie von den Turnern wahrgenommen wurde,
entgegengesetzten Wert- und Verhaltensrepertoires – gemeint waren die zentralen Grundlagen der »sittlichen Freiheit« – jede Differenz überbrücken zu
können und damit letztlich unerheblich zu machen. Dieser Vorstellung kann
eine gewisse Offenheit nicht abgesprochen werden: Immerhin beruhte sie auf
der Annahme, daß diese spezifischen Eigenschaften und Fähigkeiten erziehbar
und damit jedem zugänglich waren – eine Position, die prinzipiell jedem die
Entwicklung zum sittlich freien und damit gemeinschaftsfähigen Bürger ermöglichte und sich überdies weitgehend gegen eine rassistische Deutung des
Einheitsgedankens sperrte.[10] Im Grunde jedoch waren gerade dadurch den

---

10 Grundsätzlich ausgeschlossen war eine rassistische Deutung jedoch nicht, wie etwa die
Schrift von *Silberer* zeigt.

Möglichkeiten partikularer Ansprüche enge Grenzen gesetzt. Denn die Akzeptanz von Differenz beruhte, vielleicht mehr als es auf den ersten Blick erscheinen mochte, auf der Vorstellung, daß diese gleichsam außerhalb der kulturellen, ökonomischen und gesellschaftlichen Prozesse zu finden und daher keinesfalls in diese eingebunden sei. Damit aber wurde den partikularen Identitäten ein statischer Charakter unterstellt, der ihrer tatsächlichen Variabilität und auch ihrer sich ändernden Geltungskraft nicht gerecht werden konnte. Was aus der Sicht der Zeitgenossen ein wesentliches Moment für den Erhalt der »Einheit« bedeutete, lieferte den potentiellen Sprengstoff, der diese ständig zu zerstören drohte.

Wenn mithin die »Einheit«, wie man sie seit der Nationalstaatsgründung wahrnahm, bei weitem nicht den Erwartungen entsprach, die man mit dieser verbunden hatte, war das im Grunde genommen nicht erstaunlich. Der erhoffte »Aufschwung nationalen Lebens«,[11] der in einer spürbaren Relativierung der sozialen und parteipolitischen Gegensätze hatte bestehen sollen, war seit dem Erreichen des Ziels der politischen Einheit jedenfalls nicht zu verzeichnen. Tatsächlich schien die »Nation« kaum mehr zu sein als ein politisches Gehäuse, in dem nicht, wie man es sich vorgestellt hatte, ein vermeintlich natürlicher, in seinen Ansprüchen jedoch gezügelter Pluralismus an Identitäten die Idee der kulturellen, sozialen und politischen Vielfalt zuließ, sondern das wegen ihr gleichsam von innen heraus zu erodieren begann.

Der aus Süddeutschland stammende Turner Prof. Dr. Otto Heinrich Jaeger entwarf ein Jahr nach der Gründung des Nationalstaats ein drastisches Bild der erreichten inneren Einheit der Nation, wie sie sich aus seiner Sicht präsentierte, als er schrieb: »Noch giebt es im Norden genug jenes spezifisch junkerlichen und muckerlich dünkelhaften Preußenhochmuths, der auf den Feldern von Jena und Friedland und hernach auf dem Parkettboden der Wiener und Frankfurter Diplomatensalons zu Falle gekommen ist. Noch giebt es aber namentlich im Süden«, wie er in seinen deutlich von Verachtung geprägten Ausführungen fortfuhr, »genug jener kleinen eng- und kaltherzigen bornierten Partikularisten, welche voll Empfindlichkeit, Neid und Mißtrauen gegen Preußen zwar die Rechte zum Bruderbunde des Reichs geboten haben, verbissenen Grimms dazu aber noch eine Faust im Sacke machen. Und wiederum«, fügte er weiter hinzu, »sitzt und zehrt uns nicht trotz des Friedens von Versailles noch ein ganzer Schweif von Franzosen in Fleisch und Blut? Nicht zu gedenken der ›Internationalen‹ der französischen Mode, Modenarrheit und Modefrechheit, der man als altem Erbübel nun einmal Zeit geben muß, bis sie an ihrer eigenen Dummheit, Geschmacklosigkeit und Lüderlichkeit zu Grunde geht.«[12]

---

11 So die Formulierung in einem vom Märkischen Kreisverband eingebrachten Entwurf für eine Abänderung des Grundgesetzes, in: DTZ 1875, S. 97–102, Zit. S. 98.
12 *Jaeger*, Aufgabe, Zit. S. 46f.

Innerhalb der Turnerschaft war eine derart drastische Wahrnehmung der »nationalen« Entwicklung durchaus an der Tagesordnung. Der überwiegende Teil des unlängst in der politischen Nation vereinten »Volkes« war, so der weit verbreitete Eindruck, in seinen Alltag zurückgekehrt, in dem von »nationaler« Euphorie nichts mehr zu spüren war. Das schlug sich auch in den Turnvereinen nieder. Darüber konnten die in der Öffentlichkeit gehaltenen ekstatisch anmutenden Reden nicht mehr hinwegtäuschen, die, wie auf einem Turnfest in der schwäbischen Stadt Kirchheim, glauben machen wollten, daß die innere Einheit geprägt und gewährleistet sei durch einen allerorten bereitwillig geleisteten Dienst an der »Nation«. Wer wie der dortige Redner behauptete, die »Deutsche Turnerschaft« könne seit dem Jahr 1871 »ihre nationale Aufgabe« nunmehr »frei und froh« verrichten, vermochte damit zwar deutlich zu machen, in welchem Verhältnis er selber – und das entsprach durchaus der offiziellen Doktrin der Turnerschaft – zum neu gegründeten Nationalstaat stand. Daß sich jedoch »auch jeder Stamm hinfort als Glied des großen Ganzen« fühle; daß »diesem zu dienen und seine ganze Kraft zu weihen« die »Ehre«, die »Freude« und der »Stolz« eines jeden sei, gehörte eher in den Bereich, in dem der Wunsch der eigentliche Vater des Gedankens war.[13]

In aller Regel wurde man allerdings – wie vorn schon an anderer Stelle erörtert worden ist – durchaus gewahr, daß sich die »nationale« Entwicklung, wie man sie mit der politischen Einheit erwartet hatte, auch innerhalb der Turnerschaft nicht niederschlug. Dafür gab es, freilich aus der spezifischen Sicht der Turner, hinreichende Indizien: den Rückgang der Turnvereine und der Mitgliederzahlen;[14] den bislang gescheiterten Versuch, die verschiedenen Schichten und Klassen innerhalb der Turnvereine zusammenzuführen und das »Volk« in all seinen Teilen mit dem Turnen zu durchdringen; schließlich den Rückgang der »nationalen Begeisterung« selber, diesem bislang »mächtige[n] Moment für das Aufblühen der Turnvereine«, mit dem auch die »politischen Wellen, welche sonst die Turnsache mit sich tragen halfen«, zerronnen waren.[15]

Doch gleichgültig, ob man sich innerhalb der Turnerschaft über das mangelnde Nationalbewußtsein beklagte, die gesellschaftliche Fragmentierung bedauerte oder über die damit verbundenen parteipolitischen Auseinandersetzungen lamentierte – all das schienen aus ihrer Sicht lediglich Symptome der kulturellen Deformation zu sein, der unverzüglich entgegengetreten werden müsse. Wenn die »Buhlerei mit ausländischer Mode, die Nachäffung und Ueberladung mit französischem Putz und Tand«, die »Ueppigkeit und Maßlosigkeit in sinnlichen Genüssen«, die »verderbliche Sprachmengerei« oder allge-

---

13 Aus Schwaben, in: DTZ 1872, S. 197f., Zit. S. 198.
14 Vgl. zur Mitgliederentwicklung seit der Reichsgründung das vorhergehende Kapitel.
15 Vgl. Entwurf einer Abänderung des Grundgesetzes der deutschen Turnerschaft, in: DTZ 1875, S. 98.

mein die »wälsche Unsitte und Entartung unserer Zeit« am Pranger standen, war damit durchaus der innere Feind bezeichnet, dem die Turnerschaft den Kampf ansagte und den sie im Katholizismus, vor allem aber in der Sozialdemokratie und vermutlich teilweise an sich selbst wiedererkennen konnte.[16]

Die Palette an verhaltensleitenden Fähigkeiten und Eigenschaften, die diesem vermeintlich kulturellen Verfall entgegengesetzt werden und ihm Einhalt gebieten sollten, war ebenso breit wie stereotyp: Zucht und Gehorsam, Pflichtbewußtsein und Disziplin, gute Sitte und Bescheidenheit, Mäßigung und Genügsamkeit waren darunter ebenso zu finden wie die Gesundheit und die Reinheit. Damit war das »moralische Banner« gehißt, mit dem die Turner ihre Bedeutung als nationale Bewegung erhalten wollten und durch das sie ihre Vorstellungen einer grundlegenden, ja, unverzichtbaren Wert- und Verhaltensmaxime für den Erhalt der »Einheit« zum Ausdruck brachten, die in der Praxis des Vereins, im Schulturnen und natürlich auch im weiteren Alltag umgesetzt werden sollte.

Daß der Umgang mit dem eigenen Körper und die Förderung seiner Konstitution weiterhin eine zentrale Rolle spielen sollten, blieb innerhalb der Turnerschaft freilich unstrittig. Gerade die körperlichen Übungen galten demnach, wie es selbst noch in den ausgehenden achtziger Jahren hieß, als ein »heilsames Gegengewicht« nicht nur »gegen die steigenden Anforderungen wissenschaftlicher Ausbildung«, die man vor allem durch das Schulturnen korrigieren wollte, sondern auch »für die frühzeitig sich bietenden bestechenden Versuchungen zu einem raffinierten Lebensgenuß und einer zügellosen Freiheit«, indem durch die Erhöhung der »physischen Körperkraft« der »Sinn für Mäßigkeit, Ordnungsliebe und Achtung vor dem Gesetz« eingeübt und gefestigt wurde.[17]

Damit ging es erneut, auch wenn es aus der zeitlichen Distanz merkwürdig erscheinen mag, um die Aneignung spezifischer Eigenschaften und Fähigkeiten, die als konstituierende Elemente eines recht verstandenen Freiheitsverständnisses und damit immer auch als ein Moment möglicher Partizipation betrachtet wurden. Tatsächlich können die Beispiele bis in die neunziger Jahre hinein nahezu beliebig gewählt werden: Die Zucht an Körper und Geist, die Einübung von Pflicht und Gehorsam, aber auch die Mäßigung und die Gesundheit blieben gebunden an ihr fast schon klassisches Pendant der Freiwilligkeit, der Vernunft, der Tatkraft und der Fähigkeit, die »vollständige Selbständigkeit des Wirkens« bestimmen zu können.[18]

16 Deutscher Volksspiegel nach der »Germania« des Tacitus, in: DTZ 1875, S. 109. Dort auch explizit die Verbindung zum »innern Feind«.

17 So die Vorzüge, die auch – aber nicht ausnahmslos – für das Schulturnen formuliert wurden: Unser Schulturnen u. sein Verhältnis zu den Forderungen der Gegenwart, in: DTZ 1889, S. 593–597, Zit. S. 594.

18 Vgl. hier das Gedicht von F. Dahn »Frisch! Fromm! Frei!«, in: Festzeitung für das VI. deutsche Turnfest, S. 6; *Georgii*, Turnen, S. 365; Willkommgruß zum siebenten deutschen Turnfest, v.

Wenn daher die »Freiheit« auf dem Programm stand, um der wahrgenommenen kulturellen Degeneration zu begegnen und dadurch gleichzeitig die Voraussetzung für eine funktionstüchtige und in sich kohärente »Einheit« zu schaffen, hieß das zweierlei: Erstens wurde die »Freiheit« für den Erhalt der »Einheit« instrumentalisiert, was zugleich bedeutete, daß die »Freiheit« auch nur innerhalb dieser spezifischen Einheitsvorstellung existieren konnte. Entgegen ihrer eigentlichen Intention leisteten dabei die Prinzipien der »sittlichen Freiheit« der Entwicklung eines ordnungsstarken Untertans deutlich Vorschub. Zweitens aber waren mit diesen auf den ersten Blick apolitisch erscheinenden Wert- und Verhaltensgrundsätzen immens politische Konnotationen verbunden, die nunmehr in der Auseinandersetzung mit den verschiedenen kulturellen und politischen Identitäten voll zur Geltung kamen. Der »nationale Geist des Turnens«, der sich noch in den ausgehenden 1880er Jahren so gerne über dem »Partei-, Rassen- und Klassenstreit unserer Tage« stehend wähnte, beförderte diesen selber mit oder ist zumindest – das gilt unstrittig für die rassistische Aufladung des Nationalismus – an diesen unmittelbar anschlußfähig gewesen.

So mochte es zwar ein zentraler programmatischer Fixpunkt der Turnerschaft sein, unter dem »Panier edler deutscher Sitte und Zucht«[19] den vermeintlich kulturellen Verfall aufzuhalten und damit gleichzeitig den moralischen Brückenschlag über die kulturellen, sozialen und politischen Differenzen hinweg zu vollziehen, doch an der tatsächlichen Tragfähigkeit der postulierten Moral sind durchaus Zweifel angebracht. Zwar wurde die Gesundheit als »Grundbedingung für den Bestand und das Wohlergehen der Völker« postuliert, hinter der auch »alle politischen und alle socialen Streit-Fragen in den Hintergrund« träten;[20] zwar wurden die »nationalen Tugenden« und mit ihnen die körperliche Kräftigung im Turnen, die ja als ihre Voraussetzung betrachtet wurde, als Mittel gegen jede Zersplitterung gepriesen.[21] Doch die Vision einer Gemeinschaft, die in der gemeinsam geteilten Moral die Aufhebung von Differenz verhieß, wurde durch einen immer wieder durchdringenden Antikatholizismus und Antisozialismus, deren Verbreitung allerdings nicht exakt zu bestimmen ist, innerhalb der Turnerschaft in ein anderes Licht gerückt. Daß die Turnvereine in der Lage oder auch nur willens sein würden, Politik durch Moral zu ersetzten, war jedoch zumindest fragwürdig; tatsächlich schien es sich ganz im Gegenteil um eine Politisierung der Moral zu handeln, die den Erhalt einer »Einheit« oder, wenn man so will, die Durchsetzung einer spezifischen Nationsvorstellung bezweckte, die vor allem bürgerlich und protestantisch ge-

C. Kallenberg, in: DTZ, Nr. 30, 1889. Die Bedeutung u. der Zweck des Turnen, in: Bayerische Turn-Zeitung, 1. Jg., Nr. 4, München 1893, S. 2, hier auch das Zitat.

19 Deutscher Volksspiegel nach der »Germania« des Tacitus, in: DTZ 1875, S. 109.

20 *Hartwich*, S. 20.

21 Viertes allg. Deutsches Turnfest in Bonn. Sitzungsberichte.

prägt und im weitesten Sinne liberalen Grundsätzen verpflichtet war. Das wurde schon bald nach der Nationalstaatsgründung deutlich.

Als der vorn erwähnte süddeutsche Turner Otto Heinrich Jaeger 1872 gegen die aus seiner Sicht unhaltbaren Kulturzustände polemisierte, setzte er, als handle es sich dabei nur noch um eine logische Schlußfolgerung, hinzu: »Heute steht ja bereits das junge Reich in offenem Kampfe gegen die rothe Internationale der französisch kosmopolitischen Socialdemokratie und wiederum namentlich gegen die schwarze Internationale des römisch katholischen Jesuitismus.«[22] Das war keineswegs die rein phänomenologische Betrachtung eines distanzierten Beobachters. Vielmehr waren damit die eigenen Widersacher beim Namen genannt, denn der offizielle Standpunkt innerhalb der Turnerschaft war klar: Das »junge Reich« sollte die »Nation« der »Bürger« sein, an deren Erziehung zu »tüchtige[n] Glieder[n] der großen menschlichen Gesellschaft, und damit auch des Staates, unter dessen Schutz und Gesetz« alle lebten, man selbst mitwirken wollte.[23] Wer jetzt, nachdem die ehemaligen politischen Ziele der deutschen Turner, wie immer wieder beteuert wurde, erreicht waren,[24] gegenüber der »Nation« nicht »zu jedem Opfer, auch dem schwersten« bereit war, der wurde vielleicht noch als »erbärmlicher Mensch« betrachtet;[25] ein »Bürger« aber, der im Besitz eines »hochherzigen Charakters« dazu in der Lage und willens war, »bewußtermaßen und voll Selbstverleugnung sein ›Ich‹ der Gesammtheit« unterzuordnen,[26] das war er bestimmt nicht.

Damit war die Bedeutung der »Nation« als wichtigster handlungsleitender Instanz festgeschrieben, die absolute Priorität gegenüber den Interessen des einzelnen einfordern konnte. Im »Dienst für das Vaterland«, der bis zur letzten Konsequenz: dem Tod, geleistet werden sollte, drückte sich der Vorrang der »Nation« gleichermaßen aus wie die höchste Pflicht, die dem Bürger auferlegt wurde. Und so widersinnig es aus der heutigen Perspektive erscheinen mag: In der vollzogenen Pflichterfüllung fand die erworbene Fähigkeit zur »Freiheit« ihren tiefsten Ausdruck. Wer sich dieser entzog, der hatte nach der Nationalstaatsgründung aus der Sicht vieler Turner nicht nur seine Unfähigkeit zur »Freiheit« bewiesen; vielmehr wurde ihm nur allzu deutlich vermittelt, daß er in der Gemeinschaft der »Nation« keinen Platz habe. »Wer nicht für's Vaterland sterben kann, der ist kein deutscher, kein freier Mann«[27] – unmißverständlicher

---

22 *Jaeger*, Aufgabe, S. 47.

23 Unser Schulturnen u. sein Verhältnis zu den Forderungen der Gegenwart, in: DTZ 1889, S. 594.

24 *Faber*, Deutschthum, S. 8f., der mit Verweis auf die erste Fassung dieses Aufsatzes aus dem Jahre 1889 die unveränderte Gültigkeit dieser Aussage bekräftigte.

25 Beispielhaft für viele der Bericht über das 25jährige Fahnenjubiläum des Männerturnvereins in Crimmitschau, in: DTZ 1873, S. 191f., Zit. S. 191.

26 *Hartwich*, S. 28.

27 GStA Merseburg, 2.2.1., Geheimes Zivilkabinett, Nr. 15567, Bl. 77.

als in diesem Lied, das die Turner im Jahre 1886 auf ihrem Turnfest in Kiel sangen, hätte das nicht ausgedrückt werden können.

Daß dies keinen Raum ließ für tiefgreifende Interessendivergenzen zwischen kulturellen, sozialen oder politischen Identitäten auf der einen Seite und der »Nation« als der übergeordneten Instanz auf der andern, ergab sich hieraus nahezu von selbst. Für die ohnehin verpönte parteipolitische Konfrontation, in der die widerstreitenden Interessen und Identitäten ihren Ausdruck fanden, galt das in besonderem Maße: »Ihr gehört dem Vaterlande in Eurer Gesamtheit, und wie dieses hoch über den Parteien, so müßt auch ihr fern von diesen stehen«[28] – so lautete gemeinhin die Mahnung, die innerhalb der Turnerschaft immer wieder zu hören war. Obwohl sich die Turner wie hier auch gerne den Anstrich des Unpolitischen gaben, war mit diesem Plädoyer gleichwohl eine politische Stoßrichtung verbunden, deren Ziel sich präzise formulieren ließ: Es bestand, wie das ein Regierungsvertreter zu Beginn der neunziger Jahre im Rückblick auf die Jahre seit der Nationalstaatsgründung zutreffend ausdrückte, in dem Vorhaben, sich als »Stütze der gesellschaftlichen Ordnung gegen revolutionäre und umstürzlerische Bestrebungen« zu bewähren – eine Absicht, die die Turner aus seiner Sicht durch ihr staatskonformes Verhalten während der vergangenen zwanzig Jahre offenbar makellos umgesetzt hatten.[29]

Dieses Ziel vor Augen, war es nicht erstaunlich, daß Katholiken und Sozialdemokraten in einem Atemzug genannt und dabei gleichermaßen als »antinationale«[30] Kräfte stigmatisiert wurden. Denn »Stütze der Gesellschaft« zu sein – das schloß in den Augen der meisten Turner jede supranationale Anbindung aus, glaubte man doch, daß diese nicht nur die Entwicklung eines »nationalen« Verbundenheitsgefühls und die Loyalität zur »Nation« unterminiere, sondern zudem als unverhüllte Provokation und Infragestellung der zentralen Institutionen des Kaiserreichs zu begreifen sei. Jede sich äußernde »Neigung zur Weltbürgerei«, jede spürbare »Liebe zum Ausländischen« konnte bereits in diese Richtung gedeutet und als »nationale« Unzuverlässigkeit oder gar offener Affront gegen die »Nation« begriffen werden, die ihre Personifizierung in jedem Katholiken oder auch Sozialdemokraten fanden. Wenn demgegenüber von seiten der Turner eingefordert wurde, daß es »nicht blos im Liede« heißen solle: »Deutschland, Deutschland über Alles, über Alles in der Welt«, sondern daß dieser Gedanke sich »im Denken und Treiben der einzelnen Staatsbürger, als auch namentlich im Thun und Treiben des Volks« niederschlagen müsse,[31] war damit unmißverständlich ausgedrückt, daß jede internationalistische Ausrichtung nicht nur deswegen verurteilt wurde, weil sie dem Primat der »Nation« entgegenstand, sondern weil der Forderung, »national« zu sein, eine spezifische

28 Das IV. deutsche Turnfest, in: DTZ 1872, S. 272.
29 Bayerische Turn-Zeitung, Jg. 1, Nr. 13, München 1893, S. 4.
30 Zur Feier des 2. September, in: DTZ 1876, S. 217–220, Zit. 219.
31 Ebd.

Vorstellung des Verhaltens zugrunde lag, das an die Prinzipien der »Freiheit« gebunden war.

Hier muß jedoch differenziert werden. Denn die »Freiheit«, mit der die Turner die »Einheit« gegenüber den Katholiken wie auch den Sozialdemokraten verteidigen wollten, wurde fraglos unterschiedlich akzentuiert. Aufklärerisch-emanzipatorischer Impetus auf der einen Seite und restriktives Unterbinden sozialer und politischer Ansprüche auf der andern Seite – sie gingen in der Berufung auf die »Freiheit« ein eigentümliches Mischungsverhältnis ein. Deutlicher als in der Konfrontation mit den Katholiken und den Sozialdemokraten hätte diese Ambiguität, die der Freiheitsvorstellung der Turner innewohnte, nicht hervortreten können. Dennoch darf eines nicht vergessen werden: In beiden Fällen diente die Berufung auf die »Freiheit« der Verteidigung einer Deutungsmacht und eines Herrschaftsanspruchs, den die Turner in bezug auf die »Nation« geltend machten. Ihre Affinität zum protestantisch-bürgerlichen Liberalismus jener Zeit ist dabei ganz unverkennbar.

Tatsächlich wirkte die Agitation gegen den ultramontanen Katholizismus, die die Turner bereits unmittelbar nach der Nationalstaatsgründung anstrengten, geradezu stereotyp, führt man sich die Frontstellung, wie sie vom Liberalismus während des »Kulturkampfs« bezogen wurde, noch einmal vor Augen. Denn auch innerhalb der Turnerschaft war der Kampf gegen den Ultramontanismus, den man selbstredend mit dem Zentrum gleichsetzte, eine Verteidigung von »Kaiser und Reich«, von der »Einheit« und der »Machtentfaltung der Nation« sowie des »deutschen Patriotismus«.[32] Das ließ sich auch anders formulieren: »In dem großen Kampfe, den das deutsche Volk, ja das gesamt Abendland, beziehungsweise die gesamte gebildete Welt gegen Rom auszukämpfen« hatte, wie der Vorsitzende der Deutschen Turnerschaft, Theodor Georgii, es Mitte der 1870er Jahre ausdrückte,[33] stand die Behauptung des säkularisierten Staates, der weltlichen Herrschaft und eines bürgerlichen Partizipationsanspruchs gegen den römischen Papst und seinen kirchlichen Herrschaftsanspruch ebenso zur Debatte wie die Abwehr eines als »ungebildet« und damit vormodern geltenden Katholizismus, der dem innerweltlichen Fortschrittsglauben im Liberalismus zutiefst widersprach. Auch der Antikatholizismus innerhalb der Turnerschaft ließ sich mithin kaum auf einen politischen Konflikt reduzieren, der in der Konfrontation mit dem Zentrum ausgetragen wurde,[34] auch wenn sich dafür Beispiele finden lassen, sei es, daß der Ausschluß der katholischen Zentrumsfraktion aus dem Reichstag verlangt wurde oder die katholischen Abgeordneten wegen ihrer oppositionellen Haltung gegenüber der Regierungspolitik angefeindet wurden, wie sich das noch Mitte der achtziger Jahre, als die

32 Ebd., S. 219.
33 *Georgii*, Aufsätze, Zit. S. 276.
34 Vgl. etwa Das deutsche Turnen als Nationalsitte, in: DTZ 1877, S. 277f.

Militärvorlage der Regierung auf deutliche Ablehnung im Zentrum stieß, beobachten läßt.[35]

Doch auch der Antikatholizismus der Turner war ein »Kulturkampf« im strengen Sinne des Wortes, der sich dann allerdings auch in politischen Divergenzen niederschlug. Mochten die Turner auch den Anspruch auf religiöse Toleranz hochhalten,[36] der es niemals erlaubt hätte, auch von einem konfessionellen Konflikt zu reden, wurde doch verschiedentlich deutlich, daß der Katholizismus in toto als »nationaler« Feind schlechthin betrachtet wurde. Denn an ihn banden sich, so glaubte man, Denk- und Verhaltensmuster, die der »Freiheit« und damit immer auch der »Einheit« diametral entgegenstanden. Wenn die Turner, wie das der Reichstagsabgeordnete Göllerich bereits 1872 unmißverständlich zum Ausdruck brachte, in »Einigkeit die Ruthe recht fest flechten« sollten, um die »finstere[n] Gesellen« zu verjagen, »welche die Freiheit und das Licht auslöschen wollen«, richtete sich das nicht nur gegen das Zentrum als politischen Kristallisationspunkt des Katholizismus; vielmehr bedeutete es auch eine Absage an spezifische Verhaltensmuster, die man im Katholizismus verbreitet sah und die der »sittlichen Freiheit« der Turner zutiefst widersprachen. »Wir wollen ein gesundes, kräftiges Volk erziehen, frisch zur That, fröhlich nach der That, fromm, aber nicht nach jesuitischem oder muckerischem Muster, sondern fromm durch die Hochhaltung von Sittlichkeit und Ehre und frei, frei wie es Männer sind, die in Gesetz und Ordnung die unversiegbaren Quellen wahrer Freiheit erblicken.«[37] Die »Freiheit« zu verteidigen – gegenüber den Katholiken hatte diese Absicht ihren emanzipatorischen Kern nicht eingebüßt. Allzu deutlich trat hier die Vorstellung vom selbstbewußten, charakterstarken, vernunftgeleiteten Bürger zutage, der sich nicht als willensschwacher Untertan den Dekreten einer Obrigkeit, ob nun der weltlichen oder der geistigen, fügte und damit sein Schicksal blindlings in Kauf nahm. Gegenüber der mittelalterlich anmutenden Herrschaftstradition, wie man sie in der katholischen Kirche und ihrem päpstlichen Oberhaupt repräsentiert sah, wurde ein Partizipationsanspruch und eine andere Legitimation von Herrschaft gefordert, die den liberalen Prinzipien und dem innerweltlichen Fortschrittsglauben zutiefst verpflichtet blieb.

Doch das war nur die eine Seite. Denn die »Freiheit«, wie sie von den Turnern gedacht wurde, zu verteidigen oder die Fähigkeit der vermeintlich wahren

---

35 Vgl. die Beispiele bei *John*, Politik, S. 113. Eine ähnliche Position findet man, einem Bericht von Theodor Georgii zufolge, auch beim langjährigen Geschäftsführer der »Deutschen Turnerschaft«, Ferdinand Goetz, der seine Zuhörer auf dem nationalen Turnfest in Frankfurt im Jahre 1880 nicht darüber im Zweifel ließ, daß seiner Meinung nach »die Schwarzen und Roten nicht in den Reichstag gehören«, zumindest nicht, wie er hinzufügte, »in der großen Anzahl wie gegenwärtig«. *Georgii*, Aufsätze, S. 301–306, hier S. 305.

36 Das IV. deutsche Turnfest, in: DTZ 1872, S. 271f.

37 Vgl. den Leitartikel zum deutschen Turnfest in Bonn, in: Bonner Zeitung, Nr. 215, 4.8.1872, S. 1.

»Freiheit« zu erlernen – das war immer auch eine Form der Reglementierung, die nicht nur die Erhaltung der politischen, sondern auch der gesellschaftlichen und das hieß der »bürgerlichen« Ordnung zum Ziel hatte. Prinzipiell richtete sich das an alle potentiellen Widersacher der »Nation«, und die fand man nicht nur innerhalb des Katholizismus. Vielmehr erschien es überdies »mit allen Mitteln geboten« die »socialdemokratischen, wie auch die geburts- und geldaristokratischen Auswüchse unseres heutigen Gesellschaftslebens« zu »bekämpfen«, welche »als Unkraut die edelsten Zeitbestrebungen überwucherten«.[38]

Obwohl die krasse Rhetorik, die hier zur Charakterisierung dieser inneren Feinde verwendet wurde – und weitere Beispiele ließen sich durchaus hinzufügen –, eine deutliche Affinität zum späteren rassistisch unterfütterten Antisemitismus hatte, wies diese Stigmatisierung dennoch einen qualitativen Unterschied auf: Denn diesen vermeintlichen Feinden der »Nation« wurde ihre Zugehörigkeit zum deutschen »Volk« niemals abgesprochen. Vielmehr galten sie prinzipiell als in die »Nation« integrierbar, wenn nur die Erziehung zur »sittlichen Freiheit« mit Erfolg durchgeführt werde. Wie tiefgreifend das Gefühl der Verunsicherung und der Bedrohung aber war, drückte sich in der Metapher des »Unkrauts« jedoch ebenso aus, wie in der Vorstellung, daß die wahrgenommenen »gesellschaftlichen Schäden«, die aus der Sicht vieler Turner in diesen partikularen Identitäten gerade deshalb manifest wurden, weil sie ihre spezifische Deutung der »Nation« strittig machten, einer »Heilung« bedurften.[39]

In diesem Zusammenhang ist auch die wiederholt auftauchende Gesundheits- und Reinheitsmetaphorik zu betrachten, in der die wahrgenommene gesellschaftliche Entwicklung beschrieben wurde und die ein spezifisches Kategoriensystem bereitstellte, jede Abweichung von der vorgestellten »nationalen« Entwicklung als »krank« oder »schädlich« und somit als defizitäre Voraussetzung jeder »Freiheit« beschreiben zu können. In diesem semantischen Feld, dessen Bedeutungen keineswegs vorgegeben waren, sondern das prinzipiell offen war für andere Deutungen – und damit in der Tat auch anschlußfähig für den rassistischen Diskurs – trat die Tiefenwirkung eines evolutionistischen Denkens zum Vorschein, das von dem Glauben gespeist wurde, daß die Zukunft der »Nation« nur in dem harmonistischen Gesellschaftsideal der bürgerlichen Gesellschaft liegen könne.

Gerade die parteipolitischen Kontroversen, die noch in den ausgehenden 1880er Jahren und damit nach fast zwei Jahrzehnten der Aufwertung des Parlaments als »Hydra des modernen Lebens«[40] bezeichnet wurden, brachten in den Augen vieler Turner den vermeintlich »kranken« Entwicklungsstand der Gesellschaft zum Vorschein. Die parteipolitische Fragmentierung wurde nicht als

---

38 Ein Wort zur Zeit, in: DTZ 1877, S. 81f.
39 Ebd.
40 Zur Förderung der Turnsache im Allgemeinen, in: DTZ 1889, S. 241.

die Ursache dieser Entwicklung betrachtet, sondern lediglich als Ausdruck einer – das wurde vorn bereits angedeutet – im weitesten Sinne »kulturellen« Deformation, durch die die »sociale Frage«, die auf politischer Ebene verhandelt wurde, erst ihre eigentliche Brisanz erhielt. Die Erörterungen innerhalb der Turnerschaft über diese »Pandorabüchse aller Leiden und Schmerzen der Menschheit«,[41] so die überaus bezeichnende Charakterisierung der »sozialen Frage«, die noch einmal das Ausmaß der wahrgenommenen Bedrohung erahnen läßt, waren damit jedoch immer auch oder sogar in erster Linie eine Auseinandersetzung mit der Sozialdemokratie, über deren rasanten Mitgliederzuwachs sich die Turner mehr als beunruhigt zeigten. Gegenüber dem von ihrer Seite favorisierten bürgerlichen Gesellschaftsmodell galten die sozialdemokratischen Vorstellungen des republikanischen, egalitären »Volksstaats« aus der Perspektive vieler Turner allenfalls noch als »werthlose und krankhafte Ausgeburten verirrter Geister«.[42] Allein die Fähigkeit zum vermeintlich richtigen Umgang mit der »sittlichen Freiheit« bot sich vielen Turnern als der entscheidende Weg aus der Misere, da diese nicht nur eine andere Perspektive auf die »sociale Frage« eröffnete, sondern – nach ihrem Verständnis – in gewisser Hinsicht sogar das Problem beseitigte. Daß damit dann auch, wie man glaubte, der Sozialdemokratie der Boden unter den Füßen weggezogen werde – diese Annahme ergab sich fast schon als eine logische Konsequenz dieser Denk- und Wahrnehmungsweise.

Wiederholt ließ sich das aus den Erörterungen innerhalb der Turnerschaft über die Ursachen der immer bedrohlicher wirkenden »socialen Frage« und den gleichzeitigen Einflußzuwachs der Sozialdemokratie entnehmen. Dabei schien eines von vornherein in weiten Kreisen unstrittig: »Die Menschen«, so formulierte es Mitte der 1870er Jahre ein Artikel der »Deutschen Turn-Zeitung« überaus konzis, »sind von Natur und Geburt ungleich.«[43] Mit dieser Prämisse war der Rahmen, in dem die »sociale Frage« diskutiert werden konnte, klar gesteckt: Der Gedanke an die mögliche Aufhebung der konstatierten Ungleichheit stand nicht einmal zur Debatte. Im Gegenteil, denn in ihr glaubte man – diese Denkfigur war innerhalb des Liberalismus durchaus geläufig – den Motor für jeden »Culturfortschritt« erkennen zu können. Das wurde im Rückblick auf die Geschichte und den Vergleich zwischen unterschiedlichen Gesellschaften etwa so begründet und in seinen Konsequenzen beschrieben: »Je geringer die Ungleichheit in einem gewissen Gesellschaftskreise war, desto einfacher waren die Verhältnisse, um so weniger fühlte man natürlich das, was wir mit ›socialer Frage‹ bezeichnen; aber auch um so kleiner war der Culturfort-

---

41 Die sociale Bedeutung der Turnvereine, in: DTZ 1875, S. 2f., Zit. S. 2.
42 Vgl. die Rede zum 25jährigen Fahnenjubiläum des Männerturnvereins Crimmitschau, in: DTZ 1893, S. 191.
43 Die sociale Bedeutung der Turnvereine, in: DTZ 1875, S. 2.

schritt. Mit dem stärkeren Hervortreten dieser Ungleichheit wurden die gesell-schaftlichen Verhältnisse komplicierter, das Culturleben entwickelte sich rascher, mit der Zunahme der Bewegung innerhalb der Gesammtheit wurde auch die Reibung zwischen den einzelnen Theilen größer, d.h. die ›sociale Frage‹ trat fühlbarer sowohl für den Einzelnen, als auch für die Gesammtheit in den Vordergrund. Diese Reibung zu vermindern, ohne den Fortschritt in der Culturarbeit zu mindern, ist das Problem, welches gelöst werden muß.«[44]

Eine Lösung für dieses Problem behaupteten die Turner durchaus zu haben: »Ein Mittel nur giebt es, diese angeborene Ungleichheit zu mildern, und dieses Mittel ist Erziehung«.[45] Damit waren ganz präzise Vorstellungen verbunden, die als Argumentationsfiguren bereits aus den Jahrzehnten vor der National-staatsgründung bekannt waren: So stand an erster Stelle erneut die Ausbildung der körperlichen Kraft als Voraussetzung für die Entwicklung auch der »geisti-gen Anlagen«.[46] Doch nicht nur das: Denn an die Bedeutung der körperlichen Konstitution und Leistungsfähigkeit war der gesamte Katalog an Moralvorstel-lungen und das damit verbundene Repertoire an Verhaltensvorstellungen ge-bunden, das zusammengenommen unter die Redewendung der »sittlichen Kräfte und Anlagen«[47] fiel. Denn wodurch schließlich hatte, fragte man sich, die »sociale Frage« eine derart »bedrohliche Gestalt« angenommen und den »mas-senweisen sozialistischen Umtriebe[n]« Vorschub geleistet?[48] »Was abgenom-men hat unter den Arbeitern sowohl wie unter den besitzenden Klassen«, lau-tete die gängige Erklärung, die noch in den achtziger Jahren gegeben wurde, »das ist die Zufriedenheit und Genügsamkeit, der Sinn für den einfachen hei-teren Lebensgenuß, die geistige Freude am Dasein, der Idealismus.« Statt des-sen grassiere eine »prinzipielle, übertriebene und künstlich vermehrte Unzu-friedenheit, der Neid und das Mißfallen an der besseren materiellen Stellung Anderer und das aussichtslose Bestreben, mit einem Male die Jahrtausend alte, mit dem Menschengeschlechte und der Civilisation emporgewachsene Er-werbsordnung umzustoßen«. Der »modernen materiellen Lebensauffassung« sei daher die Bedeutung der »Gesundheit« und der »Tugend«, konkret: der Be-scheidenheit, der Mäßigung und Zufriedenheit, der Sittlichkeit und »wahren Gottesfurcht«, des Gehorsams und der Treue, des Gemeinschaftssinns aber auch einer »gesunde[n] und heitere[n] Lebensauffassung, mit Frohsinn und Willenskraft« nahezubringen.[49]

Daß damit auch der Sozialdemokratie die Grundlagen ihrer Existenz geraubt seien, schien unstrittig. Immerhin zehrte diese, wie man glaubte, im wesentli-

44 Ebd.
45 Ebd., u. Ein Wort zur Zeit, in: DTZ 1877, S. 81f.; *Hartwich*, S. 26f.
46 Die sociale Bedeutung der Turnvereine, in: DTZ 1875, S. 2.
47 Ebd.
48 *Hartwich*, S. 26.
49 Vgl. das IV. deutsche Turnfest, in: DTZ 1872, S. 271f.; *Hartwich*, S. 26.

chen von der Unzufriedenheit einer Generation, die den »phantastischen, un-
ausführbaren Pläne[n] der überstürzenden sozialdemokratischen Priester«[50]
keinen Widerstand entgegenzusetzen in der Lage war. Die Mehrheit der sozialdemokratischen Anhänger galt zweifellos als verführt. Daß diese mithin von
den »phantastische[n] auf Sand gebaute[n] Ideen« und den »internationale[n]
Hingespinsten« dieser »falschen Propheten« Abstand nehmen könnten[51] – dieser Gedanke wirkte daher nicht einmal abwegig. Im Gegenteil: »Sittlich frei«
und damit »deutsch« zu werden – das stand auch diesen prinzipiell weiterhin
offen, sofern ihnen nur die – im Sinne der Turner – richtige Erziehung zuteil
wurde.[52]

Daß die soziale Ungleichheit nicht abgeschafft, sondern lediglich überbrückt
werden sollte, war damit unmißverständlich zum Ausdruck gebracht. Ja, sie
schien als Reibungsfläche zwischen den einzelnen geradezu notwendig, um die
Leistungsfähigkeit zu steigern und dadurch, wie mit Nachdruck behauptet
wurde, den kulturellen Fortschritt voranzutreiben. Diese Argumentation
schien sich nahtlos in die überkommenen Welt- und Gesellschaftsdeutungen
einzufügen, die auch in den zwei Jahrzehnten vor der Gründung des Kaiserreichs die Wahrnehmung und das Denken vieler Turner geprägt hatten. Doch
es gab einen entscheidenden Unterschied, der nicht übersehen werden darf:
Die Lösung der »socialen Frage« glaubten viele nunmehr durch einen neuen
Weg erhalten zu haben: dem »methodischen der Wissenschaft«, der strikt von
dem »experimentalen Wege«, den man in vergangenen Zeiten eingeschlagen
habe, unterschieden wurde.[53]

Auch innerhalb der Turnerschaft machte sich damit eine Tendenz bemerkbar, die als generelles Phänomen dieser Zeit zu beobachten ist: der zunehmende Rückgriff auf die Naturwissenschaften, der sich in einer Objektivierung der
überkommenen Welt- und Gesellschaftsdeutungen niederschlug, welche nun
durch die Übertragung naturwissenschaftlicher Erklärungsangebote ein quasi
objektives Fundament erhielten. Das hatte unübersehbare, weiterführende
Konsequenzen, die hier zumindest angeschnitten werden müssen: So wurde
etwa der Glaube an die vermeintlich natürliche Ungleichheit, der in den vergangenen Jahrzehnten ein fester und konstituierender Bestandteil des harmonistischen Gesellschaftsideals gewesen war, auf die Funktionsweise von Staaten
und Völkern übertragen. »Das ›Recht des Stärkeren‹ ist ein naturnothwendiges
Gesetz, das wir allenthalben walten sehen, bei den niederen Organismen wie
bei den Völkern und Staaten«[54] – so lautete 1875 die vermeintlich wissenschaft-

---

50 Ebd., S. 27.
51 Dazu die Rede zum 25jährigen Fahnenjubiläum des Männerturnvereins Crimmitschau, in:
DTZ 1873, S. 192.
52 Das IV. deutsche Turnfest, in: DTZ 1872, S. 272.
53 Die sociale Bedeutung der Turnvereine, in: DTZ 1875, S. 2; generell auch: *Silberer*.
54 Die sociale Bedeutung der Turnvereine, in: DTZ 1875, S. 2.

liche, offensichtlich dem Darwinismus entlehnte Fundierung, die vorgab, die Lebens- und Funktionsweise nicht nur der Individuen, sondern auch ganzer Staatengebilde auf einen gemeinsamen Nenner reduzieren zu können. Gerade dieser Glaube an ein gemeinsames, gleiches Gesetz, das naturwissenschaftlich unterbaut werden könne, umschloß eine besondere Dynamik: Denn in der vermeintlichen Angleichung lag der Stachel für eine verschärfte Konkurrenzsituation, die sich mit der wachsenden Verbreitung dieser Denkweise während der nächsten Jahrzehnte sowohl innerhalb der Nationalstaaten als auch zwischen ihnen in spezifischen Begründungen des Antisemitismus und des Imperialismus bemerkbar machen sollte. Denn sie war anschlußfähig an den Rassismus, der für die weiterhin sichtbare gesellschaftliche Differenzierung und Fragmentierung ein plausibles Deutungsangebot zu liefern schien.[55]

Um die Mitte der siebziger Jahre konnte jedoch von einer rassistischen Argumentation innerhalb der Turnerschaft noch nicht die Rede sein. Wenn zu diesem Zeitpunkt – und das galt im großen und ganzen bis in die 1890er Jahre – die »gleichmäßige Erziehung aller Bürger« ins Feld geführt wurde, schloß das prinzipiell niemanden, der sich als Angehöriger des deutschen Nationalstaats ausweisen konnte, aus. Im Gegenteil: Mit der Projektion der vermeintlich für alle geltenden Funktionsweisen auf die »Nation« oder das »Volk« traten umgekehrt die Individuen als konstituierende Teile dieser Formationen wieder in Erscheinung, auch wenn sie selber wiederum im »Volk« oder in der »Nation« aufzugehen schienen. Damit wurde das Gefühl einer Gleichheit evoziert, in der – um es mit Norbert Elias zu formulieren – Ich-Identität und Wir-Identität auf seltsame Wiese verschmelzen konnten. Diese Wechselbeziehung, die fast schon den Eindruck eines symbiotischen Verhältnisses suggerierte, wurde in der »Deutschen Turn-Zeitung« formuliert: »Wie bei dem Individuum die gleichmäßige Ausbildung aller Kräfte nothwendig ist, so muß bei dem Volke die gleichmäßige Ausbildung jedes Volksgenossen angestrebt werden.« Und als lasse sich im Rückgriff auf die Geschichte diese Gesetzmäßigkeit plausibel untermauern, hieß es weiter: »Die Stärke des athenischen Freistaats beruhte auf der gleichmäßigen Erziehung aller Bürger; jedes Individuum erhielt dieselbe geistige und körperliche Ausbildung. Dasselbe war in Sparta der Fall. Die Schwäche dieser Staaten lag darin, daß der größere Theil der Bevölkerung Nichtbürger, Sklaven waren und als solche von der Erziehung ausgeschlossen blieben.«[56]

Vor dem Hintergrund solcher Überlegungen kann es nicht verwundern, daß die Turner den weiteren Bestand der errungenen Einheit einer ständigen Bedrohung ausgesetzt sahen, die sich nicht nur auf ihren vermeintlich beobachtbaren Zerfallsprozeß im Innern, sondern auch auf ihre Anfälligkeit gegenüber äußeren Angreifern erstreckte. Die soziale Ungleichheit als eine Variable der

---

55 Vgl. u.a. *Kelly*; als Überblick *Geiss*.
56 Die sociale Bedeutung der Turnvereine, in: DTZ 1875, S. 2.

Identitätsentwicklung in einem Maße Ernst zu nehmen, daß sie als eine der Ursachen für die zutage tretende »nationale« Heterogenität anerkannt wurde, ließ die Vorstellung des harmonistischen Gesellschaftsentwurfs, wie er innerhalb der Turnerschaft weithin Bestand hatte, nicht zu: Die vermeintlich übergeordnete Moral mit den damit verbundenen Verhaltensvorstellungen trat an die Stelle eines Identitätenpluralismus und darin divergierender Interessen, deren Eigengewicht letztlich negiert wurde. Von dem Gedanken an einen Pluralismus »nationalen Bewußtseins« konnte nicht einmal von ferne die Rede sein.

In den Überlegungen der Turner über die eigentlichen Gründe für den aus ihrer Sicht durchaus beunruhigenden Einfluß der Sozialdemokratie, aber auch des Zentrums nahm daher – um an dieser Stelle den Bogen wieder zu spannen – die Vorstellung einer defizitären moralischen Entwicklung der Gesellschaft oder mit anderen Worten: einer Unfähigkeit zur sittlich begründeten »Freiheit«, den zentralen Ort ein. Diese wiederherzustellen oder überhaupt erst zu ermöglichen, darin sahen die Turner ihren besonderen Auftrag und die spezifische Leistung des Turnbetriebes. Selbst jene, die eine »Unzulänglichkeit der angenommenen wirthschaftlichen Prinzipien zur Begründung und Befestigung der Nationalwohlfahrt und in der daraus resultierenden Noth für die arbeitenden Klassen« als eine »Ursache des Emporwucherns jener angedeuteten, nationalfeindlichen Parteien« – und das schloß die Sozialdemokratie ebenso ein wie das Zentrum – auszumachen glaubten, insistierten mit aller Vehemenz darauf, daß es gerade auch dem »Mangel einer allgemeinen Volkssitte, welche zugleich dem physischen Wohl und dem ästhetischen Bedürfnis Rechnung« trage, geschuldet sei, der dieses Problem mitbegründe.[57]

»Turnen macht deutsch« – damit war die besondere Bedeutung, die man dem Turnen im Hinblick auf die notwendig erscheinende »Entwicklung und Veredelung des Nationalgefühls« zusprach, konzis benannt. In einer Situation, in der »von einem deutschen Nationalbewußtsein eigentlich noch gar keine Rede sein kann«, wie man in den ausgehenden 1870er Jahren immer noch behauptete, und in der »alle Neuerungen« »mehr zerstört, als aufgebaut« und »alles einen unfertigen und übereilten Anstrich« zu haben schien, glaubte man im Turnen nach wie vor jene »Kunst« zu finden, die »in natürlicher Wechselwirkung geeignet ist, gerade deutschnationale Gefühle zu erzeugen oder zu kräftigen«.[58] Daß das Turnen insofern tatsächlich als ein »Faktor der Politik« bezeichnet werden mußte, weil es darauf zielte, eine spezifische Nationsvorstellung in der Gesellschaft zu verankern und zu erhalten, und weil es nicht anders als jede andere Form der Erziehung die Aufgabe verfolgte, das »menschliche Thun nach bestimmten Gesetzen zu regeln«,[59] war innerhalb der Turnerschaft zwar keine

---

57 Das deutsche Turnen als Nationalsitte, in: DTZ 1877, S. 277f., Zit. S. 277.
58 Ebd. u. S. 278.
59 Die sociale Bedeutung der Turnvereine, in: DTZ 1875, S. 2f.

vorherrschende Sichtweise, wurde aber auf vielfältige Art und Weise durch die Bedeutung bestätigt, die man der körperlichen Praxis zusprach.

In einer Erörterung über den Sinn und die Notwendigkeit, den 2. September, den Sedantag, als Nationalfesttag zu begehen, wurde der Grundgedanke deutlich, der die Turner dazu anhielt, dem Körper als Medium »nationaler« Erfahrung eine zentrale Bedeutung einzuräumen: Wenn dieses Fest, erläuterte ein Artikel in der »Deutschen Turn-Zeitung« aus dem Jahre 1876, »einen nachhaltigen Grund und Boden im Volke finden [soll], so ist das Gefühl der staatlichen Zusammengehörigkeit nicht blos durch Wort und Lied zu erregen, sondern es muß auch dabei die nationale Idee gewissermaßen verkörpert werden.« Und als wolle man diesem Gedanken zusätzliche Plausibilität verleihen, berief man sich auf die seit einigen Jahren durchaus anerkannte Autorität Otto Heinrich Jaegers, den man mit den Worten zitierte: »Soll ein Fest den Geringsten, Ungebildeten, wie Gebildeten eines Volkes gleichermaßen ergreifen, so muß [die] Festentfaltung eine sinnlich-faßbare, Jedem in die Sinne fallende sein und darf die Fassungskraft keines Einzigen im Volke übersteigen; dies kann sie nur, wenn sie sich einer sinnlichen, äußerlich darstellenden Thätigkeit und in einem Gegenstande der leiblichen Sinne erfüllt und vollzieht.«[60]

Ein Teil der Turnerschaft war sich anscheinend nur allzu genau dessen bewußt, daß die »Nation« auch nach der Nationalstaatsgründung immer wieder inszeniert werden mußte, um eine Vorstellung von ihr und den ihr zugeschriebenen Werten zu vermitteln. Das Turnen, in dem die »Nation« auf ganz vielfältige und unterschiedliche Art und Weise »verkörpert« werden konnte, schien hierfür die geeignete symbolische Repräsentation zu sein, war in diesem Sinne selber als Inszenierung zu begreifen.

Führt man sich an dieser Stelle – wie das vorn bereits ausführlicher geschehen ist[61] – die Bedeutung der Symbolik für die Herausbildung eines »nationalen Bewußtseins« und damit auch für die Entwicklung eines »nationalen« Verhaltens noch einmal kurz vor Augen, muß man diesen zeitgenössischen Überlegungen nach dem heutigen Kenntnisstand der Kulturanthropologie und -soziologie eine ausgesprochene Aktualität zubilligen. Denn gerade in der Symbolik – und das schloß das Turnen mit seinen unterschiedlichen Möglichkeiten einer »Verkörperung« der »Nation« mit ein – ließen sich die Vorstellungen, Ideen und Verhaltensweisen, die mit der »Nation« verbunden wurden, in verdichteter Form zum Ausdruck bringen, konnte die »Nation« auf unterschiedlichen Ebenen – der visuellen, körperlichen oder auch emotionalen – erfahrbar gemacht werden. Das bezog sich nicht nur auf das Ordnungsprinzip, das auf vielfältige Weise im Bild von der »Nation« vermittelt werden konnte;

---

60 Zur Feier des 2. September, in: DTZ 1876, Zit. S. 219.

61 Vgl. vorn ausführlich das Kap. Erzeugung, Entwicklung und Ausdruck »nationalen Bewußtseins«: Festgestaltung – Massenturnen – Kriegsspiele.

vielmehr schloß das – untrennbar damit verknüpft – ihre Funktionsweise im Sinne eines vermeintlich richtigen Umgangs mit der »Freiheit« ein. Denn diese Einheit, die von den Turnenden formiert und den Zuschauern präsentiert wurde, war an ein genau festgelegtes und für jeden begreifbares Regelwerk von Verhaltenseigenschaften gebunden, das die Voraussetzungen der dargestellten Ordnung sichtbar und erlebbar machte: Zucht, Disziplin und Pflichterfüllung, Selbstbeherrschung und Unterordnung unter das Ganze aber auch die dazu erforderliche körperliche Konstitution konnten als »nationale« Eigenschaften und Fähigkeiten vermittelt werden und dabei – sofern die Darstellung halbwegs mühelos gelang – den Eindruck nicht nur eines harmonischen, sondern geradezu »natürlichen« Ineinandergreifens erwecken, ohne daß die Vorstellung eines selbstbestimmten und damit freiwilligen Handelns verlorenging. Gerade für die Turnenden konnte sich in der ritualisierten körperlichen Übung, in der die »gelebte und die vorgestellte Welt« miteinander verschmolzen, eine Vorstellung »nationalen« Verhaltens generieren, das die Wahrnehmung auf die »Nation« auf spezifische Weise mitstrukturierte.

Daß die Wirkungsmacht der symbolischen Repräsentation, in der sich individuelle Selbstzuschreibung und Wertvorstellungen mit kollektiven Verhaltensvorstellungen ineinanderfügen sollten, keineswegs an eine allein oder auch nur überwiegend rationale Durchdringung gebunden sei – diese Hoffnung tauchte innerhalb der Turnerschaft immer wieder auf, wenn die vielfältigen Facetten des Turnbetriebs als das geeignete Mittel »nationaler« Erziehung betrachtet wurden. Das galt auch für den Verein als der umfassenden Organisationsform des Turnbetriebs, der als Abbild der »Nation« selber eine Form ihrer symbolischen Repräsentation darstellte. »Ihr Deutsche Alle, Ihr bildet jetzt den großen nationalen Verein!«[62] Deutlicher als dieser Redner auf dem 4. deutschen Turnfest in Bonn 1872 hätte man den anwesenden Gästen nicht vermitteln können, in welchem Maße man glaubte, daß Verein und »Nation« in der ihr zugedachten Ordnung und Funktionsweise ineinander aufgehen sollten. Daß das Leben in der Turnerschaft dabei als ein geeignetes »Mittel« betrachtet werden konnte, durch welches dem einzelnen »unbewußt«, wie man betonte, »Pflichttreue und Gemeinsinn zur Eigenschaft« gemacht werden könnten, um ihn damit »in kleinerem Kreise das lernen zu lassen, was im öffentlichen Leben dem Manne Werth verleiht und dem Gemeinwohl Nutzen bringt«,[63] veranschaulicht, daß einzelne Mitglieder der Turnerschaft die unbewußte Dimension einer umfassenden Aneignungs- und Einschreibungspraxis, mit der die »Nation« in ihrem Sinne konstituiert werden sollte, im Blick hatten.

Das erstreckte sich auf die Wirkungsweise unterschiedlicher Mechanismen, die für sich genommen nichts mit der »Nation« zu tun hatten. Die Bedeutung,

62 So der Aufruf in dem Beitrag zum 4. deutschen Turnfest, in: DTZ 1872, S. 272.
63 Die Berliner Turnerschaft, in: DTZ 1871, S. 253f.

die der »Schaulust des Volkes« beigemessen wurde, war dafür nur ein Beispiel –
und nicht einmal ein weit hergeholtes: In ihr bündelte sich jene Neugier, Aufmerksamkeit und Begeisterungsfähigkeit, die für die Rezeption der Eigenschaften und Fähigkeiten, die im Turnen verkörpert werden sollten, einen günstigen
Nährboden schuf. Atmosphärische Grundspannung, emotionale Offenheit
und sinnlich-faßbare Eindrücke waren die grundlegenden Komponenten, die
auf besondere Weise der Adaption der »verkörperten« Eigenschaften Vorschub
leisten sollten. Das hofften zumindest die Protagonisten der Feste, die diese
eigentümliche Legierung für die Wirkungskraft des Turnens und seine »nationale« Bedeutung ins Feld führten. Der Vorzug turnerischer Wettkämpfe auf den
Festen war demnach auch ein doppelter: »Zunächst wird mit denselben der
Schaulust des Volkes etwas leicht Faßbares und Unterhaltendes geboten«, hieß
es in einer Erörterung der »Deutschen Turn-Zeitung«, bevor diese auch den
zweiten Vorzug begründete: »Mit solchen Wettkämpfen wird ferner eine Anre-
gung zur leiblichen Vervollkommnung gegeben. Das Volk hat einmal die Gelegenheit, dabei eingehend den menschlichen Körper in voller Thätigkeit mit
Muße zu betrachten. Es lernt durch solche Kämpfe erkennen, wie viel der Körper zu leisten im Stande ist.« Damit werde sich schließlich nicht nur, wie es hier
weiter hieß, »ein gewisser Sinn für des Körpers Wert, für seine Ausbildung und
Schönheit heranbilden«; vielmehr werde »das Volk« zugleich diesen »Maßstab
an den eigenen Körper, an die eigene Gewandtheit, Kraft und Leistungsfähigkeit legen«.[64]
    Akzeptiert man, daß sich die Vorstellung vom eigenen Körper im wesentli-
chen durch die Bilder vom Körper herausbildet, die im weitesten Sinne sprachlich vermittelt werden – womit die visuelle und emotionale Erfahrbarkeit eingeschlossen ist –, muß man dieser Behauptung ein großes Maß an Plausibilität
zusprechen. Mehr noch: Das hieß zugleich, daß mit der Übernahme jener
Autostereotypen, die in der körperlichen Praxis des Turnens präsentiert wurden, eine der entscheidenden Voraussetzungen für die Entwicklung eines »nationalen Bewußtseins« gegeben war. Und das ging durchaus über ein entste-
hendes Gefühl »nationaler« Zusammengehörigkeit hinaus. Denn mit der
Möglichkeit zu einer Konvergenz von Ich-Identität und Wir-Identität war dieses zumindest insofern inhaltlich gebunden, als sie eine spezifische körperliche
Konstitution zum Kriterium für die Übereinkunft von individueller Selbstzuschreibung und kollektiven Vorstellungsbildern voraussetzte, an der sich sowohl die Leistungsfähigkeit des einzelnen wie der »Nation« zu messen hatte.
Ohne die öffentliche Präsentation des Körpers, die den Turnern zu dieser Zeit
noch weitgehend vorbehalten war, war das sicherlich schwer denkbar. Ihrer
Allgegenwart bedurfte es jedoch nicht. Denn sobald die Körperbilder in das
Alltagsverständnis Eingang gefunden hatten, stand der einzelne nahezu

64 Zur Feier des 2. September (Schluß), in: DTZ 1876, S. 225–228, Zit. S. 227f.

zwangsläufig in einer Beziehung zu einem gedachten anderen, in dem die Eigenschaften und potentiellen Fähigkeiten des körperlich erstarkten und leistungsfähigen Mannes präsent blieben, die umgekehrt jedoch immer auch Vorstellungen der Schwäche und des körperlichen Verfalls evozierten und damit auch die Ängste, die sich an diese binden konnten.

Über die Wirkungskraft dieser Mechanismen urteilte man innerhalb der Turnerschaft – das legte auch die zeitgenössische Sprache offen – mit verblüffender Sicherheit: »Endlich wird durch solche Kämpfe das nationale Bewußtsein gehoben«, hieß es etwa in einem Beitrag aus der bereits vorn zitierten mehrteiligen Artikelserie zur Bedeutung turnerischer Wettkämpfe, was sogleich erläutert wurde: »Wenn auch nur eine geringe Schaar an Kämpfenden Theil nimmt, so spiegelt sich doch in denselben des Volkes Gewandtheit, Tüchtigkeit, Rüstigkeit, Muth und Thatkraft wieder. ... Durch das gegenseitige Abmessen der Kräfte, durch das zähe Ausharren der Streiter, durch das sichtbare Steigern der Begierde des Kampfes wird unwillkürlich der Gedanke an die Leistungsfähigkeit der Nation rege. Hierzu tritt alsbald das freudige Gefühl, daß jeder Anwesende ein Glied des Volkes ist«. Und der Autor fügte als Prognose für die »Weiterdenkenden« noch hinzu: »So lange des Volkes Jugend, des Volkes rüstige Männer ihre ganze Kraft und Ausdauer daran setzen, den schlichten Ehrenkranz im Festkampfe zu erringen, da mag das Vaterland ruhig sein, wenn solche Streiter zum ernsten Strauße für den häuslichen Herd, für des Vaterlandes Ehre und Größe aufbrechen.«[65]

Es ist unmittelbar einsichtig, daß die Inszenierung der »Nation«, wie sie von den Turnern auf den Festen aber auch im Verein erfolgte, sich nicht nur auf die Art der Darstellung körperlicher Übungen beschränkte. Vielmehr wurde der Körper selber zur Inszenierung, die für die Zuschauer und die Turnenden gleichermaßen die »Nation« erfahrbar machen konnte, obwohl das auch je unterschiedliche Ebenen der sinnlichen Wahrnehmung mit einschloß.

In der körperlichen Praxis des Turnbetriebs, in den Zuschreibungen, die den Körper selber sozial erst konstituierten und in den Vorstellungen von einem vermeintlich »richtigen« Umgang mit dem eigenen Körper zeigte sich, in welchem Maße diese determiniert waren durch die Wahrnehmung der Turner von der »Nation«, deren Entwicklung nach ihrer Beobachtung einer notwendigen Korrektur bedurfte.

So war es in Anbetracht der wiederholt konstatierten »gesellschaftlichen Schäden«,[66] in denen die Mehrheit der Turner das dominante Charakteristikum der »nationalen« Entwicklung sah, keineswegs ein Zufall, daß im Zuge der Reformvorschläge für die Turnerschaft, »die als eine durchgängige und durchgreifende« eingefordert wurde, vor allem zweierlei Forderungen auftauchten: Er-

---

65 Ebd.
66 Ein Wort zur Zeit, in: DTZ 1877, S. 81.

stens nach einem »puritanische[n] Ernst«, der »die Treubleibenden – denn es werden noch Manche abfallen, bis es wieder besser wird – beseelen« müsse; und, zweitens, nach einer strengen Systematik, die im Turnbetrieb nunmehr Eingang erhalten müsse, zumal »die turnerische Arbeit« auf das »systematische Erziehen« bislang auch »viel zu wenig Wert gelegt« habe.[67]

Dieser Drang nach Systematik und sittlicher Strenge war die schon fast klassische Antwort auf eine gesellschaftliche Entwicklung, in der eine zunehmende Diversifizierung von Identitäten, die immer ihre eigene Gültigkeit behaupteten, ein bedrohlich erscheinendes Ausmaß an Unübersichtlichkeit und schwer auszuhaltender Kontingenz hervorbrachte und damit jeder Vorstellung von einer vollendeten »Nation«, in der sich der bürgerliche Gesellschaftsentwurf verobjektiviere, diametral entgegenstand. Das schlug sich auch in einer Reihe von Eigenschaften und Fähigkeiten nieder, die in der körperlichen Praxis angeeignet werden und sich damit auch im Bild des Körpers wiederfinden sollten. Diese waren zwar – das muß durchaus eingeräumt werden – prinzipiell deutungsoffen; indem sie jedoch in einen klaren Zusammenhang mit der politisch zielgerichteten Absicht von Systematisierung und Sittlichkeit gebracht wurden, erhielten diese eine spezifisch gebundene Bedeutung und konnten als vorpolitische Werte auf subtile Weise eine Vorstellung von der »Nation« und ihrer Funktionsweise vermitteln. Die Einübung von Ordnung, Genauigkeit und Mäßigung, Pünktlichkeit und Präzision, Ausdauer und Leistungsfähigkeit umfaßte das genauso wie das Ziel der vollständigen Selbstbeherrschung oder die Besorgnis um Gesundheit und Reinheit.

In der »richtigen Pflege des Turnens«, mit der man die »Heilung« der – offenbar kranken – gesellschaftlichen Zustände in Angriff nehmen wollte,[68] formierten diese Attribute ein in sich kohärentes Geflecht an Verhaltensregeln: »In der Abhärtung des Leibes und in der Einfachheit der Kost und Kleidung liegen Bedingungen zur Erhaltung und Förderung der Gesundheit und in der eingeschränkten Benutzung der täglichen Lebensbedürfnisse liegt«, konnte man der »Deutschen Turn-Zeitung« weiter entnehmen, »ein Mittel zur Hintanhaltung ausschweifender Lebensanforderungen.« Daß gerade im Hinblick auf die »heutige Zeitströmung«, die der »Einfachheit« widerstrebe, erst die geeigneten Mittel und Wege der Durchsetzung eines sittlichen Verhaltens gefunden werden mußten, lag freilich auf der Hand. Weit davon entfernt, »eine Kasteiung des Leibes vorschreiben zu wollen«, die man unumwunden als »Thorheit« bezeichnen konnte, glaubte man innerhalb der Turnerschaft den richtigen Weg durchaus gefunden zu haben: »Des Turners freiwillige Entsagung liegt ja auch fernab von jedem Zwange« – daraus sprach noch einmal die tiefsitzende Überzeugung, daß die »Nation«, wie sie den Turnern vorschwebte, mit der richtigen Handhabung der wahren »Freiheit« erreicht werde, die selber wiederum mit

67 Zur Reform der Deutschen Turnerschaft, in: DTZ 1875, S. 117f.
68 Ein Wort zur Zeit, in: DTZ 1877, S. 81f.

den ihr zugeschriebenen Eigenschaften den Maßstab für den Stand der »nationalen« Entwicklung abgab.

Wenn für die Turner mithin außer Frage stand, und das war auch in den ausgehenden achtziger Jahren noch der Fall, daß es »nicht zuviel gesagt« sei, »den turnerischen Übungsplatz als die Pflegestätte der Zucht und des freiwilligen Gehorsams« zu bezeichnen,[69] war das mit der Überzeugung verbunden, daß der gewählte methodische Zugang die Erwartungen an die Etablierung der »sittlichen Freiheit« auch einlösen könne.

In der Tat zeugten die Überlegungen, in denen das Turnen und die »sittliche Freiheit« beziehungsweise einzelne Komponenten, die man ihr zuschrieb, direkt aufeinander bezogen wurden, von einem hohen Maße an Reflexion über die möglichen Aneignungs- und Einverleibungsmöglichkeiten dieser Verhaltensvorstellung. Die Forderungen nach einer »Vereinfachung des Uebungsstoffes«,[70] müssen ganz in diesem Zusammenhang gesehen werden. In dieser Reduktion auf das scheinbar Wesentliche glaubte man jene Einfachheit, Mäßigung und Selbstbeschränkung ausdrücken zu können, die man als Gegengewicht zum ausschweifenden Lebensstil, den man ringsum beobachtete, zur beklagten Üppigkeit und zum Materialismus gesellschaftlich verankern wollte. Das ließ sich für den außenstehenden Betrachter durch die Form der Darstellung vermitteln, die ein weitaus höheres Maß an Übersichtlichkeit gewährleistete. Die Präzision, mit der die Übungen ausgeführt wurden, war damit in einem ganz anderen Maße nachvollziehbar als in den weitaus schwierigeren und deshalb oft auch fehlerhaft ausgeführten Übungen. Als Merkmal einer Ordnung, aber auch als angeeignete Fähigkeit erhielt die Präzision mithin einen besonderen Stellenwert: Denn dem Maß an Selbstbeherrschung und Disziplin, die zur Aufrechterhaltung der dargestellten Ordnung notwendig und durchaus sichtbar waren, wurde der sonst naheliegende Eindruck von unreflektiertem Gehorsam und Zwang in dem Moment genommen, in dem das Ineinandergreifen der zusammenspielenden Bewegungen durch die präzise Ausführung die Vorstellung eines fast mühelosen und damit geradezu natürlich erscheinenden Charakters evozierte. Aber auch für die Turnenden selber war das Maß an Übersichtlichkeit, das sich letztlich nur durch die Einfachheit und die Systematik der Übungen gewährleisten ließ, entscheidend für die Aneignung spezifischer Fähigkeiten, wie etwa der Pünktlichkeit und der Genauigkeit,[71] die zur präzisen Ausführung notwendig waren. Gerade deshalb kennzeichnete diese auch ein Maß an Selbstverständlichkeit, das ihre rational-reflexive Durchdringung nahezu ausschloß.

Die Problematik zu schwieriger Übungen, die innerhalb der zwei Jahrzehnte

69 MNN, Nr. 346, 30.7.1889, S. 1.
70 Ein Wort zur Zeit, in: DTZ 1877, S. 82.
71 Vgl. dazu etwa Das Quadrat als Basis zur Aufstellung der Ordnungsübungen, in: DTZ 1873, S. 52f.

nach der Gründung des Kaiserreichs zu einem immer wichtigeren Punkt in den Debatten unter den Turnern wurde, schloß sich an diese Argumentation durchaus an. Im Vorfeld des 7. deutschen Turnfestes in München gaben die geplanten Freiübungen Anlaß zur Diskussion. Sowohl die »Schwierigkeit der Übungen« als auch der »besondere Charakter einiger Bewegungen« ließen massive Zweifel daran aufkommen, ob die Freiübungen für diese Art von Massenveranstaltungen überhaupt geeignet seien. So könnten diese zwar »bei gründlicher Einübung und Durchschulung kleinerer Scharen zu gefälliger und mustergültiger Darstellung kommen«; »bei größeren Massen« aber »für die eine gemeinsame Vorübung ausgeschlossen« sei, müßten diese aber »fast unbedingt ein Zerrbild hervorrufen«, was man eingehend begründete:

»Das bezieht sich vor allem auf die Bewegungen des Weiterschreitens, die ganz dazu angethan sind, auch selbst die beste Absicht unserer Turner auf sorgfältige Einhaltung der Richtung – dieser bei Massenaufführungen so hochwichtigen Angelegenheit – zu zerstören. Nur ein ganz geringes kleineres oder größeres Vor- oder Rückschreiten der Einzelnen, welches bei dieser Bewegung noch unbemerkt bleibt, bringt beim Heranziehen des anderen Fußes unweigerlich eine Schwankung in der Richtung hervor und selbst wenn diese Freiübungen sozusagen in Fleisch und Blut übergegangen sind und die Gedanken nur auf das Richtunghalten gelenkt zu werden brauchen, so sind bei 64er Reihen, die doch gewiß gebildet werden müssen, Uebelstände unvermeidlich.«[72]

Im Turnen die Prinzipien der sittlichen Freiheit zu verankern und diese erfahrbar zu machen, um dadurch die Grundvoraussetzung für die »Nation« zu schaffen, die sich selber im Moment der richtigen Handhabung der sittlichen Freiheit konstituierte und abbildete – dieser Gedanke kann als das grundlegende Ziel in einer Reihe von methodischen Überlegungen über das Turnen wiedergefunden werden. Als Medium der Aneignung der damit verbundenen Wert- und Verhaltensvorstellungen, aber auch als Ausdrucksmittel für die Vermittlung spezifischer »nationaler« Eigenschaften wurde dem Körper ungebrochen eine zentrale, ja, vielleicht die wichtigste Bedeutung zugesprochen. Wenn immer wieder der erzieherische Wert des Turnens betont wurde, war damit immer die Vorstellung verbunden, daß durch die Einverleibung der diversen Fähigkeiten und Eigenschaften, die an die »sittliche Freiheit« gebunden wurden, ein überpolitisches Repertoire an Werten Eingang in die Denk- und Verhaltensweisen finden werde, aus dem sich letztlich die Festlegung auf die von ihnen favorisierte politische Option der bürgerlichen Gesellschaft mit ihrem vermeintlich übergeordneten Gemeininteresse von selber ergeben werde. Der Primat der »Nation« hätte sich dann wie von selbst eingestellt.

Tatsächlich aber zeigt ein Blick auf die Praxis, daß diese Vorstellungen von einer Verankerung der »sittlichen Freiheit« oder genauer: der ihr zu-

---

72 Bemerkungen zu den für das deutsche Turnfest aufgestellten Freiübungen, in: DTZ 1889, S. 349.

geschriebenen Eigenschaften der Ordnung, der Disziplin und des Gehorsams, der Selbstbeherrschung, der Mäßigung und der Bescheidenheit – die ja alle an die Voraussetzung einer zunächst gesteigerten körperlichen Kraft und Gesundheit gebunden – allzu euphemistisch waren. Das lag zum einen an den Werten selber, deren Bindekraft sich deshalb als weitaus geringer erwies als angenommen, weil sie anschlußfähig waren an unterschiedliche partikulare Identitäten, die sie nicht überwölbten, sondern durch die sie selber in Dienst genommen wurden, was ihnen einen durchaus je spezifischen und keinesfalls immer gleichbedeutenden Sinn gab. Zum andern aber zeigte sich – und das war eng damit verbunden –, daß der Körper in seiner Bedeutung für die Entwicklung eines »nationalen Bewußtseins« und damit auch eines »nationalen Verhaltens« insofern überschätzt wurde, weil er prinzipiell deutungsoffen war. Zugegeben, das schloß nicht aus, daß der Körper als ein Medium fungierte, durch das spezifische Verhaltensweisen angeeignet und im wahren Sinne des Wortes einverleibt wurden; und es schloß ebenfalls nicht aus, daß in den Körperbildern »nationale« Zuschreibungen abgebildet wurden, die dann immer auch für den einzelnen erfahrbar waren. Doch die politische Konnotation war damit keinesfalls in dem Maße vorgegeben, wie es von vielen Turnern erwartet wurde.

Auch innerhalb der Turnerschaft, von der man geglaubt hatte, in ihr werde sich die Einheit, wie man sie vor Augen hatte, abbilden, etablierte sich trotz der Aneignung der spezifischen Wert- und Verhaltensvorstellungen, die man der »sittlichen Freiheit« zuschrieb, keineswegs die »Nation«, in der die moralische Ordnung die partikularen Identitäten hätte absorbieren können. Im Gegenteil: Die proklamierten Wert- und Verhaltensvorstellungen wie etwa der Zucht, der Ordnung oder des Gehorsams, der Selbstbeherrschung, der Mäßigung oder der Disziplin, die im Turnen praktiziert und durch den Körper angeeignet wurden, waren auch innerhalb der Turnerschaft prinzipiell offen für unterschiedliche politische Identitäten, deren Nationsvorstellungen divergieren und vor allem auch konkurrieren konnten. Gerade in dieser Kompatibilität lag der entscheidende Grund für die begrenzte Reichweite, die der Integrationskraft der Werte zugesprochen werden muß. Sporadisch ließ sich sicherlich eine »Vereinigung der Gegensätze« erzielen. Sobald sich jedoch die Gewichte unter den vielfältigen Variablen der Identität verschoben – und der politischen Orientierung und Bindung konnte in diesem Geflecht eine zentrale Bedeutung zukommen –, trat das bis dahin Verbindende der Werte in den Hintergrund, und das nicht zuletzt deswegen, weil der ihnen zugeschriebene Sinn sich grundlegend verschieben konnte.

Die Kaiserattentate aus dem Jahr 1878 sind dafür ein Beispiel. Die Situation forderte, schien es, zur politischen Stellungnahme heraus – und das in einem Maße, daß sich auch die Turnerschaft, die immer noch ihren vermeintlich unpolitischen Charakter auf ihre Fahnen geschrieben hatte, der öffentlichen Debatte nicht entziehen konnte und wollte. Eine Positionierung gegenüber den

Sympathisanten der Sozialdemokratie, erst recht gegenüber den sozialdemokratischen Mitgliedern aus den eigenen Reihen war unumgänglich. Die Behauptung der eigenen politischen Orientierung und die Verurteilung jedes potentiellen Sozialdemokraten standen wie selten zuvor unverhohlen zur Disposition. Damit jedoch war zweierlei verbunden: Erstens wurde mit jedem Sozialdemokraten, der in den eigenen Reihen ausgemacht werden konnte, die politische Fragmentierung offensichtlich, die dem Nationsentwurf der meisten Turner völlig zuwider lief. Und zweitens erforderte die Aufrechterhaltung der moralischen Ordnung, deren überpolitischen Charakter man bislang betont hatte, gerade weil sie mit unterschiedlichen politischen Identitäten einhergehen konnte, die offene Inanspruchnahme der ihr zugrunde liegenden Wert- und Verhaltensvorstellungen für den eigenen politischen Standpunkt und damit eine Politisierung der Moral. Damit war durchaus der Versuch verbunden, eine bislang geglaubte Eindeutigkeit wiederherzustellen, die mit der zutage getretenen Kompatibilität der proklamierten und praktizierten Wert- und Verhaltensvorstellungen mit unterschiedlichen, in diesem Falle: politischen Identitäten ins Wanken geraten war.

Das Maß an Aggressivität, das mit der eigenen Positionierung in diesem politischen Konflikt verbunden wurde, hatte darin einen wesentlichen Grund. Diesen Eindruck hinterließ zumindest die Argumentation jenes Turners, der 1878 die Debatte über die Sozialdemokratie in der »Deutschen Turn-Zeitung« eröffnete. Daß die Werte der Turnerschaft mit einer sozialdemokratischen Parteinahme überhaupt in Verbindung zu bringen waren – dem konnte er nur mit völligem Unverständnis begegnen, ja, es schien geradezu einem Verrat gleichzukommen, wenn die Sozialdemokraten das »moralische Banner« der Turnerschaft für sich gleichermaßen in Anspruch nahmen. »Der eine große Schmerz ist Jahn erspart geblieben«, faßte ein Turner, der selber zwischen enttäuschter Resignation und blankem Entsetzen hin und her gerissen zu sein schien, sein Urteil zusammen, und das sei »die Wahrnehmung, daß auch aus seinem Engbunde Genossen, auf deren Lippen noch das segnende Gut Heil, das Fromm, Frisch, Fröhlich, Frei nachklingt, daß auch aus jenen Reihen, die kaum, enggeschlossen mit deutschen Brüdern von Nord und Süd und Ost und West, enggeschlossen mit Deutschlands Fürsten und Deutschlands Kaiser, die blutige, Jahrhunderte alte Schuld mit Welschland abgerechnet hatten, daß auch aus ihnen, die Manneswort und Manneseid noch doppelt an die Kaiserfahne bindet, die umsturz- und mordwehende rothe Fahne [des] vaterlands- und glaubenslosen Communismus geschwungen wird, und nicht blos geschwungen wird im sinnlosen Rauschen des Augenblicks, sondern in dem wuthgeschwellten Bewußtsein des Vandalismus.«[73]

73 *Bach*, Turnvereine, Zit. S. 314.

Die Vehemenz, mit der weite Teile der Turnerschaft die Abgrenzung von der Sozialdemokratie postulierten und die sie innerhalb ihres eigenen Vereins durch neu eingeführte, äußerst strenge Aufnahmeverfahren und angedrohte Ausschlußverfahren manifest machten, veranschaulicht die tiefsitzende Furcht vor einem erklärten Feind, der sich in seiner politischen Haltung von der Mehrheit der Turner zwar unterscheiden mochte, darüber hinaus jedoch kein erkennbares Wesens- oder Verhaltensmerkmal aufwies, das ihn von den übrigen unterschieden hätte. Ob die »Mehrheit unserer Turnersleute« überhaupt noch »reinen Herzens« sei – diese Frage ließ sich offenbar kaum mehr mit Sicherheit beantworten. Das schlug sich zumindest in den Formulierungen nieder, mit denen man die Lehren der Sozialdemokratie treffend zu kennzeichnen glaubte: Als ein »Gift«, das mehr und mehr im Begriff war, an dem »Marke« der Turnerschaft zu zehren, das mithin unsichtbar und kaum kalkulierbar die eigene fortschreitende Vernichtung in Gang gesetzt hatte, die, sofern man ihr kein wirksames Gegenmittel entgegensetzte, kaum mehr aufzuhalten war.[74]

Diesem »Elend wahngeschaffener Weltbürgerlichkeit«, das sich mit der internationalen Sozialdemokratie bedrohlicher denn je auszubreiten schien, mußten mithin klare Grenzen gesetzt werden. »Die Internationale«, faßte man unter Berufung auf die »Socialistische Föderation« deren programmatische Fixpunkte zusammen, »sucht die Anarchie an Stelle der Autorität, die Contracte an Stelle des Gesetzes, das Collectiveigenthum an Stelle des individuellen Besitzes, die Liebe an Stelle der Ehe, den Menschen an Stelle Gottes und die Universalität der Arbeit an Stelle des Vaterlandes zu setzen.«[75] Demgegenüber »das allgemeine Sittengesetz« als des Turners »höchste Richtschnur« zu beschwören und einzuklagen – das bedeutete nicht nur, daß die damit verbundenen Wert- und Verhaltensvorstellungen politisch okkupiert und gegen die Sozialdemokratie ins Feld geführt wurden, sondern ebenso, daß der Körper in demselben Sinne instrumentalisiert und damit politisch gebunden wurde. »Tugendsam und tüchtig, rein und ringfertig, keusch und kühn, wahrhaft und wehrhaft« zu sein – das kennzeichnete den »Adel des Leibes und der Seele« all derjenigen, die als »deutsche Jünglinge« die »höchste und heiligste Pflicht« auf sich nähmen, zum »deutschen Mann« zu werden und als solcher »für Volk und Vaterland zu wirken«.[76] Gerade dafür schien das Turnen und das hieß immer: der kontrollierte und zielgerichtete Umgang mit dem eigenen Körper, das ungleich vielversprechendere Mittel zu sein als die alleinige Verordnung von Ausnahmeгeset-

---

74 Vgl. ebd. Dort etwa auch ein Beispiel, in dem Vereine auf einem Gauturntag eine entsprechende Erklärung verlangt hatten, nach der jeder Verein des Verbandes zum sofortigen Ausschluß all derjenigen Mitglieder aufgefordert werde, die auch nur »sozialdemokratische Tendenzen« verfolgten oder aber, falls das nicht geschehe, selber mit einem Ausschluß aus dem Verband zu rechnen habe.

75 Ebd., S. 315.

76 Ebd.

zen, deren Erfolg auch der damalige Vorsitzende der »Deutschen Turnerschaft«, Theodor Georgii, anzweifelte. »Sicher aber ist«, lautete indes seine Überzeugung, die er mit aller Entschiedenheit vertrat, »daß unsere Turnsache mit zu den sittlichen Mächten gehört, durch welche der tiefe Schaden, in den unsere Gesellschaft gekommen ist, geheilt werden soll, *indem sie ihre Glieder wirklich frei machen will in der rechten Zucht des Leibes und des Geistes.*«[77] Daß auch Georgii gleichwohl der Ansicht war, der Ausschluß der Sozialdemokraten aus den Vereinen werde dennoch »häufig das Richtigste treffen«, unterstreicht freilich noch einmal, wie sehr man innerhalb der Turnerschaft darauf bedacht war, die moralische Ordnungsvorstellung politisch zu besetzen. Auch der Körper sollte damit in diesem ganz spezifischen Sinne der »Nation« verschrieben werden. Und sieht man einmal von denjenigen Turnern ab, die tatsächlich bereit waren, sich gegen eine derartige Politisierung des Turnens zu sträuben und Sozialdemokraten weiterhin die Mitgliedschaft in ihrem Verein zu gewähren,[78] konnte nunmehr in unzähligen Fällen davon ausgegangen werden, daß man innerhalb der Vereine mit dem Problem der politischen Anschlußfähigkeit der Werte und der Deutungsoffenheit des Körpers nicht mehr zu ringen hatte. Das restriktive Vorgehen gegenüber den Mitgliedern schuf hier wohl nahezu eindeutige Verhältnisse.[79] Der einstimmig gefaßte Beschluß des Turnervereins Oerlinghausen ist dafür nur ein Beispiel. Dort hieß es: »Jeder Turner verpflichtet sich auf Ehrenwort durch seine Unterschrift, weder auf socialdemokratische Schriften zu abonnieren, noch einer revolutionären Vereinigung angehören zu wollen. Weigert ein Turner sich, diese Unterschrift zu leisten, so wird derselbe aus dem Vereine ausgestoßen. Jeder Neueintretende hat sofort bei seiner Aufnahme dieses Schriftstück zu lesen und zu unterzeichnen.«[80] Das war selbst für die bereits Aktiven des Vereins ein, so könnte man sagen: politischer Initiationsritus, mit

---

77 *Georgii*, Turnen, S. 365 (Hervorh. i. Orig.).

78 Kritisch gegenüber dem offiziellen Kurs der Turnerschaft und den neuen Ausschlußpraktiken die Beiträge von A. Skalweit, in: DTZ 1878, S. 344; u. C. Menken, in: DTZ 1878, S. 412f. Auch wenn diese Kritiker in der Debatte der DTZ zu Wort kamen, ist kaum davon auszugehen, daß sie als Wortführer einer nennenswerten, weil einflußreichen Strömung innerhalb der Turnerschaft zu betrachten sind. Gewiß lassen sich gegenteilige Beispiele, die in Einzelstudien zutage gefördert wurden – und sicherlich weiterhin werden – ausfindig machen. Daß aber – um nur ein Argument zu nennen – die Absage des für das Jahr 1878 geplanten deutschen Turnfestes in Breslau, von dem man befürchtete, es könne von den Sozialdemokraten als Plattform ihrer Agitation benutzt werden, auf keinerlei Protest stieß, ist ein bezeichnendes Indiz für die vorherrschende Stimmungslage innerhalb der Turnerschaft, auch wenn konzediert werden muß, daß der ungeschützten Kritik unter den Bedingungen des Sozialistengesetzes klare Grenzen gesetzt waren. Hinweise auf die Abkoppelung von Arbeitern durch die Gründung eigener Vereine, die bis zur Gründung des »Arbeiter Turnerbundes« 1893 noch an die »Deutsche Turnerschaft« angegliedert blieben, in: *Timmermann*, S. 16.

79 Ein Beispiel aus den frühen 1870er Jahren ist dafür bereits der Ausschluß Wilhelm Brackes aus einem Turnverein in Braunschweig 1872. Vgl. *Röttger* u. *Röttger*.

80 Zit. nach *Bach*, S. 314.

284

dem die »nationale« Zugehörigkeit erworben, aber auch das politische Bekenntnis abgelegt wurde. Jeder öffentliche Auftritt würde das fortan dokumentieren – wer konnte da schon contre coeur das verlangte Ehrenwort geben, um zu einem späteren Zeitpunkt Gefahr zu laufen, von der Öffentlichkeit als Sozialdemokrat entlarvt und damit umgehend aus der Gemeinschaft des Vereins ausgestoßen zu werden?

An dieser Stelle muß nicht noch einmal ausführlich erläutert werden, daß diese restriktiven Maßnahmen, die zum Ausschluß der Sozialdemokraten in die Wege geleitet wurden, mit der Vorstellung, gerade im Turnen werde die Fähigkeit zur »Freiheit« erworben, durchaus in Einklang zu bringen waren. In welchem Maße die Behauptung dieser »Freiheit«, die an jene Prinzipien der Mäßigkeit und Bescheidenheit, der absoluten Selbstbeherrschung, der Ordnung und der Disziplin gebunden war, der Aufrechterhaltung der gesellschaftlichen und politischen Ordnung und damit der Verteidigung der eigenen Herrschafts- und Machtansprüche dienen sollte, ist dabei fraglos nicht mehr zu übersehen. »Frei ist des Mannes Denken, frei die That!«[81] – Sätze wie diese beschrieben gleichwohl über Jahre hinaus das Selbstverständnis der Turnerschaft, die ihren Erziehungsanspruch auf die »sittliche Freiheit« als der vermeintlich einzigen Verhaltensweise, durch die sich die »Nation« gleichsam von selber in der erhofften Form konstituieren werde, aufrechterhielt. Daß dies ein genuin unpolitisches Ziel sei – davon war die Mehrheit der Turner nach wie vor überzeugt. Immerhin wurde jeder partikularen Identität, das war zumindest der Anspruch, Raum zugestanden, sofern nur der Primat der »Nation« unangetastet blieb. Als erster Fundamentalsatz ließ sich daher auch trotz, ja, gerade wegen des erfolgten Ausschlusses der sozialdemokratischen Mitglieder und Sympathisanten formulieren: »Absolutes Fernhalten aller konfessionellen, politischen und sozialen Fragen. Sie existieren für unsern Verein nicht; die Gesundheit fragt nicht nach diesen Dingen.«[82]

Wie brüchig jedoch das Gerüst der vermeintlich allgemeingültigen Moral, und wie problematisch das Beharren auf einem über- ja, unpolitischen Standpunkt sein konnte, das zeigte sich, um es abschließend nur anzureißen, kaum ein Jahrzehnt später erneut in der Auseinandersetzung mit dem Antisemitismus.[83] Denn weder waren die überkommenen Wert- und Verhaltensgrundsät-

81 Vgl. das Gedicht von Dahn »Frisch, Fromm, Frei!«, in: Festzeitung für das VI. deutsche Turnfest, S. 6.

82 *Hartwich*, S. 30 (Hervorh. i. Orig.).

83 Es ist nicht das Ziel dieser Arbeit, die Debatten über den Antisemitismus, wie sie in den ausgehenden 1880er Jahren zwischen den antisemitischen Turnern in den deutsch-österreichischen Vereinen auf der einen Seite und der Führungsspitze der Deutschen Turnerschaft auf der andern Seite geführt wurden, im einzelnen nachzuzeichnen oder die organisatorischen Brüche, die schließlich zur Gründung des Deutschen Turnerbundes führten, noch einmal zu rekonstruieren. Vgl. dazu v.a. *Becker*, Antisemitismus; u. *Benda*, die bisher einzige, allerdings ausgesprochen enttäuschende Monographie über den antisemitischen »Deutschen Turnerbund«.

ze, die unter dem Signum der »sittlichen Freiheit« firmierten, gegen eine rassistische Umdeutung gefeit, noch konnte eine Abwehr des Antisemitismus, die einen dezidierten und konsequenten Standpunkt vorausgesetzt hätte, auch nur annähernd dadurch erreicht werden, daß man auf der Bewahrung des Unpolitischen insistierte, um die Turnerschaft als »Einheit« erhalten und gegenüber jeder Gefahr von Zersplitterung abschirmen zu können.[84]

Um eines vorwegzunehmen: Es soll hier keineswegs behauptet werden, daß der Antisemitismus nurmehr als eine logische Konsequenz der moralischen Ordnung, wie sie innerhalb der Turnerschaft über Jahrzehnte hinweg Bestand gehabt hatte, betrachtet werden müsse. Das wäre eine unzulängliche, ja, falsche Verkürzung. Doch die Grundsätze der Mäßigung, der Einfachheit und der Bescheidenheit, der Gesundheit und der Reinheit, die im Zusammenspiel mit den ihnen zugeordneten Fähigkeiten der absoluten Selbstkontrolle, der Disziplin und der Ordnung, kurzum: als »sittliche Freiheit« das Ideal der harmonischen »Einheit« hatten ermöglichen sollen, ließen sich von den rassistisch argumentierenden Antisemiten, die sich seit der Mitte der 1880er Jahre im deutsch-österreichischen Teil der »Deutschen Turnerschaft« zu Wort meldeten, in Anspruch nehmen, umgedeutet, gewiß, und in veränderter Gewichtung zueinander, doch dadurch nicht weniger eingängig.

Auf den ersten Blick mochte die antisemitische Stoßrichtung dabei nicht einmal auffallen. So etwa in den neu formulierten Satzungen einiger Vereine, die im Jahre 1884 den Niederösterreichischen Turngau verließen, um sich neu – wenn auch zunächst weiterhin innerhalb der Turnerschaft – zu formieren: Die »Hebung und Förderung des Sinnes für deutsche Volkszusammengehörigkeit als Mittel zur körperlichen, sittlichen und nationalen Kräftigung« wurde darin als zentrales Ziel beschrieben[85] – das war eine innerhalb der Turnerschaft gängige Sprache, die für sich genommen noch nicht auf antisemitische Tendenzen schließen ließ. Doch das war nicht immer so. Als Jahre später ein Turnverein aus Graz, der als »Deutschvolklicher Turnverein ›Jahn‹« dem antisemitischen »Deutschen Turnerbund« beigetreten war, die »Einigung der Turner Alldeutschlands auf volklich sittlicher Grundlage« als das erklärte Ziel formulierte,[86] wurden die Vorstellungen von einer »Sittlichkeit«, die man als Voraussetzung der »Einheit« vor Augen hatte, deutlich. Dabei hatten überkommene Wert- und Verhaltensgrundsätze, die ohne weiteres von weiten Teilen der Turnerschaft geteilt werden konnten, in der antisemitischen Erweiterung des Sittlichkeitsbegriffs, der nur einer partiellen Umdeutung bedurfte, durchaus Bestand. Denn die Bandbreite der Vorwürfe gegen die Mitglieder der »Deutschen

---

84 Zu den Einheitsvorstellungen innerhalb der Turnerschaft vgl. ausführlich das vorangegangene Kapitel.

85 Vgl. *Benda*, S. 188.

86 Vgl. Aus Deutsch-Österreich, in: DTZ 1896, S. 436–439, Zit. S. 438.

Turnerschaft« und ihr vermeintlich unsittliches Verhalten war groß: Dazu gehörte die – im übrigen tatsächlich eher implizit erfolgende – Thematisierung
der Sexualität, wie sie in einem Marschlied für das Breslauer Turnfest ausfindig
gemacht wurde ebenso wie jene »Gipfelturnerei« und das »Sportturnen«, die
man in immer weiteren Teilen der Turnerschaft praktiziere – eine Entwicklung,
die jeder erstrebten Einfachheit und Sittenstrenge sowie jeder zum Programm
erhobenen Reduktion auf ein rein »deutsches«, von internationalen Einflüssen
nicht berührtes Turnen zuwider lief. Dazu gehörte aber auch die scheinbar
mangelnde Härte der Turnvereine gegenüber dem »internationale[n] Socialismus«, der immer noch nicht aus den Reihen der Turnerschaft verbannt sei,
sowie schließlich ihre Rücksicht gegenüber dem »Fremdentume« – und das
meinte nichts anderes als die nach wie vor gängige Zulassung von »Juden« in
einem »deutschen« Verein.[87]

Fast wortgetreu ließen sich, schien es mitunter, die Klagen über die vermeintlichen »Schäden« innerhalb der Gesellschaft, die in den vergangenen
Jahrzehnten von seiten der »Deutschen Turnerschaft« zum befürchteten »nationalen« Degenerationsprozeß stilisiert worden waren, in den antisemitischen
Schriften seit den ausgehenden achtziger Jahren wiederfinden. »Deutsche Tur-
nersitte, Einigkeit und deutsches Turnerwesen«, »Gemüthlichkeit, wahre
Freundschaft und Offenheit« – all das glaubte man nach wie vor durch »Zierbengelei«, »Hinterlist und Ränkesucht« bedroht; und die »grobe, undeutsche
Gehässigkeit, weibische Tratschsucht und Falschheit« zeigten sich immer noch
stärker, wie der Antisemit Franz Xaver Kießling in seiner Hetzschrift aus dem
Jahr 1887 diagnostizierte, als die »deutsche Aufrichtigkeit«, die, folgte man dieser Argumentation, nur »männlich« konnotiert sein konnte.[88]

Wenn sich in diesen Jahren führende Persönlichkeiten der »Deutschen Turnerschaft« gegen die von deutsch-österreichischen Vereinen ausgehende antisemitische Agitation verwehrten und das, wie im übrigen auch ihr Geschäftsführer Ferdinand Goetz, damit begründeten, daß dies »mit turnerischem Geist,
mit Bildung und Gesittung nichts mehr gemein« habe,[89] wirkte das in dieser
unspezifischen Art eigentümlich blaß. Doch nicht nur das: Denn was war
»deutsch«, was hieß »national« – und wer blieb demnach »männlich«[90] –, wenn
die als unsittlich gekennzeichneten Verhaltensweisen, wie das offensichtlich
weithin wahrgenommen wurde, das Erscheinungsbild der eigenen »Nation«
oder auch des eigenen »Volkes« prägten? Die Stigmatisierung der »Juden«, von
denen man behauptete, sie seien die Verursacher einer »überhandnehmende[n]

87 Ebd.
88 *Kießling*, S. 22.
89 Vgl. die Replik von Ferdinand Goetz auf diese antisemitischen Verhaltensweisen, in: DTZ
1887, S. 537.
90 Vgl. dazu ausführlicher das folgende Kapitel.

Verfremdung«,[91] schien das ebenso klar wie eindeutig beantworten zu können. Zwar wurden außer den sogenannten »Rassejuden« auch die »verjudeten Deutschen« oder die »Judenknechte« als die »Feinde deutscher Turnerei« und als Gegner des »Volksthumes« angegriffen, was prinzipiell jeden mit einschließen konnte, der auf irgendeine Art und Weise der »nationalen« Entwicklung, wie man sie sich vorstellte, entgegenstand und damit in den Verruf des »unsittlichen Verhaltens« gebracht werden konnte. Doch das vermeintlich »verursachende Hauptübel« war festgelegt und lag, indem man die verabscheuten Eigenheiten und Verhaltensweisen auf die Spezifik einer »jüdischen Rasse« zurückführte, stets außerhalb – das verstand sich von selbst – des »deutschen Volkes« arischer Herkunft.[92]

Wenn man die »Entfremdung« des »deutschen Volksthums« gleichwohl konstatierte oder vor dem »verderblich wuchernden Unkraut« warnte, das im Begriffe sei, das »deutsche Volksbewußtsein« auszusaugen und zugrunde zu richten; wenn man weiterhin in den »Juden« die Personifizierung eines »ausgearteten, zersetzend wirkenden ›Weltbürgerthumes‹«[93] erblickte oder die »verunreinigende sozialistisch-philosemitische Richtung«[94] verurteilte – dann sollte damit zwar das Ausmaß der »jüdischen« Durchdringung vor Augen geführt werden, die durch die Gleichsetzung der verschiedenen Feinde, die damit nahezu austauschbar schienen, noch einmal untermauert wurde. Doch wurde dabei sprachlich nur allzu genau vermittelt, daß dieser neuartige innere Feind auf schleichende Art und Weise, nahezu unmerklich, unsichtbar und doch wirkungsvoll, oder, um damit auf die zeitgenössische Sichtweise zurückzugreifen: »nach Art eines schleichenden Giftes, hinterlistig verborgen, aber gründlich wirkend«,[95] sich des »Volkes« bemächtigte, um es schließlich, nach einem langen Prozeß der Degeneration, zu vernichten. »Durch Reinheit zur Einheit«[96] – das war bald schon die stehende Redewendung, die nunmehr – rassistisch gewendet – von den Antisemiten als Antwort auf den von ihnen beobachteten Verfallsprozeß gegeben wurde.

Die semantische Konstanz, mit der die inneren Feinde seit der Nationalstaatsgründung gekennzeichnet wurden, ist durchaus frappierend. Die Metaphern des »Unkrauts« und des »Giftes«, mit denen man bereits – vorn wurde darauf hingewiesen – die sozialdemokratischen Gegner beschrieben hatte, waren seit den 1870er Jahren jedem Turner geläufig. Entscheidend war, daß diesen Metaphern trotz ihrer rassistischen Umdeutung ein, man könnte sagen: sub-

91 *Kießling*, S. 3.
92 Ebd., passim.
93 Ebd., S. 3.
94 So Kießling in einem Brief an Ferdinand Goetz, zit. nach *Benda*, S. 224.
95 *Kießling*, S. 12.
96 So etwa auch als Motto auf der Titelseite der Festschrift zum 9. Gauturnfest des Deutschen Turngaues »Jahn« für Nordböhmen, Wien 1900, aus: Festzeitungen; oder als Überschrift einer Flugschrift des »Deutschvolklichen Turnvereins ›Jahn‹ aus Graz«, in: DTZ 1896, S. 437.

stantieller Kern an Bedeutung innewohnte, der gleichsam eine Schnittmenge bildete, die auch für unterschiedliche politische Haltungen zugänglich bleiben konnte. Ungeachtet der jeweiligen Gegner war an diese eine Reihe von Assoziationen gebunden, die die Wahrnehmung auf die »Nation« mitstrukturierten. Divergenzen, Dissonanzen, Antagonismen traten in den Vordergrund und ließen sich stets als ein weiterer Beleg dafür begreifen, daß weder die »Einheit«, die man vor Augen gehabt hatte, noch die »sittliche Freiheit«, die diese hatte sichern sollen, erreicht worden waren.

Nicht jeder mußte deshalb zum rassistisch argumentierenden Antisemiten werden – das ist sofort zugestanden und wurde bereits ausdrücklich betont. Blickt man jedoch nur wenige Jahre voraus, zeigte sich die Resistenzkraft, ja, vielleicht auch der Wille zur Opposition gegen diesen Rassismus ausgesprochen gering. Der Primat einer »Einheit«, die einstmals mit dem Anspruch verbunden gewesen war, durch allgemeinverbindliche, aber auch allgemeingültige Wert- und Verhaltensmuster jede kulturelle, politische oder auch soziale Differenz überbrücken zu können, erwies sich nunmehr als Einfallstor des Antisemitismus. Anfängliche Versuche, der antisemitischen Agitation Einhalt zu gebieten, weil sie »für das Gedeihen der Turnsache im höchsten Grade gefährlich und verderblich« sei und die »Grundbedingung des Bestandes der deutschen Turnerschaft, Friede und Eintracht« gewahrt bleiben müsse,[97] gingen letztlich ins Leere. Nur schwer ließ sich der Antisemitismus, wie sich bald herausstellte, mit dem Vorwurf des »politischen Parteistrebens«[98] belegen. Weder »die Erziehung gewisser Gesinnungen« noch die »Weckung gewisser Gefühle« – diese Position war auch innerhalb der Turnerschaft zur Genüge vertreten worden – ließen sich unter dem Begriff des Politischen subsumieren. »Die körperliche, ja selbst sittliche oder gar patriotisch-nationale Ausbildung ist nicht politisch«[99] – so hatte sich der gemeinhin anerkannte Grundsatz formulieren lassen, auf den sich nunmehr auch die Antisemiten beriefen. »Der Deutsche muß national (volklich) sein – denn«, das erläuterte auch Kießling, »*national sein heißt sein Volk lieben über alles in der Welt*‹ – und darum ist ›national‹ nicht gleichbedeutend mit ›Politik‹.«[100]

Das Postulat des Überpolitischen hochzuhalten, mit der die »Einheit« gegen die andauernde Gefahr ihrer Zersplitterung geschützt werden sollte, konnte sich nur allzu leicht gegen ihre Verfechter selber richten, sie in die Defensive treiben und ihnen schließlich jede Handhabe entziehen. Daß die »Deutsche Turnerschaft« vor »Erscheinungen behütet werden« müsse, wie es ihr damaliger Vorsitzender, Alfred Maul, im Namen des amtierenden Ausschusses noch 1887

---

97 So die Begründung im Jahresbericht des Jahres 1889 für den Ausschluß des niederösterreichischen Gaues aus der »Deutschen Turnerschaft«, in: MNN, Nr. 342, 27.7.1889, S. 2f., Zit. S. 2.
98 Ebd.
99 Paradigmatisch *Hermann*, Zit. S. 261.
100 *Kießling*, S. 4 (Hervorh. i. Orig.).

formulieren konnte, »welche sie in den Strudel politischer und religiöser Kämpfe hineinziehen und Anlässe herbeiführen könnten, welche unseren Begriffen von Bildung und Gesittung schnurstracks widersprechen«[101] – derartige Drohgebärden gegenüber den Antisemiten ließen sich vor dem organisatorischen Bruch, den die Turnerschaft im darauffolgenden Jahr erlebte, vielleicht noch mit Entschiedenheit vorbringen; danach jedoch trat diese Argumentation sukzessive in den Hintergrund, bis sie gänzlich verschwand. Schon 1889 bekräftigte auch die Redaktion der »Deutschen Turn-Zeitung«, sie habe der »angeregten Semitenfrage in den Oesterreichischen Turnvereinen von Anfang an unparteiisch gegenübergestanden«,[102] und sprach sich damit rückwirkend von jedem Vorwurf, aktiv an der Zersplitterung der Organisation – und das hieß immer auch des »Volkes« – mitgewirkt zu haben, frei. Wenige Jahre später wurde der sogenannten »Arisierung« weiterer Vereine und ganzer Kreise von seiten der Turnerschaft nichts mehr entgegengesetzt,[103] drohte doch andernfalls die »Einheit«, die diese abzubilden vorgab, ganz zu zerbrechen. Zehn Jahre später war sogar die Vereinbarung zwischen führenden Vertretern der »Deutschen Turnerschaft« auf der einen Seite und des XV. Kreises »Deutsch-Österreich« auf der andern, die den Vorwurf des Politischen völlig aufhob, perfekt: »Die Reinigung des XV. Kreises von nichtdeutschen Bestandteilen«, hieß es dort, »ist eine innere Angelegenheit des XV. Kreises, und zwar nicht politischer Art, verstößt somit nicht gegen das Grundgesetz der Deutschen Turnerschaft.«[104] Der überpolitische Anspruch war erneut erhoben und befestigt worden. Er basierte jedoch auf der Akzeptanz einer fatalen Differenz, die er nun etablierte, obwohl er sie eigentlich zu überwinden vorgegeben hatte.

3. Militarisierung und Männlichkeit
Von der bleibenden Sehnsucht, ein ganzer Mensch zu werden

Nur wenige Tage nach dem Beginn des deutsch-französischen Krieges im Sommer 1870 erschien in der »Deutschen Turn-Zeitung« ein Artikel, gerichtet an alle Mitglieder der Organisation, mit letzten mahnenden, aber auch aufmunternden Worten an die in den Krieg ziehenden Turner und mit Instruktio-

---

101 Zit. nach *Benda*, S. 229.
102 Zum neuen Jahre, in: DTZ 1889, S. 1f., Zit. S. 1.
103 Vgl. etwa XV. Kreis (Deutsch-Österreich). Gau Oberösterreich-Salzburg. Gauturnerversammlung und Gauturntag in Wels am 24. u. 25. März 1889, in: DTZ 1889, S. 464f.; sowie Ein Mahnruf an die deutschen Turner, in: DTZ 1896, S. 438f.; ein weiteres Beispiel ist die Aufhebung des Gauzwangs auf dem Turntag in Eßlingen 1895, um den Egerland-Turngau, der den sogenannten »Arierparagraphen« einführen wollte, nicht an den »Deutschen Turnerbund« zu verlieren, worauf *Benda*, S. 235, hingewiesen hat.
104 Vereinbarung vom 5. April 1901, zit. nach *Benda*, S. 236.

nen für die Daheimgebliebenen. Dieser Aufruf solle, erläuterte der Verfasser eingangs, »nur die Zuversicht aussprechen, daß in diesem Kampfe um das Vaterland ... die deutschen Turner überall, wohin sie gestellt sind und werden, vorzugsweise ihre Schuldigkeit thun, daß sie in dem *Wettkampfe*, der in heiligem Eifer entbrennen wird, unter den Ersten und Besten zu sein streben mit all' ihren Kräften an Leib und Seele«. Und an die Zurückgebliebenen sich wendend, die ein leuchtendes Beispiel an »Besonnenheit, Opferwilligkeit und frische[m], fröhliche[m] Muth« zu geben hätten, fügte er den Auftrag hinzu: »Die eigene Turnarbeit in der Schule und in Vereinen möge fortgehen; sie löst unnütze Spannung und kräftigt zu treuem Ausharren, sie muß an ihrem Theil mitwirken, daß der Nachwuchs wehrhafter Männer dem Vaterlande niemals fehlt!«[1]

In diesem Aufruf mischten sich Unbefangenheit und Ernst auf eine beklemmende Art und Weise: Der Krieg erschien hier, das ist keine drastische Umformulierung, als ein erweiterter Kampfplatz des Turnbetriebs, kaum mehr als eine dieser bereits vertrauten Veranstaltungen, auf denen die Turner auch bislang ihre Leistungsfähigkeit und ihre Kräfte in Konkurrenz miteinander gemessen, ihre Willenskraft, ihren Mut und ihre Tapferkeit, ihre Gewandtheit und ihre Fähigkeit zu Disziplin und Ordnung zur Schau gestellt hatten. Zugleich wurde die Funktionalität der Turnvereine für den Krieg in mehrfacher Hinsicht herausgestrichen. Ein wahres Konglomerat an Werten und Verhaltensweisen, das innerhalb der Turnbewegung vermittelt und eingeübt worden war, sollte sich nunmehr – das zumindest war der Anspruch – im Kampf und hinter der Frontlinie bei der psychischen wie auch der physischen Stärkung der »Nation« bewähren.

Die eigenen Interessen zugunsten des Gemeinwohls zurückzustellen, den Wert der Gemeinschaft hochzuhalten und durch eigene Tatkraft und Aufopferungsbereitschaft an ihrer Erhaltung mitzuwirken, das ließ sich nun auch durch den Einsatz abseits des Kriegsschauplatzes, durch die Pflege von Verwundeten und Kranken oder durch die Aufrechterhaltung der Versorgung für die Bevölkerung wie auch für die Soldaten auf konkrete Weise umsetzen. Auch für die Bewältigung des schwierigeren Alltags hatte das Turnen gerüstet: Sich in Mäßigkeit und Bescheidenheit zu üben, Entbehrungen zu ertragen – das gehörte zu den zentralen Maximen, die innerhalb der Turnbewegung verfochten worden waren und nunmehr, wie man offenbar glaubte, zur Bewältigung der anfallenden Strapazen beitragen konnten. Selbst im geselligen Moment des Turnbetriebs, das für eine kurze Zeit die Alltagssorgen in den Hintergrund rücken sollte, erblickte man einen spezifischen Sinn, glaubte man durch dieses die Stimmungslage und die Moral der Zurückgebliebenen aufrechterhalten zu können, um wie ein unterstützendes Rückgrat die kämpfenden Soldaten in der

---

1 An die deutsche Turnerschaft, in: DTZ 1870, S. 165.

Ferne zu stärken. Doch auch in einer weiteren Hinsicht wurde das Turnen funktional für den Krieg gedacht. Wer immer noch glaubte, das Turnen sei lediglich als harmlose körperliche Übung zu verstehen, der wurde jetzt eines Besseren belehrt, er bekam vor Augen geführt, in welchem Maße man davon ausging, daß im Turnen eine wehrkräftige Heerschar für die Verteidigung des Vaterlandes herangebildet werde. Ja, die Turnvereine schienen sich in dieser Situation – das entsprach durchaus ihrem Selbstbild – als eine Produktions- oder Reproduktionsstätte von »Männern« zu begreifen, die dort, in der »öffentlichen Erziehungsanstalt für die edelste Männlichkeit im Dienste des Vaterlandes«,[2] wie die Turnvereine später einmal treffend gekennzeichnet wurden, durch die körperliche Praxis zu jener Wehrfähigkeit geschult wurden, die sie in die Lage versetzen sollte, gegen jeden Feind für das Vaterland in den Kampf zu ziehen.

Das war kein neuer Gedanke. Im Turnen wurden wahre »Männer« geschaffen, konnte, um es anders zu formulieren, jedes eintretende Mitglied männlichen Geschlechts »Männlichkeit« erwerben, von der man innerhalb der Turnerschaft keineswegs annahm, daß diese von Natur gegeben und sich daher auch von selbst entwickeln werde. Erst wer Mut und Tapferkeit besaß, wer sich willensstark, tatkräftig und wehrfähig zeigte, wer die Fähigkeit zur vollständigen Selbstbeherrschung, zu Disziplin und Unterordnung besaß, der war in der Lage, in absoluter Selbstbestimmung und vernunftgeleitet über sein eigenes Handeln zu verfügen und galt deshalb – das gab das überkommene Männlichkeitsideal der deutschen Turnbewegung vor – als »männlich«, hatte mithin jenes Prädikat erworben, das ihn als wahren »Mann« auszeichnete und zum Ideal des »ganzen Menschen« prädestinierte.[3] Das jedoch setzte zunächst einmal die Verbesserung der körperlichen Konstitution voraus: Die Vermehrung der körperlichen Kraft und Leistungsfähigkeit durch die Steigerung der Schnelligkeit, der Gewandtheit und Geschicklichkeit, aber auch die Pflege der Gesundheit galten dafür als die unerläßlichen Voraussetzungen, die – auf mehr oder weniger mühsamem Wege – erfüllt sein mußten. Diese Fähigkeiten und Eigenschaften jedoch markierten nicht nur die Geschlechterdifferenz, sondern zugleich auch die vermeintliche Überlegenheit des männlichen Geschlechts über das weibliche, die im Kern nunmehr tatsächlich durch einen quasi natürlichen Wesensunterschied begründet wurde: Denn die körperliche Konstitution bildete eine Art von Grundaxiom für die Überlegenheit des Mannes, die ihm im Unterschied zu jeder Frau die Fähigkeit für zwei Eigenarten vorbehielt: Wehrhaftigkeit und damit eng verschränkt, aber in vielfachem Sinne darüber hinausgehend: die »Freiheit«, die zentrale Grundbedingung überhaupt, um

2 In Sachen der heutigen Turnvereine, in: DTZ 1889, S. 92.
3 Vgl. hierzu und zum folgenden ausführlicher das vorausgehende Kapitel »Männlichkeit« im ersten Teil.

schließlich auch das ersehnte Ziel der Einheit erreichen und festigen zu können.[4]

»Männlichkeit«, Wehrfähigkeit, Freiheit – das ließ sich schon fast als die zusammengehörige, in ihren Bestandteilen vielfach verwobene Triade bezeichnen, die von den Turnern seit Jahrzehnten weithin akzeptiert und verfochten worden war. Das aber hieß auch stets zugleich: Selbst wenn »Männlichkeit« keineswegs auf Wehrfähigkeit reduziert werden konnte, blieb Wehrfähigkeit doch immer ein konstitutives Element von »Männlichkeit«, deren Aneignung und Ausübung man »unter Männern« kaum entgehen konnte.

Wer in der Turnbewegung zum »Mann« erzogen worden war oder, um es anders zu betrachten, sich zum »Mann« hatte erziehen lassen – der war auch in den 1860er Jahren, wie unzählige Beispiele belegen, nicht umhin gekommen, sich diesem Wert der Wehrfähigkeit zu verschreiben und sich seiner Eignung als wehrhafter Mann im Kreis der Mitturnenden oder vor dem männlichen und weiblichen Publikum eines Festes immer wieder zu vergewissern.

Das Turnen in seinen vielfältigen Varianten der Frei- und Ordnungsübungen, aber auch des Geräteturnens war dafür eine Möglichkeit gewesen: Denn hier hatte der »Mann«, wie er von den Turnern wiederholt als Ideal beschrieben worden war, seine körperliche Konstitution verbessert, Kraft und Stärke erworben und gezeigt, in welchem Maße er zur vollständigen Körperkontrolle in der Lage und zu welcher außergewöhnlichen Leistung er imstande war. Denn Tatkraft und Willensstärke, Mut und Tapferkeit, die er gleichsam als Substrat aus dem geschulten und gekräftigten Körper zu ziehen glaubte, hatten sich dabei durch mehrstündige Turnübungen, die, sofern sie gewandt, aber präzise ausgeführt worden waren, dem Publikum ebenso vermitteln lassen wie durch einige den Laien waghalsig erscheinende Übungen. Und indem man in Reih und Glied marschiert war, sei es, um im geordneten Festzug durch die Straßen zu ziehen und sich vor dem Publikum als Einheit zu präsentieren, oder sei es, um schließlich auf dem Turnplatz Aufstellung für die Turnübungen zu nehmen, die dann gemeinsam und in völliger Übereinstimmung und Exaktheit nach dem Kommando des Turnwarts ausgeführt werden mußten – bei alledem hatte man die Bereitschaft und die Fähigkeit zu Disziplin, Gehorsam und Unterordnung erworben und eingeübt und vor der Öffentlichkeit, atmosphärisch unterstützt durch die militärische Marschmusik, zum Ausdruck gebracht.

Zugegeben, der Aspekt der Wehrhaftigkeit hatte auch in den 1860er Jahren im alltäglichen Turnbetrieb keineswegs immer im Vordergrund gestanden. Doch auf den Festen war er um so augenfälliger hervorgetreten. Denn die Inszenierung der »Nation«, einer Nation von »Männern«, war immer auch eine

---

4 Grundlegend zum Aspekt von Geschlechterbeziehung und Herrschaft: *Bourdieu*, Herrschaft; zur Konstituierung des Freiheitsbegriffs vgl. ausführlich das Kap. Die Einverleibung der Freiheit.

Inszenierung ihrer Wehrfähigkeit gewesen.[5] Ob es um die Auswahl des Austragungsortes oder die Entscheidung für den Zeitpunkt des Festes ging – die Erinnerungsorte, die man aus Anlaß eines Festes aufsuchte, die Gedenktage, an denen man diese Veranstaltungen abhielt, all das verwies, womit nur Beispiele herausgegriffen sind, symbolisch auf die Wehrkraft der »Nation«, die damit in glorifizierter Form als gemeinsame Vergangenheit im Gedächtnis verankert worden war. Damit war jedoch gleichzeitig das Spektrum an Wert- und Verhaltensmaßstäben vorgegeben worden, von welchen man annahm, daß sich allein durch sie die »Nation« gegenüber den umliegenden Nationalstaaten noch einmal werde behaupten können: wie etwa die Stärke oder die Tatkraft gehörten sie zu den Grundlagen jener Wehrfähigkeit, zu der man gerade auch im Turnen rüstete. Jeder einzelne war damit auf besondere Weise in die Pflicht genommen worden, verwies doch die ausstehende politische Einheit immer wieder auf die »nationale« und damit auf die eigene Verwundbarkeit, eine Schwäche, die nur durch die Stärkung der eigenen Wehrfähigkeit in Grenzen gehalten werden konnte.

Die diskursive Vermittlung dessen, was Wehrhaftigkeit bedeute und wozu diese nötig sei, hatte sie im Verbund mit der körperlichen Aneignung und Erfahrung der ihr zugrunde liegenden Fähigkeiten längst zu einem integralen Bestandteil männlicher Identität werden lassen, deren Demonstration unter Männern abrufbar zu sein schien. Das war etwa in den inszenierten Kriegsspielen[6] deutlich geworden. In der emotional äußerst aufgeladenen Atmosphäre durch den zu Beginn der 1860er Jahre befürchteten – und man konnte meinen: von vielen fast beschworenen – Angriff von seiten Frankreichs konnte – oder wollte? – sich augenscheinlich keiner dieser Demonstration seiner eigenen Wehrbereitschaft entziehen, durch die man immer auch seine »Männlichkeit« vor den anderen beweisen und sich selbst vergegenwärtigen konnte.

Ob man sich jedoch im gemeinsamen, allwöchentlichen Turnen, als Teilnehmer auf einem der unzähligen Feste oder sogar eines Kriegsspiels unter seinesgleichen der eigenen »Männlichkeit« versicherte, oder ob man im Jubel des weiblichen Publikums die Anerkennung als »Mann« zu finden glaubte – die Gewißheit, »Männlichkeit« zu besitzen, hatte sich im Vorfeld der Nationalstaatsgründung unter den Turnern kaum einstellen können. Ja, ihre »Männlichkeit« war, entgegen dem eigenen Ideal, fragil, flüchtig, vergänglich.

Der Grund dafür lag scheinbar auf der Hand: Solange die politische Einheit ausstand, die erst, wie die Turner hinreichend oft zum Ausdruck gebracht hatten, durch echte »Männer« werde entstehen können, wurde jedem einzelnen sein Defizit an »Männlichkeit« immer wieder von neuem vor Augen geführt.

---

5 Beispiele dafür vor allem vorn im Kap. Erzeugung, Entwicklung und Ausdruck nationalen Bewußtseins: Festgestaltung – Massenturnen – Kriegsspiele.
6 Ebd.

Doch der eigentlich logisch wirkende Umkehrschluß, daß sich mit der Nationalstaatsgründung das männliche Geschlecht seiner »Männlichkeit« ein für alle Mal sicher sein könne, konnte daraus, wie man bald sehen konnte, keineswegs gezogen werden. Und das war eigentlich nicht verwunderlich. Denn auch die männliche Identität war von einem Grundproblem jeder Art von Identitätsentwicklung nicht ausgenommen: Identität bildet sich niemals aus sich selbst heraus, sondern immer im Bezug auf andere und in der Auseinandersetzung mit anderen. Um es anders zu sagen: Identität ist grundsätzlich gekennzeichnet durch ihren »dialogischen Charakter«,[7] enthält mithin ein interaktives Moment, das immer auch auf dem Versuch aufbaut, sich in anderen wiederzufinden, von diesen auch erkannt und anerkannt zu werden. Das bedeutet aber zugleich, daß Identität niemals statisch sein kann, sondern der Veränderung unterworfen ist und sei es auch nur durch die partielle Verschiebung einzelner Variablen, die als unterschiedliche Bestandteile von Identität betrachtet werden müssen.

Auch die Verbindung von »Geschlecht« und »Nation«, die sich aus der Übertragung von Geschlechterzuschreibungen auf diese übergeordnete Instanz ergibt, enthält dieses dialogische und damit dynamische Moment: Denn wenn auf der einen Seite »Geschlecht« als strukturierendes Moment eines nationalistischen Habitus zu begreifen ist, wird umgekehrt »Geschlecht« immer auch durch die Wahrnehmung der »Nation« strukturiert, zumal etwa im nationalen Diskurs Geschlechterzuschreibungen enthalten sind, die selber wiederum als Teil einer umfassenderen »Einprägungs- und Aneignungsarbeit« auf die Vorstellung von »Geschlecht« zurückwirken.[8] Damit aber wird auch die »Nation« zum Gradmesser oder anders gesagt: zum Spiegel der eigenen »Männlichkeit«. »Geschlecht« und »Nation« stehen in einem dialektischen Verhältnis, durch das ein Prozeß in Gang gesetzt wird, der sich außerordentlich treffend, um eine Formulierung Jacques Lacans in Anspruch zu nehmen, als »unerschöpfliche Quadratur der Ich-Prüfungen«[9] bezeichnen läßt.[10] Eine immer wiederkehren-

7 So die prägnante Bezeichnung von *Taylor*, S. 21, passim. Zur Verwendung des Identitätsbegriffs vgl. vor allem auch die Ausführungen vorn in der Einleitung.

8 Ausgehend von der Prämisse, daß »Geschlecht« selber als Ergebnis eines Habitus zu verstehen ist, drückt Bourdieu diese Wechselbeziehung, die er als »Wirkungsweise des vergeschlechtlichten und vergeschlechtlichenden Habitus« bezeichnet, prägnant aus: »Der Habitus erzeugt gesellschaftlich vergeschlechtlichte Konstruktionen der Welt und des Körpers, die zwar keine geistigen Repräsentationen, doch darum nicht weniger aktiv sind. ... Durch eine permanente Formierungs-, eine *Bildung*sarbeit, konstruiert die soziale Welt den Körper als vergeschlechtlichte Wirklichkeit und in eins als Speicher von geschlechtlichenden Wahrnehmungs- und Bewertungskategorien, die wiederum auf den Körper in seiner biologischen Realität angewendet werden.« *Bourdieu*, Herrschaft, S. 167.

9 *Lacan*, Zit. S. 67.

10 Genausogut ließe sich das für die Herausbildung der Geschlechteridentität als Ergebnis der dualistischen Geschlechterbeziehung an sich konstatieren. So argumentiert etwa Bourdieu: »Männer und Frauen werden ... in einen Zirkel von Spiegeln eingeschlossen, die antagonistische, aber

de Verunsicherung, die stets darauf drängt, aufgehoben zu werden, sich sogleich aber wieder einschleicht, ist demnach geradezu unausweichlich.

Folgte man der Perspektive der Turner seit der Gründung des Kaiserreichs, hatte es eine »Nation« von »Männern« in jüngerer Zeit tatsächlich nur einmal gegeben: während eines relativ kurzen historischen Moments im Krieg gegen Frankreich 1870/71 und im Augenblick der darauffolgenden Nationalstaatsgründung. »Wie *ein* Mann haben sich die deutschen Stämme erhoben, wie *ein* Mann den Feind bezwungen, wie *ein* Mann die Einheit gegründet und befestigt.«[11] Zu diesem Zeitpunkt hatte sich, daran ließ diese Erinnerungsrede keinen Zweifel, wahre »Männlichkeit« bewiesen, ja, die »Nation«, wie man sie zu diesem Zeitpunkt vorfand, konnte umgekehrt als Inkarnation des »Männlichen« gefeiert werden.

Wenn nunmehr behauptet wurde, daß »die deutsche Nation auf den ihr zukommenden Platz unter den Völkern Europas emporgehoben«[12] worden sei, oder wenn von der »hohen Stufe der Machtstellung des deutschen Reiches«[13] die Rede war, verwies das selbstredend auf die vermeintliche Überlegenheit des seit langer Zeit favorisierten Männlichkeitsideals: Nicht nur die körperliche Kraft, sondern der gesamte Tugend- und Verhaltenskatalog schienen sich untrüglich bewährt und damit unwiderlegbar ihre Bedeutung für die Existenz und Behauptungsfähigkeit der eigenen »Nation« bewiesen zu haben. Der in den Augen der Turnbewegung noch während der 1860er Jahre vorherrschende und ihr rundum verhaßte Prototyp des Deutschen, der durch seine Weichlichkeit und Willensschwäche aufgefallen war, die ihm – und der »Nation« – jede »Freiheit« versperrt und jede Fähigkeit zur Wehrhaftigkeit genommen hatte, schien endlich der Vergangenheit anzugehören. Denn der »stumme, bescheidene Deutsche«, den man den anwesenden Turnern auf dem schwäbischen Landesturnfest in Kirchheim als mahnendes Beispiel noch einmal vor Augen hielt, »der sich vor der Empfindlichkeit der anderen Nationen ängstet, vor ihnen die Segel streicht, sich auf den Kopf treten, als Kanonenfutter und Entschädigungsobjekt für Russen, Engländer und Franzosen verbrauchen läßt«,[14] hatte die politische Einheit gewiß nicht erkämpft. Wollte die »Nation« nicht erneut zum »Dünger anderer Völker« werden und sich statt dessen gegenüber den umliegenden Nationalstaaten behaupten, um damit auch ihre hohen Aufgaben wahrnehmen zu können, denen sie sich in der ihr selber zugeschriebenen Rolle als »Bahnbrecher der Menschheit«[15] gegenüber sah – dann waren auch jetzt

zur wechselseitigen Bestätigung geeignete Bilder unendlich reflektieren.« *Bourdieu*, Herrschaft, S. 163.

11 Vgl. die Rede anläßlich des 25jährigen Fahnenjubiläums des Männerturnvereins Crimmitschau, in: DTZ 1873, S. 191–193, Zit. S. 192 (Hervorh. i. Orig.).

12 Ebd.

13 Aus Baden, in: DTZ 1872, S. 149.

14 DTZ 1872, S. 157.

15 DTZ 1871, S. 165.

»nicht Stubenhocker und Schwächlinge« gefragt, sondern »Männer«, die sich in der Lage zeigten, die »nationale Kraft und Tüchtigkeit«[16] am Leben zu erhalten und als »Kämpfer voller[r] Gesundheit und Kraft«[17] jedem inneren Widersacher und äußeren Angreifer Widerstand leisten zu können.

Doch »Männer«, die in hinreichender Zahl vorhanden und imstande gewesen wären, die ihnen hier und heute gestellte Aufgabe zu erfüllen, gab es offensichtlich nicht. Zumindest waren bald nach der Nationalstaatsgründung erneut Stimmen zu vernehmen, die an jenes Lamentieren der letzten Jahrzehnte erinnerten, in denen die tatsächlichen »Männer« noch als Mangelware beklagt worden waren und allein wegen einer vorerst zu leistenden Erziehung zur »Männlichkeit« die Aussicht bestanden hatte, dieses Defizit zu beheben. Der erwünschte Erfolg allerdings, den man in den Monaten des Krieges und der Nationalstaatsgründung erfüllt gesehen hatte, schien sich schon auf kurze Sicht als hinfällig zu erweisen. Denn die »verloren gegangene Männlichkeit ... wieder [zu] erneuern«[18] – das galt schon zu Beginn der 1870er Jahre und damit zum wiederholten Male als vordringliches Ziel der »Deutschen Turnerschaft«. Ja, der Wunsch, endlich »ganze Menschen werden«[19] zu können, stand unverändert als Ideal der Turner im Raum. Fast schien es, als habe mit der errungenen politischen Einheit erneut ein Verlust an »Männlichkeit« eingesetzt, der die Protagonisten einer richtig verstandenen Erziehung noch einmal auf den Plan rief und das männliche Geschlecht noch einmal an die Geräte zwang.

Legt man die Erwartungen der Turner zugrunde, konnte die »Nation« tatsächlich kaum auf ein Übermaß an »Männlichkeit« verweisen. Im Gegenteil, wenn das Turnen abermals als das geeignete Mittel zur unbedingt notwendigen Kräftigung des Körpers beschworen wurde, um vor der »Schlange unseres Zeitalters, der Ueberfeinerung« zu schützen und das dazu nötige »Selbstvertrauen im Menschen« zu erzeugen,[20] deutete die hier verwendete Symbolik, die durch unzählige Überlieferungen der Schöpfungsgeschichte die Schlange und das Weibliche zu Synonymen hatte werden lassen, auf die Gefahren einer »Nation« hin, der vor allem »weibliche« Züge zugesprochen wurden, die sie schließlich, wie man glaubte, dem Verderben zuführten. Damit war eine »nationale« Entwicklung markiert, der, so verführerisch sie auch wirken mochte, durch »männliche« Stärke, äußerste Selbstbeherrschung und Willenskraft Einhalt geboten werden mußte, da durch sie allein die »Nation« vor den Folgen des Sündenfalls und ihrer bevorstehenden Verdammnis bewahrt werden könne. Daß

16 Aus Baden, in: DTZ 1872, S. 149.
17 Vgl. hierzu einen Festbeitrag zum Fahnenjubiläum des Männerturnvereins Crimmitschau, in: DTZ 1873, S. 192.
18 DTZ 1873, S. 193 (Fest in Bondorf, Sept. 1873).
19 Turnfest in Neumünster, in: Holsteinischer Courier, Nr. 37, 11.7.1872.
20 DTZ 1873, S. 193 (Fest in Bondorf, Sept. 1873).

damit auch das Geschlechterverhältnis wieder in das angemessen erscheinende Verhältnis zurecht gerückt würde, ergab sich nahezu von allein.

Doch die Reihe von Symptomen, aus denen die Turner ein Defizit an »Männlichkeit« ableiten konnten, war länger. Immerhin konnte man von der »nationalen Einheit«, die sich durch den Zugewinn von »Männern« nahezu von selber hatte einstellen sollen, noch bei weitem nicht sprechen: Statt dessen verwiesen die Resistenzkraft überkommener einzelstaatlicher Identitäten und Loyalitäten, die konfessionellen Konflikte, vor allem aber auch die politische Fragmentierung auf ein unzureichendes Maß an »sittlicher Freiheit«, die mit der ihr zugeschriebenen Fähigkeit zur freiwilligen Unterordnung, zur Ordnung und zum Gehorsam, zur Bescheidenheit und zur Mäßigung die kulturellen, sozialen und politischen Differenzen eigentlich hätte überwinden und die erwartete »Einheit« hätte gewährleisten müssen.[21]

Für eine Beurteilung der »Männlichkeit« war das durchaus zentral: Denn »Freiheit« – das war nach wie vor ein den »Männern« vorbehaltener Wert, die dafür allerdings eine Vielzahl an Fähigkeiten und eine Reihe von Verhaltensweisen erworben haben mußten. »Nur der Mann, der sich aus innerster Ueberzeugung den bestehenden Gesetzen unterordnet«, gab ein Festredner seinen Zuhörern noch im Jahre 1871 eindringlich zu verstehen, konnte im Unterschied »zum Freiheitsschwindel der Franzosen« als wirklich »frei« bezeichnet werden.[22] Statt sich aber in der dazu nötigen Bescheidenheit und Mäßigung zu üben, schien das männliche Geschlecht, wie das von seiten der Turner schon in den 1860er Jahre beobachtet und auf das schärfste verurteilt worden war, von dem Übermaß der Genüsse, der Modesucht, der Unsittlichkeit ergriffen, wenn nicht gar durch diese gefangen zu sein. Dieser diagnostizierte »kulturelle Verfall«, der sich auch nach der nationalen »Wiedergeburt« von 1871 von neuem abzeichnete, wog aber um so schwerer und bedrohlicher, als sich damit jene Weichlichkeit und Willensschwäche wieder auszubreiten drohte, die die »Nation« über Jahrzehnte hinweg – das war nach wie vor ein unveränderter Topos innerhalb der Turnerschaft – zum wehrlosen Objekt ihrer Feinde gemacht hatte und mit der erneut jene Wehrfähigkeit schwinden mußte, mit der die glorifizierte »Nation« von 1870/71 und ihr schlagkräftiges Militär den Sieg über Frankreich errungen und den Nationalstaat erwirkt hatten.

Ob diese Leistung noch einmal erbracht werden könne, die, wie man pathetisch formulierte, »unsere großen Männer, unsere siegreichen Heere«[23] vollbracht hatten – das schien angesichts der »nationalen« Entwicklung, wie sie sich vielen Turnern darstellte, durchaus fraglich. »Feinde ringsum!« – mit dieser

---

21 Zum Freiheitsbegriff vgl. ausführlich das Kap. Die Einverleibung der Freiheit; zur Wahrnehmung der nationalen Entwicklung seit der Gründung des Kaiserreichs auch das Kap. Nation u. Volk.

22 Gauturnfest zu Groitsch, in: DTZ 1871, S. 174.

23 Vgl. den Bericht zum 4. deutschen Turnfest in Bonn 1872, in: DTZ 1872, Nr. 22, 31. Mai.

Parole aus dem Jahre 1885, einem Jahr voller deutsch-französisch-englischer Spannungen, war eine Wahrnehmung der »Nation« zusammengefaßt, die innerhalb der Turnerschaft schon bald nach der Nationalstaatsgründung vorherrschend geworden war und das Denken und Handeln weiter Teile ihrer Mitglieder bestimmte. Auf die »mißgünstige[n] Nachbarn« und die »Feinde deutschen Geistes« – womit in aller Regel die Sozialdemokraten ebenso gemeint waren wie die Katholiken – beschränkte sich das hier artikulierte Gefühl der Bedrohung keineswegs. Vielmehr waren es vor allem die »Feinde unserer gesunden Entwicklung«, die insofern eine ungleich größere Gefahr bedeuteten, als damit »die mit der fortschreitenden Kultur sich verknüpfende Verweichlichung und Erschlaffung der Sitten« bezeichnet wurde.[24]

Diese »Feinde« waren mithin gerade nicht in einem spezifischen und klar umgrenzten Kreis von Betroffenen zu finden. Als Teil der »kulturellen« Entwicklung beschrieben, bezeichneten sie ganz im Gegenteil einen »Feind«, der nicht nur in naher Zukunft drohte, sich des einzelnen zu bemächtigen, sondern möglicherweise bereits Teil seiner selbst war und die in höchstem Maße »unmännlichen«, nachgerade »weibischen« Züge, wie die gängigen Stereotypen vorgaben, bestimmte. Dem Vorsatz, ein »kräftiges, gesundes, wehrhaftes, treues Volk heranzuziehen«,[25] konnte das kaum genügen. »Männer« mußten geschaffen werden, »Männer«, »die, wenn möglich an Leib und Seele ohne Fehl und namentlich im Stande« waren, »bei größeren Ansprüchen in Bezug auf körperliche Anstrengungen Größeres zu leisten und zu ertragen«.[26] Diese zentrale Aufgabe der Turnerschaft war auch nach dem erreichten Ziel der politischen Einheit unstrittig, und gerade in diesem Versprechen lag immer noch die besondere Attraktivität, die Männer oder, um genauer zu sein, die, die es werden oder bleiben wollten, den Turnvereinen zuführte.

Sowohl im Hinblick auf das Männlichkeitsideal der Turner als auch auf die Vorstellung, daß diese »Männlichkeit« erst geschaffen werden müsse, scheint mithin die Kontinuität über die politische Zäsur von 1871 hinweg zu bestehen. Doch das »Männlichkeitsideal« änderte sich, wenngleich nur partiell. Denn in weitaus stärkerem Maße noch, als das bislang ohnehin der Fall gewesen war, avancierte die Wehrfähigkeit zum bestimmenden Merkmal des deutschen »Mannes«. Das Entscheidende war aber ein Wandel der Vorstellungen von Wehrfähigkeit – eine Entwicklung, die sich über etwa zwei Jahrzehnte hinzog.

»Wehrfähigkeit«, das hatte innerhalb der Turnbewegung – um es kurz zu rekapitulieren – stets mehr bezeichnet als die Ausbildung kriegerischer Fertigkeiten.[27] Gekoppelt an die Vorstellung der »sittlichen Freiheit« hatten die Turner

24 An die deutschen Männer u. Frauen, in: Der Turner, Nr. 8, 1886, S. 187.
25 Ebd.
26 Das Fechten auf dem Turnsaale, in: DTZ 1879, S. 21f., Zit. S. 22.
27 Dazu ausführlich das Kap. Die Einverleibung der Freiheit.

ihre Leitidee von Wehrfähigkeit immer in Abgrenzung von der Ausbildung im Militär gesehen, das sie nach wie vor bestimmt sahen durch den Drill seiner Soldaten, die nur in unreflektierter Hörigkeit gegenüber der Obrigkeit, in dumpfer Unterordnung und blindem Gehorsam ihren Dienst leisteten. Die Wehrfähigkeit eines Turners verband demgegenüber – zumindest dem Anspruch nach – die Fähigkeit zur Unterordnung und zur Disziplin stets mit dem Aspekt des selbstbestimmten, freiwilligen Gehorsams, zu dem man nur denjenigen in der Lage glaubte, der aufgrund seiner körperlichen Konstitution in der Lage war, über sich selber zu verfügen. Dieser Gedanke der Wehrfähigkeit war daher immer mit einem emanzipatorischen Partizipationsgedanken verbunden gewesen, den man schließlich durch die Forderung nach einer in allen deutschen Staaten eingeführten Allgemeinen Wehrpflicht rechtlich verankert sehen wollte. Doch wehrfähig zu sein – damit war immer auch ein weiterer Aspekt verbunden gewesen. Denn Wehrfähigkeit wappnete nicht nur für den Krieg, sondern auch für das alltägliche Leben, in dem die auftauchenden Schwierigkeiten mit Hilfe der erworbenen Fähigkeiten zur »Freiheit« durch eigene Kraft gemeistert werden sollten. Dieses Gefüge aber verschob sich in zunehmendem Maße.

Ohne ihre Verbindung zu den bislang gängigen Wert- und Verhaltensvorstellungen, die man mit der »Freiheit« verknüpft hatte, je gänzlich zu verlieren, wandelte sich mit der Reduktion der Freiheitsvorstellungen, die seit 1871 mehr und mehr auf ihre einheitsstabilisierenden Momente verkürzt worden waren,[28] sukzessive auch die Bedeutung der Wehrfähigkeit. Damit aber geriet eine Entwicklung in Gang, mit der eine Militarisierung der Turnerschaft nicht mehr aufzuhalten war. Das meinte nicht nur die gesteigerte Faszinationskraft, die seit 1871 von der Institution des Militärs, seiner »Denkstile, Sinnhorizonte und Deutungsmuster« auf einen wachsenden Teil der Gesellschaft generell ausging[29] und die auch innerhalb der »Deutschen Turnerschaft« ein über das bisherige Maß hinausgehendes Gewicht erhielten. Vielmehr hatte Militarisierung innerhalb der Turnerschaft noch eine weitergehende, spezifische Bedeutung. Denn damit wurde von seiten ihrer Kontrahenten ein Prozeß bezeichnet, der genau dem zuwiderlief, was bislang als zentrale Prämisse des Turnens Gültigkeit gehabt hatte: »Nicht blos Vorschule für den Militairdienst, sondern auch für das Leben zu sein.«[30]

28 Vgl. ausführlich dazu das Kap. Freiheit in der Einheit – ein Anachronismus?

29 So die Definition des »Militärischen« als eines kulturellen Systems bei *Frevert*, Gesellschaft, hier S. 10. Dazu auch *Dies.*, Modell, die hier auf die Bedeutung des preußischen Militärs hinweist, die diesem bereits seit der Einführung der Allgemeinen Wehrpflicht in Preußen 1806 im Prozeß der inneren Nationsbildung zugesprochen werden müsse. Desweiteren *Vogel*, Militärfeiern; *Ders.*, Nationen; *Rohkrämer*.

30 Daran erinnerte Wilhelm Angerstein noch einmal in einer kontrovers geführten Debatte im Jahre 1872 über die Einführung militärischer Kommandos im Turnen. Vgl. dazu den Bericht über den V. allg. Deutschen Turntag, in: DTZ 1872, S. 229–238, S. 233.

Dabei ließ sich die Militarisierung nicht nur an einer Verengung des Turnens auf jene körperlichen Übungen festmachen, die auch bislang für die Ausbildung der eigenen wie auch der »nationalen« Wehrhaftigkeit praktiziert worden waren. Gemeint – und von seiten vieler durchaus befürchtet – war eine Umdeutung der überkommenen Vorstellung von Wehrhaftigkeit, die in der Praxis dann genau auf das hinauslaufe, worauf man den Militärdienst – nach wie vor – ausgerichtet sah: den »militärischen Geist« zu verankern – und dabei den »bürgerlichen« auszulöschen.[31] Die Fähigkeit zu Disziplin, Ordnung und Gehorsam wäre dann nicht mehr primär, wie es die Idee der Wehrhaftigkeit bisher gemeint hatte, das Ergebnis einer durch körperliche und geistige Ausbildung erlangten Fähigkeit zur Selbstbestimmung und einer damit verbundenen Tat- und Willenskraft, die den einzelnen als »Bürger« auszeichneten, sondern schlicht ein Resultat des militärischen Drills und damit der Rückfall in die Unmündigkeit.

Diese Vorstellung von Militarisierung ging im Grunde genommen mit der tatsächlichen Entwicklung des Militärs nicht einher. Im Gegenteil, hier zeichnete sich eine eher gegenläufige Tendenz ab, die darauf hinwies, daß mit der freiwilligen Bereitschaft zu Gehorsam und Disziplin auch der Ausbildung von Charakter- und Willensstärke erhöhte Aufmerksamkeit geschenkt wurde, was sich in den neuen Exerzierreglements seit den ausgehenden 1880er Jahren durchaus bereits niederschlug.[32] Tatsächlich ließe sich hier, legt man das Verständnis der Turner von »Bürgerlichkeit« zugrunde, eher eine Verankerung »bürgerlicher« Vorstellungen im Militär konstatieren. Mit der Militarisierung des Turnens fiel die »Deutsche Turnerschaft« hinter diese Entwicklung, die sie einst vorweggenommen hatte, zurück. Sie stufte diejenigen Elemente der Wehrhaftigkeit zurück, die nun im Militär Eingang fanden und stärkte im Gegenzug den autoritären, auf unerbittlicher Disziplin und schonungslosem Gehorsam aufbauenden Charakter, durch den man das Militär ausgezeichnet glaubte und der in dieser Form auf eine bislang noch nicht geteilte Bewunderung unter zahlreichen Turnern stieß. Und dennoch: Verfolgt man diese Entwicklung, wird man vergebens nach den einschneidenden, tiefgreifenden Brüchen suchen, die eine Kehrtwende markieren könnten. Dieser Wandel war nicht scharf, und er vollzog sich keineswegs geradlinig; doch dieses Spannungsverhältnis gilt es für den heutigen Betrachter auszuhalten.

Als in den ausgehenden 1880er Jahren sowohl von Beobachtern der turnerischen Darbietungen auf Festen als auch von Kritikern aus den eigenen Reihen der »militärische Geist« wiederholt hervorgehoben wurde,[33] der auf den Festzü-

---

31 *Goetz*, Aufgabe, S. 265.

32 Vgl. *Frevert*, Militär, S. 159.

33 Besonders ausgeprägt seit dem 7. deutschen Turnfest in München 1889. Vgl. dazu die Berichte über das 7. deutsche Turnfest in München, in: MNN, Nr. 338, 25.7.1889, S. 2f.; ebd., Nr. 245, 30.7.1889, S. 4; ebd., Nr. 356, 5.8.1889, S. 2f.

gen aber auch im Turnen wahrzunehmen sei, zeigte sich, in welchem Maße die Militarisierung Eingang in die Erziehung von »Männern« gefunden hatte, die als vermeintliche Avantgarde der Vaterlandsverteidiger sich selber und ihre Vorstellung von »Nation« inszenierten.

Im Verlauf dieser Militarisierung, deren Ergebnis hier augenfällig wurde, veränderte sich auch ein Teil der körperlichen Übungen, die durch die Einbeziehung neuer Elemente oder eine veränderte Akzentuierung im Ablauf auf die neue Vorstellung vom wehrhaften »Mann« zugeschnitten wurden. Dadurch wurden auch die Körper geprägt. Außer der diskursiven Vermittlung eines Ideals vom »männlichen« Körper wurden die zugeschriebenen Fähigkeiten und Eigenschaften des »Mannes« mit dem Körper eingeübt und auf diese Weise mit dem eigenen Körper erfahrbar. Dem körperlich gekräftigten, muskulösen, körperbeherrschten, disziplinierten, in seiner Haltung aufrechten, aber gewandten und damit wehrhaften »Mann« blieb der Körper, um es anders zu formulieren, ein »dauerhaftes Symbol«, das ihm wie ein Gedächtnis die Attribute des »Männlichen« präsent hielt.[34] Auch der Öffentlichkeit vermittelten sie sich immer auch durch die Körper. Denn gerade in ihnen nahmen die Eigenschaften des »Männlichen« Gestalt an, waren als »Zeichen«, die dem Körper eines wehrhaften »Mannes« anhafteten, sinnlich erfaßbar, ja, sie sind geradezu als Elemente einer »körperlichen Rhetorik«[35] verstehbar, wie sie etwa durch die Art der körperlichen Haltung, der Geh- und Stehweise ausgedrückt wurde.

Wenn die Militarisierung des Turnens und mit ihr der – wenn auch graduelle – Wandel des Männlichkeitsideals auch erst seit den ausgehenden 1880er Jahren ihre Ergebnisse zeitigten, zeichnete sich dieser Prozeß doch in den Augen vieler bereits zu Beginn der 1870er Jahre ab. »Hüten wir uns«, ließ ein Turner seine eindringliche Warnung schon 1872 vernehmen, die Turnerei »mit dem Militarismus zusammen fallen zu lassen, hüten wir uns ... sie zu einer Unterabtheilung des Militarismus zu machen«.[36] Doch so wortgewaltig sich diese Kontrahenten bisweilen auch gegen die von ihnen antizipierte Entwicklung zur Wehr zu setzen versuchten, so schwach war ihre eigene Position. Denn die Nationalstaatsgründung erwies sich auch in diesem Bereich und in mehrfacher Hinsicht als eine tiefgreifende Zäsur, die einer Militarisierung der Turnerschaft den Boden bereitete.

Erstens war die Entstehung des Nationalstaates als einer Geburt des Krieges eine Art von Auslöser für die Aufwertung der militärischen Fertigkeiten, von der eine Sogwirkung ausging, der sich innerhalb der Turnerschaft kaum jemand entziehen konnte. Die Übereinstimmung unter den Turnern in der Beurtei-

---

34 Vgl. dazu *Assmann*, Identität, hier S. 18, die allerdings in Anlehnung an Pierre Clastres auf die Narbe als Erinnerungs-Zeichen verweist, die das Vergessen verhindere, den Körper zum Gedächtnis werden lasse.
35 Einschlägig dazu *Foucault*, Überwachen, S. 173f., dort auch die Zitate.
36 Bericht über den V. allg. Deutschen Turntag, in: DTZ 1872, S. 234.

lung der Leistungen im Krieg, der besonderen Vorzüge des Turnens für die Ausbildung wehrhafter Soldaten und der ohnehin unstrittigen Zusammengehörigkeit von Wehrfähigkeit und »Männlichkeit« ist frappierend. Die unzähligen Lobreden etwa über »das bewunderungswürdige Beispiel unseres Heeres«,[37] in dem auch die Turner »ein großes, tüchtiges und wehrhaftes Contingent gestellt«[38] hätten, fanden ungeteilten Beifall innerhalb der Turnerschaft. Denn daß insbesondere die Turnerei »nicht wenig dazu beigetragen« habe, »das deutsche Volk wehrhaft zu machen«,[39] sei doch gerade »durch das Turnen gar mancher junge Mann erst waffenfähig«[40] geworden, das war nach dem Krieg von 1870/71 weithin unstrittig. Sämtliche Annahmen über die Wirkung des Turnens und den Wert des gekräftigten Körpers schienen sich allein durch den Sieg bestätigt zu haben. Jede Reflexion über den spezifischen Wert des Turnens kam seither einer uneingeschränkten Selbstbestätigung vorheriger Erwartungen gleich, durch die auch die Funktionalität der körperlichen Übung für die geforderte Wehr- und Leistungsfähigkeit im Krieg noch einmal unterstrichen wurde. »Der Turner hat seinen Körper nicht allein gestärkt, sondern auch abgehärtet und verträgt darum die Kriegsstrapazen leichter, als ein Nichtturner«, legte dementsprechend überzeugt ein Redner in Erinnerung an den unlängst zu Ende gegangenen Krieg die Vorzüge des Turnens seinen Zuhörern dar, bevor er ergänzend hinzufügte: »Jeder Turner ist gewöhnt, seinen Körper zu beherrschen, gewöhnt, bei seinen Uebungen vor schmerzhaften Muskelanstrengungen nicht zurückzuschrecken, gewöhnt, augenblicklich scheinbare Grenzen nicht zu scheuen, gewöhnt an strenge Aufmerksamkeit, an Präcision in der Ausführung gegebener Befehle, überhaupt an Disciplin gewöhnt ... Dieses Alles macht ihn zu einem tüchtigen Soldaten.« Und genau deshalb stand, ließ sich das Fazit seiner Ansprache zusammenfassen, der Turner den »vielen tausend Krieger[n]«, die »tapfer und mannhaft gestritten« hatten, in nichts nach:[41] Weder in Kriegstüchtigkeit noch in »Männlichkeit«, denn erst aus der »Stählung des Körpers«[42] waren diese gleichermaßen hervorgegangen – diese zwei Seiten ein- und derselben Medaille, die von den Turnern nicht unabhängig voneinander gedacht werden konnten. Dadurch aber war eine klare und überzeugende Abgrenzung von denjenigen, die sich nun in einem weitaus höheren Maße noch von der Faszination des Militärischen geblendet zeigten und den Turnbetrieb nach Maßgabe eines vermeintlich militärischen Wert- und Verhaltenskodex umgestalten wollten, außerordentlich schwierig geworden. Eine wirkungs-

37 Aus Baden, in: DTZ 1872, S. 149.
38 Gauturnfest zu Groitsch, in: DTZ 1871, S. 174.
39 Beispielhaft für viele die Festrede auf der Feier des 25jährigen Fahnenjubiläums des Männerturnvereins Crimmitschau, in: DTZ 1873, S. 192.
40 Gauturnfest zu Groitsch, in: DTZ 1871, S. 174.
41 Ebd.
42 Die Feier des 25jährigen Fahnenjubiläums des Männerturnvereins Crimmitschau, in: DTZ 1873, S. 192.

volle Eindämmung der Militarisierung durch die Turnerschaft selber war daher von vornherein problematisch.

Ein zweiter Grund lag in der interaktiven Beziehung zwischen »Geschlecht« und »Nation«. Denn wenn sich in der »Nation« von 1870/71 das Ideal von »Männlichkeit« verwirklicht hatte und damit auch bestätigt worden war, war es auch diese »Männlichkeit«, die die »Nation« aus der Taufe gehoben hatte, die als Garant für ihre weitere Existenz vonnöten war. Jedes wahrgenommene Defizit an »Männlichkeit« mußte dann jedoch auch auf die Verwundbarkeit, wenn nicht sogar auf den drohenden Untergang der »Nation« verweisen, die umgekehrt, so wie sie wahrgenommen wurde, den Maßstab für die vorhandene »Männlichkeit« abgab. Dabei hatte sich das Gefüge der Zuschreibungen, durch die »Männlichkeit« bislang konstituiert worden war, durch den erfolgreich durchgeführten militärischen Einsatz zugunsten einer Aufwertung der Wehrhaftigkeit verschoben, wobei sich die Gewichte der einzelnen Variablen in einem Maße änderten, daß die »Männer« oder die Wahrnehmung der »Nation« den in sie gesetzten Erwartungen nicht zu entsprechen schienen.

Schließlich aber, und das lag auf einer ganz anderen Ebene, setzte die Einführung der Allgemeinen Wehrpflicht außerhalb Preußens, die von seiten der Turnerschaft immer wieder gefordert worden war, die Turner unter einen enormen Zugzwang. Wozu sollte es, diese Frage drängte sich unwillkürlich auf, die Turnvereine als Ausbildungsstätte zur Wehrhaftigkeit überhaupt noch geben, wenn nunmehr alle männlichen Staatsbürger während einer obligatorischen dreijährigen Dienstzeit das Kriegshandwerk und »männliche« Tugenden beim Militär erlernten?

Das 4. deutsche Turnfest in Bonn 1872 sollte, daran zweifelte im Vorfeld der Austragung wohl niemand, ein eindeutiges Bild präsentieren und damit eine unanfechtbare Antwort geben. Sowohl in der Inszenierung als auch in den dargebotenen Leistungen werde sich, so erwartete man, die Bedeutung, die den Turnern während des vergangenen Krieges zugekommen sei, noch einmal bestätigen. Vor allem aber werde der Öffentlichkeit das derzeitige Ausmaß wehrhafter »Männlichkeit«, das durch die turnerischen Übungen erreicht werden könne, vor Augen geführt, in dem sich nicht zuletzt auch die Konstitution der »Nation« abbilde. Jene »großthuerische[n] Feste ..., auf denen wenig und schlecht geturnt werde« und die kaum anderes seien »als ›Viel Lärm um Nichts‹, vorn getrommelt und hinten keine Soldaten«, gehörten, dessen war man sich sicher, der Vergangenheit an. Statt dessen werde sich bereits in Bonn zeigen, »daß das deutsche Turnen nicht blos als eine Kunststückmacherei, noch weniger als eine schöne Gelegenheit zu Festbummeleien, sondern als ein Jedem zugängliches Bildungsmittel, als eine werthvolle Förderung nationaler Kraft und Tüchtigkeit auftritt«.[43]

---

43 Aus Baden, in: DTZ 1872, S. 149.

Doch die dargebotenen Leistungen ließen an einer hinreichend vorhandenen »Männlichkeit«, die den gesellschaftlichen Anforderungen standhalten und damit die »Nation« vor ihrem Verfall bewahren könne, Zweifel aufkommen. »Unsere Turnsache ist glücklicherweise nicht von dem Gelingen eines Festes abhängig«, lauteten zwar die aufmunternden Worte in der Neujahrsansprache zum darauffolgenden Jahr, die gleichwohl das Maß der Enttäuschung über das vergangene Fest nicht überspielen konnten. Die Leistungen mochten zwar passabel gewesen sein, doch angesichts der wahrgenommenen »nationalen« Entwicklung galten sie nun einmal keineswegs als hinreichend, um die Gefahr für die »Nation« abzuwenden, die schon am Horizont heraufzuziehen schien. Nur durch eine Erziehung, glaubte man, die dem Gesetz der jeweiligen Erfordernisse gehorchte, ließ sich Schlimmeres verhindern. Und dieses Gesetz erforderte, wie hier erläutert wurde, »in dem jetzigen Zeitalter raschester Bewegung, rastlosen Erwerbes und mannigfachen Genusses« einerseits, »der allgemeinen Wehrpflicht und schwerster, die volle und ganze Kraft eines Volkes erfordernder Kämpfe, die noch nicht zwei Jahre hinter uns liegen und in nicht zu weiter Ferne möglich sind, andererseits«, vor allem eines: »mehr als je einen *ganzen Jüngling* und *Mann*«.[44]

Diese Zeitdiagnose mußte auf viele Turner, die mit dem Ziel der politischen Einheit alle kulturellen, sozialen und politischen Differenzen und Kontroversen überwunden zu haben glaubten, und die Erhaltung der Einheit allein durch Mäßigung und Bescheidenheit, durch Ordnung, Disziplin und Sittlichkeit, durch Stärke und Wehrhaftigkeit gewährleistet sahen, zumindest verunsichernd wirken, wenn nicht gar in einem Maße Ängste auslösen, daß eine mit Nachdruck verfolgte Einhaltung dieser Wert- und Verhaltensmaßstäbe als unumgänglich erschien. Und das erforderte eben nicht nur, die »leibliche Uebung verbunden mit der entsprechenden Zucht des Geistes« gesellschaftlich breiter zu verankern, sondern auch die körperliche Praxis im Turnbetrieb selber zu ändern, hatte sich doch auf dem Bonner Fest gezeigt, daß diese Eigenschaften sogar »bei einem guthen Theile derjenigen fehlten oder wenigstens nicht in genügendem Maße vorhanden waren, die den Namen Turner tragen«.[45]

Wirft man einen Blick auf die Berichterstattung der lokalen Presse, entsprachen die Leistungen einzelner gewiß nicht dem, was man innerhalb der Turnerschaft von »Männern« erwartete. Doch die harsche Kritik, die an diesen Turnern nun geübt wurde, ist auch noch vor einem anderen Hintergrund zu sehen. So ließ zum einen die Reaktion der Zuschauer erahnen, daß ein Teil von ihnen wohl eher wegen des Amusements oder aus Gründen der Abwechslung vom Alltag dem Fest beiwohnte, mitnichten aber den nötigen Ernst teilte, mit dem weite Teile der Turnerschaft ihre Übungen betrieben und sich selber als bedeu-

---

44 Zum neuen Jahre, in: DTZ 1873, S. 1 (Hervorh. i. Orig).
45 Ebd.

tend für die »Nation« betrachteten. »Eine gute Stunde hindurch«, berichtete etwa die »Bonner Zeitung«, »wurden Freiübungen veranstaltet.... Manche derselben machten einen ganz vortrefflichen Effekt, und alle wurden mit großer Präcision und Energie zu Ende geführt. Die in dichten Schaaren herbeigeströmten Zuschauer brachen oft in laute Bravorufe, oft aber auch, wenn Einer der Turnenden die betreffende Uebung verkehrt machte und z. B. anstatt sich nach vorn zu beugen, die entgegengesetzte Bewegung machte oder gar kerzengrade stehen blieb, in helles Gelächter aus.«[46]

Zum andern aber waren es nicht die sporadisch auftauchenden Fehler von einzelnen, die, für sich genommen, den Ärger der Mitturnenden und der Veranstalter verursachten. Jede individuelle Fehlleistung vielmehr, die auf den Mangel an Disziplin, an Selbstbeherrschung, an Kraft oder auch an Gewandtheit hinwies oder die gar, um es anders auszudrücken, von seiten des Publikums als Unbeholfenheit und Dummheit interpretiert werden konnte, war eine Blamage für die gesamte Gruppe, ja, für die Turnerschaft überhaupt. Denn die »Einheit«, die sie verkörpern wollte, die »Nation«, als deren besondere Stütze sie sich betrachtete, erwies sich in diesem Moment als eine regelrechte Farce, die zugleich jeden Turner in seiner erworbenen »Männlichkeit« bloßstellte.

Doch dieser Vorfall war gewiß nicht ausschlaggebend für das Signal, das der 5. allgemeine deutsche Turntag in Bonn 1872 mit dem Antrag auf Einführung der militärischen Bezeichnungen für die Kommandos zu den Marsch- und Ordnungsübungen setzte.[47] Dieser verdeutlichte nicht nur den Vorbildcharakter, den das Militär mittlerweile für weite Teile der Turnerschaft gewonnen hatte; in ihm spiegelte sich auch das Bedürfnis nach einer Potenzierung jener Eigenschaften und Fähigkeiten wider, durch welche die Erhaltung der Einheit, über deren Existenzfähigkeit man sich offenbar nicht sicher war, gewährleistet schien. Eduard Angerstein, der, obwohl selber ein scharfer Kritiker dieses Antrags, seinen Bericht vor den Mitgliedern des Turntags erstatten mußte, hob während der äußerst kontrovers geführten Debatte den zeitgenössischen »Wunsch nach Ordnung« als einen aus seiner Sicht offenbar zentralen Grund für diesen Antrag deutlich hervor, der es in seinen Augen jedoch nicht rechtfertigte, »die eigenen Ordnungsübungen zugunsten der militärischen Marsch- und Ordnungsübungen preiszugeben«. Diese Interpretation war nicht weit hergeholt, geschweige denn originell. Denn der Antrag selber hatte in diesem Punkt eine ganz unzweideutige Auskunft über die Motive gegeben, die gleichwohl weiter gefächert waren. So wurde hier als Begründung für die geforderte Einführung der militärischen Kommandos außer dem lapidaren »dringende[n] Bedürfnis« danach genannt, »daß gleichzeitig für die jüngeren Leute das Turnen gewissermaßen die Vorschule für den Militärdienst bilden soll, – daß endlich

46 Bonner Zeitung, Nr. 216, 5.8.1872, S. 1.
47 Der Antrag und die Debatte in dem Bericht über den V. allg. Deutschen Turntag, in: DTZ 1872, S. 229–238. Daraus auch die weiteren Zitate dieses Absatzes.

auch im practischen Interesse die Verpflichtung an uns herantritt, unsere particularistischen Eigenthümlichkeiten dem großen Ganzen zu opfern oder doch wenigstens anzupassen«.

Obwohl diesem Antrag, der im übrigen von dem späteren Vorsitzenden der »Deutschen Turnerschaft«, Alfred Maul, massive Unterstützung erfahren hatte, nicht stattgegeben wurde, ließ sich ein Kompromiß doch nicht umgehen. Denn erwünscht war die Einheitlichkeit allemal, wie auch Einmütigkeit darüber herrschte, daß das Turnen, sofern es nicht darauf reduziert werde, als Vorschule für den Militärdienst zu betrachten sei. In dem schließlich verabschiedeten Beschluß schlug sich das nieder. Mit der ausdrücklichen Empfehlung an die Mitgliedsvereine, den von dem Turner Justus Lion bereits vor Jahren entworfenen und längst vorliegenden Leitfaden zu übernehmen, um die Vereinheitlichung der Kommandosprache auf diese Weise zu erreichen, mochte man vielleicht eine zu weitgehende Übereinstimmung mit dem Militär an dieser Stelle noch einmal verhindert haben. Eine Affinität zum Militärischen, die sowohl in der Kommandosprache der Turner als auch in der Art der Befehlsgebung steckte und vermittelt wurde, nahm man dem Turnen damit allerdings nicht – und das war auch gar nicht die Absicht.

Dabei kamen sowohl der Einführung der Allgemeinen Wehrpflicht als auch der neuen Konstellation der alten und jungen europäischen Nationalstaaten, die man von Anbeginn immer auch in Konkurrenz zueinander sah, eine Bedeutung zu, die nicht unterschätzt werden darf. »Wir Deutschen haben nun eine allgemeine Wehrpflicht und eine der Hauptaufgaben des deutschen Mannes ist es, ein brauchbarer und tüchtiger Soldat zu werden!«[48] Aus der Sicht der Turner bedeutete das keineswegs, daß damit die Erziehung zur Wehrhaftigkeit ausschließlich in das Ressort des Militärs fiel. Im Gegenteil: Gerade die Turnvereine, mit dieser Argumentation meinte Ferdinand Goetz den Bau weiterer Turnhallen hinreichend zu legitimieren, sollten als »Pflanzstätten jener unübertrefflichen Wehrfähigkeit« fungieren, »welche die Anschläge des stolzen und hinterlistigen Erbfeindes bei Sedan so gründlich zu Schanden« gemacht hatte.[49] Und das stand keineswegs im Widerspruch zu seiner scharfen Verurteilung des »herrschenden Militarismus«, wie er sie noch in einer Debatte zu Jahresbeginn 1872 geäußert und in deren Verlauf er sich auch wiederholt von dem »Gesinnungswechsel der liberalen Parteien«, den diese »nach den Erfolgen der Jahre 1866–71« in dieser Hinsicht vollzogen hätten, distanziert hatte.[50]

Denn zum einen sah man in den Turnvereinen und der Institution der Schule, sofern diese durch ein entsprechendes Schulturnen diese Voraussetzung schuf, die besten Bedingungen für eine Erziehung, durch die dem Militär kör-

---

48 Das Fechten auf dem Turnsaale, in: DTZ 1879, Zit. S. 22.
49 Vgl. Ein Vorschlag an die deutsche Turnerschaft zum 2. September, in: DTZ 1873, S. 164.
50 Vgl. *Goetz*, Aufgabe, S. 13. Die gesamte Debatte in DTZ 1871, Nr. 48, 50 u. 51, sowie DTZ 1872, Nr. 3, 6 u. 7.

perlich gekräftigte, an Disziplin, Gehorsam und Befehl gewöhnte Rekruten zugeführt werden konnten. Zum andern schien gerade das Turnen die beste Gewähr dafür zu bieten, um die während der Militärzeit erworbenen Fähigkeiten auch im Anschluß an den absolvierten Dienst präsent zu halten. Den Grundgedanken, der sich dahinter verbarg, brachte wenige Zeit später ein Autor in einer Artikelserie der »Deutschen Turn-Zeitung« auf den Punkt: »Die Erkenntniß nun«, argumentierte er, als handle es sich um ein nicht zu widerlegendes Gesetz, »daß es nicht die militärischen Einrichtungen eines Staates allein sind, die seine Wehrkraft ausmachen, daß ein Krieg so etwas wie ein Prüfstein der gesamten Leistungskraft eines Volkes sei, ist eine so unabweisbare, daß auch nicht nur die militärischen Kreise allein sich vor die Frage gestellt sehen: wie erhalten, wie steigern wir unsere Wehrkraft?«[51]

Nicht die militärischen Fertigkeiten einzelner Jahrgänge, die gerade ihre Militärzeit absolvierten, und auch nicht die Wehrfähigkeit einer Generation waren demnach hinreichend, um die Stärke und die Wehrhaftigkeit der »Nation« zu gewährleisten. Vielmehr schien diese erst durch die gesamte »Volkskraft«[52] gesichert, die auf der Wehrkraft jedes einzelnen männlichen Individuums aufbaute, das jedoch immer erst aus der Stärke der »Nation« die vermeintliche Gewißheit bezog, den »Vollbegriff der Männlichkeit« erreicht zu haben. Ihn glaubte man in der Fähigkeit zu finden, »für seines Volkes höchste Güter mit allen Erfordernissen der Wehrbarkeit eintreten zu können«.[53] Um es anders zu wenden: Jeder, der nicht den Anforderungen entsprach, die man dem wehrhaften »Mann« zuschrieb, setzte ein Zeichen für die Verwundbarkeit der »Nation«, war ein Ausdruck ihrer Schwäche, die er an seinem eigenen Körper erfahren konnte.

Eine derartige Instabilität erschien bereits in den ausgehenden 1870er Jahren überaus bedrohlich. Erstens wegen der vermeintlichen oder tatsächlichen Revanchegelüste des besiegten Frankreich; zweitens aber, weil der »Wetteifer der Völker in den Künsten des Krieges«, den man auch zu dieser Zeit in vollem Gange sah, eine derartige Verwundbarkeit nicht zuließ. Darüber hinaus wurde noch ein weiteres wichtiges Argument angeführt: die »Möglichkeit eines Fortschritts«, die zugleich auch die »Pflicht« auferlege, »ihn zu erstreben«.[54]

In diesem Glauben an die Kraft des Fortschritts kündigte sich eine Entwicklung an, der eine allmählich sich verändernde Haltung gegenüber dem Innovations- und Fortschrittspotential der Technik zugrunde lag. Das entsprach durchaus einem sich langsam vollziehenden gesellschaftlichen Bewußtseinswandel, der erst gegen Ende des Jahrhunderts voll zur Geltung kam. Anstelle der noch in den 1860er Jahren deutlich ausgeprägten Furcht vor den Auswir-

51 *Stürenburg*, Zit. S. 37.
52 Ebd., S. 38.
53 Ebd., S. 37.
54 Ebd., S. 38.

kungen der technischen Neuerungen, wie sie sich auch in der Turnbewegung gezeigt hatten,[55] glaubte man nunmehr, gerade im technischen Fortschritt die Heilkraft für die wahrgenommenen Schäden zu finden.[56]

Ein auf diese Weise verstandener Fortschrittsbegriff, der auf der Steigerung der bisherigen Leistungskraft aufbaute, mußte den momentanen Stand der Wehrhaftigkeit stets defizitär erscheinen lassen. Damit aber wurde nicht nur die Überlegenheit der eigenen Technik, konkret: der Waffen gegenüber denen des Gegners zweifelhaft, sondern auch die Wehrhaftigkeit jedes Individuums, die ja vor allem auf seiner körperlichen Konstitution aufbaute. Daß die »Steigerung unserer Wehrkraft«, wie sie von seiten der Turner für nötig gehalten wurde, mithin nicht nur durch die »Einführung einer neuen Waffe« erwirkt und auch nicht durch »geeignetere Uebungsformen« erzielt werden konnte; daß es vielmehr nötig war, die Fähigkeiten und Eigenschaften, in denen man die Gründe für die jetzige Leistungskraft erblickte, »mit doppelter Sorgfalt« zu pflegen,[57] lag demnach auf der Hand. Die »wahre Zucht des Leibes und des Geistes«, die Ausbildung des Körpers zu »Gewandtheit und Stärke«, das geweckte Bedürfnis »zu des Leibes Leistungs- und Widerstandskraft«, das Verständnis für die »Formen der Ordnungskunst«, die einen lehrten, »sich als Theile in die Ordnungs- und Bewegungsformen eines Ganzen zu finden, in der Lust des Tanzes, wie in den Reihen des Heeres«, schließlich die Erziehung im »Gehorsam«, zu »Vernunft«, »im Geiste echter Sittlichkeit« und Vaterlandsliebe – all das stand nun, und weitere Elemente ließen sich hinzufügen, im Zeichen der Erfordernisse, die der künftige Krieg verlangte[58] und die mehr denn je auf eine Perfektionierung des Körpers zu drängen schienen.

Keiner hat das deutlicher formuliert als der aus Württemberg stammende Turner Otto Heinrich Jaeger, dessen Überlegungen im Jahr 1874 in langen Auszügen und über mehrere Ausgaben der »Deutschen Turn-Zeitung« hinweg einer breiteren Öffentlichkeit zugänglich gemacht wurden. Eine umfassende Veröffentlichung von Jaegers Äußerung war keineswegs selbstverständlich. Denn Jaeger hatte noch in den 1860er Jahren zu den umstrittensten Mitgliedern der Turnbewegung gehört, weil er, so damals der Vorwurf, das Turnen in der von ihm entworfenen Turnschule auf das Ziel beschränkt habe, es als ein Mittel zur Steigerung der Wehrkraft gegenüber den potentiellen äußeren Feinden zu reduzieren. Jaeger selbst hatte diese Anschuldigung nicht nur durch eigene Aussagen gestützt; seine Intentionen hatten sich auch in den von ihm zusammengestellten Übungen niedergeschlagen. Die nahezu obligatorische Verwendung des Eisenstabes, der an Stelle eines Gewehres bei den Ordnungs-

55 Vgl. das Kap. Einheit – Eintracht – Einigkeit.
56 Vgl. hierzu *Radkau*, eine der besten Überblicksdarstellungen zu diesem Thema.
57 *Stürenburg*, S. 38.
58 Vgl. ebd., S. 54ff. u. 75ff.

übungen, aber auch bei den verschiedenartigen Lauf- und Marschübungen mitgeführt werden mußte – das galt auch für den nach militärischem Muster durchgeführten »Sturmlauf« –, hatte hier keinen Deutungsspielraum mehr gelassen.[59]

Die Kritik am Jaegerschen Turnen ging jedoch im Verlauf der Jahre deutlich zurück, nicht etwa, weil die Auseinandersetzung, wie das häufig der Fall war, mit den Jahren versickerte, ohne daß sich die Positionen tatsächlich verschoben hätten. Im Gegenteil: Schon die breit angelegte Veröffentlichung seiner Ausführungen war, wenn auch nur als erstes Indiz, der Ausdruck für eine sich wandelnde Haltung innerhalb der Turnerschaft, in der Jaeger nunmehr in ganz anderem Maße als das bislang der Fall gewesen war, Gehör fand. Mochte das Turnen im Verlauf der nächsten Jahre auch nicht ganz nach seinen Vorgaben gestaltet werden, sollte sich – um das hier schon anzudeuten – auf den Turnfesten der kommenden Jahre doch unverkennbar niederschlagen, daß die Überlegungen Jaegers durchaus als die theoretische Vorwegnahme und Artikulation einer im Verlauf der 1870er Jahre sich wandelnden Einstellung begriffen werden können, die man durchaus bewußt auch durch den Körper ausdrücken wollte.

Das schloß das »gewöhnliche Gehen und Stehen« ein, das in seiner Bedeutung auch heute noch oft unterschätzt wird. Doch gerade in ihrer vermeintlichen Belanglosigkeit, die dieser Art von Bewegungsabläufen gemeinhin anhaftete, weil sie allgemein und damit selbstverständlich, ja, nachgerade »natürlich« erschienen, lag, das hatte auch Jaeger erkannt, ihr besonderer Stellenwert. Er spitzte das freilich auf einen besonderen Aspekt zu: Gerade in dem, lautete sein Argument, was die Menschen »fast im Schlafe gelernt, was sie von Kindesbeinen an Jahr aus Jahr ein, täglich stündlich anstrengungs-, empfindungs- und gedankenlos ausüben, von dessen Entbehrung, Erlernung und Vervollkommnung sie weder ein Gedächtniß noch eine Denkvorstellung haben«, hätten diese auch »im Laufe der Zeiten bestimmte Formen und Mißformen nun einmal gänzlich rechenschaftslos angenommen«.[60]

Daraus ließ sich zweierlei folgern: Zum einen war es vor allem die unbewußte Dimension, die bei der Aneignung spezifischer Wert- und Verhaltensvorstellungen durch den Körper eine zentrale Rolle spielte und eine Veränderung der einmal verinnerlichten Art erschwerte. Das hieß nicht nur, daß, von einem äußerlichen Gesichtspunkt aus gesehen, die Art des Gehens und Stehens von heute auf morgen nicht zu ändern war; sondern es bedeutete vor allem, um es in den Worten Jaegers zuzuspitzen: »Nicht im Handumdrehen mit drei Fin-

---

59 Vgl. dazu *Krüger*, Körperkultur, S. 219ff. Dort auch der Hinweis, daß die »Turnschule für die deutsche Jugend«, die Jaeger 1864 verfaßt hatte, als obligatorische Grundlage des Turnunterrichts an sämtlichen Schulen Württembergs angeschafft und praktiziert wurde; *Ders.*, Jaeger.

60 *Jaeger*, Gehen, Zit. S. 263; ausführlicher *Ders.*, Turnschule.

gern und drei Federzügen« ließ sich »der Menschheit ein neuen Gepräge geben«.[61]

Doch gerade das ließ sich auch von einer anderen Seite her betrachten: Überzeugt von der Ansicht, daß sich der »Geist«, der die Jugend »hebt, trägt und bewegt«, nirgends »sichtbarer, greiflicher, empfindlicher, als z. B. an der Haltung« artikuliere, war es mithin der Körper, in dem sich die herrschenden Werte des jeweiligen Individuums ausdrückten, die dann gleichsam als Spiegel den Zustand der »Nation« vor Augen zu führen schienen. Deshalb lag der Schluß nahe, daß sich durch eine veränderte Körperhaltung, die immer auch der Ausdruck eines veränderten »Geistes« sei, auch Einfluß auf die Geschicke der »Nation« nehmen lasse. Und das war, folgte man Jaeger, der mit dieser Meinung nicht allein stand, auch allerhöchste Zeit. Die Begründung, die er gab, zeigte unverkennbar: Ausschlaggebend für die Perfektionierung der Körper war die »nationale« Entwicklung, die, so wie man sie wahrnahm, die Erwartungen, die man an die politische Einheit und die siegreiche »Nation« geknüpft hatte, nicht erfüllte.

So seien »die giftigen Nagewürmer in der Blüte des Volkes, namentlich die Vornehmheit, Eitelkeit, Genußsucht und Blasiertheit so mancher Muttersöhnchen gerade aus den höheren, maß- und tonangebenden Ständen«, von denen man gehofft hatte, man könne sie mit dem nationalen Krieg von 1870 »vollends austilgen«, keineswegs aus dem gesellschaftlichen Erscheinungsbild der Nachkriegsjahre verschwunden. Auch der vorherrschende habituelle Ausdruck, den man mit diesen Eigenschaften verbunden hatte, wies eher auf die Zeit vor der Nationalstaatsgründung und damit auf die vermeintlichen Ursachen der damals diagnostizierten Schwäche zurück. »Warum auch habe ich jetzt eben so vielfach wieder den alten Kampf, namentlich mit dem bekannten Ordentlichkeits-, Blödigkeits-, Langeweile-, Verdauungs- und Beerdigungsschritt?«[62] Teilte man Jaegers Interpretation, war das kaum mehr als eine rhetorische Frage. Denn die »Fluth der Begeisterung im Kriegsjahre« schien ihm schon wenige Jahre danach ein kurzes Intermezzo gewesen zu sein, gefolgt von einer um so tieferen »Ebbe der Ernüchterung in den Milliarden-, Schwindel-, Krach- und Krisenjahren« seit 1873, die den »Geist« erneut beherrschten, im Körper ihren Ausdruck fanden, was nun aber, wie Jaeger zu verstehen gab, noch ungleich weniger zu ertragen sei als in den Jahren zuvor.

Im Bild des »frei« sich entfaltenden »und hoch einher strebenden Männerganges«, durch das Jaeger den zeitgenössischen »schweren, schwerfälligen,

---

61 *Jaeger*, Gehen, S. 264. Dort auch die Zitate aus den beiden nachfolgenden Absätzen.
62 Das Lamento über die Blödigkeit taucht im ausgehenden 19. Jh. – zumindest innerhalb der Turnerschaft – ausgesprochen selten auf. Jaeger verwendet Blödigkeit hier ganz unzweideutig im Sinne der alten Klage über das mangelnde Selbstbewußtsein der Bürger, wie sie bereits Ende des 18. Jahrhunderts erhoben worden war. Vgl. hierzu *Stanitzek*, v.a. S. 222ff.

kniefälligen und hinfälligen Fallgange« abgelöst sehen wollte,[63] bündelten sich Zeitdiagnose und Zukunftserwartung gleichermaßen. Es ließ sich nicht nur lesen wie eine Hommage an die seit Jahrzehnten proklamierte Tat- und Willenskraft, an die Selbstbeherrschung, die Disziplin, aber auch die Selbstbestimmung, die allesamt als zentrale Voraussetzungen für die Fähigkeit zur »Freiheit« gegolten hatten und nun von neuem als Grundlage für den Bestand der »Nation« postuliert wurden. Diese »Freiheit«, die hier im wahrsten Sinne des Wortes »verkörpert« wurde, weil sie im Medium des Körpers ihren Ausdruck finden sollte und damit immer auch im Bild des Körpers eine Vorstellung von »Freiheit« vermittelte, war stets problematisch gewesen: Denn in dem Moment, in dem sie sich mit dem eigenen Körper erfahren ließ und ein Gefühl von »Freiheit« entstand, weil man über die körperlichen Voraussetzungen dazu verfügte, beruhte diese immer auf einer vorausgegangenen »Einverleibung«, in der man sich nicht nur die zugeschriebenen Werte angeeignet, sondern sich ihnen auch unterworfen hatte.

Eine Fixierung auf die Wehrhaftigkeit, die sich, wie das von Jaeger offensiv vertreten wurde, am Militärischen orientierte, förderte das noch weiter. »Der gemüthliche Haus- und Spazierschritt«, leitete er seine Begründung für die von ihm favorisierte Ausrichtung an der Praxis des Militärs ein, genügte »namentlich in einem Zeitalter der Dampf- und Blitzbeförderung der Dinge und Gedanken« nicht. »Mit gutem Bedacht« stelle daher »die Schule des vaterländischen Heeres dem Fallschritt den Marschschritt gegenüber, und ruht nicht, bis ihr aus dem ›Stillgestanden‹ und aus dem ›Marsch‹ ihrer Zuchtmeister der Mann in wesentlich anderer Haltung und Gestalt hervorgeht«.[64]

Die gesamte Körperlichkeit mußte darauf abgestimmt werden: »Die Hauptsache«, erläuterte Jaeger, »ist der Oberleib, die balancierende und schiebende Drucklast. Je aufrechter, hochgestreckter und oben breiter, voller und wuchtiger dieselbe ist, desto besser geht sich's. ... Entscheidend ist also die Entwicklung von Nacken, Brustkorb und Oberarm und zum Hauptgewichte, die Bildung der Brüste, und nun dazu die keusche, knappe, platte und feste Schnallung des Bauches in den Gurten der Lenden.« Damit wurde zwar, um Jaeger weiter zu folgen, prinzipiell ein Ideal umschrieben, in dem sich das »Geheimnis der wahren begeisterten Schönheit des Menschen, auch der des Weibes« zeige.[65] Doch die ausgeprägte Muskulatur blieb ein Zeichen des »Mannes« ebenso wie im »haltungs- und schwungvolle[n] Männergang«, der nach dem Vorbild der »Gehschule des Heeres« eingeübt werden sollte, ein weiteres Zeichen von »wirkliche[r] Ermannung und Mannesreife, Mannhaftigkeit und Manneswürde«, mithin auch von Geschlechterdifferenz gesetzt wurde, das

---

63 *Jaeger*, Gehen, S. 269.
64 Ebd., S. 264.
65 Ebd., S. 268.

312

auch vom »feinfühligeren weiblichen Geschlecht«, wie Jaeger mutmaßte, zu erkennen sei.[66]

Bei aller Ähnlichkeit, die demnach im Hinblick auf das Turnen der 1860er Jahren vorhanden zu sein schien – man denke nur an die streng gegliederten Aufmärsche der Turner auf den Festen, an die strenge und äußerste Disziplin verlangende Ordnung während der Aufstellung beim Massenturnen, an die einzunehmende Haltung im Moment eines Befehls, die auch zu Beginn der sechziger Jahre schon als »sogenannte militärische Haltung« etikettiert worden war,[67] – die Inszenierung der »Nation« und ihrer wehrhaften »Männer« nahm seit den ausgehenden 1880er Jahren eine andere Gestalt an. Was der flüchtige Blick aus heutiger Sicht nicht einmal registrieren mag, war für die Zeitgenossen ein deutliches Zeichen des Wandels.

So etwa für den Autor des Artikels »Turnkunst oder militärischer Drill«, der Mitte der 1890er Jahre zu einer profunden Kritik an dem »ungebührliche[n] Vordrängen militärischen Wesens bei unseren Turnübungen« anhob. Als Verteidiger eines nicht primär militärisch fixierten Turnens war er schon fast ein Renegat. Um so präziser konnte er die Entwicklung in Worte fassen: »Unter militärischem Wesen«, erläuterte er den Hauptunterschied zum früheren Turnen eingehend, »verstehe ich nicht etwa straffe, schöne Körperhaltung, wie sie jeder gut gewachsene Turner haben muß, auch ohne Soldat gewesen zu sein. Es soll damit das ganze Beiwerk bezeichnet werden, was nicht eigentlich zur Uebung gehört und vielfach in der eckigen, lächerlich steifen Art von Rekruten ausgeführt wird, so der Anmarsch zum Geräth, das Stellungnehmen vor und nach der Uebung etc. Geradezu wuchernd macht sich dieses Beiwerk beim Wett- und Riegenturnen geltend.«[68] Das wenige Jahre zuvor in München abgehaltene nationale Turnfest schien das bereits deutlich gemacht zu haben. So seien »diese komischen Nebendinge« vor allem in den Riegen der kleineren Vereine zu sehen gewesen, wenn diese etwa durch »ein straffes Stillstehen mit Herauspressen der Brust und Anlegen der Hände« den Abgang vom Übungsgerät beendet hätten. Oder, so ein weiteres Beispiel, wenn der Vorturner »peinlich« darauf bedacht gewesen sei, »daß jedes Riegenmitglied straff im Gliede stehe, d.h. militärisch straff, daß« – er bemerkte es mit beißender Ironie – »kein Wörtchen falle, womöglich kein flüchtiges Lächeln den Ernst der Sachlage unterbreche«.

Damit waren jene sinnlich faßbaren »Zeichen« beschrieben, die »Männlichkeit« in einer anderen Weise als bislang begreifbar machten, die vermittels einer »körperlichen Rhetorik« der Öffentlichkeit verständlich machten, wie ein »Mann« zu sein habe. Seine Wirkung hatte das nicht verfehlt. Auch die Abgren-

---

66 Ebd., S. 269.
67 Beispiele dafür vorn im Kap. Erzeugung, Entwicklung und Ausdruck »nationalen Bewußtseins«; dort auch das verwendete Zitat.
68 *März*, S. 1.

zung war dafür nur eine Bestätigung, war sie doch nur dann denkbar, wenn sie in Beziehung zu etwas anderem gesetzt wurde, was freilich immer auch hieß, daß man sich innerhalb desselben Gefüges verständigte.[69] Und das lag um so näher, als die Schnittmenge der gemeinsamen Wert- und Verhaltensvorstellungen, die dem Männlichkeitsbild zugrunde lagen, umfassend blieb, auch wenn sich die Gewichtung der einzelnen Variablen untereinander verschob. Ja, es schien, so läßt sich die spöttische Distanziertheit, die in der Beschreibung zum Ausdruck kam, durchaus interpretieren, als ob das militarisierte Männlichkeitsideal bereits eine Sogwirkung entfaltet hatte, die ihm einen normativen Charakter verlieh oder die herrschende Norm der Zukunft doch zumindest erahnen ließ.

Tatsächlich war dieser Eindruck, um bei dem Münchner Turnfest von 1889 zu bleiben, unschwer zu gewinnen. So wurde das veränderte Erscheinungsbild, das durch die körperliche Haltung vermittelt wurde, in der zeitgenössischen Presse überaus wohlwollend kommentiert. »Die Riegen wissen nun alle«, rekapitulierte ein Bericht der »Münchner Neuesten Nachrichten« die Impressionen vom Wetturnen, »daß Strammheit und regelrechte Ausführung der Uebungen das Wesen, der Kern eines wirklich fördernden Turnens sind; ihr Antreten an die Geräthe, ihr Wegziehen von denselben bewies uns, daß ein gewisser militärischer Zug in die Turnvereine getragen worden ist, der wohlthätig die früher mehrfach wahrgenommene Bequemlichkeit und Regellosigkeit bändigt, der aber gerne, weil selbstgewählt, von den Vereinen getragen und gewählt wird.«[70]

Es schien hier keine Frage zu sein, daß die Fähigkeit zur Selbstbeherrschung, zu Disziplin und Ordnung, zu Präzision und Genauigkeit, die von seiten der Turner an den Übungsgeräten demonstriert wurden, nicht in erster Linie als Ausdruck einer erworbenen »sittlichen Freiheit« zu interpretieren war, sondern daß sich in ihnen primär das Maß der erlangten Wehrhaftigkeit ablesen ließ, die dem Einfluß der militärischen Ausbildung geschuldet war. Funktional für den Krieg war das Turnen immer gewesen. Jetzt aber war das der dominierende Aspekt, an dem sich der Wert und die Bedeutung des Turnens messen sollte. Ihre Verbindung zur »sittlichen Freiheit« wurde gleichwohl nicht völlig preisgegeben, vielmehr mit der eigens noch einmal hervorgehobenen selbstgewählten Annäherung an das Militärische erneut untermauert.

Doch die Kontinuität, die in diesem Moment, da man letztlich auf der Freiwilligkeit und der vernunftgeleiteten Mündigkeit des Bürgers insistierte, hergestellt und an jene Argumente anzuschließen schien, mit denen man über Jahrzehnte hinweg und in Anlehnung an die deutsche Spätaufklärung den Partizipationsanspruch der »Nation« gegenüber der despotisch anmutenden Ob-

---

69 *Bourdieu*, Struktur; *Ders.*, Habitus.
70 Vgl. den Bericht zum 7. deutschen Turnfest, in: MNN, Nr. 356, 5.8.1889, S. 2f.

rigkeit begründet hatte, war brüchig. Faktisch war der Aspekt der Fähigkeit zur Selbstbestimmung, der immer nur eine Seite der Medaille gewesen war, nunmehr in einem Maß in den Hintergrund getreten, daß der ordnungsstarke Untertan deutliche Konturen gewann. Die Militarisierung war dafür ein deutliches Zeichen, doch entbehrt es nicht einer gewissen Ironie, daß die Einführung der Allgemeinen Wehrpflicht, mithin die Etablierung eines Partizipationsanspruchs diese Entwicklung mitangeschoben hatte. In dem Bericht über das Münchner Turnfest las sich das freilich anders, zumal die sich erst unlängst geltend machende Wechselwirkung zwischen dem Militärdienst und dem Turnen durchaus begrüßt wurde: »Unverkennbar wirkt der Wehrdienst, dem sich viele Turnwarte und Vorturner unterzogen haben, segensreich und bildend auf die Vereine und ihre Haltung ein, und hinwiederum zieht die deutsche Armee, wenn so kräftige und gewandte, an rasche Ausführung gegebener Befehle, wie an Gehorsam und Selbstbeherrschung und an Anstrengungen aller Art gewohnte junge Männer unter die Fahnen gerufen werden, aus einem Turnbetrieb nicht zu unterschätzenden Gewinn.«[71]

Die vorherrschende Funktion des Turnens war damit beschrieben, das Ideal des »Mannes«, das sich in seinem Körper abbilden sollte, vorgegeben. Dabei schien die Inszenierung des Festes bis ins Detail der Maßgabe zu folgen, die Wehrfähigkeit der »Nation« als eine Angelegenheit des *gesamten* – männlichen – »Volkes« vor Augen zu führen. Vor allem die Beteiligung der Schüler: die Art ihrer Einbeziehung und Positionierung, die besondere Hervorhebung ihrer Leistungen, ihre Präsentation als Vorboten der künftigen Vaterlandsverteidiger prägte den Festablauf in einem bislang unbekannten Maße. Der Festzug war nur ein erstes Beispiel. In einer der vordersten Abteilungen, bestehend aus hundert Trommlern, die wahrscheinlich mit einer weitaus höheren Aufmerksamkeit als andere rechnen konnten, wurden die Teilnehmer in einem »ungemein originellen Anblick«, wie der Kommentator versicherte, präsentiert: Denn sie »marschierten«, »in aufsteigender Größe geordnet, vom kleinen Knaben bis zum über sechs Fuß hohen Mann« in der Reihe – ein Bild, in dem die Geschlossenheit ihrer Generationen hervorstach, die Einheit des »Volkes« auf diese neue Weise demonstriert wurde.[72] Die währenddessen eingehaltene Ordnung des Festzuges, die von jedem Kommentator eines Festes in den 1860er Jahren in Augenschein genommen und, sofern sie den Erwartungen nicht entsprach, kritisch gerügt, im umgekehrten Fall mit Genugtuung herausgestrichen worden war, bedurfte nun keiner Erwähnung mehr. Auf eine schwindende Bedeutung der Ordnung wies das keineswegs. Eher drückte sich darin der veränderte gesellschaftliche Status der Turnerschaft aus, die sich nicht mehr einer Skepsis zu erwehren hatte, die in jedem Moment der Disziplinlosigkeit und der

71 Ebd.
72 Ebd., Nr. 345, 30.7.1889, S. 3f., hier S. 4.

Unordnung eine Bestätigung des revolutionären Potentials der Turnvereine gesehen hatte. Ihre Rolle als Verteidiger der gesellschaftlichen Ordnung hatten sie längst hinreichend untermauern können, in ihrer Loyalität gegenüber der »Nation« und dem Kaiser waren sie unverdächtig. Das schlug sich auch in der Beschreibung ihrer Feste nieder, die ganz andere Eindrücke zutage förderte und ihnen eine veränderte Bedeutung verlieh. Dazu gehörte das Marschieren. Kein Bericht verzichtete darauf, auf den marschierenden Schritt der Turner zu verweisen, der eindeutig militärisch konnotiert war. Auch wenn die Charakterisierung schwankte: Ein bloßes »Marschieren« der Trommler auf der einen Seite, ein Verweis auf die Berliner Turner, »welche in großer Anzahl und stramm militärisch im Zug marschierten« – all das hinterließ durchaus den Anschein einer gewissen Affinität zur Truppenparade des Militärs, und keine Abteilung des Festzuges schien dabei eine Ausnahme zu machen.

Für die Zuschauer sehr viel spektakulärer und – das hatte zweifellos makabre Züge – als Inszenierung »nationaler« Wehrfähigkeit weitaus eingängiger war das Kinderturnen. Man muß sich das ganze Szenario, wie es in der Presse beschrieben wurde, einmal vergegenwärtigen: »Es mochten gegen 3000 Knaben sein«, hieß es in der detaillierten Schilderung, »die theils mit Fähnchen in den bayerischen, deutschen und Münchener Farben, theils mit Eisenstäben ... zum Festplatz zogen.« Daß das mit absoluter »Disziplin« geschah und die »Strammheit«, mit der die Kinder an den Zuschauern vorbei*marschierten* besondere Erwähnung finden konnte, wurde vom Kommentator – und er glaubte auch im Namen vieler anderer sprechen zu können – mit »wahre[r] Freude« betrachtet. »Mit militärischer Schnelligkeit und Ordnung«, fuhr er in seinem Bericht fort, »stand in wenigen Minuten die ganze frohe Turnerschaar auf dem Turnplatz in schnurgeraden Linien, was auf die zahlreichen Zuschauer schon einen günstigen Eindruck machte.« Das Turnen jedoch übertraf das bis dahin Gesehene bei weitem: »Es war ein gewaltiges und für das Gelingen keineswegs im Vorhinein sicher festzustellendes Unternehmen, eine so riesige Masse von Knaben – 3000! – in gemeinsamen Frei- und Ordnungsübungen zu beschäftigen und gleichzeitige Ausführung zu verlangen. ... Um es gleich vorweg zu sagen, das Schülerturnen hat den Beweis geliefert, daß an den hiesigen Volksschulen den Zöglingen ein gediegener, strammer Unterricht erteilt wird, der die Schüler auch disziplinirt und an hohe Aufmerksamkeit gewöhnt.«[73]

Tatsächlich waren die Vorführungen der Kinder ein Paradebeispiel für zweierlei: erstens für die Möglichkeit der Kodierung und der Konditionierung des Körpers, und, zweitens, für die Bedeutsamkeit und die Funktionsweise des Befehls, der den Körper in Haltungen brachte, ohne daß der jeweiligen Reaktion die rationale Durchdringung hätte vorausgehen müssen. Seine Wirksamkeit verdankte er – das hat etwa Michel Foucault hinreichend plausibel gemacht –

---

73 Ebd., Nr. 338, 25.7.1889, S. 2f.

seiner Kürze, seiner Präzision, seiner Eindeutigkeit. Die prompte Ausführung der geforderten und unzählige Male eingeübten Leistung, setzte das »Verstehen des Befehls« keineswegs voraus; entscheidend war die »Wahrnehmung des Signals«,[74] auch Glockenschläge, die das Tempo der Bewegungen vorgaben, waren hinreichend, wie das Kinderturnen eindrücklich belegte. Die Vorturner, die von einem erhöhten Platz aus und daher für alle Teilnehmenden gut sichtbar die Übungen vormachten, stellten dabei gleichsam den Transfer her zwischen dem Signal, das hierbei seine festgelegte Bedeutung erhielt, und der darauf zu gebenden Antwort. Die Übungen, die von dem Leiter, wie noch besonders betont wurde, »mit großer Umsicht und Geschicklichkeit, mit einem Verständnis für das Einfache und zugleich Wirkungsvolle« ausgewählt worden waren, bildeten dafür eine geeignete Voraussetzung. Die eigens dafür komponierten Marschmelodien, die den Takt für die Übungen mit vorgaben, unterstrichen die Verbindung zum Militärischen noch einmal atmosphärisch und strukturierten auf diese Weise die Wahrnehmung der Vorführungen mit.[75]

Das schlug sich durchaus auch sprachlich nieder: »Die Uebungen bestanden in Verbindungen von Arm- und Beinbewegungen, Drehungen und Märschen«, leitete der Artikel die Beschreibung ein, um dann in aller Ausführlichkeit fortzufahren: »In vier Kolonnen war die junge Schaar aufgestellt. Die zwei äußeren Kolonnen ohne Belastung, die inneren mit Eisenstäben. Die einzelnen Bewegungen wurden äußerst präzis und exakt ausgeführt, wie mit einem Ruck flogen die kleinen Hände empor; die Reihe war stets prächtig gedeckt; die Schwenkungen und Marschbewegungen wurden stramm und mit großer Ordnung vollführt.« Auch die mehrmals durcheinander marschierenden »Kolonnen« bei den darauffolgenden Stab- und Freiübungen fügten sich in das gewonnene Bild ein. »Bei der Rückkehr auf ihren Platz stand Jeder auf dem vorherigen Ort. Nicht eine einzige Störung oder ein Fehler.«

In diesem Resümee mischte sich das Erstaunen über die dargebotene Leistung mit einem unverkennbaren Stolz auf die gezeigte Fähigkeit. Ordnung, Disziplin, Genauigkeit, Präzision – all das, was seit Jahrzehnten zum proklamierten Werte- und Verhaltenskatalog der Turnbewegung gehört hatte, war hier in mustergültiger Manier vor Augen geführt worden und wurde von den »beifallspendenden Zuschauern« mit höchster Anerkennung quittiert. Doch der Blickwinkel war, verglichen mit den großen Festen früherer Jahre, verrückt; die Zuordnung hatte sich verschoben. Aus der Sicht des Publikums schien die Interpretation eindeutig: »Es steckt ein militärischer Geist und ein Sinn für Ordnung und Disziplin schon in unserer Schuljugend« – diese Äußerungen seien, betonte der Verfasser des Festberichts in den »Münchner Neuesten Nachrichten«, aus den Reihen der Zuschauer zu hören gewesen. Ein Wort der Kritik fügte er dem nicht hinzu.

74 *Foucault*, Überwachen, S. 214ff.
75 MNN, Nr. 338, 25.7.1889, S. 2f.

Es wäre zu weit gegriffen, wollte man aus der Art des Turnens, das die Jungen hier in aller Perfektion präsentierten und dessen vormilitärischer Beigeschmack offenbar niemandem verborgen blieb, allzu weitreichende Schlußfolgerungen ableiten im Hinblick auf ihre persönliche Biographie und ihren zukünftigen Werdegang. Denn schließlich, auch das darf nicht vergessen werden, war es immer auch die Angst vor der Blamage, die bei öffentlichen Auftritten absolute Disziplin und Präzision bei der Ausführung der Übungen zum Gebot machte. Und wieviele von ihnen wollten wohl durch ihre Leistungen zum Vorturner bestimmt werden, um sich dann von erhobener Position aus den anderen in ihrem ganzen Stolz zu zeigen und im Publikum, unter den Mitschülern und nicht zuletzt von den Eltern die erhoffte Bestätigung zu finden? Das galt auch für das Wetturnen, wo die erbrachte Leistung noch einmal auf besondere Weise honoriert wurde – auch wenn der gewonnene Preis noch so geringfügig sein mochte.

Dennoch: Die Bedeutung des Turnens im Verein war für die Entwicklung einer männlichen Identität nicht zu unterschätzen, und das galt ebenso für die Inszenierung dieser Veranstaltung, die als Initiationsritual par excellence betrachtet werden kann. Sei es in den Liedern, die von den Jungen im Anschluß an das Turnen auf dem Platz gesungen wurden – die »Wacht am Rhein«, »Ich hat einen Kameraden« und »Ich hab mich ergeben« sind dafür nur Beispiele –, sei es durch die Ansprachen, die nicht nur unmißverständlich ausdrückten, man wolle »dem Vaterland diese jungen Kräfte allmälig heranbilden, um einst im Kriege wie im Frieden dem Vaterlande gute Bürger zu erziehen«, sondern zudem die Jungen auf das »Gelöbnis« verpflichteten, »einstens mit Stolz unter die Vaterlandsverteidiger [zu] treten«;[76] sei es schließlich durch das Turnen selber: die hierbei verlangte Kraft, die Selbstbeherrschung, die Gewandtheit, die Geschicklichkeit, die Disziplin, die Ausdauer und der Mut – hier wurde das Wissen um die »Männlichkeit« vermittelt und weitergegeben, hier wurde im Turnen »Männlichkeit« in den Körper »eingeschrieben«, konnte mit dem Körper erfahren werden, der damit selber als »Träger einer substantiellen Identität« fungierte.[77] Und schließlich: Ein Zeichen der Anerkennung, mit der der Schritt in die »Männlichkeit« vollzogen werden konnte: »Und nun zum Schluß eine ganze Maß Bier für je zwei *Mann!* Das war die Belohnung für die gute Arbeit.«[78] Mehr Bestätigung brauchte die Zugehörigkeit nicht – auch wenn sie gewissermaßen noch eine halbierte war.

Das galt für den Moment. Denn ob die erworbene »Männlichkeit«, so sehr sie den militärischen Anforderungen auch entsprechen mochte, hinreichte, um die Erwartungen zu erfüllen, die man selber mit dieser verband und die andere

76 Ebd.
77 Vgl. dazu *Assmann*, Identität, S. 17, die sich hier auf die Ergebnisse einer Studie von Pierre Clastres, Staatsfeinde. Studien zur politischen Anthropologie, Frankfurt 1976, bezieht.
78 MNN, Nr. 338, 25.7.1889, S. 2f.

in sie setzten – das konnte wenig später schon von neuem fragwürdig erscheinen. Ein Augenblick der Schwäche, der Kraftlosigkeit oder des fehlenden Mutes, ein Moment der Lust, der Begierde, des Verlangens – all das stand im Gegensatz zur »Männlichkeit«, wie sie von den Turnern gedacht und verlangt wurde, ließ sich als Ausdruck fehlender »Männlichkeit« begreifen, die sich dann erneut behaupten und in der Anerkennung der anderen, in der Leistungsfähigkeit der Gruppe, in der Entwicklung der »Nation«: ihrer »Einheit«, Stärke und Wehrhaftigkeit ihre Bestätigung finden mußte. Darin aber lag ein zentrales Problem: Denn was in der Inszenierung der »Nation« auf einem Fest gelingen mochte, wo diese in ihrer Einheit und ihrer Ordnung, in ihrer Stärke und ihrer Wehrhaftigkeit darstellbar und auch erfahrbar war, wo für einen kurzen Moment die »Männer« die »Nation« und die »Nation« die »Männer« verkörperten, löste sich außerhalb dessen, um es zuzuspitzen, in Wohlgefallen auf. Anders ausgedrückt: Die »Nation«, wie man sie sich vorstellte, existierte nur in der Inszenierung und – wenn man es konsequent zu Ende denkt – auch ihre »Männer«. Trat man aus dem Gesichtskreis des Festes heraus, um sich im Spiegel der »Nation« seiner geglaubten »Männlichkeit« zu versichern, ergab sich notgedrungen ein defizitäres Bild. Jedes Zeichen von Differenz etwa, geschweige denn von manifestem Konflikt, wies immer auch auf einen Mangel an Ordnung, Disziplin und Selbstbeherrschung, zeigte immer auch die fehlende Kraft und Willensstärke an, zeigte einen Ausdruck der Schwäche, der Verwundbarkeit, der Wehrlosigkeit, nicht nur der »Nation«, sondern auch derjenigen, die sich als »Männer« behaupten wollten.

Als zu Beginn der 1890er Jahre in einem Artikel der »Bayerischen Turn-Zeitung« Eindrücke von der gesellschaftlichen Entwicklung zusammengefaßt und die daraus folgende Konsequenz benannt wurden, klang das nachgerade stereotyp: »Der rothe Faden ..., der sich durch unsere Zeit zieht«, hieß es hier, »ist im wesentlichen doch nur das Jagen nach Genuß ohne Arbeit und der Ansturm gegen den Grundsatz, der die Welt in ihren Angeln hält, – durch eigne Kraft und eignes Streben sich den Weg durch's Leben zu bahnen!« »Wir brauchen deutsche, treue Männer, um die alte Fahne siegreich, wie bisher hoch zuhalten« – so lautete das Credo, das sich scheinbar nicht geändert hatte und mit einem Plädoyer verband für die Erhaltung der »unwandelbare[n] Treue gegen Deutschtum und Vaterland« und den »markige[n] Sinn für deutsche Sitte, Zucht und Ordnung«, um das »nationale Leben«, das man in allen Fasern von »zersetzenden Strömungen« bedroht glaubte, vor dem Zerfall zu retten.[79]

Dahinter aber steckte eine bis vor wenigen Jahren noch ungekannte Schärfe. Wer glaubte, daß der »sittliche Verfall«, der auch nach zwei Jahrzehnten noch das Erscheinungsbild der »Nation« prägte und nach wie vor auf das Defizit an

---

79 Bayerische Turn-Zeitung, Nr. 12, 1. Jg., S. 3f. (aus einem Jahres- u. Geschäftsbericht, der am 18. Juli 1893 in Regensburg der DT vorgelegt wurde).

»Männern« wies, vor den Toren der Turnerschaft halt machen werde – der wurde nun eines Besseren belehrt. »Wie alle hohen Dinge und Aufgaben, so bedarf auch das Turnen von Zeit zu Zeit einer Läuterung«, war in der »Deutschen Turn-Zeitung« 1889 zu lesen, in der es dann weiter hieß: »Wer vermag es zu leugnen, daß durch den breiten Strom der Verbreiterung der Turnerei der sittlich hohe Ernst der Sache gelitten hat ... Wie erhalten wir nun die Sache rein und ungetrübt?«[80]

Diese Vorstellung, eine von außen hereindringende Verunreinigung abwehren zu müssen, die sich als schleichende und zunächst nicht einmal faßbare Gefahr innerhalb der Turnerschaft unbemerkt auszubreiten drohte, ohne daß auch nur irgend jemand davor sicher blieb, war mit der herkömmlichen Vorstellung einer Erziehung zur »Männlichkeit« nicht mehr ohne weiteres vereinbar. Auf den ersten Blick war das nicht unbedingt erkennbar, denn die überkommenen Werte tauchten erneut auf. Nur punktuell zeigten sich andere Akzente. So wurden nicht Bescheidenheit, Mäßigung oder Genügsamkeit, sondern »Abhärtung und Entbehrung« als Momente einer Erziehung zur Tapferkeit benannt, da andernfalls, sofern man sich »schlafferen, bequemeren Zielen und Bestrebungen« hingebe, eine düstere Zukunft klar vor Augen stand: »dann gerathen wir auf Abwege und sinken immer tiefer«.[81] Überdies jedoch schien die Erziehung, die zumindest dem Anspruch gefolgt war, die »Nation« männlichen Geschlechts, ungeachtet ihrer politischen Überzeugung, ihrer sozialen Herkunft oder ihrer Konfession in einer »Einheit« zusammenschließen zu können, diese programmatische Offenheit einzubüßen. Auch wenn es zu Beginn der 1890er Jahre nur erste Anzeichen dafür geben mochte – die Abgrenzung hatte eine andere Qualität erhalten. Fast schien es, als sei zwischen dem vermeintlich verunreinigten Außenraum und der Turnerschaft eine Grenze gezogen, die dieser geradezu eine Höherwertigkeit und ihren »Männern« den Anstrich des Vollkommenen verlieh, so etwa, wenn sich diese, wie im Jahre 1894 auf dem 8. Deutschen Turnfest in Breslau als »die Blüthe der deutschen Jugend und die Auslese des gereiften Mannesalters« der Öffentlichkeit präsentierten.[82]

Das schlug sich auch in der Inszenierung des Festes nieder. Vieles war im Vergleich zu vorangegangenen Jahren übersteigert, entsprechend ostentativ das Auftreten der »Männer«. Kaum etwas hätte das sinnfälliger ausdrücken können als der Kanonendonner. Lautstark, gewaltig, durchdringend wies dieses mehrfach eingesetzte Signal auf die Kraft der »Männer« und die Stärke der »Nation« hin, unterstrich, wie kann man es anders sehen, das militärische Potential, das man gewonnen zu haben glaubte. In gewissem Sinne durchaus eindrucksvoll

80 In Sachen der heutigen Turnvereine, in: DTZ 1889, S. 92.
81 Ebd.
82 Gut Heil!, in: Schlesische Morgen-Zeitung, Nr. 169, 15. Jg., 22.7.1894, S. 1, aus: Drucksachen des VIII. Allgemeinen Deutschen Turnfestes zu Breslau 1894.

waren dabei die Freiübungen. Überaus effektvoll wurden hier die Körper in Szene gesetzt. Der Kanonendonner bündelte im Nu die Aufmerksamkeit der Zuschauer, lenkte die Blicke auf die Körper, in denen sich eine »Männlichkeit« objektivierte, die mit diesem Auftakt die ihr zugeschriebene und in Anspruch genommene Erhabenheit, Macht und Überlegenheit noch einmal unterstrich.

Welch zentrale Bedeutung das Bild des Körpers dabei besaß, in welchem Maße Herrschaft und Macht gerade auch durch den Körper vermittelt und vor allem auch sexualisiert waren – das zeigte der weitere Ablauf der Inszenierung. Auf ein Kommando hin erfolgte hier das demonstrative Ablegen der Oberkleider, das unter der darunterliegenden, engeren Trikotkleidung[83] die Konturen des Körperbaus, vor allem des Oberkörpers, sehr viel deutlicher sichtbar werden ließ. Die Farbe unterstrich die Reinheit der Körper, verlieh ihnen im Zusammenspiel mit dem Sonnenlicht einen zusätzlichen Glanz. Der Bericht, der die Eindrücke nach dem Kanonenschlag zusammenfaßte, ließ die Faszinationskraft erahnen: »In der Tat hatte das Bild des Turnplatzes ›mit einem Schlage‹ eine Veränderung erlitten. Vorher war das dunkle Grau der Turneranzüge die beherrschende Farbe gewesen, in welchen allein die hellen Drillich-Anzüge der Turner aus den Gauen der Nord- und Ostsee eine kleine Abwechslung gebracht hatten; nun aber war leuchtendes Weiß an seine Stelle getreten. Aber nicht starr derselbe Farbenton blieb, sondern, wenn z.B. die Hände hintereinander aufwärts und abwärts gestreckt wurden, dann zuckte ein momentanes noch helleres Aufleuchten über die sonnenbestrahlte Fläche.«[84]

Auch wenn der Alltag ein anderes Bild bot, in dem die Männer in ihrer weit geschnittenen und verhüllenden Kleidung in die Öffentlichkeit traten – auf eine Tabuisierung des männlichen Körpers oder ein zu dieser Zeit besonders ausgeprägtes Schamgefühl gegenüber dem männlichen Körper, der durch diese Art von Kleidung mit einer Art von »Ersatzstählung« oder »Panzer« versehen wurde, um seine eigentliche Schwäche und Verletzlichkeit zu überdecken,[85] läßt das nicht schließen. Im Gegenteil, stark und unverletzlich, kraftvoll, wehrhaft und überlegen präsentierte man sich, wie hier auf dem Turnfest, *in* seinem Körper, dessen Verschwinden auch nach dem Wiederanlegen der weiteren Kleidung allenfalls ein Scheinphänomen war. Nicht nur, weil Bilder sich einprägten, die, fixiert auf das diskursiv vermittelte Ideal, eine spezifische Vorstellung vom Körper wachhielten, sondern auch, weil das Exzeptionelle seiner Sichtbarkeit dem Körper darüber hinaus ein Maß an Bedeutung verlieh, in dem die ihm zugeschriebenen Eigenschaften und Fähigkeiten seltsam überhöht

---

83 Eingebürgert hatte sich Berichten zufolge das graue oder weiße Trikothemd, über dem man als Festanzug Jacke, Hose und Weste trug, als Kopfbedeckung einen Filzhut. Vgl. etwa Rückblicke auf das Jahr 1889, in: DTZ 1890, S. 583–587, hier S. 584.

84 Vgl. den Bericht über die Turnübungen, in: Breslauer Zeitung, Nr. 508, Mittags-Ausgabe, 23.7.1894, S. 2.

85 Vgl. *Brändli*, v.a. S. 111f.

wurden und die ihn als ein Phantasma konstituierten, das in die Erfahrung des eigenen und die Wahrnehmung des Körpers der anderen mit einging.

Vor allem aber eignete sich zur Demonstration der eigenen psychischen wie auch physischen Stärke nichts besser als der eigene Körper. Durch die strikte Trennung von Geist und Körper war er, in dessen Kraft und Leistungsfähigkeit man die Grundlage für jede weitere und damit auch die geistige Entwicklung sah, ein Symbol der Herrschaft geworden – über Frauen ohne Frage, doch nicht weniger unter Männern, auch wenn die Reglements jeweils unterschiedlich zu lesen waren.

Vorderhand ging es dabei auch in den neunziger Jahren immer noch um die Herrschaft über sich selbst, die weiterhin als Voraussetzung für die »Freiheit, d.h. für die vollständige Selbständigkeit des Wirkens« proklamiert und im Turnen in Angriff genommen werden sollte.[86] Beschrieben als »Diener und Träger«, »Bild und Opfer des ihm innewohnenden Geistes«, galt der Körper zwar in erster Linie als das zu bezwingende und unterzuordnende Moment. Doch inwieweit man sich dieser »noch uneingenommene[n] Feste« bemächtigt hatte und »zum gebietenden Herrn über seinen Leib« geworden war, inwieweit dieser sich tatsächlich in »ein fügsames Organ« des Willens verwandelt hatte, das konnte nun einmal nicht besser demonstriert werden, als durch das Zurschaustellen des eigenen Körpers. In der gekräftigten Muskulatur zeigte sich, so glaubte man, der »freie Mann«, weil sich an ihr als dem »physische[n] Träger der Thatkraft« das Maß der dazu notwendigen Eigenschaften wie etwa der Selbständigkeit, des Mutes, der Gewandtheit und der Ausdauer ablesen ließ. Doch weil die Entwicklung der körperlichen Kraft auf der einen Seite und die »Regelung und Stärke der Willensthätigkeit« auf der andern nicht unabhängig voneinander gedacht wurden, ja, weil diese sogar als das ausschlaggebende Moment für die Fähigkeit zur Selbstbeherrschung und zum Leiter des Willens stilisiert wurden, haftete dem Körper auch etwas Bedrohliches und Unberechenbares, zugleich fast schon Autoritäres und Absolutes an. Damit aber wurde der Körper immer zum Medium, in dem sich Herrschaft gegenüber anderen artikulierte und das nur allzu leicht zur Ausübung dieser Herrschaft instrumentalisiert werden konnte. Das war nicht zuletzt dann der Fall, wenn die Behauptung der eigenen »Freiheit« zur Disposition stand, die immer erst dann hinreichend abgesichert war, wenn die Kraft des eigenen Körpers die Überlegenheit gegenüber dem anderen erkennen ließ. Das Turnen im Verein, vor allem aber auch die vor den Blicken einer breiteren Öffentlichkeit stattfindenden Turnvorführungen konnten dabei als eines der Felder betrachtet werden, auf dem der einzelne durch den Einsatz seines Körpers für einen Augenblick die Gelegenheit verspüren konnte, nicht nur Teil eines umfassenderen Herrschaftsge-

---

86 Die Bedeutung u. der Zweck des Turnens, in: Bayerische Turn-Zeitung, Nr. 4, 1. Jg., München 1893, S. 2.

füges zu sein, sondern dieses im Vollgefühl der erworbenen »Freiheit« selber mit auszutarieren.

Daß das im wahrsten Sinne des Wortes etwas Zwanghaftes besaß, war nicht ohne Ironie. Doch ein einziger Fehltritt, sei es aus mangelnder Ausdauer oder fehlender Gewandtheit, sei es aus überschüssiger Kraft oder ungezügeltem Profilierungsdrang – er kam einem körperlichen Versagen gleich, das umgehend das gewonnene Gefühl von »Freiheit« zunichte machte. Bei den Freiübungen auf dem Turnfest in Breslau 1894, die nicht nur einen pompösen Auftakt, sondern, in militärischer Manier, ein ebenso eindrucksvolles Finale dieser »männlichen« Inszenierung boten, stellte sich das wohl kaum ein. Denn »daß in der That alles ›klappte‹«, wie der Bericht in der örtlichen Tagespresse resümierte, »bewies die Ausführung der sogenannten Schlußtritte. Werden dieselben gut ausgeführt, dann hört man eigentlich nur einen einzigen lauten Tritt«.[87] Eintöniger hätten die Teilnehmer ihre »Freiheit« kaum zum Ausdruck bringen können. Doch gerade diese in äußerster Präzision und völliger Exaktheit vorgeführten Übungen waren es, die das Gefühl von »Freiheit« evozieren und den Eindruck hinterlassen konnten, in völliger Herrschaft über sich selbst und unbeherrschbar von anderen, mit andern Worten: ein ganzer »Mann« und »Mensch« zu sein.

Daß das letztlich eine Illusion blieb, muß nicht eigens hervorgehoben werden. Realisierbar war diese allenfalls scheinbar, nicht nur, weil man selber im Herrschaftsdiskurs gefangen, nach seinen Regeln funktionierte, sondern auch, weil im Medium des Körpers die gültigen Parameter von Herrschaft verankert waren, die den Rahmen seiner Wahrnehmungs- und Verhaltensmöglichkeiten absteckten. Die Frage nach der Balance, in der das selbstbestimmte Handeln auf der einen Seite und die Macht der Gemeinschaft auf der andern in einem solchen Moment verharrten, ist daher falsch gestellt und läuft offenbar ins Leere. Denn auch wenn die Fähigkeit zu völliger Disziplin, zu absolutem Gehorsam und zu strikter Unterordnung wie in diesem Falle konstitutiv für das Gefühl errungener »Freiheit« und »Männlichkeit« war und auch von neuem sein würde, war das ohne die Freiwilligkeit dieser Wertsetzung nicht denkbar. Daß darin aber auch die Einfallsschleuse für eine mögliche Instrumentalisierung liegen konnte, die, auf subtile und perfide Art und Weise forciert und genährt, schließlich ihre Wirksamkeit entfaltete – damit rechneten nach der Jahrhundertwende bereits nicht wenige Zeitgenossen. Mochten auch nur einige von ihnen die Nutzbarkeit der Mechanismen ins Auge fassen, läßt sich die Plausibilität ihrer Prognose – und das bleibt das eigentlich erschreckende – nicht leicht von der Hand weisen:

---

87 Breslauer Zeitung, Nr. 508, Mittags-Ausgabe, 23.7.1894, S. 2.

»Durch unsre Kunst die kerngesunde,
Erzogen treulich wir und schlicht,
In unserm großen Bruderbunde
Sie für den Ruf der starren Pflicht.
Wir haben ihre Brust geweitet,
Den Arm gestählt für Waffenwucht,
Und wie im Spiel sie vorbereitet
Für harten Dienst und strenge Zucht.
Sie werden nicht vom Platze weichen,
Auch nicht vor schwerster Übermacht,
Sie werden stehn wie deutsche Eichen
Im wilden Wettersturm der Schlacht,
Und werden nieder sie gerissen
An einem heißen Schicksalsschlag,
So werden sie zu sterben wissen
Wie nur ein Turner es vermag.«[88]

---

88 Gedicht v. A. Rehlinger aus dem Jahre 1911, zit. nach *John*, Politik, S. 182f., Anm. 197.

III. Nationalismus und Habitus – eine Bilanz

> »Dem Leib prägen sich die Ereignisse ein (während die Sprache sie notiert und die Ideen sie auflösen). Am Leib löst sich das Ich auf (das sich eine substantielle Einheit vorgaukeln möchte). Er ist die Masse, die ständig abbröckelt. Als Analyse der Herkunft steht die Genealogie also dort, wo sich Leib und Geschichte verschränken. Sie muß zeigen, wie der Leib von der Geschichte durchdrungen ist und wie die Geschichte am Leib nagt.«[1]

> »Die Historie kann auch der systematischen Auflösung unserer Identität dienen. Denn diese Identität, die wir unter einer Maske notdürftig wahren wollen, ist selber nur eine Parodie: der Plural regiert sie, unzählige Seelen machen sie einander streitig; die Systeme durchkreuzen sich und beherrschen einander.«[2]

Als Ludwig August von Rochau im Jahre 1869 die »Grundsätze der Realpolitik« durch einen zweiten Teil ergänzte, fügte er diesem einen Abschnitt mit dem Titel »Die Nationalsache und der Partikularismus« bei, in dem er schrieb: »Der Deutsche, als politischer Mann, ist er selbst nur in der Eigenschaft des Angehörigen des Einzelstaats, und wenn er sich in der Rolle des Nationalpatrioten versucht, fällt er regelmäßig durch.« Wenige Sätze später fuhr er fort: »Sich mit Hand und Mund zum deutschen Vaterland zu bekennen, dem Partikularismus dagegen mit Spott, Bitterkeit, sittlicher Entrüstung abzusagen, ist guter Ton, in den alle Welt einstimmt. Das ist auch nicht etwa Heuchelei. Der deutsche Patriotismus glaubt ganz ehrlich an sich selbst, und ebenso wird die Einzelstaaterei in vollem Ernst selbst von eingefleischten Partikularisten gehaßt und verachtet.«[3]

Rochaus Traktat ist bemerkenswert. Denn nur bedingt wird man ihn in die Reihe seiner Zeitgenossen stellen können, unter denen das Lamento über den Partikularismus, der die »Nation« zersplittere und den Nationalstaat verhindere, durchaus verbreitet war. Sicherlich, als Verfechter des kleindeutschen Na-

---

1 *Foucault*, Nietzsche, S. 91f.
2 Ebd., S. 106.
3 *Rochau*, S. 278.

tionalstaats, der unter der Führung Preußens zu erringen sei, ging auch er mit den mitteldeutschen und süddeutschen Einzelstaaten hart ins Gericht, für deren Angst vor einer »Verpreußung« Deutschlands er keinerlei Verständnis zeigte.[4] Doch das war keineswegs gleichbedeutend mit einer Verurteilung des Partikularismus an sich. Weit davon entfernt, das nationalpolitische Engagement Preußens als ein »uneigennütziges nationalpatriotisches Verdienst« zu verklären, stellte er nüchtern fest, daß dies ein »Werk des preußischen Partikularismus« bliebe, der sogar »härter gesotten und rücksichtsloser als irgend ein anderer« sei. Nicht im Phänomen sah Rochau demnach, wie aus dem Traktat unmißverständlich hervorging, einen Unterschied; er sah ihn vielmehr in der Legitimation, die sich für Preußen insofern als eine andere darstelle, weil »der bei weitem mächtigste Staat« selber »der Träger dieser Einheitsinteressen« geworden sei.[5]

Man kann an dieser Stelle zu Recht einwenden, daß auch Rochau einen Pluralismus an unterschiedlichen Nationsentwürfen nicht im Blick hatte, geschweige denn zuließ, und die implizite Annahme einer möglichen Interessenkonvergenz zwischen Preußen und den übrigen Einzelstaaten bei weitem überspannte. Doch sein Blick auf den Partikularismus verdient Aufmerksamkeit. Und das in zweierlei Hinsicht: Erstens war er sich dem Gewicht der einzelstaatlichen Identität und Loyalität gegenüber dem anvisierten Nationalstaat durchaus bewußt. Ein Zusammengehörigkeitsgefühl als »Nation« setzte er nicht voraus, dieses mußte erst geschaffen werden. Das lehrte auch die Entwicklung in anderen Staaten. Italien war lediglich ein Beispiel unter mehreren. So seien hier »wahrhaftig nicht die nationale Idee und der Patriotismus« ausschlaggebend dafür, wie er erläuterte, daß die italienische Einheit zusammenhalten werde, »sondern einzig und allein die bewaffnete Macht«. Die »politische Einheit Italiens« aber werde, so glaubte er, nicht eher »Bestand gewinnen, als bis sie durch die Geschichte zu einer stärkeren Gewohnheit geworden [sei] als der bisherige Partikularismus«.[6]

Es mochte an der Resistenzkraft partikularer Identitäten liegen, die Rochau deutlich vor Augen hatte, daß er der nationalen Euphorie mit tiefer Skepsis gegenüberstand. Ein Primat der »Nation« gegenüber anderen Identitäten und Loyalitäten war daraus – und das ist der zweite Punkt – nicht abzuleiten. Darüber war er sich durchaus im klaren. Die Konsequenz, daß es sich dabei um zwei sich ausschließende Formen des Zusammengehörigkeitsgefühls handle, zog er, und das ist bemerkenswert, allerdings nicht. Die Echtheit des Gefühls

---

4 Ebd., S. 285. Diese Argument bezeichnet Rochau hier lediglich als »Popanz«.

5 Ebd., S. 281.

6 Ebd., S. 280. Rochau verwies jedoch auch noch auf zahlreiche andere Staaten wie Frankreich, Schweden, Norwegen, England oder die Schweiz, die nie als Einheit bestanden hätten, sondern erst nach langer Zeit und zumeist mit kriegerischer Gewalt als solche geschaffen worden seien (S. 279f.).

im Augenblick der nationalen Loyalitätsbekundung stellte er keineswegs in Abrede; daß daraus jedoch Schlußfolgerungen über den Stellenwert der »Nation« im Verhältnis zu anderen Identitäten gezogen werden könnten, schien ihm offenbar mehr als zweifelhaft. Seine Skepsis machte nicht einmal vor den Wortführern der Nationalbewegung halt.[7]

Dieser Befund, der auf einer äußerst nüchternen und fraglos differenzierten Wahrnehmung beruht, hält in vielerlei Hinsicht, das läßt sich mühelos feststellen, den Ergebnissen der neueren Historiographie zum Nationalismus stand. Nicht nur das: Er bleibt gewissermaßen ein Stachel für zahlreiche Studien, auch wenn sie die »Nation« nicht mehr als eine ursprüngliche oder feste Entität, sondern als ein Konstrukt begreifen. Denn nicht wenige von ihnen verfallen, darauf hat jüngst auch Rogers Brubaker hingewiesen, bereits an derjenigen Stelle einem erneuten Substantialismus, an der sie die Frage »Was ist eine Nation?« aufwerfen und damit immer suggerieren, daß es etwas gäbe, was, trotz aller Schwierigkeiten, zu definieren wäre.[8] Im Jahr 1869 war man sich der damit verbundenen Problematik offensichtlich eher gegenwärtig als in den nachfolgenden Jahrzehnten. Wenn Rochau es als einen »Mißbrauch des Worts« bezeichnete, »von einer *deutschen Nation* zu sprechen«, und als einen »Selbstbetrug, aus diesem falschen Begriff Folgerungen zu ziehen, insbesondere Eigenschaften, Pflichten, Wahrscheinlichkeiten daraus abzuleiten«,[9] kann man auch heute nur darauf verweisen, daß dieses Diktum nach wie vor Gültigkeit besitzt.

Kritiker werden an dieser Stelle einwenden, daß mit dem Verzicht auf eine vorherige Definition das Problem verbunden sei, daß damit die »Nation« als der »Gegenstand« der Untersuchung gewissermaßen zwischen den Fingern hindurchgleitet. Legt man wie die vorliegende Arbeit das Konzept des Habitus zur Analyse des Nationalismus zugrunde, das eine definitorische Festschreibung der »Nation« eo ipso ausschließt, scheint sich diese Problematik fortwährend zu stellen. Hält man sie aus, liegt genau darin der Gewinn des Ansatzes.

Um das abschließend zu verdeutlichen, soll der Blick hier noch einmal auf dreierlei gelenkt werden: Erstens auf den fortlaufenden Konstruktionsprozeß von »Nation«; zweitens auf die Verbindung des Nationalismus mit anderen kulturellen Mustern, Identitäten und Wertvorstellungen, die Aufschluß nicht nur über zentrale Gründe der Wirkungsmächtigkeit von »Nation« gibt, sondern auch über ihren polymorphen und prozessualen Charakter. Und drittens wird noch einmal auf die unterschiedlichen Möglichkeiten der Erfahrbarkeit von »Nation«, die damit verbundene Entwicklung eines »nationalen Bewußtseins« und eines »nationalen Verhaltens« hingelenkt. Der Körper als Medium der Ein-

---

7 Ebd., S. 278.

8 *Brubaker*, S. 14f. Das gilt, so Brubakers Argumentation, nicht nur für diejenigen, die »Nation« durch sogenannte objektive Kriterien zu definieren versuchen, sondern auch für diejenigen, die subjektive Kriterien ins Feld führen (S. 15).

9 *Rochau*, S. 277 (Hervorh. i. Orig.).

verleibung und Verkörperung steht dabei im Mittelpunkt. Da diese Ebenen allerdings in vielerlei Hinsicht miteinander verschränkt sind, folgt die Zusammenfassung im wesentlichen dem analytischen Raster der Arbeit. Damit orientiert sie sich erneut an den Fragen der Einheit, der Freiheit und der Männlichkeit, die allerdings verschiedentlich ineinander geblendet werden.

1. Man kann den Zeitpunkt nachgerade beliebig wählen: Die »Nation« ist keine eindeutige Größe und ebenso variieren die Vorstellungen davon, was unter »national« zu begreifen ist. Doch »Nationen« sind nicht nur vieldeutig. Sie müssen fortlaufend geschaffen werden, bleiben veränderbar und sind, so könnte man sagen, in gewisser Weise »flüchtig«. Denn die »Nation«, wie man sie sich vorstellt, existiert letztlich nur in ihrer Inszenierung.

Das gilt für die Jahrzehnte vor und nach der Nationalstaatsgründung gleichermaßen. Das weite Spektrum an Verteidigern der »nationalen« Idee, das bereits in den 1860er Jahren, wie gezeigt wurde, von den Liberalen über die Demokraten bis hin zu Vertretern des politischen Katholizismus reichte, legte die Vielfalt der mit der »Nation« verbundenen Vorstellungen und Erwartungen offen. Als ausschlaggebend für die jeweilige politische Option erwiesen sich stets die mit der »nationalen« Frage verbundenen Identitäten: die konfessionelle Bindung, die einzelstaatliche Herkunft und Loyalität sowie schließlich auch die politische Identität, die damit immer auch auf ihre eigene Prägekraft verwiesen. Der zu diesem Zeitraum schon sichtbare polysemische Charakter der »Nation« trat nach der Nationalstaatsgründung noch sehr viel schärfer zutage. Der einmütige »nationale« Wille, von dem der Liberalismus glaubte, er werde sich mit der Nationalstaatsgründung einstellen, blieb eine Vision, deren Erfüllung an den unterschiedlichen, manchmal konvergierenden, zumeist aber divergierenden Identitäten und Loyalitäten scheiterte. In der kulturell, sozial und politisch heterogenen Gesellschaft des Kaiserreichs stand die Berufung auf die »Nation« im Zeichen eines fortdauernden Kampfes um die vorherrschende Welt- und Gesellschaftsdeutung. Das schloß Übereinstimmung in sogenannten »nationalen« Fragen nicht aus. In der Regel aber lag ihnen eine Verknüpfung zwischen unterschiedlichen Identitäten, die ein gemeinsames Repertoire an Wertmaßstäben und Deutungsmustern voraussetzte, zugrunde, die dann erneute innere Grenzziehungen innerhalb der »Nation« mit hervorbrachten. Der innerhalb des Liberalismus und Katholizismus geteilte Antisozialismus mag hier als Beispiel genügen.[10] Auch in der Abgrenzung nach außen, im Gefühl einer Bedrohung durch einen äußeren Feind, war die »Nation« als Einheit emotional erfahrbar. Die Signatur aber blieb die innere Diversifikation. Sie stand in einem permanenten Spannungsverhältnis zur »Nation«, die, welche Wert- und Verhaltensvorstellungen mit ihr auch immer verbunden wurden, den Anspruch auf Allgemeinvertretung und auf den Primat der Loyalität für sich geltend

10 Ausführlich dazu das Kap. Veränderte Rahmenbedingungen und die Zäsur des Krieges.

machte. Gedacht als eine »Einheit« aber war sie nicht integrativ, sondern in höchstem Maße polarisierend.

2. In diesen Kampf um das Macht- und Deutungsmonopol war die Turnbewegung als ein Teil der Nationalbewegung von Beginn an nicht nur mit eingebunden; sie trug ihn auch in ihren eigenen Reihen aus. Das war nicht immer ohne weiteres sichtbar. Denn, erstens, beruhte die Mitgliedschaft innerhalb der Turnbewegung auf der Anerkennung einer ganzen Palette von Autostereotypen, wie etwa der Sittlichkeit, der Disziplin und der Ordnung, der Männlichkeit, des Mutes und der Wehrfähigkeit, in denen sich individuelle Wert- und Verhaltensvorstellungen und kollektive Vorstellungsbilder verbanden. Zwar konnten diese unterschiedlich gewichtet werden, wodurch sich die ihnen zugeschriebenen Bedeutungen zumindest partiell verschoben. Dennoch fungierten sie immer wieder als relevante Kontroll- und Beurteilungskriterien und stellten einen Rahmen für das Spektrum an Verhaltensmöglichkeiten bereit.

Grundlegend war, zweitens, darauf wurde vorn vor allem für die Zeit der 1850er und 60er Jahre verwiesen, eine spezifische Vorstellung von »Gemeinschaft«, deren Verlust aufgrund eines vermeintlichen kulturellen Verfalls und der sozialen wie auch politischen Fragmentierung innerhalb der Gesellschaft beklagt wurde und die nun im Verein wiederhergestellt werden sollte. Dazu etwa diente die Geselligkeit, in der ein Gefühl von Zusammengehörigkeit entstehen konnte, das durch die an sie gebundene Emotionalität zum konstituierenden Bestandteil von Gemeinschaft wurde. Die durch unzählige Attraktionen auf den Festen beförderte Stimmung, die Schaulust des Publikums und das auf seiten der Turnenden vorhandene Bedürfnis nach Anerkennung ihrer dargebotenen Leistungen waren nur einige von mehreren Elementen, die im Zusammenspiel als gemeinschaftsbildende Mechanismen wirksam waren.

Auch der Verein war wegen der Vorstellung einer notwendigen Etablierung von »Gemeinschaft« durch ein entsprechendes Regelwerk strukturiert: Die Einhaltung von Disziplin und Ordnung, die Unterordnung individueller Interessen, der bereitwillige Gehorsam – all das gehörte zu den Funktionsprinzipien und verhaltensnormierenden Wertmustern, die das Vereinsleben regelten und die auf unterschiedlichen Ebenen angeeignet wurden. Das geschah nicht zuletzt im Turnen selber: in den geregelten Übungen, die ein hohes Maß an Selbstdisziplin und Gehorsam voraussetzten, in denen die Einfügung in die Gruppe und ein wechselseitiges Aufeinander-bezogen-sein Bedingung waren, in denen durch Leistung die sozialen Unterschiede für einen Augenblick in den Hintergrund treten konnten. In diesen praktischen Handlungen wurden Bilder und Vorstellungen von »Gemeinschaft« entworfen, die vor allem auch sinnlich über den Körper erfahrbar waren, sich in diesen einschrieben und spezifische Wahrnehmungs- und Verhaltensdispositionen hervorriefen.

Drittens aber einte die Mitglieder der Turnbewegung vor allem eines: In den Turnvereinen wurden »Männer« erzogen, wurde »Männlichkeit« erworben, herausgefordert, bewiesen und bestätigt. Hier war der Raum, in dem sich eine männliche Identität entwickeln konnte und »Männlichkeit« als verbindende Eigenschaft und Fähigkeit jenseits der sozialen, konfessionellen oder politischen Unterschiede erlebt werden konnte. Gerade das Turnen eignete sich dafür besonders: Denn es verlangte den Einsatz des Körpers, in dem die geschlechtsspezifischen Zuschreibungen gleichsam Gestalt annahmen. Seine Konstitution und Leistungsfähigkeit wies auf das Maß der erworbenen »Männlichkeit« hin; in ihm schien die Geschlechterordnung ihren »natürlichen« Ausdruck zu finden.

3. Die Wirkungskraft dieser kulturellen Muster konnte sich prinzipiell völlig unabhängig von einem Bekenntnis zur »Nation« entfalten, wie auch das Einverständnis mit diesem Repertoire an Wert- und Verhaltensvorstellungen weder eine Identität mit der »Nation« voraussetzte, noch das politische Handeln in jedem Falle festschrieb. In der Projektion auf die »Nation« verliehen diese Autostereotypen jedoch dem, was unter »national« oder »deutsch« verstanden wurde, einen nachvollziehbaren »Sinn«, umrissen Kriterien für die Zugehörigkeit zur »Nation«, machten »Nation« erfahrbar, bildeten mithin die Voraussetzung nicht nur für die Vermittlung, sondern auch für die Adaption und schließlich Verinnerlichung »nationaler« Vorstellungen, Eigenschaften und Fähigkeiten.

4. Diese »Nation«, die innerhalb der Turnbewegung stets als »Einheit« gedacht wurde, mußte erst, und das wußten auch die Turner, geschaffen werden. Das galt nicht nur für die Jahrzehnte bis zum Zusammenschluß in der politischen Einheit, sondern auch nach der Nationalstaatsgründung. Die neuere Historiographie zum Nationalismus hat darauf in jüngerer Zeit insofern hingewiesen, als sie auf die Beharrungskraft einzelstaatlicher Identitäten und Loyalitäten auch im Nationalstaat verwiesen hat.[11] Zweierlei jedoch wurde bislang gänzlich ausgeblendet: Indem die Identifikation mit dem kleindeutschen Nationalstaat und dessen Saturiertheit allzu schnell vorausgesetzt wurde, unterschätzte man, erstens, die Resistenzkraft einer Nationsvorstellung, die Deutsch-Österreich mit eingeschlossen hatte. Zweitens reduzierte man die Forderung nach Einheit auf das Ziel der politischen Einheit und übersah völlig, daß die »Einheit« im Verbund mit der »Freiheit« einen weit gespannten Entwurf für die »nationale« Entwicklung im Innern bezeichnete, der konkrete Vorstellungen eines »nationalen« Verhaltens zugrunde lagen.

Dabei konnte, um mit letzterem zu beginnen, keineswegs die Rede davon sein, daß die »Freiheit« im Zuge der sogenannten Realpolitik verglichen mit der »Einheit« einen untergeordneten Stellenwert im Zielkatalog eingenommen hätte. Denn »Freiheit« umschrieb nicht nur, wie das von der Forschung bislang hervorgehoben wurde, die Forderung nach politischen Freiheitsrechten, die in

11 Zumeist allerdings aus der Perspektive der »Nationsbildung«, die von vornherein den Weg zum Primat der »Nation« annimmt. Vgl. dazu auch die Kritik in der Einleitung.

der Tat auch innerhalb der Turnerschaft während der 1860er Jahren kaum mehr erhoben wurde. »Freiheit« bezeichnete die »sittliche Freiheit«, beschrieb als solche den »höchsten Wert« und wurde gleichermaßen als die eigentliche Voraussetzung für den Gewinn der angestrebten »Einheit« wie auch als Garant für deren Erhalt betrachtet. Als Fähigkeit zur Selbstbeherrschung und Selbstdisziplin war der »sittlichen Freiheit« stets den Aspekt der Freiwilligkeit immanent und sie galt dennoch als die eigentliche Gewähr für die Stabilität und Funktionstüchtigkeit der »Einheit«. Mit der Fähigkeit zur Bescheidenheit und Mäßigung, der Ordnung, der Disziplin und der Zucht waren die Vorstellungen der »Freiheit« determiniert durch die Wahrnehmung und Deutung der Gesellschaft, die man durch einen kulturellen Verfall bestimmt glaubte und auf den man jede Form der Fragmentierung und des Konflikts zurückführte. Das ständige Lamento über die Zersplitterung jedoch stand völlig im Einklang mit der Tatsache, daß der Entwurf der »Einheit« keineswegs auf die Beseitigung von Differenz zielte. In den Forderungen nach Eintracht und Einigkeit bündelte sich vielmehr die Vorstellung einer weitgehenden Beibehaltung der traditionellen einzelstaatlichen Vielfalt und der hierarchisch gegliederten Gesellschaft, die man als »Einheit« durch die Anerkennung eines die Unterschiede überwölbenden Wert- und Verhaltensrepertoires: der Grundlagen der »sittlichen Freiheit« und einer eng damit verwobenen Auffassung von »Männlichkeit«, zusammenzuhalten glaubte.

Diesem Glauben an die Bindekraft einer übergeordneten Moral lag ein zutiefst harmonistisches Gesellschaftsideal zugrunde, dem die fortbestehende Geltungskraft unterschiedlicher Identitäten beständig entgegenstand. Nicht nur die »Einheit«, auch die Fähigkeit zur »Freiheit« blieben damit notgedrungen defizitär, die »Nation«, die man vor Augen hatte, stets der Gefahr ihrer Zersplitterung und ihres Niedergangs ausgesetzt.

Die seit der Gründung des Nationalstaats langsam vollzogene Uminterpretation des Einheitsbegriffs und die damit korrespondierende Verengung der Freiheitsvorstellungen, die, ohne den Aspekt der Freiwilligkeit je einzubüßen, auf ihre systemstabilisierenden Elemente der Ordnung und der Mäßigung, des Gehorsams oder auch der Zucht reduziert wurden, deren Gewichtung und inhaltliche Bedeutung sich dabei selber mitveränderte, ist darauf weitgehend zurückzuführen. Damit trat seit dem Gründungsakt in Versailles sehr viel schärfer zutage, was vor 1871 hinter dem gemeinsamen Ziel der Nationalstaatsgründung noch weitgehend zurückgetreten war: Die dem harmonistischen Gesellschaftsbild verpflichteten Vorstellungen von »Einheit« und »Freiheit« schlossen die Möglichkeit der Differenz oder anders gesagt: der unterschiedlichen Identitäten zwar prinzipiell mit ein, wurden ihrer Variabilität und ihrer immer auch eigenen Geltungskraft jedoch nicht gerecht. Indem man ihre Veränderbarkeit nur als eine Art der Einschmelzung in die »Nation« in Betracht zog, die auf der Annahme einer Adaption der »nationalen« Eigenschaften und

Fähigkeiten beruhte, verortete man die jeweiligen Identitäten als quasi abgeschlossene, statische Einheiten außerhalb eines sehr viel komplexeren gesellschaftlichen Prozesses, aus dem die Identitäten im Grunde ständig neu hervorgingen. Der Versuch aber, sie zu fixieren, mußte notgedrungen scheitern.

Dabei offenbarte sich auch die völlige Überschätzung der Bindekraft von Werten. Ihre begrenzte Integrationskraft ist nicht zuletzt auf die Kompatibilität dieser Werte mit divergierenden Identitäten zurückzuführen, die das politische Handeln in einer konkreten Situation unterschiedlich bestimmen konnten. Eine Habitusanalyse, die nicht von einer Pluralität an Identitäten ausginge, stieße hier an ihre Grenzen. Denn allein aufgrund der Aneignung und Verinnerlichung spezifischer Wertmuster läßt sich eben nicht auf die nationalpolitische Option schließen. Das zeigte sich auch innerhalb der Turnerschaft, in der die sozialdemokratischen Mitglieder und die Antisozialisten scheinbar gleichermaßen unter einem Wertekanon subsumiert werden konnten. Ihre politische Positionierung war deshalb nicht weniger konträr.

Auch wenn die Allgemeingültigkeit und Allgemeinverbindlichkeit der Werte stets behauptet wurde, trat doch deutlich zutage, in welchem Maße ihre Inanspruchnahme und ihre Verteidigung der Durchsetzung einer je spezifischen Welt- und Gesellschaftsdeutung galt. Davon war auch die Berufung auf die »Freiheit« nicht ausgeschlossen. Erst im Widerstreit der unterschiedlichen Identitäten wurde erkennbar, daß sie im Dienst einer »Einheit« und der ihr zugrunde liegenden Vorstellungen einer kulturellen, sozialen und politischen Ordnung stand, die im überwiegenden Teil der Turnerschaft einen spezifisch »bürgerlichen«, protestantischen und propreußischen Charakter aufwies. Die Verwirklichung dieser Einheits- beziehungsweise Nationsvorstellung bediente sich der »Freiheit«, die allerdings, solange die »Einheit« fragmentarisch erschien, selber uneingelöst blieb.

Doch dieses Problem der »Einheit« der »Nation« war – um hier auf den anderen, in der Forschung gänzlich mißachteten Aspekt überzuleiten – nur die eine Seite der Medaille. Denn mit der kleindeutschen Nationalstaatsgründung waren politische Grenzen gezogen, welche die »Nation«, wie man sie bisher mit dem Einschluß der Deutsch-Österreicher vor Augen gehabt hatte, durchtrennten. Damit aber traten die »Nation« als Bezeichnung der politischen Einheit und das »Volk« als ethnisch definierte »Einheit« auseinander, die, verbunden im sogenannten Deutschtum, ein vermeintlich gemeinsames Repertoire an Eigenschaften teilten. Trotz ihres Bekenntnisses zum Nationalstaat ließen die Turner keinen Zweifel daran, daß sie an dieser Zusammengehörigkeit als »Volk« festhielten. In der großdeutsch organisierten »Deutschen Turnerschaft«, die noch im Jahre 1867 angetreten war, um mit diesem Zusammenschluß die künftigen Grenzen Deutschlands abzubilden,[12] gehörte die Anwesenheit der deutsch-

---

12 Vgl. dazu vorn das Kap. Organisation u. Struktur der Turnbewegung.

österreichischen Turner auch nach der kleindeutschen Staatsgründung zum Festalltag. Keine Gelegenheit wurde, schien es, seitdem ausgelassen, die Zusammengehörigkeit als »Volk« zu beteuern, zu beschwören und in der Inszenierung erfahrbar zu machen.

Die Forderung nach einer Erweiterung des Nationalstaats um die deutsch-österreichischen Gebiete schloß das im letzten Drittel des 19. Jahrhunderts nicht mit ein. Das hieß zugleich: Eine nationale Identität entwickelte sich gewissermaßen parallel zu einer Identität als »Volk«, auch wenn diese unübersehbar durch eine Schnittmenge miteinander verbunden waren. Der Glaube an die vermeintlich gemeinsame Abstammung gehörte, wenngleich sie als konstituierendes Element der »Nation« hinter einem Fundus erziehbarer Eigenschaften und Fähigkeiten zunächst noch zurücktrat, ebenso dazu wie die sogenannten »nationalen Tugenden« der Sittlichkeit, der Ordnung, der Disziplin, der Bescheidenheit, der Kraft oder auch der Wehrhaftigkeit, die ebenfalls als unabdingbare Voraussetzungen zum Erhalt des »Volkes« und seines »Deutschtums« betrachtet wurden.

Doch erst im Verlauf von zwei Jahrzehnten verschob sich der Bezug von der »Nation« zu »Volk« und »Vaterland«, avancierte ein zunehmend rassistisch gedeuteter Volksbegriff zum stabilisierenden und zukunftverheißenden Korrektiv einer »Nation«, die in der »Einheit«, wie man sie sich vorgestellt hatte, nicht existierte und die man deshalb in einem unaufhaltsamen Verfallsprozeß begriffen sah. Die an die »natürliche« Abstammung gebundene Gleichheit im »Volk«, eine daraus hervorgehende, unwiderrufbar erscheinende und in ihrer Substanz nicht gefährdete Zusammengehörigkeit nahmen der Zersplitterung in der »Nation« ihre bedrohlich erscheinende Spitze. Und gerade in der geforderten Verteidigung des »Volkes« und seines »Deutschtums«, die ihre Legitimation aus einem tiefsitzenden, seit Jahrzehnten im Liberalismus verankerten Glauben an ein west-östliches Kulturgefälle und ein daraus gespeistes kulturelles Sendungsbewußtsein bezog, trat die »nationale« Spaltung in den Hintergrund, schien die Option für das »Volk« eindeutig zu sein.

5. Dieser Entwicklung ging eine seit der kleindeutschen Nationalstaatsgründung erfolgte doppelte Inszenierung von Zusammengehörigkeit voraus. Die gesamte Festgestaltung gibt darüber Aufschluß. Hier wurden Bilder der »Einheit« entworfen und präsentiert, die für die Zuschauer wie auch für die Turnenden sinnlich leicht erfaßbar waren und die Zusammengehörigkeit als »Nation« und als »Volk« erfahrbar machten. Diese »Einheit« ließ Raum für die einzelstaatliche Identität und die Loyalität zu den Herrschern, die der Entwicklung eines Zusammengehörigkeitsgefühls als »Nation« keineswegs entgegenstanden. In ihrer Inszenierung wurde durch die Anwesenheit des Fürsten oder von Angehörigen der kaiserlichen Familie, durch ihre Plazierung in der Menge oder im Moment einer Preisverleihung die Vorstellung einer sozialen Ordnung vermittelt, wurde soziale Distinktion praktiziert und reproduziert. Zugleich aber wies

das Bild der »Einheit« über die »Nation« hinaus, präsentierte den »Volkskörper« in seinen einzelnen Gliedern, die Deutsch-Österreich als einen selbstverständlichen Teil mit einschloß.

Diesem »Volkskörper« wurden Eigenschaften zugeschrieben, die mit dem innerhalb der Turnerschaft vorherrschenden Körperideal kongruent waren. Die Kraft des »Volkes«, seine Stärke, seine Gesundheit oder auch seine Wehrfähigkeit maßen sich damit an der Konstitution des eigenen Körpers. Das aber schloß stets mit ein, daß das »Volk« als ein Körper immer auch der Gefahr seiner Verletzlichkeit ausgesetzt war: Krankheiten, Schwäche und Hinfälligkeit, selbst die Sterblichkeit – all dem war auch ein »Volkskörper« ausgesetzt, der allerdings, wie man in der Turnerschaft glaubte, in der körperlichen Konstitution der einzelnen eine Voraussetzung für seine Überlebensfähigkeit finden konnte. In der erworbenen Kraft und Leistungsfähigkeit des menschlichen Körpers (oder eben seiner Schwäche) wurden demnach die Verfassung des »Volkes«, seine Eigenschaften und Fähigkeiten gewissermaßen »verkörpert« und waren zugleich immer auch für den einzelnen erfahrbar. Die Gelegenheiten dafür waren, blickte man nur auf ein Turnfest, vielfach: In den geordneten Reihen der Festzüge, beim Marschieren in den aufgestellten Kolonnen, in der disziplinierten Aufstellung auf dem Turnplatz, schließlich in den geregelten, auf Präzision, Gehorsam und der Unterordnung des einzelnen beruhenden Turnvorführungen.

Durch die körperliche Praxis und die öffentlichen Turnvorführungen drang ein Körperideal in das Alltagsverständnis ein, zu dem man nicht nur den eigenen Körper in Beziehung setzte, sondern an das sich immer auch spezifische Verhaltensvorstellungen banden. Diese Zuschreibungen, die diesen Körper überhaupt erst sozial konstituierten, waren von der Wahrnehmung und Deutung der gesellschaftlichen und das hieß innerhalb der Turnerschaft stets: der »nationalen« Entwicklung nicht zu trennen. Das aber hieß: Die Vorstellung, wie der Körper beschaffen sein sollte, veränderte sich in Abhängigkeit von den Erwartungen, die man an die »Nation« stellte. In den Jahrzehnten zwischen den 1850er und den 1890er Jahren waren das nur schwer zu fassende, graduelle Verschiebungen. Denn während des gesamten Zeitraums zeichnete sich der ideale Körper, so wie er zumindest gedacht und erstrebt wurde, durch seine Gesundheit und Leistungsfähigkeit aus, bestach in der Fähigkeit zur absoluten Selbstbeherrschung durch die Präzision und Gewandtheit seiner Bewegungen, zeichnete sich insbesondere durch seine Kraft und Wehrhaftigkeit aus. Mit der sich wandelnden Akzentuierung dieser Eigenschaften und Fähigkeiten jedoch, die sich im Einklang befand mit der Umdeutung des Einheits- und der Reduktion des Freiheitsbegriffs, änderte sich auch das Körperbild. Diese Verschiebung schlug sich nieder in den methodischen Überlegungen über das Turnen, das zur konsequenten Durchsetzung der »Freiheit« als einer stabilisierenden Kraft der »Nation« nun einer strengen Systematik folgen sollte. Und sie drückte

334

sich aus in den Vorstellungen über eine veränderte Art der Körperhaltung, die man als Notwendigkeit aus der wahrgenommenen »nationalen« Entwicklung ableitete. Im Gehen und im Stehen, auch in den Vorstellungen des idealen Körperbaus sollte sich die zunehmende Fixierung auf das Militärische niederschlagen, das gegenüber der bislang postulierten Wehrhaftigkeit den Gedanken von Zucht, Disziplin und Gehorsam weiter aufgewertet hatte. Die Militarisierung, wie sie für die Entwicklung innerhalb der Turnerschaft kennzeichnend war, vermittelte sich auch in einem veränderten körperlichen Erscheinungsbild. Seit den ausgehenden 1880er Jahren bestand daran kein Zweifel mehr.

6. Die kulturelle Kodierung des Körpers hatte noch eine weitere Dimension. Körpervorstellungen wurden geprägt und verändert durch die Übertragung und Einverleibung von Geschlechterzuschreibungen, die selber einem Wandel unterlagen. »Männlichkeit« ergab sich nicht von selbst, davon gingen auch die Turner aus. Die Turnerschaft war ein Ort, wo »Männer« erzogen werden sollten, und sie eignete sich dazu in besonderem Maße. Denn »Männlichkeit« blieb in hohem Maße an den Körper gebunden, und das in mehrfacher Hinsicht: Der Mut, die Tapferkeit und die Wehrhaftigkeit, die Fähigkeit zu Selbstdisziplin, Selbstbestimmung und Freiheit – all das setzte nach der Vorstellung der Turner die Kraft des Körpers und die Herrschaft über ihn voraus. Mit der Ausbildung der Kraft, der Einübung von Präzision, Gewandtheit und Schnelligkeit, der Einhaltung von Disziplin und Ordnung wurden die Eigenschaften und Fähigkeiten der »Männlichkeit« in den Körper eingeschrieben, wie dann auch umgekehrt die Konstitution des Körpers, die Ausprägung der Muskulatur, die Art der körperlichen Bewegungsabläufe ein Zeichen der erworbenen »Freiheit« oder auch der Wehrfähigkeit sein konnten.

Doch auch die Vorstellung von »Männlichkeit« war veränderbar. Das zeigte etwa die enge Verschränkung der »nationalen« und der Geschlechteridentität. Denn Geschlechterzuschreibungen wurden auf die »Nation« übertragen, deren Entwicklung, so wie sie wahrgenommen wurde, damit aber auch auf das Maß der erworbenen »Männlichkeit« verwies. Konkret hieß das über den gesamten Zeitraum hinweg: Die als unvollendet und brüchig wahrgenommene »Einheit« und das ihr zugrunde liegende Defizit an »Freiheit« deuteten stets auf einen Mangel an »Männlichkeit«. Das galt selbst für die Zeit nach der Nationalstaatsgründung, nach der sich das Männlichkeitsbild innerhalb der Turnerschaft zumindest partiell veränderte. Denn nur für einen kurzen Moment, während des siegreich geführten Krieges gegen Frankreich und in der Euphorie des daraus hervorgegangenen Nationalstaats hatte sich in der »Nation« die »Männlichkeit«, wie man sie sich vorstellte, erfüllt. Doch die Entwicklung, wie man sie bald darauf wahrnahm: mit dem vermeintlich fortdauernden kulturellen Verfall und der bestehenden kulturellen, sozialen und vor allem politischen Fragmentierung deutete erneut auf jenen Mangel an »Einheit« und »Freiheit«

hin, der ein Defizit an Wehrfähigkeit mit einschloß, das die »Nation« jedem potentiellen Angreifer auszuliefern schien.

Mit der Reduktion der »Freiheit« auf ihre einheitsstiftenden Elemente und mit einer generellen Aufwertung des Militärs nach dem siegreichen Krieg von 1870/71, das wachsende Teile der Turnerschaft wegen der ihm zugeschriebenen Zucht und strengen Disziplin schätzten, veränderte sich nunmehr jedoch auch jene Wehrfähigkeit, die unter den Turnern längst zu den integrativen Bestandteilen der »männlichen« Identitätsentwicklung gehörte. Diese Militarisierung des Männlichkeitsideals wurde auch in veränderten Turnübungen vollzogen bis sie sich schließlich, auch für die Zuschauer sichtbar, in der Art der Körperhaltung bei den vorgeführten Übungen niederschlug.

Sichtbar aber wurde in diesen Körpern nie nur eine spezifische Art der »Männlichkeit«; in den zu Körpern gewordenen Geschlechterzuschreibungen mitsamt den dazugehörigen Wert- und Verhaltensmustern präsentierte sich immer auch ein politisierter Körper.[13] In der körperlichen Hexis wurde die Hierarchie zwischen den Geschlechtern symbolisiert und reproduziert, erhielten Herrschaftsverhältnisse ein quasi natürliches Fundament, wie das ironischerweise auch für die Behauptung der »Freiheit« galt. Gerade im Turnen, das die Erzeugung »nationaler« Verhaltensweisen zum Ziel hatte, wo sich in der gemeinschaftlichen körperlichen Betätigung die »Nation« abbilden und in ihren Eigenschaften demonstriert werden sollte, zeigte sich, in welchem Maße diese »vergeschlechtlichte Wirklichkeit« der Körper mit dem Bild der »Nation« ineinander fallen konnte. »Nationale« Vorstellungen wurden an den Körper gebunden, der auch in dieser Hinsicht im doppelten Sinne ihrer Verinnerlichung und Verkörperung ein politischer Körper war. In diesem Körper der »Nation« waren »nationale« Eigenschaften erfahrbar, wurde Politik gewissermaßen existentialisiert. In die »Natur« des Körpers eingelassen, war die »Nation« damit alles andere als eine unveränderbare Gestalt. Nicht nur, weil sich hier die »nationale« und die Geschlechteridentität verschränkten, die bestimmt blieben durch ein prinzipiell nicht auflösbares Wechselverhältnis und eine damit verbundene immanente Dynamik. Und auch nicht, weil das nur eine Dimension unter den verschiedenen, immer wieder aufeinander bezogenen und ineinander verschränkten Identitäten bezeichnete, von denen jede fragmentarisch, unvollendet, einer beständigen Veränderung unterworfen war. Vielmehr war mit der Verletzlichkeit und Sterblichkeit des biologischen Körpers auch immer die Endlichkeit der »Nation« verwoben. Hinter der Unfähigkeit, die Historizität der »Nation« zu denken, stand deshalb immer auch die Angst vor der eigenen Vergänglichkeit.

13 Vgl. hierzu auch *Bourdieu*, Herrschaft, insb. S. 186f.

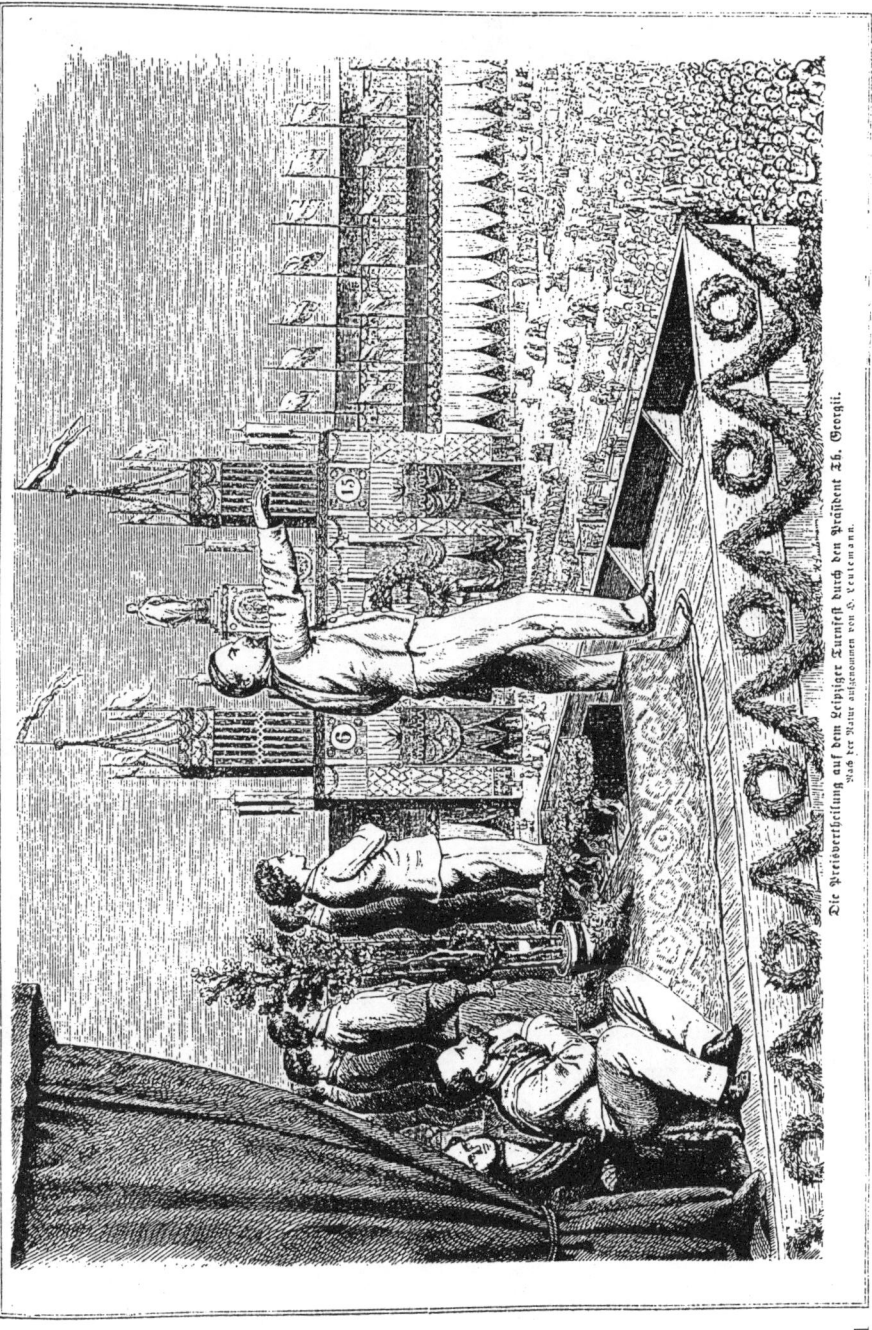

Die Preisverteilung auf dem Leipziger Turnfest durch den Präsident Th. Georgii.
Nach der Natur aufgenommen von H. Leutemann.

Abb. 1

337

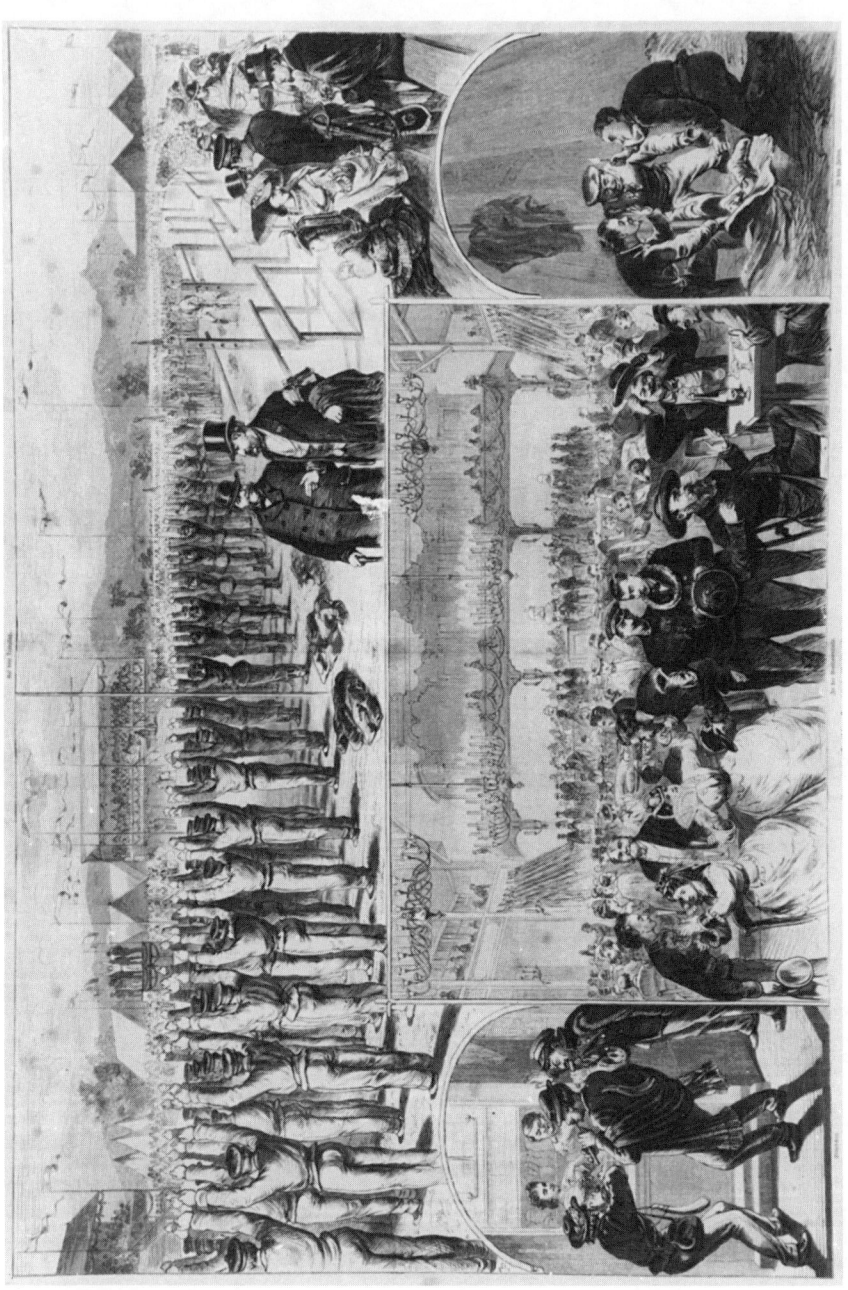

Abb. 3

Abbildungen 3 und 4: Bilder vom IX. Deutschen Turnfest in Hamburg.

339

340

Abb. 4

Abkürzungen

AfK	Archiv für Kulturgeschichte
BDL	Blätter für deutsche Landesgeschichte
DSHS	Deutsche Sporthochschule
DT	Deutsche Turnerschaft
DTZ	Deutsche Turn-Zeitung
EAS	Europäisches Archiv für Soziologie
FAZ	Frankfurter Allgemeine Zeitung
Fs.	Festschrift
GG	Geschichte und Gesellschaft
GGR	Geschichtliche Grundbegriffe
GSR	German Studies Review
GStA	Geheimes Staatsarchiv
GWU	Geschichte in Wissenschaft und Unterricht
H.-p. Bll.	Historisch-politische Blätter für das katholische Deutschland
HZ	Historische Zeitschrift
MNN	Münchner Neueste Nachrichten
NPL	Neue Politische Literatur
NPZ	Neue Preußische Zeitung
PJ	Preußische Jahrbücher
PP	Past & Present
RoP	Review of Politics
SoH	Sonderheft
ZfG	Zeitschrift für Geschichtswissenschaft
ZfS	Zeitschrift für Soziologie

Abbildungsnachweis

Abb. 1: »Die Preisvertheilung auf dem Leipziger Turnfest durch den Präsident Th. Georgii«. Holzstich nach Zeichnung von Heinrich Leutemann (1824–1905). – Archiv für Kunst und Geschichte, Berlin.

Abb. 2–4: Deutsches Sportmuseum, Köln.

Quellen- und Literaturverzeichnis

1. Ungedruckte Quellen

Geheimes Staatsarchiv Preußischer Kulturbesitz, Abt. Merseburg
(Bestände jetzt in Berlin-Dahlem)

Rep. 77, Tit. 343A, Nr. 121, Bd. 1–6.
Rep. 77, Tit. 925, Nr. 2, Bd. 3, 1860–1919.
Rep. 77, Tit. 925, Nr. 2a.
Rep. 77, Tit. 925, Nr. 1, Bd. 4.
Rep. 77, Tit. 925, Nr. 11, Bd. 1, 1878–1892.
2.4.1., Abt. 1, Nr. 8252.
2.2.1., Geheimes Zivilkabinett, Nr. 15567.

Deutsche Sporthochschule Köln

Drucksachen des VIII. Allgemeinen Deutschen Turnfestes zu Breslau 1894. DT 6617.
IV. Allgemeines Deutsches Turnfest in Bonn 1872. Sitzungsberichte der Festausschüsse, Aufrufe, Festordnungen, Telegramme, Zeitungsberichte. Sammelband. DT 6580.
Handschriftliche Notiz vom März 1871 auf einem Abdruck zum 1. Deutschen Turn- und Jugendfest in Coburg. Weihe-Lied zum ersten deutschen Turnfest, gewidmet von einem Turnfreund, DT 6560.
Schloenbach, A., Das erste allgemeine deutsche Turn- u. Jugendfest in Coburg, 17.–19. Juni 1860, (Ms.). Archiv der Deutschen Sporthochschule Köln, 120.42.

2. Gedruckte Quellen

2.1. Zeitgenössische Literatur

Aegidi, L. K., Das Verhältnis der Turner u. Turnvereine zur Politik, Hamburg 1863.
Angerstein, E., Ruf zum Turnen, Stade 1859.
Ansprache an die Damen bei der Gelegenheit der Abendunterhaltung des Mainzer Turnvereins am 11.9.1864 v. A. Michel, in: Turn- u. Festreden.
Ansprache des Tribunalraths Ulrich an die Turner in Aweiden am 13. Juli 1862, in: Turn- u. Festreden.
Bach, T., Das Turnen u. der Krieg, mit besonderer Berücksichtigung der Militair-Gymnastik in Preußen u. Deutschland, in: DTZ 1871, S. 2–8.
–, Die Turnvereine u. die Socialdemokratie, in: DTZ 1878, S. 314f.
Baumgarten, H., Der deutsche Liberalismus: Eine Selbstkritik (1866), in: ders., Historische u. politische Aufsätze u. Reden, Straßburg 1894.

–, Deutschland u. die italienische Frage, Nördlingen 1859.

Beckel, A., Geschichte des Düsseldorfer Turn- u. Sportvereins von 1847, Düsseldorf 1922.

Bennigsens Reden, hg. v. W. Schultze u. F. Thimme, Bd. 1: 1857–1878, Halle 1911.

Biedermann, F. C., Die Savoyer Frage. Denkschrift an Preussens Staatsmänner von einem deutschen Patrioten, Weimar 1860.

Bluntschli, C. J., Nation u. Volk, Nationalitätsprincip, in: ders. u. U. K. Brater (Hg.), Deutsches Staatswörterbuch, Bd. 7, Stuttgart 1862, S. 152–160.

Brendicke, H., Abriß der Geschichte der deutschen Turnkunst während der letzten 25 Jahre, 1860–1885, in: Fs. für das VI. deutsche Turnfest zu Dresden, 19.–23.7.1885, Dresden o.J. (1885), S. 6–42.

Burckhardt, J., Briefe, Bd. 5, bearb. v. M. Burckhardt, Basel 1963.

Dahn, F., Festspiel zum Empfangsabend des VII. deutschen Turnfestes zu München, o.O. o. J. (München 1889).

Das II. Bayerische Turnfest. Am 28. u. 29. Juni 1863 zu Bayreuth, Bayreuth 1863, in: Turn- u. Festreden.

Die Lübecker Turnerschaft von 1854–1904. Fs. zur Feier des 50jährigen Bestehens der Lübecker Turnerschaft, hg. v. J. Zillich, Lübeck 1904.

Die Weihe der Turnhalle zu Pforzheim. Festspiel in zwei Abtheilungen von Ludwig Auerbach, Pforzheim 1863.

Droysen, J. G., Geschichte der preußischen Politik, 14 Bde., Leipzig 1855–1886.

Dürre, E., Das deutsche Turnen als deutsches Bindemittel, in: DTZ 1865, S. 201f.

–, Seid wach!, in: DTZ 1859, S. 45–47.

–, Zur Verständigung, in: DTZ 1859, S. 70.

Euler, C., Das Jahndenkmal in der Hasenheide bei Berlin. Eine ausführliche Darstellung seiner Geschichte u. Beschreibung der bei seiner Enthüllung veranstalteten Festlichkeiten, Leipzig 1874.

Faber, M., Deutschthum u. Turnen. An alle Turner ein Ruf zu deutscher That, Breslau 1892.

Faber, O., Das Turnen in seiner Anwendung aufs Leben, in: DTZ 1857, S. 117f.

–, Das Turnen in seinen Beziehungen zu Staat u. Volk, Berlin 1859.

Fest- u. Schlußrede bei dem Fahnen-Weih-Fest des Turnvereins zu Marburg am 1. Sept. 1861, gehalten v. dem Turner August Müller, Marburg o.J., in: Turn- u. Festreden.

Festrede (des Stolper Turnvereins) gehalten am 15. Oktober 1865 im Schützensaale zu Stolpe bei Gelegenheit der Feier des 5jährigen Stiftungsfestes von W. Koch (Ms), in: Turn- u. Festreden.

Festrede gesprochen bei der Einweihung der neuen Turnhalle des Männerturnvereins Lindenau, in: Turn- u. Festreden.

Fest-Rede zum ersten Turnfeste des Saal-Elb-Turngaus in Dessau am 17. Juli 1865. Gehalten von Herrn Rechtsanwalt Rindfleisch aus Bernburg, Dessau 1865.

Festrede, gehalten bei dem 6. Mittelrheinischen Turnfest in Hanau am 9. August 1868 v. W. Kämmerer, in: Turn- u. Festreden.

Friedländer, K., Zur Geschichte des deutschen Turnens, in: DTZ 1872, S. 168–173.

Gedenkblatt für den Cottbusser Turnverein, in: Turn- u. Festreden.

Gedenkblatt. Die Turner-Fahnenweihe zu Landsberg a.W. am 7. Juni 1863.

Georgii, T., Aufsätze u. Gedichte, Hof 1885.

–, Das Turnen und die Sozialdemokratie, in: DTZ 1878, S. 365.

–, Das V. große Bundesschießen zu Stuttgart, in: ders., Aufsätze u. Gedichte, S. 276–280.

–, Gedankenspähne zum IV. Deutschen Turnfeste, in: ders., Aufsätze u. Gedichte, S. 256–262.

–, Randbemerkungen zum fünften allgemeinen deutschen Turnfest in Frankfurt am Main, 25.–29. Juli 1880, in: ders., Aufsätze u. Gedichte, S. 301–306.

–, Rede, gehalten als Schlußwort am 2. allgemeinen Turnfeste in Berlin am 11. August 1861, in: ders., Aufsätze u. Gedichte, S. 194–196.

–, Schleswig-Holstein u. die deutsche Turnerschaft, in: ders., Aufsätze u. Gedichte, S. 233–235.

–, Über Sittlichkeit u. Religiosität, in: ders., Aufsätze u. Gedichte, S. 157–160.

343

Goetz, F., Der Ausschuß im Kreuzfeuer, in: DTZ 1862, S. 187f.

–, Die Turner u. der Krieg, in: DTZ, Nr. 26, 29.6.1866.

–, Eine Aufgabe der Turnerschaft, in: DTZ 1871, S. 265f.

Götte, C., »Frisch, fromm, fröhlich, frei«, in: Deutsche Schützen- u. Wehrzeitung 1862, S. 57.

–, Mahnruf an die deutschen Turner, in: Deutsche Schützen- u. Wehrzeitung 1862, S. 306.

Handbuch des gesamten Turnwesens u. der verwandten Leibesübungen, hg. v. R. Gasch, Wien 1920.

Hartwich, E., Woran wir leiden. Freie Betrachtungen u. praktische Vorschläge über unsere moderne Geistes- u. Körperpflege in Schule u. Volk, Düsseldorf 1882.

Häusser, L., Sylvesterbetrachtungen aus Süddeutschland, in: PJ, Jg. 15, 1865, S. 84–101.

Heck, R., An die Turner u. ihre Führer, in: DTZ 1859, S. 58f.

Hermann, J., Turnen u. Politik im Lichte der Geschichte, in: DTZ 1879, S. 261–263, 285–289, 297–300, 305–308, 313–316.

Hirth, E., Leipzigs fünfzigjährige Erinnerungsfeier an die Völkerschlacht, in: DTZ 1863, S. 297–99.

Jaeger, O. H., Das Gehen, die zweite Turnübung, in: DTZ 1874, S. 263–272.

–, Neue Turnschule, Stuttgart 1876.

–, Von einer älteren Aufgabe, insbesondere auch der deutschen Turnerschaft, in: DTZ 1872, S. 45–47.

Kant, I., Beantwortung der Frage: Was ist Aufklärung?, in: ders., Schriften zur Anthropologie, S. 53–61.

–, Die Metaphysik der Sitten, hg. v. W. Weischedel (Werkausgabe Bd. VIII), Frankfurt 1993[10].

–, Idee zu einer allgemeinen Geschichte in weltbürgerlicher Absicht, in: ders., Schriften zur Anthropologie, Geschichtsphilosophie, Politik u. Pädagogik 1, hg. v. W. Weischedel (Werkausgabe Bd. XI), Frankfurt 1993[10], S. 31–50.

Kapp, F., Vom radikalen Frühsozialisten des Vormärz zum liberalen Parteipolitiker des Bismarckreiches. Briefe 1843–1884, hg. v. H.-U. Wehler, Frankfurt 1969.

Kießling, F. X., Feinde deutscher Turnerei, Wien 1887.

März, C., Turnkunst oder militärischer Drill, in: Breslauer General-Anzeiger, 7. Jg., Nr. 191, 15.7.1894, S. 1.

Mommsen, T., Römische Geschichte, 3 Bde., 1854–1856.

Rauschnabel, G. Geschichte des Männerturnvereins Stuttgart. Festschrift zur Feier seines 50jährigen Bestehens, Stuttgart 1893.

Rede bei der Grundsteinlegung zur Turnhalle in Frankenberg, gehalten von Bürgermeister K. Meltzer daselbst, am 8. September 1861, in: Turn- u. Festreden.

Rede beim Mulden-Zschopauthal-Gau-Turnfest zu Frankenberg, gehalten vom Bürgermeister K. Meltzer daselbst, am 13. Juli 1862, in: Turn- u. Festreden.

Rede des Sailermeisters S. Müller, Sprecher des Coburger Vereins, in: Turn- u. Jugendfest, S. 31.

Rede, gehalten am Turnfest zu Ulm den 30. Juli 1862 von Prof. Kapff, in: Turn- u. Festreden.

Rede zum 18. Oktober 1863. Gehalten v. J. Rindfleisch, Cöthen 1863, in: Turn- u. Festreden.

Rede zum schwäbischen Turnfeste in Reutlingen den 8. Juli 1861, gehalten von Präceptor Bacmeister, Reutlingen 1861.

Rede zum Turnfest des Gymnasiums u. der Realschule in Stuttgart, den 10. August 1861, gehalten von Gymnasialdirektor Schmid, in: Turn- u. Festreden.

Rede zur Einweihung der Turnhalle des Männer-Turnvereins zu Cöthen am 28. October 1865. Gesprochen von C. Rieger, Cöthen 1865, in: Turn- u. Festreden.

Rede zur Feier des 17. März, gehalten im Saale des Progymnasiums zu Moers von Dr. O. Jäger, Moers 1863.

Rede, gehalten am Stiftungsfeste des Männerturnvereins zu Stralsund am 18. August 1861, v. Dr. Kromeyer, in: Turn- u. Festreden.

Rede, gehalten beim 12. Feldbergfest am 3. Juli 1864, v. Dr. Rossel aus Wiesbaden. Beilage zum Anzeiger für die Nassauischen Turnvereine, in: Turn- u. Festreden.

Rochau, L. A. von, Grundsätze der Realpolitik, hg. v. H.-U. Wehler, Frankfurt 1972.

Schloenbach, A., Die »Politik« in den Turnvereinen, in: DTZ 1862, S. 10f.

Schmid, R., Das demokratische Prinzip, seine rechtliche u. seine politische Seite, in: PJ, Jg. 17, 1866, S. 640–669.

Schmoller, G., Die sociale Frage u. der preußische Staat, in: PJ, Jg. 33, 1874, S. 323–342.

Schulze-Delitzsch, H., Preußens Stellung zu den polnischen Selbständigkeitsbestrebungen. Rede am 22.9.1862, in: H. Schulze-Delitzsch's Schriften u. Reden, Bd. 3, Berlin 1910, S. 474–481.

–, Wehre dich, Deutschland!, in: H. Schulze-Delitzsch's Schriften u. Reden, hg. v. F. Thorwart, Bd. 3, S. 118–135.

Seemann, T., Ein weiterer Beitrag zur Neugestaltung des Turnwesens, in: Deutsche Schützen- u. Wehrzeitung 1863, S. 11f.

Silberer, V., Ueber den Werth u. die Bedeutung der Gymnastik vom Standpunkte der Darwin'schen Theorie, Wien 1880.

Simon, H., Don Quixote der Legitimität oder Deutschlands Befreier, Zürich 1859.

Sonne, E., Turnen, Politik u. Gemeinwohl, in: DTZ 1863, S. 307–308.

Stürenburg, H., Erziehung zur Wehrhaftigkeit, in: DTZ 1878, S. 37–40, 45–48, 53–56, 62–64, 77–81.

Täschner, C., Ernst Moritz Arndt u. die deutsche Turnkonst als nationales Bildungsmittel, in: DTZ 1858, S. 32.

Treitschke, H. von, Bundesstaat u. Einheitsstaat, in: PJ, Jg. 15, 1865, S. 325–335.

–, Der Krieg u. die Bundesreform, in: PJ, Jg. 17, 1866, S. 677–696.

–, Der Socialismus u. seine Gönner I., in: PJ, Jg. 34, 1874, S. 67–110.

–, Deutsche Geschichte im 19. Jh., 5 Bde., Leipzig 1879–1894.

–, Die Lösung der schleswig-holsteinischen Frage, in: PJ, Jg. 15, 1865, S. 169–187.

–, Parteien u. Fractionen, in: PJ, Jg. 27, 1871, S. 175–208, Zit. S. 175.

Turn- u. Festreden, 1844–1869. Sammelband, Deutsche Sporthochschule Köln, DT 6548.

Ueber das Turnen, dessen Wichtigkeit u. Würde. Eine Rede, gehalten bei der Eröffnung des Casteler Turnplatzes am 11. August 1861 v. Dr. Klober, in: Turn- u. Festreden.

Varnhagen von Ense, K. A., Kommentare zum Zeitgeschehen, Leipzig 1984.

Weihe der Vereins-Fahne an den Cöthner Männer-Turnverein am 19. Juli 1863. Gehalten von einem Turner, in: Turn- u. Festreden.

Wentzcke, P. (Hg.), Im Neuen Reich 1871–1890. Politische Briefe aus dem Nachlaß liberaler Parteiführer, Bd. 2, ND Osnabrück 1970.

Werth, G., Zum Coburger Feste. Aus Leipzig, in: DTZ 1860, S. 43f.

Zur Sitzung des Ausschusses in der Deutschen Turnerschaft 1896. Sonderabdruck aus der DTZ: Über die Wünsche u. Vorschläge zur Verbesserung und Erweiterung unseres Turnens, besonders des Wetturnens.

Zwei Reden zum Schwäbischen Turn-Feste zu Cannstatt den 30. Sept. u. 1. Okt. 1860, von T. Bosinger, Cannstatt 1860, in: Turn- u. Festreden.

Zwei Turnreden bei den Festen des Soester Turn-Vereins am 21. September 1862 u. am 28. Juni 1863, gehalten von Dr. Garms, Soest 1863.

2.2. Zeitgenössische Periodika, Statistiken, Festtagsschriften

Bayerische Turn-Zeitung, 1. Jg., 1893.

Bonner Zeitung, 1872.

Das erste deutsche Turn- u. Jugendfest zu Coburg, den 16.–19. Juni 1860. Ein Erinnerungsblatt für die deutschen Turner. Im Auftrage des Fest-Ausschusses hg. v. T. Georgii, Leipzig 1860.

Das schwäbische Turnfest zu Ulm, 29., 30. Juni, 1. Juli 1861, in: Schwäbischer Merkur, 3. u. 4. Juli 1862.

Das VI. bayerische Bundes-Turnfest verbunden mit dem 13. Bayerischen Turntage in Bamberg vom 26.–29. August 1882, Hof 1883.

Das Zweite allgemeine deutsche Turnfest in Berlin am 10.–13. August 1861 u. der Besuch desselben durch die österreichischen Turner, Wien 1861.

Der Pionier. Zeitschrift für Wissenschaft, Kunst u. öffentliches Leben, Nr. 164, 27.9.1872.

Der Turner. Illustrirte Zeitschrift für das Vereins-Turnen, hg. v. G. Pohlmann, Berlin 1886.

Deutsche Schützen- u. Wehrzeitung, 1862, 1863.

Deutsche Turn- u. Volks-Wehr-Zeitung, 1861.

Deutsche Turn-Zeitung, Jg. 1856–1894.

Drittes statistisches Jahrbuch der Deutschen Turnerschaft, hg. v. F. Goetz u. A. F. Böhme, Leipzig 1871.

Fest-Programm zu dem 2. allg. deutschen Turn- u. Jubelfest, Berlin 1861.

Festschrift für das VI. deutsche Turnfest zu Dresden, 19.–23. Juli 1885, Dresden o.J. (1885).

Festschrift zum 9. Gauturnfest des Deutschen Turngaues »Jahn« für Nordböhmen, Wien 1900, aus: Festzeitungen zu Turnfesten. Sammelband. Deutsche Sporthochschule Köln, DT 6510.

Festschrift zum XI. Deutschen Turntag verbunden mit der Einweihung des Georgii-Denkmals in Eßlingen a.N. vom 21. bis 24. Juli 1895, hg. v. C. Ramsler u. G. Rausch, Eßlingen 1895.

Festzeitung für das 6. Deutsche Turnfest, Dresden 1885.

Gedenkbuch zur Erinnerung an das 2. Allgem. deutsche Turn- u. Jubelfest zu Berlin, den 10., 11. u. 12. August 1861. Nach Quellen zusammengestellt u. hg. v. E. Angerstein u. E. Bär, Zwickau 1861.

Geschichte des Allgemeinen Turnvereins zu Dresden von seiner Gründung bis zur Gegenwart, Dresden 1894.

Historisch-politische Blätter für das katholische Deutschland, 1859ff.

Illustrirte Festblätter von dem ersten deutschen Bundesschießen zu Frankfurt am Main im Juli 1862, hg. v. J. A. Hammerau, Frankfurt o. J. (1862).

Münchner Neueste Nachrichten, 1889.

Neue Jahrbücher für die Turnkunst, hg. v. M. Kloss, Bd. 4, Dresden 1858, 1871.

Neue Preußische Zeitung, 1860, 1861, 1863, 1885.

Preußische Jahrbücher, Jg. 1858ff.

Statistisches Jahrbuch der Turnvereine Deutschlands, hg. v. G. Hirth, Leipzig 1883.

Verhandlungen des 5. Provincial- Turntages am 21. October 1866 zu Dirschau, Elbing 1867.

Zweites statistisches Jahrbuch der Turnvereine Deutschlands, hg. v. G. Hirth, Leipzig 1865.

3. Literatur

Alter, P., Nationalismus, Frankfurt 1985.

Anderson, B., Die Erfindung der Nation. Zur Karriere eines folgenreichen Konzepts, Frankfurt 1993 (engl. Imagined Communities. Reflections on the Origin and Spread of Nationalism, London 1983).

Anderson, M. L., Windthorst. A Political Biography, Oxford 1981 (dt. Düsseldorf 1988).

Angermann, E., Die deutsche Frage 1806 bis 1866, in: T. Schieder u. E. Deuerlein (Hg.), Reichsgründung 1870/71, Stuttgart 1970.

Arnaud, P. u. A. Gounot, Mobilisierung der Körper u. republikanische Selbstinszenierung in Frankreich (1879–1889). Ansätze zu einer vergleichenden deutsch-französischen Sportgeschichte, in: François u.a. (Hg.), S. 300–320.

Assmann, A. u. D. Harth (Hg.), Mnemosyne. Formen u. Funktionen der kulturellen Erinnerung, Frankfurt 1991.

–, Funktionsgedächtnis u. Speichergedächtnis. Zwei Modi der Erinnerung, in: K. Platt u. M.

Dabag (Hg.), Generation u. Gedächtnis. Erinnerungen u. kollektive Identitäten, Opladen 1995, S. 169–185.

–, Zum Problem der Identität aus kulturwissenschaftlicher Sicht, in: R. Lindner (Hg.), Die Wiederkehr des Regionalen. Über neue Formen kultureller Identität, Frankfurt 1994, S. 13–35.

Assmann, J., Kollektives Gedächtnis u. kulturelle Identität, in: ders. u. T. Hölscher (Hg.), Kultur u. Gedächtnis, Frankfurt 1988, S. 9–19.

Balzer, B., Die preußische Polenpolitik 1894–1908 u. die Haltung der deutschen konservativen u. liberalen Parteien, Frankfurt 1990.

Barkhaus, A. u.a. (Hg.), Identität, Leiblichkeit, Normativität, Frankfurt 1996.

Baxmann, I., Der Körper der Nation, in: François u.a. (Hg.), S. 353–365.

Becker, H., Antisemitismus in der Deutschen Turnerschaft, St. Augustin 1980.

Becker, P., Fußballfans. Vormoderne Reservate zum Erwerb u. zur Verteidigung männlicher Macht u. Ehre, in: G. Völger u. K. Welck (Hg.), Männerbande, Männerbünde. Zur Rolle des Mannes im Kulturvergleich, Bd. 2, Köln 1990, S.149–156.

Benda, F., Der Deutsche Turnerbund 1889, Wien 1990.

Berding, H., Moderner Antisemitismus in Deutschland, Frankfurt 1988.

–, Staatliche Identität, nationale Integration u. politischer Regionalismus, in: BDL, Jg. 121, 1985, S. 371–395.

Berger, M. u.a (Hg.), Constructing Masculinity, New York 1995.

Berlin, I., Freiheit. Vier Versuche, Frankfurt 1995.

Biefang, A., Politisches Bürgertum in Deutschland 1857–67. Nationale Organisationen u. Eliten, Düsseldorf 1994.

Birke, A. M., German Catholics and the Quest for National Unity, in: H. Schulze (Hg.), Nation-Building in Central-Europe, Leamington Spa 1987, S. 51–63.

Blackbourn, D., Marpingen. Apparitions of the Virgin Mary in Nineteenth-Century Germany, New York 1994.

Blanke, R., Prussian Poland in the German Empire 1871–1900, New York 1981.

Blaschke, O., Katholizismus u. Antisemitismus. Ein Milieu als Modell gegen die Moderne, (MS) Bielefeld 1995.

–, Katholizismus u. Antisemitismus im Deutschen Kaiserreich, Göttingen 1997.

Blecking, D. (Hg.), Die slawische Sokolbewegung. Beiträge zur Geschichte von Sport u. Nationalismus in Osteuropa, Dortmund 1991.

Blessing, W. K., Der monarchische Kult, politische Loyalität u. die Arbeiterbewegung im Deutschen Kaiserreich, in: G. A. Ritter (Hg.), Arbeiterkultur, Königstein 1979, S. 185–208.

–, Gottesdienst als Säkularisierung? Zu Krieg, Nation u. Politik im Bayer. Protestantismus des 19. Jh., in: W. Schieder (Hg.), Religion u. Gesellschaft im 19. Jh., Stuttgart 1993, S. 216–253.

–, Staat u. Kirche in der Gesellschaft. Institutionelle Autorität u. mentaler Wandel in Bayern während des 19. Jh., Göttingen 1982.

–, Zur Analyse politischer Mentalität u. Ideologie der Unterschichten im 19. Jh., in: Zs. f. Bayer. Landesgeschichte, Jg. 34, 1971, S. 768–816.

Bock, G., Challenging Dichotomies: Perspectives on Women's History, in: K. Offen u.a. (Hg.), Writing Women's History, London 1991, S. 1–22.

–, Gleichheit u. Differenz in der nationalsozialistischen Rassenpolitik, in: GG, Jg. 19, 1993, S. 277–310.

–, Women's History and Gender History: Aspects of an International Debate, in: Gender & History, Jg. 1, 1989, S. 7–30.

Böckenförde, E.-W., Die Nation. Identität in Differenz, in: Universitas, Jg. 50, 1995, S. 974–991.

Boehlich, W. (Hg.), Der Berliner Antisemitismusstreit, Frankfurt 1988.

Bourdieu, P., Der Habitus als Vermittlung zwischen Struktur u. Praxis, in: ders., Zur Soziologie der symbolischen Formen, Frankfurt 1991[4], S. 125–158.

–, Die männliche Herrschaft, in: Dölling u. Krais (Hg.), S. 153–217.

–, Glaube u. Leib, in: ders., Sozialer Sinn, Frankfurt 1993, S. 122–46.

–, Struktur, Habitus, Praxis, in: ders., Entwurf einer Theorie der Praxis, Frankfurt 1976, S. 139–202.

–, Was heißt sprechen?, Wien 1990.

Bourdieu im Gespräch mit Irene Dölling u. Margareta Steinrücke (März 1994), in: Dölling u. Krais (Hg.), S. 231–258.

Brakelmann, G., Der Krieg 1870/71 u. die Reichsgründung im Urteil des Protestantismus, in: W. Huber u. J. Schwerdtfeger (Hg.), Kirche zwischen Krieg u. Frieden, Stuttgart 1976, S. 293–320.

Brändli, S., »... die Männer sollten schöner geputzt sein als die Weiber«. Zur Konstruktion bürgerlicher Männlichkeit im 19. Jh., in: Kühne (Hg.), S. 101–118.

Brandt, H., Region u. Nation im Widerstreit der politischen Bewegung in Deutschland im 19. Jh., in: G. Lottes (Hg.), Region, Nation, Europa, Heidelberg 1992, S. 179–187.

Braun, H., Geschichte des Turnens in Rheinhessen, Bd. 1 u. 2, Alzey 1986.

Breitenborn, K., Kult u. Kitsch um den Reichsgründer, Frankfurt 1990.

Breuilly, J., Nationalism and the State, Manchester 1993².

Brubaker, R., Nationalism reframed. Nationhood and the National Question in the New Europe, Cambridge 1996.

Brusniak, F. u. D. Klenke (Hg.), »Heil deutschem Wort u. Sang«. Nationalidentität u. Gesangskultur in der deutschen Geschichte, Augsburg 1995.

Budde, G.-F., Auf dem Weg ins Bürgerleben, Göttingen 1994.

Burke, P., Geschichte als soziales Gedächtnis, in: Assmann u. Harth (Hg.), S. 289–304.

Bussmann, W., Treitschke. Sein Welt- und Geschichtsbild (1952), Göttingen 1981².

Butler, J., Das Unbehagen der Geschlechter, Frankfurt 1991.

–, Körper von Gewicht, Berlin 1993.

Carr, W., The Unification of Germany, in: J. Breuilly (Hg.), The State of Germany, London 1992, S. 80–102.

–, The Wars of German Unification, London 1991.

Chickering, R., We Men Who Feel Most German. A Cultural Study of the Pan-German League 1886–1914, London 1984.

–, »Casting Their Gaze More Broadly«: Women's Patriotic Activism in Imperial Germany, in: PP, Jg. 118, 1988, S. 156–185.

Confino, A., Die Nation als lokale Metapher: Heimat, nationale Zugehörigkeit und das Deutsche Reich 1871–1918, in: ZfG, Jg. 44, 1996, S. 421–436.

Conze, W. u. D. Groh, Die Arbeiterbewegung in der nationalen Bewegung, Stuttgart 1966.

Daebel, J., Die Schleswig-Holstein-Bewegung in Deutschland 1863/64, Diss. Köln 1969.

Dann, O., Begriffe u. Typen des Nationalen in der frühen Neuzeit, in: B. Giesen (Hg.), Nationale u. kulturelle Identität, Frankfurt 1991, S. 56–73.

–, Die Anfänge politischer Vereinsbildung in Deutschland, in: U. Engelhardt u.a. (Hg.), Soziale Bewegung u. politische Verfassung, Fs. f. W. Conze, Stuttgart 1976, S. 197–232.

–, Nation u. Nationalismus in Deutschland 1770–1990, München 1993.

–, Nationalismus u. sozialer Wandel in Deutschland 1806–1850, in: ders. (Hg.), Nationalismus u. sozialer Wandel, Hamburg 1978, S. 77–128.

Deuerlein, E. (Hg.), Die Gründung des Deutschen Reiches 1870/71 in Augenzeugenberichten, München 1977.

Deutsch, K. W., Nation and World, in: ders., Tides Among Nations, New York 1979, S. 297–314.

–, Nationalism and Social Communication, Cambridge/Mass. 1966².

Dipper, C. u.a., Art. Freiheit, in: GGr, Bd. 2, 1975, S. 425–542.

Döcker, U., Die Ordnung der bürgerlichen Welt, Frankfurt 1994.

–, Die Ordnung der Geschlechter bei Pierre Bourdieu u. Norbert Elias, in: G. Klein u. K. Liebsch (Hg.), Zivilisierung des weiblichen Ich, Frankfurt 1997, S. 337–365.

Dölling, I. u. B. Krais (Hg.), Ein alltägliches Spiel. Geschlechterkonstruktionen in der sozialen Praxis, Frankfurt 1997.

Dörner, A., Politischer Mythos u. politische Symbolik, Opladen 1995.

348

Douglas, M., Ritual, Tabu u. Körpersymbolik, Frankfurt 1986.

Dubberts, L. L., A Man's Place. Masculinity in Transition, Englewood Cliffs 1979.

Düding, D., Organisierter gesellschaftlicher Nationalismus in Deutschland. Bedeutung und Funktion der Turner- und Sängervereine für die deutsche Nationalbewegung, München 1984.

–, Deutsche Nationalfeste im 19. Jh., in: AfK, Jg. 69, 1987, S. 371–388.

–, Die deutsche Nationalbewegung des 19. Jh. als Vereinsbewegung, in: GWU, Jg. 42, 1991, S. 601–624.

–, Die deutsche Nationalbewegung im 19. Jh.: ein Porträt ihrer Physiognomie, in: P. Krüger (Hg.), Deutschland, deutscher Staat, deutsche Nation, Marburg 1993, S. 71–83.

–, Friedrich Ludwig Jahn und die Anfänge der deutschen Nationalbewegung, in: H. Ueberhorst (Hg.), Geschichte der Leibesübungen, Bd. 1/3, Berlin 1980, S. 229–256.

–, Nationale Oppositionsfeste der Turner, Sänger u. Schützen im 19. Jh., in: ders. u.a. (Hg.), Öffentliche Festkultur, Reinbek 1988, S. 166–190.

Dülffer, J. u. H. Hübner (Hg.), Otto von Bismarck. Person – Politik – Mythos, Berlin 1993.

Echternkamp, J., Der Aufstieg des deutschen Nationalismus 1770–1840, Diss. Bielefeld 1996.

–, Erinnerung an die Freiheit. Zum Verhältnis von Frühliberalismus und Nationalismus in der Geschichtsschreibung Karl von Rottecks u. Heinrich Ludens, in: Jb. f. Liberalismus-Forschung, Jg. 8, 1996, S. 69–88.

Eckart, F., Die turnerische Bewegung von 1848/49, Frankfurt 1925.

Ehlers, J., Die deutsche Nation des Mittelalters als Gegenstand der Forschung, in: ders. (Hg.), Ansätze u. Diskontinuität deutscher Nationsbildung im Mittelalter, Sigmaringen 1989, S. 11–58.

Eichel, W. u.a. (Hg.), Geschichte der Körperkultur in Deutschland, Bd. 2, Berlin 1965.

Eisenstadt, S. N. u. B. Giesen, The construction of collective identity, in: EAS, Jg. 36, 1995, S. 72–102.

Elias, N., Ein Exkurs über Nationalismus, in: ders., Studien über die Deutschen, Frankfurt 1992, S. 195–222.

Engler, S., Studentische Lebensstile u. Geschlecht, in: Dölling u. Krais (Hg.), S. 309–329.

Evans R. J. (Hg.), Kneipengespräche im Kaiserreich, Reinbek 1989.

–, Antisemitism: Ordinary Germans and The ›Longest Hatred‹, in: ders., Rereading German History 1800–1996. From Unification to Reunification, London 1997, S. 149–181.

Faber, K. G., Die nationalpolitische Publizistik Deutschlands 1866–71, 2 Bde., Düsseldorf 1863.

Faure, J.– M., Nationalstaaten u. Sport, in: François u.a. (Hg.), S. 321–341.

Feher, M. u.a. (Hg.), Fragments for a History of the Human Body, 3 Bde., New York 1989.

Fenske, H., Der Weg zur Reichsgründung 1850–1870, Darmstadt 1977.

–, Die Deutschen u. der Krieg von 1870/71: Zeitgenössische Urteile, in: P. Levillain u. R. Riemenschneider (Hg.), La guerre de 1870/71, Bonn 1990, S. 167–214.

–, Ungeduldige Zuschauer. Die Deutschen u. die europäische Expansion 1815–1880, in: W. Reinhard (Hg.), Imperialistische Kontinuität u. nationale Ungeduld im 19. Jh., Frankfurt 1991, S. 87–123.

Foucault, M., Die Machtverhältnisse durchziehen das Körperinnere, in: ders., Dispositive der Macht. Über Sexualität, Wissen u. Wahrheit, Berlin 1978, S. 104–117.

–, Nietzsche, die Genealogie, die Historie, in: ders., Von der Subversion des Wissens, hg. v. W. Seitter, München 1974, S. 83–109.

–, Sexualität u. Wahrheit, Bd. 1, Frankfurt 1995[8], Bd. 2 u. 3, Frankfurt 1995[4].

–, Überwachen u. Strafen, Frankfurt 1994.

François, E. u.a. (Hg.), Nation u. Emotion. Deutschland und Frankreich im Vergleich. 19. u. 20. Jh., Göttingen 1995.

Frevert, U., »Unser Staat ist männlichen Geschlechts«. Zur politischen Topographie der Geschlechter vom 18. bis frühen 19. Jh., in: dies., »Mann«, S. 61–132.

–, Das jakobinische Modell. Allgemeine Wehrpflicht u. Nationsbildung in Preußen-Deutschland, in: dies. (Hg.), Militär, S. 17–47.

–, Das Militär als Schule der »Männlichkeit«. Erwartungen, Angebote, Erfahrungen im 19. Jh., in: dies. (Hg.), Militär, S. 145–173.

–, Geschlecht – männlich/weiblich, in: dies., »Mann«, S. 13–60.

–, Gesellschaft u. Militär im 19. u. 20. Jh.: Sozial-, kultur- u. geschlechtergeschichtliche Annäherungen, in: dies. (Hg.), Militär, S. 7–14.

–, Kulturfrauen u. Geschäftsmänner. Soziale Identitäten im deutschen Bürgertum des 19. Jh., in: dies., »Mann«, S. 133–165.

–, »Mann und Weib und Weib und Mann«. Geschlechterdifferenzen in der Moderne, München 1995.

–, Männergeschichte oder die Suche nach dem ›ersten‹ Geschlecht, in: M. Hettling u. a. (Hg.), Was ist Gesellschaftsgeschichte?, 1. Fs. f. H.-U. Wehler, München 1991, S. 31–43.

– (Hg.), Militär u. Gesellschaft im 19. und 20. Jh., Stuttgart 1997.

–, Nation, Krieg u. Geschlecht im 19. Jh., in: M. Hettling u. P. Nolte (Hg.), Nation und Gesellschaft in Deutschland, 2. Fs. f. H.-U. Wehler, München 1996, S. 151–170.

–, Soldaten, Staatsbürger. Überlegungen zur historischen Konstruktion von Männlichkeit, in: Kühne (Hg.), S. 69–87.

Friedeburg, R. von, Klassen-, Geschlechter- oder Nationalidentität? Handwerker und Tagelöhner in den Kriegervereinen der preußischen Provinz Hessen-Nassau 1890–1914, in: Frevert (Hg.), Militär, S. 229–244.

Fuchs, P., Vaterland, Patriotismus u. Moral. Zur Semantik gesellschaftlicher Einheit, in: ZfS, Jg. 20, 1991, S. 89–103.

Gall, L., Liberalismus u. »bürgerliche Gesellschaft«. Zu Charakter u. Entwicklung der liberalen Bewegung in Deutschland, in: HZ, Jg. 220, 1975, S. 324–356.

–, Liberalismus u. Nationalstaat. Der deutsche Liberalismus u. die Reichsgründung, in: 2. Fs. f. T. Schieder, München 1978, S. 287–300.

–, u.a., Art. Einheit, in: GGr, Bd. 2, 1975.

Galos, A. u.a., Die Hakatisten. Der Deutsche Ostmarkenverein, 1894–1934, Berlin 1966.

Gebauer, G., Kinderspiele als Aufführungen von Geschlechterunterschieden, in: Dölling u. Krais (Hg.), S. 259–284.

– u. C. Wulf, Mimesis. Kultur – Kunst – Gesellschaft, Reinbek 1992.

–, Zeitmimesis. Über den alltäglichen u. wissenschaftlichen Gebrauch von Zeit, in: dies. (Hg.), Praxis u. Ästhetik, Frankfurt 1993, S. 292–316.

Gedi, N. u. Y. Elam, Collective memory – What is it?, in: History & Memory, Jg. 8, 1996, S. 30–50.

Geertz, C., Religion als kulturelles System, in: ders., Dichte Beschreibung, Frankfurt 1991².

–, Welt in Stücken. Kultur u. Politik am Ende des 20. Jh., Wien 1996.

Geisel, K., Die Hanauer Turnerwehr. Ihr Einsatz in der badischen Mairevolution von 1849 u. der Turnerprozeß, Hanau 1974.

Geiss, I., Geschichte des Rassismus, Frankfurt 1988.

Gellner, E., Nationalismus u. Moderne, Berlin 1991 (engl. Nations and Nationalism, Oxford 1983).

Geulen, C., Das wahre und das fremde Volk. Vergleichende Studien zur Biologisierung der Nation in Deutschland und Amerika, Diss. Bielefeld 1998.

–, Die Metamorphose der Identität: Zur »Langlebigkeit« des Nationalismus, in: A. Assmann u. H. Friese (Hg.), Konstruktion von Identität, Frankfurt 1997.

Giddens, A., Jenseits von Links u. Rechts, Frankfurt 1997.

Giesen, B. u.a., Vom Patriotismus zum völkischen Denken: Intellektuelle als Konstrukteure der deutschen Identität, in: H. Berding (Hg.), Nationales Bewußtsein u. kollektive Identität. Studien zur Entwicklung des kollektiven Bewußtseins in der Neuzeit 2, Frankfurt 1994, S. 245–293.

–, Die Intellektuellen u. die deutsche Nation, Frankfurt 1993.

Gilcher-Holtey, I., Kulturelle u. symbolische Praktiken: das Unternehmen Pierre Bourdieu, in: W. Hardtwig u. H.– U. Wehler (Hg.), Kuturgeschichte Heute, Göttingen 1996, S. 111–130.

Gilmore, D. D., Mythos Mann. Wie Männer gemacht werden. Rollen, Rituale, Leitbilder, München 1991 (engl. Manhood in the Making. Cultural Concepts of Masculinity, London 1990).

Glassberg, D., American Historical Pageantry, Chapel Hill 1990.

Goltermann, S., Doppelgänger ihrer Selbst. Männlichkeit u. Mimesis, in: traverse, Jg. 5, 1998, S. 113–125.

–, Figuren der Freiheit, in: M. Hettling u. S. Hoffmann (Hg.), Der bürgerliche Wertehimmel, München 1999.

Graf, F. W., Die Spaltung des Protestantismus. Zum Verhältnis von evangelischer Kirche, Staat und ›Gesellschaft‹ im frühen 19. Jh., in: W. Schieder (Hg.), Religion u. Gesellschaft im 19. Jh., Stuttgart 1993, S. 157–190.

Grimm, D., Deutsche Verfassungsgeschichte 1776–1866, Frankfurt 1988.

Groh, D. u. P. Brandt, »Vaterlandslose Gesellen«. Sozialdemokratie u. Nation 1860–1990, München 1992.

Gründer, H., Nation u. Katholizismus im Kaiserreich, in: Langner (Hg.), Katholizismus, S. 65–87.

Hagemann, K., »Heran, heran, zu Sieg und Tod!« Entwürfe patriotisch-wehrhafter Männlichkeit in der Zeit der Befreiungskriege, in: Kühne (Hg.), S. 51–68.

–, Nation, Krieg u. Geschlechterordnung. Zum kulturellen und politischen Diskurs in der Zeit der antinapoleonischen Erhebung Preußens 1806–1815, in: GG, Jg. 22, 1996, S. 562–591.

Hagen, W. W., Germans, Poles, and Jews. The Nationalitiy Conflict in the Prussian East, 1772–1914, Chicago 1980.

Hager, F. (Hg.), KörperDenken. Aufgaben der Historischen Anthropologie, Berlin 1996.

Halbwachs, M., Das kollektive Gedächtnis, Frankfurt 1985.

Handler, R., Is »Identity« a Useful Cross-Cultural Concept?, in: J. R. Gillis (Hg.), Commemorations. The Politics of National Identity, Princeton 1994, S. 27–40.

Hanisch, M., »Für Fürst u. Vaterland«. Legitimitätsstiftung in Bayern zwischen Revolution 1848 u. deutscher Einheit, München 1991.

–, Nationalisierung der deutschen Dynastien oder Monarchisierung der Nation? Zum Verhältnis von Monarchie u. Nation in Deutschland im 19. Jh., in: A. M. Birke u. L. Kettenacker (Hg.), Bürgertum, Adel u. Monarchie, München 1989, S. 71–91.

Hardtwig, W., Bürgertum, Staatssymbolik u. Staatsbewußtsein im Deutschen Kaiserreich 1871–1914, in: ders., Nationalismus u. Bürgerkultur, S. 191–218.

–, Nationalismus u. Bürgerkultur in Deutschland 1500–1914, Göttingen 1994.

–, Politische Gesellschaft u. Verein zwischen aufgeklärtem Absolutismus u. der Grundrechtserklärung der Paulskirche, in: G. Birtsch (Hg.), Grund- u. Freiheitsrechte im Wandel von Gesellschaft u. Geschichte, Göttingen 1981, S. 336–358.

–, Politische Topographie u. Nationalismus. Städtegeist, Landespatriotismus u. Reichsbewußtsein in München 1871–1914, in: ders., Nationalismus u. Bürgerkultur, S. 219–245.

–, Vom Elitebewußtsein zur Massenbewegung. Frühformen des Nationalismus in Deutschland 1500–1840, in: ders., Nationalismus u. Bürgerkultur, S. 34–54.

–, Von Preußens Aufgabe in Deutschland zu Deutschlands Aufgabe in der Welt. Liberalismus u. borussianisches Geschichtsbild zwischen Revolution u. Imperialismus, in: HZ, Jg. 231, 1980, S. 265–324.

Haupt, H.-G., Der Nationalismus in der neueren deutschen u. französischen Geschichtswissenschaft, in: François u.a. (Hg.), S. 39–55.

– u. C. Tacke, Die Kultur des Nationalen. Sozial- u. kulturgeschichtliche Ansätze bei der Erforschung des europäischen Nationalismus im 19. u. 20. Jh., in: W. Hardtwig u. H.-U. Wehler (Hg.), Kulturgeschichte Heute, Göttingen 1996, S. 255–283.

Haupts, L., Die Kölner Dombaufeste 1842–80, in: D. Düding (Hg.), Öffentliche Festkultur, Reinbek 1988, S. 191–211.

Hausen, K., Die Polarisierung der Geschlechtscharaktere – Eine Spiegelung der Dissoziation von Erwerbs- u. Familienleben, in: W. Conze (Hg.), Sozialgeschichte der Familie in der Neuzeit Europas, Stuttgart 1976, S. 369–393.

Hauser, O., Polen u. Dänen im Deutschen Reich, in: T. Schieder u. E. Deuerlein (Hg.), Reichsgründung 1870/71, Stuttgart 1970, S. 291–317.

–, Preußische Staatsräson u. nationaler Gedanke, Neumünster 1960.

–, Zum Problem der Nationalisierung Preußens, in: HZ, Jg. 202, 1966, S. 529–541.

Hayes, C. J. H., The Historical Evolution of Modern Nationalism, New York 1931.

Hedinger, H.– W., Bismarck-Denkmäler u. Bismarck-Verehrungen, in: E. Mai u. S. Waetzold (Hg.), Kunstverwaltung, Bau- u. Denkmalpolitik im Kaiserreich, Berlin 1981, S. 277–314.

Herrmann, H. P. u. a., Machtphantasie Deutschland. Nationalismus, Männlichkeit und Fremdenhaß im Vaterlandsdiskurs deutscher Schriftsteller des 18. Jh., Frankfurt 1996.

–, Arminius u. die Erfindung der Männlichkeit im 18. Jh., in: ders. u.a., Machtphantasie Deutschland, S. 161–191.

Heß, S., Schwäbische Turner in der Revolution von 1848, in: Beiträge zur Geschichte des Turnens in Württemberg, Gerlingen 1988, S. 22–38.

Hettling, M., Politische Bürgerlichkeit. Der Bürger zwischen Individualität und Vergesellschaftung in Deutschland u. in der Schweiz 1860–1918, Habil.-Schrift, Bielefeld 1997.

– u. S.– L. Hoffmann, Der bürgerliche Wertehimmel. Zum Problem individueller Lebensführung im 19. Jh., in: GG, Jg. 23, 1997, S. 333–359.

Hobsbawm, E. J., Nationen u. Nationalismus. Mythos u. Realität seit 1780, Frankfurt 1991 (engl. Nations and Nationalism since 1780. Programme, Myth, Reality, Cambridge 1990).

– u. T. Ranger (Hg.), The Invention of Tradition, Cambridge 1983.

Hof, R., Die Entwicklung der Gender Studies, in: H. Bußmann u. R. Hof (Hg.), Genus – zur Geschlechterdifferenz in den Kulturwissenschaften, Stuttgart 1995, S. 5–33.

Höfele, K. H., Königgrätz u. die Deutschen von 1866, in: GWU, Jg. 17, 1966, S. 393–416.

–, Sendungsglaube u. Epochenbewußtsein in Deutschland 1870/71, in: Zs. f. Religions- u. Geistesgeschichte, Jg. 15, 1963, S. 256–276.

Hoffmann, S.-L., Mythos u. Geschichte. Leipziger Gedenkfeiern der Völkerschlacht im 19. u. frühen 20. Jh., in: François u.a. (Hg.), S. 11–32.

–, Die Politik der Geselligkeit. Freimaurerlogen im 19. Jh., Diss. Bielefeld 1998.

Höhn, R., Die vaterlandslosen Gesellen. Der Sozialismus im Licht der Geheimberichte der preußischen Polizei 1878–1914, Bd. 1: 1878–1890, Köln 1964.

Hölscher, L., Bürgerliche Religiosität im protestantischen Deutschland des 19. Jh., in: W. Schieder (Hg.), Religion u. Gesellschaft im 19. Jh., Stuttgart 1993, S. 191–215.

Hroch, M., Die Vorkämpfer der nationalen Bewegung bei den kleinen Völkern Europas. Eine vergleichende Analyse zur gesellschaftlichen Schichtung der patriotischen Gruppen, Prag 1968.

–, Nationales Bewußtsein zwischen Nationalismustheorie u. der Realität der nationalen Bewegungen, in: E. Schmidt-Hartmann (Hg.), Formen des nationalen Bewußtseins im Lichte zeitgenössischer Nationalismustheorien, München 1994, S. 29–52.

Hübinger, G., Kulturprotestantismus u. Politik, Tübingen 1994.

Hunt, L., Symbole der Macht, Macht der Symbole, Frankfurt 1989.

Iggers, G., Deutsche Geschichtswissenschaft, München 1976.

–, Heinrich v. Treitschke, in: Deutsche Historiker, hg. v. H.-U. Wehler, Göttingen 1973, S. 174–188.

Ilting, K.-H., Art. Sitte, Sittlichkeit, Moral, in: GGr, Bd. 5, 1984, S. 863–921.

Im Hof, U., Die historische Dimension der nationalen Identität, Basel 1991.

Institut für Sozialforschung (Hg.), Geschlechterverhältnisse u. Politik, Frankfurt 1994.

Iserloh, E., Der Katholizismus u. das Deutsche Reich von 1871. Bischof Kettelers Bemühungen um die Integration der Katholiken in den kleindeutschen Staat, in: Politik u. Konfession, Fs. f. K. Repgen, hg. v. D. Albrecht u.a., Berlin 1983, S. 213–229.

Jaeger, F. u. J. Rüsen, Geschichte des Historismus, München 1992.

Jahn, G., Friedrich Ludwig Jahn. Volkserzieher u. Vorkämpfer für Deutschlands Einigung 1778–1852, Göttingen 1992.

352

James, H., Harte Droge oder Ersatz. Über bösen u. guten Nationalismus, in: FAZ, 18.3.1992, S. N5.

Jeismann, M., »Feind« und »Vaterland« in der frühen deutschen Nationalbewegung 1806–1815, in: U. Herrmann (Hg.), Volk – Nation – Vaterland, Hamburg 1996, S. 279–291.

–, Das Vaterland der Feinde. Studien zum nationalen Feindbegriff u. Selbstverständnis in Deutschland u. Frankreich 1792–1918, Stuttgart 1992.

Jeran, E., Deutsche Turnerschaft, in: Die bürgerlichen Parteien Deutschlands, Bd. 1, hg. v. D. Fricke u.a., Leipzig 1986, S. 605–619.

Joas, H., Kreativität u. Autonomie. Die soziologische Identitätskonzeption u. ihre postmoderne Herausforderung, in: Barkhaus u.a. (Hg.), S. 357–369.

Kaschuba, W., Die Nation als Körper. Zur symbolischen Konstruktion ›nationaler‹ Alltagswelt, in: François u.a. (Hg.), S. 291–299.

–, Lebenswelt u. Kultur der unterbürgerlichen Schichten im 19. u. 20. Jh., München 1990.

–, Volk u. Nation: Ethnozentrismus in Geschichte u. Gegenwart, in: H. A. Winkler u. H. Kaelble (Hg.), Nationalismus – Nationalitäten – Supranationalität, Stuttgart 1993, S. 56–81.

–, Zwischen Deutscher Nation u. Deutscher Provinz. Politische Horizonte u. soziale Milieus im frühen Liberalismus, in: D. Langewiesche (Hg.), Liberalismus im 19. Jh. Deutschland im europäischen Vergleich, Göttingen 1988, S. 83–108.

Kelly, A., The Descent of Darwin: The Popularization of Darwinism in Germany 1860–1914, Chapel Hill 1981.

Kennedy, K. D., Regionalism and Nationalism in South German History Lessons 1871–1914, in: GSR, Jg. 12, 1989, S. 11–33.

Klein, M., Sportbünde – Männerbünde?, in: G. Völger u. K. v. Welck (Hg.), Männerbande, Männerbünde. Zur Rolle des Mannes im Kulturvergleich, Bd. 2, Köln 1990, S. 137–145.

Klenke, D., Bürgerlicher Männergesang u. Politik in Deutschland, in: GWU, Jg. 40, 1989, S. 458–485 (Teil 1) u. ebd., S. 534–561 (Teil 2).

–, Ein »Schwur für's Vaterland«. Zum Nationalismus der deutschen Sängerbewegung zwischen Paulskirchenparlament u. Reichsgründung, in: M. Epkenhans u.a. (Hg.), Liberalismus, Parlamentarismus u. Demokratie, Fs. M. Botzenhart, Göttingen 1994, S. 67–107.

–, Nationalkrieger. Gemeinschaftsideal als politische Religion. Zum Vereinsnationalismus der Sänger, Schützen u. Turner am Vorabend der Einigungskriege, in: HZ, Jg. 260, 1994, S. 395–448.

–, Zwischen nationalkriegerischem Gemeinschaftsideal u. bürgerlich-ziviler Modernität. Zum Vereinsnationalismus der Sänger, Schützen u. Turner im Deutschen Kaiserreich, in: GWU, Jg. 45, 1994, S. 207–223.

Kocka, J., Faszination u. Kritik. Bemerkungen aus der Perspektive eines Sozialhistorikers, in: François u.a. (Hg.), S. 389–392.

Kohn, H., Father Jahn's Nationalism, in: RoP, Jg. 11, 1949, S. 419–432.

–, The Idea of Nationalism. A Study in Its Origins and Backgrounds, New York 1956[8].

Kolb, E., Die kleindeutsche Reichsgründung. Bismarcks Konzeptionen u. Strategien zur Lösung der nationalen Frage, in: O. Dann (Hg.), Die deutsche Nation, Vierow 1994, S. 45–59.

–, Der Kriegsausbruch 1870. Politische Entscheidungsprozesse u. Verantwortlichkeiten in der Julikrise 1870, Göttingen 1970.

Körner, H.-M., Staat u. Geschichte in Bayern im 19. Jh., München 1992.

Koselleck, R. u. M. Jeismann (Hg.), Der politische Totenkult. Kriegerdenkmäler in der Moderne, München 1994.

– u.a., Art. Volk, Nation, Nationalismus, Masse, in: GGr, Bd. 7, 1992, S. 141–431.

Krais, B., Geschlechterverhältnis u. symbolische Gewalt, in: G. Gebauer u. C. Wulf (Hg.), Praxis u. Ästhetik, Frankfurt 1993, S. 208–250.

Kraul, M., Das deutsche Gymnasium, 1780–1980, Frankfurt 1984.

Krüger, M., Einführung in die Geschichte der Leibeserziehung u. des Sports, Teil 2: Leibeserziehung im 19. Jh. Turnen fürs Vaterland, Schorndorf 1993.

–, Körperkultur u. Nationsbildung. Die Geschichte des Turnens in der Reichsgründungsära – eine Detailstudie über die Deutschen, Schorndorf 1996.

–, Otto Heinrich Jaeger – der »Rothstein des Südens«. Zur Debatte um das Jaegersche Wehrturnen in Württemberg, in: Sportwissenschaft, Jg. 19, 1989, S. 172–193.

Kühne, T., »... aus diesem Krieg werden nicht nur harte Männer heimkehren«. Kriegskameradschaft und Männlichkeit im 20. Jh., in: ders. (Hg.), S. 174–192.

– (Hg.), Männergeschichte – Geschlechtergeschichte, Frankfurt 1996.

Kupisch, K., Die Wandlungen des Nationalismus im liberalen deutschen Bürgertum, in: H. Zilleßen (Hg.), Volk – Nation – Vaterland. Der deutsche Protestantismus u. der Nationalsozialismus, Gütersloh 1970, S. 111–134.

Kuppler, E., Weiblichkeitsmythen zwischen *gender, race* und *class: True Womenhood* im Spiegel der Geschichtsschreibung, in: H. Bußmann u. R. Hof (Hg.), Genus. Zur Geschlechterdifferenz in den Kulturwissenschaften, Stuttgart 1995, S. 262–292.

Lacan, J., Das Spiegelstadium als Bildner der Ichfunktion, wie sie uns in der psychoanalytischen Erfahrung erscheint (Bericht für den 16. Internationalen Kongreß für Psychoanalyse in Zürich am 17. Juli 1949), in: ders., Schriften 1, Frankfurt 1977, S. 61–70.

Langewiesche, D., »... für Volk und Vaterland kräftig zu würken ...«. Zur politischen u. gesellschaftlichen Rolle der Turner zwischen 1811 u. 1871, in: O. Gruppe (Hg.), Kulturgut oder Körperkult? Sport u. Sportwissenschaft im Wandel, Tübingen 1990, S. 22–61.

–, »Revolution von oben?« Krieg u. Nationalstaatsgründung in Deutschland, in: ders. (Hg.), Revolution u. Krieg, Paderborn 1989, S. 117–133.

–, Deutschland u. Österreich: Nationswerdung u. Staatsbildung in Mitteleuropa im 19. Jh., in: GWU, Jg. 42, 1991, S. 754–766.

–, Die schwäbische Sängerbewegung in der Gesellschaft des 19. Jh. – ein Beitrag zur kulturellen Nationsbildung, in: Zs. f. Württembergische Landesgeschichte, Jg. 52, 1993, S. 257–301.

–, Germany and the National Question in 1848, in: J. Breuilly (Hg.), The State of Germany, London 1992, S. 60–79.

–, Kulturelle Nationsbildung im Deutschland des 19. Jh., in: M. Hettling u. P. Nolte (Hg.), Nation u. Gesellschaft in Deutschland, 2. Fs. f. H.– U. Wehler, München 1996, S. 46–64.

–, Liberalismus in Deutschland, Frankfurt 1988.

–, Liberalismus u. Demokratie in Württemberg zwischen Revolution u. Reichsgründung, Düsseldorf 1974.

–, Nation, Nationalismus, Nationalstaat: Forschungsstand u. Entwicklungsperspektiven, in: NPL, Jg. 40, 1995, S. 190–236.

–, Nationalismus im 20. Jh.: Zwischen Partizipation u. Aggression, Bonn 1994.

–, Reich, Nation u. Staat in der jüngeren deutschen Geschichte, in: HZ, Jg. 254, 1992, S. 341–381.

Langner, A., Katholizismus u. nationaler Gedanke in Deutschland, in: ders. (Hg.), Katholizismus, S. 238–269.

– (Hg.), Katholizismus, nationaler Gedanke u. Europa seit 1800, Paderborn 1985.

Lenger, F., Sozialgeschichte der deutschen Handwerker seit 1800, Frankfurt 1988.

Lepsius, M. R., Nation u. Nationalismus in Deutschland, in: H. A. Winkler (Hg.), Nationalismus in der Welt von heute, Göttingen 1982, S. 12–27.

Leuschen-Seppel, R., Sozialdemokratie u. Antisemitismus, Bonn 1978.

Lidtke, V. L., The Alternative Culture. Socialist Labor Movement in Imperial Germany, New York 1985.

–, The Outlawed Party. Social Democracy in Germany 1878–1890, Princeton 1966.

Lill, R., Katholizismus u. Nation bis zur Reichsgründung, in: Langner (Hg.), Katholizismus, S. 51–63.

Lipp, C., Frauen u. Öffentlichkeit. Möglichkeiten u. Grenzen politischer Partizipation im Vormärz u. in der Revolution 1848/49, in: dies. (Hg.), Schimpfende Weiber, S. 270–307.

–, Liebe, Krieg u. Revolution, in: dies. (Hg.), Schimpfende Weiber, S. 353–384.

354

– (Hg.), Schimpfende Weiber u. patriotische Jungfrauen. Frauen im Vormärz u. in der Revolution 1848/49, Baden-Baden 1986.

Loth, W., Katholiken im Kaiserreich, Düsseldorf 1984.

–, Zentrum u. Kolonialpolitik, in: J. Horstmann (Hg.), Die Verschränkung von Innen-, Konfessions- u. Kolonialpolitik im Deutschen Reich vor 1914, Schwerte 1987, S. 67–83.

Lucas, K.-H., Joseph Edmund Jörg. Konservative Publizistik zwischen Revolution u. Reichsgründung (1852–1871), Köln 1969.

Mangan, J. A. u. J. Walvin (Hg.), Manliness and Morality. Middle-Class Masculinity in Britain and America 1800–1940, New York 1987.

Massing, P. W., Vorgeschichte des politischen Antisemitismus, Frankfurt 1986.

Mayer, M., Freiheit u. Macht. Studien zum Nationalismus süddeutscher, insb. badischer Liberaler 1830–48, Frankfurt 1994.

McGuire, M. C., Bismarck in Walhalla. The Cult of Bismarck and the Politics of National Identity in Imperial Germany 1890–1915, Diss. Univ. of Pennsylvania 1993.

McLeod, H., Weibliche Frömmigkeit – männlicher Unglaube? Religion u. Kirchen im bürgerlichen 19. Jh., in: U. Frevert (Hg.), Bürgerinnen u. Bürger, Göttingen 1988, S. 134–156.

McMillan, D. A., »... die höchste und heiligste Pflicht ...«. Das Männlichkeitsideal der deutschen Turnbewegung 1811–1871, in: Kühne (Hg.), S. 88–100.

Mead, G. H., Die Genesis der Identität u. die soziale Kontrolle, in: ders., Gesammelte Aufsätze, Bd. 1, hg. v. H. Joas, Frankfurt 1987, S. 299–328.

Mergel, T., Zwischen Klasse u. Konfession, Göttingen 1994.

Michaelis, H. T., Unter schwarz-rot-goldenem Banner u. dem Signum des Doppeladlers, Frankfurt 1993.

Mommsen, H., Der Nationalismus als weltgeschichtlicher Faktor, in: ders., Arbeiterbewegung u. nationale Frage, Göttingen 1979, S. 15–60.

–, Nation u. Nationalismus in sozialgeschichtlicher Perspektive, in: W. Schieder u. V. Sellin (Hg.), Sozialgeschichte in Deutschland, Bd. 2, Göttingen 1986, S. 162–185.

Mommsen, W. J., Der deutsche Liberalismus zwischen »klassenloser Bürgergesellschaft« u. organisiertem Kapitalismus. Zu einigen neuen Liberalismusinterpretationen, in: GG, Jg. 4, 1978, S. 77–90.

–, Preussisches Staatsbewußtsein u. deutsche Reichsidee, in: ders., Der autoritäre Nationalstaat, Frankfurt 1990, S. 66–85.

Mosse, G. L., Das Bild des Mannes, Frankfurt 1997.

Na'aman, S., Der Deutsche Nationalverein 1859–67, Düsseldorf 1987.

Neumann, H., Die deutsche Turnbewegung in der Revolution von 1848/49 u. in der amerikanischen Emigration, Schorndorf 1968.

–, Leibesübungen im Dienste nationaler Bestrebungen: Jahn u. die deutsche Turnbewegung. Teil 1: Von den Anfängen bis zur Reichsgründung, in: H. Ueberhorst (Hg.), Geschichte der Leibesübungen, Bd. 3/1, Berlin 1980, S. 257–278.

Nipperdey, T., Deutsche Geschichte 1800–1866. Bd. 1: Bürgerwelt u. starker Staat, München 1983.

–, Deutsche Geschichte 1866–1918, Bd. 2: Machtstaat vor der Demokratie, München 1992.

–, Nationale Einheit u. demokratischer Pluralismus als historisches Problem, in: R. Melville u.a. (Hg.), Deutschland u. Europa in der Neuzeit, Stuttgart 1988, S. 99–108.

–, Verein als soziale Struktur im späten 18. u. frühen 19. Jh., in: Geschichtswissenschaft u. Vereinswesen im 19. Jh., Göttingen 1972, S. 1–44.

Noltenius, R., Dichterfeiern in Deutschland, München 1984.

–, Schiller als Führer u. Heiland. Das Schillerfest 1859 als nationaler Traum von der Geburt des zweiten deutschen Kaiserreichs, in: D. Düding u.a. (Hg.), Öffentliche Festkultur, Reinbek 1988, S. 237–258.

Nora, P., Zwischen Geschichte u. Gedächtnis, hg. v. U. Raulff, Berlin 1990.

Obermann, K., Die politische Rolle der Turnvereine in der demokratischen Bewegung am

Vorabend der Revolution von 1848, in: Theorie u. Praxis der Körperkultur, Jg.12, 1963, S. 795–805.

Offermann, T., Preußischer Liberalismus zwischen Revolution und Reichsgründung im regionalen Vergleich. Berliner u. Kölner Fortschrittsliberalismus in der Konfliktzeit, in: D. Langewiesche (Hg.), Liberalismus im 19. Jh. Deutschland im europäischen Vergleich, Göttingen 1988, S. 109–135.

Paletschek, S., Frauen u. Dissens, Göttingen 1990.

Pfister, G. u. H. Langenfeld, Die Leibesübungen für das weibliche Geschlecht – ein Mittel zur Emanzipation der Frau?, in: H. Ueberhorst (Hg.), Geschichte der Leibesübungen, Bd. 3/1, S. 485–521.

Prignitz, C., Vaterlandsliebe u. Freiheit. Deutscher Patriotismus von 1750 bis 1850, Wiesbaden 1981.

Radkau, J., Technik in Deutschland. Vom 18. Jh. bis zur Gegenwart, Frankfurt 1989.

Real, W., Der deutsche Reformverein, Lübeck 1966.

Retallack, J. N., Notables of the Right. The Conservative Party and Political Mobilization in Germany, 1876–1918, Boston 1988.

Richter, D., Der Mythos der »guten« Nation. Zum theoriegeschichtlichen Hintergrund eines folgenschweren Mißverständnisses, in: Soziale Welt, Jg. 45, 1994, S. 304–321.

–, Nation als Form, Opladen 1996.

Rogozinski, J., »Wie die Worte eines berauschten Menschen ...«. Geschichtsleib u. politischer Körper, in: H. Nagl-Docekal (Hg.), Der Sinn des Historischen, Frankfurt 1996, S. 333–372.

Rohe, K., Wahlen u. Wählertraditionen in Deutschland, Frankfurt 1992.

Rohkrämer, T., Der Militarismus der »Kleinen Leute«. Die Kriegervereine im Deutschen Kaiserreich 1871–1914, München 1990.

Rorty, R., Auszug aus dem Land der Trugbilder. Die Zukunft der amerikanischen Linken beruht auf der Wiederbelebung des amerikanischen Nationalstolzes, in: FAZ, 2.5.1997, S. 39.

–, Kontingenz, Ironie u. Solidarität, Frankfurt 1992.

Rosenberg, H., Die nationalpolitische Publizistik Deutschlands. Vom Eintritt der Neuen Ära in Preußen bis zum Ausbruch des deutschen Krieges, Bd. 1, München 1935.

Röttger, L. u. R. Röttger, Das Engagement des Arbeiterführers Wilhelm Bracke im Braunschweiger Männer-Turnverein, in: Sozial- u. Zeitgeschichte des Sports, Jg. 5, 1991, S. 53–66.

Rüsen, J., Johann Gustav Droysen, in: Deutsche Historiker, hg. v. H.-U. Wehler, Göttingen 1973, S. 115–131.

Ryan, M. P., Women in Public. Between Banners and Ballots, 1825–1880, Baltimore 1990.

Sarasin, P., Subjekte, Diskurse, Körper. Überlegungen zu einer diskursanalytischen Kulturgeschichte, in: W. Hardtwig u. H.-U. Wehler (Hg.), Kulturgeschichte Heute, Göttingen 1996, S. 131–164.

– u. J. Tanner (Hg.), Physiologie u. industrielle Gesellschaft. Studien zur Verwissenschaftlichung des Körpers im 19. u. 20. Jh., Frankfurt 1997.

–, Einleitung: Physiologie u. industrielle Gesellschaft, in: ders. u. J. Tanner (Hg.), Physiologie, S. 12–43.

Schieder, T., Das deutsche Kaiserreich von 1871 als Nationalstaat, hg. v. H.-U. Wehler, Göttingen 1992².

–, Die kleindeutsche Partei in Bayern in den Kämpfen um die nationale Einheit, 1863–1871, München 1936.

–, Nationalstaat u. Nationalitätenproblem, in: ders., Nationalismus u. Nationalstaat, hg. v. O. Dann u. H.-U. Wehler, Göttingen 1991, S. 17–37.

–, Typologie u. Erscheinungsformen des Nationalstaats in Europa, in: ders., Nationalismus u. Nationalstaat, S. 65–86.

Schneider, U., Politische Festkultur im 19. Jh. Die Rheinprovinz von der französischen Zeit bis zum Ende des Ersten Weltkrieges, Essen 1995.

Schodrok, K. H., Militärische Jugend-Erziehung in Preußen 1806–1820, Olsberg 1989.

Schröder, R., Warum sollen wir eine Nation sein?, in: Die Zeit, 25.4.1997, S. 3.

Schulze, H., Das Europa der Nationen, in: H. Berding (Hg.), Mythos u. Nation. Studien zur Entwicklung des kollektiven Bewußtseins in der Neuzeit 3, Frankfurt 1996, S. 65–83.

–, Der Weg zum Nationalstaat. Die deutsche Nationalbewegung vom 18. Jh. bis zur Reichsgründung, München 1985.

–, Die deutsche Nationalbewegung bis zur Reichseinigung, in: O. Büsch u. J.J. Sheehan (Hg.), Die Rolle der Nation in der deutschen Geschichte u. Gegenwart, Berlin 1985, S. 84–117.

–, Perspektiven für Deutschland: Nationalverein u. Reformverein, in: A. M. Birke u. G. Heydemann (Hg.), Die Herausforderung des europ. Staatensystems, Göttingen 1989, S. 141–157.

–, Staat u. Nation in der Europäischen Geschichte, München 1994.

Schwingel, M., Analytik der Kämpfe. Macht u. Herrschaft in der Soziologie Bourdieus, Hamburg 1993.

Scott, J. W., Deconstructing Equality – Versus – Difference: Or, The Uses of Poststructuralist Theory For Feminism, in: Feminist Studies, Jg. 14, 1988, S. 33–65.

–, Gender: A Useful Category of Historical Analysis, in: dies., Gender and the Politics of History, New York 1988, S. 28–50.

Seier, H., Heinrich v. Sybel, in: Deutsche Historiker, hg. v. H.-U. Wehler, Göttingen 1973, S. 132–146.

Sellin, V., Nationalbewußtsein u. Partikularismus in Deutschland im 19. Jh., in: J. Assmann u. T. Hölscher (Hg.), Kultur u. Gedächtnis, Frankfurt 1988, S. 241–264.

Sheehan, J. J., German History 1770–1866, Oxford 1989.

–, German Liberalism in the Nineteenth Century, Chicago 1978 (dt. Der deutsche Liberalismus. Von den Anfängen im 18. Jh. bis zum Ersten Weltkrieg 1770–1914, München 1983).

Siemann, W. (Hg.), Restauration, Liberalismus u. nationale Bewegung 1815–70, Darmstadt 1982.

–, Die deutsche Revolution von 1848/49. Einheit der Nation u. Zwietracht der Nationalitäten, in: O. Dann (Hg.), Die deutsche Nation, Vierow 1994, S. 24–34.

–, »Deutschlands Ruhe, Sicherheit u. Ordnung«. Die Anfänge der politischen Polizei 1806–1866, Tübingen 1985.

–, Die deutsche Revolution von 1848/49, Frankfurt 1985.

–, Gesellschaft im Aufbruch. Deutschland 1849–1871, Frankfurt 1990.

–, Vom Staatenbund zum Nationalstaat. Deutschland 1806–1871, München 1995.

Simmel, G., Das Individuum u. die Freiheit, in: ders., dass., Frankfurt 1993, S. 212–219.

Smith, A. D., Nationalism. A Trend Report and Bibliography, in: Current Sociology, Jg. 21, 1973, S. 27–46.

Smith, H. W., German Nationalism and Religious Conflict. Culture, Ideology, Politics, 1870–1914, Princeton 1995.

Stanitzek, G., Blödigkeit. Beschreibungen des Individuums im 18. Jh., Tübingen 1989.

Stearns, P., Be a Man! Males in Modern Society, New York 1990[2].

Tacke, C., Denkmal im sozialen Raum, Göttingen 1995.

Taylor, C., Multikulturalismus u. die Politik der Anerkennung, Frankfurt 1993.

Tenfelde, K., Die Entfaltung des Vereinswesens während der Industriellen Revolution in Deutschland 1850–1873, in: HZ, Beih. 9 1984, S. 55–114.

Thadden, R. von, Nation muß sein: aber wozu?, in: Frankfurter Rundschau, 19.7.1993, S. 14.

Tilgner, W., Volk, Nation u. Vaterland im protestantischen Denken zwischen Kaiserreich u. Nationalsozialismus, in: Langner (Hg.), Katholizismus, S. 135–171.

Timmermann, H., Geschichte u. Struktur der Arbeitersportbewegung 1893–1933, Ahrensburg 1973.

Tims, R. W., Germanizing Prussian Poland: The H-K-T-Society and the Struggle for the Eastern Marches in the German Empire, 1894–1919, New York 1941.

Trepp, A. C., Männerwelten privat: Vaterschaft im späten 18. u. beginnenden 19. Jh., in: Kühne (Hg.), S. 31–50.

Trom, D., Natur u. nationale Identität. Der Streit um den Schutz der ›Natur‹ um die Jahrhundertwende in Deutschland u. Frankreich, in: François u.a. (Hg.), S. 147–167.

Turner, V., Vom Ritual zum Theater. Der Ernst des menschlichen Spiels, Frankfurt 1995.

Ullmann, P., Das deutsche Kaiserreich 1871–1914, Frankfurt 1995.

Valjavec, F., Die Entstehung der politischen Strömungen in Deutschland 1770–1815, Düsseldorf 1978.

Vogel, B., Vom linken zum rechten Nationalismus. Bemerkungen zu einer Forschungsthese, in: B. J. Wendt (Hg.), Vom schwierigen Zusammenwachsen der Deutschen, Frankfurt 1992, S. 97–110.

Vogel, J., Militärfeiern in Deutschland u. Frankreich als Rituale der Nation (1871–1914), in: François u. a. (Hg.), S. 199–214.

–, Nationen im Gleichschritt. Der Kult der »Nation in Waffen« in Deutschland u. Frankreich 1871–1914, Göttingen 1997.

Wahl, A., Fußball u. Nation in Frankreich u. Deutschland, in: François u.a. (Hg.), S. 342–352.

Walby, S., Woman and Nation, in: International Journal of Comparative Sociology, Jg. 33, 1992, S. 81–100.

Walkenhorst, P., Nationalismus als »politische Religion«? Zur religiösen Dimension nationalistischer Ideologie im Kaiserreich, in: O. Blaschke u. F.-M. Kuhlemann (Hg.), Religion im Kaiserreich, Gütersloh 1996, S. 503–529.

Wehler, H.-U., Bismarck u. der Imperialismus, Frankfurt 1984.

–, Deutsche Gesellschaftsgeschichte, Bd. 3: Von der »Deutschen Doppelrevolution« bis zum Beginn des Ersten Weltkrieges 1849–1914, München 1995.

–, Nationalismus als fremdenfeindliche Integrationsideologie, in: W. Heitmeyer (Hg.), Das Gewalt-Dilemma, Frankfurt 1994, S. 73–90.

–, Polenpolitik im Deutschen Kaiserreich, in: ders. (Hg.), Krisenherde des Kaiserreichs 1871–1914, Göttingen 1979², S. 184–202.

–, Sozialdemokratie u. Nationalstaat, Würzburg 1962/Göttingen 1971².

Weiser, T., K. W. Deutschs Modell der Nationswerdung u. sein Beitrag für die historische Nationalismusforschung, in: E. Schmidt-Hartmann (Hg.), Formen des nationalen Bewußtseins im Lichte zeitgenössischer Nationalismustheorien, München 1994, S. 127–143.

Wettengel, M., »... eine mobile Kolonne, wenn es darauf ankommt, die Unruhen zu befördern.« Die hessischen u. nassauischen Turnvereinsverbände während der Revolution von 1848/49, in: Sozial- u. Zeitgeschichte des Sports, Jg. 7, 1993, S. 44–61.

Winkler, H. A., Liberalismus u. Nationalismus, in: ders., Liberalismus u. Antiliberalismus, Göttingen 1979, S. 13–80.

–, Preußischer Liberalismus u. deutscher Nationalstaat. Studien zur Geschichte der Deutschen Fortschrittspartei, Tübingen 1964.

–, Vom linken zum rechten Nationalismus: Der deutsche Liberalismus in der Krise von 1878/79, in: GG, Jg. 4, 1978, S. 5–28.

–, Bürgerliche Emanzipation u. nationale Einigung: Zur Entstehung der Nationalliberalen Partei in Preußen, in: ders., Liberalismus u. Antiliberalismus, S. 24–35.

Wucher, A., T. Mommsen, in: Deutsche Historiker, hg. v. H.-U. Wehler, Göttingen 1973, S. 383–400.

Wulf, C., Mimesis, in: G. Gebauer (Hg.), Historische Anthropologie, Reinbek 1989, S. 83–126.

Yuval-Davis, N. u. F. Anthias (Hg.), Woman – Nation – State, London 1989.

Ziebura, G., Nationalstaat, Nationalismus, supranationale Integration. Der Fall Frankreich, in: H.A. Winkler u. H. Kaelble (Hg.), Nationalismus – Nationalitäten – Supranationalität, Stuttgart 1993, S. 34–45.

Personenregister

Aegidi, Ludwig 89
Anderson, Benedict 14–16
Angerstein, Eduard 133, 166, 306
Angerstein, Wilhelm 300
Augustenburg, Herzog von 152

Bamberger, Ludwig 25, 43
Baumgarten, Hermann 43, 53f., 58
Beauvoir, Simone de 109
Bebel, August 195
Bennigsen, Rudolf von 85, 183, 198f.
Beust, Friedrich Ferdinand von 161, 163–165
Biedermann, Karl 193
Bismarck, Otto von 48f., 53, 55, 88, 187, 193, 198f., 213f., 216, 227f., 230, 256
Bleibtreu, Herrmann 245
Bluntschli, Johann Caspar 36
Boethke, Karl–August 247
Bourdieu, Pierre 17–19, 21, 95, 128f., 295
Bracke, Wilhelm 284
Breuilly, John 16
Brubaker, Rogers 327
Burckhardt, Jacob 182
Burgsdorff, von (Leipziger Kreisdirektor, 1863) 161

Caprivi, Leo von 208
Clastres, Pierre 301, 318

Dann, Otto 16
Deutsch, Karl W. 12f.
Dipper, Christof 99
Droysen, Johann Gustav 35
Düding, Dieter 61
Duncker, Franz 39
Dürre, Eduard 82

Elias, Norbert 158, 272
Engels, Friedrich 43
Erdmann (Rektor der Leipziger Universität, 1863) 161
Ernst II. zu Sachsen-Coburg-Gotha 82
Eulenburg, Friedrich Graf zu 103

Faber, Oswald 117, 125, 133
Finger (Staatsminister, 1893) 230f.
Foucault, Michel 9, 19, 316
Francis, Emerich 14
François, Etienne 19
Friedländer, Konrad 89, 228–230
Friedrich III. 232f.
Friedrich Wilhelm III. 82
Friesen, Richard Freiherr von 59

Garms (Festredner in Soest, 1863) 116
Geertz, Clifford 9, 156
Gellner, Ernest 15
Georgii, Theodor 82, 112, 116, 221f., 239, 266f., 284
Giddens, Anthony 9
Glagau, Otto 203
Gneist, Rudolf von 198
Goetz, Ferdinand 66, 107f., 115, 142f., 151, 226, 248, 267, 287, 307
Göllerich (Festredner in Bonn, 1872) 239, 246, 251, 267
Götte, C. 121

Häusser, Ludwig 51
Hedemann (Bürgermeister von Berlin, 1861) 161f.
Heyner (Festredner in Leipzig, 1863) 94
Hirth, Egon 171
Hobsbawm, Eric 14
Hoechberg, Karl 210

Isabella II. 58
Jaeger, Otto Heinrich 260, 264, 274, 309–313
Jagow, Gottlieb von 169
Jahn, Friedrich Ludwig 61, 108, 135, 174, 282
Jörg, Edmund 203

Kallenberg, Carl 142
Kant, Immanuel 103f., 106
Kapff (Festredner in Ulm, 1862) 143
Kapp, Friedrich 54
Kießling, Franz Xaver 287, 289
Klenke, Dietmar 90

Klober (Vorsitzender des Casteler Turnvereins) 122
Knotz (Festredner in Dresden, 1885) 246
Koch, von (Bürgermeister von Leipzig, 1863) 161
Kocka, Jürgen 15
Kühne, Thomas 149
Künzer, Franz 194

Lacan, Jacques 295
Langewiesche, Dieter 11, 14, 224
Lasker, Eduard 193
Lassalle, Ferdinand 40, 49, 91
Lepsius, M. Rainer 14
Liebknecht, Wilhelm 195
Lion, Justus 307
Ludwig II. 234
Luther, Martin 178

Manteuffel, Otto von 32
Maul, Alfred 289, 307
Maximilian II. 84
McLeod, Hugh 119
Meltzer (Bürgermeister und Festredner in Frankenberg, 1862) 140
Metzler (Polizeidirektor in Leipzig, 1863) 161
Meydam (Festredner in Landsberg a. W., 1863) 144
Miquel, Johannes 213, 239
Moltke, Helmut Graf 216, 227f., 256
Mommsen, Hans 11
Mommsen, Theodor 35

Nauwerk, Emma 149

Pfordten, Ludwig von der 84
Preen, Friedrich von 182

Ranger, Terence 14
Renan, Ernest 15

Rieger, Conrad 69
Rochau, Ludwig August von 33f., 38, 43, 59, 72, 325–327
Rorty, Richard 10f.
Rosenberg, Hans 194
Rousseau, Jean Jeacques 196

Schloenbach, Arnold 179
Schmoller, Gustav 196
Schulze, Hagen 14
Schulze-Delitzsch, Hermann 39, 45f.
Schweitzer, Johann Baptist von 91
Schwerin-Putzar, Maximilian von 161
Seemann, Theodor 99
Simmel, Georg 109
Simon, Heinrich 43
Spitzemberg, Hildegard Freifrau v. 58
Stauffenberg, Franz von 190
Stoecker, Adolf 204f.
Sybel, Heinrich von 35, 42, 182, 189

Tauffkirchen, Graf Karl von 190
Thimm, Olga 147
Treitschke, Heinrich von 35f., 51, 53, 55, 189, 196–198, 204
Twesten, Karl 46, 53

Varnhagen von Ense, Karl August 32f.
Virchow, Rudolf 103f., 216
Walby, Sylvia 128

Wallenstein, Albrecht Wenzel 178
Widenmeyer (Bürgermeister in München, 1889) 218, 249
Wilhelm I. 58, 88, 182, 196, 199, 214, 228–230, 233, 239
Winkler, Heinrich August 13, 25
Winter, von (Polizeipräsident in Berlin, 1861) 161
Wittelsbach, Prinz Ludwig von 235f.

Kritische Studien
zur Geschichtswissenschaft

119: Manuel Frey
Der reinliche Bürger
Entstehung und Verbreitung bürgerlicher
Tugenden in Deutschland, 1760-1860
1997. 406 Seiten, kartoniert
ISBN 3-525-35782-6

120: Volker Then
**Eisenbahnen und
Eisenbahnunternehmer
in der Industriellen
Revolution**
Ein preußisch/deutsch-englischer
Vergleich
1997. 512 Seiten mit 45 Tabellen,
kart. ISBN 3-525-35783-4

121: Marita Baumgarten
**Professoren und
Universitäten
im 19. Jahrhundert**
Zur Sozialgeschichte deutscher Geistes-
und Naturwissenschaftler
1997. 376 Seiten mit 9 Graphiken
und 6 Tabellen, kart.
ISBN 3-525-35784-2

122: Olaf Blaschke
**Katholizismus und
Antisemitismus
im Deutschen Kaiserreich**
1997. 443 Seiten mit 5 Graphiken und
10 Tabellen, kart. ISBN 3-525-35785-0

123: Christoph Jahr
Gewöhnliche Soldaten
Desertion und Deserteure
im deutschen und britischen Heer
1914-1918
1998. 419 Seiten mit 6 Schaubildern und
37 Tabellen, kart. ISBN 3-525-35786-9

124: Ute Planert
**Antifeminismus
im Kaiserreich**
Diskurs, soziale Formation und politische
Mentalität
1998. 447 Seiten, kart.
ISBN 3-525-35787-7

125: Wolfram Fischer
**Expansion, Integration,
Globalisierung**
Studien zur Geschichte der Weltwirtschaft
Herausgegeben von Paul Erker
und Heinrich Volkmann.
1998. 286 Seiten mit 2 Schaubildern
und 9 Tabellen, kart. ISBN 3-525-35788-5

Vandenhoeck
& Ruprecht

Kritische Studien zur Geschichtswissenschaft

110: Etienne François / Hannes Siegrist / Jakob Vogel (Hg.)
Nation und Emotion
Deutschland und Frankreich im Vergleich. 19. und 20. Jahrhundert 1995. 404 Seiten, kart. ISBN 3-525-35773-7

Der unversehens wieder höchst lebendige Nationalismus ist eine Herausforderung auch für die Wissenschaft. Sie geht an das Thema Nation jedoch anders heran als früher: mit geschärften Blick und mit neuen Fragestellungen.
In diesem Band wird der Zusammenhang von Nation und Emotion hauptsächlich an der Vergegenwärtigung des Nationalen in nationalen Mythen, Symbolen, Ritualen erfaßt. Wie haben sie nationale Emotionen erzeugt oder verstärkt? Auch: In welchem Maße haben Gefühle wie Liebe und Haß in Verbindung mit Nationalismus und Nation eine andere Intensität, eine andere Richtung bekommen? Dabei geht es auch um das schwer faßbare „Nationalgefühl". Das Interesse ist aber umfassender, es richtet sich auf das vielschichtige Beziehungsgeflecht von Nation und Emotion, das zugleich über sich hinausweist auf die allgemeine Frage der Geschichtlichkeit und kulturellen Relativität von Emotionen.

118: Jakob Vogel
Nationen im Gleichschritt
Der Kult der ‚Nation in Waffen' in Deutschland und Frankreich, 1871-1914 1997. 404 Seiten mit 3 Abbildungen, kart. ISBN 3-525-35781-8

In den Jahrzehnten vor dem Ersten Weltkrieg waren Militärfeiern in Deutschland wie in Frankreich Höhepunkte des gesellschaftlichen Lebens. Sie waren Veranstaltungen eines nationalen Kults, in dem die Einheit der um Armee und Staatsführung versammelten *Nation in Waffen* beschworen wurde. Jakob Vogel vergleicht diesen militärischen Nationalkult in den beiden Ländern und arbeitet, neben offensichtlichen Unterschieden, erstaunlich viele Ähnlichkeiten heraus. Hier wie da stand in der Bevölkerung hinter der Begeisterung für das Spektakel der Paraden in farbenprächtigen Uniformen keine Kriegsideologie. Eher handelte es sich um eine Art Folklore-Militarismus, der allerdings auch Voraussetzungen für spätere Entwicklungen schuf. Die Analyse des Kults der *Nation in Waffen* verbindet politische Geschichte mit Sozial- und Kulturgeschichte.

V&R
Vandenhoeck & Ruprecht